Henn · Patent- und Know-how-Lizenzvertrag

Patent- und Know-how-Lizenzvertrag

Handbuch für die Praxis

von

Professor Dr. Günter Henn

5., neu bearbeitete Auflage

C.F. Müller Verlag · Heidelberg

Bibliografische Information Der Deutschen Bibliothek

Die Deutsche Bibliothek verzeichnet diese Publikation
in der Deutschen Nationalbibliografie; detaillierte bibliografische Daten
sind im Internet über <http://dnb.ddb.de> abrufbar.

© 2003 C. F. Müller Verlag, Hüthig GmbH & Co. KG, Heidelberg
Printed in Germany
Satz: Mitterweger & Partner, Plankstadt
Druck: Grafischer Großbetrieb Friedrich Pustet, Regensburg
ISBN 3-8114-1855-6

Vorwort

Diese 5. Auflage des Handbuchs erscheint gut 4 Jahre nach der Vorauflage. Der Erscheinungsturnus hat sich demnach verkürzt, was abgesehen von der zügigen Aufnahme der Vorauflage vor allem darauf zurückzuführen ist, dass zwei Gesetze im Jahre 2001 durchgehend, wenn auch nicht substantiell auf das Lizenzrecht eingewirkt haben: das Mietrechtsreformgesetz vom 19.6.2001 und das Gesetz zur Modernisierung des Schuldrechts vom 26.11.2001. Diesen Gegebenheiten war an vielen Stellen des Werks Rechnung zu tragen. Die bedeutenden internationalen Abkommen wie PVÜ, EPÜ und GPÜ waren hinsichtlich ihrer Wirksamkeit auf den neuesten Stand zu bringen. Auch die statistischen Angaben bedurften der zeitgerechten Anpassung. Daneben war wie bisher die Entwicklung von Rechtsprechung und Schrifttum sowie der sonstigen Gesetzgebung, z.B. im Steuerrecht und im Kartellrecht, zu berücksichtigen.

Die Anzahl der Anlagen, die zum Teil überarbeitet wurden, bleibt mit 28 unverändert. Dieser wesentliche Bestandteil des Werks zählt wie bisher zum vielseitig anerkannten Praxisbezug des Handbuchs.

Den Verfassern der zahlreichen Zuschriften und Rezensionen aus dem In- und Ausland möchte ich an dieser Stelle herzlich danken. Anregungen wurden, soweit möglich, berücksichtigt. Hierzu gehört auch die weitere Intensivierung der Randzifferverweisungen, die dem schnellen Auffinden von Einzelthemen dienlich sind.

Neckarsulm, im März 2003   *Günter Henn*

Vorwort zur 1. Auflage

Sowohl das allgemeine Schrifttum zu den nationalen Patentgesetzen und zum Patentrecht als auch spezialisiert zum Lizenzvertrag behandelt den vielschichtigen Stoff der vertraglichen Gebrauchsüberlassung von Schutzrechten und Know-how, sei es mehr mit theoretischem, sei es mehr mit praktischem Akzent. Während man noch vor 20 Jahren, als der Verfasser seine Monographie zur Problematik und Systematik des internationalen Patent-Lizenzvertrages vorlegte, nach einschlägigen Darstellungen suchen musste (nur wenige Patentgesetze, darunter nicht das deutsche von 1968, enthielten überhaupt Bestimmungen über die vertragliche Lizenz), sind jetzt zahlreiche gute Darstellungen vorhanden, die in fortlaufender Anpassung an die Erkenntnisse der Wissenschaft, die Bedürfnisse der Praxis und die gerade auf diesem Gebiet sehr enge internationale Verflechtung, den Lizenzvertrag behandeln. Das deutsche Patentgesetz von 1981 ist dieser Entwicklung durch eine gesonderе Lizenzvorschrift (§ 15 Abs. 2) gefolgt.

Hieran lässt sich der technische Fortschritt ablesen, der eine arbeitsteilende Kooperation auf nationaler und internationaler Ebene voraussetzt. Es ist ein Markt für technische Entwicklungsergebnisse, bestehend aus Schutzrechten und Know-how, entstanden, der durch Angebot und Nachfrage von Lizenzen, ungeachtet der gesellschaftlichen Verhältnisse in den einzelnen Staaten, bestimmt wird, wobei die Lizenzgebühr grundsätzlich den Preis darstellt. Die Lizenzbilanzen der letzten Jahre beweisen den hohen Grad der internationalen Kooperation.

Die vorliegende Darstellung hat es sich zum Ziel gesetzt, zusammenfassend zu wirken, und zwar einmal hinsichtlich des Patent-Lizenzvertrags einerseits und des Know-how-Lizenzvertrags andererseits, die beide sehr viele Gemeinsamkeiten aufweisen. Zum anderen durch eine Synthese des wissenschaftlichen und des praxisorientierten Elements, was nicht zuletzt durch den in die Darstellung integrierten Anhang mit 18 Anlagen dokumentiert wird und zwar unter bewusster Ausklammerung leicht greifbarer gesetzlicher Unterlagen. Schließlich entspricht die Verarbeitung internationaler Probleme und die Berücksichtigung des internationalen Schrifttums zu wichtigen Einzelfragen einem Gebot der gebrauchsnahen Darstellung des Lizenzrechts. Wenn, wie es der Zielsetzung eines Handbuchs für die Praxis entspricht, diese mehrschichtige Kombination in komprimierter aber dennoch zuverlässiger Form gelungen sein sollte, hat der Verfasser sein Ziel erreicht.

Neckarsulm, im Dezember 1987 *Günter Henn*

Inhaltsverzeichnis

Vorwort		V
Vorwort zur 1. Auflage		VII
Verzeichnis der Abkürzungen		XV
Verzeichnis des Schrifttums		XXI

1. Kapitel	**Grundfragen und Definitionen des Lizenzvertrags**	1
§ 1	*Der Patentlizenzvertrag*	10
	Abschnitt 1: Der Vertragsgegenstand	11
	Abschnitt 2: Abschluss und Form	14
	Abschnitt 3: Inhaltliche Gestaltung	17
	Abschnitt 4: Die Erschöpfung des Patentrechts (Patentfreiwerden/Konsumtion)	18
§ 2	*Der Know-how-Lizenzvertrag*	19
	Abschnitt 1: Der Vertragsgegenstand	20
	Abschnitt 2: Abschluss und Form	21
	Abschnitt 3: Inhaltliche Gestaltung	21
§ 3	*Der kombinierte Patent-Know-how-Lizenzvertrag*	22

2. Kapitel	**Die Rechtsnatur des Lizenzvertrags**	24
§ 4	*Die Lizenz als positives Benutzungs- oder negatives Verbietungsrecht*	25
	Abschnitt 1: Die Lizenz an Schutzrechten und Schutzrechtsanmeldungen	25
	Abschnitt 2: Die Lizenz am Know-how	35
§ 5	*Die Lizenz als absolutes und dingliches sowie als obligatorisches Recht*	36
	Abschnitt 1: Die Lizenz als absolutes und dingliches Recht	37
	Abschnitt 2: Die Lizenz als obligatorisches Recht	44
§ 6	*Die Vertragstypen*	45
	Abschnitt 1: Mietvertrag	48
	Abschnitt 2: Pachtvertrag	50
	Abschnitt 3: Nießbrauch	52
	Abschnitt 4: Gesellschaftsvertrag	54
	Abschnitt 5: Kaufvertrag	56
	Abschnitt 6: Leihvertrag	58
	Abschnitt 7: Vertrag eigener Art (Sui Generis)	59
	Abschnitt 8: Andere Rechte	61

3. Kapitel   Die Inhaltsformen des Lizenzvertrags 65

§ 7   *Die Entwicklungs- und Nachbaulizenz* 65
§ 8   *Die Herstellungs- und Vertriebslizenz* 68
       Abschnitt 1:   Die Herstellungslizenz 71
       Abschnitt 2:   Die Vertriebslizenz 72
§ 9   *Die einfache und die ausschließliche Lizenz* 73
§ 10   *Die Unterlizenz* 82
§ 11   *Die Betriebs-, Konzern- und Montagelizenz* 86
       Abschnitt 1:   Die Betriebslizenz 87
       Abschnitt 2:   Die Konzernlizenz 88
       Abschnitt 3:   Die Montagelizenz 91
§ 12   *Nutzungsgemeinschaften (Gemeinschaftsunternehmen/Joint Ventures)* ... 91

4. Kapitel   Definitionen der Lizenzerteilung 97

§ 13   *Sachliches Vertragsgebiet* 100
§ 14   *Örtliches Vertragsgebiet* 102
§ 15   *Persönliches Vertragsgebiet* 104

5. Kapitel   Rechtsbestand und Auslegung des Lizenzvertrags 106

§ 16   *Rechtsbestand des Lizenzvertrags* 107
       Abschnitt 1:   Beendigung der Laufzeit infolge Festzeitklausel oder
                         Kündigung 107
       Abschnitt 2:   Rücktritt 113
       Abschnitt 3:   Wegfall der Geschäftsgrundlage 114
       Abschnitt 4:   Willensmängel und Nichtigkeit 116
       Abschnitt 5:   Tod und Verlust der Rechtsfähigkeit 119
§ 17   *Auslegung des Lizenzvertrags* 120
       Abschnitt 1:   Wirklicher Wille und Erklärungsbedeutung 120
       Abschnitt 2:   Ergänzende Vertragsauslegung bei Vertragslücken 122
       Abschnitt 3:   Auslegungsgrundsatz von Treu und Glauben mit
                         Rücksicht auf die Verkehrssitte 122

6. Kapitel   Die Pflichten der Vertragspartner des Lizenzvertrags 124

§ 18   *Zahlung von Lizenzgebühren und sonstiger Kosten* 125
       Abschnitt 1:   Festlizenzgebühr (Eintrittsgeld) 130
       Abschnitt 2:   Optionsgebühr 131
       Abschnitt 3:   Umsatzlizenzgebühr 132
       Abschnitt 4:   Mindestumsatzlizenzgebühr 137
       Abschnitt 5:   Die gebührenfreie und die unentgeltliche Lizenz 139

Abschnitt 6:	Abrechnung, Fälligkeit, Zahlung und Kontrolle sowie Verjährung	140
Abschnitt 7:	Kosten für die Anmeldung, Aufrechterhaltung und Verteidigung von Schutzrechten, von Arbeitnehmererfindungsvergütungen und der Know-how-Aufbereitung . . .	143
Abschnitt 8:	Fremdwährung	144

§ 19 Ausübungspflicht des Lizenznehmers 145
    Abschnitt 1: Entstehen der Ausübungspflicht 146
    Abschnitt 2: Umfang der Ausübungspflicht 147
    Abschnitt 3: Werbung 148
    Abschnitt 4: Verletzung der Ausübungspflicht 149
    Abschnitt 5: Wegfall der Ausübungspflicht 150

§ 20 Nebenpflichten des Lizenznehmers 150
    Abschnitt 1: Bezugspflicht 151
    Abschnitt 2: Weiterentwicklungspflicht 152
    Abschnitt 3: Markierungspflicht (Kennzeichnungspflicht) 153
    Abschnitt 4: Geheimhaltungspflicht 154

§ 21 Gewährleistungspflichten des Lizenzgebers 155
    Abschnitt 1: Gewährleistung für industrielle Verwertbarkeit und für zugesicherte Eigenschaften 158
    Abschnitt 2: Gewährleistung für Sachmängel 160
    Abschnitt 3: Gewährleistung für Rechtsmängel 162
    Abschnitt 4: Verteidigung der lizenzierten Schutzrechte 166
    Abschnitt 5: Verbesserungs- und Weiterentwicklungsverpflichtung 168

§ 22 Verpflichtung des Lizenzgebers zur Anmeldung und Aufrechterhaltung der lizenzierten Schutzrechte sowie zur Verfügbarmachung und zur Wahrung des Geheimnisschutzes des lizenzierten Know-how 169

§ 23 Austausch von Schutzrechten und Know-how 171

§ 24 Nichtangriffsklausel 173

§ 25 Leistungsstörungen, Einrede des nichterfüllten Vertrags sowie Verschulden bei Vertragsverhandlungen 175
    Abschnitt 1: Leistungsstörungen 176
    Abschnitt 2: Einrede des nichterfüllten Vertrags 181
    Abschnitt 3: Verschulden bei Vertragsverhandlungen 181

§ 26 Pflichten nach Vertragsende 183

7. Kapitel Lizenz und Kartellrecht 185

§ 27 Deutsches Kartellrecht 187
    Abschnitt 1: Beschränkungen des sachlichen, örtlichen und zeitlichen Vertragsgebiets 190
    Abschnitt 2: Beschränkungen im Hinblick auf eine technisch einwandfreie Ausnutzung des Vertragsgegenstands 194

	Abschnitt 3: Preisbindung für das Vertragsprodukt	196
	Abschnitt 4: Verpflichtung zum Patent- und Know-how-Austausch	197
	Abschnitt 5: Die Nichtangriffsklausel	199
	Abschnitt 6: Erlaubniserteilung für beschränkende Lizenzverträge	200
§ 28	*EWG-Kartellrecht*	201
	Abschnitt 1: Ausschließliche Lizenzen	208
	Abschnitt 2: Vertriebsbeschränkungen des Linzenznehmers sowie Mindestqualitätsvorschriften und Bezugspflichten	210
	Abschnitt 3: Preisbindung für das Vertragsprodukt	211
	Abschnitt 4: Beschränkungen des sachlichen Vertragsgebiets	211
	Abschnitt 5: Verpflichtung zum Patent- und Know-how-Austausch	212
	Abschnitt 6: Die Nichtangriffsklausel	213
	Abschnitt 7: Wettbewerbsverbote	214
	Abschnitt 8: Lizenzgebühren	214
	Abschnitt 9: Längstlaufklausel	215
	Abschnitt 10: Die Lizenzierung von Know-how unter Berücksichtigung der früheren Know-how-VO sowie der TechTraVO	216
8. Kapitel	**Sonstige Vertragsbestimmungen**	222
§ 29	*Steuerrechtliche Fragen*	222
	Abschnitt 1: Lizenzverträge ohne Auslandsbezug	223
	Abschnitt 2: Lizenzverträge mit Auslandsbezug	225
	Abschnitt 3: Die Besteuerungsklausel	228
§ 30	*Meistbegünstigung und Nicht-Diskriminierung*	230
§ 31	*Recht und Gerichtsstand, Schiedsvereinbarung, Vertragssprache*	232
	Abschnitt 1: Das anzuwendende materielle Recht	232
	Abschnitt 2: Gerichtsstand, Schiedsgericht und anzuwendendes Verfahrensrecht	240
	Abschnitt 3: Vertragssprache	249
§ 32	*Genehmigung und In-Kraft-Treten*	250
§ 33	*Nebenbestimmungen*	251
	Abschnitt 1: Unwirksamkeit und Teilunwirksamkeit des Vertrages sowie die Rechtsfolgen	251
	Abschnitt 2: Wirkung von Verstößen gegen vertragliche Vereinbarungen	252
	Abschnitt 3: Form und Wirksamwerden von Willenserklärungen sowie Fristbestimmungen	253
	Abschnitt 4: Festlegung des Erfüllungsorts	254
	Abschnitt 5: Vertragsform	255
	Abschnitt 6: Vertragsauslegung	256
	Abschnitt 7: Sukzessionsschutz	256

Anhang (Anlagen)

(1) Lizenz-Standardvertrag (deutsche Fassung)	259
(2) Lizenz-Standardvertrag (englische Fassung)	271
(3) Lizenz-Standardvertrag (französische Fassung)	282
(4) Lizenz-Einzelvertrag mit gesonderter Schiedsvereinbarung	293
(5) Nachtragsvereinbarung zum Lizenzvertrag (deutsch und englisch)	306
(6) Nachbau-Lizenz-Standardvertrag	309
(7) EU-Lizenzvertrag (englisch)	317
(8) Unterlizenzvertrag	327
(9) Lizenz-Marketing-Vertrag	335
(10) Lizenz-Einzelvertrag (USA-Pauschallizenz)	339
(11) Joint-Venture-Vertrag mit Statuten (Satzung) und Geschäftsordnung	345
(12) Gesellschaftsvertrag zur Auswertung von Patenten und Know-how	355
(13) Entwicklungsauftrag	360
(14) Entwicklungsvertrag	364
(15) Vertragsabschlussvollmacht (deutsch)	368
(16) Vertragsabschlussvollmacht (englisch)	369
(17) Formblatt für die Abrechnung von Lizenzgebühren	370
(18) Vertragskündigungsschreiben	371
(19) Quellensteuersätze für Lizenzgebühren (brutto) sowie Stand der DBA	372
(20) Antrag auf Erteilung eines Negativattestes gemäß Art. 81 Abs. 1 EWGV sowie Anmeldung einer Vereinbarung gemäß Art. 81 Abs. 3 EWGV	377
(20a) Kontaktregeln der EU-Kommission (Leitfaden)	380
(21) Offenlegungsschrift (DPA)	388
(22) Patentschrift (DPA)	389
(23) Patentanmeldung (EPA)	390
(24) Patentschrift (EPA)	391
(25) Verschwiegenheitserklärung	392
(26) Geheimhaltungs- und Nichtverwendungsvereinbarung	393
(27) Non Disclosure Agreement	396

Stichwortverzeichnis 399

Verzeichnis der Abkürzungen

a. A.	anderer Ansicht
aaO.	am angegebenen Ort
abl.	ablehnend
AblEG	Amtsblatt der Europäischen Gemeinschaften
AblEPA	Amtsblatt des Europäischen Patentamtes
Abs.	Absatz
Abschn.	Abschnitt
AcP	Archiv für civilistische Praxis
a. E.	am Ende
AG	Amtsgericht
AktG	Aktiengesellschaft, Aktiengesetz
a. M.	anderer Meinung
Anm.	Anmerkung (Diese Bezeichnung wird im Rahmen des vorliegenden Werks für den Hinweis auf die Fußnoten, die pro Kapitel durchgezählt werden, benutzt)
Ann.	Annales de la Propriété industrielle, artistique et littéraire
AO	Abgabenordnung
ArbNErfG	Gesetz über Arbeitnehmererfindungen
Art.	Artikel
Aufl.	Auflage
AWD	Außenwirtschaftsdienst des Betriebsberaters
AWG	Außenwirtschaftsgesetz
AWV	Außenwirtschaftsverordnung
BAG	Bundesarbeitsgericht
BAnz	Bundesanzeiger
BayrObLG	Bayerisches Oberstes Landesgericht
BB	Betriebsberater
Bd./Bde.	Band/Bände
BDI	Bundesverband der Deutschen Industrie
BE	Begründungserwägung
betr.	betreffend
BewG	Bewertungsgesetz vom 1.2.1991
BFH	Bundesfinanzhof
BFHE	Entscheidungen des Bundesfinanzhofs
BGB	Bürgerliches Gesetzbuch
BGBl	Bundesgesetzblatt
BGE	Entscheidungen des schweizerischen Bundesgerichts
BGH	Bundesgerichtshof
BGHZ	Entscheidungen des Bundesgerichtshofs in Zivilsachen
BiRiLiG	Bilanzrichtlinien-Gesetz vom 19.12.1985
BKartA	Bundeskartellamt

Verzeichnis der Abkürzungen

BPatG	Bundespatentgericht
BPatGE	Entscheidungen des Bundespatentgerichts
BRAGO	Bundesgebührenordnung für Rechtsanwälte
BRAO	Bundesrechtsanwaltsordnung
BRD	Bundesrepublik Deutschland
BStBl	Bundessteuerblatt
BVerfG	Bundesverfassungsgericht
bzw.	beziehungsweise
Cass.	Cour de Cassation
CC	Code Civil
CR	Computer und Recht
DB	Der Betrieb
DBA	Doppelbesteuerungsabkommen
DDR	Deutsche Demokratische Republik
ders.	derselbe
d.h.	das heißt
Diss.	Dissertation
DJ	Deutsche Justiz
DM	Deutsche Mark (Währung der BRD bis 31.12.2001)
DNotZ	Deutsche Notarzeitschrift, Zeitschrift des Deutschen Notarvereins
DPA	Deutsches Patentamt
DR	Deutsches Recht
DRP	Deutsches Reichspatent
DRZ	Deutsche Rechtszeitschrift
DVO	Durchführungsverordnung
EG	Europäische Gemeinschaften
EGBGB	Einführungsgesetz zum Bürgerlichen Gesetzbuch
Einl.	Einleitung
Entw.	Entwurf
EPA	Europäisches Patentamt
EPÜ	Übereinkommen über die Erteilung europäischer Patente vom 5.10.1973
ErstrG	Erstreckungsgesetz vom 23.4.1992
EStDVO 2000	Einkommensteuer-Durchführungsverordnung vom 10.5.2000
EStG 1997	Einkommensteuergesetz vom 16.4.1997
EU	Europäische Union
EuGH	Gerichtshof der Europäischen Gemeinschaften
EuGVÜ	Übereinkommen der Europäischen Gemeinschaft über die gerichtliche Zuständigkeit und die Vollstreckung gerichtlicher Entscheidungen in Zivil- und Handelssachen vom 27.9.1968
EuGVVO	Verordnung (EG) über die gerichtliche Zuständigkeit und die Anerkennung und Vollstreckung von Entscheidungen in Zivil- und Handelssachen vom 22.12.2000
EUR	Euro (Währung der BRD ab 1.1.2002)

evtl.	eventuell
EVÜ	Übereinkommen über das auf vertragliche Schuldverhältnisse anzuwendende Recht vom 19.6.1980
EWG	Europäische Wirtschaftsgemeinschaft
EWGV	Vertrag zur Gründung der Europäischen Wirtschaftsgemeinschaft vom 25.3.1957 in der Fassung des Amsterdamer Vertrags vom 2.10.1997
FAZ	Frankfurter Allgemeine Zeitung
FEVO	Gruppenfreistellungsverordnung der EG-Kommission vom 29.11.2000 (Forschung und Entwicklung)
FS	Festschrift
GebGes.	Gesetz über die Gebühren des Patentamts und des Patentgerichts vom 18.8.1976
GebrM	Gebrauchsmuster
GebrMG	Gebrauchsmustergesetz
GewStG 1999	Gewerbesteuergesetz vom 10.5.1999
GG	Grundgesetz für die Bundesrepublik Deutschland
ggf.	gegebenenfalls
GIW	Gesetz über internationale Wirtschaftsverträge vom 5.2.1976 (frühere DDR)
GKG	Gerichtskostengesetz
GmbH	Gesellschaft mit beschränkter Haftung
GmbHG	Gesetz über die Gesellschaften mit beschränkter Haftung
GPÜ	Übereinkommen über das europäische Patent für den Gemeinsamen Markt vom 15.12.1975
GRUR	Gewerblicher Rechtsschutz und Urheberrecht (Zeitschrift der Deutschen Vereinigung für gewerblichen Rechtsschutz und Urheberrecht)
GRUR Ausl.	dasselbe Auslands- und internationaler Teil (bis 1966)
GRUR Int.	dasselbe Internationaler Teil (seit 1967)
GUS	Gemeinschaft unabhängiger Staaten (früher UdSSR)
GVBl	Gesetz- und Verordnungsblatt
GVG	Gerichtsverfassungsgesetz
GWB	Gesetz gegen Wettbewerbsbeschränkungen vom 26.8.1998
HBl	Handelsblatt
HGB	Handelsgesetzbuch
h.M.	herrschende Meinung
HRefG	Handelsrechtsreformgesetz vom 22.6.1998
HRR	höchstrichterliche Rechtsprechung
HS.	Halbsatz
i.d.F.	in der Fassung
IHK	Internationale Handelskammer
InsO	Insolvenzordnung vom 5.10.1994

IPR	Internationales Privatrecht
IPRax	Praxis des Internationalen Privat- und Verfahrensrechts
IPRG	Schweizerisches Bundesgesetz vom 18.12.1987 über das Internationale Privatrecht
i.S.	im Sinne
i.V.m.	in Verbindung mit
IZPR	Internationales Zivilprozessrecht
JPS	Jahrbuch für die Praxis der Schiedsgerichtsbarkeit
JR	Juristische Rundschau
JW	Juristische Wochenschrift
JZ	Juristenzeitung
KG	Kammergericht, Kommanditgesellschaft
KGaA	Kommanditgesellschaft auf Aktien
Know-how-VO	Gruppenfreistellungsverordnung der EG-Kommission vom 30.11.1988 (Know-how-Lizenzen)
KO	Konkursordnung
KostO	Gesetz über die Kosten in Angelegenheiten der freiwilligen Gerichtsbarkeit (Kostenordnung)
KStG 1999	Körperschaftsteuergesetz vom 22.4.1999
LG	Landgericht
LGVÜ	Lugano-Übereinkommen vom 16.9.1988
LM	Lindenmaier/Möhring – Nachschlagewerk des Bundesgerichtshofs
LZ	Leipziger Zeitschrift
MA	Der Markenartikel
MDR	Monatsschrift für Deutsches Recht
MietRRG	Mietrechtsreformgesetz vom 19.6.2001
Mitt.	Mitteilungen des Verbandes deutscher Patentanwälte
MPÜ	Münchener Patentübereinkommen (Münchener Übereinkommen)
MuW	Markenschutz und Wettbewerb
m.w.Nachw.	mit weiteren Nachweisen
NJW	Neue Juristische Wochenschrift
NJW-RR	Rechtsprechung-Report
Nr.	Nummer
304N.Y.519	Entscheidungen des Staates New York
OHG	Offene Handelsgesellschaft
OLG	Oberlandesgericht
OLGE	Sammlung der Rechtsprechung der Oberlandesgerichte
OR	Obligationenrecht (Schweizerisches)

Verzeichnis der Abkürzungen

PA	Patentamt
PaPkG	Preisangaben- und Preisklauselgesetz vom 3.12.1984
PatAnwGebO	Gebührenordnung für Patentanwälte
PatAnwGes.	Patentanwaltsgesetz
PatG	Patentgesetz
PatG 1961	Patentgesetz vom 9.5.1961
PatG 1968	Patentgesetz vom 2.1.1968
PatG 1981	Patentgesetz vom 16.12.1980 mit nachfolgenden Änderungen (vgl. Anm. 67 zum 1. Kapitel)
PatGebO	Gesetz über Gebühren des Patentamts und des Patentgerichts
PatLizVO	Gruppenfreistellungsverordnung der EG-Kommission vom 23.7.1984 (Patent-Lizenzen)
34PQ312	United States Patent Quarterly
ProdHaftG	Gesetz über die Haftung für fehlerhafte Produkte vom 15.12.1989
PVÜ	Pariser Verbandsübereinkunft zum Schutz des gewerblichen Eigentums vom 20.3.1883
RabelsZ	Rabels Zeitschrift für ausländisches und internationales Privatrecht
RA/BT	Rechtsausschuss des Deutschen Bundestags
RdA	Recht der Arbeit
RG	Reichsgericht
RGBl	Reichsgesetzblatt
RGSt	Entscheidungen des Reichsgerichts in Strafsachen
RGW	Rat für gegenseitige Wirtschaftshilfe
RGZ	Entscheidungen des Reichsgerichts in Zivilsachen
RIW	Recht der Internationalen Wirtschaft
R.P.C	Raport of Patent Cases
R.P.C. (C.A.)	dasselbe Entscheidungen des Court of Apeal
R.P.C. (H.L.)	dasselbe Entscheidungen des House of Lords
Rz.	Randziffer
S.	Seite, Satz
s.	siehe
SchiedsVfG	Schiedsverfahrens-Neuregelungsgesetz vom 22.12.1997
SJZ	Süddeutsche Juristenzeitung, Schweizerische Juristenzeitung
Slg.	Sammlung
SMG	Gesetz zur Modernisierung des Schuldrechts vom 26.11.2001
sog.	sogenannte
StGB	Strafgesetzbuch
st.Rspr.	ständige Rechtsprechung
TechTraVO	Gruppenfreistellungsverordnung der EG-Kommission vom 31.1.1996 (Technologietransfer)
Tr.	Tribunal Civil
Tr. comm.	Tribunal de Commerce

Tr. correct.	Tribunal correctionel
Tz.	Textziffer
u. a.	unter anderem
u. Ä.	und Ähnliches
UNCITRAL	United Nations Commission on International Trade Law
UNÜ	New Yorker Übereinkommen über die Anerkennung und Vollstreckung ausländischer Schiedssprüche vom 10.6.1958
UrhG	Urheberrechtsgesetz
42 US 202	Entscheidungen des US Supreme Court
UStG 1999	Umsatzsteuergesetz vom 9.6.1999
UStDVO 1999	Umsatzsteuer-Durchführungsverordnung vom 9.6.1999
u. U.	unter Umständen
UWG	Gesetz gegen den unlauteren Wettbewerb
VG	Verwaltungsgericht
VGH	Verwaltungsgerichtshof
vgl.	vergleiche
VO	Verordnung
Vorbem.	Vorbemerkung
VStG	Vermögensteuergesetz vom 14.11.1990
WM	Wertpapier-Mitteilungen
WRP	Wettbewerb in Recht und Praxis
WuW	Wirtschaft und Wettbewerb
WuW/E	Wirtschaft und Wettbewerb (Entscheidungssammlung)
WZG	Warenzeichengesetz
z. B.	zum Beispiel
ZGB	Zivilgesetzbuch (schweizerisches)
ZHR	Zeitschrift für das gesamte Handelsrecht und Wirtschaftsrecht
Ziff.	Ziffer
ZR	Züricher Rechtsprechung
z. Z.	zur Zeit
ZZP	Zeitschrift für Zivilprozess

Verzeichnis des Schrifttums

Aden
– Internationale Handelsschiedsgerichtsbarkeit, Kommentar zu den Verfahrensordnungen, 2. Aufl., 2002

Aeberhard
– Rechtsnatur und Ausgestaltung der Patentlizenz im deutschen, französischen und schweizerischen Recht, Diss. Bern, 1952

Alff/Ballhaus/Gelhaar/Johannsen/Kessler u.a.
– BGB Kommentar, mit besonderer Berücksichtigung der Rechtsprechung des Reichsgerichts und des Bundesgerichtshofs, 12. Aufl., 1976 ff. (zitiert: BGB/RGRK/Bearbeiter)

Ascarelli
– Teoria della concorrenza e dei beni immateriali, 3. Aufl., 1960

Avery/Mayer
– Das US-Patent, 3. Aufl., 2002

Bartenbach
– Die Patentlizenz als negative Lizenz, 2002

Bartenbach/Gennen
– Patentlizenz- und Know-how-Vertrag, 5. Aufl., 2001

Bartenbach/Volz
– Gesetz über Arbeitnehmererfindungen, Kommentar, 4. Aufl., 2002

Batiffol
– Traité Elémentaire de droit international privé, 3. Aufl., 1959

Baumbach/Hopt
– Handelsgesetzbuch, Kurzkommentar, 30. Aufl., 2000

Baumbach/Lauterbach/Albers/Hartmann
– Zivilprozeßordnung, Kurzkommentar, 61. Aufl., 2003

Beier/Haertel/Schricker
– Europäisches Patentübereinkommen, Münchener Gemeinschaftskommentar, 1984/86

Benkard
– Patentgesetz Gebrauchsmustergesetz, Kurzkommentar, 9. Aufl., 1993. Bearbeiter für PatG: Bruchhausen (Einl. Erläuterungsteil I–III, §§ 1, 2, 4–13), Rogge (§§ 21–24, 81–85, 100–122, 139–145), Schäfers (Einl. Erläuterungsteil IV, V, §§ 17–20, 25–80, 86–99, 123–138), Ullmann (Einl. Internationaler Teil, §§ 3, 14–16 a, 146)
– EPÜ, Europäisches Patentübereinkommen, Kommentar, 2003

Bernhardt/Kraßer
– Lehrbuch des Patentrechts, 4. Aufl., 1986

Blum/Pedrazzini
– Das schweizerische Patentrecht, Kommentar zum Bundesgesetz betreffend Erfindungspatente, 3 Bde., 1957, 1959, 1961; Nachtragsauflage (2. Aufl.), 1975

Bodenhausen
– Pariser Verbandsübereinkunft zum Schutz des gewerblichen Eigentums, Kommentar, 1971

Böckstiegel
– Die Internationale Schiedsgerichtsbarkeit in der Schweiz (II), Das neue Recht ab 1. Januar 1989, 1989 (zitiert: Böckstiegel/Bearbeiter)

Boguslawski
– Internationale Rechtsprobleme des Erfindungswesens, 1963

Böhme
– Die Besteuerung des Know-how, 1967

Brandi/Dohrn/Gruber/Muir
– Europäisches und internationales Patentrecht, 5. Aufl., 2002

Brandt
– Die Schutzfrist des Patents, eine rechtsvergleichende Untersuchung, 1996

Bucher
– Die neue internationale Schiedsgerichtsbarkeit in der Schweiz, 1989

Bühler
– Prinzipien des Internationalen Steuerrechts, 1964

Bülow/Böckstiegel
– Der internationale Rechtsverkehr in Zivil- und Handelssachen (Loseblattsammlung), 1973 ff.

Bunte/Sauter
– EG-Gruppenfreistellungsverordnungen, Kommentar, 1988

Busse
– Patentgesetz und Gebrauchsmustergesetz, Kommentar, 5. Aufl., 1999

Chavanne/Burst
– Droit de la propriété industrielle, 5. Aufl., 1998

Dölle
– Internationales Privatrecht, 2. Aufl., 1972

Ellis/Deller
– Patent Licenses, 3. Aufl., 1958

Emmerich
– Kartellrecht, 9. Aufl., 2001

Enneccerus/Kipp/Wolff
– Lehrbuch des bürgerlichen Rechts, 15. Aufl.; Bd. 1: Nipperdey, 1959/1960; Bd. 2: Lehmann, 1958; Bd. 3: Wolff/Raiser, 1957

Frey
– Die Rechtsnatur der Patentlizenz (Zürcher Beiträge zur Rechtswissenschaft), 1976

Frotscher
– Kommentar zum Einkommensteuergesetz (Loseblattsammlung), 1987 ff.

Frhr. von Gamm
– Wettbewerbsrecht, 2 Bde., 5. Aufl., 1987

Gaul/Bartenbach
– Arbeitnehmererfindung und Verbesserungsvorschlag, 2. Aufl., 1972 (zitiert: ohne besonderen Hinweis)
– Handbuch des gewerblichen Rechtsschutzes (Loseblattsammlung), 5. Aufl., 1999, Stand 2002, 2 Bde. (zitiert: Handbuch)

Geimer
- Internationales Zivilprozeßrecht, 4. Aufl., 2001

Glassen/von Hahn/Kersten/Rieger
- Gesetz gegen Wettbewerbsbeschränkungen, Frankfurter Kommentar, 3. Aufl., 1982/2002

Gleiss/Hirsch
- EWG-Kartellrecht, Kommentar, 4. Aufl., 1993

Glossner/Bredow/Bühler
- Das Schiedsgericht in der Praxis, 4. Aufl., 2002

Frhr. von Godin
- Wettbewerbsrecht, 2. Aufl., 1974

Grabitz
- Kommentar zum EWG-Vertrag (Loseblattsammlung), 1986 ff.

von der Groeben/Thiesing/Ehlermann
- Kommentar zum EWG-Vertrag, 5. Aufl., 1999

Grützmacher/Laier/May
- Der internationale Lizenzverkehr, 8. Aufl., 1997 (zitiert: Grützmacher)

Günzel
- Territorial beschränkte Lizenzen bei parallelen Parteien im gemeinsamen Markt, 1980

Habersack
- Länderspiegel/Patente, Design und Marken, 1985

Haertel
- Europäisches Patentübereinkommen, 2. Aufl., 1978 (zitiert: ohne besonderen Hinweis)
- Gemeinschaftspatentübereinkommen, 1977 (zitiert: GPÜ)

Hauser
- Der Patentlizenzvertrag im französischen Recht im Vergleich zum deutschen Recht, 1984

Haver/Mailänder
- Lizenzvergabe durch deutsche Unternehmen in das Ausland, 1967

Henn
- Problematik und Systematik des Internationalen Patent-Lizenzvertrages, 1967 (zitiert: ohne besonderen Hinweis)
- Schiedsverfahrensrecht, Handbuch für die Praxis, 3. Aufl., 2000 (zitiert: Schiedsverfahrensrecht)

Herrmann/Heuer/Raupach
- Einkommensteuer- und Körperschaftsteuergesetz mit Nebengesetzen (Loseblattsammlung), 21. Aufl., 2002 ff.

Hilty
- Lizenzvertragsrecht, 2001

Immenga/Mestmäcker
- Gesetz gegen Wettbewerbsbeschränkungen, Kommentar, 3. Aufl., 2001

Isay
- Patentgesetz, 6. Aufl., 1932

Jauernig
- Zivilprozeßrecht, 27. Aufl., 2002

Kassler/Koch
- Das österreichische Patentgesetz, 1952

Kegel/Schurig
- Internationales Privatrecht, 8. Aufl., 2000

Kisch
- Handbuch des deutschen Patentrechts, 1923

Klauer/Möhring
- Patentgesetz vom 5.5.1936, 1937 (zitiert: Patentgesetz 1936)
- Patentrechtskommentar, 3. Aufl., 1971 (zitiert: ohne besonderen Hinweis)

Knoppe
- Die Besteuerung der Lizenz- und Know-how-Verträge, 2. Aufl., 1972

Kohler
- Handbuch des deutschen Patentrechts, 1900

Kolle/Strebel
- Europäisches Patentübereinkommen, 3. Aufl., 1998

Korn/Debatin
- Doppelbesteuerung (Loseblattsammlung), 1986 ff.

Kraßer
- Lehrbuch des Patentrechts, 5. Aufl., 2003 (Fortsetzung von Bernhardt/Kraßer)

Krausse/Katluhn/Lindenmaier
- Kommentar zum Patentgesetz, 5. Aufl., 1970 (zitiert: Krausse/Katluhn)

Krause/Katluhn/Möller
- Das Patentgesetz vom 5.5.1936, 2. Aufl., 1936 (zitiert: Möller)

Küchler
- Lizenzverträge im EWG-Recht, einschließlich der Freihandelsabkommen mit den EFTA-Staaten, 1976

Lachmann
- Handbuch für die Schiedsgerichtspraxis, 2. Aufl., 2002

Langen
- Internationale Lizenzverträge, 2. Aufl., 1958

Langen/Bunte
- Kommentar zum deutschen und europäischen Kartellrecht, 9. Aufl., 2001

Lichtenstein
- Die Patentlizenz nach amerikanischem Recht, 1965

Lindenmaier
- Patentgesetz, 6. Aufl., 1973 (Fortsetzung von Krausse/Katluhn/Lindenmaier)

Lindstaedt/Pilger
- Muster für Patentlizenzverträge, 5. Aufl., 2002

Lionnet
- Handbuch der internationalen und nationalen Schiedsgerichtsbarkeit, 2. Aufl., 2001

Lüdecke/Fischer
- Lizenzverträge, 1957

Lutter/Emersleben
- Patentgesetz vom 5.5.1936, Kommentar, 10. Aufl., 1936

Magen
- Lizenzverträge und Kartellrecht, 1963

Maier
– Handbuch der Schiedsgerichtsbarkeit, 2. Aufl., 1986
Makarov
– Grundriß des internationalen Privatrechts, 1970
Mes
– Patentgesetz, Gebrauchsmustergesetz, 1997
Mestmäcker
– Europäisches Wettbewerbsrecht, 2001
Möschel
– Recht der Wettbewerbsbeschränkungen, 1983
Müller-Henneberg/Schwartz/Hootz
– Gesetz gegen Wettbewerbsbeschränkungen und Europäisches Kartellrecht, Gemeinschaftskommentar, 4. Aufl., 1980/97 (frühere Fassung des Lizenzrechts in §§ 20, 21 GWB), 5. Aufl., 1999/2001 (ohne Neufassung des Lizenzrechts in §§ 17, 18 GWB)
Münchener Kommentar zum BGB, 3. Aufl., 1997 ff.; 4. Aufl., 2001 (§§ 1–432)
Munk
– Die patentrechtliche Lizenz, 1897
Nirk
– Gewerblicher Rechtsschutz, 1981
Pagenberg/Geissler
– Lizenzverträge, 5. Aufl., 2003 (deutsch-englisch)
Palandt,
– BGB-Kommentar, 62. Aufl., 2003
Pedrazzini
– Patent- und Lizenzvertragsrecht, 2. Aufl., 1987
Pietzcker
– Kommentar zum Patentgesetz und Gebrauchsmustergesetz, 1929
Pietzke
– Patentschutz, Wettbewerbsbeschränkungen und Konzentration im Recht der Vereinigten Staaten von Amerika, 1983
Pollzien/Bronfen
– International Licensing Agreements, 1965
Pollzien/Langen
– International Licensing Agreements, 2. Aufl. von Pollzien/Bronfen, 1973
Pouillet
– Traité théorique et pratique des brevets d'invention et des secrets de fabrique, 6. Aufl., 1915
Raape/Sturm
– Internationales Privatrecht, 6. Aufl., Bd. I, 1997
Rasch
– Der Lizenzvertrag in rechtsvergleichender Darstellung, 1933
Real
– Der Schiedsrichtervertrag, 1983
Rebmann/Säcker
– Münchener Kommentar zum BGB, 3. Aufl., 1997 ff. (zitiert: Münch-Komm. Bearbeiter)

Reimer
– Patentgesetz und Gebrauchsmustergesetz, 3. Aufl., 1968
Reithmann/Martiny
– Internationales Vertragsrecht, 5. Aufl., 1996
Rittner
– Wirtschaftsrecht, 2. Aufl., 1987
Rosenberg/Schwab/Gottwald
– Zivilprozeßrecht, 15. Aufl., 1993
Roubier
– Le droit de la propriété industrielle, 2 Bde., 1952/54
Schade
– Die Ausübungspflicht bei Lizenzen, 1967
Scheer
– Deutsches Patent-, Gebrauchsmuster-, Geschmacksmuster-, Warenzeichen-, Wettbewerbs- und Arbeitnehmererfindungs-Recht, 37. Aufl., 1989/90
– Internationales Patent- und Warenzeichen-Recht, 48. Aufl., 1989
Schlosser
– Das Recht der internationalen privaten Schiedsgerichtsbarkeit, 2. Aufl., 1989
Schüle/Teske/Wendt
– Kommentar zur Umsatzsteuer (Loseblattsammlung), 1986 ff.
Schütze/Tscherning/Wais
– Handbuch des Schiedsverfahrens, 2. Aufl., 1990
Schulte
– Patentgesetz, Kommentar, 6. Aufl., 2001
Schwab/Walter
– Schiedsgerichtsbarkeit, 6. Aufl., 2000
Schwartz
– Deutsches Internationales Kartellrecht (unter Heranziehung des amerikanischen Antitrustrechts), 1962
Seligsohn
– Gesetz zum Schutz der Warenbezeichnungen, 3. Aufl., 1925
Siech
– Lizenzfertigung im Ausland, 1961
Skaupy
– Der Know-how-Vertrag, 3. Aufl., 1977
Soergel
– BGB-Kommentar, 13. Aufl., 1999/2002
Staudinger
– Kommentar zum BGB, 12. Aufl., 1978 ff.; 13. Aufl., 1995 (§§ 255–327)
Stern/Oppenheimer
– Kommentar zum Patentgesetz, 1919
Stumpf
– Der Know-how-Vertrag, 3. Aufl., 1977
– Der Lizenzvertrag, unter Bearbeitung von Groß, 7. Aufl., 1998
Terrell
– The Law of Patents, 13. Aufl., 1982

Tetzner, H.
– Kommentar zum Patentgesetz und zum Gebrauchsmustergesetz, 2. Aufl., 1951
– Kartellrecht, ein Leitfaden, 2. Aufl., 1967

Tetzner, V.
– Leitfaden des Patent-, Gebrauchsmuster- und Arbeitnehmererfindungsrechts der Bundesrepublik Deutschland, 3. Aufl., 1983

Thomas/Putzo
– Zivilprozeßordnung, 24. Aufl., 2002

Troller
– Immaterialgüterrecht, 2 Bde., 3. Aufl.; I (1983), II (1985)

Ulmer
– Die Immaterialgüterrechte im internationalen Privatrecht, 1975

Vortmann
– Lizenzverträge richtig gestalten, 2. Aufl., 1990

Walter/Bosch/Brönnimann
– Internationale Schiedsgerichtsbarkeit in der Schweiz, Kommentar zu Kapitel 12 des IPR-Gesetzes, 1991

Weber/Fas
– Höchstrichterliche Rechtsprechung zu internationalen Doppelbesteuerungsabkommen, 2 Bde., 1978

Wedekind
– Die Anwendung der Kartellvorschriften des EWG-Vertrages auf Patentlizenzverträge, 1989

Weihermüller
– Die Lizenzvergabe im internationalen Marketing, 1982

Widmer
– Erfolg mit Lizenzen, praxisorientierter Leitfaden für die Unternehmensführung, 1980

Wieczorek/Rössler/Schütze
– Zivilprozeßordnung und Nebengesetze, Kommentar, 2. Aufl., 1976 ff.

Wiedemann
– Kommentar zu den Gruppenfreistellungsverordnungen des EWG-Kartellrechts, Bd. 1, 1989; Bd. 2, 1990

Wolf
– Analyse und Beurteilung der Patent- und Lizenzbilanz der Bundesrepublik Deutschland, 1975

Wolff
– Das Internationale Privatrecht Deutschlands, 3. Aufl., 1954

Zabel
– The Patent Royalty Contract, 1933 (Nachtrag 1940)

Zöller
– Zivilprozeßordnung, 23. Aufl., 2002

1. Kapitel
Grundfragen und Definitionen des Lizenzvertrags

Die Zeit der modernen **Technik** ist nicht nur **fortschrittlich** im herkömmlichen Sinne, sondern auch oder gerade wegen dieser Fortschrittlichkeit **kompliziert** und **schnelllebig**. Hieraus resultieren technische, biologische, psychologische, aber auch ökonomische und ökologische Probleme. Selbst die hochgezüchtete Welt der Technik des 20. Jahrhunderts, die die äußeren Verhältnisse in einem halben Jahrhundert mehr verändert hat, als dies in den Jahrtausenden zuvor der Fall war, musste die praktizierte Eigenständigkeit im betrieblichen, überbetrieblichen oder nationalen Rahmen der Forschung, Entwicklung und Fertigung von Wirtschaftsgütern aufgeben und im Hinblick auf den optimalen ökonomischen Nutzen die **technische Anlehnung** suchen[1].

Die dieser technischen Entwicklung angepassten **Figuren** sind vielfältig: **Forschungs-, Entwicklungs- und Fertigungsgemeinschaften** auf zwischenbetrieblicher, staatlicher und überstaatlicher Ebene im nationalen und internationalen Rahmen, **verlängerte Werkbank** sowie **Fertigungsmontage** sind eine Seite der **modernen rationalisierenden Arbeitsteilung**, wobei die verwendeten Rechtsformen dieser Gemeinschaftsunternehmen (Joint Ventures) – vgl. hierzu unten § 12 (3. Kapitel) – recht vielseitig sind[2]. Die andere Seite ist die institutionsfreie **Lizenzierung** des erworbenen Patentschutzes und des erarbeiteten Know-how. Sie stellt für beide beteiligte Partner, den Lizenzgeber und den Lizenznehmer, die perfekteste Form der **Arbeitsteilung bei Bewahrung der Selbständigkeit** dar[3]. Jedes interessierte Unternehmen kann sich auf dem „Erfindungsmarkt" die Rechte und Verfahren sowie das Know-how kaufen, deren eigene Entwicklung und Erarbeitung ihm entweder nach Kapazität und Qualifikation verwehrt ist oder zeitlich beziehungsweise kostenmäßig unzweckmäßig erscheint. Umgekehrt kann das entwickelnde Unternehmen einen Teil der verausgabten Kosten durch eine Lizenz auf andere interessierte Partner abwälzen und aktive Mitarbeiter für die Weiterentwicklung gewinnen, was sich wieder arbeitsteilend auswirkt[4]. Die Fertigung und der Vertrieb durch Lizenznehmer können zudem technische und wirtschaftliche Vorteile außerordentlichen Ausmaßes für den Lizenzgeber mit sich bringen, die sich

---
1 *Henn*, S. 7; *Nirk*, S. 204 ff.
2 *Weihenmüller*, S. 12 ff.; *Fröhlich*, Multinationale Unternehmen, 1974, S. 81; *Friedmann/Kalmanoff*, Joint International Business Ventures, 1961; *Widmer*, S. 25 f.; *Herzfeld*, Joint Ventures, 1983; *ders.*, Typische Interessenkonflikte in Joint Ventures, in „Der komplexe Langzeitvertrag", 1987, S. 199 ff.; *Ehinger*, Vertragsrahmen des industriellen internationalen Equity Joint Venture, in „Der komplexe Langzeitvertrag", 1987, S. 187 ff.
3 *Henn*, S. 7; *J. Axster*, Die Lizenzierung als Rationalisierungsmittel, GRUR 1964/229 ff.; *Pollzien* bei *Pollzien/Bronfen*, S. 1, 2; *Stumpf*, Lizenzvertrag, Anm. 1 u. 4 sowie in GRUR 1977/441 ff.; *Weihermüller*, S. 1 ff., 14 ff.; *Widmer*, S. 31 ff.; *Pollzien* bei *Pollzien/Langen*, S. 1 f.
4 Vgl. hierzu *Widmer*, S. 125 ff. Wie bedeutsam auch volkswirtschaftlich die Lizenzierung ist, zeigt sich an der deutschen Dienstleistungsbilanz mit dem Ausland, die im Patent- und Know-how-Lizenzbereich (Patente, Erfindungen, Verfahren) in den Jahren 1988–1997 (ab 1990 einschließlich neue Bundesländer) folgende Defizite aufwies:

aus einer **rationelleren Aufteilung des Fertigungs- und Vertriebsablaufs** ergeben[5]. Diesen Gesamtkomplex hat die Deutsche Bundesbank unter internationalen Aspekten in einem sehr instruktiven Aufsatz beschrieben, und hierbei vor allem auch auf den umfangreichen Lizenzaustausch zwischen Mutter- und Tochterunternehmen hingewiesen[6]. Im Jahre 1990 lagen die USA auf der Einnahmenseite an erster Stelle, gefolgt von Italien, Großbritannien und Japan[7]. Die BRD lag an fünfter Stelle[8]. Auf der Ausgabenseite verdrängte die BRD Italien auf den dritten Rang, wurde aber von Japan deutlich übertroffen[9]. Rund 90 % des Weltumsatzes im Lizenzverkehr entfielen hierbei auf 10 Länder[10]. Diese statistischen Gegebenheiten zeigen deutlich den flankierenden wirtschaftlichen Charakter des Lizenzverkehrs auf. Vgl. hierzu auch unten 7. Kapitel. Der **Gesetzgeber fördert** aus den vorgenannten Gründen den Abschluss von **Lizenzverträgen**, wenn der Patentinhaber seine allgemeine Lizenzbereitschaft (Lizenzvergabe an jedermann gegen angemessene Gebühren) erklärt (§ 23 Abs. 1 S. 1 PatG 1981)[11]. In diesem Falle ermäßigen sich die Jahresgebühren auf die Hälfte. Vgl. hierzu Rz. 13.

3 Im Zuge dieser Entwicklung wurde das staatliche Patentrecht zunehmend internationalisiert[12]. Eingeleitet wurde dieser Abschnitt durch die **Pariser Verbandsübereinkunft zum Schutze des gewerblichen Eigentums vom 20. 3. 1883 (PVÜ)**[13], die erstmals einheitliche Maßstäbe für die Anmeldung und Erteilung von Patenten in den Mitgliedstaaten (so genannte **Inländerbehandlung**)[14] aufstellte. Dieses bedeutende, am 1. 3. 2002 in 163 (am 1. 8. 2002 in 177) Staaten[15] geltende internationale Patentabkom-

---

    – 1988: DM 2.588 Mio.   – 1993: DM 3.925 Mio.
    – 1989: DM 3.162 Mio.   – 1994: DM 3.420 Mio.
    – 1990: DM 2.935 Mio.   – 1995: DM 4.021 Mio.
    – 1991: DM 3.880 Mio.   – 1996: DM 3.781 Mio.
    – 1992: DM 3.800 Mio.   – 1997: DM 2.628 Mio.

Vgl. hierzu Monatsberichte der Deutschen Bundesbank, 50. Jahrgang, Nr. 3 (März 1998), S. 70; Zahlungsbilanzstatistik Juli 1998, S. 22 (Statistisches Beiheft zum Monatsbericht 50/3). In den nachfolgenden Jahren 1998–2001 wurden folgende Defizite ausgewiesen:

    – 1998: DM 4.044 Mio.   – 2000: EUR 2.924 Mio.
    – 1999: EUR 1.896 Mio.   – 2001: EUR 2.335 Mio.

Vgl. hierzu Monatsberichte der Deutschen Bundesbank, 54. Jahrgang, Nr. 3 (März 2002), S. 70. Aus dem einschlägigen Schrifttum ist auf folgende Darstellungen zu verweisen: *Stumpf*, Lizenzvertrag, Anm. 1; *Wolf*, S. 185; *Haver/Mailänder*, S. 22 ff. mit kommentiertem Zahlenmaterial für die Jahre 1950–1965; *Weihermüller*, S. 28 ff. mit kommentiertem Zahlenmaterial für die Jahre 1950–1979; Zahlenmaterial der Deutschen Bundesbank für die Jahre 1983–1987 in Monatsberichte der Deutschen Bundesbank, 44. Jahrgang, Nr. 4 (April 1992), S. 34.

5 Vgl. hierzu *Pollzien/Bronfen*, S. 3, 4; *Widmer*, S. 125 ff.; *Stumpf*, Lizenzvertrag, Anm. 3, 5; *Gaul/Bartenbach*, Handbuch, Tz. K 1 ff.
6 Monatsberichte der Deutschen Bundesbank, 44. Jahrgang, Nr. 4 (April 1992), S. 37.
7 Monatsberichte der Deutschen Bundesbank, 44. Jahrgang, Nr. 4 (April 1992), S. 37.
8 Monatsberichte der Deutschen Bundesbank, 44. Jahrgang, Nr. 4 (April 1992), S. 37.
9 Monatsberichte der Deutschen Bundesbank, 44. Jahrgang, Nr. 4 (April 1992), S. 37.
10 Monatsberichte der Deutschen Bundesbank, 44. Jahrgang, Nr. 4 (April 1992), S. 37.
11 Vgl. hierzu *Stumpf*, Lizenzvertrag, Anm. 6.
12 Vgl. *Benkard*, Einl., PVÜ, Anm. 9 ff.; EPÜ, Anm. 101 ff.; GPÜ, Anm. 155 ff.
13 Vgl. *Stumpf*, Lizenzvertrag, Anm. 9; *Benkard*, Einl., PVÜ, Anm. 9; *Nirk*, S. 206 f.
14 Vgl. *Bernhardt/Kraßer*, Anm. 2 zu § 7.
15 Vgl. AblEPA 4/2002, S. 214 ff.; PCT Newsletter Nr. 08/2002.

men wurde laufend vervollkommnet und der Fortentwicklung des Patentrechts angepasst. Die Revisionen von Brüssel (1900), Washington (1911), Den Haag (1925), London (1934), Lissabon (1958) und zuletzt Stockholm (1967) beweisen es. Der Stockholmer Fassung vom 14.7.1967 hat der Deutsche Bundestag durch Gesetz vom 5.6.1970 zugestimmt[16]. Sie ist am 19.9.1970 für die BRD in Kraft getreten[17] und gegenwärtig gültiges – innerstaatliches – Recht[18]. Die PVÜ gilt für eine Reihe von Staaten noch in der Haager, Londoner oder der Lissabonner Fassung[19], was bei der Anwendung im Verhältnis zur BRD zu berücksichtigen ist. Zwischen der BRD und der früheren DDR galt die Stockholmer Fassung seit dem 24.11.1972[20]. Mit der Errichtung der staatlichen Einheit durch Beitritt der früheren DDR gemäß der aufgehobenen Vorschrift des Art. 23 S. 2 GG am 3.10.1990[21]; gibt es keine zwischenstaatlichen Beziehungen mehr in Bezug auf die beiden deutschen Teilstaaten. Es gilt einheitlich im Verhältnis zu Drittstaaten diejenige Fassung der PVÜ, die für die alten Bundesländer in Anwendung war[22]. Zum diesbezüglichen Erstreckungsgesetz vom 23.4.1992 vgl. Rz. 195. Hauptzweck und Hauptvorteil der PVÜ ist die so genannte **Unionspriorität** (Recht auf Altersrang in den Mitgliedstaaten)[23]. Die PVÜ ist weiterhin Gegenstand von Revisionsverhandlungen, die allerdings 1984 auf unbestimmte Zeit unterbrochen wurden[24].

Auf europäischer Ebene wurde das **Übereinkommen über die Erteilung europäischer Patente (EPÜ) am 5.10.1973** in München geschlossen[25], das eine weite Ausstrahlung auch auf Drittländer hat[26]. Es wird im Hinblick auf den Abschlussort auch Münchener Übereinkommen (MPÜ) genannt. An der Konferenz nahmen 21 Staaten teil[27]. Unterzeichnet haben das Übereinkommen 16 Staaten[28]. Es gilt in der Fassung der Akte zur Revision von Art. 63 EPÜ vom 17.12.1991 und der Beschlüsse des Verwaltungsrats der Europäischen Patentorganisation vom 21.12.1978, vom 13.12.1994, vom 20.10.1995, vom 5.12.1996 und vom 10.12.1998. Nach erfolgten Beitritten gehören dem EPÜ nunmehr (1.7.2002) 24 Staaten an, nämlich Belgien, Bulgarien, Dänemark, BRD, Estland, Finnland, Frankreich, Griechenland, Großbritannien und Nordirland,

4

---

16 BGBl 1970 II S. 391; vgl. *Bernhardt/Kraßer*, Anm. 2 zu § 7; *Benkard*, Einl., PVÜ, Anm. 9.
17 Bekanntmachung vom 13.10.1970 (BGBl II S. 1073).
18 RGZ 85/374, 375; BPatGE 3/116, 117; BGHZ 71/1552.
19 Vgl. *Benkard*, Einl., PVÜ, Anm. 9 sowie GRUR Int. 1987/162–165. Die jeweils gültige Fassung ist in der Zusammenstellung des EPA in AblEPA 4/2002, S. 214 ff. (1.3.2002) vermerkt.
20 Bekanntmachung vom 24.1.1975 (BGBl II S. 163).
21 Art. 11 Einigungsvertrag vom 31.8.1990 (BGBl II S. 889).
22 Art. 11 Einigungsvertrag vom 31.8.1990 (BGBl II S. 889).
23 Vgl. *Benkard*, Einl., PVÜ, Anm. 21; *Bernhardt/Kraßer*, Anm. 2 zu § 7.
24 *Bernhardt/Kraßer*, Anm. 2 zu § 7 mit Nachweisen; *Kunz/Hallstein* in GRUR Int. 1981/137 und 182/45. Vgl. auch „aktuelle Informationen" in GRUR Int. 1987/440, sowie „aktueller Bericht" in GRUR 1987/503.
25 Vgl. *Benkard*, Einl., EPÜ, Anm. 101.
26 Vgl. hierzu *Gaul/Bartenbach*, Handbuch, Tz. E 507; *Kolle/Strebel*, S, 35.
27 Dies sind Finnland, Jugoslawien, Portugal, Spanien und die Türkei sowie die 16 Unterzeichnerstaaten (vgl. *Bernhardt/Kraßer*, Anm. 7 zu § 7, sowie *Benkard*, Einl. EPÜ, Anm. 101).
28 Auf der Konferenz (5.10.1973) zeichneten 14 Teilnehmerstaaten, nämlich Belgien, BRD, Dänemark, Frankreich, Griechenland, Irland, Italien, Liechtenstein, Luxemburg, Niederlande, Norwegen, Schweden, Schweiz, Vereinigtes Königreich. Hinzu kamen bis zum 5.4.1974 weitere 2 Teilnehmerstaaten, nämlich Österreich und Monaco (vgl. *Bernhardt/Kraßer*, Anm. 7 zu § 7, sowie *Benkard*, Einl. EPÜ, Anm. 101).

1. Kapitel *Grundfragen und Definitionen des Lizenzvertrags*

Irland, Italien, Liechtenstein, Luxemburg, Monaco, Niederlande, Österreich, Portugal, Schweden, Schweiz, Slowakei, Spanien, Tschechien, Türkei sowie Zypern[29]. Vgl. hierzu auch Rz. 197. Dieses Abkommen stellt keine europäische Konkurrenz zur PVÜ dar. Es geht nicht um nationale Patente mit internationalem Prioritätsschutz, sondern um **europäische Patente,**

– Anhanganlage 24 –

die in den Mitgliedstaaten unmittelbar als (nationale) Patente Gültigkeit besitzen[30]. Deshalb bedarf es zur Patenterteilung auch einer gemeinsamen europäischen Instanz, dem **Europäischen Patentamt (EPA)**, das in München seinen Sitz hat[31], und bei dem die Anmeldung

– Anhanganlage 23 –

erfolgen muss. Die BRD hat dem EPÜ durch Gesetz vom 21.6.1976[32] zugestimmt. Es ist in der BRD und in 6 weiteren europäischen Staaten am 7.10.1977 in Kraft getreten. Weitere Staaten sind danach (am 1.7.2002 insgesamt 24) beigetreten. Vgl. hierzu auch Rz. 197. Die mit diesem In-Kraft-Treten verbundene Änderung des deutschen Patentrechts ist am 1.1.1978 in Kraft getreten und in das Patentgesetz vom 16.12.1980 (PatG 1981)[33] übernommen worden.

5   Auf der Ebene der Europäischen Gemeinschaft (EG) wurde gemäß Art. 142 EPÜ das **Gemeinschaftspatentübereinkommen (GPÜ)** abgeschlossen[34], das für die – gegenwärtigen – 15 Mitgliedstaaten der EU (vgl. Rz. 361) wirksam sein soll. Ursprünglich wurde dieses Übereinkommen von den 9 im Jahre 1975 der EU angehörenden Mitgliedstaaten geschlossen, und zwar am 15.12.1975 in Luxemburg (Luxemburger Übereinkommen). Die EU hat sich damit für das Gebiet des Gemeinsamen Marktes zu einem einheitlichen materiellen Schutzrecht **(Gemeinschaftspatent)** bekannt. Nach seinem Abschlussort wird dieses Übereinkommen auch Luxemburger Patentübereinkommen

---

29 Vgl. AblEPA 5/2002, S. 249.
30 *Bernhardt/Kraßer*, Anm. 7 zu § 7, sprechen deshalb zu Recht von einem Bündel einzelstaatlicher Patente, die nach dem Prüfungs- und Erteilungsverfahren auseinander fallen und ein unabhängiges weiteres Schicksal haben. Zu den Einzelheiten des Verfahrens bei der Erteilung des europäischen Patents vgl. auch *Teschmacher* in GRUR 1985/802 ff. Kritisch zu diesem Übereinkommen *Bezzenberger* in GRUR 1987/367 ff.
31 Vgl. hierzu *Gaul/Bartenbach*, Handbuch, Tz. E 515 ff. Die beim EPA eingegangenen Patentanmeldungen beliefen sich 2001 auf 110 025 (53 737 europäische Anmeldungen). Bezogen auf den Wohnsitz bzw. Sitz des Anmelders entfielen 2001 auf EPA-Länder 48,84 %, auf USA 27,68 %, auf Japan 18,04 % und auf andere Länder 5,45 %. Erteilt wurden 2001 34 704 Patente. Dieses Ziffernmaterial ergibt sich aus dem Jahresbericht 2001 des EPA, sowie dem diesem Jahresbericht (S. 80, 94) beigefügten Tabellenmaterial. Das Statistische Jahrbuch 2002 für die BRD enthält auf S. 347 nur die beim DPA 2000 und 2001 eingegangenen Anmeldungen sowie erteilten Patente (vgl. hierzu unten Anm. 78).
32 BGBl II S. 649.
33 BGBl 1981 I S. 1; geändert durch die in Anm. 67 aufgeführten Gesetze.
34 ABlEG 1976 Nr. L 17, S. 1; vgl. *Benkard*, Einl., GPÜ, Anm. 155; *Stumpf*, Lizenzvertrag, Anm. 9; *Bernhardt/Kraßer*, Anm. 8 zu § 7; *Ohl* in GRUR 1992/78.

genannt. Dieses seit vielen Jahren umstrittene Übereinkommen ist mangels Ratifizierung in allen Mitgliedstatten noch nicht in Kraft getreten. Seit der Jahreswende 2002/2003 besteht Aussicht, die Streitfragen (Patentsprachen, Patentgerichte) zu lösen und das GPÜ in Kraft zu setzen. Eine längere Übergangsfrist ist vorgesehen[35].

Während das **EPÜ eine internationale Anmeldung für seine Vertragsstaaten einem einheitlichen Erteilungsverfahren** zuführt, die Vereinheitlichung des Verfahrens aber auch hierauf beschränkt und die Durchsetzung und Verteidigung des Bündels der nationalen Schutzrechte (es bleiben nationale Schutzrechte) dem nationalen Verfahren überlässt[36], ist Gegenstand des **GPÜ die Schaffung eines einheitlichen Patents (Gemeinschaftspatent)** für die EU mit weitgehend gleichartigen Schutzrechtswirkungen in den Mitgliedstaaten, also ein dem EU-Recht typischer supranationaler Hoheitsakt kraft Delegation mit erheblichen wirtschaftlich-technischen Vorteilen[37]. 6

In den **Mitgliedstaaten des früheren Rates für gegenseitige Wirtschaftshilfe (RGW)** wurden drei Abkommen zu Fragen der schutzrechtlichen Sicherung von wissenschaftlich-technischen Ergebnissen abgeschlossen, die, soweit ersichtlich, weiterhin in Geltung sind bezichungsweise angewendet werden: Das Rechtsschutzabkommen vom 12.4.1973, das Abkommen über die Vereinheitlichung der Erfordernisse für die Ausarbeitung und Einreichung von Erfindungsanmeldungen vom 5.7.1975 und das Abkommen über die gegenseitige Anerkennung von Urheberscheinen und anderen Schutzdokumenten für Erfindungen vom 18.12.1976. Das zuletzt genannte Abkommen sollte einmal einen ersten Schritt in Richtung auf ein einheitliches materielles Schutzrecht innerhalb eines einheitlichen Gebietes analog dem GPÜ darstellen[38]. Nach Auflösung des RGW ist jedoch damit zu rechnen, dass die selbständig gewordenen Mitgliedstaaten Anschluss an das GPÜ suchen, sobald eine Mitgliedschaft in der EU in Betracht kommt. Diesbezügliche Verhandlungen laufen mit Polen, Tschechien und Ungarn, also mit Staaten, deren EU-Mitgliedschaft unmittelbar bevorsteht. Vgl. Rz. 5. 7

Die **Internationalisierung des Patentrechts** hat heute einen Stand erreicht, der im Vergleich zur Zerrissenheit der Welt im politischen Bereich bemerkenswert ist. Es besteht praktisch ein allgemeines Patentrecht, das sich auch in seiner formellen Ausgestaltung immer mehr einem Einheitspatent nähert wie dies das GPÜ erstmals vorgesehen hat. 8

---

35 Vgl. zur jüngsten Entwicklung FAZ Nr. 263 vom 12.11.2002, S. 15; FAZ Nr. 7 vom 9.1.2003, S. 9; FAZ Nr. 53 vom 4.3.2003, S. 13; HBl Nr. 44 vom 4.3.2003, S. 4. Vgl. zu den im Anschluss an die Luxemburger Konferenz vom Dezember 1985 aufgekommenen Fragen auch *Bernhardt/Kraßer*, Anm. 8 zu § 7, *Benkard*, Einl., GPÜ, Anm. 155, *Gaul/Bartenbach*, Handbuch, Tz. E 15.
36 *Bernhardt/Kraßer*, Anm. 7 zu § 7; *Benkard*, Einl., GPÜ, Anm. 157; *Teschemacher* in GRUR 1985/802.
37 Vgl. *Benkard*, Einl., GPÜ, Anm. 157; *Bernhardt/Kraßer*, Anm. 8 zu § 7; *Teschemacher* in GRUR 1985/802.
38 Vgl. *Enderlein*, Der Außenhandelskaufvertrag, 1986, S. 125.

1. Kapitel *Grundfragen und Definitionen des Lizenzvertrags*

So fortgeschritten demnach die Entwicklung eines gesetzlich vereinheitlichten **internationalen Patentrechts** ist, so wenig ist dies beim **Lizenzrecht** der Fall, auch wenn hier die Notwendigkeit nicht geringer zu veranschlagen sein dürfte. Obwohl Lizenzbestimmungen für Patente Gegenstand der meisten Patentgesetze sind (z.B. § 15 PatG 1981) oder sogar eine eigenständige Regelung erfahren haben (z.B. in der früheren DDR gemäß §§ 4, 176–186 GIW), ergeben sich für eine Internationalisierung dadurch erhebliche Probleme, dass das Lizenzrecht dem allgemeinen Vertragsrecht zugeordnet bleibt, das ungeachtet der für das Patentrecht geschlossenen internationalen Abkommen einzelstaatliches Recht ist[39]. Lizenzbestimmungen für Know-how besitzen überhaupt keine Rechtsgrundlage in den Patentgesetzen[40].

9 **Lizenzen sind Erlaubniserteilungen (Lizenzierungen)**[41] von dem grundsätzlichen Verbot

1. das einem anderen durch staatlichen Akt in Bezug auf eine Erfindung verliehene **Schutzmonopol (Schutzrecht, Patent)** oder die **Anmeldung** hierauf **(Schutzrechtsanmeldung, Patentanmeldung)**[42],
2. das nicht allgemein zugängliche (geheime), nicht durch ein Patent oder eine Patentanmeldung geschützte[43] **technische oder betriebswirtschaftliche Wissen** eines anderen **(Know-how)**[44]

zu benutzen. Diese beiden Bereiche werden als „**Vertragsgegenstand**" bezeichnet. Vgl. hierzu den nachfolgenden § 1, Abschnitt 1, sowie § 2, Abschnitt 1. Die Lizenzierung erfolgt üblicherweise zur Herstellung und zum Vertrieb eines bestimmten Produkts gemäß § 9 S. 2 Nummer 1 PatG 1981 **(Vertragsprodukt)**. Vgl. hierzu unten § 8

---

39 Vgl. hierzu *Stumpf*, Lizenzvertrag, Anm. 13 ff.; *Benkard*, Anm. 33 zu § 15.
40 Vgl. hierzu *Stumpf*, Know-how-Vertrag, Einl. Anm. 1 ff.; *ders.*, Lizenzvertrag, Anm. 18; *Benkard*, Anm. 139 zu § 15. Im anglo-amerikanischen Recht liegt die Rechtsgrundlage des Knowhow-Lizenzvertrags deshalb auch im common law und nicht im statute law. Vgl. hierzu *Goldscheider* bei *Pollzien/Langen*, S. 449, 451 f.
41 *Haver/Mailänder*, S. 15 f.; *Pollzien* bei *Pollzien/Langen*, S. 166; *Bartenbach/Gennen*, Rz. 125 ff.; *Pedrazzini*, S. 128; *Schulte*, Anm. 27 zu § 15.
42 *Stumpf*, Lizenzvertrag, Anm. 13–17; *Haver/Mailänder*, S. 29; *Bartenbach/Gennen*, Rz. 128, 129; *Benkard*, Anm. 50 zu § 15; BGH GRUR 1967/245, 246; 1969/677, 678; BGHZ 17/41, 55, 56 f.; 51/263, 265.
43 Vgl. zur Definition und Abgrenzung *Pagenberg/Geissler*, S. 104 (Tz. 137), sowie S. 236 (Tz. 12). In der amerikanischen Terminologie wird deshalb auch von „unprotected" Know-how gesprochen.
44 Entscheidend für den Begriff des Know-how ist damit die fehlende allgemeine Zugänglichkeit des technischen oder betriebswirtschaftlichen Wissens. Dies sollte mit dem Begriff „geheim" identifiziert werden, was sich auch aus kartellrechtlichen Gründen (vgl. zum kartellrechtlichen Know-how-Begriff Rz. 62, 368, 411) empfiehlt. Vgl. hierzu *Stumpf*, Lizenzvertrag, Anm. 18 und 524; *ders.*, Know-how-Vertrag, Anm. 4–10; *Pagenberg/Geissler*, S. 236 (Tz. 12), wo jedoch (Tz. 13) trotz des Hinweises auf die Definition in Art. 10 Nummern 1–4 TechTraVO bemerkt wird, dass auch nicht-geheimes Wissen einbezogen sein könne; *Haver/Mailänder*, S. 73 ff.; *Benkard*, Anm. 138–141 sowie 177 zu § 15, und *Schulte*, Anm. 13 zu § 15, sowie *Gaul/Bartenbach*, Handbuch, Tz. Q 15, unter Beschränkung auf das technische und (Q 3) unter Ausdehnung auf das nicht-geheime Wissen; ähnlich *Bartenbach/Gennen*, Rz. 147, 2545. Vgl. weiter *Pollzien* bei *Pollzien/Langen*, S. 170; RGZ 122/70, 73; 149/329, 334; BGHZ 17/41, 51; BGH GRUR 1955/424, 426; BGH NJW 1960/1999.

(3. Kapitel) sowie Einleitung zum 4. Kapitel. Lizenzen sind auch **Optionen.** Vgl. hierzu unten § 13 (4. Kapitel) und § 18, Abschnitt 2 (6. Kapitel). Vorbehaltlich anderer Vertragsabsprache wird der „Vertragsgegenstand" nach den Gegebenheiten lizenziert, die im Zeitpunkt des Vertragsabschlusses bestehen. Zukünftige Rechte gehören also im Zweifel nicht zum „Vertragsgegenstand". Vgl. hierzu auch unten § 20, Abschnitt 2, und § 21, Abschnitt 5 (6. Kapitel).

Rechtsgrundlage der Lizenzierung ist ein **Vertrag** zwischen Lizenzgeber und Lizenznehmer **(Lizenzvertrag)**[45], der sich in seinem Vertragsgegenstand auf die Rechte des Lizenzgebers bezieht, aber im Rahmen eines gesondert vereinbarten Austauschs (vgl. unten § 23, 6. Kapitel) auch die Rechte des Lizenznehmers umfassen kann. Unter einem „Vertrag" ist die von zwei oder mehr Personen erklärte Willensübereinstimmung über die Herbeiführung eines bestimmten rechtlichen Erfolgs zu verstehen (§§ 145 ff. BGB)[46]. Sind mehr als zwei Personen am Vertragsabschluss beteiligt, ändert dies nichts daran, dass lizenzrechtlich nur zwei Vertragsparteien vorhanden sind, nämlich Lizenzgeber und Lizenznehmer. Jede am Vertragsabschluss beteiligte Person muss dieser der einen oder anderen Vertragspartei zugeordnet werden. Ungeachtet dessen ist es aber denkbar und durchaus im Rahmen von wechselseitigen Lizenzbeziehungen üblich, dass der Lizenzgeber zugleich auch Lizenznehmer ist und umgekehrt, dies aber im Hinblick auf verschiedene Vertragsgegenstände.

10

Das **Gesetz zur Modernisierung des Schuldrechts (SMG)** vom 26.11.2001[47] hat auch, obwohl vorrangig dem Verbraucherschutz dienend, in das Lizenzrecht eingegriffen. Dies gilt einmal von den Vertragstypen her (vgl. unten 2. Kapitel, § 6), zum anderen im Schadensersatzrecht (vgl. unten 5. Kapitel, § 16, Abschnitt 4) sowie bei den Leistungsstörungen (vgl. unten 6. Kapitel, § 25, Abschnitt 1). Ähnliches gilt für das **Mietrechtsreformgesetz (MietRRG)** vom 19.6.2001[48].

Lizenzverträge werden sowohl über **Schutzrechte** beziehungsweise **Patente** sowie **Anmeldungen** hierauf **(Patentlizenzvertrag)** als auch über **Know-how (Know-how-Lizenzvertrag)** abgeschlossen[49]. Am üblichsten ist die gemischte Form (kombinierter Patent- und Know-how-Lizenzvertrag)[50].

11

Vom Lizenzvertrag im Sinne der vorstehenden Darlegungen sind nachfolgend gemäß Rz. 13 und 14

1. die Lizenzbereitschaftserklärung (§ 23 PatG 1981)
2. die Zwangslizenz (§ 24 PatG 1981)

---

45 *Bernhardt/Kraßer*, Anm. IV b zu § 40; *Benkard*, Anm. 33 zu § 15; *Stumpf*, Lizenzvertrag, Anm. 43 ff.; *Schulte*, Anm. 27 zu § 15.
46 BGB/RGRK/*Piper*, Anm. 2–4 vor 145; *Dilcher* bei *Staudinger*, Anm. 5–9 vor § 145; *Stumpf*, Lizenzvertrag, Anm. 46; RGZ 157/228, 233; BGHZ 21/102, 106; 26/204, 208; 55/104; BGH NJW 1971/521.
47 BGBl I S. 3138. Vgl. hierzu *Palandt*, Rz. 21 ff. vor § 241.
48 BGBl I S. 1149. Vgl. hierzu *Palandt*, Rz. 77–77g vor § 535.
49 *Stumpf*, Lizenzvertrag, Anm. 13–18; *ders.*, Know-how-Vertrag, Anm. 1–3; *Benkard*, Anm. 33 sowie 138–141 zu § 15; *Pedrazzini*, S. 128 ff.
50 *Henn*, S. 61; *Stumpf*, Lizenzvertrag, Anm. 18 sowie Know-how-Vertrag, Anm. 1. Kartellrechtlich wird vom „gemischten Patent-Know-how-Lizenzvertrag" gesprochen. Vgl. unten § 28, Abschnitt 10.

zu scheiden[51]. Beide Lizenzbereiche beziehen sich auf Patente und Patentanmeldungen, nicht auf Know-how.

12 Hinsichtlich des Abschlusses von Lizenzverträgen herrscht **Vertragsfreiheit**[52], wobei lediglich durch **öffentliches Recht**, insbesondere durch **Kartellrecht**[53], Grenzen gezogen sind. Vgl. hierzu unten 7. Kapitel.

Der in deutscher, englischer und französischer Sprache abgefasste **Lizenz-Standardvertrag**

– Anhanganlagen 1, 2 und 3 –

entspricht diesem Grundsatz der Vertragsfreiheit unter Berücksichtigung der wesentlichen inhaltlichen Gestaltungspunkte. Vgl. hierzu unten § 1, Abschnitt 3, und § 2, Abschnitt 3. Diese Lizenz-Standardverträge vermitteln nicht nur ein **Formularangebot** für entsprechende Vertragsabschlüsse, sondern auch Detailformulierungen für wichtige Vertragsklauseln mit entsprechenden **fremdsprachlichen Formulierungshilfen.** Hinzuweisen ist auch auf die englischen Einzeltexte in den Anhanganlagen 7, 10 und 27.

13 Die **Lizenzbereitschaftserklärung** (§ 23 PatG 1981) stellt eine schriftliche Erklärung des Patentinhabers oder Patentanmelders gegenüber dem Patentamt dar, die den Charakter einer Verfügung mit materiellrechtlicher Wirkung hat[54]. Der Patentinhaber bzw. Patentanmelder verzichtet damit auf wesentliche Teile seines Rechtes (§§ 9, 15 Abs. 2 PatG 1981). Mit der Lizenzbereitschaftserklärung ist die Verpflichtung verbunden, „jedermann die Benutzung der Erfindung gegen angemessene Vergütung zu gestatten"[55]. Folge der Lizenzbereitschaftserklärung ist die **Halbierung der Jahresgebühren**[56]. Die Wirkung der Erklärung, die für ein Hauptpatent abgegeben wird, erstreckt sich auf sämtliche Zusatzpatente. Sie ist widerruflich. Sie ist in die **Patentrolle** (§ 30 Abs. 1–3 PatG 1981) einzutragen und im Patentblatt zu veröffentlichen. Die Vergütung wird auf schriftlichen Antrag eines der Beteiligten durch die Patentabteilung (§ 23 Abs. 4 S. 1 PatG 1981) festgesetzt, falls sich diese nicht einigen[57].

14 Im Falle einer **Zwangslizenz** (§ 24 PatG 1981) fehlt es an der Bereitschaftserklärung des Patentinhabers oder Patentanmelders. Dieser weigert sich gerade umgekehrt, die Benutzung der Erfindung einem anderen zu gestatten, der sich bemüht hat, vom Patentinhaber oder Patentanmelder die Zustimmung zu erhalten, die Erfindung zu angemessenen Bedingungen zu benutzen[58]. Die jetzige Fassung dieser Regelung geht

---

51 *Benkard*, Anm. 1 zu § 23 und Anm. 2 zu § 24; *Stumpf*, Lizenzvertrag, Anm. 350–357; *Bernhardt/Kraßer*, Anm. I und IV a zu § 34.
52 Vgl. hierzu *Benkard*, Anm. 34 zu § 15.
53 Vgl. hierzu *Benkard*, Anm. 34 zu § 15.
54 *Benkard*, Anm. 4 zu § 23; *Bartenbach/Gennen*, Rz. 98, 99; *Bernhardt/Kraßer*, Anm. I 1 zu § 34, mit Nachweisen; BPatGE 13/159/160.
55 Vgl. hierzu *Stumpf*, Lizenzvertrag, Anm. 6. Über die diesbezüglichen Nachteile vgl. *Bernhardt/Kraßer*, Anm. I 1 zu § 34. Die jährlichen Bereitschaftserklärungen belaufen sich auf ca. 3000, demnach auf 5 % der Gesamtanmeldungen (Anm. I 2 zu § 34).
56 Vgl. *Bartenbach/Gennen*, Rz. 100.
57 *Benkard*, Anm. 13–16 zu § 23; *Bernhardt/Kraßer*, Anm. I 5 zu § 34; BGH GRUR 1967/655, 657.
58 Vgl. *Bartenbach/Gennen*, Rz. 103.

auf das Änderungsgesetz vom 16.7.1998[59] zurück. Die Zwangslizenz ist nur zu erteilen, wenn dies das öffentliche Interesse gebietet[60]. Außerdem ist sie erst dann zulässig, wenn das Patent erteilt ist (§ 24 Abs. 5 S. 1 PatG 1981). Zuständig ist der Nichtigkeitssenat des Patentgerichts (§ 66 Abs. 1 Nummer 2 i.V.m. §§ 81, 84 PatG 1981).

Die Erteilung einer Zwangslizenz, die stets einfache, nicht ausschließliche Lizenz ist[61], kann erhebliche Auswirkungen für zuvor erteilte einfache oder ausschließliche Lizenzen haben[62]. Der einfache Lizenznehmer hat nur dann Ansprüche gegen seinen Lizenzgeber, wenn nach den konkreten vertraglichen Bedingungen Einschränkungen oder Belastungen seiner Lizenz mit der Zwangslizenz verbunden sind, was nachzuweisen ist. Der ausschließliche Lizenznehmer wird dagegen regelmäßig Ansprüche gegen seinen Lizenzgeber geltend machen können, hinsichtlich derer das Schrifttum[63] zwischen Lizenzgebühren-Minderungsrechten, Rücktrittsrechten, Kündigungsrechten und Übertragungsrechten in Bezug auf die dem Lizenzgeber zustehenden Gebührenrechte gegenüber dem Zwangslizenznehmer unterscheidet. **Sukzessionsschutz** gemäß § 15 Abs. 3 PatG 1981 findet nicht statt.

Die Regelung des § 24 PatG 1981 über Zwangslizenzen ist auch auf europäische Patente nach dem EPÜ unmittelbar anzuwenden, soweit diese mit Wirkung für die BRD erteilt sind (Art. 2 Abs. 2, Art. 74 EPÜ)[64]. Bei Gemeinschaftspatenten nach dem noch nicht in Kraft getretenen GPÜ (Rz. 5) wird gemäß Art. 45 GPÜ i.V.m. § 24 Abs. 1 PatG 1981 die Erteilung einer territorial beschränkten Zwangslizenz zulässig sein, solange die in Aussicht genommene weiter gehende Vereinheitlichung des europäischen Patentrechts[65] noch nicht stattgefunden hat[66].

Der Abschluss von Lizenzverträgen ist häufig, wie oben dargestellt, eine systematische **15**
geschäftspolitische Aktivität, und zwar sowohl auf Seiten des Lizenzgebers als auch auf Seiten des Lizenznehmers. Er kann aber auch marketingmäßig

– Anhanganlage 9 –

betrieben werden, und zwar dann ausschließlich durch den Lizenzgeber, der aus finanziellen oder technischen Gründen Lizenzinteressenten nach einem bestimmten Konzept sucht oder suchen lässt.

---

59 BGBl I S. 1827. Hierzu *Bartenbach/Gennen*, Rz. 103.
60 Vgl. hierzu *Bartenbach/Gennen*, Rz. 108; BGH GRUR 1972/471 f.; OLG München NJW-RR 1994/432.
61 Vgl. *Bartenbach/Gennen*, Rz. 112.
62 *Benkard*, Anm. 21 zu § 24; *Bernhardt/Kraßer*, Anm. IV a 5 zu § 34; *Bartenbach/Gennen*, Rz. 115, 116; *Stumpf*, Lizenzvertrag, Anm. 351 und 352; RGZ 83/274, 276; 86/436, 439. Soweit feststellbar, wurde in der BRD bislang bei insgesamt 12 Verfahren noch keine Zwangslizenz erteilt. Vgl. hierzu *Benkard*, Anm. 5 zu § 24, sowie *Bernhardt/Kraßer*, Anm. IV a 5 zu § 34, unter Hinweis auf *Greif* in GRUR Int. 1981/733. Zur nachfolgenden Zeit vgl. *Bartenbach/Gennen*, Rz. 105.
63 Vgl. hierzu *Bartenbach/Gennen*, Rz. 116; *Stumpf*, Lizenzvertrag, Anm. 351–355 mit Nachweisen.
64 *Bartenbach/Gennen*, Rz. 104; *Benkard*, Anm. 7 zu § 24; *Bernhardt/Kraßer*, Anm. IV a 2 zu § 34.
65 *Benkard*, Anm. 7 zu § 24 i.v.m. Entschließung der Luxemburger Konferenz in GRUR Int. 1976/249.
66 *Benkard*, Anm. 7 zu § 24; *Bernhardt/Kraßer*, Anm. IV a 2 zu § 34.

1. Kapitel *Grundfragen und Definitionen des Lizenzvertrags*

In den nachfolgenden §§ 1, 2 und 3 sind die Elemente des Patentlizenzvertrages, des Know-how-Lizenzvertrages und des kombinierten Patent-Know-how-Lizenzvertrages im Einzelnen zu behandeln.

§ 1 Der Patentlizenzvertrag

16 Maßgebliche **gesetzliche Grundlage für den Patentlizenzvertrag** ist die Bestimmung des § 15 Abs. 2 PatG 1981[67], die folgenden Wortlaut hat[68]:

> *„Die Rechte nach Absatz 1 können ganz oder teilweise Gegenstand von ausschließlichen oder nicht ausschließlichen Lizenzen für den Geltungsbereich dieses Gesetzes oder einen Teil desselben sein. Soweit ein Lizenznehmer gegen eine Beschränkung seiner Lizenz nach Satz 1 verstößt, kann das Recht aus dem Patent gegen ihn geltend gemacht werden."*

In § 15 Abs. 1 S. 1 PatG 1981 ist unter dem Aspekt der erbrechtlichen Universalsukzession dreierlei geregelt:

1. das Recht auf das Patent,
2. der Anspruch auf Erteilung des Patents,
3. das Recht aus dem Patent.

Darüber hinaus wird in § 15 Abs. 1 S. 2 PatG 1981 Folgendes bestimmt:

4. Das Recht, diese Rechte gemäß S. 1
   a) beschränkt
   b) unbeschränkt
   auf andere zu übertragen.

Ungeachtet des Wortlauts des § 15 Abs. 2 PatG 1981, der sich auf beide Sätze des Abs. 1 bezieht, kann die Lizenz nur dessen Satz 1 betreffen, denn Satz 2 regelt die Übertragung der Rechte gemäß Satz 1 auf andere, die etwas anderes sein muss als die in Absatz 2 geregelte Lizenzierung. Sie beinhaltet die eigentumsrechtliche Übertragung der Rechte, während Absatz 2 die zeitweilige Gebrauchsüberlassung betrifft. Diese Frage war unter Geltung des § 9 des Patentgesetzes vom 9. 5. 1961 (PatG 1961)[69], in Übereinstimmung mit § 9 des Patentgesetzes vom 2. 1. 1968 (PatG 1968)[70], anders zu beurteilen, denn diese Bestimmung bestand nur aus einem einzigen Absatz mit 2 Sät-

---

[67] Gesetz vom 16.12.1980 (BGBl 1981 I S.1); geändert insbesondere durch Gesetz vom 15.8.1986 (BGBl I S. 1446), durch Gesetz vom 7.3.1990 (BGBl I S. 422), durch Gesetz vom 20.12.1991 (BGBl II S.1354, 1355), durch Gesetz vom 23.3.1993 (BGBl I S. 366), durch Gesetz vom 28.10.1996 (BGBl I S. 1546), durch Gesetz vom 16.7.1998 (BGBl I S. 1827), durch Gesetz vom 6.8.1998 (BGBl I S. 2030) sowie durch Gesetz vom 22.12.1999 (BGBl I S. 2598) und durch Gesetz vom 13.12.2001 (BGBl I S. 3656).
[68] Vgl. hierzu *Benkard*, Anm. 33 zu § 15; *Stumpf*, Lizenzvertrag, Anm. 13.
[69] BGBl I S. 549.
[70] BGBl I S. 1.

zen, die wortgetreu dem Absatz 1 des § 15 PatG 1981 entspricht. Schrifttum und Rechtsprechung haben sich deshalb mangels anderer gesetzlicher Definition oder Verankerung der Lizenz an den Satz 2 betreffend die Übertragung der Rechte des Satzes 1 anlehnen müssen und resümiert, dass nach einem argumentum a maiore ad minus bei Zulässigkeit der Rechtsübertragung erst recht eine Lizenzierung zulässig sein müsse[71].

Nun hat das PatG 1981 in § 15 Abs. 2 eine **eigenständige Regelung der Lizenzerteilung** getroffen[72], sodass zwangsläufig die Bestimmung des Abs. 1 S. 2 auf ihren ursprünglichen, wortgemäßen Sinn zurückzuführen ist, nämlich den der Rechtsübertragung.

Der **Lizenzvertrag hat wirtschaftlich eine ungleich größere Bedeutung als die Rechtsübertragung**[73]. Dies liegt an der oben (Einleitung zu diesem Kapitel) beschriebenen systematischen geschäftspolitischen Aktivität, die auch und insbesondere in der Vielfalt der praktizierten Inhaltsformen der Lizenz (vgl. hierzu unten 3. Kapitel) zum Ausdruck kommt. Die Rechtsübertragung hat diese Möglichkeiten nicht.

17

Abschnitt 1
Der Vertragsgegenstand

Der „Vertragsgegenstand" stellt das **Objekt der Lizenzierung** dar. Er wird im Vertrag

18

– Anhanganlagen 1, 2, 3 (Randziffer 1 a), 4 (Randziffer 1.1),
7 (Randziffer 1.2), 8 (Randziffer 1) und
10 (Randziffer 1 c) –

definiert. Der äußerste Rahmen wird durch § 15 Abs. 1 S. 1 i. V. m. Abs. 2 PatG 1981 bestimmt. Dieser Rahmen umfasst demnach das **Recht auf das Patent**, den Anspruch auf Erteilung des Patents und das Recht aus dem Patent[74]. Diese Rechte können **ganz oder teilweise lizenziert** werden **(Vertragsgebiet)**,

– Anhanganlagen 1, 2, 3 (Randziffern 2, 3, 4, 7, 49 und 50),
7 (Randziffern 2, 15), 8 (Randziffern 3 und 18) und
10 (Randziffern 1 a, 1 b, 2, 3, 6, 7 und 15) –

was **sachlich, örtlich (territorial), persönlich und zeitlich** zu verstehen ist[75]. Vgl. hierzu unten 4. Kapitel. Die Lizenzierung kann **ausschließlich**, also ohne Bestellung weiterer Lizenzen und mit Selbstausschluss auf dem lizenzierten Vertragsgebiet, oder **nicht ausschließlich (einfach)** erfolgen[76]. Vgl. hierzu unten § 9 (3. Kapitel).

---

71 Vgl. hierzu *Bernhardt/Kraßer*, Anm. IV a zu § 40; *Benkard*, Anm. 33 und 138 zu § 15; *Stumpf*, Lizenzvertrag, Anm. 13; *Klauer/Möhring*, Anm. 21 zu § 9; BGHZ 17/41, 51; 46/365, 375.
72 *Stumpf*, Lizenzvertrag, Anm. 15; *Osterloh* in GRUR 1985/707.
73 Vgl. *Benkard*, Anm. 33 zu § 15.
74 *Stumpf*, Lizenzvertrag, Anm. 15; *Gaul/Bartenbach*, Handbuch, Tz. K 50.
75 *Benkard*, Anm. 35 zu § 15; *Stumpf*, Lizenzvertrag, Anm. 25–35; *Haver/Mailänder*, S. 41; *Pollzien* bei *Pollzien/Langen*, S. 8 f.
76 *Benkard*, Anm. 34 zu § 15; *Stumpf*, Lizenzvertrag, Anm. 36–39; *Pollzien* bei *Pollzien/Langen*, S. 8 f.; RG GRUR 1934/306; RGZ 155/306; BGHZ 62/272, 274.

1. Kapitel *Grundfragen und Definitionen des Lizenzvertrags*

19 Unter dem **Recht auf das Patent** ist die Gesamtheit der aus der Erfindung herrührenden Rechte zu verstehen (§ 6 PatG 1981)[77]. Eine Anmeldung ist hierfür nicht erforderlich. Der Anspruch auf Erteilung des Patents ist die durch die Anmeldung einer Erfindung beim **Deutschen Patentamt (DPA)** begründete Rechtsstellung (§§ 34, 7 PatG 1981)[78]. Sie setzt die **Offenlegung der Anmeldung**

– Anhanganlage 21 –

nicht voraus[79]. Diese **verstärkt jedoch die Rechtsstellung des Anmelders** (§ 32, 33 PatG 1981)[80]. Das Recht aus dem Patent umfasst die gesamte Rechtsstellung, die das erteilte Patent dem Patentinhaber gewährt (§§ 9, 10 PatG 1981)[81].

Vertragsgegenstand ist hiernach

1. die Erfindung, die dem Erfinder oder dessen Rechtsnachfolger das Recht auf das Patent vermittelt (§ 6 PatG 1981);
2. die aus der Anmeldung der Erfindung für den Anmelder sich ergebende Rechtsstellung (§§ 34, 7 PatG 1981);
3. die aus der Erteilung des Patents für den Patentinhaber folgende Rechtsstellung (§§ 9, 10 PatG 1981).

Die Bestimmung des § 9 PatG 1981 gilt für vom **Deutschen Patentamt (DPA)**

– Anhanganlage 22 –

oder vom **Europäischen Patentamt (EPA)** für die BRD

– Anhanganlage 24 –

erteilte Patente[82]. Die Begrenzung der Wirkungen des Patents auf das Staatsgebiet des für dieses geltenden Patentgesetzes ist ein internationaler Rechtsgrundsatz **(Territorialitätsgrundsatz)**[83]. Unter BRD ist die Bundesrepublik Deutschland mit dem Staatsgebiet zu verstehen, das nach dem Beitritt der früheren DDR am 3.10.1990 (patentrechtlich mit Wirkung ab 1.5.1992) entstanden ist[84]. Ein eingeschränkter Schutz, der

---

77 *Benkard*, Anm. 1–3 a zu § 6 sowie Anm. 2 zu § 15.
78 *Benkard*, Anm. 2 zu § 15. Beim DPA bestanden Ende 2000 121 698 Patente und Ende 2001 119 072 Patente. Neu angemeldet wurden 2000 111 488 Patente und 2001 128 786 Patente. Herkunftsmäßig (Wohnsitz bzw. Sitz des Anmelders) stammen die Anmeldungen zu ca. 82.5 % (2000) bzw. zu 82,0 % (2001) aus der BRD, was auf die Anmeldungen beim EPA (vgl. hierzu oben Anm. 31) zurückzuführen sein dürfte. Die Auslandsanmeldungen (17,5 % bzw. 18,0 %) entfallen vor allem auf Japan, die USA und die Schweiz. Die anderen Herkunftsländer liegen bei oder unter 1 %. Dieses Ziffernmaterial ergibt sich aus Statistisches Jahrbuch 2002 für die BRD, S. 347. Dem Jahresbericht des DPA 2001 (S. 12) sind etwas abweichende Zahlen für die Anmeldungen für 2000 (109 049) sowie für 2001 (119 155) zu entnehmen. Vgl. hierzu auch oben Anm. 31
79 *Benkard*, Anm. 2 zu § 15.
80 *Benkard*, Anm. 2 zu § 15 sowie Anm. 2 zu § 33.
81 *Benkard*, Anm. 2 zu § 15.
82 *Benkard*, Anm. 3 zu § 9.
83 *Lüdecke/Fischer*, S. 346; *Henn*, S. 52; *Benkard*, Einl., PatG, Anm. 24 und 29 sowie Anm. 8–14 zu § 9; BGH GRUR 1968, 195, 196; RGZ 30/52, 55; 46/14, 16; 51/139, 140; 84/370, 375; 149/103, 105.
84 *Benkard*, Anm. 3 a, 9 zu § 9 sowie in GRUR 1951/177; *Zeller* in GRUR 1966/229; OLG Düsseldorf in BB 1967/307, 308. Vgl. Rz. 195.

weder ein alleiniges Benutzungsrecht noch ein Verbotsrecht gewährt, tritt bereits mit der Offenlegung der Anmeldung

– Anhanganlage 21 –

ein (§ 32, 33 PatG 1981)[85]. Die rechtskräftige Erteilung des Patents ist für den Beginn der Schutzwirkung des Patents nicht erforderlich. Einspruch, Beschwerde und Rechtsbeschwerde haben diesbezüglich keine aufschiebende Wirkung. **Europäische Patente**, die für die BRD erteilt sind, haben die gleichen Wirkungen wie die vom Deutschen Patentamt erteilten Patente (Art. 64 EPÜ)[86].

Vertragsgegenstand sind üblicherweise auch **ausländische Patente**, wobei sich die Voraussetzungen für den Schutz der Erfindung nach den Bestimmungen der entsprechenden ausländischen Patentgesetze richten[87]. Dies gilt sowohl für die Anmeldung als auch für die Erteilung der Patente. Die **Patentdauer (Schutzdauer)** ist nach den Patentgesetzen verschieden gestaltet, wobei sich der Beginn nach der Anmeldung, der Offenlegung derselben oder der Erteilung des Patents richtet[88]. Für das nach dem PatG 1981 erteilte Patent beträgt die Patentdauer **20 Jahre** (§ 16 PatG 1981)[89]. Sie wird vom Tage nach dem Eingang der Anmeldung beim Deutschen Patentamt (DPA) ab gerechnet (§§ 16, 34 PatG 1981)[90]. **Zusatzpatente**, die der Verbesserung oder Ausbildung einer bereits patentierten Erfindung dienen, enden zum gleichen Zeitpunkt wie das bereits erteilte Hauptpatent (§ 16 Abs. 1 PatG 1981). Fällt das Hauptpatent vorzeitig fort, wird das Zusatzpatent zu einem selbständigen Hauptpatent, dessen Dauer sich nach dem Anfangstag des fortgefallenen Patents richtet. Von diesen Zusatzpatenten sind die gemäß § 16 a PatG 1981 neu geschaffenen **„ergänzenden Schutzzertifikate"** zu unterscheiden, deren Laufzeit sich unmittelbar an den Ablauf des Patents gemäß § 16 Abs. 1 PatG 1981 anschließt. Die **Patentdauer des europäischen Patents** beträgt gleichfalls **20 Jahre** ab Anmeldetag (Artikel 63 Abs. 1 EPÜ). Vgl. hierzu auch Rz. 197.

20

Für die technische Abgrenzung des Vertragsgegenstands ist der **Schutzbereich des Patents** (§ 14 PatG 1981) maßgeblich, wie sich dieser aus dem Patentanspruch und – auslegend – aus der **Beschreibung** der Erfindung **(Patentschrift)**,

21

– Anhanganlagen 22 und 24 –

wie diese Gegenstand der Anmeldung sind (§ 34 Abs. 3 Nummern 3 und 4 PatG 1981), ergibt[91]. Im **Patentanspruch**[92] ist das, was als patentfähig unter Schutz gestellt werden soll, durch Worte, chemische oder mathematische Formeln zu umschreiben[93]. Patentansprüche müssen aus sich heraus verständlich sein[94]. Sie müssen eindeutig erkennen

---

85 *Benkard*, Anm. 3 zu § 9, Anm. 2 zu § 16 und Anm. 1 zu § 33.
86 *Benkard*, Anm. 3 zu § 9; EPA in GRUR 1979/303.
87 *Benkard*, Anm. 8 und 9 zu § 9; *Schade*, Patenttabelle; *Gaul/Bartenbach*, Handbuch, Tz. E 953 ff.
88 Vgl. hierzu *Henn*, S. 83 ff.
89 *Benkard*, Anm. 3 zu § 16.
90 *Benkard*, Anm. 3 zu § 16; BGHZ 1/194, 196; 47/132 ff.
91 *Stumpf*, Lizenzvertrag, Anm. 215; *Henn*, S. 29, 52; *Lüdecke/Fischer*, S. 147–149; BGH GRUR 1979/308; *Benkard*, Anm. 5 zu § 14; BGHZ 98/12, 18.
92 Vgl. hierzu *Benkard*, Anm. 10–36 zu § 14; BGHZ 98/12, 18.
93 *Benkard*, Anm. 50 zu § 35; BPatGE 11/199; 22/105, 107.
94 *Benkard*, Anm. 51 zu § 35.

lassen, für welche Lehre zum technischen Handeln Schutz begehrt wird[95]. Außerdem müssen sie hinreichend erkennen lassen, wodurch sich der Anmeldungsgegenstand vom Stand der Technik unterscheidet[96]. Die Beschreibung ist sachlich der wichtigste Teil der Anmeldung[97]. Sie dient der näheren Offenbarung der Erfindung und muss in deutscher Sprache abgefasst sein. Eine fremdsprachliche Beschreibung kann für das nach dem PatG 1981 zu erteilende Patent gemäß § 126 PatG 1981 – vorbehaltlich anderer Bestimmungen – nicht berücksichtigt werden[98]. Gemäß § 35 Abs. 1 S. 1 PatG 1981 kann die Anmeldung zwar in einer anderen als der deutschen Sprache erfolgen. Innerhalb drei Monaten ist dann jedoch eine deutsche Übersetzung nachzureichen. Die Erfindung ist gemäß § 34 Abs. 4 PatG 1981 in der Anmeldung so deutlich und vollständig zu offenbaren, dass danach ihre Benutzung durch andere Sachverständige möglich erscheint[99]. Der Stand der Technik ist auf Verlangen des Patentamts gemäß § 34 Abs. 7 PatG 1981 anzugeben. Anmeldungen beim EPA sind in deutscher, englischer oder französischer Sprache vorzunehmen (Art. 14 Abs. 1 EPÜ).

22 Lizenzierungsfähig sind nicht nur Patente und Patentanmeldungen, die im Zeitpunkt des **Vertragsabschlusses** erteilt bzw. erfolgt sind, sondern auch **nach** diesem Zeitpunkt erteilte Patente bzw. erfolgte Anmeldungen **(zukünftige Schutzrechte).** Vgl. Rz. 35. Dies führt, insbesondere wenn Rechtsgrundlage ein Optionsvertrag ist (vgl. Rz. 252), zu einer Erweiterung der Lizenzgebührenverpflichtung[100]. **Kartellrechtlich** ergeben sich diesbezüglich keine Probleme[101]. Hierüber hinausgehend ist die Verpflichtung des Lizenzgebers, eine entsprechende Entwicklung zu betreiben[102]. Auch können entsprechende Rechte des Lizenznehmers und dessen Unterlizenznehmer als Teil der Gegenleistung in den Vertragsgegenstand einbezogen werden. Vgl. hierzu unten § 23 (6. Kapitel).

Abschnitt 2
Abschluss und Form

23 Der **Patentlizenzvertrag ist ein Vertrag wie jeder andere** (vgl. oben Einleitung zu diesem Kapitel), dessen **Rechtsnatur** Gegenstand vielseitiger Erörterung geworden ist. Vgl. hierzu das nachfolgende 2. Kapitel. Die Parteien des Patentlizenzvertrages, Lizenzgeber und Lizenznehmer, müssen sich einig darüber sein, dass eine Lizenz (zum Begriff vgl. unten Einleitung zum 2. Kapitel) am Vertragsgegenstand (vgl. vorstehenden Abschnitt 1)

– Anhanganlagen 1, 2, 3 (Randziffer 4), 7 (Randziffer 2), 8 (Randziffer 3) und 10 (Randziffern 2 und 3) –

---

95 *Benkard*, Anm. 52 zu § 35; BGH GRUR 1972/80, 82; 1985/31, 32.
96 *Benkard*, Anm. 53 zu § 35; BPatGE 12/113, 114; BGH GRUR 1970/80, 82; 1982/610, 611.
97 *Benkard*, Anm. 78 zu § 35.
98 *Benkard*, Anm. 78 zu § 35.
99 *Benkard*, Anm. 80 zu § 35; BGH GRUR 1970/258, 260.
100 Vgl. *Pagenberg/Geissler*, S. 154 (Tz. 244).
101 Vgl. *Pagenberg/Geissler*, S. 154, 156 (Tz. 247, 248); *Bartenbach/Gennen*, Rz. 1459.
102 Vgl. *Bartenbach/Gennen*, Rz. 1455–1457.

Der Patentlizenzvertrag § 1

gewährt wird[103]. Diese **Lizenzerteilung ist der wesentliche Teil des Lizenzvertrages**. Ohne sie liegt ein Vertragsabschluss nicht vor. **Art und Umfang der Lizenzerteilung**, also **einfaches oder ausschließliches Lizenzrecht** und sachliche, territoriale sowie zeitliche **Beschränkung** und eine **Lizenzgebührenregelung**, sind zwar wie vieles andere übliche und zweckmäßige Vertragsbestandteile. Diese sind aber, wenn und soweit sie fehlen, im Wege der Vertragsergänzung nach dem hypothetischen (mutmaßlichen) Parteiwillen gemäß §§ 133, 157, 242 BGB ersetzbar[104]. Diesbezüglich ist unten auf § 17, Abschnitte 2 und 3 (5. Kapitel) zu verweisen.

Weder das PatG 1981 noch das EPÜ und das GPÜ sehen eine bestimmte **Form für den Abschluss des Patentlizenzvertrages** vor[105]. Die in Art. 72 EPÜ und Art. 39 GPÜ verankerten Formvorschriften beziehen sich allein auf die rechtsgeschäftliche Übertragung von Patenten und Patentanmeldungen[106]. 24

Kartellrechtlich ist allerdings gemäß § 17 Abs. 3 GWB – möglicherweise – **Schriftform** erforderlich. Lizenzverträge, die kartellrechtlich relevant sind, bedürfen nach Maßgabe dieser Vorschrift der Schriftform[107]. Dies gilt für den gesamten Vertrag, nicht nur für die beschränkenden Bestimmungen. Wird diese gesetzliche Schriftform nicht beachtet, ist der Lizenzvertrag nichtig (§§ 126, 125 S. 1 BGB). Gleiches gilt gemäß §§ 127, 126, 125 S. 2 BGB für die gewillkürte Schriftform. Vgl. hierzu auch unten § 16, Abschnitt 4 (5. Kapitel) sowie § 33, Abschnitt 5 (8. Kapitel). Die Schriftform ergibt sich – entgegen der direkten Regelung des bis Ende 1998 geltenden früheren Rechts – indirekt aus dem Antragsverfahren des § 17 Abs. 3 GWB, soweit die Voraussetzungen dieser Vorschrift vorliegen. Vgl. Rz. 365, 382.

Die Schriftform des § 17 Abs. 3 GWB erfasst auch den **Vorvertrag**, der auf den Abschluss eines Lizenzvertrags mit beschränkendem Inhalt gerichtet ist[108], sowie auf Vertragsänderungen[109]. Gleiches gilt für die gemäß § 145 BGB bindend erklärte Bereitschaft des Lizenznehmers zur Lizenznahme beschränkenden Inhalts. Umgekehrt unterliegt das Angebot des Lizenzgebers oder der Optionsvertrag nur dann der Form des § 17 Abs. 3 GWB, wenn eine Beschränkung gemäß § 17 GWB vorgesehen ist. Ist ein Lizenzvertrag gemäß § 17 Abs. 3 GWB schriftlich abzuschließen, so kann der Berufung auf Formmangel nicht der Einwand unzulässiger Rechtsausübung

---

103 *Stumpf*, Lizenzvertrag, Anm. 43–45; *ders.* Know-how-Vertrag, Anm. 36; *Vortmann*, S. 11 f.
104 *Benkard*, Anm. 68 zu § 15; BGHZ 9/273, 277 f.; BGH GRUR 1955/143, 144 f.
105 *Stumpf*, Lizenzvertrag, Anm. 46; *Nirk*, S. 252; *Benkard*, Anm. 44–46 zu § 15; *Pagenberg/Geissler*, S. 18 (Tz. 6); *Busse*, S. 247 (Anm. 10 zu § 9).
106 *Pagenberg/Geissler*, S. 20 (Tz. 8); *Benkard*, Anm. 44 zu § 15.
107 Zur strengen Schriftform des früheren § 34 GWB (bis 31. 12. 1998) vgl. *Stumpf*, Lizenzvertrag, Anm. 513; *Benkard*, Anm. 45 zu § 15; *Bernhardt/Kraßer*, Anm. IV b zu § 40; *Haver/Mailänder*, S. 88 ff.; *Henn*, S. 110 ff.; *Pagenberg/Geissler*, S. 18, 20 (Tz. 7); *Busse*, S. 247 (Anm. 10 zu § 9); BGHZ 53/304, 306 f.; BGH GRUR 1967/676, 680; 1975/498, 499; 1978/323, 324; 1979/768, 770; 1980/747, 748; OLG Karlsruhe NJW-RR 1996/35. Zur aufgehobenen Schriftform des § 34 GWB (ab 1. 1. 1999) vgl. *Pagenberg/Geissler*, S. 18, 20 (Tz. 7), sowie S. 26 (Tz. 19).
108 *Benkard*, Anm. 46 zu § 15; *Stumpf*, Lizenzvertrag, Anm. 513; BGH GRUR 1975/498, 499; BGH BB 1955/463.
109 Vgl. BGH NJW-RR 1993/118.

(§ 242 BGB) entgegengesetzt werden[110]. Hieraus ergibt sich, dass das Schriftformerfordernis sorgfältig eingehalten werden sollte, damit nicht später einer Partei der Vorwand gegeben wird, sich vom Vertrag zu lösen[111].

Sonst ist das **Angebot formfrei**, auch wenn es auf den Abschluss eines Lizenzvertrages mit beschränkendem Inhalt nach § 17 GWB gerichtet ist. Zum Kartellrecht vgl. unten 7. Kapitel.

25 Die **ausschließliche Lizenz** kann in die **Patentrolle**, die beim Patentamt geführt wird, eingetragen (registriert) werden

– Anhanganlagen 1, 2 und 3 (Randziffer 4) –

(§ 30 Abs. 4 PatG 1981)[112]. Bei der **einfachen Lizenz besteht diese Möglichkeit nicht.** Für die Gültigkeit des Erwerbs der Lizenz ist die Eintragung nicht erforderlich[113]. Die Eintragung hat für die Rechtsbeziehungen der Vertragspartner zueinander und des Lizenznehmers gegenüber Dritten keine materiellrechtliche Bedeutung. Im **GPÜ** ist die **Eintragung der Lizenz** (einfach oder ausschließlich) nicht Voraussetzung für ihre wirksame Begründung (Art. 38 Abs. 4 GPÜ). Sie ist aber von erheblicher Bedeutung sowohl für die Geltendmachung von Rechten gegenüber Dritten (Art. 42 Abs. 3, 39 Abs. 3 GPÜ), als auch im Verhältnis zum Lizenzgeber (Art. 49 Abs. 3 S. 2 GPÜ)[114]. Die **Formvorschriften** (Schriftform und/oder Registrierung) sind in **anderen Patentgesetzen** anders gestaltet. Wie im GPÜ können im anglo-amerikanischen Recht und auch im französischen, italienischen, schweizerischen und österreichischen Recht alle Lizenzen eingetragen werden, wobei die Rechtsfolgen sehr unterschiedlich sind[115]. Schriftform ist nur im französischen Recht (Art. 43 Abs. V PatG 1978)[116] erforderlich. Sonst wird die Einhaltung von Formvorschriften eigentlich nur bei Außenhandelsverträgen von Staatshandelsländern sowie der Entwicklungsländer und weniger anderer Länder wie Griechenland, Großbritannien und Kanada, vorrangig aus planwirtschaftlichen und devisenrechtlichen Gründen, vorgeschrieben[117]. **Notarielle Beurkundung** des Lizenzvertrags oder zumindest notarielle Beglaubigung der Unterschriften wird in Ägypten, Chile, Portugal, Spanien und der Türkei verlangt[118]. Für Lizenzver-

---

110 BGH GRUR 1978/320, 321 mit Anm. *Axster/Weber.*
111 *Hesse* in GRUR 1984/324 ff.
112 *Heyd* in JW 1936/2843; *Benkard,* Anm. 55 zu § 15 und Anm. 1 zu § 34; *Lüdecke/Fischer,* S. 25, 26, 77, 78, 369; *Vortmann,* S. 14; *Bernhardt/Kraßer,* Anm. IV b zu § 40; RGZ 67/176, 181.
113 *Bernhardt/Kraßer,* Anm. IV b zu § 40 sowie Anm. V a zu § 23.
114 *Bernhardt/Kraßer,* Anm. IV b zu § 40; *Benkard,* Anm. 4, 47 zu § 15. Interessant sind in diesem Zusammenhang beispielsweise die Vorschriften der Artikel 1341 ff. CC, die den Zeugenbeweis bei Verträgen über einen bestimmten Wert ausschließen, was praktisch der Schriftform gleichkommt, worauf *Hauser,* S. 133 (Anm. 11) hinweist.
115 Vgl. *Hauser,* S. 63 ff., 132 ff. mit Nachweisen; *Henn,* S. 21, 44, 75 und 76 mit Nachweisen; *Pedrazzini,* S. 131 f.; *Schönherr/Torggler* bei *Pollzien/Langen,* S. 44 f.; *Lane* bei *Pollzien/Langen,* S. 126; *Terrell,* Anm. 9.84; *Homburger* bei *Pollzien/Langen,* S. 409; *Goldscheider* bei *Pollzien/Langen,* S. 449; *Oriani-Pacetti* bei *Pollzien/Langen,* S. 243.
116 Vgl. *Hauser,* S. 134; *Chavanne/Burst,* Nr. 236; *Reithmann/Martiny,* Anm. 1291 (sowie Anm. 676 Vorauflage).
117 Vgl. hierzu *Stumpf* Lizenzvertrag, Anm. 47 und 435 f.; *Reithmann/Martiny,* Anm. 1291 (sowie Anm. 676 Vorauflage); *Haver/Mailänder,* S. 64.
118 *Reithmann/Martiny,* Anm. 1291 (sowie Anm. 676 Vorauflage); *Haver/Mailänder,* S. 64.

träge mit deutschen Partnern kann ein Formerfordernis nach dem deutschen Außenwirtschaftsgesetz vom 28. 4. 1961[119] bestehen[120].

Nach dem **IPR-Rechtsgrundsatz locus regit actum (Art. 11 EGBGB)** werden die Formerfordernisse – ungeachtet des anzuwendenden materiellen Rechts – stets dadurch gewahrt, dass die am **Abschlussort** geltenden Formvorschriften für Lizenzverträge beachtet werden[121]. Vgl. hierzu auch Rz. 460, 496.   **26**

Nach der praktischen Übung ist der **formlose Abschluss von Lizenzverträgen**, vor allem wegen der bei dieser Vertragsart besonders notwendigen präzisen Formulierung von Rechten und Pflichten und des sonst fehlenden Nachweisvorteils, **äußerst selten.** Bei den formlos geschlossenen Lizenzverträgen geht es eigentlich meistens um Nebenabsprachen im Rahmen anderer Verträge, die nach Treu und Glauben mit Rücksicht auf die Verkehrssitte (§§ 133, 157, 242 BGB) als Lizenzabsprachen ausgelegt werden müssen[122]. Echte **Gratis- oder Freilizenzen** bedürfen nach § 518 BGB der **notariellen Form**, nach englischem Recht der Siegelung. Vgl. hierzu unten § 18, Abschnitt 5 (6. Kapitel).

Abschnitt 3
Inhaltliche Gestaltung

Die inhaltliche Gestaltung eines Patentlizenzvertrages ist so vielschichtig, wie es die konkrete Lizenzbeziehung zwischen Lizenzgeber und Lizenznehmer ist. Indessen lässt sich eine Reihe von **„Check-points"**, also von Bestimmungen, die üblich und zweckmäßig sind,   **27**

– Anhanganlagen 1, 2 und 3 –

wie folgt anführen[123]:

1. Präambel
2. Persönliches Vertragsgebiet (Lizenzgeber und Lizenznehmer)
3. Vertragliche Definitionen
4. Vertragsgegenstand
5. Sachliches Vertragsgebiet
6. Örtliches (territoriales) Vertragsgebiet
7. Lizenzerteilung für das Vertragsprodukt
8. Unterlizenzberechtigung
9. Betriebs- und Konzernlizenz
10. Verbesserungs- und Erweiterungspatente
11. Patente des Lizenznehmers

---

119 BGBl I S. 481, geändert durch Gesetz vom 3. 5. 2000 (BGBl I S. 632).
120 Vgl. hierzu *Stumpf*, Lizenzvertrag, Anm. 47 und 435; *ders.*, Know-how-Vertrag, Anm. 12 und 20; *Henn*, S. 59 ff.; *Reithmann/Martiny*, Anm. 1293.
121 Vgl. *Reithmann/Martiny*, Anm. 523 ff., 1291; *Kegel/Schurig*, S. 120, 553; *Firsching* bei *Staudinger*, Anm. 51 ff. zu Art. 11 EGBGB.
122 Vgl. *Benkard*, Anm. 66 zu § 15; RGZ 91/423, 426.
123 Vgl. hierzu *Benkard*, Anm. 35–40 zu § 15; *Bernhardt/Kraßer*, Anm. IV zu § 40; *Haver/Mailänder*, S. 41 ff.; *Pflicke*, S. 354.

1. Kapitel *Grundfragen und Definitionen des Lizenzvertrags*

12. Benutzungsrecht des Lizenzgebers an den Patenten des Lizenznehmers (bilateraler Austausch)
13. Benutzungsrecht des Lizenznehmers an den Patenten der sonstigen Lizenznehmer des Lizenzgebers auf Gegenseitigkeitsgrundlage (multilateraler Austausch)
14. Gebührenregelung
15. Gebührenabrechnung und -kontrolle
16. Geheimhaltung
17. Gewährleistung
18. Nichtangriffsklausel
19. Vertragslaufzeit und Kündigung
20. Anzuwendendes Recht
21. Gerichtsstand und Schiedsvereinbarung
22. Nebenbestimmungen
23. Genehmigungsvorbehalte und In-Kraft-Treten.

Die Einzelheiten dieser Bestimmungen sind Gegenstand des nachfolgenden 3., 4., 5., 6. und 8. Kapitels.

Abschnitt 4
Die Erschöpfung des Patentrechts (Patentfreiwerden/Konsumtion)

28   Besondere Bedeutung im Zusammenhang mit der Lizenzierung von Patenten und Patentanmeldungen hat die Erschöpfung des Patentrechts, auch Patentfreiwerden oder **Konsumtion** genannt[124]. Hat der Patentinhaber oder ein mit seiner ausdrücklichen Zustimmung handelnder Dritter (z. B. Lizenznehmer) das Vertragsprodukt in der BRD in den Verkehr gebracht, erstreckt sich die Wirkung des Patents oder der Patentanmeldung nicht auf anschließend in der BRD vorgenommene Handlungen, die das Vertragsprodukt betreffen[125]. Die Zustimmung des Patentinhabers muss die in sachlicher, örtlicher, persönlicher und zeitlicher Hinsicht gesetzten Grenzen der Lizenzerteilung und der damit verbundenen Benutzungsbefugnis allerdings abdecken[126]. Das Patentrecht **erschöpft sich mit diesem ersten, von der Zustimmung des Patentinhabers getragenen Inverkehrbringen.** Auf die weitere Benutzung, insbesondere die Weiterveräußerung des Vertragsprodukts und dessen Behandlung im Verkehr, gibt ihm sein Patentrecht keine Möglichkeit der Einflussnahme. Der Erwerber kann über dieses in jeder Hinsicht frei verfügen und es ungehindert nutzen sowie gebrauchen[127].

---

124 Vgl. hierzu *Benkard*, Anm. 15 ff. zu § 9; *Tetzner* in NJW 1962/2033; *Haver/Mailänder*, S. 45; *Busse*, S. 253 (Anm. 27 zu § 9).
125 *Benkard*, Anm. 17 zu § 9 sowie Anm. 41 zu § 15; BGH GRUR 1980/38, 39; RGZ 133/326, 330, BGHZ 3/193, 200. In anderen Rechtsordnungen, z. B. der nordamerikanischen, wird diese Konsumtion deshalb als stillschweigende Lizenz (implied license) beurteilt. Vgl. hierzu *Haver/Mailänder*, S. 45, *Liechtenstein*, S. 23 ff. sowie in NJW 1964/1347. Zum französischen Recht (épuisement) vgl. *Hauser*, S. 98 ff.
126 *Benkard*, Anm. 42, 43 zu § 15; *Gaul/Bartenbach*, Handbuch, Tz. K 122; RGZ 51/139, 141; 135/145, 148 f.; BGH GRUR 1967/676, 680.
127 *Benkard*, Anm. 17 zu § 9; *Wedekind*, S. 81; BGH GRUR 1959/232, 233.

Hat der Patentinhaber oder ein mit seiner ausdrücklichen Zustimmung handelnder Dritter (z. B. Lizenznehmer) das Vertragsprodukt außerhalb der BRD in den Verkehr gebracht, gilt Folgendes[128]:

1. Erfolgt das Inverkehrbringen in einem Vertragsstaat des Gemeinschaftspatentübereinkommens (GPÜ), in dem der Patentinhaber über ein Parallelpatent für dieselbe Erfindung verfügt, gilt das, was über das Inverkehrbringen in der BRD vorstehend gesagt ist[129].
2. Besteht kein Parallelpatent, erschöpft sich das Patentrecht ebenfalls, es sei denn „dass Gründe vorliegen, die es nach den Regeln des Gemeinschaftsrechts gerechtfertigt erscheinen lassen" (§ 81 Abs. 1 GPÜ)[130], dass die Erschöpfung nicht eintritt[131].
3. In allen anderen Fällen tritt die Erschöpfung des Patentrechts nicht ein[132].

Beim Inverkehrbringen durch einen Dritten mit der ausdrücklichen Zustimmung des Patentinhabers werden sowohl einfache als auch ausschließliche Lizenzen abgedeckt, ebenso wird patentfrei, was eine vollständig abhängige Tochtergesellschaft mit eigener Rechtspersönlichkeit in Verkehr bringt[133]. Vgl. zum Letzteren auch die Darlegungen zur Konzernlizenz unten § 11, Abschnitt 2 (3. Kapitel). Zum Begriff der BRD vgl. Rz. 19.

§ 2 Der Know-how-Lizenzvertrag

Ein Lizenzvertrag über **nicht allgemein zugängliches (geheimes), nicht durch ein Patent oder eine Patentanmeldung geschütztes technisches oder betriebswirtschaftliches Wissen eines anderen (Know-how)**, besitzt keine besondere gesetzliche Grundlage wie der Patentlizenzvertrag in § 15 PatG 1981[134]. Vgl. hierzu Rz. 9, 61, 62. Indessen kann es aber über die Notwendigkeit und Zulässigkeit einen Know-how-Lizenzvertrag abzuschließen, keinen Zweifel geben[135], was auch unter kartellrechtlichen Aspekten, wo ein eingeschränkter Know-how-Begriff (vgl. hierzu Rz. 62, 368, 411) gilt, ausdrücklich anerkannt ist. Der Lizenzierung von Know-how kommt nach Ablauf der Patentlaufzeit große Bedeutung zu. Know-how ist gemäß §§ 17–19 UWG geschützt[136].

29

---

128 Vgl. hierzu *Benkard*, Anm. 18 ff. zu § 9; *Wedekind*, S. 81 f.
129 *Benkard*, Anm. 19 zu § 9; OLG Stuttgart GRUR Int. 1980/48, 49.
130 Vgl. zur Entstehungsgeschichte des § 81 Abs. 1 GPÜ *Krieger* in GRUR Int. 1976/208 ff.
131 *Benkard*, Anm. 20 zu § 9; *Krieger* in GRUR Int. 1976/208 ff. mit Nachweisen.
132 *Benkard*, Anm. 21 zu § 9; *Lieberknecht* in FS *Möhring*, 1975, S. 467 ff.
133 Vgl. hierzu *Benkard*, Anm. 22 zu § 9; RGZ 142/168, 169; BGHZ 2/261, 267 f.; 3/193, 200; BGH GRUR 1967/676, 680 f.; 1980/38, 39; OLG Hamburg GRUR 1972/375, 376.
134 *Stumpf*, Lizenzvertrag, Anm. 18; *ders.*, Know-how-Vertrag, Anm. 4–12; *Benkard*, Anm. 138, 139; *Henn*, S. 59 ff.; *Bernhardt/Kraßer*, Anm. IV b 2 zu § 40; *Kraßer* und *Schmidt* in GRUR Int. 1983/325; BGHZ 16/172, 174.
135 *Stumpf*, Know-how-Vertrag, Anm. 1–3; *Henn*, S. 59 ff.; *Troller*, II S. 844 ff.
136 Vgl. hierzu auch *Bartenbach/Gennen*, Rz. 2551, 2553; *Gaul/Bartenbach*, Handbuch, Tz. Q 14, 75 ff.

Der Know-how-Austauschvertrag stellt keinen besonderen Typ des Know-how-Lizenzvertrags dar, sondern regelt lediglich die Gegenleistung für die Lizenzierung des Know-how ganz oder teilweise in anderer Form als durch Gebührenzahlung[137]. Know-how ist im Übrigen in der steuerlichen Bewertung nur relevant, wenn es lizenziert oder in sonstiger Weise gegen Entgelt einem Dritten zur Ausnutzung überlassen ist[138]. Vgl. hierzu unten § 29 (8. Kapitel).

Abschnitt 1
Der Vertragsgegenstand

30 Im Unterschied zum Patentlizenzvertrag ist beim Know-how-Lizenzvertrag der „Vertragsgegenstand" **nicht gesetzlich definiert**, sondern dieser ergibt sich aus der Praxis in ihrer Erläuterung durch Schrifttum und Rechtsprechung. Hierdurch erklärt sich auch, dass es für den Know-how-Lizenzvertrag **weder Formvorschriften, noch Registrierungsvorschriften**, auch nicht in anderen Rechtsordnungen, gibt. Lediglich das **Kartellrecht** stellt den Know-how-Lizenzvertrag diesbezüglich dem Patentlizenzvertrag gleich[139]. Vgl. hierzu Rz. 365. Ab 1.1.1999 ergibt sich die Schriftform indirekt aus dem Antragsverfahren (§§ 17 Abs. 3, 18 GWB), soweit die Voraussetzungen dieser Vorschrift vorliegen, bis dahin aus § 34 GWB.

Das Know-how stellt neben den Patenten und Patentanmeldungen einen **äußerst wichtigen Faktor** bei der Entwicklung und Herstellung eines bestimmten Produkts dar[140]. Häufig wird es in einem kombinierten Patent- und Know-how-Lizenzvertrag parallel zu den Patenten und Patentanmeldungen lizenziert[141]. Vgl. hierzu den nachfolgenden § 3.

Dem Know-how-Lizenzvertrag fehlt nicht nur die eigenständige gesetzliche Verankerung, sondern er stellt auch keine Form eines gewerblichen Schutzrechts dar, da ihm die Merkmale eines ausschließlichen Rechts fehlen, die ihm nur das Gesetz verleihen könnte[142]. Hieraus resultiert die **besondere Bedeutung des Know-how-Lizenzvertrags**, die weit über diejenige des Patentlizenzvertrages hinausgeht[143]. Während der Patentlizenzvertrag bei der Definition des Vertragsgegenstands auf das Patent oder die Patentanmeldung abstellt und abstellen muss, so wie diese in den patentrechtlichen

---

137 A.A. offenbar *Gaul/Bartenbach*, Handbuch, Tz. Q 23, 24.
138 BFHE 150/564, BStBl II 1987/809; BFH BB 1989/276.
139 *Stumpf*, Know-how-Vertrag, Anm. 216 ff.; *Benkhard*, Anm. 139 zu § 15; BGH GRUR 1979/768, 770.
140 *Stumpf*, Know-how-Vertrag, Anm. 1–3; *Pollzien* bei *Pollzien/Langen*, S. 9; *Gaul/Bartenbach*, Handbuch, Tz. Q 12.
141 *Stumpf*, Lizenzvertrag, Anm. 221; *ders.*, Know-How-Vertrag, Anm. 1 und 12; *Henn*, S. 59; *Pollzien/Bronfen*, S. 10; *Pollzien* bei *Pollzien/Bronfen*, S. 142; *Homburger/Jenny* bei *Pollzien/Bronfen*, S. 288; *Pollzien* bei *Pollzien/Langen*, S. 9; BGH GRUR 1980/38.
142 So auch *Haver/Mailänder*, S. 29, sowie *Stumpf*, Know-how-Vertrag, Anm. 12 unter Hinweis auf die abweichende Ansicht der IHK; *Benkard*, Anm. 139 zu § 15; BGHZ 16/172, 174.
143 *Stumpf*, Know-how-Vertrag, Anm. 1–3.

Vorschriften geregelt sind, muss der Vertragsgegenstand beim Know-how-Lizenzvertrag im Einzelnen im Vertragstext

– Anhanganlagen 1, 2, 3 (Randziffer 1 b), 4 (Randziffer 1.2),
7 (Randziffer 1.3), 8 (Randziffer 1) und 10 (Randziffer 1 d) –

festgelegt werden. Gleiches gilt für die exakte Definition der Lizenzerteilung.

Lizenzierungsfähig ist nicht nur dasjenige Know-how des **Lizenzgebers**, das im Zeitpunkt des Vertragsabschlusses vorhanden ist **(gegenwärtiges Know-how)**, sondern auch das nach diesem Zeitpunkt erarbeitete **(zukünfiges Know-how)**. Vgl. nachfolgend § 3 sowie unten § 22 (6. Kapitel) in Bezug auf die Verfügbarmachung. Auch kann das Know-how des **Lizenznehmers** und dessen **Unterlizenznehmer** als Teil der Gegenleistung in den Vertragsgegenstand einbezogen werden. Vgl. hierzu unten § 23 (6. Kapitel). 31

Abschnitt 2
Abschluss und Form

Der Know-how-Lizenzvertrag unterscheidet sich rein vertragsrechtlich in keiner Weise von dem Patentlizenzvertrag, sodass insoweit auf die Ausführungen oben in § 1, Abschnitt 2, verwiesen werden kann. **Besondere Formvorschriften bestehen nicht**[144], obwohl die Schriftform üblich und – wegen der fehlenden gesetzlichen Inhaltsabsicherung – auch sehr ratsam ist. Kartellrechtlich besteht bei Gegebensein der Voraussetzungen (vgl. unten Einleitung § 27, 7. Kapitel) Formzwang (Schriftform) gemäß § 17 Abs. 3 GWB[145]. Vgl. hierzu Rz. 24. 32

Der Vertragsabschluss kommt gemäß §§ 145 ff. BGB durch Angebot und Annahme zustande[146].

Abschnitt 3
Inhaltliche Gestaltung

Wesentlicher Inhalt des Know-how-Lizenzvertrags ist die Verschaffung des Nutzungsrechts am Know-how[147]. Die exakte Definition des Know-how (Sachliches Vertragsgebiet), meist über detaillierte Vertragsanlagen, ist deshalb unabdingbar. Darüber hinaus gibt es folgende „**Check-points**", also Bestimmungen, die üblich und zweckmäßig 33

– Anhanganlagen 1, 2 und 3 –

sind[148]:

---

144 *Stumpf*, Know-how-Vertrag, Anm. 36.
145 *Stumpf*, Know-how-Vertrag, Anm. 36; *Benkard*, Anm. 139 zu § 15; BGH GRUR 1979/768, 770.
146 *Stumpf*, Know-how-Vertrag, Anm. 36.
147 Vgl. *Gaul/Bartenbach*, Handbuch, Tz. Q 20.
148 *Haver/Mailänder*, S. 70 ff.

1. Präambel
2. Persönliches Vertragsgebiet (Lizenzgeber und Lizenznehmer)
3. Vertragliche Definitionen
4. Vertragsgegenstand
5. Sachliches Vertragsgebiet
6. Örtliches (territoriales) Vertragsgebiet
7. Lizenzerteilung für das Vertragsprodukt
8. Unterlizenzberechtigung
9. Betriebs- und Konzernlizenz
10. Know-how des Lizenznehmers
11. Benutzungsrecht des Lizenzgebers am Know-how des Lizenznehmers (bilateraler Austausch)
12. Benutzungsrecht des Lizenznehmers am Know-how der sonstigen Lizenznehmer des Lizenzgebers auf Gegenseitigkeitsgrundlage (multilateraler Austausch)
13. Gebührenregelung
14. Gebührenabrechnung und -kontrolle
15. Geheimhaltung
16. Gewährleistung
17. Vertragslaufzeit und Kündigung
18. Anzuwendendes Recht
19. Gerichtsstand und Schiedsvereinbarung
20. Nebenbestimmungen
21. Genehmigungsvorbehalte und In-Kraft-Treten

§ 3 Der kombinierte Patent-Know-how-Lizenzvertrag

34 Wie in den vorstehenden §§ 1 und 2 dargelegt, stellen der Patentlizenzvertrag und der Know-how-Lizenzvertrag durchaus übliche Vertragstypen dar. Die **Praxis** geht jedoch von dem **kombinierten Patent-Know-how-Lizenzvertrag** aus[149]. Werden Patente lizenzert, ist es kaum denkbar, dass das zugehörige Know-how vertraglich nicht geregelt wird. Der Lizenznehmer ist hierauf angewiesen und der Lizenzgeber ist an einem angemessenen diesbezüglichen Schutz interessiert. Reine Patentlizenzverträge sind deshalb selten. Reine Know-how-Lizenzverträge werden dagegen häufig abgeschlossen, und zwar dann, wenn es auf dem betreffenden sachlichen Vertragsgebiet keinen Patentschutz gibt[150].

---

[149] *Stumpf*, Lizenzvertrag, Anm. 221; *ders.*, Know-how-Vertrag, Anm. 1 und 12; *Henn*, S. 59; *Pollzien* bei *Pollzien/Langen*, S. 7 f.; *Pollzien* bei *Pollzien/Bronfen*, S. 142; *Homburger/Jenny* bei *Pollzien/Bronfen*, S. 288; *Pagenberg/Geissler*, S. 104 (Tz. 137); *Bartenbach/Gennen*, Rz. 2680–2682; *Gaul/Bartenbach*, Handbuch, Tz. Q 32, 33; BGH GRUR 1980/38.

[150] *Stumpf*, Lizenzvertrag, Anm. 18; *ders.*, Know-how-Vertrag, Anm. 1–3; *Benkard*, Anm. 141 zu § 15. Vgl. zu dieser Thematik auch *Pedrazzini*, S. 130.

Der kombinierte Patent-Know-how-Lizenzvertrag setzt sich nach der Struktur eines **gemischten Vertrags** aus einem **Patentlizenzvertragsteil** und einem **Know-how-Lizenzvertragsteil** zusammen[151]. Jeder Teil ist rechtlich in sich selbständig zu würdigen. Die inhaltliche Gestaltung dieser Vertragsteile erfolgt dennoch insoweit gemeinsam, als die meisten Titel eine gemeinsame Regelung zulassen, ganz abgesehen von den übergeordneten Begriffen.

Eine besondere Bedeutung bei dieser Vertragsfigur haben die noch **ungeschützten Erfindungen.** Sie stellen – soweit sie geheim sind – nach der in Rz. 9 gegebenen Definition rechtlich Know-how dar[152]. Für beide Vertragspartner ist es äußerst wichtig, diese potentiellen Patente in den Vertrag einzuschließen. Vgl. Rz. 22. Dies ist einmal in der Form möglich, dass nicht nur die bestehenden Patente und Patentanmeldungen auf dem sachlichen Vertragsgebiet (vgl. unten § 13, 4. Kapitel) lizenziert werden, sondern auch die zukünftigen, also die nach Vertragsabschluss erarbeiteten. Zum anderen können die Vertragspartner den gemäß § 15 PatG 1981 gezogenen gesetzlichen Rahmen (vgl. Rz. 16) voll ausschöpfen und damit die Erfindungen, die das Recht auf das Patent vermitteln, in den Vertragsgegenstand einbeziehen. Allerdings müssen sie dann auch eine klare zeitliche Abgrenzung vornehmen, also festlegen, ob nur die bereits im Zeitpunkt des Vertragsabschlusses gemachten Erfindungen oder auch die nach diesem Zeitpunkt getätigten zum Vertragsgegenstand gehören. Vgl. hierzu auch unten § 21, Abschnitt 5 (6. Kapitel).

35

Kartellrechtlich ist die Rechtsfigur des kombinierten Patent-Know-how-Lizenzvertrags (unter dem Titel „gemischter" Patent-Know-how-Lizenzvertrag) **ausdrücklich anerkannt**, und zwar gemäß Art. 1 Abs. 1 TechTraVO. Nach dieser Bestimmung sind kombinierte Patent-Know-how-Lizenzverträge unter bestimmten Bedingungen gruppenfreigestellt, und zwar ebenso wie reine Patentlizenzverträge. Vgl. hierzu Rz. 387.

36

---

151 So auch *Stumpf*, Know-how-Vertrag, Anm. 10.
152 *Stumpf*, Lizenzvertrag, Anm. 17, 18; *ders.*, Know-how-Vertrag, Anm. 10.

2. Kapitel
Die Rechtsnatur des Lizenzvertrags

37 Die Frage nach der Rechtsnatur des Lizenzvertrages wird so lange gestellt, wie man Lizenzen kennt, also Erlaubniserteilungen von dem grundsätzlichen Verbot, Schutzrechte beziehungsweise Patente und Anmeldungen hierauf[1] sowie Know-how[2] (vgl. hierzu oben Einleitung zum 1. Kapitel) zu benutzen. Bei dieser Frage handelt es sich keinesfalls um einen mehr oder weniger theoretischen Streit ohne praktische Bedeutung. Durch die Rechtsnatur werden nämlich Rechtsbestand, Arten und Inhalt der Lizenzgewährung ebenso wesentlich bestimmt wie die Rechte und Pflichten der Vertragsparteien[3].

Das Wort „Lizenz", aus dem Lateinischen „licet" entsprechend „es ist erlaubt" abgeleitet, hat mit diesem Wortstamm internationale Bedeutung erlangt[4]. Im Englischen spricht man von „license" (amerikanisch) oder von „licence" (britisch), im Französischen von „licence", im Italienischen von „licenza", im Spanischen von „licencia" und im Russischen von „licensii".

Unter **„Vertrag"** ist die von zwei oder mehr Personen erklärte Willensübereinstimmung über die Herbeiführung eines rechtlichen Erfolgs zu verstehen[5]. Damit wird diese Rechtsfigur von den einseitigen Rechtsgeschäften wie z.B. Antrag, Kündigung, Rücktritt und Anfechtung abgegrenzt. Vgl. Rz. 10.

38 Der **Lizenzvertrag ist grundsätzlich dem allgemeinen Vertragsrecht** unterstellt, d.h. er nimmt gegenüber anderen Vertragstypen **keine Sonderstellung** ein[6]. Die Vorschriften über **Geschäftsfähigkeit** der Vertragspartner (Lizenzgeber und Lizenznehmer), **Vertragsfreiheit** (Vertragsautonomie), **Vertragsauslegung** und **Vertragserfüllung** finden Anwendung.

39 Für die Bestimmung der Rechtsnatur des Lizenzvertrags bieten sich folgende Beurteilungsformen an:

1. Positives Benutzungsrecht
2. Negatives Verbietungsrecht
3. Absolutes und dingliches Recht
4. Obligatorisches Recht
5. Die Vertragstypen

---

1 *Stumpf*, Lizenzvertrag, Anm. 13–17; *Henn*, S. 13 und 60; *Reimer*, S. 264 (Anm. 1 zu § 6); *Lüdecke/Fischer*, S. 103.
2 *Stumpf*, Lizenzvertrag, Anm. 18; *ders.*, Know-how-Vertrag, Anm. 4–10; *Henn*, S. 13.
3 Vgl. hierzu *Stumpf*, Lizenzvertrag, Anm. 16.
4 *Haver/Mailänder*, S. 15 f.; *Widmer*, S. 24.
5 BGB/RGRK/*Piper*, Anm. 2–4 vor § 145; *Dilcher* bei *Staudinger*, Anm. 5–9 vor 145; RGZ 157/228, 233; BGHZ 21/102, 106; 55/104; 56/204, 208; BGH NJW 1971/521.
6 Vgl. hierzu *Bartenbach/Gennen*, Tz. 26 ff.

Die Beurteilungsformen zu 1 und 2 sind Gegenstand des nachfolgenden § 4, die Beurteilungsformen zu 3 und 4 werden in § 5 dargestellt und die Beurteilungsformen zu 5 werden in § 6 behandelt.

§ 4 Die Lizenz als positives Benutzungs- oder negatives Verbietungsrecht

Die Lizenz kann als **positives Benutzungsrecht** oder als **negatives Verbietungsrecht** gestaltet sein, und zwar sowohl in Bezug auf Schutzrechte und Schutzrechtsanmeldungen als auch in Bezug auf Know-how. Nachfolgend ist dies in den Abschnitten 1 und 2 im Einzelnen darzulegen.   40

Eine Lizenz ist positiv, wenn sie durch **positiv gestalteten Akt** gewährt wird, insbesondere wenn subjektive Rechte und Pflichten der Vertragsparteien[7], die sich nicht in der Patentzurverfügungstellungspflicht des Lizenzgebers und in dem bloßen Patentbenutzungsrecht des Lizenznehmers, einschließlich entsprechender Entschädigungsansprüche, erschöpfen, entstehen. Die negative Lizenz beschränkt sich auf den **Verzicht des Patentinhabers auf die Geltendmachung seines Verletzungsanspruchs.** Da kraft Gesetzes nur der Patentinhaber zur Benutzung des ihm erteilten Patents berechtigt ist, stellt jede Benutzung durch einen Dritten grundsätzlich eine Verletzung dieses Patentrechts dar. Eine Verletzung liegt jedoch nicht vor, wenn sich der Patentinhaber mit der Verletzung einverstanden erklärt hat, eine bestimmte Verletzung seines Patents nicht zu verfolgen. Die Lizenz ist hier nur ein negatives Reflexrecht, das sich im Wissen um das Nichtverfolgtwerden und dessen Zusicherung erschöpft[8]. Sie ist die garantierte Tolerierung der unbefugten Benutzung des Patents. Vgl. hierzu auch unten § 21, Abschnitt 4 (6. Kapitel).

Abschnitt 1
Die Lizenz an Schutzrechten und Schutzrechtsanmeldungen

Das deutsche Schrifttum und die deutsche Rechtsprechung beurteilen die Lizenz an Schutzrechten und Schutzrechtsanmeldungen als **positives Benutzungsrecht**[9].   41

---

7 *Lindenmaier*, S. 349 (Anm. 29 zu § 9).
8 *Lindenmaier*, S. 349 (Anm. 29 zu § 9); RGZ 33/103.
9 *Langen* bei *Langen*, S. 109; *Knoppe*, S. 3; *Stumpf*, Lizenzvertrag, Anm. 15; *Kohler*, S. 509; *Isay*, Anm. 31 zu § 6; *Pietzcker*, Anm. 16 u. 18 zu § 6; *Klauer/Möhring*, Anm. 23 zu § 9; *Möller*, Anm. 8 A zu § 9; *Kisch*, S. 215; *Rasch*, S. 6; *Lüdecke/Fischer*, S. 370; *Lichtenberg* in NJW 1964/1345, 1346; *Haver/Mailänder*, S. 33 f.; *Lichtenstein* in NJW 1965/1839, 1841; *Benkard*, Anm. 6 zu § 9 und Anm. 49, 53 und 56 zu § 15; *Reimer*, S. 463 (Anm. 7 zu § 9); *Busse*, S. 249 (Anm. 16 zu § 9); *Gaul/Bartenbach*, Handbuch, Tz. K 9; *Bartenbach/Gennen*, Rz. 80, 1370; *Henn*, S. 15; *H. Tetzner*, Anm. 39 zu § 9; RGZ 155/306, 313 = GRUR 1937/1086, 1088 = JW 1937/2992 Nr. 39; 159/11, 12; 169/289, 290; RG GRUR 1940/23, 25; BGH GRUR 1953/114, 118; 1963, 565.

Das war nicht immer so. Vielmehr ist eine kontinuierliche Entwicklung vom negativen Verbietungsrecht über Mischformen hin zum positiven Benutzungsrecht zu verzeichnen. Das erste bedeutsame Urteil, das sich mit dem **Rechtscharakter des Lizenzvertrages** befasst, ist das Urteil des RG vom 17.12.1886[10]. Es heißt hier[11]: „Dessen Inhalt (des Lizenzvertrages) bilden der Verzicht des Patentinhabers auf den Einspruch gegen die Benutzung der Erfindung durch den Lizenzträger und sodann die Teilnahme des letzteren an der Ausschließung Dritter. Zu dieser herrschenden und im Gesetze begründeten Auffassung von der rechtlichen Bedeutung der Lizenz muss man auch dann gelangen, wenn man das Recht an der Erfindung als ein immaterielles Eigentum auffasst; denn der Lizenzträger erlangt weder eine über die Ausübung der Erfindung hinausgehende Einwirkung auf dieses Gut, noch irgendeinen einem quasidinglichen Rechte entsprechenden Besitz, noch ein eigenes Schutzrecht gegen dritte Personen, es besteht vielmehr nur ein obligatorisches Verhältnis zwischen ihm und dem Patentinhaber." Mit diesem Urteil ist somit klar die **negative Verzichtstheorie** ausgesprochen und zwar in genereller Form für die einfache und die ausschließliche Lizenz. Daraus folgt zwangsläufig der obligatorische Rechtscharakter der Lizenz. Jeder dingliche, quasidingliche oder absolute Rechtscharakter wird abgelehnt. Interessant ist aber, dass das Urteil[12] die **Lizenz „nach Analogie der Miete"** behandelt, was eigentlich nicht recht mit dem Negativcharakter im Einklang steht, denn Miete ist zwar ein obligatorisches Rechtsverhältnis, aber ein Rechtsverhältnis mit beiderseitigen Rechten und Pflichten. Vgl. hierzu auch unten § 5 sowie § 6 Abschnitt 1. Konsequenter wäre es gewesen, im Rahmen der Negativtheorie rein patentrechtliche Vergleichstatbestände heranzuziehen, also das was heute den Inhalt der §§ 139 ff. PatG 1981 ausmacht und was allgemein stets auf §§ 823 Abs. 1 und 2, 1004 BGB gestützt werden kann und konnte. Der Verzicht auf die Geltendmachung bestehender oder zukünftiger Schadensersatz- oder Unterlassungsansprüche ist niemals ein Mietvertrag, auch wenn sich der Verzicht auf eine Dauerverletzung bezieht.

42 Das Urteil des RG vom 5.12.1893[13] setzt diese Rechtsprechung konsequent fort, indem ausgeführt wird[14]: „Den Gegenstand des Lizenzvertrages bildet aber allein die dem Lizenzträger gewährte Erlaubnis zur Benutzung der patentierten Erfindung; der Patentträger will dem Lizenzträger gegenüber von seinem Verbietungsrecht keinen Gebrauch machen."

43 Erst das In-Kraft-Treten des BGB am 1.1.1900 hat offenbar die entscheidende Wende gebracht, da sonst die Miet-Pachtthese nicht mehr überzeugend hätte vertreten werden können. Im Urteil vom 16.1.1904[15] wird, übrigens im Einklang mit dem damaligen einschlägigen Schrifttum[16], **erstmals die positive Theorie für die ausschließliche Lizenz** vertreten. Es heißt hier[17]: „Es kann vereinbart sein, dass der Patentinhaber lediglich von seinem Verbietungsrecht dem Lizenznehmer gegenüber keinen

---
10 RGZ 17/53. Vgl. hierzu *Hauser*, S. 29; *Bartenbach/Gennen*, Rz. 80.
11 RGZ 17/54.
12 RGZ 17/54.
13 RGZ 33/103.
14 RGZ 33/103.
15 RGZ 57/38. Vgl. hierzu *Hauser*, S. 30.
16 Z.B. *Kohler*, S. 509.
17 RGZ 57/40.

Gebrauch mache. In diesem Falle erschöpft sich der Vertrag in diesem negativen Inhalte (Lizenzvertrag im engeren Sinne) ... In der überwiegenden Zahl der Fälle entspricht es der Intention der Kontrahenten und dem von ihnen beabsichtigten wirtschaftlichen Ziele, dass dem Lizenznehmer ein positives Recht, ein quasidingliches Benutzungsrecht an dem Recht des Patentinhabers eingeräumt werde."

Diese Theorie wird sodann im Urteil des RG vom 1.3.1911[18] fortgesetzt, wo es heißt[19]: „... abgesehen davon ..., dass anscheinend nur an den so genannten einfachen Lizenzvertrag gedacht ist, dessen Gegenstand sich allerdings auf die dem Lizenzträger gewährte Erlaubnis zur Benutzung der patentierten Erfindung, auf den Willen des Patentträgers, von seinem Verbietungsrecht keinen Gebrauch zu machen, beschränkt". In diesem Urteil war die Frage des Rechtscharakters durch das Problem der Haftung für technische Ausführbarkeit aufgekommen, die für die einfache Lizenz wegen des Negativcharakters verneint wurde.

Erst das **Urteil des RG vom 18.8.1937**[20] bringt die entsprechende Wende, indem nunmehr die **positive Abspaltungstheorie** allgemein, d.h. **einheitlich für die ausschließliche und für die einfache Lizenz** vertreten wird. Hierauf ist noch weiter unten (Rz. 50, 51) einzugehen. 44

Das deutsche Schrifttum der zwanziger und dreißiger Jahre spiegelt deutlich den Wandel der Rechtsprechung in diesen beiden Jahrzehnten zwischen dem Ende des 1. Weltkrieges und dem Beginn des 2. Weltkrieges wider. Es ist der Rechtsprechung, wie meist, um einige Schritte voraus, woraus sich wieder ableiten lässt, dass die Rechtsprechung durch das Schrifttum beeinflusst und befruchtet worden ist.

Das vorerwähnte Urteil des RG vom 18.8.1937[21] hatte generell, d.h. für einfache und ausschließliche Lizenzen, die Theorie des positiven Benutzungsrechts eingeführt, nachdem zuvor seit dem Urteil des RG vom 16.1.1904[22] nur der ausschließlichen Lizenz dieser Rechtscharakter beigemessen wurde. Mit diesem Urteil ist eine jahrzehntelange Entwicklung zum Abschluss gekommen, an der das deutsche Schrifttum, vor allem in der unmittelbar vorausgegangenen Zeit, maßgeblich beteiligt war, wie nachstehend zu erörtern sein wird.

Stern/Oppenheimer[23] beurteilen die Lizenz als **positives, dingliches und absolutes Recht**: „Die Lizenz entsteht ... in der Regel aufgrund eines Vertrages, der dem Lizenznehmer ein dingliches Recht nach der früher bestrittenen, heute herrschenden Ansicht gewährt." Diese dingliche Rechtsposition des Lizenznehmers, die ihm ein absolutes, gegen Dritte wirkendes Recht verleihe, folge „ipso iure aus der dinglichen Rechtsänderung, die ja in der Übertragung der positiven Seite des Patentrechts besteht". Mit dieser generell, für einfache und ausschließliche Lizenzen vertretenen These, befinden sich *Stern/Oppenheimer*[24] natürlich im Gegensatz zu der damals 45

---

18 RGZ 75/400.
19 RGZ 75/404.
20 RGZ 155/306.
21 RGZ 155/306.
22 RGZ 57/38.
23 Anm. 27 zu § 6.
24 Anm. 28 zu § 6.

(1919) gültigen Rechtsprechung und herrschenden Ansicht im Schrifttum, die sich gerade dazu durchgerungen hatten, die positive Benutzungstheorie mit dem dinglichen oder quasidinglichen Rechtscharakter auf die ausschließliche Lizenz in Anwendung zu bringen[25]. Hinsichtlich der typenmäßigen Einordnung des Lizenzvertrages (vgl. hierzu unten § 6) vertreten *Stern/Oppenheimer* die Pacht-Theorie. Lediglich § 595 BGB sei als mit dem Patentrecht unvereinbar nicht anzuwenden.

46 Der seinerzeit richtungsweisende Schriftsteller, auf den die anderen Autoren auch immer wieder verweisen, dürfte *Hermann Isay* gewesen sein, der als theoretisch wie praktisch gleich hoch begabter Jurist einen bedeutenden Ruf genoss und viele große patentrechtliche Verfahren vor dem RG für die Großindustrie vertreten hat. Hinsichtlich der Rechtsnatur des Lizenzvertrags ist *Isay*[26] der Ansicht, dass es nach dem jeweiligen Vertragswillen, der gemäß § 157 BGB zu ermitteln sei, schuldrechtliche (negative) und dingliche (positive) Lizenzen gebe[27]. *Isay* folgt also der seinerzeit herrschenden Ansicht insoweit, als er der **positiven Lizenz dinglichen Charakter** einräumt und der **negativen Lizenz schuldrechtlichen Charakter**. Er setzt jedoch nicht das eine mit der ausschließlichen Lizenz und das andere mit der einfachen Lizenz gleich, sondern lässt hierüber den Parteiwillen entscheiden. So führt *Isay* aus[28]: „Dies (die Lizenzerteilung) ist wieder in verschiedener Weise möglich; entweder derart, dass er (Lizenzgeber) dem Anderen (Lizenznehmer) gegenüber sich lediglich schuldrechtlich zu dieser Gestattung verpflichtet, oder aber so, dass er dem Anderen zugleich ein eigenes (dingliches) Benutzungsrecht an der Erfindung einräumt." Demnach nimmt *Isay*[29] klar gegen die Negativtheorie Stellung, die seiner Ansicht nach weder dem Patentrecht noch dem Lizenzrecht gerecht werde. Dies zeige sich beispielsweise in dem Fall, in welchem das Patent von einem Drittrecht abhängig sei. Wenn die Lizenz nicht in der Übertragung (Abspaltung) eines positiven Benutzungsrechts besteht, nütze dem Lizenznehmer die Rechtsgewährung (also in Form des Verzichts) nichts. Diese Deduktion dürfte aber nicht überzeugend sein, denn auch bei einem positiven Recht kann ja der Lizenzgeber nicht mehr Rechte auf den Lizenznehmer übertragen als er selbst hat. Der Unterschied zwischen positivem Benutzungsrecht und negativem Verbietungsrecht zeigt sich allein in der Existenz oder Nichtexistenz eines inhaltlich gestalteten subjektiven Rechts des Lizenznehmers, das zu einer laufenden Rechtsbeziehung zwischen Lizenzgeber und Lizenznehmer führt.

Diese Deduktion von *Isay* führt deshalb auch in der Frage, ob die Lizenz schuldrechtlichen oder dinglichen Charakter hat (vgl. hierzu unten § 5), zu Fehlschlüssen, worauf *Stern/Oppenheimer*[30] zu Recht hinweisen. *Isay* beurteilt die Lizenz schlechthin (ob einfach oder ausschließlich) als dinglich, da „ein Teil des Patentrechts übertragen wird". Hiermit wird aber offensichtlich dingliches und absolutes Recht verwechselt

---

25 Urteil des RG vom 16.1.1904 in RGZ 57/38 (vgl. oben Anm. 15 und 22).
26 S. 310.
27 Eine an sich sehr zutreffende Ansicht, die auch *Blum/Pedrazzini*, Anm. 3 zu Art. 34, vertreten.
28 S. 309.
29 S. 327.
30 Anm. 27 zu § 6.

(vgl. hierzu unten § 5)³¹. Hierbei verweist *Isay* allerdings auf den Unterschied zwischen lizenzrechtlicher Gestattung und patentrechtlicher Einschränkung, der schon in dem Urteil des RG vom 16.1.1904³² aufgezeigt worden war³³. Die lizenzrechtliche Gestattung (z.B. Pacht) sei stets obligatorisch und die patentrechtliche Einschränkung dinglich.

*Pietzcker*³⁴ betont ebenfalls die generelle Theorie von der **positiven Lizenz (einfache oder ausschließliche)** und eilt damit der späteren Rechtsprechung voraus, die zunächst bei der einfachen Lizenz noch an der Negativtheorie festhält. Seine Begründung ist allerdings nicht überzeugender als die von *Isay*. Er erwähnt ebenfalls das Beispiel des von einem dritten Patent abhängigen Patents, wo der Lizenznehmer nicht zur Gebührenzahlung herangezogen werden könnte. Es ist zwar richtig, dass dieser Fall nur bei einer positiven Lizenz gelöst werden kann. Dieser Grundsatz der Gewährleistung gilt aber hier ganz allgemein. Die Gewährleistung ist ein direkter Reflex der dem Lizenznehmer eingeräumten subjektiven Rechtsstellung.

47

Im Gegensatz zu *Isay* beurteilt *Pietzcker* die Lizenz als **obligatorisches Recht**³⁵, wobei auf den gutgläubigen lastenfreien Erwerb des Patenterwerbers verwiesen wird. Aus dem Ausschluss oder Nichtausschluss des gutgläubigen Erwerbs könne nicht gefolgert werden, dass die Lizenz ein dingliches Recht sei, denn auch obligatorische Rechte könnten im Rahmen des gutgläubigen Erwerbs untergehen beziehungsweise aufrecht erhalten bleiben (actiones in res scripta).

48

Auch *Möller*³⁶ beurteilt die Lizenz als **positives Benutzungsrecht**, indem er sagt: „Es ist nicht etwa so, dass der Inhaber des Patentrechts vertraglich nur auf sein Verbietungsrecht gegenüber dem Lizenznehmer verzichtet, dieser erlangt vielmehr ein subjektives Recht." *Möller* ist im Übrigen wie *Pietzcker* erklärter Gegner der Theorie von der dinglichen oder quasidinglichen Rechtsnatur der Lizenz. Er verweist hierbei darauf, dass es zwar weder einen gutgläubigen lastenfreien Erwerb des Patentrechts gebe noch eine Lizenzbestellung bei widerstreitender (einfacher oder ausschließlicher) Vorausbestellung. „Das rechtfertige aber nicht die Konstruktion eines dinglichen Rechts. Man muss vielmehr die Rechtslage insoweit vom Rechtsübertrager aus ansehen: Nemo plus iuris transferre potest quam ipse habet." *Möller* vertritt demnach die gleiche Ansicht, die der Verfasser als richtig beurteilt. Er gibt der Lizenz wegen ihrer derivativen Forderungsnatur **obligatorischen Rechtscharakter. Dinglich oder quasidinglich** ist nur die **ausschließliche Lizenz**, und zwar in Anbetracht der Rechtsposition des ausschließlichen Lizenznehmers gegenüber Dritten (z.B. selbständige Erhebung der Verletzungsklage). Wie *Möller* argumentieren auch *Krausse/Kathluhn*³⁷. Die Lizenz sei positiv und könne dinglich sein oder nicht. Doch sei es nicht ein Zeichen der Dinglichkeit, wenn die Lizenz Wirkungen gegen den Rechtsnachfolger des Lizenz-

49

---

31 Dies zeigt sich besonders deutlich auf S. 338, 329 bei der Charakterisierung der Rechtsstellung des Lizenznehmers.
32 RGZ 57/38 (vgl. oben Anm. 15, 22 und 25).
33 Vgl. auch *Lichtenstein* in NJW 1965/1839 ff. und *Henn*, S. 15 und Anm. 25.
34 Anm. 16 zu § 6.
35 Anm. 18 zu § 6.
36 Anm. 15 zu § 9.
37 Anm. 7 zu § 9.

gebers habe. Für die Dinglichkeit spreche allein die selbständige Rechtsposition des Lizenzgebers, die meist bei der ausschließlichen Lizenz gegeben sei. Auch *Lutter/ Emersleben*[38] beurteilen die Lizenz in gleicher Richtung, nicht dagegen *Klauer/Möhring*[39], die sich mehr auf der Linie der damaligen Rechtsprechung bewegen, also die einfache Lizenz als negativ, die ausschließliche als positiv beurteilen und der ausschließlichen Lizenz zudem einen dinglichen beziehungsweise quasidinglichen Charakter beimessen.

50 Zusammenfassend lässt sich also sagen, dass das deutsche Schrifttum der Zwanziger und Dreißiger Jahre der Rechtsprechung weit vorausgeeilt ist: Es wird überwiegend generell die **positive Benutzungstheorie** vertreten. Nur *Isay* und *Klauer/Möhring* bekennen sich noch zur konservativen Linie der **Negativtheorie bei einfachen Lizenzen**, werden aber durch das Urteil des RG vom 18. 8. 1937[40] völlig isoliert. Erstaunlich ist darüber hinaus, dass das Schrifttum überwiegend – gegen *Isay* und *Klauer/Möhring* – auch die Theorie von der **obligatorischen Rechtsnatur** der Lizenz vertritt, die heute **international als herrschend bezeichnet werden kann** und nur in der **BRD** durch die unveränderte Rechtsprechung zur **dinglichen oder quasidinglichen Rechtsnatur der ausschließlichen Lizenz**, die das heutige Schrifttum übernommen hat, eine partielle Opposition besitzt. Vgl. hierzu unten § 5.

51 Dem vorerwähnten **richtungsweisenden Urteil des RG vom 18. 8. 1937** lag folgender Sachverhalt zugrunde.

Die Firma Telefunken GmbH, damals ein Weltunternehmen auf dem Gebiet der Elektrotechnik und insbesondere der Rundfunkindustrie, hatte einen Mantelvertrag mit dem Funkverband geschlossen. Dem Funkverband, einem rechtsfähigen Verein, gehörten als Mitglieder alle einschlägigen Industrieunternehmen, unter Einschluss von Telefunken, an. Der Mantelvertrag sah vor, dass der Funkverband seinen Mitgliedern entgeltliche Lizenzen an Schutzrechten erteilen konnte, die Telefunken gehörten. Der Lizenzertrag floss im Wesentlichen Telefunken zu. Darüber hinaus hatten die Lizenznehmer Abnahmeverpflichtungen für von Telefunken hergestellte Produkte. In dem konkreten Rechtsstreit, der zwischen Telefunken als Lizenzgeber und einem Mitglied als Lizenznehmer geführt wurde, ging es entscheidend darum, welche Rechtsnatur die beiden Rechtsverhältnisse aufwiesen: Das zwischen Telefunken und dem Funkverband einerseits und das zwischen dem Funkverband und den Mitgliedern des Funkverbands andererseits.

Das Urteil das RG beurteilte das Rechtsverhältnis zwischen Telefunken und dem Funkverband als Gesellschaft des bürgerlichen Rechts und dasjenige des Funkverbands mit seinen Mitgliedern als Lizenzvertrag mit gesellschaftsrechtlichem Einschlag. Hierzu werden eingehende Ausführungen gemacht, die an dieser Stelle nicht näher interessieren. Das Urteil nimmt jedoch auch zu der Frage Stellung, ob die den Mitgliedern des Funkverbands erteilten einfachen Lizenzen als negatives Verbietungsrecht oder als positives Benutzungsrecht zu beurteilen seien. Die Rechtsprechung des RG hatte bis dahin einfache Lizenzen als negative Rechte charakterisiert, bei denen der

---

[38] Anm. 5 zu § 9.
[39] Patentgesetz 1936, Anm. 5 zu § 9.
[40] RGZ 155/306 (vgl. oben Anm. 20 und 21).

Die Lizenz als positives Benutzungs- oder negatives Verbietungsrecht § 4

Lizenzgeber nur auf sein Verbietungsrecht verzichtet. Hinsichtlich der oben erwähnten Abnahmepflicht spielte naturgemäß die Entscheidung dieser Frage eine große praktische Rolle.

Das RG führt aus[41]: „Was die Einräumung der einfachen Lizenz an den Schutzrechten angeht, so erschöpft sie sich ihrer rechtlichen Bedeutung nach nicht in dem bloßen der Beklagten gegenüber erklärten Verzicht auf die aus den Schutzrechten fließende Verbietungsmacht. Sie ist vielmehr derart gerichtet, der Beklagten ein positives Benutzungsrecht zu verschaffen und sie während der Vertragsdauer in dem Genusse dieses Rechts zu erhalten."

Das Urteil stellt demnach ganz klar und eindeutig fest, dass auch für die einfache Lizenz die positive Theorie Geltung besitzt. Damit wird der seit dem Urteil des RG vom 16.1.1904[42] postulierte Unterschied zwischen ausschließlicher und einfacher Lizenz hinsichtlich des positiven oder negativen Rechtscharakters aufgegeben (es verbleibt lediglich die Theorie des dinglichen beziehungsweise quasidinglichen Rechts für die ausschließliche Lizenz). Vgl. hierzu unten § 5. Die Lizenz hat grundsätzlich eine positive Rechtsnatur mit allen Folgen für Gewährleistung, Übertragbarkeit, Unterlizenzierung, Patentverletzungsklage usw.

Der BGH[43] hat diese Rechtsprechung des RG fortgeführt und das deutsche Schrifttum[44] hat sich mit ihr identifiziert. Die dogmatisch besonders interessante, scharf analysierende Darstellung von *Lichtenstein*[45], die von *Lüdecke* eine Erwiderung erfahren hat[46], soll für die Darstellung des Standpunktes des deutschen Schrifttums und der Kritik desselben die Grundlage bilden. 52

Im Anschluss an das RG-Urteil vom 16.1.1904[47] bezeichnet *Lichtenstein* den patentrechtlichen Verzicht auf die Erhebung der Verletzungsklage als Lizenzvertrag „im engeren Sinne", während die schuldrechtliche Regelung der Lizenzausübung Lizenzvertrag „im weiteren Sinne" genannt wird. Der erste Bereich entspricht deshalb der negativen Lizenz, der zweite der positiven Lizenz. *Lichtenstein* wirft sodann[48] die Frage auf, ob der Lizenzvertrag im engeren Sinne als „Erlassvertrag" oder als „Verzicht" oder als ein „pactum de non petendo" beurteilt werden müsse. *Lichtenstein* macht mit Recht erhebliche Bedenken gegen die Annahme eines Erlassvertrages oder eines Verzichts geltend und will den „Verzicht auf die Erhebung der Verletzungsklage" rein patentrechtlich verstanden wissen. Er erwähnt die §§ 6 PatG 1961 sowie 823 Abs. 1 und 1004 BGB. Richtig sei auch ohne Zweifel das Argument, dass der Erlass gemäß § 397 BGB einen schuldrechtlichen Anspruch voraussetze, was bei dem Verzicht auf die Erhebung der Verletzungsklage in keiner Weise der Fall sei. Zudem richte sich dieser Verzicht auf die Zukunft, d.h. auf zukünftige Verletzungen. Das sei auch nicht anders, wenn man statt des Begriffs „Erlass" den Begriff „Verzicht" ver- 53

---

41 RGZ 155/306, 313.
42 RGZ 57/38 (vgl. oben Anm. 15, 22, 25 und 32).
43 GRUR 1953/114, 118; 1963/563, 565.
44 Vgl. hierzu oben Anm. 9.
45 In NJW 1965/1839 ff. Vgl. hierzu *Bartenbach/Gennen*, Tz. 37, 38.
46 In NJW 166/815 ff. Vgl. hierzu auch *Gaul/Bartenbach*, Handbuch, Tz. K 34, 35.
47 RGZ 57/38 (vgl. oben Anm. 15, 22, 25, 32 und 42).
48 In NJW 1965/1840.

wende. Angreifbar dürfte hingegen die Argumentation von *Lichtenstein* sein, die darauf abzielt, dem Lizenzvertrag im engeren Sinne die Bedeutung einer erlaubten Patentverletzung zu geben, und hieraus die Theorie eines „pactum de non petendo" abzuleiten. *Lichtenstein* sagt[49]: „Der Lizenzvertrag ist eine Vereinbarung, die Ansprüche auf die Beseitigung von Störungen, Abwehransprüche überhaupt nicht erst entstehen lässt." Diese Theorie des **„Rechtfertigungsgrundes"** durch Einwilligung geht am Thema vorbei und steht auch mit der dogmatischen Grundlage von *Lichtenstein* selbst im Widerspruch. *Lichtenstein* lehnt ja den „Erlass" mit der Begründung ab, es werde auf keinen schuldrechtlichen Anspruch verzichtet, der Verzicht müsse rein patentrechtlich verstanden werden. Das heißt aber, wie es das RG stets klar formuliert hat, dass der Patentinhaber auf die prozessuale Seite der Verfolgung verzichtet. Er macht seinen Anspruch auf Patentverletzung, der uneingeschränkt besteht, nicht geltend und verpflichtet sich im **„Lizenzvertrag im engeren Sinne"** hierzu. Das ist ein ganz erheblicher Unterschied gegenüber der Einwilligung zur Patentverletzung. Es liegt also entgegen der Schlussfolgerung von *Lichtenstein*, im Falle des Lizenzvertrages im engeren Sinne ein „pactum de non petendo" vor, ein prozessualer Verzicht analog § 306 ZPO auf die Geltendmachung der Verletzungsklage gemäß §§ 139 ff. PatG 1981 und der Ansprüche gemäß §§ 823 Abs. 1 und 2, 1004 BGB, der streng von einem eventuellen Verzicht auf materielle Rechte zu scheiden ist[50]. *Lichtenstein*[51] kommt deshalb zu der Ansicht, die **negative Lizenz beinhalte eine „teilweise Übertragung des Patents selbst"**. Das sei mit Recht h.M. Hier scheint jedoch eine Verwechslung vorzuliegen. Die h.M. in Schrifttum und Rechtsprechung beurteilt, wie dargelegt, den Rechtscharakter der Lizenz als positiv und bezeichnet diese Theorie als Abspaltungstheorie, so wie dies auch *Lichtenstein* tut[52]. Im Gegensatz hierzu steht die negative Verzichtstheorie. Das hat jedoch nichts damit zu tun, die negative Verzichtstheorie in ihrer dogmatischen Struktur näher zu definieren, und darum geht es allein bei dem Lizenzvertrag „im engeren Sinne" wie ihn das Urteil des RG vom 16.1.1904[53] geprägt hat.

54 *Lüdecke*[54] hat mit Recht darauf hingewiesen, dass die Theorie des Rechtfertigungsgrundes von *Lichtenstein* dann zu Schwierigkeiten führe, wenn mehrere **widerstreitende Lizenzen** vergeben worden sind. Hier zeigt sich nämlich der praktische Unterschied zwischen positiver und negativer Theorie. Ist eine ausschließliche Lizenz bestellt worden und danach eine widerstreitende einfache oder weitere ausschließliche Lizenz, so führt die Negativtheorie nur dahin, dass der Lizenzgeber gegen keinen der beiden Lizenznehmer aus seinem Patentrecht wegen Verletzung desselben vorzugehen berechtigt ist. Rein strukturmäßig kann er also beliebig viele widerstreitende Lizenzen bestellen. Es obliegt den Lizenznehmern untereinander ihre Rechte durch Verletzungsklagen durchzusetzen, wobei zwangsläufig der Frage des gutgläubigen lastenfreien Erwerbs von Lizenzrechten eine entscheidende Bedeutung zukommt. Die

---

49 In NJW 1965/1840.
50 *Baumbach/Lauterbach/Albers/Hartmann*, Einf. vor §§ 306, 307 Anm. 1 B; *Zöller*, Anm. 5 vor § 306; *Rosenberg/Schwab*, S. 798; RG JW 1917/44; BGHZ 66/253.
51 In NJW 1965/1841.
52 S. 5.
53 RGZ 57/38 (vgl. oben Anm. 15, 22, 25, 32, 42 und 47).
54 In NJW 1966/816. Vgl. zu dem Gesamtkomplex *Bartenbach/Gennen*, Rz. 37–43.

Theorie von *Lichtenstein* zum Rechtfertigungsgrund würde sich hier totlaufen, wie *Lüdecke* zu Recht bemerkt.

Aus den vorstehenden Darlegungen folgt, dass es **keinen Lizenzvertrag im engeren Sinne, die so genannte Negativlizenz**, gibt, sondern dass das, was wir Lizenzvertrag nennen, ein **obligatorisches Rechtsverhältnis** zwischen Lizenzgeber und Lizenznehmer ist, kraft dessen positiv die gegenseitigen Rechte und Pflichten geregelt werden. Nur so lässt sich auch die entscheidende Frage der Gewährleistung für Rechts- und Sachmängel lösen, die sich bei widerstreitender Lizenzbestellung ergibt. Selbstverständlich können die Vertragsparteien stets etwas anderes vereinbaren, also beispielsweise bewusst den Lizenzvertrag negativ gestalten. Dann liegt jedoch nicht die Vertragsform vor, die wir als typisch beurteilen und die grundsätzlich das Wesen des Lizenzvertrages bestimmt. Besser und richtiger sollte man so etwas gar nicht einen Lizenzvertrag im Sinne des § 15 Abs. 2 PatG 1981 nennen, sondern als prozessualen Verzichtsvertrag auf die Erhebung der Verletzungsklage gemäß §§ 139 ff. PatG 1981 in Verbindung mit § 306 ZPO bezeichnen.

Diese Beurteilung durch Schrifttum und Rechtsprechung konnte sich zunächst nur auf § 9 S. 2 PatG 1961 stützen, wo gesagt war, dass das Recht auf das Patent, der Anspruch auf Erteilung des Patents und das Recht aus dem Patent beschränkt oder unbeschränkt auf andere übertragen werden können[55]. Inzwischen ist durch § 15 Abs. 2 PatG 1981 klar – zusätzlich zu Abs. 1 S. 2 dieser Bestimmung, die dem früheren § 9 S. 2 PatG 1961 entspricht – gesagt, dass die Rechte nach Abs. 1 ganz oder teilweise Gegenstand von ausschließlichen oder einfachen Lizenzen, territorial unbeschränkt oder beschränkt, sein können[56]. Diese Regelung bestätigt nunmehr eindeutig den **positiven Benutzungscharakter** der Lizenz, denn ein bloß negatives Verbietungsrecht würde bereits aus der Vorschrift des § 9 PatG 1981 folgen, wonach der Patentinhaber befugt ist, die patentierte Erfindung zu benutzen[57]. Jedem Dritten ist die Benutzung ohne seine Zustimmung verboten. Der positive Benutzungscharakter folgt auch aus der neuen (1986) Vorschrift des § 15 Abs. 3 PatG 1981. Vgl. hierzu unten § 5, Abschnitt 1.

55

Für die **praktische Abgrenzung** sind folgende Elemente von Bedeutung[58]:

56

1. Die Lizenz hat dann den Charakter eines **positiven Benutzungsrechts**, wenn der Lizenzgeber gegenüber dem Lizenznehmer nicht nur auf die Erhebung der Patentverletzungsklage (§ 9 PatG 1981) verzichtet, sondern **beiderseitige Rechte und Pflichten** (über den Gebührenanspruch hinaus) begründet. Als Beispiele solcher Rechte und Pflichten sind die Haftung des Lizenzgebers für Rechts- und Sachmängel, die Ausübungspflicht des Lizenznehmers, das Recht des Lizenznehmers zur Erhebung der Patentverletzungsklage sowie die Übertragung der Lizenz auf Dritte zu nennen.
2. Die Lizenz hat dann den Charakter eines **negativen Verbietungsrechts**, wenn sich die Lizenz, die der Lizenzgeber dem Lizenznehmer gewährt, auf den **Verzicht auf die Geltendmachung des patentrechtlichen Monopolanspruchs beschränkt**, also

---

55 Vgl. hierzu *Henn*, S. 17 und 18; *Reimer*, S. 459 f. (Anm. 2 zu § 9); *Langen* bei *Langen*, S. 105.
56 *Stumpf*, Lizenzvertrag, Anm. 13.
57 *Stumpf*, Lizenzvertrag, Anm. 15; *Schulte*, Anm. 37 zu § 15.
58 Vgl. hierzu *Benkard*, Anm. 49 zu § 15.

keine positiven Elemente, insbesondere Rechte und Pflichten der Vertragsparteien (über den Gebührenanspruch hinaus) enthält.

Die Abgrenzung mag nicht immer einfach sein, da es verständlicherweise Mischformen bzw. Grenzfälle gibt. Nichts mit dieser Abgrenzung zu tun hat die Frage der entgeltlichen oder unentgeltlichen Lizenz, die es bei beiden Formen gibt.

57 Die gegebene Definition der Lizenz als negatives Verbietungsrecht führt dazu, dass diese Lizenz auf die Person eines bestimmten Lizenznehmers beschränkt ist. Die **negative Lizenz ist also stets persönliche Lizenz**, ist stets Betriebslizenz, eine Abtretung oder Unterlizenzierung ist deshalb nicht möglich. Sie kann auch nicht gutgläubig erworben oder einem gutgläubigen Dritten entgegengehalten werden, da ihr jeglicher dingliche Charakter fehlt. Sie erschöpft sich in der personenbezogenen obligatorischen Verzichtserklärung des Schutzrechtsinhabers.

58 Die **schweizerischen, österreichischen, französischen und italienischen Quellen** stehen im Einklang mit der im deutschen Schrifttum und der Rechtsprechung vertretenen Auffassung über die Beurteilung der Lizenz als **positives Benutzungsrecht**[59]. Dagegen sind die **anglo-amerikanischen** Quellen strikt auf die Verzichtstheorie ausgerichtet[60].

59 Zusammenfassend ist zu sagen, dass die Beurteilung der Lizenz als **positives Benutzungsrecht** der heutigen Auffassung über die **wirtschaftliche Bedeutung der Lizenz in der modernen Wirtschaft** am besten entspricht[61]. Die Charakterisierung der Lizenz als bloßes Verbietungsrecht ist veraltet. Sie hat eigentlich nur noch dort Bedeutung, wo eine technisch in sich abgeschlossene, nicht mehr entwicklungsfähige Erfindung vorliegt. Dieser Zustand entspricht der Urform der Lizenz in einer Wirtschaftsperiode, die keine Arbeitsteilung kannte, wo es dem Normalzustand entsprach, dass der Schutzrechtsinhaber selbst und allein sein Schutzrecht ausübte, d.h. dieses durch Herstellung und Vertrieb der jeweiligen Produkte, wofür nur er legitimiert war, wirtschaftlich auswertete. Die Lizenz war hierbei die ausnahmsweise erfolgende Duldung einer Parallelbetätigung, meist sogar aus einer Schutzrechtsverletzung entstanden. In einer Wirtschaftsperiode jedoch, in der es durch die ganze Komplizierung und Internationalisierung des Wirtschaftsablaufs unmöglich geworden ist, ein Monopol auf einem bestimmten technischen Gebiet wirklich zu praktizieren, ganz abgesehen von der laufenden notwendigen Weiterentwicklung jeder Erfindung, ohne die sie oft in kürzester Zeit wertlos sein würde, erfolgt die Verwertung einer Erfindung nicht mehr allein und unmittelbar durch den Schutzrechtsinhaber, sondern auch durch die sonst am Wirtschaftsablauf Beteiligten, wodurch eine optimale Verwertung gesichert ist[62]. Durch die

---

59 Vgl. für das schweizerische Recht: *Blum/Pedrazzini*, Anm. 3 zu Art. 34, *Pedrazzini*, S. 127 f., sowie *Frey*, S. 7 und 8 unter Hinweis auf BGE 51 II 57; für das österreichische Recht: *Kassler/Koch*, S. 27; für das französische Recht: *Roubier*, II S. 263 ff. sowie *Tr. Paris* in Ann. 30.143 mit Anm. *Roubier*, II S. 276; für das italienische Recht: *Ascarelli*, S. 386.
60 Vgl. *Lichtenstein*, S. 5; *Henn*, S. 16, 17; *Goldscheider* bei *Pollzien/Langen*, S. 448; US Industries Inc. v. Camco Inc. = 125 PQ 216 (hierzu *Lichtenstein*, S. 6); Philips Gloeilampenfabriken v. Atomic Energy Commission = 129 PQ 473. Zu den internationalen Aspekten der Verzichtstheorie vgl. *Bartenbach/Gennen*, Rz. 83.
61 Vgl. hierzu mit Nachweisen *Stumpf*, Lizenzvertrag, Anm. 15.
62 Vgl. zu diesen wirtschafts- und unternehmenspolitischen Aspekten *Henn*, S. 7 ff. sowie *Stumpf*, Lizenzvertrag, Anm. 1 ff., jeweils mit Nachweisen.

technische Zusammenarbeit aller Partner, d.h. des Schutzrechtsinhabers und der jeweilgen Lizenznehmer, ist zudem die notwendige Weiterentwicklung gesichert. Diese Figur der Arbeitsteilung ist aber nicht mehr negativ, ein bloßer Verzicht des Schutzrechtsinhabers auf die Erhebung der Verletzungsklage, ein Ausnahmefall. Sie ist ein wesentliches Element der vom Schutzrechtsinhaber betriebenen systematischen Verwertung seiner Rechte und damit zwangsläufig positiv. Es ist deshalb ein Ausnahmefall von der bestehenden Regel, wenn durch Vertragsregelung der Lizenz ein negativer Charakter gegeben wird. Vgl. zu diesem Fragenkreis auch oben Einleitung zum 1. Kapitel.

Lizenzen auf Schutzrechtsanmeldungen für Erfindungen, die noch nicht zu einer Schutzrechtserteilung geführt haben, sind als Offenlegung gemäß §§ 32, 33 PatG 1981 (vorläufiger Schutz) in Bezug auf ihren Rechtscharakter nicht anders zu beurteilen als Lizenzen auf erteilte Schutzrechte[63]. Wurde allerdings eine Erfindung noch nicht zum Patent angemeldet oder die angemeldete noch nicht offen gelegt, ist sie als Know-how zu beurteilen. Vgl. hierzu den nachfolgenden Abschnitt 2. **60**

Abschnitt 2
Die Lizenz am Know-how

Die Lizenz an dem nicht allgemein zugänglichen (geheimen), nicht durch ein Schutzrecht geschützten technischen oder betriebswirtschaftlichen Wissen eines anderen (Know-how) **untersteht nicht den in Rz. 9 erwähnten Vorschriften der §§ 9, 15 Abs. 2 PatG 1981**[64]. Gleiches gilt für § 15 Abs. 3 PatG 1981. Vgl. Rz. 72, 73. Unter den Begriff „Know-how" fallen auch zum Schutzrecht angemeldete Erfindungen, soweit eine Offenlegung, **61**

– Anhanganlage 21 –

mit der der vorläufige Schutz gemäß § 32, 33 PatG 1981 verbunden ist, noch nicht erfolgt ist, sowie nicht oder noch nicht angemeldete Erfindungen[65].

Der Begriff „Know-how", der unter **kartellrechtlichen** Aspekten beschränkt auf das technische Wissen, in § 18 GWB und in Art. 10 Nummer 1 TechTraVO eine gesetzliche Definition gefunden hat[66] (vgl. hierzu Rz. 29, 368, 411), entstammt dem anglo-amerikanischen Rechtskreis, **62**

– Anhanganlage 10 (Randziffer 1 d) –

wo er von der Praxis entwickelt worden ist und eine ungleich größere Bedeutung als im deutschen und im romanischen Rechtskreis hat[67]. Dies gilt vor allem in Bezug auf

---

63 *Stumpf*, Lizenzvertrag, Anm. 17; BGH NJW 1982/2861; BGH GRUR 1953/29; 1955/286, 289.
64 *Stumpf*, Lizenzvertrag, Anm. 17, 18, 47 und 435; *ders.*, Know-how-Vertrag, Anm. 12 und 20; *Henn*, S. 59 ff.; *Benkard*, Anm. 139 zu § 15.
65 *Stumpf*, Lizenzvertrag, Anm. 17; *ders.*, Know-how-Vertrag, Anm. 4–10; *Henn*, S. 59 ff.; *Benkard*, Anm. 137–144 zu § 15; BGH GRUR 1976/140, 142.
66 Vgl. hierzu *Stumpf*, Know-how-Vertrag, Anm. 5.
67 *Stumpf*, Know-how-Vertrag, Anm. 4; *Böhme*, S. 12 ff.; *Pollzien* bei *Pollzien/Langen*, S. 9 f.; für das anglo-amerikanische Recht: *Lichtenstein*, S. 43; *Ellis/Deller*, § 2; *Lane* bei *Pollzien/Langen*, S. 119; *Goldscheider* bei *Pollzien/Langen*, S. 451 f.; *Gaul/Bartenbach*, Handbuch, Tz. Q 10.

kombinierte Patent- und Know-how-Lizenzverträge[68]. Vgl. hierzu oben § 3 (1. Kapitel).

63   Die für die Patentlizenz entwickelte **Grundsatzfrage** der Beurteilung als positives Benutzungsrecht oder negatives Verbietungsrecht ist für den Know-how-Lizenzvertrag **ohne Bedeutung**, da diese Definitionen unmittelbar aus der gesetzlichen Schutzrechtsdefinition abgeleitet sind[69]. Eine andere Frage ist, dass es die **Vertragsfreiheit** selbstverständlich erlaubt, auch der Know-how-Lizenz den Charakter eines positiven Benutzungsrechts oder eines negativen Verbietungsrechts zu geben, was allerdings wegen des fehlenden Schutzrechtsbezugs nur noch wenig mit den in Abschnitt 1 gegebenen diesbezüglichen Definitionen zu tun hat. Eine positiv gestaltete Know-how-Lizenz dürfte dem Normaltyp entsprechen, denn eine Know-how-Lizenz setzt geradezu die Verfügbarmachung des Know-how an den Lizenznehmer durch den Lizenzgeber voraus, und zwar verbunden mit einer Schutzerklärung für die Geheimhaltung und einer Zusage für die Bonität. Gerade diese Elemente würden bei einer negativ gehaltenen Know-how-Lizenz fehlen[70].

64   Know-how ist **kein gewerbliches Schutzrecht**, da ihm die Merkmale eines ausschließlichen Rechts, wie beim Patentrecht, fehlen, die ihm nur das Gesetz verleihen könnte[71]. Es ist ein **obligatorisches Recht**, das ungeachtet der §§ 17–19 UWG grundsätzlich **keine Wirkungen gegenüber Dritten** entfaltet[72]. Diese Wirkungen sind auch nicht über eine Registrierung herbeizuführen, da diese weder im deutschen Recht (§ 30 Abs. 4 PatG 1981), noch in anderen Rechten vorgesehen ist. Diese grundsätzlichen Unterschiede gegenüber dem Patentrecht haben auch im Kartellrecht ihren Niederschlag gefunden. Vgl. hierzu unten 7. Kapitel.

§ 5   Die Lizenz als absolutes und dingliches sowie als obligatorisches Recht

65   Die Lizenz an einem Schutzrecht oder einer Schutzrechtsanmeldung hat entweder den Charakter eines **absoluten und dinglichen** oder eines **obligatorischen Rechts**. Diese Differenzierung steht mit dem Wesen des Schutzrechts oder der Schutzrechtsanmeldung in unmittelbarem Zusammenhang, auf die sich die Lizenz bezieht. Mit dem Know-how hat diese Differenzierung nichts zu tun[73].

---

68 Vgl. *Henn*, S. 59.
69 Vgl. hierzu *Stumpf*, Know-how-Vertrag, Anm. 71 und 72.
70 Zur Rechtsnatur des Know-how-Lizenzvertrags vgl. *Stumpf*, Know-how-Vertrag, Anm. 19 ff.; *Lüdecke/Fischer*, S. 661; *Knoppe*, S. 23 ff.; *Böhme*, S. 30 ff.; Benkard, Anm. 139 zu § 15; BGH GRUR 1976/140, 142; BGHZ 16/172/174.
71 So auch *Stumpf*, Know-how-Vertrag, Anm. 12 unter Hinweis auf die abweichende Ansicht der IHK; Benkard, Anm. 139 zu § 15; BGHZ 16/172, 174; kritisch *Forkel* in NJW 1990/2806.
72 Benkard, Anm. 139 zu § 15; BGHZ 16/172, 174.
73 *Stumpf*, Know-how-Vertrag, Anm. 72.

Abschnitt 1
Die Lizenz als absolutes und dingliches Recht

Unter einem **absoluten Recht** ist ein **gegen jedermann wirkendes Recht** zu verstehen. Das ist eine feststehende Definition. Damit wird das absolute Recht vom **relativen**, d.h. dem **Forderungsrecht** unterschieden. Das Forderungsrecht ist auf das Verhältnis Gläubiger – Schuldner beschränkt[74]. Es ist unbeteiligten Dritten gegenüber in keiner Weise wirksam. Eine andere Doppelfigur, die sich weitgehend mit der Doppelfigur absolutes/relatives Recht deckt, aber nicht mit ihr identisch ist, stellt das Verhältnis dingliches und obligatorisches Recht dar. **Dingliche Rechte** sind nach allgemeiner Ansicht Rechte, die sich unmittelbar auf die **Sache**[75], **obligatorische Rechte** solche, die sich unmittelbar auf eine **Person** beziehen[76], auch wenn sie mittelbar eine Sache betreffen. Daraus ergibt sich zwangsläufig, dass ein dingliches Recht auch absolut sein muß[77], denn es wirkt unabhängig der Person, deshalb von der Sache her gegen alle Personen. Es ist aber nicht umgekehrt. Ein **absolutes Recht braucht nicht dinglich** zu sein[78]. Zu erwähnen sind hierzu alle **Immaterialgüterrechte** wie das Namensrecht sowie – insbesondere – die Patent- und Urheberrechte[79].

66

Zwei wichtige, auch grundsätzlich für das Immaterialgüterrecht gültige Folgerungen aus dieser Struktur sind die **Verjährbarkeit der obligatorischen Rechte** (Ansprüche gemäß §§ 194 Abs. 1, 241 Abs. 1 BGB) beziehungsweise die **Unverjährbarkeit der dinglichen Rechte**[80], sowie der Schutz der Schuldnerinteressen bei der Abtretung von obligatorischen Rechten beziehungsweise der Schutz der Interessen des gutgläubigen Erwerbers bei der Übertragung von dinglichen Rechten.

67

Damit sind die Grundlagen des Problems herausgearbeitet.

Das **Schutzrecht ist als Immaterialgüterrecht absolutes Recht**[81]. Es wirkt als staatlich verliehenes Monopolrecht gegen jedermann[82]. Der Verkauf des Schutzrechts beziehungsweise dessen sonstige Übertragung verschaffen dem Erwerber die gleiche Rechtsstellung wie dem ursprünglichen Schutzrechtsinhaber. Wie ist demgegenüber die **Lizenzierung** zu beurteilen, verschafft sie dem Lizenznehmer derivativ die absolute Stellung des Schutzrechtsinhabers oder ein bloß obligatorisches d.h. ein allein dem Schutzrechtsinhaber gegenüber wirkendes Benutzungsrecht? Das ist die uns interessierende Kernfrage.

68

---

74 *Lehmann* bei *Enneccerus/Kipp/Wolff*, S. 2.
75 BGB/RGRK/*Johannsen*, Anm. 2 zu § 194; *Nipperdey* bei *Enneccerus/Kipp/Wolff*, S. 456; *Dilcher* bei *Staudinger*, Anm. 7 zu § 194; *Seiler* bei *Staudinger*, Anm. 17, 18 und 24 ff. Einl. zu §§ 854 ff.; RGZ 53/100; 93/236.
76 *Nipperdey* bei *Enneccerus/Kipp/Wolff*, S. 466; *Seiler* bei *Staudinger*, Anm. 17, 18 und 24 Einl. zu §§ 854 ff.; BGB/RGRK/*Johannsen*, Anm. 1 zu § 194.
77 *Seiler* bei *Staudinger*, Anm. 17, 18 und 24 Einl. zu §§ 854 ff.; *Frey*, S. 9.
78 *Seiler* bei *Staudinger*, Anm. 17, 18 und 24 Einl. zu §§ 854 ff.
79 *Nipperdey* bei *Enneccerus/Kipp/Wolff*, S. 461 ff.
80 *Dilcher* bei *Staudinger*, Anm. 6 und 7 zu § 194.
81 *Benkard*, Anm. 2 zu § 1; RGZ 153/211, 213.
82 *Benkard*, Anm. 2 zu § 1; RGZ 153/211, 213.

69 Entscheidend für die Beurteilung dieser Frage ist die **präzise Analysierung der Wirkung der Lizenz gegenüber Dritten.** Hier muss sich am konkreten Fall zeigen, ob die Lizenz absoluten Charakter hat oder nicht, mit anderen Worten ob die zwischen Schutzrechtsinhaber und Lizenznehmer getroffenen Vereinbarungen automatische Drittwirkung haben.

70 Als derartige Fälle sind vor allem folgende Tatbestände heranzuziehen: **Gutglaubensschutz des Erwerbers oder des Lizenznehmers** bei der Übertragung von Schutzrechten und Lizenzen, Recht des Lizenznehmers zur eigenen Verfolgung von Schutzrechtsverletzungen, Recht zur Übertragung der Lizenz und zur Unterlizenzierung.

Wird das Schutzrecht auf einen Erwerber übertragen, so erhebt sich sofort die Frage nach dem rechtlichen Schicksal der zuvor von dem bisherigen Schutzrechtsinhaber bestellten Lizenzen. Hieran muss sich der **Rechtscharakter** beweisen. Ist die Lizenz ein absolutes Recht, ist sie zwangsläufig, vorbehaltlich irgendwelcher Vorschriften über den gutgläubigen Erwerb, auch dem neuen Schutzrechtsinhaber gegenüber rechtswirksam. Dies ist grundsätzlich nicht so, wenn sie nur ein relatives, obligatorisches Recht ist.

71 Bei der **ausschließlichen Lizenz** ist dieser **Sukzessionsschutz** wegen des **dinglichen bzw. quasidinglichen Charakters**[83] dieser Lizenzform im deutschen Schrifttum und der deutschen Rechtsprechung fast unbestritten[84]. Die **ausschließliche Lizenz hat deshalb auch absoluten Charakter**[85]. Sie ist gemäß § 30 Abs. 4 PatG 1981 eintragungsfähig. Vgl. Rz. 64, 76.

72 Bei der **einfachen Lizenz** ist das überwiegende deutsche Schrifttum[86] der gleichen Ansicht, stützt sich hierbei jedoch wegen des **obligatorischen Charakters** dieser

---

83 *Benkard*, Anm. 53 zu § 15; *Bernhardt/Kraßer*, Anm. V c aa 1 zu § 40; *H. Tetzner*, Anm. 47 zu § 9; *Lüdecke/Fischer*, S. 77 und 78; *Reimer*, S. 462 (Anm. 6 und 7 zu § 9) und S. 559 (Anm. 95 zu § 9); *Schulte*, Anm. 29 zu § 15; *Nirk*, S. 251; *Henn*, S. 14 und 46; *Busse*, S. 247–249 (Anm. 12–15 zu § 9); *Lindenmaier*, S. 350 (Anm. 30 zu § 9); *Pollzien* bei *Pollzien/Bronfen*, S. 141; *Stumpf*, Lizenzvertrag, Anm. 36 und 39; *Pagenberg/Geissler*, S. 76 (Tz. 79); *Gaul/Bartenbach*, Handbuch, Tz. K 66; *Leßmann* in DB 1987/145, 153; RGZ 57/38, 40 f.; 76/235; 82/431; 130/275, 282; 134/91, 96; 142/168, 170; BGHZ 83/251, 256; OLG Stuttgart GRUR 1957/121, 122; OLG Düsseldorf GRUR Ausl. 1962/256, 257; a.A. *Hauser*, S. 28 ff. und 36 ff. Vgl. hierzu auch die nachfolgende kritische Beurteilung des Verfassers.

84 *Benkard*, Anm. 53 zu § 15; *Bernhardt/Kraßer*, Anm. V c aa zu § 40; *Lüdecke* in GRUR 1964/470, 473; *Hauser*, S. 67 ff.; *Pagenberg/Geissler*, S. 76 (Tz. 79); *Gaul/Bartenbach*, Handbuch, Tz. K 72; OLG Düsseldorf GRUR Ausl. 1962/256, 257; RGZ 142/168, 170; a.A. *Stumpf*, Lizenzvertrag, Anm. 361.

85 *Benkard*, Anm. 53 zu § 15; *Haver/Mailänder*, S. 34; *Bernhardt/Kraßer*, Anm. V c aa 1 zu § 40; *Lüdecke* in GRUR 1964/470, 473; *Leßmann* in DB 1987/145, 153; RGZ 142/168, 170; OLG Düsseldorf GRUR Ausl. 1962/256, 257; a.A. *Stumpf*, Lizenzvertrag, Anm. 36, 342 und 360 f.

86 *Klauer/Möhring*, Anm. 39 zu § 9; *Lüdecke/Fischer*, S. 77 und 78; *Schulte*, Anm. 36, 37 zu § 15; *Bernhardt/Kraßer*, Anm. V c bb zu § 40; *Reimer*, S. 462 (Anm. 6 und 7 zu § 9) und S. 559 (Anm. 95 zu § 9); *Haver/Mailänder*, S. 34; *Henn*, S. 47; *Pagenberg/Geissler*, S. 274 (Tz. 84); *Gaul/Bartenbach*, Handbuch, Tz. K 68; *Brandi/Dohrn* in GRUR 1983/148; *Lindenmaier*, S. 375 (Anm. 57 zu § 9); *Nirk*, S. 251; a.A. *Stumpf*, Lizenzvertrag, Anm. 385; *Hauser*, S. 72 f.; *Leßmann* in DB 1987/151, 154; *Forkel* in NJW 1983/1766 f.; *Rosenberger* in GRUR 1983/207; *Völp* in GRUR 1983/46; *Benkard*, Anm. 60, 65 zu § 15.

Lizenzform[87] auf eine **analoge Anwendung der mietrechtlichen Bestimmungen der §§ 566 ff. BGB** (früher §§ 571 ff. BGB), nach denen der Mieter einer Sache dem neuen Eigentümer nach dem deutschrechtlichen Grundsatz „Kauf bricht nicht Miete"[88] sein Recht entgegenhalten kann. Die deutsche Rechtsprechung[89] teilte bis zum **Urteil des BGH vom 23. 3. 1982**[90] grundsätzlich diese Auffassung. Das vorgenannte Urteil des BGH, das im Schrifttum zu Recht viel Widerspruch[91] erfahren hat, hat diese Rechtsprechung aufgegeben. Diese Entscheidungspraxis des BGH wird sich allerdings nicht aufrechterhalten lassen, nachdem durch das Gesetz zur Änderung des Gebrauchsmustergesetzes vom 15. 8. 1986[92] dem **§ 15 PatG 1981** folgender **Absatz 3** angefügt worden ist[93]: „**Ein Rechtsübergang oder die Erteilung einer Lizenz berührt nicht Lizenzen, die Dritten vorher erteilt worden sind**".

Der **Sukzessionsschutz** gilt strukturell **nicht für Know-how-Lizenzen**, da diesen, ob einfach oder ausschließlich, **keine absolut wirkende Schutzrechtsübertragung** zugrundeliegt[94]. Hier, aber auch für Patentlizenzen, kommt einer vertraglichen Regelung des Sukzessionsschutzes eine zumindestens ergänzende Bedeutung zu, nicht zuletzt auch im Hinblick auf die divergierende Behandlung dieses wichtigen Fragenkreises in den verschiedenen Rechtsordnungen, die auf den Lizenzvertrag in Anwendung kommen können. Vgl. hierzu unten § 31, Abschnitt 1, und § 33, Abschnitt 7 (8. Kapitel). 73

Der durch den Gesetzgeber in § 15 Abs. 3 PatG 1981 verankerte Sukzessionsschutz gilt für **alle ab 1. 1. 1987 erfolgten (wirksamen) Rechtsübergänge oder Lizenzerteilungen (ohne Zwangslizenzen)**, wobei allerdings zu berücksichtigen ist, dass diese Regelung nicht nur wegen der fehlenden Rückwirkung, sondern auch in sachlicher Beziehung hinter dem zurückbleibt[95], was sich in Rechtsprechung (mit Ausnahme des vorerwähnten Urteils des BGH vom 23. 3. 1982) und Schrifttum seit Jahrzehnten durchgesetzt hatte, und zwar gesetzesunabhängig mit internationaler Wirkung. 74

Durch die Neuregelung wird wie bisher der Fortbestand des Benutzungsrechts des Lizenznehmers garantiert, wie dieses vom Berechtigten aufgrund eines **wirksamen** Lizenzvertrags bewilligt worden ist. Ein Unterschied zwischen ausschließlicher und

---

87 *H. Tetzner*, Anm. 4 zu § 9; *Stumpf*, Lizenzvertrag, Anm. 39; *Henn*, S. 14 und 47; *Bartenbach/ Gennen*, Rz. 70, 71; *Benkard*, Anm. 58 und 60 zu § 15; *Busse*, S. 249, 250 (Anm. 16–18 zu § 9); *Pagenberg/Geissler*, S. 246 (Tz. 32); BGHZ 62/272, 274; a. A. (dinglicher oder quasidinglicher Charakter) *Isay*, S. 361 und 364; *Rasch*, S. 75.
88 Vgl. hierzu *Emmerich* bei *Staudinger*, Anm. 1 zu § 571; BGB/RGRK/*Gelhaar*, Anm. 1 zu § 571; *Soergel*, Anm. 1 zu § 571; Münch-Komm. *Voelskow*, Anm. 1 zu § 571.
89 RGZ 142/168, 170; OLG Düsseldorf GRUR Ausl. 1962/256, 257.
90 BGHZ 83/251, 255 ff. = GRUR 1982/411. Vgl. hierzu *Stumpf*, Lizenzvertrag, Anm. 382; *Schulte*, Anm. 37 zu § 15; *Gaul/Bartenbach*, Handbuch, Tz. K 79; *Benkard*, Anm. 60 zu § 15; *Bernhardt/Kraßer*, Anm. V c bb 2 zu § 40; *Hauser*, S. 71 f.
91 *Bernhardt/Kraßer*, Anm. V c bb 2 und 3 zu § 40; *Klawitter* in MDR 1982/895; *Völp* in GRUR 1983/45; *Rosenberger* in GRUR 1983/203; *Brandi/Dohrn* in GRUR 1983/146; *Mager* in GRUR 1983/51; *Forkel* in NJW 1983/1746 sowie in NJW 1990/2805; *Leßmann* in DB 1987/146, 153 f. Vgl. hierzu auch *Pagenberg/Geissler*, S. 244 (Tz. 27).
92 BGBl I S. 1446.
93 Vgl. hierzu *Bartenbach/Gennen*, Rz. 72.
94 Vgl. *Stumpf*, Lizenzvertrag, Anm. 367.
95 Vgl. hierzu *Benkard*, Anm. 60–65 zu § 15.

einfacher Lizenz wird jedoch nicht gemacht. Auch wird die Negativlizenz nicht erfasst. Die gesetzliche Regelung ist zudem durchgehend dispositiv, also abdingbar.

Die bisherige Rechtslage durch eine Novation zu ersetzen, kann nicht Absicht des Gesetzgebers gewesen sein. Der Neuregelung kann deshalb richtigerweise nur **deklaratorische** (klarstellende) und **nicht konstitutive** (rechtsbegründende) Bedeutung zukommen[96].

75 Der **Sukzessionsschutz** entspricht damit dem **international**[97] **beschrittenen Weg der Beurteilung der Lizenz als Belastung des Patentrechts.** Hierfür kommt es aber nicht darauf an, ob man die Lizenz als dingliches Recht beurteilt, sondern allein darauf, ob die Lizenz ein unmittelbarer Reflex des Patentrechts ist, dass man sie als „anhaftende Belastung" desselben beurteilen muss. Der Vergleich mit einem Nutzungsrecht an einem Grundstück drängt sich auf, dort wo der Nutzungsberechtigte vom Eigentümer des Grundstücks das Recht erhält, die Rechte des Eigentümers uneingeschränkt oder eingeschränkt auszuüben.

76 Die Frage der **Publizität** ist hier von großer Bedeutung. Rechte entstehen nur und können nur geltend gemacht werden, wenn sie im Grundbuch eingetragen sind. Das Patent ist nach seiner Gewährung durch die staatliche Behörde ebenfalls im Register (**Patentrolle** gemäß § 30 PatG 1981) eingetragen. Es liegt deshalb nur nahe, für die Belastung des Patents, die Lizenz, ebenso zu verfahren. Doch ist man diesen Weg bisher nur partiell gegangen. Im deutschen Recht ist gemäß § 30 Abs. 4 PatG 1981 überhaupt nur die ausschließliche Lizenz im Register (Patentrolle) eintragungsfähig[98]. Im **anglo-amerikanischen Recht** und auch im **französischen, italienischen, schweizerischen und österreichischen Recht** können alle Lizenzen **eingetragen** werden[99]. Die Rechtsfolgen aber sind unterschiedlich bei der Übertragung des Patents. Im **deutschen und im anglo-amerikanischen Recht** hat die Registrierung **keinerlei rechtsbegründende (konstitutive)**, sondern nur **deklaratorische Bedeutung**[100]. Kraft des durch die vorerwähnte neue Vorschrift des § 15 Abs. 3 PatG 1981 bestätigten absoluten Charakters der Lizenz, muss diese als Belastung des Patents bei der Übertragung desselben vom neuen Inhaber – unabhängig von seiner Gutgläubigkeit – übernommen werden, gleich ob die Lizenz eingetragen war oder nicht. Anders im Einklang mit Art. 43 Abs. 3, 40 Abs. 3 GPÜ im **französischen, italienischen, schweizerischen und österreichischen Recht**, wo dem gutgläubigen Patentinhaber die Lizenz nur bei **Registrierung**

---

96 So auch *Leßmann*, in DB 1987/145, 154; nicht eindeutig *Schulte*, Anm. 36 ff. zu § 15; a.A. offenbar *Benkard*, Anm. 60, 65 zu § 15.
97 Z.B. für das nordamerikanische Recht *Lichtenstein*, S. 10 und 11. Im Einklang hiermit *Leßmann* in DB 1987/152 f. für das deutsche Recht.
98 Vgl. hierzu *Benkard*, Anm. 1–3 zu § 34 sowie 52 ff. zu § 15; *Vortmann*, S. 14.
99 *Lichtenstein*, S. 99; *Terrell*, Anm. 9.82 und 9.84; *Roubier*, II S. 272 und 273; *Hauser*, S. 63 ff.; *Henn*, S. 17 ff. und 75 ff.; *Mathély* bei *Langen*, S. 151; *Simone* bei *Langen*, S. 231 ff.; *Blum* bei *Langen*, S. 387; *Homburger* bei *Pollzien/Bronfen*, S. 286; *Blum/Pedrazzini*, Anm. 109 zu Art. 34; *Pedrazzini*, S. 131 f.; *Kassler/Koch*, S. 30; *Hermann* bei *Pollzien/Bronfen*, S. 30; *Oriani/Pacetti* bei *Pollzien/Langen*, S. 243; *Homburger* bei *Pollzien/Langen*, S. 409.
100 So zum deutschen Recht *Langen* bei *Langen*, S. 107; *Stumpf*, Lizenzvertrag, Anm. 36; *Henn*, S. 75; *Benkard*, Anm. 4 zu § 34; BGH in DB 1982/1769. Zum anglo-amerikanischen Recht *Lichtenstein*, S. 99 und 100; *Terrell*, Anm. 9.16; *Topken* und *Koch/Weser* bei *Langen*, S. 478; *Lane* bei *Pollzien/Bronfen*, S. 100 und bei *Pollzien/Langen*, S. 126.

entgegengehalten werden kann[101]. Ein willkürlicher Ausschluss des Lizenzübergangs ist deshalb auch dort, selbst bei Nichtregistrierung, nicht möglich. Es geht allein um den gutgläubigen lastenfreien Erwerb. Das beweist aber, dass auch im französischen, italienischen, schweizerischen und österreichischen Recht die Lizenz nicht relativ ist, sondern dass sie unter bestimmten Publizitäts-Voraussetzungen absolut wirkt.

Diese **Belastungstheorie**[102] ließe sich im deutschen Recht auch auf § 936 Abs. 3 BGB stützen, wo es heißt, dass die Belastung auch dem gutgläubigen Erwerber gegenüber nicht erlischt, wenn der aus der Belastung Berechtigte, Besitzer der veräußerten Sache ist[103]. In Analogie zu dieser Vorschrift könnte der Lizenznehmer als „Besitzer", d. h. als tatsächlicher Inhaber des Verwertungsrechts beurteilt werden, sodass er vollen Schutz genießen würde. Dass noch andere Lizenzen bestellt worden sind, spielt keine Rolle, denn Teilbesitz und Mitbesitz ist Besitz im Sinne des § 936 Abs. 3 BGB (vgl. §§ 865, 866 BGB)[104]. Entgegen *Forkel*[105] steht diese Belastungstheorie nicht im Widerspruch mit dem obligatorischen Charakter der Lizenz, wobei nur auf den Gutglaubensschutz zu verweisen ist, der gesetzlich auch obligatorischen Rechten (z. B. §§ 566 ff. BGB, § 15 Abs. 3 PatG 1981 oder Registereintragung) gewährt werden kann. Vgl. Rz. 71, 72.

77

Bereits am Beispiel der Patentübertragung dürfte deshalb nachgewiesen sein, dass der Lizenz **international absoluter Charakter** beigemessen wird. Sie wirkt über das Verhältnis Gläubiger/Schuldner hinaus gegen Dritte. Sie kann deshalb, gleich ob es sich um eine einfache oder um eine ausschließliche Lizenz handelt, kein relatives Recht sein. Eine andere Frage ist es indessen, inwieweit damit auch zu der Figur „schuldrechtliche" beziehungsweise „dingliche" Natur Stellung bezogen wird.

78

Wie vorstehend dargelegt, steht das deutsche Schrifttum und die deutsche Rechtsprechung auf dem Standpunkt, dass die **ausschließliche Lizenz dinglichen beziehungsweise quasidinglichen Charakter** hat, während der **einfachen Lizenz nur obligatorischer Charakter** beigemessen wird. In allen anderen Rechten wird die Lizenz allgemein als obligatorisch beurteilt[106].

79

---

101 So zum schweizerischen Recht *Frey*, S. 89 ff., *Pedrazzini*, S. 137, sowie *Blum* bei *Langen*, S. 387, zum österreichischen Recht *Hunna* bei *Langen*, S. 354 und 355, zum französischen Recht *Roubier*, II S. 264 und 265, sowie *Hauser*, S. 63 ff. mit Nachweisen, und zum italienischen Recht *Simone* bei *Langen*, S. 231 ff. Zum GPÜ vgl. *Benkard*, Anm. 65 zu § 15. Vgl. auch *Henn*, S. 75 ff. mit Nachweisen, sowie *Gaul/Bartenbach*, Handbuch, Tz. K 68.
102 Von *Forkel* bei der Besprechung der 2. Auflage (NJW 1990/2806) ausdrücklich anerkannt, wenn auch wegen des obligatorischen Charakters der Lizenz Zweifel an dieser Theorie anklingen.
103 Vgl. hierzu BGB/RGRK/*Pikart*, Anm. 7 zu § 934 und Anm. 16 zu § 936 sowie *Wiegand* bei *Staudinger*, Anm. 15 zu § 936; RGZ 143/277; RG NJW 1937/613.
104 *Bund* bei *Staudinger*, Anm. 7 zu § 865 und Anm. 17 zu § 866; BGB/RGRK/*Kregel*, Anm. 3 zu § 865 und Anm. 5 zu § 866. Für das schweizerische Recht ablehnend *Pedrazzini*, S. 127.
105 In NJW 1990/2806.
106 Zum schweizerischen Recht: *Blum/Pedrazzini*, Anm. 39 und 109 zu Art. 34; *Troller*, II S. 812 und 813; *Frey*, S. 22 ff. und 35 ff. Zum anglo-amerikanischen Recht: *Lichtenstein*, S. 10 und 11; *Terrell*, Anm. 9.11 und 9.12 (allerdings mit dem Hinweis, dass die ausschließliche Lizenz „more than contractual" sei). Zum französischen Recht: *Roubier*, II S. 264, 267 und 268; *Hauser*, S. 50 f. und 65 f.

Diese Beurteilung entspringt jedoch keineswegs dem Gedanken des Wirkungsbereichs, der vorstehend für die relative beziehungsweise absolute Theorie der Rechtsnatur des Lizenzvertrags entwickelt wurde, sondern der Art der Rechtsposition des Lizenznehmers. Zur Analyse dieses Problems können deshalb die anderen in Rz. 70 erwähnten Beispiele herangezogen werden: Recht des Lizenznehmers zur eigenen Verfolgung von Schutzrechtsverletzungen, Recht zur Übertragung der Lizenz und zur Unterlizenzierung.

80 Es ist allgemeine **internationale Meinung**, dass der **ausschließliche Lizenznehmer** das **Recht** und – mit Ausnahme des nordamerikanischen Rechts wegen der Negativtheorie – auch die **Pflicht der selbständigen Verfolgung der Patentverletzungen**, selbstverständlich auf den räumlichen, sachlichen und zeitlichen Bereich seiner Ausschließlichkeit begrenzt, hat[107]. Dies entspricht der Interessenlage: Der ausschließliche Lizenznehmer nimmt die Interessen des Lizenzgebers unmittelbar wahr, was besonders deutlich in dem Fall ist, in dem der ausschließliche Lizenznehmer den Lizenzgeber überhaupt verdrängt hat, d.h. die Ausschließlichkeit auch dem Lizenzgeber gegenüber wirkt (Selbstausschluss).

81 Das deutsche Schrifttum und die deutsche Rechtsprechung begründen diese Sonderstellung praktisch mit der **dinglichen beziehungsweise quasidinglichen Natur der ausschließlichen Lizenz**, auch wenn dies nicht mit aller Deutlichkeit zum Ausdruck kommt[108]. Die Rechtsposition des ausschließlichen Lizenznehmers ist der einzige Bereich, in dem die These der dinglichen oder quasidinglichen Natur der Lizenz Sinn und Zweck hat. Selbstverständlich setzt das voraus, dass das Patent, von dem die Lizenz abgeleitet ist, ebenfalls dinglichen oder quasidinglichen Charakter hat, was an sich zweifelhaft ist, denn als dingliche Rechte bezeichnet man nach der oben gegebenen Definition Rechte, die sich unmittelbar auf eine Sache beziehen[109].

82 In den **anderen Rechten** wird zwar auch die **gleiche Interessenlage** zwischen Patentinhaber und ausschließlichem Lizenznehmer für die Beurteilung der Sonderstellung des ausschließlichen Lizenznehmers herangezogen, ohne jedoch die Konsequenz des deutschen Rechts zu ziehen, dass die ausschließliche Lizenz hierdurch einen dinglichen oder quasidinglichen Charakter erhalte. Dies liegt nicht etwa daran, dass das Patent als Immaterialgüterrecht anders beurteilt wird. Das Patent wird auch in diesen Rechten nicht als dinglich, wenn auch als absolut angesehen, da es keinen unmittelbaren Bezug auf eine Sache besitzt. Konsequenterweise beurteilt man deshalb das von diesem Patent abgeleitete Recht, auch wenn es **ausschließlich** ist, als **obligatorisches Recht**. Dies ist natürlich im nordamerikanischen Recht besonders überzeugend, wo

---

107 *Roubier*, II S. 278 und 279; *Lichtenstein*, S. 82 und 84; *Lüdecke/Fischer*, S. 284–286; *Reimer*, S. 462 (Anm. 6 zu § 9) und S. 532 ff. (Anm. 63 zu § 9); *Simone* bei *Langen*, S. 234; *Blum* bei *Langen*, S. 388; *Topken* und *Koch/Weser* bei *Langen*, S. 481 und 482; *H. Tetzner*, Anm. 53 zu § 9; *Walton* bei *Langen*, S. 201 und 202; *Blum/Pedrazzini*, Anm. 105 zu Art. 34; *Pedrazzini*, S. 137; *Lane* bei *Pollzien/Bronfen*, S. 103; *Pollzien* bei *Pollzien/Bronfen*, S. 148; *Henn*, S. 130 und 131.

108 *Stumpf*, Lizenzvertrag, Anm. 36; *Reimer*, S. 462 (Anm. 6 zu § 9); *Benkard*, Anm. 53 zu § 15; *Klauer/Möhring*, Anm. 26 zu § 9; *Gaul/Bartenbach*, Handbuch, Tz. K 66; RGZ 57/38, 40 f.; 76/235; 134/91; BGHZ 83/251, 256; OLG Düsseldorf GRUR Ausl. 1962/256 f.; OLG Stuttgart GRUR 1957/121.

109 Vgl. hierzu *Hauser*, S. 39, sowie oben Anm. 75.

für die Rechtsnatur des Lizenzvertrages die Negativtheorie vertreten wird[110]. Unter der Herrschaft dieser Theorie wird bei der Lizenzerteilung also auf keinen Fall ein Recht übertragen, sondern nur eine Benutzung gestattet, die ohne Gestattung Patentverletzung wäre. Das aus dieser Gestattung resultierende Reflexrecht ist zwangsläufig obligatorisch und nicht dinglich. Die deutsche Rechtsposition wirkt in der Tat, was vor allem in Schweizer Quellen betont wird[111], gekünstelt. Wenn das Patent, von dem die ausschließliche Lizenz abgeleitet wird, kein dingliches Recht ist, erscheint es kaum vertretbar, der ausschließlichen Lizenz diesen Rechtscharakter zu geben[112]. Nun steht allerdings das deutsche Recht nicht strikt auf diesem Standpunkt. Es heißt nur, dass die ausschließliche Lizenz „dinglichen, beziehungsweise quasidinglichen Charakter" habe[113]. Mit anderen Worten soll also nur gesagt sein, die ausschließliche Lizenz weise einen Rechtscharakter auf, der dem eines dinglichen oder quasidinglichen Rechts entspricht. Dinglicher oder quasidinglicher Charakter heißt also „originäres", nicht „derivatives" Recht. Der ausschließliche Lizenznehmer soll, wenn er die Existenz seines Rechts als solches nachweist (z.B. gemäß Registereintrag), unmittelbar aus dem Patentrecht berechtigt sein, nicht aufgrund eines obligatorischen Vertrages. Diese Interpretation ist durchaus vertretbar, doch bleibt der Rechtscharakter der Lizenz obligatorisch und ist nicht dinglich.

Das **Recht des ausschließlichen Lizenznehmers**, vorbehaltlich anderer Vereinbarung, ohne Zustimmung des Lizenzgebers **Unterlizenzen** zu vergeben oder die Lizenz auf andere zu übertragen[114], dürfte kein Argument gegen die obligatorische Rechtsnatur der Lizenz sein, denn die Lizenz kann auch durch dieses Recht nicht einen anderen Rechtscharakter erhalten als das Patent, von dem die Lizenz abgeleitet wurde. Allerdings wird die deutsch-rechtliche These vom „dinglichen oder quasidinglichen Charakter" der ausschließlichen Lizenz nicht unwesentlich dadurch erhärtet, denn ein Lizenznehmer, der kraft seines Lizenzrechts, ohne dass er eine besondere Zustimmung des Lizenzgebers hierfür benötigt, das Lizenzrecht durch die Vergabe von Unterlizenzen oder gar durch die Weiterübertragung verwerten kann, besitzt eine in sich **selbständige Rechtsposition.** Sie ist „**originär**" und **nicht „derivativ"**, aber sie weist damit noch kein dingliches oder quasidingliches Recht aus. 83

Zusammenfassend lässt sich also sagen, dass die Lizenz an einem Schutzrecht oder einer Schutzrechtsanmeldung **international als obligatorisches Recht** beurteilt wird, wobei lediglich die deutschen Quellen der ausschließlichen Lizenz mit guter Begründung, aber doch angreifbar, den Rechtscharakter eines dinglichen oder quasidinglichen Rechts geben. Vgl. im Übrigen auch unten § 9 (3. Kapitel). 84

---

110 *Henn*, S. 16 f. mit Nachweisen.
111 *Blum/Pedrazzini*, Anm. 42 zu Art. 34 sowie Nachtrag mit Hinweis auf *Troller* (2. Aufl. 1968/71), II S. 944; *Frey*, S. 22 ff.
112 *Hauser*, S. 39.
113 *Benkard*, Anm. 53 zu § 15; RGZ 57/38, 40 f.; 130/275, 282; 134/91, 96.
114 Vgl. *Benkard*, Anm. 53, 58 zu § 15; RGZ 89/81, 84; BGH GRUR 1953/114, 118; 1969/560, 561.

Abschnitt 2
Die Lizenz als obligatorisches Recht

85 Wie in dem vorstehenden Abschnitt 1 näher dargelegt wurde, ist die Lizenz an einem Schutzrecht oder einer Schutzrechtsanmeldung, **gleich ob einfach oder ausschließlich** gestaltet, ein **obligatorisches Recht**, d.h. ein Recht, das sich unmittelbar auf eine Person bezieht, auch wenn eine Sache oder ein anderes Recht dabei betroffen sind. Dass der ausschließlichen Lizenz im deutschen Recht der Charakter eines dinglichen oder quasidinglichen Rechts gegeben wird, tut der generellen Betrachtung der Lizenz als eines obligatorischen Rechts keinen Abbruch.

Damit werden die **Personen des Lizenzvertrages**, Lizenzgeber und Lizenznehmer, zwangsläufig zu **Zentralpunkten des Lizenzrechts.** Es ist nicht das Patent und es sind nicht die von diesem ausstrahlenden Rechtswirkungen, sondern es ist der persönliche Vertrag zwischen Lizenzgeber und Lizenznehmer, der das Lizenzrecht nach Existenz und Inhalt bestimmt. Das dürfte selbst für die anglo-amerikanische Negativtheorie gelten. Dem Vertrag, seiner Existenz und seiner Formulierung, kommt wegen dieses ius vinculum ganz allgemein eine entscheidende Bedeutung zu und es ist deshalb sicher nicht schwer zu ermessen, welche überragende Rolle der Lizenzvertrag im formalistischen, den Wortlaut hoch bewertenden anglo-amerikanischen case-law spielt. Der **Vertrag ist, selbstverständlich in den Grenzen des zwingenden Rechts, Quelle des Lizenzrechts.** Das ist eine zwangsläufige Folge des obligatorischen Rechtscharakters der Lizenz.

86 Es ist so nur selbstverständlich, dass die **Lizenz grundsätzlich weder auf Seiten des Lizenzgebers noch des Lizenznehmers übertragbar** ist[115], denn es handelt sich nicht um ein in sich abgegrenztes, personenfreies Recht, sondern um ein mit vielseitigen persönlichen Rechten und Pflichten ausgestattetes Rechtsverhältnis, das nicht beliebig seine ihm wesentlichen Personen wechseln kann, ohne sich inhaltlich zu verändern. Diese Ansicht führt folgerichtig zu dem Ergebnis, dass die Lizenz in Gestalt der Betriebslizenz ohne weiteres zusammen mit dem Betrieb übertragbar ist, selbst wenn hierdurch die Personen auf der Lizenznehmerseite wechseln, denn bei der Betriebslizenz verkörpert der Betrieb die persönliche Lizenzbindung und nicht der Betriebsinhaber[116]. Das gilt entsprechend bei einem Wechsel auf die Lizenzgeberseite, soweit die technische Kapazität und Qualifikation im Wesentlichen erhalten bleibt. Selbstverständlich spielt es, auf beiden Seiten, überhaupt keine Rolle, wenn sich bei juristischen Personen die Eigentumsverhältnisse verändern, da hier sogar nicht nur technisch, sondern auch rechtlich das Lizenzverhältnis das gleiche bleibt.

87 Eine Besonderheit gilt allgemein für die **ausschließliche Lizenz**, nicht wegen des beispielsweise im deutschen Recht vertretenen dinglichen oder quasidinglichen Rechtscharakters, sondern wegen der überragenden **selbständigen Rechtsposition des Lizenznehmers** gegenüber dem Lizengeber, die den persönlichen Gehalt des obligato-

---

115 *Benkard*, Anm. 58 zu § 15; *Stumpf*, Lizenzvertrag, Anm. 228; für das französische Recht vgl. *Chavanne/Burst*, Nr. 257; BGHZ 62/272, 274.
116 *Benkard*, Anm. 58 zu § 15; *Stumpf*, Lizenzvertrag, Anm. 230, 231; für das französische Recht vgl. *Chavanne/Burst*, Nr. 257; RGZ 134/91, 97; RG GRUR 1930/174, 175.

rischen Rechtsverhältnisses weitgehend eliminiert[117]. Selbstverständlich ist es dem Lizenzgeber auch bei einer ausschließlichen Lizenz nicht gleichgültig, wer Lizenznehmer ist, doch tritt dieses Element eben gegenüber dem eindeutigen Kaufcharakter dieser Lizenzform in den Hintergrund.

Vgl. im Übrigen unten § 9 (3. Kapitel).

§ 6   Die Vertragstypen

Die Rechtsnatur des Lizenzvertrags wird nicht nur abstrakt nach ihrem Charakter und ihrer rechtssystematischen Bedeutung und Funktion bestimmt (vgl. hierzu oben §§ 4 und 5), sondern ist auch Gegenstand einer Einordnung in die **Reihe der Vertragstypen**, die das bürgerliche Recht zur Verfügung stellt[118]. Diese Einordnung ist von großer praktischer Bedeutung, weil sich hiernach die inhaltliche Ausgestaltung und Auslegung des Lizenzvertrags, insbesondere hinsichtlich der Rechte und Pflichten, bestimmt, ungeachtet des Rechts der Vertragspartner, im Rahmen der Vertragsfreiheit den Lizenzvertrag frei zu gestalten, also beispielsweise auch Mischformen zu wählen. Während sich Schrifttum und Rechtsprechung mit dem **Lizenzvertrag über Schutzrechte und Schutzrechtsanmeldungen** ausgiebig beschäftigen[119], sind die Untersuchungen des Lizenzvertrags über **Know-how**, obwohl diese Vertragsfigur in der Praxis große Bedeutung hat, recht dürftig[120]. Wahrscheinlich liegt dies am fehlenden sondergesetzlichen Unterbau (Patentgesetz), der beim Schutzrecht und der Schutzrechtsanmeldung geradezu zu einer extensiven Behandlung dieses Problems einlädt.

88

Es hilft allerdings nicht weiter, wenn das Schrifttum zum Teil überhaupt keine festen Regeln für die Bestimmung der Rechtsnatur des Know-how-Lizenzvertrags anzubieten vermag oder ihn kurzweg als Vertrag eigener Art (sui generis) einstuft[121]. Der Know-how-Lizenzvertrag ist nämlich in seiner typischen Ausgestaltung durchaus ein Lizenzvertrag, nicht anders als der Lizenzvertrag über Schutzrechte und Schutzrechtsanmeldungen[122].

---

117 *Benkard*, Anm. 58 zu § 15; kritisch *Stumpf*, Lizenzvertrag, Anm. 228; BGH GRUR 1969/560, 561.
118 Vgl. hierzu *Benkard*, Anm. 49 zu § 15; *Stumpf*, Lizenzvertrag, Anm. 16 und 19; *Vortmann*, S. 10; *Pagenberg/Geissler*, S. 60, 62 (Tz. 49–51); Münch-Komm. *Söllner*, Anm. 35 ff. zu § 305.
119 *Benkard*, Anm. 49 zu § 15 mit Nachweisen; *Stumpf*, Lizenzvertrag, Anm. 19 mit Nachweisen; BGHZ 2/331, 335; BGH GRUR 1961/494, 495.
120 Vgl. hierzu *Benkard*, Anm. 139 zu § 15; *Stumpf*, Know-how-Vertrag, Anm. 19 ff.; *Lüdecke/ Fischer*, S. 661; *Emmerich* bei *Staudinger*, Anm. 76 vor § 581; *Pfaff* in BB 1974/565, 569; *Knoppe*, S. 23 ff.; *Böhme*, S. 30 ff.; *Skaupy* in GRUR 1964/539 ff.; *Gaul/Bartenbach*, Handbuch, Tz. Q 34 ff.; BGH GRUR 1976/140, 142; BGHZ 16/172, 174.
121 Vgl. hierzu *Knoppe*, S. 23 ff.; *Böhme*, S. 30 ff.; *Benkard*, Anm. 139 zu § 15.
122 Vgl. hierzu auch die kritische Stellungnahme von *Stumpf*, Know-how-Vertrag, Anm. 19 und die dort zitierte zustimmende Ansicht von *Gericke*, Finanzrundschau 1963, S. 330, 332.

Wie in Rz. 9 dargelegt und definiert, ist unter „Know-how" das nicht allgemein zugängliche (geheime), nicht durch ein Patent oder eine Patentanmeldung geschützte technische oder betriebswirtschaftliche Wissen eines anderen zu verstehen.

Es sind deshalb grundsätzlich die gleichen Regeln anzuwenden wie auf den Lizenzvertrag über Schutzrechte, lediglich mit der Besonderheit, dass hierbei die Anwendung von Kaufrecht[123] (nachfolgender Abschnitt 5) eine größere Bedeutung hat als diejenige von Miet- und Pachtrecht[124] (nachfolgende Abschnitte 1 und 2), und zwar auch bei einfachen Lizenzen. Dies liegt daran, dass die Lizenzierung von Know-how zwar auch laufend in Form eines Dauerschuldverhältnisses erfolgt, in Bezug auf ein bestimmtes Know-how jedoch ein in sich abgeschlossener Vorgang ist, der sich mit der Übergabe verbraucht und nur sehr eingeschränkt bei Vertragsbeendigung rückabwicklungsfähig ist, wenn man von dem Verbot der Weiterbenutzung absieht[125]. Dementsprechend ist auch die Rechtsfigur des Vertrags „eigener Art" (sui generis) bestimmt. Auf den nachfolgenden Abschnitt 7 ist zu verweisen. Die vereinzelt vertretene Einordnung des Know-how-Lizenzvertrags als **Dienstvertrag**[126] ist abzulehnen. Der Lizenzgeber ist nicht zu einer Arbeitsleistung gegenüber dem Lizenznehmer verpflichtet, wie dies der Dienstvertrag vorschreibt, sondern stellt Know-how, das er selbst erarbeitet oder von Dritten erworben hat, dem Lizenznehmer zur Verfügung. Vor allem bestimmt der Lizenzgeber und nicht der Lizenznehmer Qualität und Quantität des „Vertragsgegenstands", und auch die Art der Verfügbarmachung, ungeachtet von Ausführungsbestimmungen des Lizenzvertrags. Es ist lebensfern, den Lizenzgeber, nur weil dieser den Lizenznehmer bei der Übergabe von Know-how instruieren muss, als Dienstverpflichteten zu bezeichnen.

89 Zur Verfügung stehen für das deutsche Recht folgende **Vertragstypen**[127], die gegenseitige Verträge i.S. §§ 320 ff. BGB darstellen (vgl. unten 6. Kapitel, § 25, Abschnitte 1 und 2) und in den nachstehenden Abschnitten 1–7 zu behandeln sind:

1. Mietvertrag,
2. Pachtvertrag,
3. Nießbrauch,
4. Gesellschaftsvertrag,
5. Kaufvertrag,
6. Leihvertrag,
7. Vertrag eigener Art (sui generis).

Im anschließenden Abschnitt 8 ist sodann noch ein kurzer Einblick in die anderen Rechte gegeben.

Hierbei ist im Einzelnen darzulegen, welche Bestimmungen **typischer Verträge auf den Lizenzvertrag anwendbar** sind. Es ist in erster Linie eine Frage der Vertragsaus-

---

[123] So zu Recht *Lüdecke/Fischer*, S. 661, *Stumpf*, Know-how-Vertrag, Anm. 21, 22; *Benkard*, Anm. 139 zu § 15, bei Zahlung eines einmaligen Entgelts; a. A. *Gaul/Bartenbach*, Handbuch, Tz. Q 36.
[124] So *Pfaff* in BB 1974/565, 569.
[125] *Stumpf*, Know-how-Vertrag, Anm. 21.
[126] So *Gaul/Bartenbach*, Handbuch, Tz. Q 38.
[127] Vgl. hierzu *Stumpf*, Lizenzvertrag, Anm. 19, 20.

legung und Interessenabwägung, wie diese Transformationen stattzufinden haben. Eine große Rolle spielt hierbei, wie im vorstehenden § 5 dargelegt, die Beantwortung der Frage, ob es sich um eine **einfache** oder um eine **ausschließliche** Lizenz handelt. Desweiteren ist von Bedeutung, ob der Lizenzvertrag durch Patent- und Erfahrungsaustausch **gesellschaftsrechtlichen Einschlag** hat. Schließlich ist festzustellen, ob die Lizenzierung **entgeltlich** oder **unentgeltlich** erfolgt. Hiernach dürfte sich ein ausgewogenes, den Interessen beider Vertragspartner dienendes Ergebnis erzielen lassen, das im Hinblick auf die Rechtssicherheit genügend durch das objektive Recht abgesichert ist.

Während sich der **Mietvertrag und der Leihvertrag** nur auf „Sachen" i.S. § 90 BGB, also auf „**körperliche Gegenstände**" beziehen[128], umfasst der **Pachtvertrag, der Nießbrauch und der Kaufvertrag** auch „**nicht-körperliche Gegenstände**", also **Rechte**[129]. Auch der **Gesellschaftsvertrag** schließt Sachen und Rechte ein, denn § 718 Abs. 1 BGB definiert das Gesellschaftsvermögen ausdrücklich als aus den „Beiträgen der Gesellschafter und (den) durch die Geschäftsführung für die Gesellschaft erworbenen Gegenständen" bestehend[130]. Der Vertrag **eigener Art (sui generis)** ist kraft der geltenden Vertragsfreiheit die weitgespannteste Figur, er umfasst deshalb auf jeden Fall Sachen und Rechte, d.h. die Vertragspartner können nach ihrem eigenen Vertragstyp, ohne dass dieser unter die anderen 6 Vertragstypen eingeordnet werden muss, sowohl Sachen als auch Rechte regeln.

90

Vorab sei an dieser Stelle bereits gesagt, dass die herrschende deutsche, ja internationale Ansicht, der Lizenzvertrag sei ein **Vertrag eigener Art (sui generis)**, eigentlich nicht überzeugend ist. Vgl. hierzu Rz. 120.

Diese Rechtsfigur dürfte doch nur zur Diskussion stehen, wenn wirklich erwiesen ist, dass die anderen 6 Vertragsfiguren weder ganz, noch teilweise, noch überschnitten teilweise zur Anwendung kommen. Nach einer präzisen Analyse dieser Vertragsfiguren sollte es näher liegender sein, von einem **gemischten Vertrag**[131] und **nicht** von einem **Vertrag eigener Art (sui generis)** zu sprechen, wobei unter einem gemischten (atypischen) Vertrag die Zusammensetzung eines einheitlichen Vertrags aus Bestimmungen mehrerer Vertragstypen zu verstehen ist, während ein Vertrag eigener Art (sui generis) einen neuen einheitlichen Vertragstyp darstellt, der jedoch nicht im Gesetz geregelt ist, sondern seine Existenz Gewohnheitsrechts verdankt[132].

---

128 BGB/RGRK/*Kregel*, Anm. 8 zu § 90; BGB/RGRK/*Gelhaar*, Anm. 16, 17 vor § 535 sowie Anm. 1 vor § 598; *Soergel*, Anm. 2 zu § 535; *Dilcher* bei *Staudinger*, Anm. 8 vor § 90 sowie Anm. 1 und 2 zu § 90; *Emmerich* bei *Staudinger*, Anm. 2 zu § 535.
129 BGB/RGRK/*Gelhaar*, Anm. 16, 17 vor § 535; BGB/RGRK/*Mezger*, Anm. 2–7 zu § 433; *Soergel*, Anm. 9, 13 und 18 ff. zu § 433; *Köhler* bei *Staudinger*, Anm. 9 zu § 433.
130 Münch-Komm. *Ulmer*, Anm. 15 zu § 718.
131 Vgl. hierzu *Soergel*, Anm. 11, 22 Einl. zu § 433 ff.; BGB/RGRK/*Ballhaus*, Anm. 25 und 35 vor § 305; Münch-Komm. *Söllner*, Anm. 40–46 zu § 305; *Dilcher* bei *Staudinger*, Anm. 54 vor § 145; RGZ 75/405; 82/158; 97/219, 220 f.; 142/213; 155/310; BGHZ 2/331, 335; 26/7, 9; 60/362, 364; BGH GRUR 1961/27, 29.
132 Vgl. hierzu *Soergel*, Anm. 11 Einl. zu § 433 ff.; BGB/RGRK/*Ballhaus*, Anm. 25 vor § 305; RGZ 155/310; BGHZ 26/7, 9.

Anhaltspunkte in dieser Richtung sind bereits in dem Urteil des RG enthalten, das erstmals uneingeschränkt die sui-generis-These vertreten hatte, nachdem das RG zuvor stets von Pachtrecht ausgegangen war, nämlich dem **Maffei-Urteil vom 11. 11. 1933**[133]. Dort heißt es[134]: „Der Vertrag über die Ausnutzung eines Patents (Lizenzvertrag) begründet ein Rechtsverhältnis **eigener Art**, das nach seinem besonderen wirtschaftlichen Inhalt sehr mannigfaltig sein kann, auch rechtlich eine **gemischte Natur** aufweisen kann." Das Urteil des BGH vom 15. 6. 1951[135] nimmt dann ausdrücklich auf das Urteil des RG Bezug, indem es sagt[136]: „Es ist zu beachten, dass ... der patentrechtliche Lizenzvertrag (RGZ 142/213) ein Vertrag eigenen Schutzcharakters ist, bei dem sich die Befugnisse und Verpflichtungen aus **mehreren Vertragsarten** vereinen."

Abschnitt 1

Mietvertrag

91   Das **RG** hatte in seinem **Urteil vom 17. 12. 1886**[137] nicht nur die so genannte **Verzichtstheorie** für die Beurteilung des Rechtscharakters der Lizenz vertreten, sondern die Lizenz auch, allerdings in einem Zeitpunkt, als das BGB noch nicht in Kraft war, als einen **Mietvertrag** beurteilt. Diese Auffassung, die im Schrifttum ersichtlich nie vertreten wurde, ist längst aufgegeben. Dennoch ist es sowohl aus systematischen Gründen als auch deshalb, weil andere Rechte, vor allem das französische, häufig Mietrecht bei der Auslegung eines Lizenzvertrages heranziehen, von erheblichem Interesse, die sich hier ergebenden Fragen näher zu untersuchen.

Die **Miete ist neben Pacht und Leihe** an sich die am meisten **typische Figur für den Lizenzvertrag**, denn ihr Hauptzweck ist die Überlassung einer Sache zur zeitweiligen Gebrauchsausübung. Interessant ist auch der Umstand, dass im Mietrecht die Quelle der im geltenden deutschen Recht herrschenden Theorie von der dinglichen und quasidinglichen Rechtsnatur der ausschließlichen Lizenz begründet sein dürfte, denn das alte deutsche Recht kannte die Miete als dingliches Recht, das beim Verkauf der Sache dem neuen Eigentümer entgegengehalten werden konnte. Dieser typisch deutschrechtliche, dem gemeinen (römischen) Recht zuwiderlaufende Grundsatz **„Kauf bricht nicht Miete"**[138], heute in den **§§ 566 ff. BGB** (früher §§ 571 ff. BGB) verankert, wird im deutschen Schrifttum[139] sowohl für die einfache als auch für die aus-

---

133 RGZ 142/212.
134 S. 213.
135 BGHZ 2/331.
136 S. 335.
137 RGZ 17/53. Vgl. hierzu oben Anm. 10, 11 und 12.
138 Vgl. hierzu *Emmerich* bei *Staudinger*, Anm. 1 zu § 571; BGB/RGRK/*Gelhaar*, Anm. 1 zu § 571; *Soergel*, Anm. 1 zu § 571; Münch-Komm. *Voelskow*, Anm. 1 zu § 571.
139 *Lüdecke/Fischer*, S. 77 und 78; *H. Tetzner*, Anm. 39 und 54 zu § 9; *Lüdecke* in GRUR 1964/ 470, 473 f.; *Klauer/Möhring*, Anm. 39 zu § 9; *Klawitter* in MDR 1982/895; *Völp* in GRUR 1983/45; *Mager* in GRUR 1983/51; *Rosenberger* in GRUR 1983/203; *Pagenberg/Geissler*, S. 60, 62 (Tz. 49, 51); a. A. vor allem *Benkard*, Anm. 60–63 zu § 15 mit Nachweisen, der in der 7. Auflage eine Lösung über § 33 UrhG (so auch *Klawitter* in MDR 1982/895) vorschlägt, und *Stumpf*, Lizenzvertrag, Anm. 361, 383–385, der die Vorschriften des GPÜ (Art. 40 Abs. 2) analog anwenden will, sowie *Hauser*, S. 72 f.

schließliche Lizenz zu Recht überwiegend in Anwendung gebracht, während die Rechtsprechung, die ursprünglich dieser Ansicht gefolgt war[140], mit dem Urteil des BGH vom 23.3.1982[141] von diesem Grundsatz für die einfache Lizenz abgegangen ist[142]. Vgl. im Hinblick auf **§ 15 Abs. 3 PatG 1981** jedoch oben § 5, Abschnitt 1.

Es ist heute unbestreitbar, dass die Miete der römischrechtlichen Beurteilung, der locatio conductio folgend, als obligatorisches Recht anzusehen ist und dass in dieser rechtsvergleichenden Deduktion der tiefere Grund für die allgemeine Charakterisierung der Lizenz als obligatorisches Recht, insbesondere im maßgebenden französischen Recht, liegt. Der Grundsatz „Kauf bricht nicht Miete" ist also als ein letztes Überbleibsel der dinglichen Rechtsnatur der deutschrechtlichen Miete anzusehen, das man besser als „absolut" und nicht als „dinglich" beurteilt. Die von der römisch-rechtlichen Beurteilung beeinflussten anderen Rechte (also alle Rechte mit Ausnahme des anglo-amerikanischen) können dem Lizenznehmer (der dem schutzlosen Mieter entspricht) nur mit der Gewährung eines Sonderrechts helfen, nämlich der Registrierung seines Rechts, die den guten Glauben des Erwerbers an die Lastenfreiheit zerstört. 92

Es dürfte deshalb auf der Hand liegen, dass die **Miete** wegen dieses ihres **obligatorischen Nutzungscharakters** sehr viel Anhaltspunkte für eine **Anknüpfung des Lizenzrechts** bietet[143]. Kann man deshalb von einer Patentmiete sprechen? Entscheidend dagegen steht wohl die Tatsache, dass § 535 Abs. 1 S. 1 BGB als Basisvorschrift des Mietrechts nur von der „Mietsache" spricht, im Sinne der gesetzlichen Terminologie des § 90 BGB also die Rechte ausschließt[144]. Und das Patent ist eindeutig ein Recht. Es geht also nicht um eine direkte, sondern um eine analoge Anwendung, d. h. eine Anwendung der leitenden Grundgedanken des Mietrechts wie z. B. der Verpflichtung des Vermieters (Lizenzgebers), die Gebrauchsüberlassung zu gewähren und des Mieters (Lizenznehmers), die Miete (Lizenzgebühr) dafür zu bezahlen (§ 535 Abs. 2 BGB), oder um die Verpflichtung des Vermieters gemäß § 535 Abs. 1 BGB, die vermietete Sache in einem zu dem vertragsmäßigen Gebrauch geeigneten Zustande zu überlassen und während der Mietzeit zu erhalten (Zahlung der Jahresgebühren und Führung von Patentverletzungsprozessen, eventuelle Einbringung von Verbesserungspatenten). Auch die Mängelhaftung gemäß § 536 BGB (Sach- und Rechtsmängel) hat ihr Pendant im Lizenzrecht.

Eine bedeutende Vorschrift des Mietrechts, der § 540 BGB über die grundsätzliche Nichtberechtigung des Mieters zur Gebrauchsüberlassung, insbesondere zur **Untervermietung**[145], findet sich ebenfalls im Lizenzrecht. Dieser Grundsatz entspricht dem persönlichen Charakter der einfachen Lizenz. Bei der Betriebslizenz, die keinen per- 93

---

140 RGZ 142/168, 170; OLG Düsseldorf GRUR Ausl. 1962/256, 257.
141 BGHZ 83/251, 255 ff. = GRUR 1982/411.
142 Zu den kritischen Stellungnahmen zu dieser Entscheidung vgl. *Stumpf*, Lizenzvertrag, Anm. 383–385.
143 So auch *Munk*, S. 21; *Rasch*, S. 4, 5; *Pagenberg/Geissler*, S. 60 (Tz. 49); für das französische Recht vgl. *Roubier*, II S. 285 und *Poulliet*, Nr. 284 bis; für das schweizerische Recht vgl. *Blum/Pedrazzini*, Anm. 13 zu Art. 34, sowie *Troller*, II S. 822. Ablehnend *Bartenbach/Gennen*, Rz. 30.
144 So auch *Benkard*, Anm. 49 zu § 15 und *Stumpf*, Lizenzvertrag, Anm. 21, sowie RGZ 142/212, 213.
145 Vgl. BGB/RGRK/*Gelhaar*, Anm. 2 zu § 549.

sönlichen Charakter hat, sowie der ausschließlichen Lizenz ist die Unterlizenzierung frei möglich[146]. Über die Anwendung der Vorschriften der §§ 566 ff. BGB (Kauf bricht nicht Miete) ist bereits in grundsätzlicher Hinsicht gesprochen worden. So bleibt nur noch die Bestimmung des § 563 Abs. 4 BGB. Nach dieser Vorschrift ist der Vermieter im Falle des Todes des Mieters unter bestimmten Voraussetzungen berechtigt, das Mietverhältnis unter Einhaltung der gesetzlichen Frist (§ 543 BGB) zu kündigen. Vgl. hierzu Rz. 236. Es bestehen keine Bedenken, diese mietrechtliche Vorschrift auf Lizenzverträge in Anwendung zu bringen, soweit es sich um eine Lizenz mit enger persönlicher Bindung handelt, also um eine einfache Lizenz, die nicht Betriebslizenz ist. Vgl. hierzu Rz. 86, 163. Auf ausschließliche Lizenzen sowie auf Betriebslizenzen kann diese Vorschrift keine Anwendung finden. Gleiches gilt für den Fall des Todes des Lizenzgebers. Hier wird der Lizenzvertrag also mit den Erben bzw. Rechtsnachfolgern des Lizenzgebers fortgesetzt. Anders im Falle einer gesellschaftsrechtlichen oder gesellschaftsähnlichen Verbindung, wo § 727 BGB in Anwendung kommen kann. Vgl. hierzu den nachfolgenden Abschnitt 4.

Nicht Anwendung finden kann die Bestimmung des § 563 Abs. 4 BGB auf Fälle des Verlustes der Rechtsfähigkeit des Lizenznehmers, also bei juristischen Personen. Vgl. hierzu jedoch Rz. 236.

Das Mietrecht des BGB wurde durch das **Mietrechtsreformgesetz (MietRRG)** vom 19.6.2001[147] grundlegend umgestaltet. Die vorerwähnten (renovierten) Vorschriften sind jedoch im Hinblick auf ihre analoge Anwendbarkeit auf den Lizenzvertrag in ihrem Wesensgehalt unverändert geblieben. Dies liegt daran, dass diese Novelle vorrangig sozialrechtlichen Schutzcharakter hat, der nichts mit dem Lizenzrecht zu tun hat.

Abschnitt 2
Pachtvertrag

94 Die Anwendung von **Pachtrecht** auf den Lizenzvertrag hat an sich stets und fortlaufend eine viel größere Rolle gespielt, als die des Mietrechts. Entscheidend dürfte hierfür gewesen sein, dass § 581 BGB (entgegen § 535 Abs. 1 S. 1 BGB bei der Miete) **nicht nur Sachen, sondern auch Rechte** als pachtfähig und den Fruchtgenuss, d.h. die Erzielung eines Ertrages als vertragstypisch ansieht[148]. Die Bestimmung des § 581 Abs. 1

---

146 *H. Tetzner*, Anm. 42 und 52 zu § 9; *Henn*, S. 39 f.; *Busse*, S. 247 (Anm. 12 zu § 9); *Reimer*, S. 554 (Anm. 89 zu § 9); *Lüdecke/Fischer*, S. 430 und 431; *Stumpf*, Lizenzvertrag, Anm. 233; *Benkard*, Anm. 59 zu § 15; RGZ 89/81, 84; 142/168, 170; BGH GRUR 1953/114, 118; 1955/338, 340.
147 BGBl I S. 1149. Vgl. hierzu *Palandt*, Rz. 77 ff. vor § 535.
148 Vgl. *Emmerich* bei *Staudinger*, Anm. 45 zu § 581; BGB/RGRK/*Gelhaar*, Anm. 1, 2, 10 und 11 zu § 581, der jedoch (Anm. 46 a.E. zu § 581) die Vorschriften der früheren §§ 571 ff. BGB (jetzt §§ 566 ff. BGB) auf die Rechtspacht nicht für anwendbar ansieht; Münch-Komm. *Voelskow*, Anm. 1 zu § 581, der ebenso (Anm. 35 zu § 581) die Vorschriften der früheren §§ 571 ff. BGB (jetzt §§ 566 ff. BGB) auf die Rechtspacht nicht anwenden will; *Pagenberg/Geissler*, S. 264 (Tz. 64) mit Nachweisen; *Bartenbach/Gennen*, Rz. 31. Vgl. auch *Gaul/Bartenbach*, Handbuch, Tz. K 16.

S. 1 BGB spricht ausdrücklich davon, dass „durch den Pachtvertrag der Verpächter verpflichtet wird, dem Pächter den Gebrauch des verpachteten Gegenstandes und den Genuss der Früchte ... zu gewähren". In § 581 Abs. 1 S. 2 BGB ist geregelt, dass der Pächter die vereinbarte Pacht zu entrichten hat, also parallel zu § 535 Abs. 2 (Miete) seine Gegenleistung, was der Lizenzgebühr entspricht. Vgl. hierzu Rz. 92. Gemäß § 581 Abs. 2 BGB finden im Übrigen die Vorschriften des Mietrechts entsprechend Anwendung[149].

Sehr nahe liegend dürfte sein, dass die im Urteil des RG vom 17.12.1886[150] vertretene mietrechtliche These auf einem Begriff des Mietgegenstandes aufbaute, der ein weiterer als der des am 1.1.1900 in Kraft getretenen BGB gewesen ist. Nur so lässt sich eigentlich der Wechsel der **Rechtsprechung des RG nach der Jahrhundertwende zum Pachtrecht** erklären. Im Urteil vom 5.5.1911[151] wurde bereits sehr eindeutig vertreten, dass der Lizenzvertrag **„regelmäßig als ein Pachtverhältnis anzusehen"** sei. Lediglich bei der ausschließlichen Lizenz komme die Anwendung von Kaufrecht in Betracht, da hier der Lizenznehmer am Erwerb einer gegen Dritte wirkenden, dinglichen Position interessiert sei und die Pacht nur ein obligatorisches Rechtsverhältnis begründe. Auch die späteren Urteile des RG vom 17.4.1917[152], vom 4.2.1927[153] und vom 28.9.1928[154] gehen in die gleiche Richtung, obwohl in dem zuletzt genannten Urteil die spätere sui-generis-Theorie bereits anklingt. Erst das **Maffei-Urteil vom 11.11.1933**[155] löste die Pacht-Theorie ab und setzte an ihre Stelle die sui-generis-Theorie. Daran wird die Bedeutung der Pacht-Theorie deutlich, die immerhin während des ersten Drittels des letzten Jahrhunderts, seit In-Kraft-Treten des BGB, die Rechtsprechung beherrscht hat.

95

Meist spielt in der Rechtsprechung für die Frage der Anwendung von Pachtrecht die unterschiedliche „stempelsteuerrechtliche" Einstufung oder die Einordnung des Vertrages unter § 109 InsO (§ 19 KO) eine Rolle. Es ist steuerrechtlich (auch noch heute) entscheidend, ob beispielsweise ein Kaufvertrag[156] oder ein Pachtvertrag vorliegt. Das zeigt sich besonders deutlich im internationalen Steuerrecht, wo der (in Raten bezahlte) Kaufpreis niemals an der Quelle besteuert wird, jedoch regelmäßig die in Form eines Pachtzinses bezahlte Lizenzgebühr[157]. Vgl. hierzu auch unten § 29, Abschnitt 2 (8. Kapitel). Auch bei einem Insolvenzverfahren auf Seiten des Lizenznehmers ist es von großer Bedeutung, ob der Lizenzvertrag nach Pachtrecht gemäß § 109 InsO (§ 19 KO) von beiden Parteien gekündigt werden kann und mangels Kün-

96

---

149 Zum Stand der Meinungen vgl. *Benkard*, Anm. 49 zu § 15; *Stumpf*, Lizenzvertrag, Anm. 23, 24; *Lutz* in GRUR 1976/334; RGZ 115/17, 20; 116/78, 82; 122/70, 73; Schweizerisches BGE 51 II 61; 53 II 127 ff.; 133; 61 II 142 f.
150 RGZ 17/53. Vgl. hierzu oben Anm. 10, 11, 12 und 137.
151 RGZ 76/235.
152 RGZ 90/162.
153 RGZ 116/78.
154 RGZ 122/70.
155 RGZ 142/212. Vgl. oben Anm. 133, 134.
156 Vgl. zur Abgrenzung *Stumpf*, Lizenzvertrag, Anm. 20; BGH NJW 1982/2861; *Benkard*, Anm. 49 zu § 15.
157 Vgl. hierzu *Stumpf*, Lizenzvertrag, Anm. 441; *Henn*, S. 144 ff. mit Nachweisen; *Grützmacher*, S. 43 f.

digung grundsätzlich unverändert weiter besteht, oder ob er beispielsweise nach Gesellschaftsrecht zu beurteilen ist und deshalb automatisch gemäß § 728 BGB mit der Eröffnung des Insolvenzverfahrens sein Ende findet[158]. Vgl. hierzu auch Rz. 222.

97 Die **Unterstellung des Lizenzvertrages unter Pachtrecht** dürfte in der Tat dem **Rechtscharakter** – zumindest der einfachen – Lizenz **am meisten gerecht werden**[159], zumal durch die Fassung des § 581 Abs. 2 BGB (analoge Anwendung von Mietrecht) genügend Raum für eine interessengebundene Anwendung der gesetzlichen Vorschriften gegeben ist, denn die wesentlichen (nicht die typischen) Vorschriften des Pachtrechts stehen im Mietrecht. Das schließt selbstverständlich nicht aus, dass im Rahmen eines gemischten Vertrages auch andere Vertragsfiguren, insbesondere Kauf und Gesellschaft, zur Anwendung kommen[160].

Abschnitt 3
Nießbrauch

98 Es ist ein merkwürdiger Tatbestand, dass – soweit ersichtlich – für die Einordnung des Lizenzvertrages in Vertragsfiguren des BGB die Vorschriften des **Nießbrauchs an Rechten** (§§ 1068 ff. BGB i. V. m. §§ 1030 ff. BGB) nie direkt herangezogen wurden, obwohl das Schrifttum[161] verschiedentlich zum Ausdruck bringt, dass unter Rechten im Sinne des § 1068 Abs. 1 BGB auch **Urheber- und Patentrechte** zu verstehen sind. Dass das Patent ein absolutes (nicht unbedingt auch dingliches) Recht ist, wurde bereits an anderer Stelle (Rz. 66 ff.) ausgeführt.

99 Da § 15 Abs. 1 S. 2 PatG 1981 klar die beschränkte oder unbeschränkte Übertragbarkeit des Patents zum Ausdruck bringt, ergibt sich aus § 1069 BGB die Möglichkeit, an diesem Patent einen Nießbrauch zu bestellen.

---

158 *Stumpf*, Lizenzvertrag, Anm. 497 ff.; *Benkard*, Anm. 32 zu § 15; *Lüdecke/Fischer*, S. 690 ff.; *Klauer/Möhring*, Anm. 95 zu § 9; RGZ 155/306, 310 ff.

159 So wohl die h. M., die die sui-generis-Theorie vorrangig aus der analogen Anwendung des Pachtrechts heraus entwickelt hat, und die auch durch die steuerrechtliche Einordnung gemäß § 21 Abs. 1 S. 1 Nummer 3 EStG 1997 (vgl. unten Rz. 426) gestützt wird. Vgl. *Stumpf*, Lizenzvertrag, Anm. 19, 23 und 24; *Benkard*, Anm. 49 zu § 15; *Emmerich* bei *Staudinger*, Anm. 73 ff. vor § 581; *Reimer*, S. 461 (Anm. 5 zu § 9); *Pollzien* bei *Pollzien/Langen*, S. 166; *Langen* bei *Langen*, S. 110 und 111; *H. Tetzner*, Anm. 8 zu § 9; *Lüdecke/Fischer*, S. 32; *Knoppe*, S. 5; *Lindenmaier*, S. 233 (Anm. 19 zu § 9); *Magen*, S. 53; *Henn*, S. 10; a. A. Münch-Komm. *Westermann*, Anm. 15 vor § 581; RGZ 134/91, 97, 98; 142/212; 155/306; BGHZ 2/331; 26/7; 28/144. Zu den nicht-deutschen Quellen vgl. *Roubier*, II S. 285; *Chavanne/Burst*, Nr. 230 bis, und *Pouillet*, Nr. 284 bis (für das französische Recht); *Blum/Pedrazzini*, Anm. 13 und 18 zu Art. 34, und *Troller*, II S. 821 f. (für das schweizerische Recht). Hinzuweisen ist auch auf *Heussen* in GRUR 1987/779 ff., der die Rechtsnatur von Computer-Software-Lizenzverträgen Pachtrecht unterstellt.

160 Vgl. hierzu *Emmerich* bei *Staudinger*, Anm. 74 und 75 vor § 581.

161 Z. B. *Promberger* bei *Staudinger*, Anm. 2 zu § 1068 und Anm. 37 zu § 1069 sowie Anm. 8 ff. zum Anhang zu §§ 1068, 1069; *Raiser* bei *Enneccerus/Kipp/Wolff*, S. 482, 483; *Reimer*, S. 469 f. (Anm. 18 zu § 9); BGB/RGRK/*Rothe*, Anm. 3 zu § 1068; ablehnend *Bartenbach/Gennen*, Rz. 32.

Der Nießbrauch kommt seiner umfassenden Definition nach (§ 1030 Abs. 1 BGB) der **ausschließlichen Lizenz** nahe[162], obwohl § 1030 Abs. 2 BGB wohl dahin auszulegen ist, dass auch die Figur der sachlich, räumlich oder zeitlich beschränkten ausschließlichen Lizenz dem Rechtscharakter des Nießbrauchs noch entspricht. Eine andere Frage ist, ob auch die **einfache Lizenz** unter dem Aspekt des Nießbrauchs beurteilt werden kann. Dafür spricht (im Grundsatz gleich wie bei der Pacht) die rechtliche Unabhängigkeit jeder einfachen Lizenz von der anderen. Jeder einfache Lizenznehmer hat das gleiche weitgespannte Recht. Der ausschließliche Lizenznehmer unterscheidet sich, im Rahmen seiner Ausschließlichkeit, von dem einfachen nicht hinsichtlich der Breite seines Anwendungsgebiets, sondern durch den ihm gegenüber erklärten Verzicht des Lizenzgebers, weitere einfache oder ausschließliche Lizenzen im Bereich der Ausschließlichkeit zu vergeben. Eine ausschließliche Lizenz kann einen wesentlich kleineren Anwendungsbereich als eine einfache Lizenz haben. Eine Hypothek, Grundschuld, Rentenschuld oder Reallast, ein Mitgliedschaftsrecht an einer Gesellschaft, können nur einmal genutzt werden, die Erteilung des Nutzungsrechts schließt im Nutzungsbereich kraft Definition die Vergabe von weiteren Nutzungsrechten aus. Man kann nur einmal Zinsen vereinnahmen, eine bestimmte Leistung fordern, ein Mitgliedschaftsrecht ausüben oder Dividendenansprüche und Bezugsrechte geltend machen. Das gilt jedoch nicht für das Patent, wo das Recht, so weit die wirtschaftlichen Möglichkeiten reichen, theoretisch unbegrenzt ausgeübt werden kann und der Verzicht des Lizenzgebers bei der ausschließlichen Lizenz eine besondere Garantie für den Lizenznehmer darstellt, die diesem eine ungestörte Ausnutzung gewährleistet. Diese Garantie ist jedoch keineswegs erforderlich, wie der Regelfall der einfachen Lizenz zeigt. Für die Anwendung von Nießbrauchsrecht auch auf **einfache Lizenzen** spricht weiterhin der **persönliche Charakter des Nießbrauchs**, wie dieser in den Vorschriften der §§ 1059, 1061 BGB zum Ausdruck kommt. Der Nießbrauch ist, vorbehaltlich der Bestimmungen der §§ 1059 a bis e BGB, **weder übertragbar noch pfändbar.** Er erlischt mit dem Tode des Berechtigten. Also exakt die Regelung der einfachen Lizenz, sogar mit der Besonderheit der Betriebslizenz. Die Bestimmung des § 1059 S. 2 BGB hinsichtlich der Übertragbarkeit (Überlassung) der Ausübung dürfte nicht mit der zustimmungsbedürftigen Unterlizenz gleichgesetzt werden können, sondern mit der zustimmungsfreien vollen effektiven Ausübung der Lizenzrechte durch einen unter Aufsicht des Lizenznehmers stehenden Dritten **(verlängerte Werkbank).** Die ausschließliche Lizenz ist grundsätzlich frei übertragbar und vererblich, nicht anders als das Patent selbst. Auch können frei Unterlizenzen bestellt werden[163].

Damit ist dargetan, dass die Verwandtschaft des Nießbrauchs mit der **ausschließlichen Lizenz** eigentlich nur hinsichtlich des **normalerweise umfassenden Anwendungsbereichs**, nicht jedoch strukturell besteht. Strukturell steht der Nießbrauch der **einfachen Lizenz** näher. Das erhärtet die These, dass für die einfache Lizenz Pacht- und Nießbrauchsrecht (je nach der Breite des Anwendungsbereichs) und für die ausschließliche Lizenz Kaufrecht (wegen des Abspaltungsgrundsatzes) analog heranzuziehen sind.

---

162 *Reimer*, S. 469 f. (Anm. 18 zu § 9).
163 Diese Problematik der Anwendbarkeit von Nießbrauchsrecht auf ausschließliche und einfache Lizenzen ist leider nicht genügend herausgearbeitet von *Promberger* bei *Staudinger*, Anm. 37 zu § 1069.

102 Zu einzelnen Vorschriften des Nießbrauchsrechts ist noch zu erwähnen, dass § 1041 BGB – im Gegensatz zu § 535 Abs. 1 S. 2 BGB im Miet- und Pachtrecht – dem Nießbraucher die Kosten der Erhaltung der Sache beziehungsweise des Rechts aufbürdet. Das dürfte eine Vorschrift sein, die bei einer einfachen Lizenz nicht anwendbar ist. Es muss hier bei den Miet- und Pachtvorschriften verbleiben. Dasselbe gilt für § 1065 BGB, einer Vorschrift, die ebenfalls mehr auf eine ausschließliche Lizenz zugeschnitten ist. In diesen beiden Bestimmungen liegen denn auch die möglichen Einwendungen gegen die Ausdehnung der Analogie des Nießbrauchs auf die einfache Lizenz begründet.

Abschnitt 4
Gesellschaftsvertrag

103 Die Theorie, dass auf den Lizenzvertrag unter bestimmten Voraussetzungen **gesellschaftsrechtliche Grundsätze** zur Anwendung kommen[164], ist so alt wie die Pachttheorie, nur mit dem Unterschied, dass die gesellschaftsrechtliche Theorie auch heute noch im Rahmen der sui-generis-Theorie sehr betont vertreten wird, während die Pachttheorie seit dem **Maffei-Urteil des RG vom 11.11.1933**[165] mehr oder weniger in Vergessenheit geraten ist. Dies liegt offensichtlich daran, dass das Vorhandensein von gesellschaftsrechtlichen Elementen im Lizenzvertrag eine Besonderheit darstellt, deren Auswirkungen über die sui-generis-Theorie nicht in der gebotenen Weise interessenbezogen berücksichtigt werden können.

Immer wieder tritt die gesellschaftsrechtliche Theorie jedoch im Zusammenhang mit Pachtgrundsätzen auf (vgl. hierzu vorstehenden Abschnitt 3), und zwar in der Form eines besonders ausgestalteten Pachtverhältnisses mit **korrespondierenden Rechten und Pflichten beider Vertragspartner**, die weit über die **Gestattung des bloßen Fruchtgenusses** gegen Zahlung des Pachtzinses **hinausgehen**. Die aktive Durchsetzung des **gemeinsamen Gesellschaftszwecks** im Sinne des § 705 BGB wird dem passiven Dürfen der einseitigen Fruchterzielung im Sinne des § 581 BGB gegenübergestellt[166].

104 So stellt das **Urteil des RG vom 4.2.1927**[167] die Frage: „Ist der Lizenzvertrag Pacht oder Gesellschaftsvertrag, wenn die Lizenzgebühr in einem prozentualen Anteil an den Einkünften aus der Patentausbeutung besteht?" In der weiteren Begründung[168] kommt dann klar zum Ausdruck, dass die Beteiligung des Lizenzgebers an den Einkünften des Lizenznehmers den Lizenzvertrag noch nicht zu einem Gesellschaftsver-

---

[164] So *Gaul/Bartenbach*, Handbuch, Tz. Q 40, beim Know-how-Lizenzvertrag für den Fall des Vorhandenseins sehr enger Bindungen zwischen den Parteien. Ähnlich *Bartenbach/Gennen*, Rz. 33, 34.
[165] RGZ 142/212. Vgl. oben Anm. 133, 134, 155.
[166] Vgl. hierzu insbesondere *Stumpf*, Lizenzvertrag, Anm. 22; *Benkard*, Anm. 49 zu § 15; *Knap* in GRUR Int. 1973/225, 226; *Gaul/Bartenbach*, Handbuch, Tz. K 17; *Bartenbach/Gennen*, Rz. 33; RGZ 155/306, 309 f.; BGHZ 28/144; 26/7; BGH GRUR 1965/135, 137.
[167] RGZ 116/78. Vgl. oben Anm. 153.
[168] S. 82.

trag mache[169]. In dem Urteil des RG vom 26. 10. 1929[170] wird dann schon klar definiert, was unter dem gesellschaftsrechtlichen Element bei Lizenzverträgen zu verstehen ist[171]: „Werden wie hier, gewerbliche Schutzrechte (Patent, Gebrauchsmuster) dergestalt vergeben, dass sich der Veräußerer vom Erwerber einen bestimmten Teil (Hundertsatz oder ähnliches) vom Kaufpreis der zu verteilenden Ware (oder vom Umsatz oder Gewinn) als Lizenzgebühr versprechen lässt, so liegt darin allein, auch wenn mehrjährige Dauer bedungen ist, noch nichts Gesellschaftsartiges. **Merkmale der Gesellschaft** finden sich erst, wenn **beide Teile zu einem gemeinsamen Zweck Tätigkeit entfalten sollen** (§ 705 BGB). Solches trifft z. B. zu, wenn Konstruktionszeichnungen auszutauschen, Verbesserungen gegenseitig mitzuteilen sind; wenn die Erfindung für gemeinschaftliche Rechnung ausgenutzt werden soll; wenn weitere Patente gegenseitig überlassen werden sollen; wenn Aufträge, die der eine Teil nicht ausführen kann oder will, dem anderen anheim fallen und dgl." Diese Rechtsprechung des RG setzt dann das bekannte **Maffei-Urteil vom 11. 11. 1933**[172], das erstmals betont die sui-generis-Theorie vertritt, fort. Auch das spätere Urteil vom 18. 8. 1937[173], das erstmals uneingeschränkt für die einfache und für die ausschließliche Lizenz die positive Theorie vertritt, setzt diese Rechtsprechung fort, sodass man von einer erhärteten **ständigen Rechtsprechung des RG** sprechen kann.

Das Schrifttum hat diese Rechtsprechung des RG noch weiter konkretisiert[174]. Ein **gesellschaftlicher Einschlag** wird dann meist als gegeben angesehen, wenn der Lizenzgeber durch die Festlegung von Stück- oder Umsatzlizenzgebühren einen Anteil am Ertrag des Lizenznehmers hat, des Weiteren wenn eine gemeinschaftliche Verwendung von Erzeugnissen vorliegt, und schließlich wenn Patente und Know-how gegenseitig ausgetauscht werden, der Lizenznehmer also verpflichtet ist, die Ergebnisse seiner Entwicklung dem Lizenzgeber zur Verfügung zu stellen. Es geht demnach vor allem um Fälle, die unter kartellrechtlichen Aspekten von Bedeutung sind. Vgl. hierzu unten § 27, Abschnitt 4, und § 28, Abschnitt 5 (7. Kapitel).

105

Bei der praktischen Anwendung von Gesellschaftsrecht auf den Lizenzvertrag geht es insbesondere um **zwei Bestimmungen des BGB: § 708 und § 723.** Vor allem die zuletzt genannte Bestimmung wird in diesem Zusammenhang immer wieder in der Rechtsprechung und im Schrifttum genannt[175]. Ist Gesellschaftsrecht anzuwenden, ist die Haftung der Vertragspartner gemäß § 708 BGB auf diligentia quam in suis eingeschränkt, was praktisch gemäß § 277 BGB zu einer Haftungsfreistellung für einfache Fahrlässigkeit führt. Über § 723 BGB ist der Gesellschaftsvertrag jederzeit zwingend (Abs. 3) fristlos kündbar, auch bei einer Festzeitklausel, was bei einem Lizenzvertrag von ganz entscheidendem Gewicht für beide Seiten sein kann.

106

---

169 So auch *Benkard*, Anm. 49 zu § 15 und *Stumpf*, Lizenzvertrag, Anm. 22 mit Nachweisen.
170 RGZ 126/65.
171 S. 67.
172 RGZ 142/212. Vgl. oben Anm. 133, 134, 155, 165.
173 RGZ 155/306. Vgl. oben Anm. 20, 21.
174 Vgl. hierzu *H. Tetzner*, Anm. 9 zu § 9; *Lüdecke/Fischer*, S. 494 ff.
175 Vgl. hierzu *Benkard*, Anm. 49 zu § 15; *Stumpf*, Lizenzvertrag, Anm. 22; *H. Tetzner*, Anm. 9 zu § 9; *Lüdecke/Fischer*, S. 494 ff.; *Henn*, S. 12 f.; RGZ 142/212.

2. Kapitel *Die Rechtsnatur des Lizenzvertrags*

107 Das oben erwähnte **Maffei-Urteil des RG vom 11.11.1933**[176] hat diese Frage der Anwendung des § 723 BGB eindeutig bejaht, wenn der Lizenzvertrag im Sinne der gegebenen Definition als Gesellschaftsvertrag zu beurteilen ist. Das Schrifttum teilt die vom RG vertretene Auffassung uneingeschränkt[177].

108 Außerhalb der §§ 708 und 723 BGB dürften noch folgende Bestimmungen des Gesellschaftsrechts auf den Lizenzvertrag anwendbar sein: § 705 BGB für die Grundpflichten der Vertragspartner, § 706 Abs. 1 und 3 BGB für Art und Umfang der Beiträge (Abs. 2 dürfte nicht anwendbar sein), § 717 BGB hinsichtlich der Nichtübertragbarkeit der gegenseitigen Ansprüche, § 726 BGB hinsichtlich Zweckerreichung (also z. B. Vollentwicklung des lizenzierten Gegenstandes), was – neben § 717 BGB – die streng persönliche Rechtsnatur dieser Lizenzfigur unterstreicht. Das dürfte in gleicher Weise für die einfache und für die ausschließliche Lizenz gelten, selbstverständlich unter der Voraussetzung, dass Gesellschaftsrecht anwendbar ist. Hier kommt auch die Parallele zum Nießbrauch zum Ausdruck, der ebenfalls einen streng persönlichen Zuschnitt der Lizenz aufweist.

109 Als typisch nicht anwendbare Bestimmungen dürften alle Regelungen anzusehen sein, die sich auf die Geschäftsführung und Vertretung sowie das Gesellschaftsvermögen beziehen, also insbesondere die §§ 709 bis 715, 718 bis 722, 725, 730 bis 735 und 738 bis 740 BGB. Diese Bestimmungen kommen nur dann in Betracht, wenn eine echte BGB-Gesellschaft im Sinne des Gesetzes vorliegt, insbesondere also neben dem Vertrag und dem gemeinsamen Zweck auch gemeinsames Vermögen gegeben ist, die Schutzrechte und das Know-how demnach beiden Vertragspartnern gemeinsam gehören. Das dürfte bei einem Lizenzvertrag in den seltensten Fällen gegeben sein. Ist die Poolung beabsichtigt, wird meistens noch eine stärkere Gesellschaftsform gewählt, nämlich die GmbH oder die AktG, die dann als juristische Person Trägerin aller Rechte und Pflichten ist[178]. Vgl. hierzu die Anhanganlagen 11 und 12.

110 Anwendbar ist dagegen die Vorschrift des § 727 BGB, wonach die Gesellschaft beim Tod eines Gesellschafters aufgelöst wird, wenn der Gesellschaftsvertrag nichts anderes bestimmt.

Abschnitt 5
Kaufvertrag

111 Die reichsgerichtliche Rechtsprechung hat in einigen Urteilen klar die **Lizenzmiete beziehungsweise Lizenzpacht gegenüber dem Lizenzkauf abgegrenzt.** Die Trennungslinie wurde dort gezogen, wo die Vertragspartner daran interessiert waren, ein selbständiges, absolutes, gegen Dritte wirkendes Recht anstelle eines bloß obligatorisch wirkenden Rechts zu begründen. Diese Abscheidung fällt demnach mit der Entwicklung zusammen, die die ausschließliche Lizenz als positiv und die einfache Lizenz als negativ charakterisiert (vgl. oben § 4). Die beiden Urteile des RG vom 16.1.1904[179] und vom

---
176 RGZ 142/212. Vgl. oben Anm. 133, 134, 155, 172.
177 *Lüdecke/Fischer*, S. 492 ff.; *Knoppe*, S. 9; *H. Tetzner*, Anm. 8–10 zu § 9.
178 Vgl. *Stumpf*, Lizenzvertrag, Anm. 570; *Henn*, S. 12.
179 RGZ 57/38. Vgl. oben Anm. 15, 22, 25, 32, 42, 47, 53.

1.3.1911[180] hatten entgegen der im Urteil vom 5.12.1893[181] generell vertretenen negativen Verzichtstheorie die positive Abspaltungstheorie für die ausschließliche Lizenz eingeführt. Es war so nur selbstverständlich, dass das Urteil des RG vom 5.5.1911[182] im Rahmen einer Entscheidung über die „Stempelsteuerpflicht" die ausschließliche Lizenz als absolutes, gegen Dritte wirkendes Recht ansah, das nicht Miet-Pachtregeln, sondern Kaufregeln unterstand. Allerdings hatte sich auch schon das Urteil des RG vom 20.4.1893[183], ebenfalls in einer Entscheidung über die „Stempelsteuerpflicht", die beim Kauf höher als bei der Pacht war, bei der ausschließlichen Lizenz für die Anwendung von Kaufrecht ausgesprochen und dies damit begründet, dass hier[184] „ein gleichfalls ausschließliches Recht ... somit ein selbständiges Recht gewährt" werde. Doch hat in einem Zeitpunkt, in welchem allgemein die negative Verzichtstheorie vertreten wurde[185], die These des kaufweise erklärten Verzichts auf die Geltendmachung des Verletzungsanspruchs wenig Überzeugungskraft in der Richtung, dass das erworbene Recht des Lizenznehmers ein absolutes, gegen Dritte wirkendes Recht sein soll.

Die **direkte Anwendung von Kaufregeln** hat auch im Bereich der ausschließlichen Lizenz, durch die im **Maffei-Urteil des RG vom 11.11.1933**[186] vertretene und vom Schrifttum, soweit dies nicht schon vorher geschah, weitgehend übernommene sui-generis-Theorie, an Bedeutung verloren (vgl. unten Abschnitt 7). Dennoch wendet auch die sui-generis-Theorie bei ausschließlichen Lizenzen (vor allem wenn die Ausschließlichkeit auch gegenüber dem Lizenzgeber besteht, also bei Selbstausschluss) Kaufregeln analog an, nicht anders wie Miet-Pachtregeln bei einfachen Lizenzen[187]. 112

Soweit hiernach Kaufregeln Anwendung finden, werden folgende Bestimmungen der §§ 433 ff. BGB heranzuziehen sein: Zunächst § 433 Abs. 1 S. 2 und Abs. 2 BGB im Hinblick auf die allgemeinen Vertragspflichten von Lizenzgeber und Lizenznehmer, wobei unter der Besitzverschaffungspflicht die **Registrierungspflicht** zu verstehen sein wird, soweit diese (wie im französischen, italienischen, österreichischen und schweizerischen Recht) für den **Gutglaubensschutz analog §§ 932 ff. BGB** von Bedeutung ist[188]. Zwar spielt die Frage der Registrierung nach deutschem Recht diesbezüglich auch bei ausschließlichen Lizenzen, wo sie allein möglich ist, keine Rolle[189], doch kommen nach dem Grundsatz der **lex rei sitae** auch bei deutschem Schuldstatut alle Rechte grundsätzlich in Anwendung, deren Patente lizenziert werden, und zwar für alle Fragen, die Entstehen, Bestehen, Umfang und Beendigung des Patents (also insbeson- 113

---

180 RGZ 75/400. Vgl. oben Anm. 18, 19.
181 RGZ 33/103. Vgl. oben Anm. 13, 14.
182 RGZ 76/235. Vgl. oben Anm. 151.
183 RGZ 31/295.
184 S. 300, 301.
185 Vgl. RGZ 17/53. Vgl. oben Anm. 10, 11, 12, 137, 150.
186 RGZ 142/212. Vgl. oben Anm. 133, 134, 155, 172, 176.
187 *Seligsohn*, Anm. 6 zu § 6; *Stumpf*, Lizenzvertrag, Anm. 19 und 20; *Henn*, S. 12; ablehnend *Benkard*, Anm. 49 zu § 15; *Bartenbach/Gennen*, Rz. 29; RGZ 76/235; kritisch BGH GRUR 1961/466 bzw. ablehnend BGH NJW 1982/2861.
188 Vgl. BGB/RGRK/*Pikart*, Anm. 1, 15 und 16 zu § 932; RGZ 115/307; BGHZ 10/81, 86; 36/56 = NJW 1962/299.
189 BGB/RGRK/*Pikart*, Anm. 15 zu § 932; RGZ 115/307.

dere auch die Lastenfreiheit von Lizenzen) anbetreffen[190]. Vgl. hierzu unten § 31, Abschnitt 1 (8. Kapitel). Sodann werden weiter die §§ 435 bis 441 BGB im Hinblick auf die Rechtsmängelhaftung und die §§ 434, 436 bis 441 BGB im Hinblick auf die Sachmängelhaftung anwendbar sein[191]. Die Vorschrift des § 436 Abs. 2 BGB wird hierbei dahin ausgelegt werden können, dass Belastungen durch andere Lizenzen eventuell beseitigt werden müssen. Praktisch gilt auch die frühere Beweislastvorschrift des § 442 BGB, wonach der Lizenznehmer die behaupteten Mängel zu beweisen hat[192]. Die Mängelfreiheit wird als gegeben aber widerlegbar unterstellt. Von erheblicher Bedeutung dürfte auch die Bestimmung des § 444 BGB sein, in der der Grundsatz verankert ist, dass abgesehen von Arglist oder einer Beschaffenheitsgarantie des Verkäufers (Lizenzgebers) die Vertragspartner die gesamte im Wesentlichen einheitlich geregelte Mängelhaftung abweichend vom Gesetz regeln können. Außerdem dürfte die (neue) Bestimmung des § 442 BGB von Bedeutung sein, die festlegt, dass eine Mängelhaftung nicht besteht, wenn der Käufer (Lizenznehmer) den Mangel beim Vertragsabschluss kennt. Wenn es sich also um ein Entwicklungsprojekt mit ungewissen technischen Chancen handelt, das lizenziert wird, hat der Lizenznehmer grundsätzlich keinen Anspruch auf Gewährleistung. Das Kaufrecht wurde, vor allem in der Mängelhaftung, durch das **Gesetz zur Modernisierung des Schuldrechts (SMG)** vom 26.11.2001[193] grundlegend umgestaltet. Die vorerwähnten Vorschriften sind jedoch im Hinblick auf ihre analoge Anwendbarkeit auf den Lizenzvertrag in ihrem Wesensgehalt unverändert geblieben. Dies liegt daran, dass diese Novelle, veranlasst durch diverse EG-Richtlinien, vorrangig dem Verbraucherschutz dient, der mit dem Lizenzrecht nichts zu tun hat.

Abschnitt 6
Leihvertrag

114 **Miete und Leihe** unterscheiden sich nur durch die **Entgeltlichkeit**, die im Falle der Miete vorliegt (§ 535 BGB), nicht jedoch bei der Leihe (§ 598 BGB). Leihe ist also unentgeltliche „Miete"[194]. Sowohl Miete als auch Leihe beziehen sich auf die Gebrauchsüberlassung von Sachen i.S. § 90 BGB. Genausowenig wie es eine Rechtsmiete gibt, gibt es eine Rechtsleihe, im Gegensatz zur Pacht (§ 581 BGB)[195].

115 Im Rahmen der vorstehenden Abschnitte 1 und 2 wurden der Miet- und Pachtvertrag behandelt. Es wurde dargelegt, dass die Rechtsprechung eigentlich nur bis zur Jahrhundertwende und dem damit verbundenen In-Kraft-Treten des BGB die Miettheorie uneingeschränkt vertreten hatte. Dann kam – mit Recht – die Pachttheorie, die erst durch das **Maffei-Urteil des RG vom 11.11.1933**[196] abgelöst wurde.

---
190 *Henn*, S. 91–93 mit Nachweisen.
191 Vgl. hierzu *Lüdecke/Fischer*, S. 113; *Henn*, S. 124; BGH NJW 1965/759 f.
192 Im Hinblick auf die Neufassung der §§ 434, 435 BGB entspricht dies dem allgemeinen Beweislastgrundsatz. Vgl. *Palandt*, Rz. 57–59 zu § 434.
193 BGBl I S. 3138. Vgl. zu den Motiven *Palandt*, Rz. 21 ff. vor § 241.
194 BGB/RGRK/*Gelhaar*, Anm. 2 vor § 598; Münch-Komm. *Haase*, Anm. 1 zu § 598; *Soergel*, Anm. 1 vor § 598.
195 Abweichend Münch-Komm. *Haase*, Anm. 7 zu § 598, unter Hinweis auf die Motive.
196 RGZ 142/212. Vgl. oben Anm. 133, 134, 155, 165, 172, 176, 186.

Nun **fehlt jedoch als selbständige Vertragsfigur das Pendant zur Leihe im Pachtbereich, d.h. die unentgeltliche Gebrauchsüberlassung von Rechten mit Fruchtgenuss.** Die Vertragspartner, die an einem solchen Vertrag interessiert sind, müssen sich also schon ganz allgemein eines **gemischten Vertrags** bedienen, für den Pacht- und Leihregeln zur Anwendung kommen. Weshalb soll für den Lizenzvertrag etwas anderes gelten? Hierin liegt eigentlich ein besonders überzeugender Beweis für die Richtigkeit der oben in der Einleitung zu diesem § 6 vertretenen These, dass der Lizenzvertrag ein gemischter Vertrag (und nicht ein Vertrag sui generis im eigentlichen Sinne) ist.

116

Unentgeltliche Lizenzverträge im eigentlichen Sinne, also Lizenzverträge ohne jede Gegenleistung des Lizenznehmers **(Gratis- oder Freilizenz)** sind außerordentlich selten. Von dieser Rechtsfigur sind allerdings die **gebührenfreien Lizenzverträge bzw. gebührenfreie Lizenzerteilungen** innerhalb eines im Übrigen gebührenpflichtigen Lizenzvertrags zu scheiden, die vor allem im Rahmen des bilateralen und multilateralen Austausches von Schutzrechten und Know-how (vgl. hierzu unten § 23, 6. Kapitel) oder im Falle der Rücknahme der Nichtigkeitsklage durch den Lizenznehmer üblich sind[197]. Hier liegt eine **Gegenleistung des Lizenznehmers** vor, wenn auch nicht in Form einer Lizenzgebühr. Es handelt sich deshalb auch nicht um einen unentgeltlichen Lizenzvertrag bzw. um eine unentgeltliche Lizenzerteilung. Zur Gratis- oder Freilizenz vgl. auch unten § 18, Abschnitt 5 (6. Kapitel).

Das entscheidende ist bei der unentgeltlichen Lizenz die eingeschränkte Haftung des Lizenzgebers, die in den §§ 599, 277, 600 BGB geregelt ist. Wichtig ist auch die Bestimmung des § 603 BGB (verbotene Unterverleihung) und diejenige des § 605 BGB (Kündigungsrecht).

117

Abschnitt 7
Vertrag eigener Art (Sui Generis)

Die Rechtsprechung hat seit dem **Maffei-Urteil des RG vom 11.11.1933**[198] uneingeschränkt die so genannte **sui-generis-Theorie** vertreten. So sagt das vorbezeichnete Urteil[199]: „Der Vertrag über die Ausnutzung eines Patents (Lizenzvertrag) begründet ein Rechtsverhältnis eigener Art, das nach seinem besonderen wirtschaftlichen Inhalt sehr mannigfaltig sein, auch rechtlich eine gemischte Natur aufweisen kann." Schon das Urteil des RG vom 28.9.1928[200] hatte im Zusammenhang mit der Frage der Anwendung des § 19 KO (§ 109 InsO) Zweifel an der Fortgeltung der bis dahin vertretenen Pachttheorie geäußert. Es heißt in diesem Urteil[201]: „Fraglich erscheint es allerdings, ob sich die im Bürgerlichen Gesetzbuch aufgestellten besonderen Vorschriften über den Pachtvertrag, soweit sie nicht mit Rücksicht auf den Vertragsgegenstand von vornherein ausscheiden, zur Anwendung auf Verträge der vorliegenden Art eignen." Die vom **RG begründete Rechtsprechung ist vom BGH** in den Urteilen

118

---
197 Vgl. hierzu *Bartenbach/Gennen*, Rz. 90.
198 RGZ 142/212. Vgl. oben Anm. 133, 134, 155, 165, 172, 176, 186, 196.
199 S. 213.
200 RGZ 122/70. Vgl. oben Anm. 154.
201 S. 73.

vom 15.6.1951²⁰², vom 23.9.1958²⁰³, vom 5.7.1960²⁰⁴, vom 11.6.1970²⁰⁵ und vom 28.6.1979²⁰⁶ **fortgesetzt worden**, sodass von einer **ständigen Rechtsprechung** gesprochen werden kann²⁰⁷. Das Urteil des BGH vom 15.6.1951 führt ausdrücklich aus²⁰⁸: „Es ist zu beachten, dass ... der patentrechtliche Lizenzvertrag (RGZ 142/213) ein Vertrag eigenen Charakters ist, bei dem sich **Befugnisse und Verpflichtungen aus mehreren Vertragsarten vereinen.**" Die h.M. im Schrifttum vertritt in gleicher Weise diese Theorie²⁰⁹. Die **rechtliche Beurteilung des Know-how-Lizenzvertrags** richtet sich nach den **gleichen Grundsätzen**²¹⁰, wobei im Hinblick auf die Akzentverschiebung vom Dauervertrag zum Einmalvertrag vorrangig Kaufrecht Anwendung findet.

119 Merkwürdig ist, wie bereits oben in Rz. 90 dargelegt, dass sowohl in der Rechtsprechung als auch im Schrifttum nirgends klar festgelegt ist, was unter dieser sui-generis-Theorie zu verstehen ist, insbesondere ob es sich hierbei um eine **selbständige, in sich geschlossene atypische Vertragsfigur** oder um eine **unselbständige Kombination von typischen Vertragsfiguren im Sinne eines gemischten Vertrags** handelt. Zwar klingt die Alternative „gemischter Vertrag" sowohl in den in Rz. 118 erwähnten Urteilen als auch in einem Teil des Schrifttums²¹¹ an, doch fehlt es an eindeutigen Stellungnahmen.

120 Nach Ansicht des Verfassers ist ein Vertrag eigener Art (sui-generis-Vertrag) ein Vertrag, der eine **atypische Vertragsfigur** gegenüber den im Gesetz enthaltenen Vertragstypen Kauf, Miete, Pacht, Leihe, Gesellschaft und Nießbrauch ist, d.h. der nicht unter einen einzelnen dieser Typen eingeordnet werden kann²¹². Eine solche Vertragsfigur stellt jedoch ihrerseits einen **in sich geschlossenen, selbständigen Typ** dar, nur mit der Besonderheit, dass derselbe nicht im Gesetz geregelt ist, sondern gewohnheitsrechtlich Gestalt gewonnen hat. Gerade diese Begriffsbestimmung **scheidet den sui-generis-Vertrag von dem gemischten Vertrag**, der eine lockere, den jeweiligen besonderen Verhältnissen und der Interessenlage entsprechende und deshalb wechselnde Verbin-

---

202 BGHZ 2/331.
203 BGHZ 28/144.
204 GRUR 1961/27 ff.
205 GRUR 1970/547 f.
206 GRUR 1979/768.
207 *Bartenbach/Gennen*, Rz. 27.
208 S. 335.
209 *Magen*, S. 53; *Isay*, Anm. 10 zu § 6; *Kisch*, S. 216; *Lindenmaier*, S. 348 (Anm. 19 zu § 9); *Klauer/Möhring*, Anm. 24 zu § 9; *Nirk* in GRUR 1970/329; *Lüdecke/Fischer*, S. 32; *Knoppe*, S. 5; *Reimer*, S. 461 (Anm. 5 zu § 9); *Langen* bei *Langen*, S. 110, 111; *H. Tetzner*, Anm. 8 zu § 9; a.M. (mit patentrechtlichem Bezug) *Stumpf*, Lizenzvertrag, Anm. 19 und 24; *Henn*, S. 10; *Rasch*, S. 4, 5, 120; *Nirk*, S. 251; *Forkel* in NJW 1990/2805 f.; *Schulte*, Anm. 28 zu § 15; *Benkard*, Anm. 49 zu § 15; *Bartenbach/Gennen*, Rz. 27; *Haver/Mailänder*, S. 30 f.; *Vortmann*, S. 10; *Gaul/Bartenbach*, Handbuch, Tz. K 12, 18; *Pollzien* bei *Pollzien/Langen*, S. 166.
210 Vgl. hierzu *Stumpf*, Know-how-Vertrag, Anm. 19–34; *Benkard*, Anm. 139 zu § 15; *Knoppe*, S. 23 ff.; *Böhme*, S. 30 ff.; *Skaupy* in GRUR 1964/539 ff.; a.A. *Gaul/Bartenbach*, Handbuch, Tz. Q 39.
211 Z.B. bei *Magen*, S. 53; *Knoppe*, S. 5; *Lüdecke/Fischer*, S. 32.
212 So auch *Stumpf*, Lizenzvertrag, Anm. 24. Vgl. hierzu auch Münch-Komm. *Söllner*, Anm. 35 ff. zu § 305; *Soergel*, Anm. 25 zu § 305.

dung von gesetzlichen Vertragstypen darstellt[213]. Unter sui-generis-Verträgen im eigentlichen Sinne dürften beispielsweise der Garantievertrag, der Verpflichtungsvertrag zur Sicherungsübereignung, der Schiedsrichtervertrag, der Verfilmungsvertrag, der Vertragshändlervertrag, der Softwarevertrag und der Stahlkammervertrag verstanden werden[214]. Da der **Lizenzvertrag** jedoch, der jeweiligen Interessenlage angepasst, **stets wechselnd die verschiedensten Vertragsfiguren zur Anwendung bringt**, kann er nur als **gemischter Vertrag** im weiteren Sinne beurteilt werden[215]. Den hiergegen von *Forkel*[216] bei der Besprechung der 2. Auflage sowie von *Bartenbach/Gennen*[217] vorgetragenen Bedenken kann nicht zugestimmt werden. Der Lizenzvertrag hat keinesfalls eine von den Vertragstypen des BGB losgelöste Eigenständigkeit entwickelt, die es rechtfertigen würde, ihn als „Vertrag sui generis" einzuordnen. Zu berücksichtigen ist hierbei auch die unterschiedliche Beurteilung von nicht-ausschließlicher und ausschließlicher Lizenz. Die Tatsache allein, dass sich die Lizenz auf geistige Güter bezieht, vermag nicht zu begründen, dass als Vertragstyp nur der „Vertrag sui generis" in Betracht kommt. Möglich bleibt daneben selbstverständlich noch die Figur des Typischen Vertrags, d.h. die Zuordnung des Lizenzvertrags zu einzelnen ganz bestimmten Vertragstypen, beispielsweise Kauf, Pacht oder Gesellschaft. Doch das ist nicht der Normalfall. Regelmäßig ist der Lizenzvertrag ein gemischter Vertrag, der Elemente der vorbezeichneten Vertragstypen in den verschiedenen Schnittlinien aufweist.

Abschnitt 8
Andere Rechte

Nach **allgemeiner internationaler Auffassung** ist der Lizenzvertrag ein „**Vertrag sui generis**", d.h. ein Vertrag eigener Art, der nicht schlechthin unter die bestehenden bürgerlichrechtlichen Vertragstypen wie Kauf, Miete und Pacht eingeordnet werden kann[218]. Das heißt jedoch nicht, dass die Bestimmungen dieser Vertragstypen überhaupt nicht anwendbar sind. Sie sind nur als solche, d.h. schlechthin ohne Einschränkung nicht anwendbar, da der Lizenzvertrag eben kein typischer Kauf-, Miet- oder

121

---

213 Münch-Komm. *Söllner*, Anm. 40 zu § 305; *Soergel*, Anm. 27 ff. zu § 305.
214 Vgl. Münch-Komm. *Söllner*, Anm. 36 zu § 305; *Soergel*, Anm. 35 zu § 305; BGHZ 5/116; 27/96.
215 Vgl. hierzu Münch-Komm. *Söllner*, Anm. 40 ff. zu § 305; *Soergel*, Anm. 27 ff. zu § 305.
216 In NJW 1990/2805 f.
217 Rz. 27.
218 Für das schweizerische Recht: *Blum/Pedrazzini*, Anm. 12 und 18 zu Art. 34; BGE 61 II 140; ZüHandG in ZR 1950, Nr. 34 (S. 73); *Blum* bei *Langen*, S. 384, 385; *Troller*, II S. 821 ff.; a. A. *Aeberhard*, S. 67. Für das nordamerikanische Recht: *Lichtenstein*, S. 100 (vgl. aber die auf S. 102 erwähnte Entscheidung des Supr. Court of N-Carolina in Sachen Wynne v. Allen vom 1. 2. 1957 = 112 PQ 405, die sehr stark die Analogie zum Mietrecht betont). Für das französische Recht: *Roubier* II S. 286, sowie *Hauser*, S. 50 f. mit Nachweisen. Für das englische Recht: *Lane* bei *Pollzien/Langen*, S. 112 ff. Für das österreichische Recht: *Hunna* bei *Langen*, S. 354. Für das frühere sowjetische Recht: *Langen* bei *Langen*, S. 465.

2. Kapitel *Die Rechtsnatur des Lizenzvertrags*

Pachtvertrag ist. Der Lizenzvertrag weist jedoch sehr viele Merkmale der vorgenannten Vertragstypen auf, weshalb die wesentlichen Bestimmungen des Miet- und Pachtrechts stets für die Definition der Rechte und Pflichten des Lizenzvertrags herangezogen werden[219].

122 Das kommt im Schrifttum und in der Rechtsprechung zu den nichtdeutschen Rechtsordnungen oft betonter zum Ausdruck als in den deutschen Quellen. Für das **französische Recht**[220] spricht z.B. *Roubier*[221] davon, dass sich die **Rechtsfigur des Lizenzvertrags am meisten an das Miet-Pachtrecht**, d.h. den contrat de louage, anlehnt, der in Art. 1708 ff. CC gesetzlich geregelt ist. *Pouillet*[222] geht noch einen Schritt weiter und sagt: „Les principes du contract de louage régissent le contrat de licence." Er fordert nicht nur eine (analoge) Anlehnung an das Miet-Pachtrecht, sondern sogar eine direkte Anwendung der Grundsätze des Miet-Pachtrechts[223]. Dennoch wird das Miet-Pachtrecht nicht „tel quel" zur Anwendung gebracht, sondern eben nur im Grundsätzlichen, in den leitenden Gedanken[224]. Das war an sich die Position der deutschen Rechtsprechung bis an das Ende der Zwanziger Jahre[225], die erst durch das maßgebliche **Maffei-Urteil des RG vom 11.11.1933**[226] abgelöst wurde. Vgl. hierzu die vorstehenden Abschnitte 2 und 7. Für das **schweizerische Recht** definieren *Blum/Pedrazzini*[227] die Rechtsnatur des Lizenzvertrags wie folgt: „Der Lizenzvertrag ist als Innominatkontrakt (auch atypischer Vertrag genannt) anzusehen, d.h. als ein Vertrag, welcher weder im Gesetz ausdrücklich geregelt ist, noch in der Hauptsache unter andere im Gesetz geregelte Vertragstypen subsumiert werden kann, vielmehr als **Vertrag eigener Art** eine Sonderregelung erfahren muss." Auch hier wird also zum Ausdruck gebracht, dass es keine direkte, wörtliche Anwendung von bestimmten Rechtsinstituten geben kann. Die Vertragsfigur des Lizenzvertrages muss sich auf sie zugeschnittene Teilfiguren aus anderen Vertragstypen zusammenstellen, wobei sich der Schwerpunkt in die eine oder andere Richtung verschieben kann. *Blum/Pedrazzini* sehen beispielsweise die **Miet- und Pachtvorschriften** wegen ihres Dauercharakters für geeigneter an als die Vorschriften des Kaufrechts[228]. Beim Kaufvertrag fehle zudem die Treue-

---

219 Sehr klar und deutlich *Rasch*, S. 4 und 5: „Die heute herrschende Meinung betrachtet den Lizenzvertrag als einen Vertrag sui generis, der mit Pacht und Kauf gewisse Ähnlichkeiten habe, auch die analoge Anwendung einiger Bestimmungen dieser Vertragstypen gestatte, grundsätzlich aber doch nach eigenen Rechtsregeln zu beurteilen sei."
220 Vgl. hierzu *Hauser*, S. 50, 51 mit Nachweisen.
221 II S. 285.
222 Nr. 284 bis.
223 Ähnlich die Entscheidung des Supr. Court of N-Carolina in Sachen Wynne v. Allen vom 1.2.1957 = 112 PQ 405. Vgl. auch oben Anm. 218.
224 So auch das Urteil des Tr. de la Seine vom 20.10.1922 = Ann. 23.288: „La Concession d'une licence présente tous les caractères d'un louage". Ähnlich *Chavanne/Burst*, Nr. 230 bis.
225 Urteil vom 5.5.1911 = RGZ 76/235; vom 17.4.1917 = RGZ 90/162; vom 4.2.1927 = RGZ 116/78; vom 28.9.1928 = RGZ 122/70. In der zuletzt genannten Entscheidung wurde bereits die sui-generis-Theorie vertreten, jedoch mit Maßgabe der Anwendung von Pachtrecht.
226 RGZ 142/212. Vgl. oben Anm. 133, 134, 155, 165, 172, 176, 186, 196, 198.
227 Anm. 18 zu Art. 34. Vgl. auch *Pedrazzini*, S. 126.
228 Anm. 13 zu Art. 34. Vgl. auch *Pedrazzini*, S. 139.

pflicht, die dem Lizenzvertrag eigen sei. Anders sei dies indessen möglicherweise zu beurteilen, wenn die Lizenzerteilung ausschließlich erfolge, sodass das Patentrecht für den Lizenzgeber zu einer „nuda proprietas" werde[229]. Auch *Troller*[230] vertritt die Auffassung, dass der lange Zeit als miet-pachtähnlicher Rechtsverhältnis beurteilte Lizenzvertrag als „atypischer Vertrag, contractus sui generis, Innominat-Kontrakt" einzustufen sei, auf den jene Regeln nur „anlehnend" zur Anwendung kommen könnten.

Auch im **nordamerikanischen Recht** wird der Lizenzvertrag als ein **Vertrag eigener Art** beurteilt[231], wobei allerdings immer wieder die **Analogie zum Mietrecht** betont wird[232]. Ähnliches gilt grundsätzlich für das **englische**[233], das **österreichische**[234] und für das **frühere sowjetische Recht**[235]. 123

Wie im vorstehenden Abschnitt 4 dargelegt, spielt die **Anwendung von Gesellschaftsrecht** wegen des häufigen gesellschaftsrechtlichen Vertragszwecks eines Lizenzvertrags eine nicht unwichtige Rolle auch in den anderen Rechten. So weisen *Blum/Pedrazzini*[236] und *Troller*[237] für das **schweizerische Recht** in Anlehnung an das deutsche Recht darauf hin, dass in einer Vielzahl von Vertragselementen Indizien für die gesellschaftsrechtliche Natur des Lizenzvertrags gesehen werden könnten, so in der Zusammenwirkung, der Ausnutzung der Erfindung für gemeinsame Rechnung, in der Vereinbarung einer Nichtangriffsabrede, in der Büchereinsicht, in der Überlassung weiterer Patente, im Austausch von Erfahrungen, in der Geheimhaltungspflicht und in der tätigen Mitarbeit des Lizenzgebers. Das **französische** Schrifttum ist da wesentlich einschränkender. Nach *Roubier*[238] kommt Gesellschaftsrecht nur dann in Anwendung, wenn beide Vertragspartner ihre Interessen zusammenlegen. 124

Im **Recht der früheren DDR** war der Lizenzvertrag als **selbständiges, dispositives Rechtsinstitut** in §§ 4, 176–186 GIW geregelt[239], und zwar neben anderen Nutzungsüberlassungsverträgen[240], ein nicht uninteressantes Faktum, wenn auch nach dem am 3.10.1990 wirksam gewordenen Beitritt der früheren DDR gemäß der früheren Vor- 125

---

229 Anm. 13 zu Art. 34.
230 II S. 821 ff.
231 *Lichtenstein*, S. 100.
232 Vgl. z.B. Entscheidung des Supr. Court of N-Carolina in Sachen Wynne v. Allen vom 1.2.1957 = 112 PQ 405, auf die *Lichtenstein*, S. 102, hinweist. Vgl. auch oben Anm. 218 und 223.
233 *Lane* bei *Pollzien/Langen*, S. 112 ff.
234 *Hunna* bei *Langen*, S. 354.
235 *Langen* bei *Langen*, S. 465.
236 Anm. 14 zu Art. 34. Vgl. auch *Pedrazzini*, S. 140.
237 II S. 823.
238 II S. 287.
239 *Enderlein*, Anlagenvertrag, Montagevertrag, Lohnveredelungsvertrag u.a., 1987, S. 387; *Hoffmann*, Internationales Consulting-Engineering, Rechtsfragen, 1988, S. 98; *Rudolph/Neumann*, Rechtshandbuch für den Handel mit der DDR, 1988, S. 179.
240 *Enderlein*, Anlagenvertrag, Montagevertrag, Lohnveredelungsvertrag u.a. 1987, S. 387; *Hoffmann*, Internationales Consulting-Engineering, Rechtsfragen, 1988, S. 98.

schrift des Art. 23 S. 2 GG[241] ohne zukünftige rechtliche Bedeutung. Auch wenn somit das Recht der früheren DDR den Lizenzvertrag als selbständiges, gesetzlich geregeltes Rechtsinstitut beurteilte[242], stufte das Schrifttum die Rechtsnatur des Lizenzvertrags als **Vertrag „Sui generis"** ein, stand also auch insoweit im Einklang mit der international herrschenden Meinung[243].

---

241 Aufgehoben durch Einigungsvertrag vom 31. 8. 1990 (BGBl II S. 889).
242 Vgl. *Enderlein*, Anlagenvertrag, Montagevertrag, Lohnveredelungsvertrag u. a., 1987, S. 379, 384.
243 Vgl. *Enderlein*, Anlagenvertrag, Montagevertrag, Lohnveredelungsvertrag u. a., 1987, S. 384.

3. Kapitel
Die Inhaltsformen des Lizenzvertrags

Die Inhaltsformen des Lizenzvertrags sind so vielschichtig wie die individuellen Abläufe es sind. Wie oben in der Einleitung zum 1. Kapitel dargelegt, stellt jede Lizenznahme eine Figur der Arbeitsteilung dar, die in ihrem rationalisierenden Charakter die Effektivität der modernen Wirtschaft unter Beweis stellt[1]. **126**

Herkömmlich wird zwischen folgenden Inhaltsformen unterschieden:

1. die Entwicklungs- und Nachbaulizenz,
2. die Herstellungs- und Vertriebslizenz,
3. die einfache und die ausschließliche Lizenz,
4. die Unterlizenz,
5. die Betriebs-, Konzern- und Montagelizenz,
6. Nutzungsgemeinschaften (Gemeinschaftsunternehmen/ Joint Ventures).

In den nachfolgenden §§ 7, 8, 9, 10, 11 und 12 sind diese Inhaltsformen im Einzelnen dargestellt.

§ 7 Die Entwicklungs- und Nachbaulizenz

Es ist eine ganz grundsätzliche, aus der Praxis heraus entstandene Antithese, ob sich die Lizenzgewährung in einer **bloßen Nachbaulizenz** erschöpft oder ob der Lizenznehmer das Recht der **Eigenentwicklung** erhält[2]. Entscheidend hierfür ist die gegebene Interessenlage, die ihren Niederschlag in einer entsprechenden Vertragsformulierung finden muss. **127**

Unter einer **„Entwicklungslizenz"** ist eine Lizenz auf dem „sachlichen Vertragsgebiet" (vgl. hierzu nachfolgend § 13, 4. Kapitel) zu verstehen, die es dem Lizenznehmer belässt, die Vertragsprodukte auf eigene Kosten selbst zu entwickeln, insbesondere auch eigene Schutzrechte und eigenes Know-how **128**

– Anhanganlagen 1, 2 und 3 –

zu erarbeiten[3]. Unter einer **„Nachbaulizenz"** ist eine Lizenz auf dem „sachlichen Vertragsgebiet" zu verstehen, die dem Lizenznehmer gestattet, nach exakten Plänen, Zeichnungen und Modellen des Lizenzgebers die Vertragsprodukte

– Anhanganlage 6 –

---

1 Vgl. *H. Axster*, Die Lizenzierung als Rationalisierungsmittel in GRUR 1964/229 ff.; *Pollzien* bei *Pollzien/Bronfen*, S. 1 und 2.
2 *Henn*, S. 26; *Gaul/Bartenbach*, Handbuch, Tz. K 160.
3 Vgl. *Bartenbach/Gennen*, Rz. 1311.

herzustellen[4]. Zur **„Montagelizenz"**, die der „Nachbaulizenz" ähnlich, aber doch von dieser zu scheiden ist, vgl. unten § 11, Abschnitt 3.

129 **Nachbaulizenzen** sind für den Lizenznehmer vor allem dann von Interesse, wenn die **Entwicklung der Vertragsprodukte weit fortgeschritten** ist und ein ganz bestimmtes Vertragsprodukt hergestellt werden soll. Der Lizenznehmer braucht keinerlei Entwicklungsrisiko zu tragen, muss sich andererseits aber auf den strikten Nachbau des vom Lizenzgeber entwickelten Vertragsprodukts beschränken und sich damit mehr oder weniger auch dessen ökonomischer Struktur und Position anpassen.

Was sind nun die Motive der Vertragspartner, die eine oder andere Form zu wählen?

Zunächst dürfte es eine gesonderte Frage sein, ob der Lizenzgeber seinerseits in der Vergabe der einen oder anderen Art der Lizenz lediglich den Wünschen des Lizenznehmers zu folgen bereit ist. Die Nachbaulizenz wird nämlich kraft ihrer Struktur **zwangsläufig in das Produktions- und Vertriebssystem des Lizenzgebers** eingreifen. So könnte ein wirtschaftlich starker Lizenznehmer einem wirtschaftlich schwächeren oder gar schwachen Lizenzgeber im Kosten- und Vertriebswettbewerb ein vielleicht vernichtender Konkurrent werden. Der Lizenzgeber muss sich deshalb von Anfang an klar darüber sein, wenn er eine Nachbaulizenz erteilt.

Beispielsweise kann es in Betracht kommen, eine solche Lizenz zu erteilen, wenn der Markt im **Fertigungsbereich** vom Lizenzgeber **rechtlich oder tatsächlich gar nicht bedient werden kann**. Das ist etwa dann der Fall, wenn die Nachfrage so groß ist, dass die Kapazität des Lizenzgebers weit überschritten wird oder (z. B. in Entwicklungsländern in Afrika, Asien und Südamerika) starke **Importbeschränkungen** selbst für Montageteile bestehen. Auch in diesen Fällen wird allerdings häufig ein gemischtes System in Anwendung gebracht. **Fehlt es beim Lizenzgeber an der Herstellungskapazität (oder ist diese vielleicht zu teuer)**, dann kann dem Lizenznehmer eine Herstellungslizenz erteilt werden, während der Vertrieb der so hergestellten Vertragsprodukte über das Vertriebsnetz des Lizenzgebers erfolgt[5]. In einem solchen Fall würde man von einer **„verlängerten Werkbank"** sprechen. Vgl. hierzu nachfolgend § 8. Der typische Fall dieses Systems ist die Lizenzerteilung an Mutter- und Tochterunternehmen des Lizenzgebers, also des Gegenstücks auf Lizenzgeberseite zur **Konzernlizenz**. Vgl. hierzu nachfolgend § 11, Abschnitt 2. Der Lizenzgeber hat mit diesem System natürlich weitgehend die Preisgestaltung des Vertragsprodukts in der Hand, und der Lizenznehmer ist mehr Auftragnehmer des Lizenzgebers als Eigenproduzent. Hieraus ergeben sich auch kartellrechtliche Probleme. Vgl. hierzu unten 7. Kapitel. Der umgekehrte Fall des gemischten Systems würde die reine Vertriebslizenz sein, die sich an sich durch nichts mehr von einem gewöhnlichen Kaufvertrag unterscheidet, es sei denn, dass eine Art Rahmen- oder Grundsatzkaufvertrag, eine Vertragsfigur, die den Dauercharakter des Lizenzvertrags besitzt, vorliegt und der Lizenznehmer anders als der Importeur oder Eigenhändler im eigenen Namen, für eigene Rechnung und im eigenen wirtschaftlichen Interesse handelt. Hier wird das Vertragsprodukt beim

---

4 Üblicherweise wird der Lizenznehmer auch eine Lizenz für die diesbezüglichen Schutzrechte benötigen und sich nicht auf eine Know-how-Lizenz beschränken können. Vgl. *Gaul/Bartenbach*, Handbuch, Tz. Q 28, 29.
5 Vgl. hierzu *Stumpf*, Lizenzvertrag, Anm. 33.

Lizenzgeber gefertigt, aber an den Lizenznehmer verkauft, und zwar zum Zwecke des Weitervertriebs unter eigener Marke.

Es wird klar, dass hinter der Entscheidung „Entwicklungs- oder Nachbaulizenz" **nicht nur technische, sondern auch erhebliche ökonomische Erwägungen** stehen, dass diese sogar für beide Partner entscheidend sein können und sich selbstverständlich auch in den Vertragsbedingungen ausdrücken. Was die finanziellen Bedingungen anbetrifft, ist darüber an anderer Stelle zu sprechen. Vgl. unten § 18 (6. Kapitel). Doch sei hier zum systematischen Verständnis so viel gesagt, dass sich die Nachbaulizenz meist auf die Festlegung von Umsatzlizenzgebühren für jedes nachgebaute und verkaufte Vertragsprodukt beschränkt, wobei es durchaus üblich ist, Mindestumsatzlizenzgebühren – global oder jährlich – festzulegen. Dagegen ist die Festlizenzgebühr, das so genannte Eintrittsgeld, unüblich. Diese Gebühr ist der Entwicklungslizenz typisch, da sie eine rückwirkende Beteiligung an den vom Lizenzgeber aufgewendeten Entwicklungskosten beinhaltet. Hier wird dem Lizenznehmer ein in einem bestimmten Zeitpunkt vorhandenes Entwicklungspotential verfügbar gemacht, während bei der Nachbaulizenz im eigentlichen Sinn eine Ware verkauft wird, lediglich mit dem Unterschied, dass die faktische Herstellung beim Lizenznehmer liegt. Die Ware wird als **Warentyp** verkauft, gewissermaßen die **äußere Form und Struktur** derselben, während die Ausfüllung derselben dem Lizenznehmer überlassen bleibt.

Nicht unbekannt ist die **Kombination Entwicklungs- und Nachbaulizenz** in der Form, dass der **Entwicklungslizenznehmer** gleichzeitig oder gegen besondere Einwilligung das Recht erhält, im Rahmen der ihm erteilten Lizenz, **Nachbaulizenzen zu vergeben**. Diese Nachbaulizenzen sind eine besondere Form der Unterlizenz,

– Anhanganlagen 1, 2, 3 (Randziffer 7) und 8 –

und es wird an anderer Stelle (unten § 10) hierüber zu sprechen sein. Praktisch tritt in diesem Bereich der Entwicklungslizenznehmer als Lizenzgeber auf, der seine eigenen Entwicklungsergebnisse einem anderen Partner durch Gestattung des Nachbaus verfügbar macht. Im Prinzip gelten deshalb die vorstehend gemachten Bemerkungen.

Von den Begriffen der „Entwicklungslizenz" oder der „Nachbaulizenz" ist die Figur des **Entwicklungsauftrags oder des Entwicklungsvertrags**

– Anhanganlagen 13 und 14 –

abzugrenzen. Diese Figur, bei der der Auftraggeber keine Lizenz, sondern eben einen Auftrag erteilt, unterscheidet sich vom Lizenzvertrag dadurch, dass der Auftraggeber die Entwicklung des betreffenden Produkts technisch und wirtschaftlich steuert, Inhaber der entstehenden Schutzrechte und des einschlägigen Know-how ist bzw. wird und für die Auftragsdurchführung an den Auftragnehmer entsprechende Zahlungen leistet. Diese Elemente grenzen den Entwicklungsauftrag bzw. Entwicklungsvertrag damit auch von der Fertigung über **„verlängerte Werkbank"** ab, bei der der Lizenznehmer insbesondere Lizenzgebühren an den Lizenzgeber zu bezahlen hat, und nicht von diesem Entwicklungszahlungen erhält. Vgl. hierzu Rz. 133.

„Entwicklungsauftrag" und „Entwicklungsvertrag" unterscheiden sich nicht durch die Zielrichtung, die gleich ist, sondern durch das Übergewicht des Auftraggebers (Auftrag) bzw. das Gleichgewicht beider Parteien (Vertrag).

§ 8 Die Herstellungs- und Vertriebslizenz

132 Die Lizenzerteilung erfolgt allgemein für die **Herstellung und den Vertrieb**

– Anhanganlagen 1, 2 und 3 (Randziffer 4) –

des **Vertragsprodukts**[6]. Zum Begriff des „Vertragsprodukts" vgl. Rz. 9. Dies entspricht der in § 9 S. 2 Nummer 1 PatG 1981 verankerten Wirkung des erteilten Patents, wo folgende Benutzungszwecke aufgezählt sind:

1. Herstellung,
2. Anbieten,
3. Inverkehrbringen,
4. Gebrauchen,
5. zu den Zwecken 1)–4) einführen oder besitzen.

Zum Vertrieb gehört sowohl das Anbieten als auch das Inverkehrbringen und Gebrauchen[7]. Das Einführen und Besitzen ergänzen das Inverkehrbringen[8].

Im Bereich der Know-how-Lizenzierung, wo die Bestimmung des § 9 S. 2 Nummer 1 PatG 1981 nur analog angewendet werden kann, gelten die gleichen Kriterien, da es diesbezüglich keinen Unterschied machen kann, ob das Vertragsprodukt aufgrund eines lizenzierten Schutzrechts oder von lizenziertem Know-how hergestellt wird.

133 Es ist durchaus möglich und auch üblich, die **Lizenzerteilung auf die bloße Herstellung zu beschränken**[9]. Diese Lizenzfigur stellt die so genannte **„verlängerte Werkbank"** dar. Vgl. hierzu für den Fall der Nachbaulizenz auch Rz. 131. Wenn dem Lizenzgeber die notwendige Herstellungskapazität fehlt, lässt er auf dem Wege der Herstellungslizenz das Vertragsprodukt beim Lizenznehmer herstellen, der über diese Herstellungskapazität verfügt.

Eine ähnliche Interessenlage für diese Vertragsfigur besteht, wenn die **Fertigungskosten beim Lizenznehmer erheblich unter denen beim Lizenzgeber liegen (z.B. in bestimmten Entwicklungsländern)** oder außerwirtschaftliche Gründe (Handelsabkommen) die Lizenzherstellung fördern. Geradezu typisch ist diese Vertragsfigur bei **Konzernen** aus Gründen der technischen oder kommerziellen Rationalisierung. Diese Figur der **bloßen Herstellungslizenz (verlängerte Werkbank)** ist jedoch vom **Lohnfertigungsvertrag** zu scheiden, der keiner Lizenz bedarf[10]. Für die Abgrenzung dürfte maßgebend sein, ob das Herstellungsinteresse wirtschaftlich beim Lizenzgeber oder beim Lizenznehmer liegt. Ist ersteres der Fall, handelt es sich um einen Lohnfertigungsvertrag, im anderen Fall um eine Lizenz. Ein weiteres, wichtiges Abscheidungs-

---

6 *Stumpf*, Lizenzvertrag, Anm. 26; *Henn*, S. 33; *Lüdecke/Fischer*, S. 407.
7 *Lüdecke/Fischer*, S. 407; *Henn*, S. 33. Von Interesse dürfte in diesem Zusammenhang auch die im anglo-amerikanischen Rechtskreis übliche Gliederung der Benutzungsarten in „to make", „to use" und „to vend" (to sell) sein, wie bei *Ellis/Deller*, § 171, ausgeführt. Vgl. auch *Roubier*, II S. 269 sowie *Lindenmaier*, S. 237 und 238.
8 *Bernhardt/Kraßer*, Anm. II f. zu § 33.
9 *Henn*, S. 27 und 34 f.; *Bernhardt/Kraßer*, Anm. VI 1 zu § 40; *Stumpf*, Lizenzvertrag, Anm. 26; *Schulte*, Anm. 42 zu § 15; *Vortmann*, S. 15; *Gaul/Bartenbach*, Handbuch, Tz. K 159.
10 Vgl. hierzu *Stumpf*, Lizenzvertrag, Anm. 33; *Bartenberg/Gennen*, Rz. 1308.

kriterium resultiert aus der Bezahlung. Für den Lohnfertigungsvertrag spricht die Bezahlung nach Zeit- und Lohnaufwand, für den Lizenzvertrag eine hiervon losgelöste Gebührenregelung nach Fertigungsstücken. Nicht zutreffend dürfte die von *Stumpf*[11] vorgenommene Abgrenzung sein, der – trotz Hinweises auf die Verteilung des wirtschaftlichen Risikos – darauf abstellt, ob der Hersteller eine positive Benutzungsbefugnis hat (Lizenz) oder nur eine Herstellungsbefugnis (Lohnhersteller).

Dem Lizenznehmer ist es hier jedoch **nicht gestattet, das Vertragsprodukt zu vertreiben**. Er liefert es ausschließlich an den Lizenzgeber, der ihm allerdings eine Abnahmegarantie oder wenigstens eine Gebrauchslizenz (zur eigenen Benutzung) im Rahmen der vertraglichen Bedingungen gewähren muss, da eine Herstellungslizenz ohne Vertriebslizenz, Abnahmegarantie oder Gebrauchslizenz sinnlos wäre[12]. **Gleiches gilt, wenn es an einer ausdrücklichen Regelung der Vertriebslizenz fehlt**[13].

Umgekehrt kann die **Lizenzerteilung auch nur für den reinen Vertrieb** des Vertragsprodukts erfolgen, das dann vom Lizenzgeber oder einem Dritten (z. B. einem anderen Lizenznehmer) hergestellt wird[14]. Bei dieser **reinen Vertriebslizenz** ist der Lizenznehmer nicht mit der technischen, sondern allein mit der **wirtschaftlichen Seite** der Patent- oder Know-how-Verwertung beschäftigt[15]. Im Schrifttum wird für die Abgrenzung der reinen Vertriebslizenz, die gelegentlich auch Verkaufs- oder Handelslizenz genannt wird[16], vom Händlerverkauf zum Teil darauf abgestellt, dass im Falle der Vertriebslizenz das Vertragsprodukt durch den Lizenznehmer (Händler) „ab Lager des Lizenzgebers" vertrieben wird. Damit sei das Vertragsprodukt noch nicht patentfrei geworden, wenn es durch den Lizenznehmer (Händler) vertrieben (feilgehalten) werde und er benötige deshalb eine Vertriebslizenz[17]. Wenn dagegen der Lizenznehmer (Händler) von seinem Lager verkaufe, sei das Vertragsprodukt mit dem Erwerb des Eigentums durch ihn patentfrei geworden. Für den Weiterverkauf bedürfe es deshalb keiner Lizenz[18]. Hieraus ergibt sich aber, dass entscheidend für die **Abgrenzung von Vertriebslizenz und lizenzfreiem Händlervertrieb** die Beantwortung der Frage ist, wer Verkaufssubjekt ist[19]. Erfolgt der Vertrieb durch den Lizenzgeber – sei es auch über den Händler –, so bedarf es keiner besonderen Vertriebslizenz für den Händler.

134

---

11 Lizenzvertrag, Anm. 33.
12 *Lüdecke/Fischer*, S. 407; *Henn*, S. 36 (Anm. 95); *Vortmann*, S. 15; *Gaul/Bartenbach*, Handbuch, Tz. K 159; *Blum/Pedrazzini*, Anm. 31 zu Art. 34 für das schweizerische Recht; *Bernhardt/Kraßer*, Anm. VI 1 zu § 40; *Reimer*, S. 466 f. (Anm. 14 zu § 9), der bei Nichtabnahme durch den Lizenzgeber ein stillschweigendes Verkaufsrecht an Dritte annimmt (Urteil des RG vom 5. 10. 1935 = GRUR 1936/497). Im anglo-amerikanischen Recht wird dieses Recht als stillschweigende Verkaufslizenz (implied license) beurteilt. Vgl. hierzu *Ellis/Deller*, § 247, *Haver/Mailänder*, S. 45, und *Lichtenstein* in NJW 1964/1347.
13 So zu Recht die h. M. Vgl. *Stumpf*, Lizenzvertrag, Anm. 33; *Gaul/Bartenbach*, Handbuch, Tz. K 159; RG GRUR 1916/178; *Krausse/Kathlun*, Anm. 53 zu § 9.
14 Vgl. hierzu *Stumpf*, Lizenzvertrag, Anm. 27; *Bartenbach/Gennen*, Rz. 1312–1314; *Gaul/Bartenbach*, Handbuch, Tz. K 161; *Bernhardt/Kraßer*, Anm. VI 1 zu § 40.
15 *Lüdecke/Fischer*, S. 410; *Henn*, S. 33.
16 *Lüdecke/Fischer*, S. 410; *Stumpf*, Lizenzvertrag, Anm. 27.
17 *Lüdecke/Fischer*, S. 411; *Reimer*, S. 354, 355 (Anm. 14 zu § 9); *Henn*, S. 34.
18 *Lüdecke/Fischer*, S. 412; *Henn*, S. 34.
19 Vgl. *Henn*, S. 34; a. A. *Stumpf*, Lizenzvertrag, Anm. 29.

Erfolgt dagegen der Vertrieb durch den Empfänger des Vertragsprodukts, den Händler, so bedarf dieser einer Lizenz.

Es erscheint indessen zweifelhaft, ob es sinnvoll ist, für die Argumentation darauf abzustellen von welchem **Lager** verkauft wird. Das ist zweitrangig. Entscheidend ist, wer **wirtschaftlich** vertreibt[20]. Ein Händler, der das Vertragsprodukt an einen Kunden verkauft, wird stets keiner Vertriebslizenz bedürfen, wenn er das Vertragsprodukt vom Hersteller erhalten hat, der zum Vertrieb patentrechtlich oder lizenzrechtlich befugt ist, und dieses für diesen vertreibt. Umgekehrt wird er eine Lizenz stets benötigen, wenn er das Vertragsprodukt im eigenen wirtschaftlichen Interesse vertreibt, und es kann hier nicht darauf ankommen, ob er vor oder erst nach dem Weiterverkauf das Eigentum erworben hat. Diese Problematik ist scharf von der Frage zu scheiden, wann eine vom Patentinhaber oder einem Lizenznehmer hergestellte Ware patentfrei wird, was regelmäßig mit der Veräußerung, d.h. dem befugten Inverkehrbringen der Fall ist[21]. Zur Frage des Patentfreiwerdens (Konsumtion) vgl. oben § 1, Abschnitt 4 (1. Kapitel).

Deshalb ist die kritische Stellungnahme von *Stumpf*[22] zu der vorstehenden Ansicht auch nicht überzeugend. Ob der Händler das Vertragsprodukt im eigenen Interesse (Lizenz) oder im Interesse des Herstellers (keine Lizenz) vertreibt, hat nichts damit zu tun, ob das Vertragsprodukt durch Eigentumsübertragung, die in beiden Fällen möglich aber nicht unabdingbar ist, patenfrei wird. Die Eigentumsübertragung an den vertreibenden Händler, falls sie trotz des üblichen Eigentumsvorbehalts bis zur Bezahlung des vom Kunden erst noch zu vereinnahmenden Kaufpreises tatsächlich stattfinden sollte, ist atypisch. Hiermit kann nicht begründet werden, ob eine Vertriebslizenz erforderlich ist oder nicht.

Die Rechtsprechung[23] stellt für die Abgrenzung verschiedentlich darauf ab, dass bei einer **Vertriebslizenz die Rechte aus der Erfindung** im Vordergrund stünden, bei einem **Händlervertrag dagegen nur die Einräumung eines Verkaufsrechts** Vertragsinhalt sei. Wie *Stumpf*[24] zutreffend bemerkt, hilft diese Unterscheidung jedoch nicht weiter.

In der Praxis ist es nicht immer leicht, die reine Vertriebslizenz vom Händlerverkauf abzugrenzen[25]. Beide Formen können trotz aller Abgrenzungskriterien sehr ähnlich sein und vor allem ineinander übergehen. Von dieser Entscheidung hängt vor allem der Umfang der Haftung aus einer Verletzung von Vertragspflichten ab. Liegt ein Patent-Lizenzvertrag vor, stellt eine Vertragsverletzung regelmäßig auch eine Verletzung des lizenzierten Schutzrechts, also eines absoluten Rechts, nicht nur eines relati-

---

20 So zutreffend *Bartenbach/Gennen*, Rz. 1314.
21 Vgl. hierzu *H. Tetzner* in NJW 1962/2033 ff. Nach *Tetzner* genügt für die Befugnis zur Veräußerung das allgemeine Recht. Die Überschreitung desselben spiele im Interesse der Verkehrssicherheit keine Rolle (Rechtsscheintheorie). Die h.M. verlangt jedoch für die befugte Veräußerung und damit für die Konsumtion des Patentrechts, dass der Veräußerer objektiv im Rahmen des Rechts handelt. Vgl. hierzu auch *Lüdecke/Fischer*, S. 359; *Gaul/Bartenbach*, Handbuch, Tz. K 161; *Stumpf*, Lizenzvertrag, Anm. 29 a.E.
22 Lizenzvertrag, Anm. 29.
23 Z.B. OLG Stuttgart GRUR 1957/121.
24 Lizenzvertrag, Anm. 28 a.E.; vgl. hierzu *Gaul/Bartenbach*, Handbuch, Tz. K 161.
25 *Stumpf*, Lizenzvertrag, Anm. 28.

ven Vertragsrechts, dar[26], dessen Modalitäten sich aus Patentrecht ergeben. Dies gilt beispielsweise auch für die gerichtliche Zuständigkeit[27]. Vgl. hierzu unten § 31, Abschnitt 2 (8. Kapitel). Ist dagegen ein Händler-Vertriebsvertrag gegeben, sind die Haftungsgrundlagen im Schuldrecht des BGB begründet.

Die Abgrenzung der Herstellungslizenz von der Lohnfertigung sowie der Vertriebslizenz vom Händlerkauf ist auch **kartellrechtlich** (vgl. hierzu unten 7. Kapitel) von Bedeutung, worauf *Stumpf*[28] zutreffend hinweist. In einem Lizenzvertrag dürfen dem Lizenznehmer nur gemäß §§ 17, 18 GWB Beschränkungen auferlegt werden, während bei sonstigen Verträgen § 16 GWB gilt[29]. 135

In den nachfolgenden beiden Abschnitten sind die Herstellungslizenz einerseits und die Vertriebslizenz mit ihren Komponenten Anbieten, Inverkehrbringen und Gebrauchen andererseits nach Maßgabe der aus § 9 PatG 1981 gewonnenen Definitionen darzustellen. Diese beiden Lizenzformen sind die in der Praxis gebräuchlichsten, wie sich aus einem Bericht der Deutschen Bundesbank auf der Grundlage von statistischem Material des Jahres 1990 ergibt[30]. 136

Abschnitt 1
Die Herstellungslizenz

Der Begriff des **Herstellens** umfasst die gesamte Tätigkeit, durch die das **Vertragsprodukt geschaffen wird**, und zwar vom Beginn an über jeden einzelnen Tätigkeitsakt bis zur Vollendung[31]. Vorbereitungen fallen dagegen nicht hierunter, z.B. die Anfertigung von Entwürfen und Konstruktionszeichnungen[32]. Die Rechtsprechung hat im Interesse des Schutzes des Patentinhabers bzw. Lizenzgebers anerkannt, dass unter bestimmten Voraussetzungen schon die Herstellung von Teilen des Vertragsprodukts, auch wenn dies im Lizenzvertrag nicht ausdrücklich gesagt ist, eine Benutzung des Patents oder des Know-how ist und damit eine Herstellung des Vertragsprodukts darstellt[33]. Als Herstellung ist auch eine Ausbesserung anzusehen, die einer Neuherstellung wirtschaftlich gleichkommt[34]. Die Abgrenzung dürfte nicht immer einfach sein. Sie ist fallweise unter Abwägung des angemessenen Erfinderinteresses (bzw. des Interesses des Know-how-Inhabers) und der Bedürfnisse eines nicht unangemessen eingeschränkten Wirtschafts- und Verkehrslebens zu entscheiden[35]. 137

---

26 *Stumpf*, Lizenzvertrag, Anm. 28; *Pagenberg/Geissler*, S. 100 (Tz. 128); *Gaul/Bartenbach*, Handbuch, Tz. K 123.
27 *Stumpf*, Lizenzvertrag, Anm. 28.
28 Lizenzvertrag, Anm. 33.
29 Vgl. hierzu *Kurth*, FS Werner vom Stein, S. 66; *Stumpf*, Lizenzvertrag, Anm. 507 ff.
30 Monatsberichte der Deutschen Bundesbank, 44. Jahrgang, Nr. 4 (April 1992), S. 36.
31 *Benkard*, Anm. 31 zu § 9; *Bernhardt/Kraßer*, Anm. II b 1 zu § 33; RGZ 40/78, 79; RG GRUR 1926/339, 341; BGHZ 2/387, 391.
32 *Benkard*, Anm. 31 zu § 9; RGSt 11/241, 242; RG GRUR 1937/670, 672.
33 *Benkard*, Anm. 32 zu § 9; BGH GRUR 1971/78, 80 mit Nachweisen.
34 *Benkard*, Anm. 37 zu § 9; *Bernhardt/Kraßer*, Anm. II b 3 zu § 33; BGH GRUR 1951/449, 451; 1959/232, 234; 1973/518, 520; OLG Düsseldorf GRUR 1938/771, 775.
35 *Bernhardt/Kraßer*, Anm. II b 3 zu § 33; BGH GRUR 1956/265, 267; 1959/232, 235; LG Düsseldorf GRUR 1957/599.

Abschnitt 2
Die Vertriebslizenz

138 Wie oben (Einleitung zu diesem § 8) dargelegt, fallen unter den Begriff des **Vertreibens** sowohl das **Anbieten**, als auch das **Inverkehrbringen** und **Gebrauchen**. Die Tatbestände des Einführens und Besitzens ergänzen denjenigen des Inverkehrbringens.

139 „Anbieten" ist nach *Benkard*[36] eine Handlung, die Dritte anregen soll, ein Erzeugnis oder ein Verfahren zum Eigentum oder zur Benutzung zu erwerben. *Bernhardt/Kraßer*[37] definieren das „Anbieten" dahin, dass jemand einem anderen in Aussicht stellt, diesem die tatsächliche Verfügungsgewalt über eine erfindungsgemäße Sache zu verschaffen. Der Begriff des „Anbietens" schließt das „Feilbieten zum Erwerb oder zur Benutzung" ein[38]. Ein an die Öffentlichkeit gerichtetes Anbieten ist nicht erforderlich[39].

140 Unter „**Inverkehrbringen**" ist jede Tätigkeit, durch die der Eintritt des lizenzierten Erzeugnisses in den Verkehr tatsächlich bewirkt wird (Begründung der tatsächlichen Verfügungsgewalt)[40], zu verstehen. Der Übergang der rechtlichen Verfügungsgewalt auf einen anderen ist nicht erforderlich. Deshalb bedarf es keiner Übereignung[41]. Die Einfuhr als solche ist Inverkehrbringen nur für den (ausländischen) Exporteur, nicht für den (inländischen) Importeur[42]. Anders, wenn einem anderen die tatsächliche Verfügungsgewalt verschafft wird. Dann ist das Vertragsprodukt im Inland in Verkehr gebracht[43]. Umgekehrt ist der Export (Veräußerung und Versendung vom Inland in das Ausland) ein Inverkehrbringen im Inland[44].

Die bloße Durchfuhr des Vertragsprodukts, das aus dem Ausland kommt und für das Ausland bestimmt ist, auf durchgehendem Frachtbrief über inländisches Gebiet ist kein Inverkehrbringen im Inland[45].

Zur Frage des sachlichen Vertragsgebiets (Vertragsprodukt) vgl. unten § 13 (4. Kapitel) und zur Frage des örtlichen Vertragsgebiets (Inland/Ausland) unten § 14 (4. Kapitel).

141 Unter den Begriff „**Gebrauchen**" fällt sowohl die Benutzung eines patentierten Vertragsprodukts (Sachpatent) als auch eines patentierten Verfahrens, was auch als „anwenden" bezeichnet wird (§ 9 S. 2 Nummer 2 PatG 1981), wobei es auf eine im wei-

---

36 Anm. 42 zu § 9.
37 Anm. II d 1 zu § 33.
38 *Benkard*, Anm. 42 zu § 9; BGH GRUR 1960/423, 425.
39 *Benkard*, Anm. 42 zu § 9; BGH GRUR 1960/423, 426.
40 *Benkard*, Anm. 43 zu § 9; *Bernhardt/Kraßer*, Anm. II c 1 zu § 33; RGZ 77/248, 249.
41 *Benkard*, Anm. 43 zu § 9.
42 *Bernhard/Kraßer*, Anm. II c 2 zu § 33 mit Nachweisen.
43 *Bernhardt/Kraßer*, Anm. II c 2 zu § 33; *Benkard*, Anm. 43 zu § 9; RGZ 45/147, 150; BGHZ 23/100, 106.
44 *Benkard*, Anm. 43 zu § 9; RGSt 10/349, 351 f.; RGZ 51/139, 142; 65/157, 160.
45 *Benkard*, Anm. 44 zu § 9; *Bernhardt/Kraßer*, Anm. II c 4 zu § 33; BGHZ 23/100, 103, 104; BGH GRUR 1958/189, 197; OLG Karlsruhe GRUR 1982/295, 299 f.

testen Sinne bestimmungsgemäße Verwendung ankommt⁴⁶. Zum „Gebrauchen" gehört, dass eine außerhalb der Sache selbst liegende Wirkung herbeigeführt oder bezweckt wird, die sich nicht darin erschöpft, bei Menschen Vorstellungen zu erzeugen. Das Ausstellen des Vertragsprodukts ist daher kein „Gebrauchen", auch nicht die Vorführung einer Maschine im Leerlauf⁴⁷.

Die Tatbestände des „Einführens" und „Besitzens" des Vertragsprodukts ergänzen die Tatbestände des „Herstellens", „Anbietens", „Inverkehrbringens" oder „Gebrauchens". Das Einführen lizenzierter Vertragsprodukte wird dadurch bewirkt, dass im Inland die tatsächliche Verfügungsgewalt über vom Ausland hierher gebrachter Vertragsprodukte erlangt wird⁴⁸. Das „Besitzen" des Vertragsprodukts wird durch die tatsächliche Sachherrschaft über das Vertragsprodukt begründet⁴⁹. **142**

§ 9 Die einfache und die ausschließliche Lizenz

Die Ausgestaltung des Lizenzrechts als **„einfache"** oder als **„ausschließliche"** Lizenz **143**
– Anhanganlagen 1, 2, 3 (Randziffer 4), 4 (Randziffer 2.1), 6 (Randziffer 3), 7 (Randziffer 2.1), 8 (Randziffer 3) und 10 (Randziffer 2) –

ist eine der **wesentlichsten Elemente der Differenzierung**. Diese Differenzierung kann sich sowohl auf das **sachliche** als auch auf das **örtliche** und **zeitliche** Vertragsgebiet (vgl. unten 4. Kapitel Einleitung sowie §§ 13 und 14) beziehen.

„Ausschließlichkeit" heißt, dass der Lizenznehmer in einem bestimmten technischen Arbeitsbereich, in einem bestimmten geographischen Territorium oder für einen bestimmten Zeitraum der **einzige Lizenznehmer** ist und dies für die Dauer der Ausschließlichkeit auch bleibt⁵⁰. Der Lizenzgeber ist deshalb innerhalb des sachlichen, räumlichen und zeitlichen Bereichs der Ausschließlichkeit nicht befugt, weitere ausschließliche oder einfache Lizenzen zu vergeben⁵¹. Bestehende Lizenzen muss der ausschließliche Lizenznehmer allerdings nach den allgemeinen Grundsätzen über Abtretung und Übertragung von Schutzrechts- und Know-how-Lizenzen gegen sich **144**

---

46 *Benkard*, Anm. 45 sowie 48 ff. zu § 9; *Gaul/Bartenbach*, Handbuch, Tz. K 164; *Bernhardt/Kraßer*, Anm. II e 1 zu § 33; *Klauer/Möhring*, Anm. 113 zu § 6; *Stumpf*, Lizenzvertrag, Anm. 34 a. E.
47 Vgl. zu dieser Problematik *Bernhardt/Kraßer*, Anm. II e 2 zu § 33; RGZ 101/36, 39; abweichend BGH GRUR 1970/358, 360 (wenn kommerziell).
48 *Benkard*, Anm. 46 zu § 9.
49 *Benkard*, Anm. 47 zu § 9; *Krieger* in GRUR 1980/687, 689.
50 Damit braucht der ausschließliche Lizenznehmer nicht notwendigerweise der einzige ausschließliche Lizenznehmer zu sein, er ist es nur auf dem Gebiet seiner Ausschließlichkeit. Vgl. *Benkard*, Anm. 54 zu § 15; *Bartenbach/Gennen*, Rz. 44; *Bronfen/Smolka* bei *Pollzien/Bronfen*, S. 322; *Pedrazzini*, S. 137; *Schulte*, Anm. 33 zu § 15; *Troller*, II S. 827 f.; *Pagenberg/Geissler*, S. 72, 74 (Tz. 73–76); *Vortmann*, S. 13; *Gaul/Bartenbach*, Handbuch, Tz. K 66; *Henn*, S. 44; *Stumpf*, Lizenzvertrag, Anm. 36, 37, 358; RG GRUR 1940/89, 91; RGZ 75/400, 403; 83/93, 94 f.; 134/91, 96.
51 *Pagenberg/Geissler*, S. 72 (Tz. 73), nennen diesen Typ deshalb auch „Alleinlizenzklausel".

3. Kapitel *Die Inhaltsformen des Lizenzvertrags*

gelten lassen, es sei denn, dass die besonderen Bestimmungen über den gutgläubigen lastenfreien Erwerb eingreifen[52]. **Im Zweifel gilt die Ausschließlichkeit auch für den Lizenzgeber selbst (Selbstausschluss)**, d.h. dieser darf keinerlei Benutzungshandlungen mehr vornehmen[53]. Eventuell entstehen Gewährleistungsansprüche[54]. Vgl. hierzu unten § 21 (6. Kapitel). Während der Dauer der Ausschließlichkeit bestellte widerstreitende Lizenzen sind grundsätzlich dann unwirksam, wenn die **ausschließliche Lizenz registriert worden ist (so im französischen, italienischen, österreichischen und schweizerischen Recht)**, während im **deutschen und anglo-amerikanischen Recht** die widerstreitende Lizenz auch bei Nichtregistrierung der ausschließlichen Lizenz stets (§ 15 Abs. 3 PatG 1981) unwirksam ist[55]. Besteht die Ausschließlichkeit **auch gegenüber dem Lizenzgeber (Selbstausschluss)**[56], so liegt ein Lizenzvertrag mit **stark kaufähnlichem Charakter** oder sogar ein reiner Kauf mit Rückkaufsrecht vor, selbst wenn sachliche, territoriale oder zeitliche Einschränkungen bestehen. Dem Lizenzgeber bleibt nur noch das seines Nutzungsrechts entkleidete formale Recht[57]. Vgl. hierzu oben § 6, Abschnitt 5 (2. Kapitel).

145 Die **ausschließliche Lizenz** kann in die **Patentrolle**, die beim Patentamt geführt wird, eingetragen (registriert) werden

– Anhanganlagen 1, 2 und 3 (Randziffer 4) sowie 7 (Randziffer 2.1) –

(§ 30 Abs. 4 PatG 1981)[58].

Soll der Lizenzgeber sein Nutzungsrecht behalten, spricht man neuerdings von einer **alleinigen Lizenz**. Diese Begriffsform ist aus der anglo-amerikanischen Unterscheidung zwischen „exclusive license" und „sole license" abgeleitet[59].

---

52 Dieser Gutglaubensschutz gilt beispielsweise im französischen, italienischen, schweizerischen und österreichischen Recht bei Registrierung, nicht im anglo-amerikanischen und – gemäß § 15 Abs. 3 PatG 1981 – nicht im deutschen Recht. Vgl. hierzu oben § 5, Abschnitt 1 (2. Kapitel).
53 So zu Recht *Stumpf*, Lizenzvertrag, Anm. 284 und 365; *Pagenberg/Geissler*, S. 72 (Tz. 73), die diese Lizenz „Alleinbenutzungsklausel" nennen. Soll der Lizenzgeber berechtigt bleiben, liegt nach *Stumpf*, Lizenzvertrag, Anm. 38, eine so genannte „alleinige" Lizenz vor. Vgl. auch *Bernhardt/Kraßer*, Anm. V b zu § 40; *Bartenbach/Gennen*, Rz. 45; *Benkard*, Anm. 52 zu § 15; OLG Karlsruhe GRUR 1980/784, 785.
54 *Benkard*, Anm. 52 zu § 15; OLG Karlsruhe GRUR 1980/784, 785.
55 Vgl. hierzu oben § 5, Abschnitt 1 (2. Kapitel).
56 Vgl. *Benkard*, Anm. 52 und 54 zu § 15; *Henn*, S. 44; *Bernhardt/Kraßer*, Anm. V b 1 sowie c aa zu § 40; *Stumpf*, Lizenzvertrag, Anm. 36; *Pagenberg/Geissler*, S 72, 74 (Tz. 73), die diese Lizenz „Alleinbenutzungsklausel" nennen; OLG Karlsruhe GRUR 1980/784, 785; RG GRUR 1937/627, 629; BGH X ZR 38/66.
57 *Benkard*, Anm. 52 zu § 15; *Stumpf*, Lizenzvertrag, Anm. 36; RG GRUR 1937/627, 629.
58 *Heyd* in JW 1936/2843; *Benkard*, Anm. 55 zu § 15 und Anm. 1 zu § 34; *Lüdecke/Fischer*, S. 25, 26, 77, 78, 369; *Vortmann*, S. 14; *Bartenbach/Gennen*, Rz. 570; *Bernhardt/Kraßer*, Anm. IV b zu § 40; RGZ 67/176, 181.
59 Vgl. hierzu *Stumpf*, Lizenzvertrag, Anm. 38; *Vortmann*, S. 14; *Pagenberg/Geissler*, S. 18 (Tz. 3), sowie S. 82 (Tz. 75), die diese Lizenz „Alleinlizenzklausel" nennen. Vgl. auch *Bartenbach/Gennen*, Rz. 48, *Gaul/Bartenbach*, Handbuch, Tz. K 67, 77, sowie die vorstehende Anm. 53.

Die **ausschließliche Lizenz** gewährt dem Lizenznehmer die Befugnis und wohl auch die Verpflichtung, **selbständig die Rechte aus dem Patent geltend zu machen**[60], allerdings beschränkt auf den Lizenzumfang[61]. Vgl. hierzu Rz. 153, 162.

Einfache und ausschließliche Lizenzen können selbstverständlich nicht nur an Schutzrechten und Schutzrechtsanmeldungen, sondern auch an **Know-how** bestellt werden[62]. Eine dingliche oder quasidingliche Wirkung wie bei der Patentlizenz kommt der ausschließlichen Know-how-Lizenz jedoch nicht zu[63]. Auch scheidet eine Registrierung gemäß § 30 Abs. 4 PatG 1981 (Patentrolle) aus. **146**

Bei der **einfachen Lizenz** kann der Lizenzgeber **beliebig viele Lizenzen**[64] auf dem gleichen sachlichen und örtlichen Vertragsgebiet für den gleichen Zeitraum (vgl. unten 4. Kapitel) erteilen. Auch ist er **selbst in der Benutzung des Schutzrechts oder Know-how völlig frei**[65]. **147**

Diese **Grundsatzunterscheidung** dürfte **international** erhärtet sein, auch wenn in der Einzelausgestaltung der Rechte (z.B. Registrierung von Schutzrechten) sowie ihrer systematischen Einordnung und Beurteilung Verschiedenheiten bestehen. **148**

Die Unterscheidung zwischen einfacher und ausschließlicher Lizenz gilt ungeachtet der differierenden Rechtsnatur (vgl. hierzu oben 2. Kapitel, § 4, Abschnitt 2, und § 5 Einleitung) auch für das **Know-how**[66]. **149**

Roubier[67] beurteilt für **das französische Recht** das Recht zur Vergabe einer ausschließlichen Lizenz als einen Ausfluss der **Vertragsfreiheit**. Genauso wie der Patentinhaber sein Patent verkaufen könne, könne er die Nutzung abtreten, das Recht jedoch behalten. Hierin liege auch der Unterschied zwischen der Zession und einer ausschließlichen Lizenz. In der Charakterisierung der Lizenz folgt *Roubier* der international herrschenden Meinung. Die einfache Lizenz, die „licence simple", ist die Lizenz, bei der der Lizenzgeber weitere Lizenzen vergeben kann, während er bei der „licence exclusive" auf dieses Recht verzichtet hat[68]. Der **ausschließliche Lizenznehmer hat im Übrigen Recht und Pflicht der Rechtsverfolgung gegen dritte Verletzer**, während der einfache Lizenznehmer niemals die Pflicht, sondern eventuell nur das Recht aufgrund ausdrücklicher Übertragung hat[69]. **150**

---

60 Vgl. hierzu *Benkard*, Anm. 55 zu § 15, RGZ 57/38, 40 f.; 148/146, 147.
61 So zutreffend BGH GRUR 1992/310, 311.
62 Vgl. *Stumpf*, Lizenzvertrag, Anm. 366, ders., Know-how-Vertrag, Anm. 266; *Haver/Mailänder*, S. 73 ff.
63 *Stumpf*, Lizenzvertrag, Anm. 367.
64 Vgl. jedoch *Pagenberg/Geissler*, S. 244 (Tz. 28), die unter Hinweis auf *Kraßer/Schmidt* in GRUR Int. 1982/324, 330 kritisch Grenzen ziehen.
65 Vgl. hierzu *Benkard*, Anm. 56 zu § 15; *Bernhardt/Kraßer*, Anm. V a sowie c bb zu § 40; *Stumpf*, Lizenzvertrag, Anm. 39; *Pagenberg/Geissler*, S. 242 (Tz. 24); *Gaul/Bartenbach*, Handbuch, Tz. K 78 ff.
66 Vgl. *Stumpf*, Know-how-Vertrag, Anm. 74–85.
67 II S. 262, 263.
68 II S. 266.
69 Nach *Roubier*, II S. 266, 267 hat die französische Rechtsprechung diese Verpflichtung des ausschließlichen Lizenznehmers mangels Publizität lange Zeit nur als „inter partes", d.h. gegenüber dem Lizenzgeber bestehend beurteilt. Sonst müsse die ausschließliche Lizenz als Zession betrachtet werden. Nachdem jedoch Lizenzen eintragungsfähig seien (früher nur Zessionen), bestünden keine Bedenken mehr, der Verpflichtung zur Rechtsverfolgung Drittwirksamkeit zu geben.

3. Kapitel *Die Inhaltsformen des Lizenzvertrags*

Roubier vergleicht deshalb den ausschließlichen Lizenznehmer unter Hinweis auf das Urteil der Cour de Cassation vom 14.3.1884[70] mit dem dinglich an einem Grundstück Nutzungsberechtigten. Dennoch habe die Lizenz **keinen dinglichen Charakter**, und auch die Eintragung in die Patentrolle[71] verleihe ihr nicht diese Eigenschaft, zumal die Eintragung sowohl bei der ausschließlichen als auch bei der einfachen Lizenz möglich sei (vgl. hierzu oben 2. Kapitel, § 5, Abschnitt 1). Sie erreiche lediglich wie im **Schweizer Recht** und anders als im deutschen Recht, dass das Bestehen der Lizenz **Dritten entgegengehalten werden** könne. Die Rechtsprechung leugnet diese scharfe Unterscheidung im Falle von Verletzungsklagen gegen Dritte nicht, führt jedoch – beispielsweise in dem Urteil des Tr. Seine vom 20.6.1907[72] – unter Hinweis auf Artikel 47 des Patentgesetzes von 1844 aus, dass „la contrefaçon ne viole que les droits du propriétaire du brevet". *Roubier*[73] zieht hieraus die logische Folgerung: „Jamais le licencié ne peut poursuivre directement en son nom les contrefacteurs." Hiermit ist praktisch gesagt, dass der ausschließliche Lizenznehmer zwar im Gegensatz zum einfachen Lizenznehmer verpflichtet ist, die Verletzungsklage zu führen, aber nicht im eigenen Namen, sondern im fremden Namen, da er die Interessen des Patentinhabers wahrnimmt.

151 Im Grundsatz gleich wird auch von *Ascarelli*[74] für das **italienische Recht** die „licenza con esclusiva" und die „licenza senza esclusiva" motiviert und beurteilt: „Il diritto del licenziatario (Lizenznehmer) può essere constituito escludendo vuoi non escludendo la stessa facoltá pel titolare o la possibilitá per questi di concedere analoghi diritti ad altri sogetti". Während die ausschließliche Lizenz „la stessa intensitá di quello del concedente" hat, d.h. dem Patentrecht gleich ist, konkurriert die nicht-ausschließliche Lizenz mit dem Recht des Lizenzgebers (licenziante) und sonstiger Lizenznehmer. Deshalb könne die nicht-ausschließliche Lizenz niemals ein „diritto assoluto" sein.

152 Im **deutschen Recht** ist die Unterscheidung zwischen ausschließlichem und einfachem Lizenznehmer noch profilierter und konsequenter durchgeführt als im französischen Recht, worauf auch *Roubier*[75] hinweist, indem er sagt, dass der **ausschließliche Lizenznehmer** nach deutschem Recht **„propriétaire économique"** sei, der im eigenen Namen und im eigenen Interesse Patentprozesse führe. Das ist sicherlich zutreffend gesagt und liegt an dem **dinglichen, quasidinglichen oder absoluten Charakter**, der im deutschen Schrifttum[76] und der deutschen Rechtsprechung[77] der ausschließlichen Lizenz

---

70 Ann. 85.73.
71 Das beim Institut National de la Propriété Industrielle in Paris geführt wird.
72 Ann. 07.2.59; ebenfalls Tr. comm. Bruxelles vom 12.2.1923 = Ann. 23.317; vgl. *Roubier*, II S. 268.
73 II S. 268.
74 S. 648.
75 II S. 268.
76 *Benkard*, Anm. 53 zu § 15; *Bernhard/Kraßer*, Anm. V c aa 1 zu § 40; *H. Tetzner*, Anm. 47 zu § 9; *Lüdecke/Fischer*, S. 77, 78; *Reimer*, S. 462 (Anm. 6 und 7 zu § 9) und S. 559 (Anm. 95 zu § 9); *Schulte*, Anm. 29 zu § 15; *Nirk*, S. 251; *Pagenberg/Geissler*, S. 76 (Tz. 78); *Henn*, S. 14 und 46; *Busse*, S. 247, 248 (Anm. 12–15 zu § 9); *Bartenbach/Gennen*, Rz. 44; *Lindenmaier*, S. 350 (Anm. 30 zu § 9); *Pollzien* bei *Pollzien/Bronfen*, S. 141; *Stumpf*, Lizenzvertrag, Anm. 36 und 39; *Kraßer/Schmid* in GRUR Int. 1982/324, 328 f.; a. A. *Hauser*, S. 28 ff., 36 ff.
77 RGZ 57/38; 76/235; 82/431; 134/96; 142/168, 170; BGHZ 83/251, 256; OLG Stuttgart GRUR 1957/121, 122; OLG Düsseldorf GRUR Ausl. 1962/256, 257.

beigemessen wird. Die ausschließliche Lizenz wird als „abgespalteter Teil des Patentgegenstandes"[78] beurteilt, während die einfache Lizenz eine „lediglich schuldrechtliche Verpflichtung des Patentinhabers" ist[79]. Dennoch können beide Lizenzarten nach überwiegender Meinung im Schrifttum[80] Dritten in gleicher Weise entgegengehalten werden, und zwar unabhängig von ihrer Eintragung in die Patentrolle, was gemäß §§ 30 Abs. 4 PatG 1981 ohnehin nur für die ausschließliche Lizenz möglich, aber auch dort nicht notwendig ist[81]. Dies folgt – bestätigt durch § 15 Abs. 3 PatG 1981 – bei der **ausschließlichen Lizenz** aus deren **dinglichem bzw. quasidinglichem Charakter**, bei der **einfachen Lizenz** aus einer **rechtsanalogen Anwendung der §§ 566 ff. BGB (Grundsatz Kauf bricht nicht Miete)**. Die deutsche Rechtsprechung hat seit dem Urteil des BGH vom 23.3.1982[82] den Sukzessionsschutz auf die ausschließliche Lizenz eingeschränkt und eine Anwendung der §§ 566 ff. BGB abgelehnt. Vgl. zu diesem Problemkreis und zur Frage des Einflusses des § 15 Abs. 3 PatG 1981 auf diese Rechtsprechung auch oben § 5, Abschnitt 1 (2. Kapitel).

Hinsichtlich der **automatischen Legitimation des ausschließlichen Lizenznehmers zur Führung von aktiven und passiven Verletzungsprozessen im eigenen Namen**, und zwar nach Recht und Pflicht, ist das deutsche Recht ganz eindeutig und klar, auch in der Unterscheidung gegenüber der fehlenden automatischen Befugnis des einfachen Lizenznehmers[83]. Eine andere Komponente besteht für die Rechte zur **Übertragung der Lizenz** und zur **Unterlizenzierung**, die dem ausschließlichen Lizenznehmer im Zweifel, d. h. ohne anderslautende ausdrückliche Vertragsbestimmung (mit Ausnahme der Betriebslizenz) gewährt werden, dem einfachen Lizenznehmer jedoch nicht[84].

153

---

78 *H. Tetzner*, Anm. 4 zu § 9.
79 *H. Tetzner*, Anm. 4 zu § 9; *Busse*, S. 249 (Anm. 16 zu § 9); *Stumpf*, Lizenzvertrag, Anm. 39; *Henn*, S. 14, 47; *Schulte*, Anm. 36 zu § 15; *Benkard*, Anm. 53 und 56 zu § 15; BGHZ 62/272, 274; a. A. (dinglicher oder quasidinglicher Charakter) *Isay*, S. 361, 364; *Rasch*, S. 75.
80 *Bernhardt/Kraßer*, Anm. V c zu § 40; *Lüdecke/Fischer*, S. 77 und 78; *Reimer*, S. 462 (Anm. 6 und 7 zu § 9) und S. 559 (Anm. 95 zu § 9); *Haver/Mailänder*, S. 34; für die Rechtslage bis 31.12.1986 einschränkend (nur ausschließliche Lizenzen) *Benkard*, Anm. 65 zu § 15 und *Hauser*, S. 67 ff.; ablehnend *Stumpf*, Lizenzvertrag, Anm. 361, 385.
81 *Lüdecke/Fischer*, S. 25, 26, 77, 78, 269; *Reimer*, S. 476 (Anm. 22 zu § 9); *Pagenberg/Geissler*, S. 96 (Tz. 122); *Benkard*, Anm. 52 ff. zu § 15 sowie Anm. 1–3 zu § 34; *Haver/Mailänder*, S. 34; *Schulte*, Anm. 33 zu § 15 und Anm. 39, 40 zu § 30; *Bernhardt/Kraßer*, Anm. V c aa 1 zu § 40; *Lüdecke* in GRUR 1964/470, 473; RGZ 67/176; 142/168, 170; OLG Düsseldorf GRUR Ausl. 1962/256, 257.
82 GRUR 1982/411. Vgl. hierzu *Stumpf*, Lizenzvertrag, Anm. 382, und *Hauser*, S. 71 f. Kritisch zu dieser Entscheidung *Bernhard/Kraßer*, Anm. V c bb 2 und 3 zu § 40; *Klawitter* in MDR 1982/895; *Völp* in GRUR 1983/45; *Rosenberger* in GRUR 1983/203; *Brandi/Dohrn* in GRUR 1983/146; *Mager* in GRUR 1983/51.
83 *Lindenmaier*, S. 351 f. (Anm. 32 zu § 9); *Reimer*, S. 462 (Anm. 6 und 7 zu § 9) sowie S. 533 und 539 (Anm. 63 und 71 zu § 9); *Lüdecke/Fischer*, S. 284 und 287; *H. Tetzner*, Anm. 40 und 53 zu § 9; *Benkard*, Anm. 55 zu § 15; *Stumpf*, Lizenzvertrag, Anm. 365; *Pollzien* bei *Pollzien/Langen*, S. 178 f.; *Schulte*, Anm. 33 zu § 15; *Pagenberg/Geissler*, S. 76 (Tz. 78) und 164 (Tz. 266); *Henn*, S. 130; *Busse*, S. 247 und 249 (Anm. 12 und 17 zu § 9); RGZ 57/38, 40 f.; 83/93; 106/362; 148/146, 147; BGH BB 1995/1152.
84 *Reimer*, S. 548 ff. (Anm. 82 und 83 sowie 85–90 zu § 9); *Lüdecke/Fischer*, S. 71 ff. sowie S. 430 und 431; *H. Tetzner*, Anm. 42 und 52 zu § 9; *Benkard*, Anm. 58 und 59 zu § 15; *Stumpf*, Lizenzvertrag, Anm. 358 ff. und 371 ff.; *Schulte*, Anm. 33, 37 zu § 15; *Bartenbach/Gennen*, Rz. 52, 53; *Henn*, S. 47; *Busse*, S. 248 (Anm. 12 zu § 9); *Schumann* in GRUR 1932/539; *Rasch*, S. 100 ff.; RG GRUR 1930/174, 175; 1934/657, 661; BGHZ 62/272, 274; BGH GRUR 1953/114, 118; 1955/338, 340; 1969/560, 561; RGZ 89/81, 84; 142/168, 170.

154 Im **schweizerischen Recht** beurteilen *Blum/Pedrazzini*[85] die **Unterscheidung zwischen einfacher und ausschließlicher Lizenz als „die wichtigste Einteilung der Lizenzverträge"**. Allerdings habe die Unterscheidung nicht die gleiche Bedeutung wie im deutschen Recht, da die Lizenz, gleich ob einfach oder ausschließlich, stets als obligatorisches Recht angesehen werde[86]. Hierbei wird die deutsche Ansicht stark kritisiert: „Die Argumentation reduziert sich (doch) bei vielen Autoren auf die einem circulus vitiosus nahe kommende Erkenntnis, dass der ausschließliche Lizenznehmer gegen Dritte aus eigenem Recht vorgehen sowie sein Recht auch gegen den Rechtsnachfolger des Lizenzgebers ohne weiteres behaupten kann, woraus sich die dingliche Natur des Lizenzrechts von selbst ergebe. Damit wird aber die Tatsache verdeckt, dass diese Erkenntnis eher die Folge als die Ursache des Bestehens eines dinglichen Rechts darstellt". Eine immerhin beachtliche Meinung, deren Folgerichtigkeit nicht von der Hand zu weisen ist. Allerdings weisen *Blum/Pedrazzini*[87] darauf hin, dass das schweizerische Schrifttum selbst gespalten ist. Auch in der Rechtsprechung werden beide Meinungen vertreten[88]. Als Hauptbegründung für den **obligatorischen Charakter des Lizenzrechts** führen *Blum/Pedrazzini*[89] den numerus clausus der dinglichen Rechte an. Die **Vertragsfreiheit könne keine dinglichen Rechte** schaffen. Ausschließlichkeit (absolut) und Dinglichkeit seien zudem nicht das gleiche. Das entscheidende Argument gegen den dinglichen Charakter folge jedoch aus dem Gesetz selbst, nämlich zunächst aus Art. 29 Abs. 3 des schweizerischen Patentgesetzes. Nach dieser Bestimmung verlieren bei der Abtretung des Patentantrags sämtliche etwa in diesem Zeitpunkt eingeräumten Lizenzen (einfache und ausschließliche) ihre Wirksamkeit. Soweit die Erfindung durch den Lizenznehmer jedoch bereits gewerblich genutzt war, hat dieser gegenüber dem Nachfolger des Antragstellers das Recht auf Lizenzerteilung. Hätte die Lizenz dinglichen Charakter, könnte sie bei der Antragsabtretung nicht in dieser Weise untergehen, so folgern *Blum/Pedrazzini*[90]. Als weitere gesetzliche Bestimmung sei Art. 34 Abs. 3 des schweizerischen Patentgesetzes heranzuziehen, nach dem Lizenzen dem gutgläubigen Patenterwerber nur bei Eintragung in das Patentregister entgegengehalten werden können. Wäre die Lizenz dinglich, würde sie, so folgern *Blum/Pedrazzini*, ohnehin dem neuen Patentinhaber gegenüber wirken[91].

---

85 Anm. 39 zu Art. 34.
86 Anm. 42 zu Art. 34 mit Nachweisen. Vgl. auch Nachtrag unter Hinweis auf *Troller*, 2. Aufl., 1968/71, II S. 944, und *Wyss*, Die schuldrechtliche Natur des Lizenzvertrages, Diss. Zürich, 1964.
87 Anm. 42 zu Art. 34 mit Nachweisen. Vgl. auch Nachtrag unter Hinweis auf *Troller*, 2. Aufl., 1968/71, II S. 944 und *Wyss*, Die schuldrechtliche Natur des Lizenzvertrages, Diss. Zürich, 1964.
88 Dinglich z.B. Zü HandG in ZR 1941, Nr. 141, und obligatorisch Zü HandG in ZR 1915, Nr. 64.
89 Anm. 43 zu Art. 34.
90 Der mögliche Gegeneinwand zu dieser These, auf den *Blum/Pedrazzini* selbst hinweisen, ist der, dass Art. 29 Abs. 3 schweizerisches Patentgesetz eine lex specialis sei, die lediglich für die Patentabtretung einen Ausnahmefall regele. Im Übrigen, d.h. im Normalfall, sei es deshalb so, dass die Lizenz dinglichen Charakter habe, also etwa bei ihrer eigenen Übertragung. Das Argument ist aber schwach, da daraus folgen würde, dass alle Lizenzen, auch die einfachen, dinglichen Charakter haben würden.
91 Zum schweizerischen Recht vgl. *Homburger/Jenny* bei *Pollzien/Bronfen*, S. 287.

Im Ergebnis pflichtet auch *Troller*[92] der Auffassung von *Blum/Pedrazzini* bei. Die konstitutive Einräumung von Nutzungsrechten stehe nur dem Gesetzgeber zu. Privatpersonen könnten Dritte (dinglich) nicht verpflichten. Die Lizenz habe deshalb nur obligatorischen Charakter.

Auch das **anglo-amerikanische Recht** unterscheidet zwischen der **exclusive** und der **non-exclusive** oder **bare license**[93]. Die Unterscheidung ist ebenfalls erheblich, wenn auch nicht im Rechtscharakter (die Lizenz wird als obligatorisch beurteilt), sondern in den Wirkungen[94]: Der **ausschließliche Lizenznehmer kann gegen den Patentverletzter klagen**[95], Schadensersatzansprüche gegen den Verletzer geltend machen und auch vom Patentinhaber die Erhebung der Klage fordern. All das kann der einfache Lizenznehmer nicht. Wie auch im französischen Recht spielt im anglo-amerikanischen Recht die Abscheidung zwischen der Abtretung des Patents (assignment) und der Erteilung einer ausschließlichen Lizenz eine große Rolle. Die Vollübertragung muss schriftlich erfolgen und beim Patentamt eingetragen werden, nicht dagegen die ausschließliche oder gar die einfache Lizenz[96]. Eine formungültige Vollabtretung kann als formgültige ausschließliche Lizenz aufrechterhalten werden[97]. Die Abgrenzung ist in der Praxis oft sehr schwierig[98]. Das berühmte Urteil des US Supreme Court vom 2.2.1891 in Sachen Waterman gegen Mackenzie[99] führt dazu aus, dass ein Assignment (Abtretung) dann vorliege, wenn das Patent im Ganzen einschließlich des Rechts der Herstellung, des Verkaufs und des Gebrauchs oder ein in sich geschlossener Anteil hieraus abgetreten werde. Es liege dagegen eine Lizenz vor, wenn das „sole and exclusive right and license to manufacture and sell" vergeben werde, da damit der Lizenznehmer nicht im eigenen Namen auftreten könne.

155

Für das **frühere sowjetische Recht** definiert *Boguslawski*[100] die **ausschließliche Lizenz** als **völligen Nutzungsverzicht** des Patentinhabers, also auch ihm gegenüber: „.... und verzichtet zugleich auf die Verwertung der Erfindung innerhalb dieser Grenzen durch ihn selbst sowie auf Erteilung des Nutzungsrechts an einen Dritten außer dem Lizenznehmer innerhalb dieser Grenzen". Die ausschließliche Lizenz sei in der sowjetischen Lizenzpolitik die verbreitetste Form der Lizenzerteilung[101].

156

---

92 II S. 828, 829.
93 Vgl. hierzu *Lichtenstein*, S. 8, sowie das Urteil des Court of Appeals District of Columbia vom 21.3.1963 in Sachen Philips Gloeilampenfabrieken v. Atomic Energy Commission = 137 PQ 90.
94 *Lichtenstein*, S. 9.
95 Wenn auch nur im Einvernehmen mit dem Patentinhaber (vgl. *Lichtenstein*, S. 84).
96 *Terrell*, Anm. 9.16. Die Registrierung der Abtretung der Lizenz wird jedoch empfohlen, Anm. 9.62 a.E.
97 *Lichtenstein*, S. 11.
98 *Lichtenstein*, S. 12, 13 sieht es als Auslegungsfrage an, ob das eine oder andere vorliegt. Gegen die Annahme einer Zession spreche z.B. die Übertragung zu kürzerer Laufzeit als die des Patents (Urteil des Tax Court of the United States vom 27.3.1961 in Sachen Redler Conveyor Co. v. Commissioner of Internal Revenue = 129 PQ 78).
99 138 US 252.
100 S. 37.
101 S. 38.

157 Zur Rechtsnatur des Lizenzvertrags, die, wie vorstehend dargelegt, die Begriffe „einfache" und „ausschließliche" Lizenz sehr nachhaltig prägt, ist auch auf die Ausführungen oben in §§ 4, 5 (2. Kapitel) zu verweisen.

158 Die vorstehende Darlegung von Systematik und Problematik der beiden Lizenzformen zeigt, wie vielfältig der Anwendungs-, Rechte- und Pflichtenbereich ist, den jeweiligen Bedürfnissen, Notwendigkeiten, Wünschen und Vorstellungen angepasst. Wie und wo Ausschließlichkeit einem Lizenznehmer bewilligt werden soll, ist wesentlich von den beiderseitigen Interessen abhängig. Insbesondere kommt es aber auf die technische und wirtschaftliche Qualifikation und Kapazität des Lizenznehmers an. Dem Lizenzgeber mag in einem bestimmten Land beziehungsweise einer bestimmten Gruppe von Ländern die Lizenzvergabe an einen einzigen Lizenznehmer sinnvoller erscheinen als die Aufsplitterung in diesen Gebieten oder dieser Gebiete. Ein einzelner, sehr qualifizierter und potenter Lizenznehmer – z. B. ein profiliertes Großunternehmen – wird häufig eine bessere Ausnutzung der Lizenz gewährleisten, als mehrere mittlere oder kleine Unternehmen, ganz abgesehen von der geringeren Belastung des Lizenzgebers durch die notwendigen Kontakte für den Patent- und Know-how-Austausch. Die Gefahr für den Lizenzgeber liegt andererseits auf der Hand: Sie besteht in der Monopolisierung. Dem Lizenzgeber steht ein mächtiger Lizenznehmer gegenüber, der ihm im Laufe der Zeit den Rang ablaufen kann[102].

So wie die Ausschließlichkeit im vorbeschriebenen Sinne territorial gewährt werden kann, kann sie für sachliche Anwendungsgebiete – eventuell gekoppelt mit einer territorialen Ausschließlichkeit – erteilt werden[103]. Ein für die Entwicklung und Fertigung von bestimmten Produkten besonders qualifiziertes Unternehmen möchte für die Risiken, die die Entwicklung mit sich bringt, durch Ausschließlichkeit, d.h. durch ein Monopol entschädigt werden. So wird ein chemisches Produkt allein von der Firma X in Lizenz hergestellt, ein bestimmter Motor für diesen oder jenen Zweck allein von der Firma Y.

159 Die **territoriale** oder **sachliche Ausschließlichkeit** wird natürlich oft an **zwei wesentliche Bedingungen** gebunden: Einmal an eine bestimmte **Zeitgrenze**, beispielsweise 5 Jahre. Hiermit wird dem betreffenden Lizenznehmer ein Vorsprung vor der Konkurrenz geboten, der bei genügender Bemessung zu einer faktischen Ausschließlichkeit nach Ablauf der zeitlichen Begrenzung führen kann (Monopolisierung). Zum anderen durch **Festlegung von Mindestumsatzlizenzgebühren und Ausübungspflichten**.

160 Für die **territoriale Ausschließlichkeit** wird häufig die Beschränkung der Ausschließlichkeit auf die Herstellung des Vertragsprodukts angewendet. Der Vertrieb der in einem bestimmten Lande oder einer bestimmten Ländergruppe ausschließlich hergestellten Vertragsprodukte ist nicht ausschließlich, d.h. er steht in Konkurrenz mit Vertragsprodukten, die in anderen Ländern oder Ländergruppen von sonstigen Lizenznehmern ausschließlich oder nicht ausschließlich hergestellt werden. Als Synthese ist üblich, für das Herstellungsland auch eine ausschließliche Vertriebslizenz zu erteilen, dieses Land also sowohl in der Herstellung als auch im Vertrieb für andere Lizenzneh-

---
102 Vgl. hierzu *Benkard*, Anm. 52 a. E. zu § 15.
103 Vgl. *Benkard*, Anm. 54 zu § 15; *Henn*, S. 50; *Stumpf*, Lizenzvertrag, Anm. 37; RGZ 75/400, 403; 83/93, 94 f.; 134/91, 96.

mer zu sperren. Letzteres dürfte aber fast nur in Staaten mit wirtschaftlicher Autarkie und Absperrung praktiziert werden. Häufig scheitert aber der absolute Vertriebsschutz in diesen Ländern schon daran, dass die bereits bestehenden Lizenzverträge einen Vertrieb der Vertragsprodukte in diesen Ländern ausdrücklich vorsehen und nachträglich nicht mehr geändert werden können.

Dass die **Festlizenzgebühren (Eintrittsgelder)** für die Vergabe einer **ausschließlichen Lizenz** nicht unwesentlich **höher** zu sein pflegen als diejenigen für eine einfache Lizenz, ist durchaus verständlich, denn der Lizenzgeber verzichtet mit der Vergabe einer solchen Lizenz auf den Abschluss weiterer Lizenzverträge und damit auf den Eingang weiterer Eintrittsgelder. Für die Bemessung der Höhe des Eintrittsgeldes in solchen Verträgen ist denn auch die Größe und der Umfang des Marktgebietes entscheidend. **161**

Ein nicht unwichtiges Attribut ausschließlicher Lizenzen ist, wie oben erläutert, neben dem Recht zur Vergabe von Unterlizenzen die Übertragung von Lizenzgeberaufgaben auf den Lizenznehmer: **Dieser wird zuständig für die Bezahlung von Patentgebühren und für die Führung von Patentprozessen sowie für die Anmeldung von Schutzrechten** in einem bestimmten Land (bei territorialer Ausschließlichkeit), für die **Bekanntmachung von Schutzrechten, Schutzrechtsanmeldungen sowie von Know-how**, an alle anderen Lizenznehmer (bei sachlicher Ausschließlichkeit). Das bringt naturgemäß nicht nur Rechte, sondern auch Pflichten mit sich, was auf beiden Seiten wohl beachtet werden sollte. Vgl. hierzu auch unten § 22 (6. Kapitel). **162**

Die **Übertragung des Vertrages**, also die normale, von einem bestimmten Betrieb (vgl. hierzu unten § 11, Abschnitt 1) losgelöste Abtretung an einen Dritten, bedarf bei der **einfachen Lizenz** – vorbehaltlich anderer Absprache – der **Zustimmung durch den Lizenzgeber**, da der Lizenzvertrag auf Seiten des Lizenznehmers immer eine Reihe wesentlicher Pflichten aufweist, die von der Person oder dem Betrieb des Lizenznehmers nicht getrennt werden können[104]. Eine solche Abtretung dürfte aber praktisch sehr selten sein, denn es besteht aufseiten des Lizenzgebers kaum Veranlassung, einen Vertragsübergang einem direkten Vertragsabschluss mit dem interessierten Dritten vorzuziehen. Denkbar wäre eine solche Übertragung eigentlich nur dann, wenn der Lizenznehmer (etwa zugunsten eines Tochterunternehmens) einen maßgeblichen Einfluss auf den interessierten Dritten besitzt und durch die Vertragsübertragung neue Anlaufkosten, Eintrittsgelder etc. vermieden werden sollen. Besitzt hierdurch der Lizenzgeber nicht die Möglichkeit, einen neuen Vertrag mit dem Dritten abzuschließen, weil der Lizenznehmer dies zu verhindern weiß, wird er zur Vermeidung einer Kündigung des bestehenden Lizenzvertrags der Übertragung zustimmen. Aber diese Fragen sind natürlich sehr stark von den wirtschaftlichen Machtverhältnissen zwischen den beteiligten Personen abhängig. **163**

---

104 So die h.M. Vgl. *Reimer*, S. 549 (Anm. 82 zu § 9); *Lüdecke/Fischer*, S. 396; *Benkard*, Anm. 58 zu § 15; *Henn*, S. 138; *Blum/Pedrazzini*, Anm. 46 zu Art. 34; *Roubier*, II S. 265, 266; *Zabel*, S. 136; *Blum* bei *Langen*, S. 400; *Lichtenstein*, S. 89; *Ellis/Deller*, § 410; *Nouel* bei *Pollzien/Bronfen*, S. 132; *Stumpf*, Lizenzvertrag, Anm. 228: unklar *Pagenberg/Geissler*, S. 246 (Tz. 32); RGZ 134/91, 96; BGHZ 62/272, 274.

3. Kapitel *Die Inhaltsformen des Lizenzvertrags*

Lösbar wäre ein solches Problem natürlich auch durch den Abschluss eines Unterlizenzvertrages zwischen dem Lizenznehmer und dem interessierten Dritten, wobei auch hier grundsätzlich die Zustimmung des Lizenzgebers erforderlich ist (vgl. hierzu den nachstehenden § 10). Diese Zustimmung hat jedoch bei weitem nicht die Bedeutung wie die für die Vertragsübertragung notwendige.

164 Die **Übertragung einer ausschließlichen Lizenz** ist – vorbehaltlich anderer Absprache – dagegen **frei möglich**, wenn nicht gegenseitige Pflichten im Wege stehen[105].

Die Rechtslage hinsichtlich des Zustimmungsbedürfnisses bei der Übertragung von einfachen und ausschließlichen Lizenzen ist demnach **grundsätzlich gleich** derjenigen bei der **Vergabe von Unterlizenzen** (vgl. hierzu den nachstehenden § 10).

§ 10 Die Unterlizenz

165 Die **Unterlizenz** ist eine von der **Lizenz (Hauptlizenz)** mit oder ohne besondere Zustimmung des Lizenzgebers **abgeleitete Lizenz**[106],

– Anhanganlagen 1, 2 und 3 (Randziffer 7) sowie 7 (Randziffer 2.2) –

wenn auch ein rechtlich in sich selbständiger Vertrag[107].

---

[105] So die h.M., wenn die ausschließliche Lizenz nicht Betriebslizenz ist. Ist sie Betriebslizenz, so wird sie gleich der einfachen Lizenz behandelt, d.h. sie kann nur zusammen mit dem Betrieb veräußert werden. Vgl. *Benkard*, Anm. 58 zu § 15; *Lüdecke/Fischer*, S. 84 und 85; *Reimer*, S. 550 f. (Anm. 85 zu § 9); *H. Tetzner*, Anm. 29 zu § 9; *Busse*, S. 248 (Anm. 12 zu § 9); *Henn*, S. 139; BGH GRUR 1969/560, 561; a. A. *Stumpf*, Lizenzvertrag, Anm. 228; *Pagenberg/Geissler*, S. 100 (Tz. 130); *Simone* bei *Langen* (italienisches Recht), S. 235; *Lichtenstein* (nordamerikanisches Recht), S. 89, unter Hinweis auf das Urteil vom 25.5.1892 in Sachen *Haffcke v. Clark* = 50 F 431.

[106] *Stumpf*, Lizenzvertrag, Anm. 233; *Bartenbach/Gennen*, Rz. 93; *Henn*, S. 36; *Benkard*, Anm. 59 zu § 15; *Haver/Mailänder*, S. 42; *Bernhard/Kraßer*, Anm. V d 2 zu § 40; RGZ 142/168, 170 f. Die von *Blum/Pedrazzini*, Anm. 49 zu Art. 34 (im Einklang mit den deutschen Quellen für das schweizerische Recht) gegebene Definition, dass eine Unterlizenz dann vorliege, wenn „der Lizenznehmer mit einem Dritten einen Lizenzvertrag abschließt, in welchem er die Stellung eines Lizenzgebers und der Dritte diejenige eines Lizenznehmers einnimmt", gilt allerdings nicht ausschließlich. So wird die Unterlizenz nach *Lichtenstein*, S. 87, im nordamerikanischen Recht nicht als Vertrag zwischen Lizenznehmer und Unterlizenznehmer, sondern als Vertrag zwischen Lizenzgeber und Unterlizenznehmer beurteilt, bei dem der Lizenznehmer den Lizenzgeber lediglich vertritt. Die Lizenznehmer ist „agent" des Lizenzgebers, wobei „er also gleichsam nur den Unterlizenzvertrag vermittelt, indem er direkte Beziehungen zwischen dem Nehmer der Unterlizenz und dem Patentinhaber selbst zustande bringt". Ebenso *Ellis/Deller*, § 62, die den Rechtscharakter des Unterlizenzvertrags wie folgt definieren: „The provision in the original license for the grant of sublicenses is an offer on the part of the licensor to enter into a license contract with any party named by the licensee." Vgl. auch unten Anm. 110.

[107] *Lüdecke/Fischer*, S. 428; *Stumpf*, Lizenzvertrag, Anm. 233; *Blum/Pedrazzini*, Anm. 49 zu Art. 34; *Henn*, S. 37. Aus dieser Selbständigkeit der Vertragsbeziehungen folgt auch die Haftung des Lizenznehmers für Vertragsverletzungen des Unterlizenznehmers. Vgl. hierzu *Stumpf*, Lizenzvertrag, Anm. 234, sowie BGH GRUR 1953/114, 118 und *Benkard*, Anm. 59 zu § 15.

Unter den „Vertragsgegenstand" (vgl. hierzu Rz. 9, 18 ff., 30, 31), der unterlizenziert werden kann, fallen nicht nur Schutzrechte und Schutzrechtsanmeldungen, sondern auch Know-how auf dem „sachlichen Vertragsgebiet" (vgl. hierzu Rz. 194)[108].

Hauptmerkmal für diesen wichtigen Vertragstyp ist demnach die **Abhängigkeit**[109]. Ist die Hauptlizenz unwirksam oder wird sie unwirksam beziehungsweise beendet, tritt die Unterlizenz automatisch außer Kraft. Sie teilt voll das Schicksal der Hauptlizenz[110]. Es ist deshalb für die Vertragspartner des Unterlizenzvertrages (Lizenznehmer und Unterlizenznehmer) 166

– Anhanganlage 8 (Randziffer 18) –

immer gut, diesem Tatbestand bei Abfassung der Vertragsbedingungen ihr besonderes Augenmerk zu widmen. Da der Unterlizenznehmer häufig nicht unmittelbar den Inhalt des Hauptvertrages kennt, kann er so in Bedrängnis kommen, und es nützt ihm oft nichts, wenn er nur einen Ersatzanspruch gegen seinen Lizenzgeber, d.h. den Lizenznehmer des Hauptvertrages, geltend machen kann. Diese Abhängigkeit zeigt sich natürlich nicht allein in der **Dauer** und **Rechtsgültigkeit** der Verträge, sondern auch und vornehmlich im **Lizenzumfang**. Sachliches und territoriales Vertragsgebiet des Hauptvertrages bestimmen den **Maximalbereich** des Unterlizenzvertrages. Der **gutgläubige Erwerb** einer Unterlizenz von jemandem, der selbst keine Lizenz oder keine ausreichend deckende Lizenz besitzt, ist **nicht möglich**. Es gilt der alte gemeinrechtliche Satz: Nemo plus iuris transferre potest quam ipse habet[111]. Der Arbeitsbereich des Unterlizenzvertrages kann gleich oder kleiner als der des Hauptvertrages sein. Meistens ist er kleiner, er stellt ein Teilgebiet des Arbeitsbereichs des Hauptvertrages dar, auf dem der Lizenznehmer nicht oder nicht allein tätig sein will.

Viel wichtiger als diese Unterscheidungen ist praktisch aber die **Abgrenzung** des Unterlizenzvertrages gegenüber **anderen Lizenzverträgen**. Der Unterlizenznehmer steht ja auf einer anderen, „tieferen" Stufe als die sonstigen Lizenznehmer, die ihre Rechte direkt vom Lizenzgeber ableiten. Was ist nun der Grund dafür, dass der Unterlizenznehmer keine direkte Lizenz des Lizenzgebers beansprucht, sondern sich in die Abhängigkeit eines Lizenznehmers mit allen vorbeschriebenen Risiken begibt? 167

---
108 *Stumpf*, Know-how-Vertrag, Anm. 164, *Haver/Mailänder*, S. 75.
109 Nach *Ellis/Deller*, § 59, zeigt sich diese Abhängigkeit auch in der Interpretation des Unterlizenzvertrages, die grundsätzlich nach den gleichen Regeln wie die des Hauptvertrages zu erfolgen habe. Vgl. daselbst §§ 60 und 61.
110 Vgl. *Lüdecke/Fischer*, S. 425 und 434, wo auch empfohlen wird, exakt festzulegen, dass der Unterlizenzvertrag mit dem Hauptlizenzvertrag beendet wird; *Stumpf*, Lizenzvertrag, Anm. 233; *Bartenbach/Gennen*, Rz. 95, 96; *Henn*, S. 37; *Benkard*, Anm. 59 zu § 15; *Reimer*, S. 555 f. (Anm. 91 zu § 9); *Terrell*, Anm. 9.62; RGZ 142/168, 170 f.; a. A. *Ellis/Deller*, § 62, für das nordamerikanische Recht, der die Rechtsnatur des Unterlizenzvertrags als einen durch den Lizenznehmer für den Lizenzgeber (nicht in seinem Namen) abgeschlossenen Vertrag beurteilt, der deshalb in seiner Existenz vom Hauptlizenzvertrag unabhängig sei. Vgl. auch oben Anm. 104. Wie *Ellis/Deller* auch *Lichtenstein*, S. 87. *Berendt* in GRUR 1934/36 vertritt demgegenüber eine Mittelmeinung, nämlich, dass der Unterlizenzvertrag fortbestehe, wenn der Hauptlizenzvertrag wegen Verschuldens des Lizenznehmers beendet werde. Maßgeblich ist also das Schutzprinzip.
111 So auch *Benkard*, Anm. 59 zu § 15 unter Hinweis auf RGZ 142/168, 170; *Stumpf*, Lizenzvertrag, Anm. 239; *Henn*, S. 37; *Bernhardt/Kraßer*, Anm. V d 2 zu § 40; BGHZ 62/272, 276 f.

Das dürfte einmal daran liegen, dass nicht jeder Lizenzinteressent vom Lizenzgeber auch eine Lizenz erhält. Insbesondere technisch weniger qualifizierte oder wirtschaftlich schwächere Interessenten können vom Lizenzgeber berechtigterweise an einen geeigneten Lizenznehmer verwiesen werden. Es kann aber auch ein Zeit- oder Entwicklungsproblem bestehen. Ist die Entwicklung eines bestimmten Vertragsprodukts schon sehr weit fortgeschritten, kann ein bestimmtes Unternehmen vielleicht nicht mehr das Risiko einer langen, kostspieligen Eigenentwicklung auf sich nehmen. Um den direkten Kauf des Vertragsprodukts bei einem Lizenznehmer zu vermeiden, wird ein Unterlizenzkontakt mit diesem Lizenznehmer begründet. Diese Zwischenstufe heißt dann meist Nachbaulizenz. Vgl. hierzu Rz. 129. Man kann also sagen, dass die Entwicklungs-Unterlizenz meist von schwächeren Interessenten beansprucht wird, die vom Lizenzgeber nicht eine direkte Lizenz erhalten und die sich deshalb unter den Schutz eines potenten Lizenznehmers stellen müssen. Die Nachbau-Unterlizenz dagegen betrifft nicht nur diesen Bereich, sondern auch den Bereich der Lizenznehmer, die eine Eigenentwicklung scheuen, sei es aus Risikogründen, sei es aus zeitlichen Erwägungen, aber dennoch die Eigenfertigung dem Kauf vorziehen. Natürlich ist auch eine Synthese beider Figuren denkbar, die Nachbau-Unterlizenz, die von einem Entwicklungs-Lizenznehmer gewährt wird, nicht aber der umgekehrte Fall.

168 Die **Zustimmung des Lizenzgebers** zum Abschluss (und zu den Bedingungen) des **Unterlizenzvertrages** ist bei **einfachen Lizenzen** im Zweifel erforderlich[112],

– Anhanganlagen 1, 2, 3 (Randziffer 7) und 8 (Randziffer 32) –

da dem Lizenzgeber grundsätzlich ein möglicher eigener Lizenznehmer verloren geht und er im Übrigen seine Interessen absichern muss (z.B. Kontrollen, Lizenzgebühren, Schutzrechte und Know-how, Vertragsverletzungen, Diskriminierung anderer Lizenznehmer). Häufig wird die Zustimmung von der **Zahlung einer zusätzlichen Festlizenzgebühr (Eintrittsgeld)** abhängig gemacht[113], während die Umsätze des Unterlizenznehmers in die Lizenzabrechnung des Lizenznehmers einbezogen werden[114]. Die diesbezügliche Belastung wird also dem Lizenznehmer übertragen. Üblich ist allerdings, dass der Lizenznehmer nur einen Teil der vom Unterlizenznehmer vereinnahmten Lizenzgebühren an seinen Lizenzgeber abzuführen hat[115]. Die Vergabe von **Unterlizenzen durch den ausschließlichen Lizenznehmer** ist im Zweifel **zustimmungsfrei**[116],

– Anhanganlage 7 (Randziffer 2.2) –

da keine Interessen des Lizenzgebers an der Vergabe weiterer Lizenzen bestehen und alle inhaltsbezogenen Interessen, insbesondere bei den Gebühren, den Schutzrechten

---

112 *Benkard*, Anm. 59 zu § 15; *Stumpf*, Lizenzvertrag, Anm. 233; *Bartenbach/Gennen*, Rz. 94; *Henn*, S. 38 f.; *Pagenberg/Geissler*, S. 246, 248 (Tz. 32, 33); *Bernhardt/Kraßer*, Anm. V d 2 zu § 40; BGHZ 62/272, 274.
113 *Lüdecke/Fischer*, S. 429; *Henn*, S. 38; *Stumpf*, Lizenzvertrag, Anm. 235.
114 Vgl. hierzu *Stumpf*, Lizenzvertrag, Anm. 235; *ders.*, Know-how-Vertrag, Anm. 164.
115 *Stumpf*, Lizenzvertrag, Anm. 235; *ders.*, Know-how-Vertrag, Anm. 165.
116 *Stumpf*, Lizenzvertrag, Anm. 233; *ders.*, Know-how-Vertrag, Anm. 164; *Schulte*, Anm. 33 zu § 15; *Pagenberg/Geissler*, S. 102 (Tz. 134), *Henn*, S. 39; *Benkard*, Anm. 59 zu § 15; *Lüdecke/Fischer*, S. 430 und 431; *Reimer*, S. 550 f. (Anm. 85 zu § 9); *H. Tetzner*, Anm. 42 und 52 zu § 9; *Kraßer/Schmid* in GRUR Int. 1982/324, 332; *Bartenbach/Gennen*, Rz. 94; RGZ 89/81, 84; 142/168, 170; BGH GRUR 1953/114, 118; 1955/338, 340.

und dem Know-how sowie der Kontrolle, durch den Lizenzvertrag abgedeckt sind. Bei der **ausschließlichen Lizenz** bedarf es deshalb der **Verankerung der Zustimmung**, wenn diese vorbehalten sein soll.

Es kann also die Regel aufgestellt werden, dass der **einfache Lizenznehmer** grundsätzlich der **Zustimmung des Lizenzgebers** zur Vergabe von Unterlizenzen bedarf, **nicht dagegen der ausschließliche Lizenznehmer**. Diese Vermutung kann natürlich durch eine ausdrückliche anderslautende Regelung durchbrochen werden, sie gilt nur „im Zweifel". Für diesen Unterschied in der Berechtigung Unterlizenzen zu vergeben, wird häufig auch der **persönliche Charakter** der **einfachen Lizenz** angeführt, der der ausschließlichen Lizenz normalerweise nicht beikomme. Das gleiche Argument ist für die Frage entscheidend, ob die Lizenz übertragbar ist[117], oder bei Tod bzw. Verlust der Rechtsfähigkeit beendet wird. Vgl. zu Letzterem unten § 16, Abschnitt 5 (5. Kapitel). Für den **deutschen Rechtsbereich** wird diese Konzeption im Schrifttum von *Lindenmaier*[118], *H. Tetzner*[119], *Busse*[120], *Reimer*[121], *Lüdecke/Fischer*[122], *Benkard*[123] und *Stumpf*[124] überzeugend vertreten. Auch die einschlägige deutsche Rechtsprechung ist der gleichen Ansicht[125]. In den anderen Rechtsordnungen wird die Frage nicht anders beurteilt. So vertritt *Terrell*[126] für das **englische Recht** die Ansicht, dass „a mere licence ... is personal only, and does not authorise the licensee to grant sub-licences or to assign his licence". *Lichtenstein*[127] führt für das **nordamerikanische Recht** an, dass die Unterlizenzierung grundsätzlich der Zustimmung des Lizenzgebers bedürfe. Indessen sei eine rein faktische Lizenzausübung durch einen Dritten im Wege der **„verlängerten Werkbank"** ohne Zustimmung des Lizenzgebers möglich (vgl. hierzu oben §§ 7 und 8). Entscheidend für diese, auch in den kontinentalen Rechten ohne weiteres zulässige Rechtsfigur des „have manufacture" oder des „have sell" dürfte aber die absolute Kontrolle durch den Lizenznehmer für jede Lizenzart (also Herstellung und Vertrieb) sein. So sagt auch *Lichtenstein*[128]: „Der Lizenznehmer kann grundsätzlich die Ausführung der linzenzmäßigen Benutzungshandlungen auf andere übertragen, aber nicht im Sinne einer Unterlizenz, sondern nur im Sinne einer Fertigung für Rechnung des Lizenznehmers und unter dessen Verantwortung und Kontrolle." Die grundsätzliche Zustimmung zur Vergabe von Unterlizenzen fordern auch *Ellis/Deller*[129], wo es heißt: „Clearly a licensee, unless receiving express authority to that

---

117 *Stumpf*, Lizenzvertrag, Anm. 233; *Henn*, S. 39; *Benkard*, Anm. 59 zu § 15.
118 S. 245 (Anm. 51 zu § 9).
119 Anm. 42 und 52 zu § 9.
120 S. 247 (Anm. 12 zu § 9).
121 S. 549 ff. (Anm. 82 ff. zu § 9).
122 S. 430, 431.
123 Anm. 59 zu § 15.
124 Lizenzvertrag, Anm. 233.
125 BGH GRUR 1953/114, 118; 1955/338, 340; RGZ 142/168, 170 = GRUR 1934/36.
126 Anm. 9.62 mit Nachweisen.
127 S. 45.
128 S. 45. In dem von *Lichtenstein* zitierten Urteil Lock Joint Pipe Co. v. Melber = 234 F 319 vom 25.5.1916 wird ausgeführt, dass eine auf die Person des Lizenznehmers bezogene Lizenz nicht abtretbar (assignable) sei. Doch müsse der Lizenznehmer die Rechte nicht unbedingt selbst ausüben. Er könne sie durch einen Beauftragten ausüben lassen (S. 322).
129 § 55.

effect, would have no right to multiply his privileges by sub-licenses, and thus increase the number of individuals who could lawfully practise the invention." Für das **französische Recht** argumentiert *Nouel*[130] in gleicher Richtung. Im **schweizerischen Recht** schließen sich *Blum/Pedrazzini*[131] ebenfalls dieser Ansicht an. Sie erwähnen als Argument für die Genehmigungsbedürftigkeit der Unterlizenzierung durch den einfachen Lizenznehmer die Berührung der Interessen des Lizenzgebers im Hinblick auf Konkurrenz, Lizenzgebühren etc., was beim ausschließlichen Lizenznehmer im Bereich seiner Ausschließlichkeit nicht der Fall sei. *Blum*[132] begründet das Zustimmungsbedürfnis für die Vergabe von Unterlizenzen bei einfachen Lizenzen mit dem Prinzip der Geheimhaltung, das es verbiete, Know-how des Lizenzgebers ohne dessen Zustimmung an Dritte weiterzugeben. Folgerichtig ist er allerdings der Ansicht, dass auch bei ausschließlichen Lizenzen die Zustimmung des Lizenzgebers eingeholt werden müsse, wenn nicht nur Schutzrechte, sondern auch Know-how lizenziert seien. Für das **frühere sowjetische Recht** betont *Boguslawski*[133] das gleiche Prinzip.

169 Für die **Übertragung von Unterlizenzen** gilt grundsätzlich das, was auch für die Übertragung der Lizenzen selbst gültig ist: **Ausschließliche Unterlizenzen** sind im Zweifel **ohne Zustimmung des Lizenznehmers** (sowie des Lizenzgebers, wie man wegen der Abhängigkeit ergänzen muss) übertragbar. Die **Übertragung einfacher Unterlizenzen** bedarf dagegen im Zweifel dieser **Zustimmung**[134]. Vgl. hierzu auch Rz. 83, 163, 164.

§ 11 Die Betriebs-, Konzern- und Montagelizenz

170 Besondere Formen der Lizenzerteilung im unternehmerischen Bereich stellen

1. die Betriebslizenz,
2. die Konzernlizenz,
3. die Montagelizenz

dar, die als solche nichts miteinander zu tun haben.

171 Unter einer **Betriebslizenz**[135] ist eine Lizenz zu verstehen, die an einen **bestimmten Betrieb oder Betriebsteil gebunden ist**. Sie ist demnach nur zusammen mit dem Betrieb übertragbar[136]. Eine **Konzernlizenz**[137] ist eine **besondere Form der Unterlizenz** (vgl. hierzu vorstehend § 10), bei der die konzernmäßig mit dem Lizenznehmer

---

130 Bei *Pollzien/Bronfen*, S. 132.
131 Anm. 50 zu Art. 34. Vgl. auch *Pedrazzini*, S. 143.
132 Bei *Langen*, S. 398.
133 S. 38.
134 *Benkard*, Anm. 59 zu § 15; *Pagenberg/Geissler*, S. 100 ff. (Tz. 130–133).
135 Vgl. hierzu *Stumpf*, Lizenzvertrag, Anm. 41, 231; *Henn*, S. 137 f.; *Lüdecke/Fischer*, S. 93, 399 ff.; *Benkard*, Anm. 39, 58 zu § 15; *Vortmann*, S. 16; RGZ 134/91; 153/321, 326; RG GRUR 1930/174, 175; 1939/963, 964.
136 *Stumpf*, Lizenzvertrag, Anm. 231; *Benkard*, Anm. 39, 58 zu § 15; *Vortmann*, S. 16; RGZ 134/91, 97; RG GRUR 1930/174, 175.
137 Vgl. hierzu *Stumpf*, Anm. 42; *Henn*, S. 411 ff.; *Benkard*, Anm. 39 zu § 15.

verbunden Unternehmen über diesen lizenzmäßig berechtigt und verpflichtet sind. Die **Montagelizenz**[138] schließlich besitzt eine gewisse Ähnlichkeit mit der **Nachbaulizenz** (vgl. Rz. 129), ist aber doch von dieser zu unterscheiden. Hauptinhalt dieser Lizenzform ist es nämlich, das Vertragsprodukt aus vom Lizenzgeber oder in dessen Auftrag von Dritten zugelieferten Teilen nach Unterlagen, Beschreibungen, Zeichnungen und Modellen des Lizenzgebers herzustellen und entweder selbst zu vertreiben oder an den Lizenzgeber zu liefern. Diese Lizenz kann natürlich auch mit einer normalen Entwicklungs- oder Nachbaulizenz, wo der Lizenznehmer bestimmte Teile entweder selbst entwickelt oder nachbaut, verbunden werden.

Abschnitt 1
Die Betriebslizenz

Die **Betriebslizenz** (Definition in Rz. 171) wird zwar wie jede Lizenz einer bestimmten natürlichen oder juristischen Person erteilt, ist aber inhaltlich an einen **bestimmten Betrieb oder Betriebsteil gebunden**[139]. Sie darf deshalb nur im Rahmen dieses Betriebs ausgeübt und nur zusammen mit diesem übertragen werden. Gerade diese Übertragbarkeit zeigt die wesentliche begriffliche Bindung an den Betrieb, die im Gegensatz zur sonst bestehenden personenbezogenen Bindung jeder Lizenz steht. Eine **einfache Lizenz** ist grundsätzlich **nicht übertragbar** (vgl. Rz. 83, 163, 164). **Dies gilt jedoch nicht für die einfache Betriebslizenz** unter den vorbezeichneten Modalitäten. Es wird wegen dieser Besonderheiten immer zweckmäßig sein, die Betriebslizenz im Einzelnen zu beschreiben und sich nicht auf den in Schrifttum und Rechtsprechung zwar behandelten, aber nicht letztlich erhärteten Rechtsbegriff der Betriebslizenz zu beschränken und zu verlassen[140].

172

Beim vereinbarten Übergang der Lizenz auf einen neuen Betrieb muss die Haftung für rückständige Lizenzgebühren ausdrücklich ausgeschlossen werden, wenn sie vermieden werden soll[141].

Die Betriebslizenz erlischt mit der endgültigen Aufgabe des Betriebs[142]. Unterlizenzen können im Zweifel nicht bestellt werden[143].

---

138 Vgl. hierzu *Henn*, S. 36.
139 *Stumpf*, Lizenzvertrag, Anm. 41, spricht deshalb zu Recht nicht von einer Fabrikanlage, sondern von dem „wirtschaftlichen Komplex". Vgl. auch *Bartenbach/Gennen*, Rz. 1188, 1189, *Benkard*, Anm. 39 zu § 15, *Gaul/Bartenbach*, Handbuch, Tz. K 150, und *Schulte*, Anm. 42 zu § 15, sowie RGZ 134/91.
140 So zutreffend *Stumpf*, Lizenzvertrag, Anm. 231.
141 *Benkard*, Anm. 58, 65 zu § 15; BGHZ 36/265 ff.
142 *Benkard*, Anm. 39 zu § 15; RG GRUR 1939/963, 964.
143 *Benkard*, Anm. 39 zu § 15.

Abschnitt 2
Die Konzernlizenz

173 Ist der Lizenznehmer i.S. § 15 AktG **konzernmäßig mit anderen Unternehmen** (Mutterunternehmen, Tochterunternehmen i.S. § 290 Abs. 1 HGB) **verbunden**, ergibt sich die Frage, inwieweit diese Unternehmen an die dem Lizenznehmer erteilte Lizenz im Wege der **Konzernlizenz** (Definition in Rz. 171) angeschlossen werden können und sollen. Verbundene Unternehmen sind hiernach rechtlich selbständige Unternehmen, die im Verhältnis zueinander in Mehrheitsbesitz stehende Unternehmen und mit Mehrheit beteiligte Unternehmen (§ 16 AktG), abhängige und herrschende Unternehmen (§ 17 AktG), Konzernunternehmen (§ 18 AktG), wechselseitig beteiligte Unternehmen (§ 19 AktG) oder Vertragsteile eines Unternehmensvertrags (§§ 291, 292 AktG) sind[144].

Der Normalvorgang, verbundene Unternehmen in den personellen Lizenzbereich einzubeziehen, würde an sich die Vergabe einer Unter- oder Nachbaulizenz (vgl. hierzu oben §§ 7 und 10), sein, eventuell mit im Voraus erteilter Zustimmung des Lizenzgebers. Diese Lösung entspricht aber wenig den **Besonderheiten einer Konzernverflechtung**. Es kann z.B. durchaus sein, dass der Lizenznehmer als kleines Tochterunternehmen gar nicht am Hebelarm der Konzernentscheidungen sitzt oder – umgekehrt – das Mutterunternehmen lediglich Steuerungsfunktionen ausübt (Holding). Die **Arbeitsteilung im Konzern** kann so weit gehen, dass bestimmte Teile eines einheitlichen technischen Vorgangs auf verschiedene Unternehmen aufgeteilt sind oder der Vertrieb, zumindestens im Export, zentral durchgeführt wird. Die **Vergabe einer Unterlizenz würde diesen Verhältnissen nicht gerecht**, da der Hauptlizenznehmer ja nicht das volle sachliche Vertragsgebiet betreut beziehungsweise betreuen kann und lediglich einem anderen Partner in diesem Rahmen eine von ihm abhängige Lizenz erteilt, auf die der Lizenzgeber kein direktes Durchgriffsrecht besitzt.

Die Vergabe einer Konzernlizenz löst die hier bestehenden Schwierigkeiten. Der Lizenzvertrag sieht hierbei vor, dass in den persönlichen Anwendungsbereichen des Lizenzvertrags **alle verbundenen Unternehmen eingeschlossen** werden, dass also – gleich auf welcher Konzernstufe der kontrahierende Lizenznehmer auch stehen mag – auch die anderen Unternehmen des Konzerns automatisch einbezogen sind[145]. Normalerweise wird man aus Klarheitsgründen diese sonstigen Unternehmen in eine **Liste** aufnehmen,

– Anhanganlagen 1, 2 und 3 (Randziffer 3) –

die eine **Vertragsanlage** darstellt[146]. Diese Liste kann dann einvernehmlich den sich jeweils verändernden Verhältnissen **angepasst** werden. Bei der Ausgliederung eines

---
144 Vgl. hierzu *Henn*, S. 41 ff. sowie Handbuch des Aktienrechts, 7. Aufl., 2002, Rz. 221 bis 375; *Stumpf*, Lizenzvertrag, Anm. 42; *Benkard*, Anm. 39 zu § 15; *Bartenbach/Gennen*, Rz. 1191–1193; *Gaul/Bartenbach*, Handbuch, Tz. K 153.
145 Vgl. *Ellis/Deller*, § 423, unter Hinweis auf das Urteil in Sachen Overman Cushion Tire Co. Inc. v. Goodyear Tire & Rubber Co. = 59 F 2 d 998; *Stumpf*, Lizenzvertrag, Anm. 42; *Schulte*, Anm. 42 zu § 15; *Henn*, S. 41.
146 *Stumpf*, Lizenzvertrag, Anm. 42; *Henn*, S. 41 f.

Unternehmens aus dem persönlichen Vertragsgebiet ist sicher stets die Frage zu prüfen, ob für dieses Unternehmen dem Lizenznehmer eine Unterlizenzzustimmung vom Lizenzgeber erteilt werden soll.

Eine solche Konzernlizenz bringt natürlich eine Problematik mit sich, nämlich die eines **Vertrags zugunsten und zu Lasten Dritter**. Schließlich wird der Vertrag zwischen Lizenzgeber und Lizenznehmer ohne Einschaltung der betreffenden verbundenen Unternehmen abgeschlossen und man könnte sich fragen, wie es mit der rechtlichen Wirksamkeit steht. Man wird hierzu Folgendes sagen können: Zunächst stellt die Konzernabrede im Lizenzvertrag ein Garantieversprechen des Lizenznehmers verbunden mit einem unbefristeten Optionsangebot des Lizenzgebers auf direkten Einbezug des verbundenen Unternehmens in den Vertrag dar. Der Lizenzgeber hat also ohne Zweifel zunächst keine direkten Vertragsbeziehungen zu dem verbundenen Unternehmen. Er wird sich jedoch bei Vertragsverletzungen durch verbundene Unternehmen an den Lizenznehmer halten können. Wenn ein verbundenes Unternehmen allerdings den Vertrag anwendet (beispielsweise fertigt oder vertreibt), dürfte auch eine direkte Vertragsbeziehung zu dem betreffenden verbundenen Unternehmen bestehen, auch wenn keine ausdrückliche Zustimmung des verbundenen Unternehmens vorliegt[147]. Der Regelfall wird indessen der sein, dass der Lizenznehmer seine einbezogenen verbundenen Unternehmen um entsprechende Zustimmung ersucht, wobei es dann keine Rolle spielt, ob die Zustimmung nur gegenüber dem Lizenznehmer oder auch gegenüber dem Lizenzgeber mitgeteilt wird. Sobald eine solche Zustimmung vorliegt, ist das verbundene Unternehmen direkt, d.h. gegenüber dem Lizenzgeber in den Vertrag einbezogen[148]. **174**

Die Bedeutung der Konzernlizenz für den Lizenzgeber liegt darin, den **persönlichen Anwendungsbereich** des Lizenzvertrags mit dem **vermutlichen faktischen Anwendungsbereich gleichzustellen**. Im Rahmen eines Konzerns kann durch die vielfachen (auch auf dem Entwicklungsgebiet) vorhandenen Verflechtungen gar nicht verhindert werden, dass Know-how des Lizenzgebers und des Lizenznehmers in andere Hände gelangt[149]. Es besteht mit anderen Worten die Gefahr, dass ein verbundenes Unternehmen als Lizenznehmer auftritt, während auch die anderen verbundenen Unternehmen – willentlich oder unwillentlich – die Lizenz benutzen. Natürlich lässt sich auf diese Weise nicht das Benutzungsrecht an den Schutzrechten erwerben, aber dieses Recht spielt ja häufig gar nicht die entscheidende Rolle. Bedeutsamer sind vielfach die Kenntnisse und Erfahrungen, das so genannte Know-how. Dieses kann innerhalb eines Konzerns mehr oder weniger unkontrollierbar in falsche Hände gelangen und sogar das Risiko von Umgehungsanmeldungen mit sich bringen[150]. **175**

---

147 Es liegt dann eine stillschweigende (implied) Lizenz vor, oder eine im Wege der Vertretung durch den Lizenznehmer geschlossene Parallellizenz. Vgl. *Henn*, S. 42.
148 *Stumpf*, Lizenzvertrag, Anm. 42; *Henn*, S. 42.
149 *Stumpf*, Lizenzvertrag, Anm. 42; *Henn*, S. 42.
150 *Lüdecke/Fischer*, S. 155 und 156, betonen zu Recht diese Gefahr bei verbundenen Unternehmen im Hinblick auf die Nichtangriffsklausel. Es genüge nicht die Haftung des Lizenznehmers, sondern das betreffende verbundene Unternehmen müsse positiv in die Klausel einbezogen werden.

Der Lizenzgeber ist deshalb wohl immer gut beraten, wenn er – zumindestens breit anwendbare Erfindungen – in einem Konzern als Konzernlizenz vergibt.

176 Aus der Gesamtstruktur der Konzernlizenz folgt, dass sich Gebühren, Gebührenstaffeln, Kündigungen, Schutzrechtsanmeldungen und -erteilungen etc. naturgemäß auf **alle verbundenen Unternehmen** beziehen. Es ist eine **einheitliche Lizenz**, die lediglich nicht allen Partnern in direkter Form (gesamthandsmäßig) erteilt wird, sondern einem Partner, der gewissermaßen zum Gesamtberechtigten und Gesamtverpflichteten für alle wird.

177 Unter „Konzernlizenz" ordnet man herkömmlicherweise auch den entgeltlichen oder unentgeltlichen **automatischen Patent- und Know-how-Austausch innerhalb eines Konzerns**, also zwischen allen verbundenen Unternehmen ein. Diesbezüglich finden dann die Grundsätze Anwendung, die nachfolgend in § 23 (6. Kapitel) entwickelt werden.

Diese Art der Konzernlizenz spielt in der Praxis, vor allem im internationalen Bereich, eine erhebliche Rolle, worauf die Deutsche Bundesbank in einem sehr instruktiven Aufsatz auf der Grundlage von statistischem Material des Jahres 1990 hingewiesen hat[151]. Vgl. hierzu auch Rz. 2.

178 Konzernlizenzen spielen nicht nur in Ländern marktwirtschaftlicher Struktur, sondern auch oder gerade in **Staatshandelsländern** eine große Rolle[152]. In Ländern mit zentral gelenkter Wirtschaft und mit staatlich gelenkten Betrieben und Verwaltungen (solche bestehen insbesondere noch in vielen Ländern Afrikas und Asiens) ist es natürlich wichtig, das wirklich entscheidende Unternehmen beziehungsweise die steuernde Verwaltung als Lizenzpartner zu verpflichten und die anderen nachgeordneten Betriebe automatisch mit einzuschließen[153]. Es kann für den Lizenzgeber sogar elementar wichtig sein, die nachgeordneten Betriebe schlechthin in den persönlichen Anwendungsbereich des Lizenzvertrags eingeordnet zu haben, denn die Kontrolle darüber, wer in einem solchen „staatlich gelenkten Konzern" an der Lizenz wirklich partizipiert, ist ohnehin schwierig, wenn nicht unmöglich. Überall dort, wo ein bestimmtes Unternehmen einen maßgeblichen, kontrollierenden Einfluss auf ein oder mehrere Unternehmen besitzt, sollte nicht der Weg der zustimmungsfreien Unter- oder Nachbaulizenz, sondern der der von Anfang an wirksamen Vollizenz gegangen werden. Das gilt für den kontrollierenden Einfluss privaten Wirtschaftsrechts in gleicher Form wie für die Steuerung durch staatliche Konzernverwaltungen.

---

151 Monatsberichte der Deutschen Bundesbank, 44. Jahrgang, Nr. 4 (April 1992), S. 37.
152 *Stumpf*, Lizenzvertrag, Anm. 42; *Henn*; S. 43.
153 In der früheren DDR schlossen deshalb häufig die so genannten Kombinate (früher Vereinigungen volkseigener Betriebe = VVB) den Lizenzvertrag als Lizenznehmer ab, und nicht die VEB (Volkseigene Betriebe). Hiermit waren alle zu einem bestimmten Konzern gehörenden Einzelbetriebe eingeschlossen. Vgl. hierzu *Pflicke*, Wirtschafts- und Außenwirtschaftsrecht, 2. Aufl., 1986, S. 353; *Stumpf*, Lizenzvertrag, Anm. 42; *Gaul/Bartenbach*, Handbuch, Tz. K 154; *Henn*, S. 43. Zur früheren UdSSR (jetzt russische Föderation) vgl. nachfolgend Rz. 192.

Abschnitt 3
Die Montagelizenz

Die **Montagelizenz** (Definition in Rz. 171) hat überall dort Bedeutung, wo sowohl der Kauf von Vertragsprodukten als auch ihr Nachbau aus wirtschaftlichen oder politischen Gründen nicht in Betracht kommt und eine Eigenentwicklung von vornherein ausscheidet. 179

Die Figur der Montagelizenz oder – bei nur teilweiser Belieferung mit Montageteilen – der Nachbau-/Montagelizenz wird besonders häufig in **Entwicklungsländern** beziehungsweise in **Ländern mit geringer technischer Kapazität** und **schlechter Devisenlage** praktiziert. Diese Länder verfügen meist über erhebliche Arbeitskraftreserven, die es einzusetzen gilt. Sie sind deshalb daran interessiert, diejenigen Teile des Vertragsprodukts selbst zu fertigen, die selbst gefertigt werden können, maximal jedoch zwar alle Teile zu kaufen, sie aber doch zusammenzusetzen und hierdurch wenigstens die eigene Arbeitskraft einzubringen. Verschiedentlich spielt die Figur der Montagelizenz auch eine Rolle bei hoher Zollmauer oder Kontingentierung von Fertigwaren. Je niedriger dann der Zollwert ist (und je mehr Leistungen im eigenen Land erfolgen können), desto niedriger ist auch die Zollbelastung. 180

§ 12 Nutzungsgemeinschaften (Gemeinschaftsunternehmen/Joint Ventures)

Zwei oder mehrere Partner können vereinbaren, ihre Schutzrechte und Schutzrechtsanmeldungen sowie ihr Know-how einer **gemeinsamen Nutzung** zuzuführen. Nach deutschem Recht liegt dann zumeist eine Gesellschaft i.S. §§ 705 ff. BGB vor, nach nordamerikanischem Recht spricht man direkt von „**patent pool**"[154], also von der Figur, die in die internationale Lizenzsprache eingegangen ist[155]. Natürlich ist es auch möglich, eine selbständige juristische Person (beispielsweise eine GmbH) 181

– Anhanganlage 12 –

zur Trägerin der Rechte und Pflichten zu machen. **Gesellschaftsrechtliche Formen** werden immer dann bevorzugt werden, wenn sich die vorhandenen Rechte gegenseitig so ergänzen, dass diese Ergänzung allen Partnern einen erheblichen technischen Gewinn bringt. Die Zusammenarbeit kann sich auch daraus ergeben, dass die Partner

---

154 *Ellis/Deller*, §§ 513 ff., unterscheiden zwischen den Patentpools, die durch eine einzelne Person (oder Gesellschaft) repräsentiert werden, und denen, wo eine Mehrheit von Personen die Rechte hält. Unwirksam unter dem Gesichtspunkt des Anti-Trust-Law sind solche Pools nur, wenn sie „restrain the trade and hinder the competition" (§ 516). *Pietzke*, S. 83 ff., spricht von einer Patentgemeinschaft, die mit der Figur des Lizenztauschs verglichen wird. Vgl. hierzu auch unten 7. Kapitel sowie *Bartenbach/Gennen*, Rz. 1626.
155 Vgl. *Stumpf*, Lizenzvertrag, Anm. 570; *Henn*, S. 55.

3. Kapitel *Die Inhaltsformen des Lizenzvertrags*

sich – getrennt arbeitend – hemmen würden oder dass Patentstreitigkeiten durch eine Zusammenarbeit dieser Art beendigt werden.

182 **Kartellrechtlich** sind derartige Verbindungen problematisch, wenn die Nutzungsrechte der Beteiligten nicht ihren jeweiligen Beiträgen entsprechen oder der Pool nicht „offen" (Zugang neuer Mitglieder) ist[156]. Bei der Abfassung entsprechender Verträge ist deshalb Vorsicht geboten. Vgl. hierzu Rz. 380 und 390. Im EWG-Kartellrecht spielt die (neue) Verordnung (EG) Nr. 2659/2000 vom 29.11.2000[157] eine erhebliche Rolle, da hier eine Gruppenfreistellung erfolgt ist[158].

183 Das entscheidende Element der Abgrenzung des **horizontalen Pools** zum **vertikalen Lizenzvertrag** ist die **Gleichberechtigung**. Ein horizontaler, gesellschaftsrechtlicher Pool basiert auf der gleichberechtigten Ausrichtung von Rechten und Pflichten. Alle beteiligten Partner (die Zahl spielt keine Rolle) bringen in den Pool ihre Schutzrechte und Schutzrechtsanmeldungen sowie ihr Know-how ein und partizipieren nach gesellschaftsrechtlichen Grundsätzen an den Rechten und Pflichten dieser Gemeinschaft. Die allseitige Benutzung der gegenseitigen Rechte ist aber nicht nur ein entgeltliches oder unentgeltliches Lizenzrecht, sondern eben durch Gesellschaftsrecht bedingt, d.h. durch den gemeinsamen Vertrag und durch den gemeinsamen Zweck[159]. Herkömmlicherweise unterscheidet man zwischen **wirtschaftlichen Gemeinschaften** einerseits und **juristischen Gemeinschaften** andererseits[160]. Die wirtschaftliche Gemeinschaft liegt vor, wenn keine selbständige juristische Person die Schutzrechte und Schutzrechtsanmeldungen sowie das Know-how hält und auch keine Gemeinschaft i.S. §§ 741 ff. BGB gegeben ist, sondern ein bloßer Austauschvertrag besteht. Entscheidend für die wirtschaftliche Gemeinschaft ist demnach die unabhängige Inhaberschaft jedes Partners hinsichtlich der gemeinsam genutzten Rechte[161]. Als juristische Gemeinschaft hingegen wird angesehen, wenn die Rechte auf eine Gemeinschaft oder eine juristische Person so übertragen werden, dass die Gemeinschaft[162] oder die juristische Person Inhaber der Rechte wird[163].

184 Der praktisch häufigste Fall der Gemeinschaft ist die **Zusammenarbeit von Erfinder und Fabrikationsunternehmen**, wobei die **juristische Gemeinschaft** gegenüber der

---

156 Vgl. *Stumpf*, Lizenzvertrag, Anm. 570; *Bartenbach/Gennen*, Rz. 1625, 1636; *Emmerich* bei *Immenga/Mestmäcker*, Anm. 19 bis 24 zu § 20; *v. Gamm* in NJW 1988/1248 f.; BGHZ 96/69, 87 f. = NJW 1986/1874 = GRUR 1986/556, 561. Vgl. auch Entscheidung der EG-Kommission vom 11.10.1988 (WuW 1989/675 ff.).
157 Vgl. 7. Kapitel, Anm. 11.
158 Vgl. *Pagenberg/Geissler*, S. 354 (Tz. 12).
159 Vgl. *Henn*, S. 56 und *Busse*, S. 254 f. (Anm. 29 zu § 9). Zur großen internationalen Bedeutung solcher horizontaler Pools vgl. *Schwartz* S. 112, 113. Der gegenseitige, ausschließliche Austausch von Patenten im internationalen Bereich stelle einen vollwertigen Ersatz für geographische Gebietskartelle dar. Es liege oft nahe, anstelle der kartellrechtlich unwirksamen Marktaufteilung (z.B. § 1 Sherman Act) Patentausschlussverträge zu vereinbaren (vgl. auch das Urteil United States v. Imperial Chemical Industries Ltd. = 100 F. Supp. 504).
160 Vgl. *Reimer*, S. 576 ff. (Anm. 110 und 111 zu § 9); *Henn*, S. 56.
161 *Reimer*, S. 579 (Anm. 111 zu § 9); *Langen* bei *Langen*, S. 119; *Henn*, S. 56.
162 *Lüdecke/Fischer*, S. 363; *Henn*, S. 56.
163 *Reimer*, S. 576 ff. (Anm. 110 zu § 9), *Henn*, S. 56.

wirtschaftlichen Gemeinschaft vorherrschend ist[164]. Ein ebenfalls häufiger Fall der Gemeinschaft ist die konzernrechtliche Benutzungsautomatik (vgl. hierzu oben § 11, Abschnitt 2).

Roubier[165] bezeichnet die auch im französischen Rechtsbereich bekannte Figur der juristischen Gemeinschaft als **„mise en commun au sens juridique"**, während die wirtschaftliche Gemeinschaft als **„mise en commun au sens économique"** bezeichnet wird. Als maßgebliches Kriterium der wirtschaftlichen Gemeinschaft stellt *Roubier* ebenfalls die Selbständigkeit der Vertragspartner heraus, die die ihnen gehörenden Patente nur austauschen, nicht übertragen. **185**

Die wirtschaftliche Gemeinschaft in der vorbezeichneten Ausgestaltung kann man richtigerweise nicht mehr als gesellschaftsrechtliche Form der Poolung betrachten, da zwar stets ein gemeinsamer Vertrag und häufig ein gemeinsamer Zweck besteht, nicht jedoch ein gemeinsames, dem anderen Partner gegenüber gebundenes Vermögen wie bei der juristischen Gemeinschaft[166]. Gesellschaftsrechtliche Bestimmungen (wie beispielsweise die Treuepflicht oder das Recht zur Kündigung aus wichtigem Grunde) können deshalb nur noch im Wege der Analogie unter Würdigung des Einzelfalls zur Anwendung kommen. **186**

Hierzu führt *Reimer*[167] unter Bezugnahme auf zwei bedeutende Urteile des RG – vom 26.10.1929[168] und vom 11.11.1933[169] – folgendes aus (Zitat aus dem erstgenannten Urteil): „Werden gewerbliche Schutzrechte (Patente, Gebrauchsmuster) dergestalt vergeben, dass sich der Veräußerer vom Erwerber einen bestimmten Teil (Hundertsatz oder ähnliches) vom Kaufpreis der zu vertreibenden Ware (oder vom Umsatz oder Gewinn) als Lizenzgebühr versprechen lässt, so liegt darin allein, auch wenn mehrjährige Dauer bedungen ist, in der Regel noch nichts Gesellschaftsartiges. Merkmale der Gesellschaft finden sich erst, wenn beide Teile zu einem gemeinsamen Ziele Tätigkeit entfalten sollen (§ 705 BGB). Solches trifft z.B. zu, wenn Konstruktionszeichnungen auszutauschen, Verbesserungen gegenseitig mitzuteilen sind; wenn die Erfindung für gemeinsame Rechnung ausgenutzt werden soll; wenn weitere Patente gegenseitig überlassen werden sollen; wenn Aufträge, die der eine Teil nicht ausführen kann oder will, dem anderen anheim fallen oder dergleichen." Vgl. hierzu auch oben § 6, Abschnitt 4 (2. Kapitel). **187**

Dass der **wirtschaftlichen Gemeinschaft** der gesellschaftsrechtliche Charakter fehlt, liegt – was die Vertragsstruktur anbetrifft – im Wesentlichen daran, dass dieser Gemeinschaft als einem Lizenzgeber/Lizenznehmer-Verhältnis mit gegenseitigem Rechtsaustausch die horizontale, gleichberechtigte Grundlage fehlt. Auch hier spielt es keine Rolle, ob dem Lizenzgeber ein oder mehrere Partner gegenüberstehen. Entscheidend ist jedoch, dass der Lizenzgeber im Zeitpunkt des Vertragsabschlusses eine **188**

---

164 *Reimer*, S. 561 ff. (Anm. 97 zu § 9); *Henn*, S. 56 f.
165 II S. 290.
166 Das sind auch im schweizerischen Recht die notwendigen Elemente einer Gesellschaft (*Blum/Pedrazzini*, Anm. 15 zu Art. 34).
167 S. 564 (Anm. 98 zu § 9) und S. 566 f. (Anm. 100 zu § 9).
168 RGZ 126/65, 67. Vgl. oben 2. Kapitel Anm. 170.
169 RGZ 142/212, 214 = GRUR 1934/37 (*Maffei*-Urteil). Vgl. oben 2. Kapitel, Anm. 133, 134, 155, 165, 172, 176, 186, 196, 198, 226.

gegenüber dem Lizenznehmer oder den Lizenznehmern vorrangige Stellung besitzt, d. h. dass er im Wesentlichen der Partner ist, der Schutzrechte und Schutzrechtsanmeldungen sowie Know-how zur Verfügung stellt, während die anderen Partner an der Nutzung interessiert sind. Die Eigenentwicklung der Lizenznehmer, die zu eigenen Schutzrechten und Schutzrechtsanmeldungen sowie zu eigenem Know-how im Verlaufe der Vertragszeit führt, ändert an der Grundkonstellation nichts. Das System ist und bleibt ein vertikaler Pool, ein Lizenznehmerpool, und ist nicht eine Gesellschaft. Im Gegensatz zu einem gesellschaftsrechtlich verankerten Pool bedarf der Lizenznehmer-Pool aber exakter Bestimmungen darüber, wie die Schutzrechte und Schutzrechtsanmeldungen sowie das Know-how, die aus der Arbeit der Lizenznehmer entstehen, zu behandeln sind. Sie sind keineswegs gemeinschaftliches Eigentum des Pools und auch nicht Eigentum des Lizenzgebers, sondern gehören prinzipiell dem Lizenznehmer, der diese Rechte erarbeitet hat.

Die normale Regelung dieser Fragen in derartigen **wirtschaftlichen Gemeinschaften** oder Lizenznehmer-Pools ist die, dass dem Lizenzgeber für die Dauer des Vertrages eine **gebührenfreie Lizenz** erteilt wird, und zwar mit dem Recht zur Unterlizenzierung an die anderen Lizenznehmer des Pools. Entscheidend ist demnach, dass die Lizenzierung stets über den Lizenzgeber erfolgt. Das ist ein wesentlicher Unterschied gegenüber dem gesellschaftsrechtlichen Pool, der rechtlichen Gemeinschaft. Selbstverständlich ist es vertraglich möglich, die Lizenzierung an den Lizenzgeber oder die anderen Lizenznehmer gebührenpflichtig zu gestalten oder von Bedingungen abhängig zu machen, beispielsweise der Gegenseitigkeit oder der Gleichwertigkeit.

189 Sowohl beim horizontalen als beim vertikalen Pool ist es eine elementare Frage, inwieweit die **beteiligten Partner ihr technisches Gewicht** behaupten, verbessern oder verschlechtern. Bei einem horizontalen Pool werden sich Veränderungen zumeist in einer Verschiebung der Beteiligungsquote ausdrücken müssen, eine Art Zuwachsbewertung, die freilich der Gesellschaftsvertrag vorsehen muss. Fehlen ausdrückliche Vereinbarungen, werden möglicherweise Kündigungen die Anpassung erzwingen können. Dieses Recht dürfte dem Grundsatz entsprechen, dass jeder Partner eines solchen Pools eine seinem Anteil entsprechende technische Leistung zu erbringen hat, was auch, wie in Rz. 182 erwähnt, kartellrechtlich geboten ist. Bei einem vertikalen Pool sind die Verhältnisse anders, da hier die Entwicklungsleistung der Lizenznehmer einen Teil deren Gegenleistung für die Einräumung der Lizenz darstellt. Bei einwandfreier Regelung des Austausches im Vertrag spielt die Wertigkeit der Entwicklungsleistung und insbesondere der Bestand der Rechte im Lizenznehmer-Pool grundsätzlich keine Rolle, und zwar weder unter den Lizenznehmern noch zwischen dem Lizenznehmer und dem Lizenzgeber. Das einzige Recht für einen starken Lizenznehmer, sich seinen Entwicklungsstand im Pool honorieren zu lassen, ist der Austritt und der Abschluss eigener Lizenzverträge, was natürlich rechtlich und wirtschaftlich möglich sein muss.

Zum Austausch von Schutzrechten, Schutzrechtsanmeldungen und Know-how im vertikalen Pool bei einem oder mehreren Lizenznehmern (bilateraler und multilateraler Austausch) vgl. unten § 23 (6. Kapitel).

190 Neben diesen Gemeinschaftsformen ist zunehmend, vor allem im **internationalen Bereich** und hier bei der Zusammenarbeit mit Staatshandelsländern sowie Entwicklungsländern, ein **neuer Kooperationstyp** getreten, das „**Joint Venture**" oder

"**Gemeinschaftsunternehmen**"[170]. Dieser Typ ist nicht grundverschieden gegenüber den vorbehandelten wirtschaftlichen oder juristischen Gemeinschaften, doch zeichnet er sich durch eine konkrete Zweckbeziehung (gemeinsames Projekt) aus, dem die Zusammenfasung der Rechte untergeordnet wird. Joint Ventures

– Anhanganlagen 4 (Randziffer IV Präambel) und 11 –

beschränken sich nicht auf die gemeinsame Auswertung von Schutzrechten, Schutzrechtsanmeldungen und Know-how, sondern verfolgen weit darüber **hinausgehende Zwecke**, beispielsweise in Bezug auf die Schulung von Personal und den Aufbau von Produktions- und Vertriebszentren[171]. **Kartellrechtlich** können sich bei einer gemeinschaftlichen Verwertung dieser Rechte erhebliche Probleme ergeben[172], nicht anders wie beim bilateralen und multilateralen Austausch über „Patentpools". Vgl. hierzu Rz. 380, 390, 406, 413, 418.

Im internationalen Sprachgebrauch gibt es keinen einheitlichen Begriff des Joint Venture[173], wenn auch durchgehend die vorerwähnten wirtschaftlichen und juristischen Gemeinschaften hiervon umfasst werden[174]. Die Rechtsform des Gemeinschaftsunternehmens tritt also gegenüber ihrer Zielsetzung zurück[175]. Gesetzlicher Hintergrund für den Joint-Venture-Vertrag, in welchem sich die Partner zur Verwirklichung des gemeinsamen Vorhabens verpflichten und die Durchführung derselben gestaltend regeln, ist üblicherweise das am Sitz des Joint Venture geltende Gesellschaftsrecht[176]. **191**

In der Praxis haben die Joint Ventures in letzter Zeit vor allem mit der früheren UdSSR (jetzt russische Föderation) Bedeutung gewonnen[177]. *Boguslawski*[178] und *Beier*[179] haben diesbezüglich die rechtlichen und organisatorischen Aspekte sehr instruktiv aufgezeichnet. Der Schwerpunkt dieser oft mit Problemen belasteten Gemeinschaftsgründungen liegt, zumindestens was die Zusammenarbeit mit der früheren UdSSR auf diesem Gebiete anbetrifft, in der Technologie und im Maschinenbau. Nach den Erfahrungen, die in den ersten Jahren mit den gegründeten Joint Ven- **192**

---

170 Vgl. hierzu *Herzfeld*, Joint Ventures, 1983, mit Nachweisen; *ders.*, Typische Interessenkonflikte in Joint Ventures, in „Der komplexe Langzeitvertrag", 1987, S. 199 ff.; *Ehinger*, Vertragsrahmen des industriellen internationalen Equity Joint Venture, in „Der komplexe Langzeitvertrag", 1987, S. 187 ff.; *Fröhlich*, Multinationale Unternehmen, 1974, S. 81; *Weihermüller*, S. 12 ff.; *Friedmann/Kalmanoff*, Joint International Business Ventures, 1961; *Widmer*, S. 25 f.; *Bartenbach/Gennen*, Rz. 1627; *Emmerich* bei *Immenga/Mestmäcker*, Anm. 112 zu § 20. Vgl. zu diesem Vertragstyp im früheren sowjetischen Recht auch *Boguslawski* in RIW 1988/164 ff. und *Beier* in RIW 1988/166 ff.
171 Vgl. hierzu FAZ vom 17.8.1987 und die hier zitierte Ausarbeitung von *Becher*, Bundesministerium für Wirtschaft, mit einer eingehenden Analyse der Joint-Venture-Kooperation in den verschiedenen Ländern.
172 Vgl. hierzu *Bartenbach/Gennen*, Rz. 1635, 1636.
173 Vgl. *Ehinger*, S. 187 (vorstehende Anm. 170).
174 Vgl. *Ehinger*, S. 187 f. (vorstehende Anm. 170).
175 So *Ehinger*, S. 188 (vorstehende Anm. 170).
176 *Ehinger*, S. 193 (vorstehende Anm. 170).
177 Vgl. hierzu HBl Nr. 153 vom 11.8.1988, S. 6; Wirtschaftswoche Nr. 24 vom 9.6.1989, S. 58 ff.; HBl Nr. 111 vom 13.6.1989, S. 8; HBl Nr. 112 vom 14.6.1989, S. 4; *Enderlein*, Kooperation, Kompensation, Gesellschaft, Konsortium, 1983, S. 236 ff.
178 RIW 1988/164 ff.
179 RIW 1988/166 ff.

3. Kapitel *Die Inhaltsformen des Lizenzvertrags*

tures gemacht wurden, führt der Zugang zum Markt, auch im Lizenzbereich, vorrangig über Joint Ventures, vor allem wegen ihrer öffentlichen Förderung, auch wenn die diesbezüglichen Schwierigkeiten, die aus völlig verschiedenen grundsätzlichen Auffassungen resultieren, nicht verkannt werden dürfen[180]. Im Zuge der Öffnung der früheren Planwirtschaft zu marktwirtschaftlichen Formen, hat das Patentgesetz vom 31.5.1991[181], das noch von der UdSSR verabschiedet wurde, erhebliche Bedeutung gewonnen[182].

---

180 Vgl. hierzu HBl Nr. 153 vom 11.8.1988, S. 6.
181 In Kraft ab 1.1.1992 (vgl. GRUR Int. 1991/888).
182 Vgl. *Seiffert* in GRUR Int. 1992/161 ff.; *Dementjev* in GRUR Int. 1992/164 ff.

4. Kapitel
Definitionen der Lizenzerteilung

Es liegt auf der Hand, dass die Lizenzerteilung **193**

– Anhanganlagen 1, 2, 3 (Randziffern 1, 2, 3, 4, 7 und 49),
4 (Randziffern 2.1 und 11.1), 6 (Randziffern 1, 2, 3, 4 und 33),
7 (Randziffern 1.1, 1.7, 2.2, 15.1, 15.2) und
10 (Randziffern 1, 2, 3, 6 und 7) –

nach vier Seiten hin abgegrenzt und definiert sein muss[1]:

1. sachlich,
2. örtlich,
3. persönlich,
4. zeitlich.

Diese Definierung hat rechtlich den Charakter einer **inhaltlichen Beschränkung gegenüber dem Maximalbereich der Lizenzierung**[2]. Für die Patentlizenz ergibt sich dies aus § 15 Abs. 2 S. 1 PatG 1981, für die Know-how-Lizenz aus deren inhaltlicher Beschreibung. Hieraus folgt auch, dass der Maximalbereich stets dann gilt, wenn die Vertragsparteien ihn nicht durch eine entsprechende Vereinbarung reduzieren[3].

Das „**sachliche Vertragsgebiet**"[4] stellt die **technische Definition** der Lizenzerteilung **194** dar. Es ist bei einer Patentlizenz maximal mit dem Schutzbereich des Patents oder der Patentanmeldung (§ 14 PatG 1981) identisch. Bei einer Know-how-Lizenz bildet das beim Lizenzgeber vorhandene Know-how die oberste Grenze des „sachlichen Vertragsgebiets". Die auf dem „sachlichen Vertragsgebiet" hergestellten Produkte heißen „**Vertragsprodukte**". Eine Lizenzerteilung am Hauptpatent erstreckt sich nicht automatisch auf das Zusatzpatent[5].

Unter „**örtliches Vertragsgebiet**"[6] ist das **geographisch abgegrenzte Anwendungsgebiet** der Lizenzerteilung zu verstehen. Es ist bei einer Lizenz auf ein deutsches Patent **195** oder eine deutsche Patentanmeldung (vorbehaltlich des europäischen Patents, vgl.

---

1 *Benkard*, Anm. 35 ff. zu § 15; *Haver/Mailänder*, S. 41 ff.; *Bernhardt/Kraßer*, Anm. VI 1 zu § 40; *Busse*, S. 250 (Anm. 18 zu § 9); *Chavanne/Burst*, Nr. 235; *Roubier*, II S. 269; *Schulte*, Anm. 40 zu § 15; *Boguslawski*, S. 37; *Ascarelli*, S. 386, 647. Nach *Ellis/Deller*, § 165, wird der herrschenden nordamerikanischen Theorie über die Rechtsnatur des Lizenzvertrags (negatives Verbietungsrecht) entsprechend die Lizenzvergabe auf Teilgebieten des Patentanspruchs als „Restriction of Licensee to a portion only of the field covered by the Patent" beurteilt.
2 *Benkard*, Anm. 35 zu § 15; *Schulte*, Anm. 40 zu § 15.
3 *Benkard*, Anm. 35 zu § 15.
4 Vgl. hierzu *Stumpf*, Lizenzvertrag, Anm. 13–18; *ders.*, Know-how-Vertrag, Anm. 4 ff.; *Benkard*, Anm. 38, 50 und 138 zu § 15; *Haver/Mailänder*, S. 44 f.; RGZ 83/93, 94.
5 *Benkard*, Anm. 19 zu § 16; BGH GRUR 1965/160, 162; 1967/245, 246; BGHZ 51/263, 265.
6 Vgl. hierzu *Stumpf*, Lizenzvertrag, Anm. 182 ff.; *Benkard*, Anm. 37 zu § 15; *Haver/Mailänder*, S. 46 f.

4. Kapitel *Definitionen der Lizenzerteilung*

hierzu Rz. 4) maximal das Gebiet der Bundesrepublik Deutschland (territorialer Geltungsbereich des PatG 1981)[7]. Bei einer Know-how-Lizenz ist dieses nach oben nicht begrenzt, aber selbstverständlich begrenzbar. Für die Lizenzerteilung auf ausländische Patente oder Patentanmeldungen gelten die entsprechenden ausländischen Patentgesetze, wobei bei Staaten mit überseeischen Besitzungen exakt zu überprüfen und zu definieren ist, ob der territoriale Geltungsbereich des zu lizenzierenden Patents oder der zu lizenzierenden Patentanmeldung diese Besitzungen umfasst bzw. umfassen soll oder nicht. Rein formal handelt es sich bei einer Lizenzerteilung auf Patente und Patentanmeldungen mit einem weiteren „örtlichen Vertragsgebiet" als dem der Bundesrepublik Deutschland um ein Bündel von Lizenzerteilungen.

196 „**Persönliches Vertragsgebiet**"[8] ist die persönliche Abgrenzung der Lizenzerteilung, also die Definition des Lizenzgebers einerseits und des Lizenznehmers einschließlich etwaiger Unterlizenzberechtigungen (z.B. auch im Rahmen einer Konzernlizenz, vgl. oben 3. Kapitel, § 11, Abschnitt 2) andererseits.

197 Die **zeitliche Abgrenzung der Lizenzerteilung**[9], die so genannte **Dauer**, ist bei Know-how-Lizenzverträgen maximal identisch mit der Nicht-Offenkundigkeit des Know-how und bei Patentlizenzverträgen maximal identisch mit der Laufzeit des Patents, also bei einem Patent der BRD gemäß § 16 Abs. 1 S. 1 PatG 1981 20 Jahre ab dem Tag, der auf die Anmeldung der Erfindung folgt. Bei anderen Patenten gelten die Laufzeiten der entsprechenden Patentgesetze.

Die **Patentdauer (Schutzdauer) von 20 Jahren** gemäß § 16 Abs. 1 S. 1 PatG 1981 gilt nur für solche Patente, welche auf die seit dem 1.1.1978 eingereichten Patentanmeldungen erteilt worden sind. Für die Patente, die auf zuvor eingereichten Patentanmeldungen beruhen, ist die Patentdauer gemäß § 10 Abs. 1 S. 1 PatG 1968 18 Jahre[10], woraus sich ergibt, dass diese Vorschrift ab 1.1.1996 wirkungslos ist. Die Regelung einer 20-jährigen Patentdauer ab Anmeldung gilt allgemein für alle Staaten, die Mitgliedstaaten des EPÜ (gegenüber den 16 Unterzeichnerstaaten am 5.10.1973/5.4.1974 auf nunmehr 24 Staaten erweitert, vgl. Rz. 4) sind, was sich aus Art. 63 Abs. 1 EPÜ ergibt[11]. Andere Staaten beginnen sich dieser Regelung anzuschließen, z.B. die frühere UdSSR (jetzt russische Föderation) mit ihrem modernen Patentgesetz vom

---

7 Vgl. *Benkard*, Anm. 3 a, 9 zu § 9; *Bartenbach/Gennen*, Rz. 1205; *Zeller* in GRUR 1966/229; OLG Düsseldorf BB 1967/307, 308. Maßgeblich für die territoriale Gültigkeit der bisher in den beiden deutschen Teilstaaten angemeldeten oder erteilten Patente, ist nach der am 3.10.1990 eingetretenen Rechtseinheit das so genannte Erstreckungsgesetz (ErstrG) vom 23.4.1992 (BGBl I S. 938), mit Wirkung ab 1.5.1992. Vgl. hierzu *Gaul/Bartenbach*, Handbuch, Tz. K 132; *Bartenbach/Gennen*, Rz. 1230–1234.
8 *Haver/Mailänder*, S. 42 ff.
9 Vgl. hierzu unten § 16 (5. Kapitel) sowie *Stumpf*, Lizenzvertrag, Anm. 477 ff.; *Haver/Mailänder*, S. 45 f.; *Benkard*, Anm. 36 zu § 15; *Schulte*, Anm. 55 zu § 15; *Gaul/Bartenbach*, Handbuch, Tz. K 133; *Bartenbach/Gennen*, Rz. 1235; RG GRUR 1937/1003, 1005; 1940/558, 559; BGH I ZR 182/57.
10 Vgl. *Benkard*, Anm. 1 zu § 16.
11 Vgl. *Benkard*, Anm. 1 zu § 16; *Bernhardt/Kraßer*, Anm. II 2 zu § 30. Zur Patentdauer in anderen Staaten vgl. die Übersichten bei *Gaul/Bartenbach*, Handbuch, Tz. E 953 ff. Die jetzige (revidierte) Fassung von Art. 63 Abs. 1 EPÜ ab 4.7.1997 ergibt sich aus der Bekanntmachung vom 25.6.1997 (BGBl II S. 1446).

31.5.1991[12]. Mitgliedstaaten sind gegenwärtig (1.7.2002) neben der BRD: Belgien, Bulgarien, Dänemark, Estland, Finnland, Frankreich, Griechenland, Großbritannien und Nordirland, Irland, Italien, Liechtenstein, Luxemburg, Monaco, Niederlande, Österreich, Portugal, Schweden, Schweiz, Slowakei, Spanien, Tschechien, Türkei und Zypern, also 24 Staaten[13]. Dem EPÜ gehören damit alle 15 Mitgliedstaaten der EU an, sowie Bulgarien, Estland, Liechtenstein, Monaco, Schweiz, Slowakei, Tschechien, Türkei sowie Zypern[14]. Acht mittel- und osteuropäische Staaten hatten die Aufnahme beantragt, nämlich Bulgarien, Estland, Polen, Rumänien, Slowenien, Slowakai, Tschechien und Ungarn[15]. Vier hiervon, nämlich Bulgarien, Estland, Slowakci und Tschechien, sind inzwischen, wie vorstehend erwähnt, beigetreten. Das Hoheitsgebiet der Mitgliedstaaten kennzeichnet den maximalen territorialen Schutzbereich des europäischen Patents (Art. 2 Abs. 2, 168 EPÜ). Vgl. hierzu auch Rz. 4.

Die Patentdauer endet spätestens mit dem Ablauf von 20 Jahren, d.h. sie kann auch kürzer sein, nämlich dann, wenn auf das erteilte Patent verzichtet wird (§ 20 Abs. 1 Nummer 1 PatG 1981), wenn die Erfinderbenennung nicht rechtzeitig erfolgt oder die Gebührenzahlung unterbleibt (§ 20 Abs. 1 Nummern 2 und 3 PatG 1981) oder im Falle der Zurücknahme (§ 24 Abs. 2 PatG 1981)[16].

Bei einem Bündel von lizenzierten Patenten ist eine so genannte **Längstlaufklausel** üblich und **kartellrechtlich** (vgl. Rz. 370, 410) – zumindestens nach deutschem Kartellrecht – zulässig[17]. **198**

In diesem Fall endet der Lizenzvertrag

– Anhanganlagen 1, 2 und 3 (Randziffer 49) –

spätestens mit dem Ablauf des letzten lizenzierten Patents.

Bei Patentlizenzverträgen darf die Lizenzerteilung **kartellrechtlich** grundsätzlich **weder über den sachlichen noch den örtlichen oder den zeitlichen Anwendungsbereich** gemäß den Bestimmungen des PatG 1981 **hinausgehen** (§ 17 Abs. 1 GWB)[18]. Bei Know-how-Lizenzverträgen gilt entsprechendes (§ 18 GWB)[19]. Vgl. hierzu, und auch zu den EU-Aspekten, Rz. 369, 385, 410, 411. Über den sachlichen Anwendungsbereich hinausgehend gelten auch **Preisbindungen** für die vom Lizenznehmer hergestellten Vertragsprodukte. Dieser ist demnach hinsichtlich der Preisbestimmung frei[20]. Eine Bindung ist unzulässig[21]. Vgl. Rz. 377, 404. **199**

---

12 In Kraft ab 1.1.1992 (vgl. GRUR Int. 1991/888).
13 AblEPA 5/2002, S. 249.
14 AblEPA 5/2002, S. 249.
15 Jahresbericht EPA 1997, S. 34.
16 Vgl. *Benkard*, Anm. 3 und 4 zu § 16.
17 *Stumpf*, Lizenzvertrag, Anm. 557; *Haver/Mailänder*, S. 103; *Bartenbach/Gennen*, Rz. 1251, 1252; *Gaul/Bartenbach*, Handbuch, Tz. K 141; *Benkard*, Anm. 158 zu § 15; *Henn*, S. 101 f. mit Nachweisen; *Axster* in GRUR 1985/591 f.; BGHZ 17/41, 55.
18 Vgl. hierzu *Benkard*, Anm. 151, 154–163 zu § 15; *Stumpf*, Lizenzvertrag, Anm. 516 ff. mit Nachweisen.
19 Vgl. hierzu *Stumpf*, Lizenzvertrag, Anm. 523 ff. mit Nachweisen; kritisch für Know-how *Fischer* in GRUR 1985/638 ff. sowie *Hesse* in GRUR 1985/661 ff.
20 Vgl. *Bartenbach/Gennen*, Rz. 2030.
21 Vgl. zu den kartellrechtlichen Aspekten *Bartenbach/Gennen* Rz. 2031, 2032.

Die vom Patent-Lizenznehmer bei Überschreitung der gesetzten sachlichen, örtlichen, persönlichen und zeitlichen Grenzen in den Verkehr gebrachten Vertragsprodukte werden ebenso wenig patentfrei wie diejenigen, die ohne jede Zustimmung des Lizenzgebers in den Verkehr gebracht werden[22]. Es muss sich allerdings um solche Bestimmungen handeln, die den Gegenstand und Umfang der Benutzungsbefugnis betreffen[23]. Zur grundsätzlichen Frage der Erschöpfung des Patentrechts (Patentfreiwerden, Konsumtion) vgl. Rz. 28.

200 Nachfolgend ist in § 13 das „sachliche Vertragsgebiet", in § 14 das „örtliche Vertragsgebiet" und in § 15 das „persönliche Vertragsgebiet" zu behandeln. Die zeitliche Abgrenzung der Lizenzierung ist unten in § 16 (5. Kapitel) unter dem Aspekt der Laufzeit des Lizenzvertrags zu erörtern.

§ 13 Sachliches Vertragsgebiet

201 Der Lizenzvertrag muss das **„sachliche Vertragsgebiet"** bei der Lizenzerteilung **exakt** beschreiben, wenn nicht der Maximalbereich des lizenzierten Patents, der lizenzierten Patentanmeldung oder des lizenzierten Know-how Vertragsgegenstand sein soll[24]. Bei einem **Patentlizenzvertrag** wird das „sachliche Vertragsgebiet" aus dem **Schutzbereich** des Patents und der Patentanmeldung heraus definiert. Der Schutzbereich wird gemäß § 14 PatG 1981 durch den Inhalt der Patentansprüche bestimmt[25]. Rechtsgrundlage für die Bestimmung des Schutzbereichs einer **europäischen Patentanmeldung** oder eines **europäischen Patents** sind die Art. 69, 70 EPÜ[26]. Art. 69 Abs. 1 EPÜ und § 14 PatG 1981 stimmen in ihrem Wortlaut überein[27]. Die Beschreibung und die Zeichnungen sind zur Auslegung der Patentansprüche heranzuziehen. Beim **Know-how-Lizenzvertrag** bestehen **keinerlei gesetzliche Definitionsmaßstäbe**. Es herrscht absolute **Vertragsfreiheit**, soweit dem Lizenznehmer nicht über die Geheimnissubstanz des Know-how hinausgehende Verpflichtungen auferlegt werden, was kartellrechtlich unzulässig wäre. Vgl. hierzu unten 7. Kapitel.

202 Für die **Abgrenzung** des „sachlichen Vertragsgebiets" kommen folgende Gesichtspunkte in Betracht[28].

1. Technische Maßeinheiten wie PS, KW, KW/h, km/h, UpM, Celsius, Fahrenheit, Meter, Watt, Kilogramm.

---

22 *Benkard*, Anm. 17 ff. zu § 9 sowie Anm. 42 zu § 15; *Pagenberg/Geissler*, S. 100 (Tz. 128); *Schulte*, Anm. 40 zu § 15; BGH GRUR 1959/200, 202.
23 *Benkard*, Anm. 43 zu § 15; RGZ 51/139, 141.
24 Vgl. hierzu *Pagenberg/Geissler*, S. 34 (Tz. 31).
25 Vgl. hierzu *Benkard*, Anm. 6 ff. zu § 14.
26 Vgl. *Benkard*, Anm. 5 zu § 14; BGHZ 98/12, 18 f.; 116/122, 126.
27 Vgl. *Benkard*, Anm. 5 zu § 14.
28 Vgl. *Blum/Pedrazzini*, Anm. 34 zu Art. 34; *Bernhardt/Kraßer*, Anm. VI 1 zu § 40; *Haver/Mailänder*, S 44 f.; *Benkard*, 38 a. E. zu § 15; *Stumpf*, Lizenzvertrag, Anm. 515; *Henn*, S. 29 f.; *Lüdecke/Fischer*, S. 423; *Gaul/Bartenbach*, Handbuch, Tz. K 157; RGZ 83/93, 94; BGHZ 52/55 = BB 1969/811.

2. Technische Verfahren wie Brennluftheizung, Hybridverfahren[29].
3. Praktische Anwendungszwecke wie Einbau in PKW, Antrieb von Elektroloks, für Wasserturbinen.

203 Es ist durchaus möglich und auch üblich, **nicht lizenzierte Teilbereiche später zu lizenzieren**. Es empfiehlt sich dann immer, die entsprechende Erweiterung bereits bei Vertragsabschluss vorzubehalten

– Anhanganlagen 1, 2, 3 (Randziffer 5) und 8 (Randziffer 4) –

und die Bedingungen vielleicht schon festzulegen. Allerdings tritt dann die Frage auf, ob eine Zeitbegrenzung für die Ausübung dieses **Erweiterungsrechts (Option)** festgelegt werden soll, damit die Bedingungen nicht wirklichkeitsfremd werden[30]. Auch ist zu berücksichtigen, dass der Lizenzgeber durch eine solche Option gehindert wird, eine ausschließliche Lizenz für den noch nicht lizenzierten Teilbereich zu vergeben. Vgl. hierzu auch Rz. 252.

Mengenmäßige Begrenzungen der Lizenzerteilung (z.B. 300 t monatlich)[31], stellen keine Definition des „sachlichen Vertragsgebiets", sondern eine Modifizierung der Lizenzerteilung selbst **(Quotenlizenz)** dar, nicht anders wie die zeitliche Abgrenzung. Auch die Inhaltsformen des Lizenzvertrags, die oben im 3. Kapitel behandelt sind, also insbesondere die Begriffspaare „Herstellungs- und Vertriebslizenz" sowie „einfache und ausschließliche Lizenz" gehören ebenfalls nicht zur Definition des „sachlichen Vertragsgebiets". Sie resultieren bei der Patentlizenz nicht aus § 14 PatG 1981, sondern aus § 9 PatG 1981[32].

204 Ein interessantes Rechtsproblem ist die Frage, ob eine **Überschreitung der Lizenzerteilung** durch den Lizenznehmer beim **Patentlizenzvertrag** nur eine **Vertragsverletzung** oder auch eine **Patentverletzung** darstellt. Schrifttum[33] und Rechtsprechung[34], auch in anderen Rechtsordnungen, bejahen zutreffend die **doppelte** Verletzung im Einklang mit § 15 Abs. 2 S. 2 PatG 1981 (Art. 43 Abs. 2 GPÜ). Es ist hierbei allerdings zwischen solchen Verletzungen, die den Gegenstand und Umfang der Benutzungsbefugnis betreffen, und solchen, die ein bestimmtes Verhalten im gewerblichen, insbesondere kaufmännischen Verkehr, beinhalten, zu unterscheiden[35]. Im letzteren Fall handelt es sich um bloße Vertragsverletzungen. *Roubier*[36] formuliert diese Unterschei-

---

29 *Reimer*, S. 465 f. (Anm. 13 zu § 9).
30 *Henn*, S. 30; *Gaul/Bartenbach*, Handbuch, Tz. K 76, 165, 166; *Pagenberg/Geissler*, S. 36 (Tz. 34, 35).
31 *Lüdecke/Fischer*, S. 423; *Reimer*, S. 465 (Anm. 12 zu § 9); *Benkard*, Anm. 40 zu § 15; *Bartenbach/Gennen*, Rz. 1340; *Gaul/Bartenbach*, Handbuch, Tz. K 155.
32 Vgl. *Bartenbach/Gennen*, Rz. 1305
33 *Lichtenstein*, S. 78 sowie in NJW 1965/1843; *Bernhardt/Kraßer*, Anm. VI 2 zu § 40; *Benkard*, Anm. 42, 43 zu § 15; *Pagenberg/Geissler*, S. 100 (Tz. 128); *Bartenbach/Gennen*, Rz. 1181, 1306; *Roubier*, II S. 269 f.; *Stumpf*, Lizenzvertrag, Anm. 180, 184 und 581; *Isay*, S. 366; *Klauer/Möhring*, Anm. 54 zu § 9; *Rasch*, S. 90; *Kohler*, S. 523; *Pietzcker*, Anm. 25 zu § 6; *Henn*, S. 30 f. Hiervon ist der Fall zu unterscheiden, dass der Lizenzvertrag bei einem Verstoß gegen gesetzliche Vorschriften (z.B. Kartellrecht) nichtig ist, der Lizenzgeber also in seinem Patentrecht nicht verletzt ist. Vgl. hierzu *Osterloh* in GRUR 1985/70.
34 RGZ 135/145, 148 f.; BGH GRUR 1967/676, 680.
35 Vgl. *Benkard*, Anm. 43 zu § 15; RGZ 51/139, 141.
36 II S. 269 f.

dung in Bezug auf die Rechtsprechung des französischen Kassationshofes wie folgt: „En un mot, il faut distinguer ce qui constitue violation du monopole du breveté de ce qui constitue simple violation du contrat." *Lichtenstein*[37] definiert das gleiche Problem für das nordamerikanische Recht dahin, dass eine Patentverletzung immer dann vorliege, wenn der Lizenzvertrag „im engeren Sinne" verletzt wird. Eine Vertragsverletzung sei dann gegeben, wenn die Bestimmungen des Lizenzvertrages „im weiteren Sinne" verletzt werden. Vgl. hierzu auch unter prozessualen Aspekten unten § 31, Abschnitt 2 (8. Kapitel).

205 Beim Know-how-Lizenzvertrag wird das „sachliche Vertragsgebiet" aus der **Geheimnissubstanz des Know-how** frei definiert.

206 Es ist üblich und ratsam, die der Lizenzerteilung auf dem „sachlichen Vertragsgebiet" zugrunde liegenden Patente, Patentanmeldungen und das einschlägige Know-how in Anlagen zum Lizenzvertrag aufzulisten,

– Anhanganlagen 1, 2, 3 (Randziffer 1),
7 (Randziffer 1.2 und 1.3) und 8 (Randziffer 1) –

wobei die Patente und Patentanmeldungen nach den einzelnen Ländern ihrer Erteilung (territorialer Geltungsbereich) abgegrenzt werden.

§ 14 Örtliches Vertragsgebiet

207 Wie in Rz. 195 dargelegt, ist das **„örtliche Vertragsgebiet"** einer **Patentlizenz** maximal mit dem **territorialen Geltungsbereich** des erteilten Patents bzw. der Patentanmeldung **(Grundsatz der Territorialität)**[38] identisch. Das „örtliche Vertragsgebiet"

– Anhanganlagen 1, 2, 3 (Randziffer 4a), 6 (Randziffer 3a),
7 (Randziffer 1.7), 8 (Randziffer 3a) und 10 (Randziffer 2) –

kann nur gleich oder kleiner als dieser Geltungsbereich, nicht größer sein. Enthält der Patentlizenzvertrag keine Absprache über das „örtliche Vertragsgebiet", so decken sich der territoriale Geltungsbereich des erteilten Patents bzw. der Patentanmeldung und derjenige der Lizenz[39]. Die gebietsbezogenen Lizenzvertragsbestimmungen werden als **„Bezirkslizenz"** oder **„Gebietslizenz"** bezeichnet[40]. Auch Art. 73 EPÜ und Art. 42 Abs. 1 GPÜ erlauben die Begrenzung der Lizenz auf bestimmte **Hoheitsgebiete**[41].

---

37 In NJW 1965/1843.
38 Vgl. hierzu *Benkard*, Anm. 8 zu § 9; RGZ 149/103, 105.
39 Vgl. hierzu *Benkard*, Anm. 37 zu § 15; *Stumpf*, Lizenzvertrag, Anm. 182; *Pagenberg/Geissler*, S. 242, 244 (Tz. 26).
40 Vgl. hierzu *Benkard*, Anm. 37 zu § 15; *Bernhardt/Kraßer*, Anm. VI 1 zu § 40; *Haver/Mailänder*, S. 46; *Stumpf*, Lizenzvertrag, Anm. 182.
41 Vgl. hierzu *Benkard*, Anm. 37 zu § 15; *Stumpf*, Lizenzvertrag, Anm. 182; *Bartenbach/Gennen*, Rz. 1206–1210.

Hiervon zu scheiden ist die Lizenzierung eines **Bündels von Patenten und Patent-**   208
anmeldungen. Wenn, wie üblich, für eine bestimmte Erfindung Anmeldungen nicht nur für den Geltungsbereich des PatG 1981 erfolgt sind, sondern auch für den Geltungsbereich ausländischer Patentgesetze, kann selbstverständlich das „örtliche Vertragsgebiet" auf den Geltungsbereich auch dieser Patentgesetze erweitert werden. Rein systematisch stellt dieser Vorgang jedoch keine Abweichung von dem erwähnten Grundsatz dar, da es sich formal um so viele Lizenzerteilungen handelt, wie Patente erteilt bzw. angemeldet sind. Durch das europäische Patent gemäß Übereinkommen über die Erteilung europäischer Patente vom 5.10.1973 (EPÜ)[42], das in den Mitgliedstaaten dieses Übereinkommens unmittelbare Gültigkeit besitzt, wird den Vertragspartnern eines Lizenzvertrags die Möglichkeit geboten, das „örtliche Vertragsgebiet" auf den Geltungsbereich dieses Patents zu fixieren, also über die Grenzen der einzelnen Mitgliedstaaten dieses Abkommens hinaus. Vgl. hierzu Rz. 4.

Das „örtliche Vertragsgebiet" von **Know-how-Lizenzen** unterliegt der Vertragsfrei-   209
heit, wobei allerdings kartellrechtlich (vgl. hierzu Rz. 369, 411) zu beachten ist, dass dem Lizenznehmer nicht über die Lizenzierung der Geheimnissubstanz des Knowhow hinausgehende Verpflichtungen (z.B. Exportverbote) auferlegt werden. Die Zuordnung auf einen bestimmten Staat oder auf bestimmte Staaten stellt als solche noch keine unzulässige Verpflichtung dar, wobei anders als beim Patentlizenzvertrag keine örtlichen Vorgaben (Land der Patentanmeldung) zu beachten sind[43]. Zu berücksichtigen ist in diesem Zusammenhang die Strafbestimmung des § 18 UWG[44], die Schutzgesetz i.S. § 823 Abs. 2 BGB (Schadensersatzverpflichtung) ist[45].

Das im Zuge der **deutschen Wiedervereinigung** zwecks Regelung der territorialen Gültigkeit der in beiden deutschen Teilstaaten angemeldeten und erteilten Patente erlassene **Erstreckungsgesetz (ErstrG)** vom 23.4.1992[46] sieht eine der Erstreckung der Schutzrechte (§ 3) entsprechende Erstreckungsregelung für die Lizenz bewusst nicht vor[47].

Das „örtliche Vertragsgebiet" ist ohne Schwierigkeiten abzugrenzen, zumindestens auf den **Zeitpunkt des Vertragsabschlusses** bezogen. Die verhältnismäßig klare geographische beziehungsweise politische Festlegung von Ländern, Provinzen, Staaten und Staatenverbindungen vermittelt hier eindeutige Definitionsmöglichkeiten[48]. Sowohl Herstellungs-[49] als auch Vertriebslizenzen[50] werden örtlich für solche geographische oder politische Gebietseinheiten vergeben, wobei es stets zweckmäßig ist, auf

---

42 Vgl. *Benkard*, Einl., EPÜ, Anm. 101, 104.
43 Vgl. zu den diesbezüglichen kartellrechtlichen Aspekten *Stumpf*, Lizenzvertrag, Anm. 189; *ders.* Know-how-Vertrag, Anm. 265 ff.
44 Vgl. *Stumpf*, Lizenzvertrag, Anm. 189.
45 Im Gegensatz zu § 3 UWG (BGH NJW 1974/1503). Ohne Einschränkung *Sack* in NJW 1975/1303; *ders.* in BB 1974/1369.
46 BGBl I S. S. 938. Vgl. hierzu *Gaul/Bartenbach*, Handbuch, Tz. K 132.
47 Vgl. hierzu *Benkard*, Anm. 37 zu § 15; *Bartenbach/Gennen*, Rz. 1231.
48 *Benkard*, Anm. 8 zu § 9; BGH GRUR 1968/195, 196; RGZ 30/52, 55; 46/14, 51/139, 140; 84/370, 375.
49 *Stumpf*, Lizenzvertrag, Anm. 515; *Henn*, S. 31; *Benkard*, Anm. 38 zu § 15.
50 *Stumpf*, Lizenzvertrag, Anm. 527; *Henn*, S. 32; *Benkard*, Anm. 38 zu § 15.

die „im Zeitpunkt des Vertragsabschlusses" bestehenden Definitionen abzustellen um spätere (heute häufige) Änderungen nicht automatisch einzubeziehen. Eine solche Automatik kann für beide Vertragsteile riskant sein und außerdem zu Inoperabilität des Vertrages führen. Eine Anpassungsverpflichtungsklausel trägt den Interessen der Vertragspartner „unter den gegebenen Umständen" mehr Rechnung, vor allem wenn diese im gegebenen Zeitpunkt angemessen zu berücksichtigen sind.

Wird vom Patentlizenznehmer das innerhalb des territorialen Geltungsbereichs des Patents lizenzierte „örtliche Vertragsgebiet" **überschritten**, liegt hierin nicht nur eine Vertragsverletzung, sondern im Einklang mit § 15 Abs. 2 S. 2 PatG 1981 (Art. 43 Abs. 2 GPÜ) auch eine Patentverletzung[51]. Vgl. hierzu Rz. 204 in Bezug auf das „sachliche Vertragsgebiet".

§ 15 Persönliches Vertragsgebiet

210 Jeder Lizenzvertrag muss persönlich abgegrenzt werden. Hierunter ist das **„persönliche Vertragsgebiet"** zu verstehen, also die Definition des **Lizenzgebers** einerseits und des **Lizenznehmers** unter Einschluss eventueller Unterlizenznehmer

– Anhanganlagen 1, 2, 3 (Randziffer 3), 6 (Randziffer 2) und 10 (Randziffer 1 e) –

andererseits.

211 Die **Definition des Lizenzgebers** bereitet keine besonderen Schwierigkeiten. Bei natürlichen Personen ist die betreffende Person Lizenzgeber, bei juristischen Personen ergibt sich analog der Konzernlizenz auf der Lizenznehmerseite (vgl. oben 3. Kapitel, § 11, Abschnitt 2) das Problem, ob und inwieweit die „verbundenen Unternehmen" i. S. § 15 AktG[52] einbezogen sind. Dies kann für die Pflichten des Lizenzgebers große Bedeutung haben. Der Lizenzvertrag muss diese Frage demnach abklären. Grundsätzlich ist der Lizenzgeber identisch mit dem Inhaber des Patents bzw. der Patentanmeldung oder dem Inhaber des Know-how. Dies muss aber nicht so sein. Einmal kann der Lizenzgeber selbst Lizenznehmer des Inhabers des Patents, der Patentanmeldung oder des Know-how sein. Sein Lizenznehmer ist also gegenüber diesen Inhabern Unterlizenznehmer. Vgl. hierzu oben § 10 (3. Kapitel). Zum anderen kann der Lizenzgeber im eigenen Namen für Rechnung dieser Inhaber auftreten, also ein Kommissiongeschäft ausführen.

---

51 *Stumpf*, Lizenzvertrag, Anm. 184; *Benkard*, Anm. 42 zu § 15; RGZ 135/145, 148 f.; BGH GRUR 1967/676, 680.
52 Vgl. hierzu *Henn*, Handbuch des Aktienrechts, 7. Auflage, 2002, Rz. 203 ff. Vgl. zum kartellrechtlichen Begriff auch Art. 12 PatLizVO, Art. 1 Abs. 7 Nummer 13 Know-how-VO sowie Art. 10 Nummer 14 TechTraVO. Hierzu Rz. 402, 413.

Schließlich ist die Frage der **Rechtsnachfolge** dieser Inhaber zu beantworten. Es geht hier um den **Sukzessionsschutz des Lizenznehmers** gegenüber dem Rechtsnachfolger

– Anhanganlagen 1, 2, 3 (Randziffer 58), 6 (Randziffer 42),
7 (Randziffern 18.2, 18.6), 8 (Randziffer 25) und 10 (Randziffer 12) –

des Lizenzgebers[53]. Vgl. hierzu Rz. 71 ff., 500, 501.

Ungleich wichtiger als die Definition des Lizenzgebers, die meist einfach und unkompliziert zu bewirken ist, ist verständlicherweise die **Definition des Lizenznehmers**[54]. Hier geht es zunächst ebenfalls um die Frage, ob die Lizenz einer natürlichen oder einer juristischen Person gewährt wird, und sodann um die Frage, ob die Lizenz personen- oder betriebsgebunden (Betriebslizenz) ist. Im Falle der Lizenzgewährung an eine juristische Person spielt die Frage des Einbezugs der „verbundenen Unternehmen" i.S. §§ 15 ff. AktG (Konzernlizenz) eine große Rolle. Schließlich ist von erheblicher Bedeutung, ob der Lizenznehmer befugt ist, Unterlizenzen und gegebenenfalls unter welchen Bedingungen zu vergeben. Zur Unterlizenz vgl. oben § 10, zur Betriebslizenz § 11, Abschnitt 1, und zur Konzernlizenz Abschnitt 2 (3. Kapitel).   **212**

---

53 *Stumpf*, Lizenzvertrag, Anm. 36, 39, 359, 385.
54 Vgl. hierzu *Benkard*, Anm. 30 und 39 zu § 15; *Stumpf*, Lizenzvertrag, Anm. 40–42.

5. Kapitel
Rechtsbestand und Auslegung des Lizenzvertrags

213 Wie in Rz. 10 dargelegt, erfolgt die Lizenzierung durch **Vertrag zwischen dem Lizenzgeber und dem Lizenznehmer (Lizenzvertrag)**[1]. Unter einem „Vertrag" ist die von zwei oder mehr Personen erklärte Willensübereinstimmung über die Herbeiführung eines bestimmten rechtlichen Erfolgs zu verstehen (§§ 145 ff. BGB)[2]. Auf den Lizenzvertrag kommen die Bestimmungen des 1. Buches (3. Abschnitt) und des 2. Buches (1. sowie 3.–7. Abschnitt) des BGB über

1. die Rechtsgeschäfte (§§ 104–185),
2. den Inhalt der Schuldverhältnisse (§§ 241–304),
3. die Schuldverhältnisse aus Verträgen (§§ 311–359),
4. das Erlöschen der Schuldverhältnisse (§§ 362–397),
5. die Übertragung der Forderung, die Schuldübernahme und die Mehrheit von Schuldnern und Gläubigern (§§ 398–432)

wegen ihres allgemeinen, grundsätzlichen Charakters ohne Einschränkung zur Anwendung. Die Vorschriften des 2. Buches (2. Abschnitt) über die „Allgemeinen Geschäftsbedingungen" gemäß §§ 305–310 haben keinen lizenzrechtlichen Bezug. Die Bestimmungen des 2. Buches (8. Abschnitt) über die „einzelnen Schuldverhältnisse", die in den §§ 433–853 enthalten sind, können mit Ausnahme der voll anwendbaren Bestimmungen über die ungerechtfertigte Bereicherung (§§ 812–822) und über die unerlaubten Handlungen (§§ 823–853) hingegen wegen des besonderen Rechtscharakters des Lizenzvertrags nur in analoger Form (insbesondere das Miet- und Pachtsowie das Gesellschaftsrecht) angewendet werden. Vgl. hierzu oben § 6 (2. Kapitel)[3].

Für Lizenzverträge gilt hierbei der Grundsatz der **Vertragsfreiheit**[4], der nur durch **kartellrechtliche Vorschriften** eingeschränkt wird[5]. Vgl. hierzu unten 7. Kapitel.

Die vorerwähnten Vorschriften des BGB wurden durch das **Gesetz zur Modernisierung des Schuldrechts (SMG)** vom 26.11.2001[6] nicht unerheblich novelliert. Der lizenzrechtliche Bezug wird hierbei jedoch nur unwesentlich betroffen. Dies liegt daran, dass diese Novelle, veranlasst durch diverse EG-Richtlinien, vorrangig dem Verbraucherschutz dient, der nichts mit dem Lizenzrecht zu tun hat.

---

1 *Bernhardt/Kraßer*, Anm. IV zu § 40; *Benkard*, Anm. 33 zu § 15; *Stumpf*, Lizenzvertrag, Anm. 43 ff.
2 BGB/RGRK/*Piper*, Anm. 2–4 vor § 145; *Dilcher* bei *Staudinger*, Anm. 5–9 vor § 145; *Stumpf*, Lizenzvertrag, Anm. 46; RGZ 157/228, 233; BGHZ 21/102, 106; 26/204, 208; 55/104; BGH NJW 1971/521.
3 Vgl. hierzu *Stumpf*, Lizenzvertrag, Anm. 43, 44.
4 *Stumpf*, Lizenzvertrag, Anm. 43; *Benkard*, Anm. 34, 35, 137, 139 zu § 15.
5 *Stumpf*, Lizenzvertrag, Anm. 43; *Benkard*, Anm. 34, 137 zu § 15; *Skaupy* in GRUR 1964/539; *Möhring*, FS *Nipperdey* II (1965), S. 415.
6 BGBl I S. 3138. Vgl. zu den Motiven *Palandt*, Rz. 21 ff. vor § 241.

In den nachfolgenden §§ 16 und 17 ist einerseits der Rechtsbestand und andererseits die Auslegung des Lizenzvertrages zu erörtern, also die formelle und die materielle Seite des Vertragsabschlusses. Die Rechte und Pflichten der Vertragspartner sind sodann Gegenstand der §§ 18–26 (6. Kapitel).

§ 16 Rechtsbestand des Lizenzvertrags

Unter „Rechtsbestand" des Lizenzvertrags ist die **formelle Aufrechterhaltung des Lizenzvertrags** nach seinem Abschluss zu verstehen. Dieser „Rechtsbestand" zeigt sich spiegelbildlich in seiner Aufhebung, die einerseits vom Eintreten bestimmter Ereignisse ab (ex nunc) oder rückwirkend auf den Vertragsabschluss (ex tunc) andererseits erfolgen kann. Diese Ereignisse können sowohl auf Erklärungen der Vertragspartner als auch auf dem Gegebensein bestimmter Vorgänge beruhen. 214

Der „Rechtsbestand" kann in folgender Hinsicht gefährdet sein:
1. Beendigung der Laufzeit infolge Festzeitklausel oder Kündigung.
2. Rücktritt.
3. Wegfall der Geschäftsgrundlage.
4. Willensmängel und Nichtigkeit.
5. Tod und Verlust der Rechtsfähigkeit.

Diese 5 Tatbestände sind Gegenstand der nachfolgenden Abschnitte.

Abschnitt 1
Beendigung der Laufzeit infolge Festzeitklausel oder Kündigung

Der **Patentlizenzvertrag** gilt im Zweifel als für die **Schutzdauer des Patents (§ 16 PatG 1981)** abgeschlossen[7]. Vgl hierzu Rz. 197. Eine küzere Laufzeit kann vereinbart werden, nicht jedoch eine längere, weil das **Kartellrecht** dies nicht zulässt[8]. Zulässig sind hingegen so genannte **Längstlaufklauseln**, d.h. Vereinbarungen bei einem Bündel von lizenzierten Patenten 215

– Anhanganlagen 1, 2, 3 (Randziffer 49) und 4 (Randziffer 11.1) –

---

7 *Benkard*, Anm. 36 zu § 15; *Henn*, S. 83 ff., *Stumpf*, Lizenzvertrag, Anm. 477; *Nirk*, S. 253; *Busse*, S. 253, 254 (Anm. 28 zu § 9); *Troller*, II S. 836; *Pollzien* bei *Pollzien/Langen*, S. 177; *Schulte*, Anm. 55 zu § 15; *Chavanne/Burst*, Nr. 234; RG GRUR 1937/1003, 1005; 1940/558, 559; BGH I ZR 182/57.
8 *Stumpf*, Lizenzvertrag, Anm. 478, 479, 556; *Schulte*, Anm. 55 zu § 15; *Pagenberg/Geissler*, S. 176, 178 (Tz. 290–292); *Nirk*, S. 253; BGH GRUR 1955/472 ff. = BB 1955/394 = DB 1955/452; OLG Hamburg GRUR 1952/567; *Möhring* in GRUR 1950/496; vgl. jedoch EuGH in GRUR Int. 1990/458.

über eine Vertragsbeendigung mit dem Ablauf des letzten lizenzierten Patents[9]. Vgl. hierzu Rz. 198, 199, 370, 410.

216 Ein **Know-how-Lizenzvertrag** gilt im Zweifel für die Zeit abgeschlossen, in der das Know-how **geheim, also nicht offenkundig** ist[10]. Eine kürzere Laufzeit kann vereinbart werden, nicht jedoch eine längere. Vgl. Rz. 197. Auch hier sind die **kartellrechtlichen** Grenzen zu beachten[11].

217 Um Zweifel auszuschließen, empfiehlt es sich, **ausdrückliche Vereinbarungen über die Laufzeit des Lizenzvertrags** zu treffen, was auch der Üblichkeit entspricht[12]. Dies liegt zumeist im Interesse beider Vertragspartner. Der Lizenzgeber will den Markt für seine Patente und sein Know-how erschließen und optimal abdecken, bei ausschließlichen, aber auch bei einfachen Lizenzen muss er andererseits beachten, dass er sich nicht zu lange bindet. Der Lizenznehmer ist daran interessiert, einen ausreichenden zeitlichen Schutz für seine Planungen, Investitionen und Unterverträgsbindungen zu erhalten. Andererseits will er sich nicht über diese Interessen hinaus binden, wenn dies mit finanziellen oder sonstigen Verpflichtungen verbunden ist[13].

218 Im Falle einer **Festzeitklausel**, vor allem wenn diese bei einem Patentlizenzvertrag die Form einer Längstlaufklausel hat, oder bei einem Know-how-Lizenzvertrag analog auf dem Offenkundigwerden des Know-how basiert, sollte der Lizenzvertrag deshalb **Kündigungsbestimmungen** zwecks vorzeitiger Beendigung des Lizenzvertrags im Wege einseitiger empfangsbedürftiger Willenserklärung[14] enthalten, die auf diese Interessen der Vertragspartner zugeschnitten sind[15]. Über dieses ordentliche, meist auf bestimmte Zeitabschnitte (z.B. auf das Ende jedes Vertragsjahres) abgestellte, mit einer angemessenen Frist (z.B. 6 Monate) ausgestattete Kündigungsrecht[16]

– Anhanganlagen 1, 2, 3 (Randziffer 50), 6 (Randziffer 34), 7 (Randziffer 15.4),
8 (Randziffer 18), 9 (§ 5), 10 (Randziffer 7 a), 14 (Randziffer 7.2) und 18 –

---

9 *Stumpf*, Lizenzvertrag, Anm. 557; *Haver/Mailänder*, S. 103; *Rasch*, S. 113; *Henn*, S. 65 und 101 f.; *Benkard*, Anm. 158 zu § 15; *Reimer*, S. 580 (Anm. 112 zu § 9); *Lemke* bei *Langen*, S. 144; *Mathèly* bei *Langen*, S. 153; *Blum* bei *Langen*, S. 399; *Homburger/Jenny* bei *Pollzien/Bronfen*, S. 289; *Pollzien* bei *Pollzien/Bronfen*, S. 327; *Knoppe*, S. 17, 18; *Blum/Pedrazzini*, Anm. 12 zu Art. 34; *Troller*, II S. 836; *Hunna* bei *Langen*, S. 356 und 357; *Zapel*, S. 134; *Lichtenstein*, S. 186; *Roubier*, II S. 273; *Lüdecke/Fischer*, S. 576 und 577; *H. Tetzner*, Anm. 13 zu § 9; *Ellis/Deller*, § 282, unter Hinweis auf das Urteil in Sachen St. Paul Plow Works v. Starling = 140 US 184; *Terrell*, Anm. 632; RG GRUR 1937/1003, 1005; BGHZ 17/41, 55.
10 *Stumpf*, Know-how-Vertrag, Anm. 208; *ders.*, Lizenzvertrag, Anm. 483; *Troller*, II S. 836.
11 *Stumpf*, Know-how-Vertrag, Anm. 260.
12 *Stumpf*, Lizenzvertrag, Anm. 478; *Lüdecke/Fischer*, S. 580 f.; *Benkard*, Anm. 36 zu § 15; BGH GRUR 1955/468 ff.
13 Vgl. hierzu *Stumpf*, Lizenzvertrag, Anm. 478; *Henn*, S. 101 ff.
14 *Soergel*, Anm. 12 vor § 346; Münch-Komm. *Janßen*, Anm. 19 vor § 346; RGZ 90/330; BGHZ 85/50 = NJW 1983/33.
15 Vgl. hierzu *Stumpf*, Lizenzvertrag, Anm. 477, 483, 484; *ders.*, Know-how-Vertrag, Anm. 208; *Pollzien* bei *Pollzien/Langen*, S. 177.
16 Über die diesbezügliche analoge Anwendbarkeit oder Nichtanwendbarkeit der pachtrechtlichen Vorschrift des § 594a Abs. 2 BGB (Kündigung zum Jahresende mit halbjährlicher Kündigungsfrist) bei Patentlizenzverträgen (nein) und bei Know-how-Lizenzverträgen (ja) vgl. *Stumpf*, Lizenzvertrag, Anm. 477, 483; *ders.*, Know-how-Vertrag, Anm. 208; *Haver/Mailänder*, S. 62. Der zitierten Vorschrift des § 595 BGB entspricht seit dem 1.7.1986 (Gesetz vom 8.11.1985 = BGBl I S. 2065) die Vorschrift des § 594a Abs. 2 BGB, die durch das Mietrechtsreformgesetz (MietRRG) vom 19.6.2001 (BGBl I S. 1149) nur redaktionell geändert wurde. Vgl. hierzu *Palandt*, Rz. 1–4 zu § 594a; *Benkard*, Anm. 32 zu § 15.

hinaus sind außerordentliche Kündigungsrechte in folgenden Fällen denkbar:

1. Kündigung aus wichtigem Grunde,
2. Kündigung bei Vertragsverletzungen,
3. Kündigung bei Zahlungsunfähigkeit oder Überschuldung sowie bei Eröffnung des Insolvenzverfahrens. Vgl. hierzu unten Rz. 221.

Die **Kündigung „aus wichtigem Grunde"** entspricht einem allgemeinen Rechtsgedanken bei Dauerschuldverhältnissen und stellt ein aus dem unverzichtbaren[17] Grundsatz von Treu und Glauben (§ 242 BGB) abgeleitetes Sonderkündigungsrecht 219

– Anhanganlagen 1, 2, 3 (Randziffer 50), 4 (Randziffer 11.2),
6 (Randziffer 35), 8 (Randziffer 18) und 10 (Randziffer 7 b) –

dar[18]. Die Rechtsprechung hatte ein solches Kündigungsrecht zunächst nur bei Lizenzverträgen mit gesellschaftsrechtlichem Einschlag oder bei gesellschaftsähnlichen Lizenzverträgen in entsprechender Anwendung des §§ 723 BGB anerkannt[19]. Vgl. Rz. 106. Später fand dieses Kündigungsrecht im Hinblick auf den **Dauerschuldcharakter** des langfristigen Lizenzvertrags unter dem Gesichtspunkt des hiermit begründeten Vertrauensverhältnisses allgemein Anerkennung[20]. Hierbei kommt die pachtrechtliche Vorschrift des § 581 Abs. 2 i.V.m. § 543 BGB in Anwendung[21]. Dieses Kündigungsrecht ist nunmehr nach Maßgabe des **Gesetzes zur Modernisierung des Schuldrechts (SMG)** vom 26.11.2001[22] gesetzlich in den §§ 313 Abs. 3 S. 2, 314 Abs. 1 BGB fixiert[23]. Vgl. hierzu Rz. 346.

Die Kündigung „aus wichtigem Grunde"[24] muss **nicht stets fristlos** erfolgen, obwohl dies die Regel ist. Aus den besonderen Verhältnissen kann die Einhaltung einer angemessenen Frist unter dem Aspekt von Treu und Glauben folgen[25]. Auch eine **„Abmahnung"**, d.h. ein Hinweis des Kündigungsberechtigten auf das Risiko der Kün-

---

17 Dies folgt aus dem Charakter des Lizenzvertrags als eines gesellschaftsähnlichen Rechtsverhältnisses oder eines Rechtsverhältnisses, durch das ein besonderes Vertrauensverhältnis begründet wird. Vgl. hierzu *Benkard*, Anm. 128 zu § 15; RG GRUR 1932/592, 596; 1939/377, 379.
18 Vgl. hierzu *Stumpf*, Lizenzvertrag, Anm. 485, 486; *ders.*, Know-how-Vertrag, Anm. 210; *Benkard*, Anm. 120 zu § 15; *Henn*, S. 102; *Lüdecke/Fischer*, S. 500, 503; *H. Tetzner*, Anm. 10 zu § 9; *Haver/Mailänder*, S. 62 f.; *Busse*, S. 254 (Anm. 28 zu § 9); RG GRUR 1936/1056, 1059; 1938/195 = RGZ 142/215; BGH NJW 1951/836; BGH GRUR 1959/616 ff.
19 RGZ 142/212, 214, 215 mit weiteren Nachweisen; RG GRUR 1938/567, 574; BGH GRUR 1955/338; 1959/616, 617; 1964/326, 329. Vgl. hierzu *Benkard*, Anm. 95, 121, 125 zu § 15, *Schulte*, Anm. 56 zu § 15; *Busse*, S. 254 f. (Anm. 29 zu § 9) und *Stumpf*, Lizenzvertrag, Anm. 487.
20 BGH GRUR 1956/93, 95; 1958/175, 177; 1959/616; 1997/610; *Schulte*, Anm. 56 zu § 15; *Bartenbach/Gennen*, Rz. 2440; *Benkard*, Anm. 122 zu § 15; *Stumpf*, Lizenzvertrag, Anm. 487; *ders.*, Know-how-Vertrag, Anm. 210; *Gaul/Bartenbach*, Handbuch, Tz. K 11.
21 *Stumpf*, Lizenzvertrag, Anm. 487; *ders.*, Know-how-Vertrag, Anm. 210.
22 BGBl I S. 3138. Zu den Motiven vgl. *Palandt*, Rz. 21 ff. vor § 241.
23 Vgl. hierzu *Pagenberg/Geissler*, S. 182 (Tz. 301).
24 Zur vertraglichen Formulierung vgl. *Stumpf*, Lizenzvertrag, Anm. 488.
25 *Stumpf*, Lizenzvertrag, Anm. 488; *Benkard*, Anm. 128 zu § 15; BGH GRUR 1959/384, 388; 1959/616, 617; OLG Hamburg NJW 1956/26.

digung[26], kann in Betracht kommen[27]. Die Verpflichtung zur Abmahnung entfällt allerdings, wenn eine Vertragsfortsetzung ausscheidet[28].

Ein „wichtiger Grund" zur vorzeitigen Kündigung des Lizenzvertrags liegt vor, wenn sich Umstände ergeben, bei denen es dem Kündigenden nach **Treu und Glauben** billigerweise **nicht mehr zugemutet** werden kann, an dem Vertrage festzuhalten[29]. Ein „wichtiger Grund" ist nach Maßgabe der bisherigen Lehre und Rechtsprechung bei einer erheblichen Erschütterung der Vertrauensgrundlage gegeben[30]. Nunmehr bestimmt § 314 Abs. 1 S. 2 BGB diesen wie folgt[31]: „Ein wichtiger Grund liegt vor, wenn dem kündigenden Teil unter Berücksichtigung aller Umstände des Einzelfalls und unter Abwägung der beiderseitigen Interessen die Fortsetzung des Vertragsverhältnisses bis zur vereinbarten Beendigung oder bis zum Ablauf einer Kündigungsfrist nicht zugemutet werden kann." Die objektive Erschütterung der Vertrauensgrundlage ist ausreichend, wenn sie das Einvernehmen zwischen den Vertragspartnern endgültig zerstört hat und einem der Beteiligten das Festhalten am Vertrag nicht mehr zugemutet werden kann[32]. Zerstört ein Unterlizenznehmer das Vertrauensverhältnis, so kommt es auf das diesbezügliche Verhalten des Lizenznehmers an[33]. Es muss anzunehmen sein, dass eine vernünftige Zusammenarbeit der Vertragspartner nicht mehr möglich ist[34]. Die Rechtsprechung[35] hat diesbezüglich folgende Tatbestände entwickelt: Unüberwindliche Meinungsverschiedenheiten[36], beharrliches Leugnen der Vertragspflichten und Leistungsverweigerung[37], Verstoß des Lizenzgebers gegen vertragliche Mitwirkungspflichten[38], dauernde Schlechtlieferung des Vertragsprodukts durch den Lizenznehmer[39], wirtschaftliche Unverwertbarkeit des Vertragsprodukts[40], Verletzung der vertraglichen Ausführungspflicht durch den Lizenznehmer[41].

220 Die **Kündigung bei Vertragsverletzungen** stellt keine gesetzliche, sondern eine **vertraglich zu vereinbarende Kündigungsmöglichkeit** dar,

– Anhanganlagen 1, 2, 3 (Randziffer 50), 7 (Randziffer 15.2),
8 (Randziffer 18) und 10 (Randziffer 7 b) –

---

26 *Benkard*, Anm. 128 zu § 15; *Schulte*, Anm. 56 zu § 15; BGH GRUR 1959/384, 388; 1959/616, 617.
27 Für eine Verpflichtung unter Hinweis auf BGH GRUR 1997/610; *Schulte*, Anm. 56 zu § 15; *Bartenbach/Gennen*, Rz. 2441
28 *Benkard*, Anm. 128 zu § 15; BGH WM 1981/331, 332.
29 *Benkard*, Anm. 125 zu § 15; *Schulte*, Anm. 56 zu § 15; RGZ 142/212, 215; RG GRUR 1938/195, 200; BGH GRUR 1958/175, 177; BGH BB 1997/1503.
30 *Benkard*, Anm. 125 zu § 15; RGZ 142/212, 218; RG GRUR 1937/1003, 1005; 1938/195, 200; BGH GRUR 1995/338, 339.
31 Vgl. hierzu *Palandt*, Rz. 7 zu § 314; BGHZ 41/108; BGH NJW 1993/1972; 1999/1177.
32 *Benkard*, Anm. 126 zu § 15; RGZ 142/212, 215.
33 BGH GRUR 1964/326, 331; *Benkard*, Anm. 126 zu § 15.
34 *Benkard*, Anm. 126 zu § 15; RGZ 142, 212, 215.
35 Vgl. hierzu *Benkard*, Anm. 126 zu § 15.
36 RG GRUR 1935/812, 813.
37 RG GRUR 1940/339, 342.
38 RG GRUR 1927/907, 908 f.
39 RGZ 65/86, 90.
40 BGH GRUR 1955/338, 341.
41 BGH GRUR 1959/616, 617.

es sei denn, dass die Vertragsverletzungen so gravierend sind, dass im Sinne der vorstehenden Darlegungen das vertragliche Vertrauensverhältnis erschüttert ist[42]. Dies ist nicht der Fall bei Zahlungsrückständen, die im Verhältnis zum Gesamtzahlungsrahmen des Vertrags geringfügig sind[43]. Als weitere Vertragsverletzungen kommen die Nichteinhaltung oder Verletzung von Abrechnungspflichten, von Informations- und Meldeverpflichtungen, der Ausübungspflicht sowie der Geheimhaltungsverpflichtung in Betracht[44].

Soweit die verletzte Vertragsbestimmung **Hauptverpflichtung** ist[45], wie beispielsweise zumeist die Verpflichtung zur Zahlung von Lizenzgebühren, zur Ausübung der Lizenz oder zur Abrechnungserteilung, wird man nach Treu und Glauben mit Rücksicht auf die Verkehrssitte (§ 242 BGB) dann dem anderen Vertragspartner ein **ordentliches Kündigungsrecht auch bei fehlender vertraglicher Vereinbarung** gewähren müssen, wenn ihm das Festhalten am Vertrag unzumutbar ist[46]. Dies dürfte bei kontinuierlicher Vertragsverletzung trotz Abmahnung der Fall sein, wobei sich die Kündigungsfrist nach den berechtigten Interessen beider Vertragspartner richtet[47]. Dieses Kündigungsrecht stellt in seinem Wirkungsgehalt letztlich ein Kündigungsrecht „aus wichtigem Grunde" dar, wie dieses (vgl. die vorstehenden Ausführungen) gemäß § 723 BGB aus Gesellschaftsrecht entwickelt worden ist[48].

Zu den Leistungsstörungen (Verzug, Unmöglichkeit, positive Vertragsverletzung) und deren Rechtsfolgen außerhalb der Vertragskündigung vgl. unten § 25, Abschnitt 1 (6. Kapitel).

Für die **Kündigung im Falle der Zahlungsunfähigkeit** oder **Überschuldung** des Lizenzgebers oder des Lizenznehmers waren bis zum 31.12.1998 die Vorschriften der KO maßgeblich. Dieses Gesetz wurde mit Wirkung vom 1.1.1999 durch die InsO[49] abgelöst. Insoweit können die in Bezug auf die KO erfolgten Hinweise lizenzrechtlicher Natur in Schrifttum und Rechtsprechung nur bedingt herangezogen werden. Dennoch sind sie aussagekräftig und werden deshalb noch zitiert, zumal neuere Aussagen unter dem Aspekt der InsO nicht hinreichend zur Verfügung stehen.

221

---

42 *Benkard*, Anm. 126 und 128 zu § 15. Deshalb ist in diesen Fällen auch kein Ausschluss des Kündigungsrechts zulässig. Vgl. BGH KZR 10/63.
43 *Benkard*, Anm. 126 zu § 15.
44 Vgl. hierzu *Benkard*, Anm. 126 zu § 15; RGZ 65/86, 90; BGH GRUR 1964/326, 331; OLG Karlsruhe GRUR 1992/162, 163.
45 Die Frage, ob eine Verpflichtung als Haupt- oder Nebenverpflichtung zu betrachten ist (vgl. hierzu Rz. 243), hängt in erster Linie vom Parteiwillen ab (RG GRUR 1937/1003, 1006), in zweiter Linie entscheiden die Umstände des Einzelfalls (BGH GRUR 1961/466, 468). Das kann sich auch während der Vertragszeit ändern. Vgl. *Benkard*, Anm. 96 zu § 15; RG GRUR 1937/1003, 1006; BGH GRUR 1961/466, 468.
46 *Benkard*, Anm. 125 zu § 15; RGZ 142/212, 215; RG GRUR 1938/195, 200; BGH GRUR 1955/338, 339.
47 *Stumpf*, Lizenzvertrag, Anm. 488; *Benkard*, Anm. 128 zu § 15; BGH GRUR 1959/384, 388; 1959/616, 617; OLG Hamburg in NJW 1956/26.
48 Vgl. hierzu *Benkard*, Anm. 95, 121, 122 und 125 zu § 15; *Stumpf*, Lizenzvertrag, Anm. 487; RGZ 142/212, 214, 215 mit weiteren Nachweisen; RG GRUR 1938/567, 574; BGH GRUR 1956/93, 95; 1959/616, 617; 1964/326, 329.
49 Vom 5.10.1994 (BGBl I S. 2866), substantiell zuletzt geändert durch Gesetz vom 26.10.2001 (BGBl I S. 2710).

Der vertraglich meist nur zugunsten des Lizenzgebers vereinbarten Kündigung bei **Zahlungsunfähigkeit** sowie bei **Eröffnung des Insolvenzverfahrens** kommt eine erhebliche Bedeutung zu, da die diesbezüglichen gesetzlichen Vorschriften nicht ausreichen[50]. Die Zahlungsunfähigkeit ist der wichtigste Eröffnungsgrund (§ 17 Abs. 1 InsO), dessen Vorhandensein insbesondere dann anzunehmen ist, wenn Zahlungseinstellung erfolgt ist (§ 17 Abs. 2 InsO). Daneben stellt bei juristischen Personen gemäß § 19 Abs. 1 InsO die **Überschuldung** einen zusätzlichen Eröffnungsgrund dar. Das Insolvenzverfahren kann sowohl auf Antrag des Schuldners als auch auf Antrag der Gläubiger eröffnet werden (§§ 13, 14 InsO). Darüber hinaus ist bei juristischen Personen und Gesellschaften ohne Rechtspersönlichkeit jedes Mitglied des Vertretungsorgans antragsberechtigt (§ 15 Abs. 1 InsO).

Wichtig ist demnach, dass die Kündigung des Lizenzvertrags sowohl durch den Lizenzgeber als auch durch den Lizenznehmer bereits bei der Zahlungsunfähigkeit oder der Überschuldung des jeweils anderen Vertragspartners erfolgen kann und nicht die Eröffnung des Insolvenzverfahrens abgewartet werden muss. Dies kann im besonderen Interesse des kündigenden Vertragspartners liegen. Mit der Eröffnung des Insolvenzverfahrens treten keine Veränderungen hinsichtlich der Abwicklung oder Erfüllung eines Lizenzvertrags ein[51]. Dagegen sind solche Gegebenheiten bei der Eröffnung des Insolvenzverfahrens zu beachten[52]. Wenn mangels vertraglicher Regelungen die gesetzlichen Bestimmungen gelten, ist Folgendes zu beachten:

1. **Insolvenz des Lizenzgebers:**
   Kommen miet-pachtrechtliche Bestimmungen auf den Lizenzvertrag in Anwendung (vgl. oben 2. Kapitel, § 6, Abschnitte 1 und 2) bleibt der Lizenzvertrag gemäß § 108 Abs. 1 S. 1 InsO wirksam, d.h. es besteht kein Kündigungsrecht des Insolvenzverwalters[53] oder des Lizenznehmers[54].

2. **Insolvenz des Lizenznehmers:**
   Hier treten zunächst die gleichen Folgen wie vorstehend zu Ziffer 1 im Falle der Insolvenz des Lizenzgebers ein (§ 108 Abs. 1 S. 1 InsO), während nach bisherigem Recht (§ 20 Abs. 1 KO) der Lizenzgeber zum Rücktritt vom Vertrag berechtigt gewesen ist, wenn dem Lizenznehmer bei Eröffnung des Konkursverfahrens der Vertragsgegenstand (Patent, Know-how) noch nicht überlassen war[55]. Allerdings dürfte auch nach neuem Recht ein Kündigungsrecht „aus wichtigem Grunde" (vgl. hierzu Rz. 219, 224) bestehen. Bei entsprechender Vereinbarung im Vertrag, kann der Lizenzgeber auch vom Vertrag zurücktreten. Der Rücktritt (§ 346 BGB) unter-

---

50 Vgl. hierzu *Stumpf*, Lizenzvertrag, Anm. 491 ff; *Pagenberg/Geissler*, S. 184 (Tz. 305).
51 Vgl. jedoch *Benkard*, Anm. 32 zu § 15; RGZ 155/306, 310 ff.; RG GRUR 1935/306, 308.
52 Vgl. hierzu *Stumpf*, Lizenzvertrag, Anm. 492 ff., 497 ff.; *Benkard*, Anm. 32 zu § 15.
53 Zum bisherigen Recht: *Klauer/Möhring*, Anm. 94 zu § 9; *Reimer*, S. 594 ff. (Anm. 123 zu § 9); *Stumpf*, Lizenzvertrag, Anm. 493; *ders.*, Know-how-Vertrag, Anm. 215 a; *Benkard*, Anm. 32 zu § 15; *Mentzel/Kuhn/Uhlenbruck*, Konkursordnung, Kommentar, 10. Aufl., 1986, Anm. 2 a zu § 19; RGZ 89/114, 115; 122/70, 73 ff.
54 Wenn der Lizenznehmer in diesem Fall kündigungsberechtigt sein soll, muss dies gesondert im Vertrag geregelt sein beziehungsweise aus dem Charakter desselben folgen. So zurecht für das bisherige Recht *Stumpf*, Lizenzvertrag, Anm. 494; *ders.*, Know-how-Vertrag, Anm. 215 a.
55 *Stumpf*, Lizenzvertrag, Anm. 497; *ders.*, Know-how-Vertrag, Anm. 215 b; *Reimer*, S. 596 (Anm. 123 zu § 9).

scheidet sich von der Kündigung dadurch, dass der Lizenzvertrag rückwirkend abgewickelt wird (Rückgewährschuldverhältnis), also überhaupt keinen Rechtsbestand hat, während die Kündigung erst vom Zeitpunkt ihres Wirksamwerdens ab gestaltend wirkt. Außerdem unterliegt der Rücktritt keiner besonderen Ausübungsfrist. Vgl. im Übrigen die nachfolgenden Ausführungen in Abschnitt 2.

Im Falle der Eröffnung des Insolvenzverfahrens dürfte stets auch die Frage zu prüfen sein, ob dem anderen Vertragspartner ein Kündigungsrecht **„aus wichtigem Grunde"** zusteht. Vgl. hierzu oben. Dies wird zu bejahen sein, wenn es dem kündigungswilligen Vertragspartner im Hinblick auf die veränderten Verhältnisse unzumutbar sein würde, am Vertrag festzuhalten[56].

Bei **Gesellschaftsverhältnissen** oder **gesellschaftsähnlichen Vertragsverhältnissen** unterliegt die Laufzeit eines in diese Rechtsfiguren eingebrachten Lizenzvertrags einer besonderen Beurteilung[57]. Liegt eine vertragliche Regelung, wie meist, vor, ist diese maßgebend[58]. Andernfalls kommt die Vorschrift des § 723 BGB direkt oder entsprechend in Anwendung, was praktisch auf eine Einschränkung der Kündigung unter dem Gesichtspunkt des Rechtsgrundsatzes von Treu und Glauben (§ 242 BGB) hinausläuft[59]. Zu beachten ist weiterhin die Vorschrift des § 728 BGB. Hiernach wird die Gesellschaft durch Eröffnung des Insolvenzverfahrens über das Vermögen der Gesellschaft oder eines Gesellschafters automatisch aufgelöst.

222

Abschnitt 2

Rücktritt

Der Rücktritt (§ 346 BGB), der durch einseitige empfangsbedürftige Willenserklärung auszuüben ist (§ 349 BGB), hat zum Ziel, zugunsten des Rücktrittsberechtigten den **vor Vertragsabschluss bestehenden Zustand wiederherzustellen (Rückgewährschuldverhältnis)**[60]. Da das Rücktrittsrecht **Gestaltungsrecht** ist, unterliegt es nicht der Verjährung, wohl aber der Verwirkung (§ 242 BGB)[61]. Allerdings kann nach der (neuen) Vorschrift des § 350 BGB, falls nicht ohnehin für die Ausübung des Rücktrittsrechts eine Frist vereinbart worden ist, diese (angemessen) durch Erklärung des Berechtigten bestimmt werden[62] Nach Fristablauf erlischt das Rücktrittsrecht. Das Rücktrittsrecht unterscheidet sich von der Kündigung dadurch, dass es das Schuldverhältnis

223

---

56 Vgl. hierzu *Stumpf*, Lizenzvertrag, Anm. 496 und 499 a. E.; *ders.*, Know-how-Vertrag, Anm. 215a a. E. und 215b a. E.; *Mentzel/Kuhn/Uhlenbruck*, Konkursordnung, Kommentar, 10. Aufl., 1986, Anm. 2 zu § 19.
57 Vgl. hierzu *Stumpf*, Lizenzvertrag, Anm. 488; *Benkard*, Anm. 121 zu § 15; BGH WM 1982/ 588, 589.
58 Vgl. *Benkard*, Anm. 121 zu § 15.
59 Vgl. *Benkard*, Anm. 121 zu § 15; RGZ 142/212, 214; RG GRUR 1938/567, 574.
60 BGB/RGRK/*Ballhaus*, Anm. 12 zu § 346; Münch-Komm. *Janßen*, Anm. 13 und 30 vor § 346; RGZ 71/276, 277; BGHZ 14/153, 156; BGH NJW 1973/1793, 1794.
61 BGB/RGRK/*Ballhaus*, Anm. 6 zu § 346; Münch-Komm. *Janßen*, Anm. 13 vor § 346; BGH NJW 1960/2331.
62 Neuregelung gemäß Gesetz zur Modernisierung des Schuldrechts (SMG) vom 26.11.2001 (BGBl I S. 3138). Vgl. *Palandt*, Rz. 2 zu § 350.

rückwirkend (ex tunc) abwickelt, während die Kündigung im Zeitpunkt ihrer Erklärung (ex nunc) Wirkung entfaltet[63]. Ein gesetzliches Rücktrittsrecht besteht nicht, da die Vorschrift des § 323 Abs. 1 BGB nach Überlassung des Vertragsgegenstands (Patent, Know-how)[64] nicht anwendbar ist, wenn „aus wichtigem Grunde" gekündigt werden kann[65]. Hauptanwendungsgebiet des Rücktritts ist deshalb das vertraglich vereinbarte Rücktrittsrecht[66], und zwar im Falle von unrichtigen Angaben der Vertragspartner zur Vertragsgrundlage, die gesetzlich zu einer Anfechtung wegen arglistiger Täuschung (§ 123 BGB) berechtigen würden. Zum Rücktrittsrecht bei Leistungsstörungen (Verzug, Unmöglichkeit, positive Vertragsverletzung) im Falle des Nichtbestehens dieses Kündigungsrechts „aus wichtigem Grunde" vgl. unten § 25 (6. Kapitel).

Abschnitt 3
Wegfall der Geschäftsgrundlage

224   Der Lizenznehmer hat ein Recht auf Anpassung des Vertragsverhältnisses an **wesentlich veränderte Umstände**, wenn ihm unter Berücksichtigung aller Gegebenheiten, insbesondere der bei Vertragsabschluss erkennbar gewordenen Risikoverteilung, **nicht mehr zugemutet werden kann**, am Vertragsverhältnis **unverändert** festgehalten zu werden, namentlich wirtschaftliche Opfer für die Ausübung der Lizenzpflicht in einem nicht zumutbaren Umfang zu erbringen[67]. Hieraus folgt jedoch **nicht ein kontinuierliches Anpassungsrecht**. Die Anpassung kann nur verlangt werden, wenn sich über einen gewissen Zeitraum gegenüber den Gegebenheiten bei Vertragsabschluss grundlegend veränderte Verhältnisse eingestellt haben, die ohne Berücksichtigung im Wege der Vertragsanpassung für den Lizenznehmer unzumutbar sein würden[68]. Der **geschäftliche Misserfolg des Lizenzvertrags fällt grundsätzlich in die Risikosphäre des Lizenznehmers**[69]. Dieses Anpassungsrecht des Lizenznehmers resultierte bislang aus dem Grundsatz von Treu und Glauben (§ 242 BGB)[70], ist jedoch nunmehr aufgrund **des Gesetzes zur Modernisierung des Schuldrechts (SMG)** vom 26.11.2001[71] – positiv – in den §§ 313, 314 BGB nach Maßgabe der bisherigen Lehre und Rechtsprechung fixiert[72]. Zum Grundsatz von Treu und Glauben vgl. Rz. 242. Die Anpassung kann bei-

---

63 BGB/RGRK/*Ballhaus*, Anm. 10 und 11 zu § 346; *Soergel*, Anm. 12 vor 346; Münch-Komm. *Janßen*, Anm. 19 vor § 346; *Troller*, II. S. 837; RGZ 90/330; BGH NJW 1952/778, 779.
64 Unter „Übergabe des Vertragsgegenstands" ist der Beginn der Durchführung des Lizenzvertrags zu verstehen. Vgl. hierzu *Benkard*, Anm. 95 zu § 15 unter Hinweis auf BGH GRUR 1959/616, 617.
65 *Benkard*, Anm. 95 zu § 15; RG GRUR 1943/78, 80; BGHZ 50/312.
66 Vgl. BGB/RGRK/*Ballhaus*, Anm. 1 zu § 356; Münch-Komm. *Janßen*, Anm. 14 vor § 346 sowie Anm. 2–6 zu § 346; einschränkend *Busse*, S. 254 (Anm. 28 zu § 9); a. A. *Soergel*, Anm. 7 vor § 346.
67 *Benkard*, Anm. 124 zu § 15; *Gaul/Bartenbach*, Handbuch, Tz. K 62, 63; *Bartenbach/Gennen*, Rz. 502; BGH I ZR 182/57; I ZR 81/60.
68 *Benkard*, Anm. 124 zu § 15; *Bartenbach/Gennen*, Rz. 507; *Troller*, II S. 838; BGH I ZR 55/59.
69 Vgl. *Stumpf*, Lizenzvertrag, Anm. 88 a. E.; BGH GRUR 1974/40.
70 *Stumpf*, Lizenzvertrag, Anm. 87; *Bartenbach/Gennen*, Rz. 502; BGH NJW 1969/233, 234 sowie NJW 1976/565, 566.
71 BGBl I S. 3138. Zu den Motiven vgl. *Palandt*, Rz. 21 ff. vor § 241.
72 Vgl. hierzu *Palandt*, Rz. 1 zu § 313 sowie Rz. 1, 2 zu § 314.

spielsweise in einer Senkung oder Modifizierung der Lizenzgebühren und des Abrechnungssystems (vgl. unten 6. Kapitel, § 18)[73] oder im Wegfall der Ausübungspflicht (vgl. unten 6. Kapitel, § 19)[74] bestehen. Besondere praktische Bedeutung kommt dem Fall zu, dass die Erfindung oder das Know-how **wirtschaftlich nicht mehr oder nicht mehr sinnvoll genutzt werden können**, weil sie nicht mehr dem Stand der Technik entsprechen. Sieht der Vertrag eine Ausübungspflicht des Lizenznehmers vor (vgl. unten 6. Kapitel, § 19), wird die Meinung vertreten, diese entfalle unter diesen Voraussetzungen[75]. In gleicher Form wird man Mindestumsatzlizenzgebühren, wenn solche festgelegt sind, streichen können. Darüber hinaus dürfte nach Maßgabe der neuen Vorschriften der §§ 313 Abs. 3 S. 2, 314 Abs. 1 BGB dem Lizenznehmer aber auch ein **Kündigungsrecht „aus wichtigem Grunde"** (vgl. Rz. 219) zustehen, d.h. er wird statt der Vertragsanpassung schlechthin die **Vertragsauflösung** verlangen können. Ein Grundsatz, dass die Rechte und Pflichten bei jeder **Störung des Gleichgewichts** zwischen Leistung und Gegenleistung **angepasst** werden müssten, besteht jedoch nicht[76]. Vgl. hierzu auch Rz. 346.

Grundsätzlich stellt die **Anpassung** und **nicht die Beseitigung** des Vertrags die normale Reaktion auf den Wegfall der Geschäftsgrundlage dar, worauf Schrifttum[77] und Rechtsprechung[78] immer wieder hingewiesen haben. Nur ausnahmsweise[79] bei Vorliegen ganz außergewöhnlicher Umstände besteht ein Kündigungsrecht „aus wichtigem Grunde". Vgl. hierzu den vorstehenden Abschnitt 1 und die nachfolgenden Darlegungen. 225

Wird bei **Know-how-Lizenzverträgen** das lizenzierte **Know-how offenkundig**, fällt die Geschäftsgrundlage fort, nicht anders als bei einem Patent der Ablauf oder die Nichtigkeit desselben. Diese Grenzen der Vertragsbindung zeigen sich auch im kartellrechtlichen Bereich. Vgl. hierzu unten 7. Kapitel. Allerdings wird in diesen Fällen kaum eine Vertragsanpassung in Betracht kommen, sondern vielmehr die Kündigung „aus wichtigem Grunde", bei der unter dem Aspekt von Treu und Glauben (§ 242 BGB) hinsichtlich der Vertragsabwicklung Sonderregelungen getroffen werden können[80]. Vgl. hierzu Rz. 219. 226

Obwohl sich Schrifttum und Rechtsprechung vorrangig mit dem Wegfall der Geschäftsgrundlage aus der Sicht des **Lizenznehmers** befassen, gelten die vorgenann- 227

---

73 *Benkard*, Anm. 124 zu § 15; *Stumpf*, Lizenzvertrag, Anm. 87 a.E.
74 *Stumpf*, Anm. 88; *Lüdecke/Fischer*, S. 469; *Reimer*, S. 517 (Anm. 55 zu § 9) und S. 581 (Anm. 112 zu § 9); *H. Tetzner*, Anm. 20 zu § 9; BGH GRUR 1978/166.
75 *Lüdecke/Fischer*, S. 469; *Stumpf* Lizenzvertrag, Anm. 88; *ders.*, Know-how-Vertrag, Anm. 49; *Reimer*, S. 517 (Anm. 55 zu § 9) und S. 581 (Anm. 112 zu § 9); *H. Tetzner*, Anm. 20 zu § 9; BGH GRUR 1979/166.
76 Vgl. *Benkard*, Anm. 124 zu § 15 unter Hinweis auf BGH GRUR 1993/595, 596.
77 *Benkard*, Anm. 124 zu § 15; *Stumpf*, Anm. 87; *Bartenbach/Gennen*, Rz. 507.
78 BGH NJW 1972/152, 153; BGHZ 47/48, 51 f.
79 Vgl. hierzu *Bartenbach/Gennen* Rz. 507.
80 Vgl. hierzu *Stumpf*, Lizenzvertrag, Anm. 88, 90; *ders.*, Know-how-Vertrag, Anm. 49, 174, 219 f. Ein Wegfall der Geschäftsgrundlage liegt nicht vor, wenn bei einem Know-how-Lizenzvertrag das Know-how zum Patent angemeldet wird. Vgl. hierzu *Schulte*, Anm. 57 zu § 15, sowie BGH GRUR 1976/140.

ten Aspekte grundsätzlich auch für den **Lizenzgeber**[81]. Hier ist vor allem an die Entwertung der Gegenleistung des Lizenznehmers zu denken, beispielsweise im Falle der Vereinbarung von Stücklizenzgebühren bei langfristigen Verträgen[82].

Abschnitt 4
Willensmängel und Nichtigkeit

228   Der Abschluss eines Lizenzvertrags setzt wie der Abschluss jedes Vertrags **Geschäftsfähigkeit (§ 104 BGB)** voraus. Die Willenserklärung eines Geschäftsunfähigen ist gemäß § 105 Abs. 1 BGB nichtig[83]. Minderjährige, also alle Personen zwischen 7 und 18 Jahren, sind gemäß § 106 BGB beschränkt geschäftsfähig. Willenserklärungen dieses Personenkreises bedürfen gemäß §§ 107, 108 BGB grundsätzlich der Einwilligung des gesetzlichen Vertreters, um rechtswirksam zu sein[84]. Bis zur Einwilligung sind sie „schwebend" unwirksam.

229   Handelt der Lizenzgeber oder der Lizenznehmer beim Vertragsabschluss nicht in Person (bei juristischen Personen durch sein gesetzliches Organ) bedarf es gemäß § 164 BGB einer entsprechenden **Bevollmächtigung**,

– Anhanganlagen 15 und 16 –

es sei denn es liegt eine handelsrechtliche Prokura i.S. § 48 HGB vor, die im Handelsregister eingetragen ist, oder es handelt sich um eine handelsrechtliche Handlungsvollmacht i.S. § 54 HGB, deren Zulässigkeit und Umfang sich aus der genannten Vorschrift ableiten.

230   Neben diesen in der Person eines Vertragspartners liegenden Willensmängeln, sind vor allem die in der Sache begründeten Willensmängel, nämlich **Irrtum (§ 119 BGB)** sowie **Täuschung und Drohung (§ 123 BGB)**, zu nennen. Anfechtungen der mit diesen Willensmängeln behafteten Willenserklärungen führen gemäß § 142 BGB zur Nichtigkeit[85].

231   Außerhalb der willensbezogenen Nichtigkeit gibt es noch **geschäftsbezogene Nichtigkeitstatbestände**[86]:

1. Verstoß gegen ein gesetzliches Verbot (§ 134 BGB),
2. Verstoß gegen Formvorschriften (§§ 125–129 BGB),

---

[81] Vgl. hierzu *Stumpf*, Lizenzvertrag, Anm. 87.
[82] Vgl. hierzu *Stumpf*, Lizenzvertrag, Anm. 87.
[83] BGB/RGRK/*Krüger-Nieland*, Anm. 1 zu § 105; Münch-Komm. *Gitter*, Anm. 3 zu § 105; *Dilcher* bei *Staudinger*, Anm. 1 zu § 105.
[84] BGB/RGRK/*Krüger-Nieland*, Anm. 1 und 3 zu § 107 sowie Anm. 1 zu § 108; Münch-Komm. *Gitter*, Anm. 4 zu § 108; *Dilcher* bei *Staudinger*, Anm. 1 ff. zu § 107.
[85] *Schulte*, Anm. 57 zu § 15; BGB/RGRK/*Krüger-Nieland/Zöller*, Anm. 12 zu § 142; *Bartenbach/Gennen*, Rz. 475–485; *Henn*, S. 139 f.; Münch-Komm. *Mayer-Maly*, Anm. 13–15 zu § 142; *Dilcher* bei *Staudinger*, Anm. 12 zu § 142; BGH GRUR 1970/547; 1975/598.
[86] Vgl. hierzu *Stumpf*, Lizenzvertrag, Anm. 46, 51–53; *ders.*, Know-how-Vertrag, Anm. 38–40; *Benkard*, Anm. 44–48, 92, 93 zu § 15; *Bartenbach/Gennen*, Rz. 457–461; *Haver/Mailänder*, S. 65, 91; *Henn*, S. 139 f.; RG GRUR 1937/380; RGZ 140/185.

3. Verstoß gegen die guten Sitten (§ 138 BGB),
4. Vereinbarung einer unmöglichen Leistung (§§ 275 Abs. 1, 311a Abs. 1 BGB).

Hinsichtlich des Verstoßes gegen ein gesetzliches Verbot ist vor allem an die **kartellrechtlichen Vorschriften** des § 17 GWB (Patentlizenzvertrag) und des § 18 GWB (Know-how-Lizenzvertrag) sowie der Art. 81, 82 (früher Art. 85, 86) EWGV zu denken. Werden diese Bestimmungen verletzt, ist der Lizenzvertrag unwirksam (§ 134 BGB)[87]. Dies folgt auch aus diesen Vorschriften selbst. Die rechtzeitige Einleitung eines Erlaubnis- bzw. Freistellungsverfahrens bzw. die Beantragung eines Negativattestes ist also zu empfehlen. Vgl. hierzu unten 7. Kapitel. Aus Kartellrecht (§ 17 Abs. 3 GWB) ergibt sich auch – möglicherweise – die **gesetzliche Schriftform**. Vgl. hierzu Rz. 24. Gleiches gilt für das Außenwirtschaftsrecht gemäß Außenwirtschaftsgesetz vom 28.4.1961[88]. Vgl. hierzu oben § 1, Abschnitt 2, und § 2, Abschnitt 2 (1. Kapitel), sowie unten § 32 (Rz. 485) und § 33, Abschnitt 5 (8. Kapitel). Ohne Beachtung dieser Form abgeschlossene Lizenzverträge sind nichtig (§§ 126, 125 BGB). Die gleiche Rechtsfolge ergibt sich aber auch für die **gewillkürte Schriftform**, wie sie üblicherweise in den Lizenzverträgen festgelegt wird (§§ 127, 125 BGB). Diese Rechtsfolge wird zwar meist nicht den abgeschlossenen Erstvertrag treffen, aber häufig **spätere Abänderungsabsprachen (Nachtragsvereinbarungen)**,

– Anhanganlage 5 –

weil dort nicht den Mindestbedingungen des § 127 BGB genügt ist. Vgl. hierzu unten § 33, Abschnitt 5 (8. Kapitel). Hinsichtlich der Sittenwidrigkeit hat das RG[89] diese im Falle eines Lizenzvertrags angenommen, in dem Lizenzgeber und Lizenznehmer die Lizenzierung eines erschlichenen Patents, beiderseits hierüber informiert, vorgenommen hatten. Zu denken ist aber auch an Wuchergeschäfte, bei denen der Lizenzgeber die Zwangslage, die Unerfahrenheit, den Mangel an Urteilsvermögen oder die erhebliche Willensschwäche des Lizenznehmers zum Vertragsabschluss ausgenutzt hat (§ 138 Abs. 2 BGB)[90].

232

Nach der Rechtsprechung ist ein Rechtsgeschäft **sittenwidrig** und damit nichtig (§ 138 BGB), wenn es gegen das Anstandsgefühl aller billig und gerecht Denkenden verstößt[91]. Der Begriff der guten Sitten wird durch die herrschende Rechts- und Sozialmoral inhaltlich bestimmt. Dabei ist ein durchschnittlicher Maßstab anzulegen[92]. Zu den Wertentscheidungen, die den Begriff der guten Sitten mitbestimmen, gehört auch die Sozialstaatsklausel (Art. 20, 28 GG)[93].

233

Nach **früherem Recht** war ein auf eine unmögliche Leistung gerichteter Vertrag nichtig (ursprüngliche Unmöglichkeit)[94]. **Nunmehr** ist ein solcher Vertrag gemäß §§ 275 Abs. 1, 311a Abs. 1 BGB in der Neufassung gemäß dem **Gesetz zur Modernisierung**

---
87 Vgl. hierzu *Bartenbach/Gennen*, Rz. 462
88 BGBl I S. 481, zuletzt geändert durch Gesetz vom 3.5.2000 (BGBl. I S. 632).
89 RGZ 140/185. Vgl. hierzu *Benkard*, Anm. 12 zu § 15.
90 Vgl. hierzu *Stumpf*, Lizenzvertrag, Anm. 51; *ders.*, Know-how-Vertrag, Anm. 39.
91 RGZ 80/221; BGHZ 10/232; 69/297.
92 RGZ 80/221; BGHZ 10/232.
93 BVerfG 8/329.
94 Vgl. hierzu *Stumpf*, Lizenzvertrag, Anm. 55–63; *ders.*, Know-how-Vertrag, Anm. 42; *Benkard*, Anm. 92, 93 zu § 15.

des **Schuldrechts (SMG)** vom 26.11.2001[95] zwar wirksam, jedoch ist der **Anspruch auf Leistung ausgeschlossen**. Im wirtschaftlichen Ergebnis ist dies natürlich dasselbe. Die nach früherem Recht systematisch und rechtsfolgemäßig von der **ursprünglichen Unmöglichkeit** unterschiedene **nachträgliche Unmöglichkeit** wird nunmehr, wie diese Vorschriften klar bestimmen, gleichbehandelt. Auch wird, wie sich aus § 275 Abs. 1 BGB ergibt („für den Schuldner" oder „für jedermann"), kein Unterschied mehr zwischen der **subjektiven** Unmöglichkeit einerseits (Unvermögen) und der **objektiven** Unmöglichkeit andererseits gemacht[96]. Vgl. hierzu Rz. 340. Damit entfällt auch das Abgrenzungskriterium des „**Vertragsabschlusses**" zwischen objektiver und subjektiver Unmöglichkeit (Unvermögen)[97]. Keine Rolle spielt wie bisher, ob die Unmöglichkeit **rechtlich** oder **tatsächlich** motiviert ist[98]. Ebenso ist der vertraglich gebundene, jedoch nicht leistende Schuldner unabhängig von der Art der Unmöglichkeit schadensersatzpflichtig gemäß §§ 311a Abs. 2, 283, 280 Abs. 1, 281 BGB[99]. Hierbei ist wie bisher[100] **Verschulden** erforderlich, das nunmehr vom Gläubiger nachzuweisen ist[101]. Als Maßstab hierfür gelten wie bisher die Vorschriften der §§ 276–278 BGB[102], wobei die Grundsatzbestimmung des § 276 BGB geringfügig geändert worden ist[103] Die Geltendmachung eines **Vertrauensschadens** (negatives Interesse) nach Maßgabe der **culpa in contrahendo**, die auf die frühere Vorschrift des § 307 BGB gestützt wurde und die ursprüngliche objektive Unmöglichkeit zum Inhalt hatte[104], hat nunmehr nach Maßgabe des § 311 Abs. 2 BGB eine ausdrückliche gesetzliche Verankerung erfahren[105]. Vgl. hierzu Rz. 350, 352. Das Gesetz stützt sich hierbei auf die (neue) Vorschrift des § 241 Abs. 2 BGB[106].

Voraussetzung für das Vorliegen der Unmöglichkeit bei einem Lizenzvertrag ist demnach, dass der zugesicherte technische Erfolg entweder schlechthin (für jedermann) oder individuell (für den Schuldner) nicht verwirklicht werden kann[107]. Beim Patentlizenzvertrag kann die Unmöglichkeit beispielsweise auf der Nichtigkeitserklärung des

---

95 BGBl I S. 3138. Vgl. zu den Motiven *Palandt*, Rz. 21 ff. vor § 241.
96 Vgl. hierzu *Palandt*, Rz. 1–6 zu § 275 sowie Rz. 1–5 zu § 311a.
97 Zum bisherigen Recht: BGB/RGRK/*Ballhaus*, Anm. 2 zu § 306; BGB/RGRK/*Alff*, Anm. 2 und 3 zu § 275; Münch-Komm. *Söllner*, Anm. 2 und 5 zu § 306; *Löwisch* bei *Staudinger*, Anm. 2 zu § 275; Anm. 1 und 9 ff. zu § 306; *Stumpf*, Lizenzvertrag, Anm. 55 und 64; *ders.*, Know-how-Vertrag, Anm. 42; BGHZ 47/48, 50; 60/14, 16.
98 BGB/RGRK/*Ballhaus*, Anm. 13 zu § 306; Münch-Komm. *Söllner*, Anm. 5 und 7 zu § 306; Münch-Komm. *Emmerich*, Anm. 7 vor § 275; *Stumpf*, Lizenzvertrag, Anm. 62 und 63; RGZ 95/348; 120/405; BGHZ 8/231; 11/22; 47/269.
99 Zum bisherigen, systematisch abweichenden Recht vgl. BGB/RGRK/*Ballhaus*, Anm. 13 zu § 306; RGZ 80/247, 250; BGHZ 8/231; 11/22; 47/269.
100 Vgl. BGHZ 40/326, 332.
101 Hierfür war die bisherige Beweislastvorschrift (Schuldnerbeweis) des § 282 BGB maßgeblich. Vgl. hierzu RGZ 101/153; BGHZ 46/267.
102 Vgl. hierzu *Palandt*, Rz. 1 zu § 276 sowie Rz. 1 zu § 278.
103 Vgl. *Palandt*, Rz. 1 zu § 276.
104 Vgl. BGHZ 76/22.
105 Vgl. hierzu *Palandt*, Rz. 11 ff. zu § 311.
106 Vgl. hierzu *Palandt*, Rz. 16–23 zu § 311.
107 *Stumpf*, Lizenzvertrag, Anm. 55; *Benkard*, Anm. 92 zu § 15; RGZ 78/231; 163/7; BGH GRUR 1960/44; 1963/209; 1965/298; 1978/308, 310; BGHZ 66/350.

lizenzierten Patents beruhen[108], bei einem Know-how-Lizenzvertrag auf dem Offenkundigwerden des lizenzierten Know-how[109]. Für die Schadensersatzhaftung des Lizenzgebers spielt die diesbezügliche Vertragsgestaltung die entscheidende Rolle[110].

Für **Teilnichtigkeit** gilt § 139 BGB, wobei diese Bestimmung häufig Gegenstand vertraglicher Absprachen **(salvatorische Klausel)** ist. Vgl. hierzu unten § 33, Abschnitt 1 (8. Kapitel). 234

Abschnitt 5
Tod und Verlust der Rechtsfähigkeit

Selten finden sich in Lizenzverträgen Bestimmungen über das Schicksal des Vertrags bei **Tod bzw. Verlust der Rechtsfähigkeit** (jur. Personen) aufseiten des Lizenznehmers oder des Lizenzgebers. Auch Schrifttum und Rechtsprechung beschäftigen sich nur beiläufig und gelegentlich mit diesem nicht unwichtigen Fragenkreis[111]. Vgl. hierzu unten § 33, Abschnitt 7 (8. Kapitel). 235

Aus dem Rechtscharakter der Lizenz heraus wird man diese Frage beantworten müssen, wenn der Vertrag keine Regelung enthält. Vgl. hierzu Rz. 236–238.

Handelt es sich um eine **einfache Lizenz**[112], die auf einer engen persönlichen Bindung zwischen Lizenzgeber und Lizenznehmer basiert – vgl. hierzu Rz. 85, 163, 168 –, ist davon auszugehen, dass der Lizenzvertrag mit dem **Tod des Lizenznehmers oder mit dem Verlust dessen Rechtsfähigkeit sein Ende findet**. Im Falle des Todes des Lizenznehmers könnte stattdessen je nach Interessenlage auch nur ein außerordentliches Kündigungsrecht des Lizenzgebers gemäß § 563 Abs. 4 BGB in Betracht kommen. Vgl. hierzu Rz. 93. Bei einer einfachen **Betriebslizenz** geht die Lizenz, die dem verstorbenen Betriebsinhaber gewährt wurde, auf den Betriebsnachfolger, also normalerweise die Erben (§ 1922 Abs. 1 BGB), über. 236

Bei der **ausschließlichen Lizenz**[113] fehlt es an dieser engen persönlichen Beziehung zwischen Lizenzgeber und Lizenznehmer. Vgl. hierzu Rz. 83, 164, 168. Die **Lizenz geht deshalb auf die Erben (§ 1922 Abs. 1 BGB) oder – bei einer Betriebslizenz – auf den Betriebsnachfolger über**, wenn der Lizenznehmer stirbt oder seine Rechtsfähigkeit verliert. Vgl. zur Betriebslizenz Rz. 172. 237

Der **Tod oder der Verlust der Rechtsfähigkeit des Lizenzgebers** hat dagegen keinen Einfluss auf den Bestand des Lizenzvertrags[114], es sei denn es handelt sich um eine gesellschaftsrechtliche oder gesellschaftsähnliche Vertragsverbindung (§ 727 Abs. 1 BGB). 238

---
108 BGH DB 1975/653 = GRUR Ausl. 1958/136. Vgl. hierzu auch die Rechtsprechung des RG nach *Lindenmaier* in GRUR 1955/509.
109 Vgl. *Stumpf*, Know-how-Vertrag, Anm. 42 a. E.
110 Vgl. zum Grundsatz der Vertragsfreiheit sowie den Arten der Vertragsgestaltung *Palandt*, Rz. 1 zu § 311 sowie Rz. 6 ff. vor § 311.
111 Z.B. *Hauser*, S. 291 f. mit Nachweisen.
112 Vgl. hierzu *Bartenbach/Gennen*, Rz. 545, 547.
113 Vgl. hierzu *Bartenbach/Gennen*, Rz. 545, 547.
114 Vgl. *Hauser*, S. 292 mit Nachweisen; *Bartenbach/Gennen*, Rz. 542.

§ 17 Auslegung des Lizenzvertrags

239 Der **Auslegung des Lizenzvertrages**[115], d.h. der Erforschung des wirklichen Willens der Vertragspartner, kommt als allgemeinem Rechtsgrundsatz neben der Abklärung nicht eindeutiger oder lückenhafter Formulierungen vor allem deshalb große Bedeutung zu, weil der Lizenzvertrag als Dauervertrag sowohl auf unvorhersehbare und deshalb nicht ausdrücklich geregelte Vorgänge eine Antwort erteilen als auch den gegenüber dem Vertragsabschluss veränderten Verhältnissen Rechnung tragen muss.

Folgende Bestimmungen des BGB stellen hierfür eine gesetzliche Grundlage dar:

1. § 133
   „Bei der Auslegung einer Willenserklärung ist der wirkliche Wille zu erforschen und nicht an dem buchstäblichen Sinne des Ausdrucks zu haften."
2. § 157
   „Verträge sind so auszulegen, wie Treu und Glauben mit Rücksicht auf die Verkehrssitte es erfordern."
3. § 242
   „Der Schuldner ist verpflichtet, die Leistung so zu bewirken, wie Treu und Glauben mit Rücksicht auf die Verkehrssitte es erfordern."

Die Auslegung erfolgt somit nach dem **wirklichen Willen** und der **objektiven Erklärungsbedeutung**, und bei Vertragslücken im Wege der **ergänzenden Vertragsauslegung**. In beiden Bereichen steht die Vertragsauslegung wie die gesamte Vertragsanwendung unter dem **Rechtsgrundsatz von Treu und Glauben** mit Rücksicht auf die Verkehrssitte. Diese 3 Komplexe sind Gegenstand der nachfolgenden Abschnitte.

Abschnitt 1
Wirklicher Wille und Erklärungsbedeutung

240 Nach § 133 BGB ist bei der Auslegung der **wirkliche Wille** zu erforschen. Das besagt jedoch nicht, dass es hierbei im Gegensatz zur äußeren Erklärung entscheidend auf den inneren Willen des oder der Erklärenden ankommt. Es gilt vielmehr Folgendes: Je nach der Art der Erklärung und der bestehenden Interessenlage[116]

– hat die Auslegung auf den wahren Willen des Erklärenden abzustellen (so genannte natürliche Auslegung) oder
– ist die objektive Erklärungsbedeutung des Verhaltens des Erklärenden zu ermitteln (so genannte normative Auslegung).

Besteht ein übereinstimmender Wille der Vertragspartner, so ist dieser nach der „natürlichen Auslegung" auch dann allein maßgebend, wenn er im Inhalt der Erklä-

---

[115] Vgl. hierzu *Stumpf*, Lizenzvertrag, Anm. 43–45; *ders.*, Know-how-Vertrag, Anm. 35; *Benkard*, Anm. 66–69 zu § 15; *Bartenbach/Gennen*, Rz. 440–442; *Lindenmaier*, S. 357 (Anm. 36 zu § 9); RGZ 91/423, 426; BGH GRUR 1959/384, 387; 1961/307, 308.
[116] Vgl. hierzu BGB/RGRK/*Krüger-Nieland/Zöller*, Anm. 2 und 3 zu § 133; *Dilcher* bei *Staudinger*, Anm. 15 ff. zu §§ 133, 157; BGHZ 47/75, 78; 37/79, 92; 36/30, 33.

rung keinen oder nur einen unvollkommenen Ausdruck gefunden hat[117]. **Das übereinstimmend Gewollte hat den Vorrang vor einer irrtümlichen oder absichtlichen Falschbezeichnung**[118]. Die „**normative Auslegung**" gilt dagegen für alle Fälle, in denen es an diesem **übereinstimmenden Willen fehlt**. Empfangsbedürftige Willenserklärungen sind hiernach so auszulegen, wie sie der Erklärungsempfänger nach Treu und Glauben mit Rücksicht auf die Verkehrssitte verstehen mußte[119]. Bei der Auslegung dürfen daher nur solche Umstände berücksichtigt werden, die für den Erklärungsempfänger erkennbar waren **(Empfängerhorizont)**.

Ungeachtet dieser beiden Auslegungsregeln und des diesen zugrunde liegenden Verbots der Buchstabeninterpretation des § 133 BGB muss die Auslegung vom **Wortlaut der Erklärung** ausgehen[120]. Maßgeblich ist im Zweifel der **allgemeine Sprachgebrauch**, sowie der besondere Sprachgebrauch einer bestimmten Branche[121]. Wesentliche Auslegungsmittel sind[122]:

1. die Vorgeschichte und die wesentlichen Begleitumstände beim Zustandekommen des Vertrags[123],
2. die Interessenlage der Vertragspartner[124],
3. die Lebenserfahrung[125],
4. die Verkehrssitte[126].

Die Vertragsparteien können sich auf eine bestimmte Vertragsauslegung einigen, was üblicherweise in den Nebenbestimmungen des Vertrags entsprechend vereinbart wird[127]. Vgl. hierzu Rz. 488, 499. Eine klare und eindeutige Vertragsbestimmung darf im Wege der Auslegung jedoch nicht durch eine „billige" ersetzt werden[128].

---

117 BGHZ 20/110; 71/247; BGH NJW 1978/1050.
118 BGB/RGRK/*Krüger-Nieland/Zöller*, Anm. 7 zu § 133; BGH MDR 1975/747; BGHZ 20/109, 110.
119 BGB/RGRK/*Krüger-Nieland/Zöller*, Anm. 3 zu § 133; *Dilcher* bei *Staudinger*, Anm. 30–38 zu §§ 133, 157; RGZ 131/351; BGHZ 36/33; 47/78.
120 BGH NJW 1970/321; *Stumpf*, Lizenzvertrag, Anm. 44.
121 BGB/RGRK/*Krüger-Nieland/Zöller*, Anm. 24 zu § 133; *Benkard*, Anm. 66 zu § 15; RG GRUR 1934/306; 1935/952, 953 f.; RGZ 91/423, 426.
122 Vgl. *Benkard*, Anm. 66 zu § 15; RG GRUR 1937/135, 137; 1943/247, 248; BGH GRUR 1959/384, 387.
123 Deshalb ist es auch ratsam, die Vertragsgrundlage in einer so genannten Präambel offen zu legen, wie *Haver/Mailänder*, S. 62, unter Hinweis auf *Lüdecke/Fischer*, S. 58 und BGHZ 15/249 bemerken. Vgl. hierzu auch *Pagenberg/Geissler*, S. 56, 58 (Tz. 38–44), sowie Rz. 488.
124 BGHZ 21/328; BGH NJW 1981/1549, 2295.
125 BGH GRUR 1959/384, 387.
126 RGZ 49/162; 114/12; BGH NJW 1966/503; BGHZ 16/12.
127 *Benkard*, Anm. 66 zu § 15.
128 RGZ 82/308, 316; BGH GRUR 1955/87, 88.

Abschnitt 2
Ergänzende Vertragsauslegung bei Vertragslücken

241 Zur Schließung von **Vertragslücken** bedarf es gemäß § 133 BGB einer ergänzenden Vertragsauslegung, die dem Richter obliegt[129]. Eine Vertragslücke liegt dann vor, wenn ein bestimmter Punkt überhaupt fehlt, der sich nicht im Wege der Auslegung feststellen lässt. Der Richter hat dann zu ermitteln, welche Regelung die Vertragsparteien im Hinblick auf den verfolgten Zweck unter Beachtung von Treu und Glauben getroffen hätten, wenn sie die Lücke bei Vertragsabschluss bemerkt hätten[130]. Den Vertragsparteien als solchen steht eine ergänzende Vertragsauslegung nicht zu, es sei denn dass sie eine solche vertraglich vereinbart haben oder sich nach Erkennen der Vertragslücke über eine ergänzende Vertragsauslegung einigen. Bei der richterlichen Ermittlung ist nicht so sehr auf die Feststellung hypothetischer subjektiver Vorstellungen der Vertragspartner abzustellen, als vielmehr auf eine vernünftige Interessenabwägung auf rein objektiver Grundlage[131]. Die ergänzende Vertragsauslegung darf sich nicht in Widerspruch zu dem im Vertrag manifestierten Parteiwillen setzen und nicht zu einer unzulässigen Erweiterung des Vertragsgegenstands führen[132]. Für die ergänzende Vertragsauslegung bei Vertragslücken hat neben der Vorschrift des § 133 BGB die Bestimmung des § 157 BGB grundlegende Bedeutung. Vgl. hierzu den nachstehenden Abschnitt 3.

Abschnitt 3
Auslegungsgrundsatz von Treu und Glauben mit Rücksicht auf die Verkehrssitte

242 Die Auslegung von Willenserklärungen und Verträgen wird wesentlich von dem **Grundsatz von Treu und Glauben** beherrscht, denn § 157 BGB bestimmt, dass Verträge so auszulegen sind, „wie Treu und Glauben mit Rücksicht auf die Verkehrssitte es erfordern". Die Bestimmung des § 157 BGB gilt entgegen ihrem Wortlaut nicht nur für Verträge, sondern auch für die einzelnen Willenserklärungen, aus denen der Vertrag zusammengesetzt ist[133]. Umgekehrt hat die Bestimmung des § 133 BGB (vgl. vorstehende Abschnitte 1 und 2) auch für Verträge Bedeutung[134]. Darüber hinaus ist der

---
129 *Benkard*, Anm. 68 zu § 15; *Dilcher* bei *Staudinger*, Anm. 39 ff. zu §§ 133, 157; RG GRUR 1943/76, 77; BGHZ 9/273, 277 f. mit Nachweisen; 77/304; BGH GRUR 1955/143, 144 f.
130 *Benkard*, Anm. 68 zu § 15; BGH X ZR 50/67; BGH GRUR 1961/307, 309.
131 *Benkard*, Anm. 68 zu § 15; BGH GRUR 1961/307, 309.
132 BGHZ 9/273, 278; BGH MDR 1953/411.
133 Zum Verhältnis der beiden Vorschriften (§§ 133, 157 BGB) zueinander vgl. BGB/RGRK/ *Krüger-Nieland/Zöller*, Anm. 10 und 11 zu § 133; BGB/RGRK/*Piper*, Anm. 1 und 2 zu § 157; *Dilcher* bei *Staudinger*, Anm. 7 und 8 zu §§ 133, 157; RGZ 169/125; BGHZ 47/78.
134 *Dilcher* bei *Staudinger*, Anm. 7 zu §§ 133, 157; BGB/RGRK/*Piper*, Anm. 1 und 2 zu § 157; BGB/RGRK/*Krüger-Nieland/Zöller*, Anm. 10 und 11 zu § 133; RGZ 169/125; BGHZ 36/30, 33; 37/79, 92; 47/78.

Schuldner, also auch Lizenzgeber und Lizenznehmer, denen nach dem Lizenzvertrag beiderseits Pflichten obliegen (vgl. hierzu das nachfolgende 6. Kapitel), gemäß § 242 BGB verpflichtet, „die Leistung so zu bewirken, wie Treu und Glauben mit Rücksicht auf die Verkehrssitte es erfordern".

Über die Generalklauseln **„Treu und Glauben"** und **„Verkehrssitte"** gibt es umfangreiches Schrifttum und eine detaillierte Rechtsprechung[135]. „Treue" bedeutet nach seinem Wortsinn eine auf Zuverlässigkeit, Aufrichtigkeit und Rücksichtnahme beruhende äußere und innere Haltung gegenüber einem anderen[136]. „Glauben" ist das Vertrauen auf eine solche Haltung[137]. Durch Verwendung des Begriffs „Treu und Glauben" wollen §§ 157, 242 BGB im Rahmen der gegebenen Wirkungsmöglichkeiten den in der Gemeinschaft herrschenden sozialethischen Wertvorstellungen Eingang in das Recht verschaffen und dem Gedanken Rechnung tragen, dass Recht nicht nur Macht, sondern auch Pflicht und Verantwortung gegenüber dem anderen und der Allgemeinheit bedeutet[138]. So auch die (neue) Vorschrift des § 241 Abs. 2 BGB.

Unter „Verkehrssitte" ist die im Verkehr der beteiligten Kreise herrschende tatsächliche Übung zu verstehen[139]. Sie muss eine gewisse Festigkeit erlangt haben. Ein Geschäftsbrauch, der überwiegend befolgt, häufig aber auch nicht befolgt wird, ist keine Verkehrssitte i.S. der §§ 157, 242 BGB[140]. Die Verkehrssitte ist keine Rechtsnorm, sondern ein die Auslegung mitbestimmender tatsächlicher Faktor[141]. Sie ist nur zu berücksichtigen, wenn beide Beteiligten dem Verkehrskreis angehören, für den sie gilt[142].

Die Einbeziehung der Verkehrssitte in den Vertrag (nicht der zwingend geltende Grundsatz von Treu und Glauben) kann durch Parteivereinbarung ausdrücklich oder stillschweigend ausgeschlossen (oder modifiziert) werden[143]. Verstößt die Verkehrssitte gegen Treu und Glauben oder ist sie sonst missbräuchlich, ist sie nicht zu berücksichtigen[144].

---

135 Vgl. BGB/RGRK/*Piper*, vor § 157; Münch-Komm. *Roth*, vor § 242; *Dilcher* bei *Staudinger*, vor §§ 133, 157; RGZ 49/162; BGHZ 7/235; BGH NJW 1981/1779.
136 BGB/RGRK/*Piper*, Anm. 16 zu § 157; Münch-Komm. *Roth*, Anm. 4 zu § 242; RGZ 79/434, 438; 88/412, 416; BGHZ 12/337, 343; 13/346, 350.
137 BGB/RGRK/*Piper*, Anm. 16 zu § 157; Münch-Komm. *Roth*, Anm. 4 zu § 242; RGZ 79/434, 438; 88/412, 416; BGHZ 12/337, 343; 13/346, 350.
138 Münch-Komm. *Roth*, Anm. 37 zu § 242.
139 BGB/RGRK/*Piper*, Anm. 8–11 zu § 157; Münch-Komm. *Roth*, Anm. 5 zu § 242; RGZ 49/162; 135/339, 345; 114/9, 12.
140 RGZ 75/340.
141 BGH NJW 1966/503.
142 RGZ 135/345.
143 RGZ 114/12.
144 RGZ 114/12; BGHZ 16/12.

6. Kapitel
Die Pflichten der Vertragspartner des Lizenzvertrags

243 Die Pflichten der Vertragspartner ergeben sich entweder aus der Natur des Lizenzvertrags oder sie werden kraft Vertragsfreiheit ausdrücklich vereinbart[1]. Üblich ist ein gemischtes System dieser beiden Komponenten.

Die **Hauptverpflichtung des Lizenznehmers** stellt die Zahlung der Lizenzgebühren[2] sowie sonstiger Kosten für die Lizenzierung von Schutzrechten, Schutzrechtsanmeldungen und Know-how (Vertragsgegenstand, vgl. Rz. 9) dar. Sodann kann als dessen Hauptverpflichtung eine Ausübungspflicht bestehen[3].

Als **Nebenpflichten des Lizenznehmers** (unten § 20) können neben der Nichtangriffsklausel bei Patentlizenzverträgen Bezugspflichten, Weiterentwicklungspflichten und Markierungspflichten in Betracht kommen, außerdem bei der Lizenzierung von Know-how die Geheimhaltungspflicht.

Die **Hauptverpflichtung des Lizenzgebers** besteht in der Lizenzierung des „Vertragsgegenstands" und in der Gewährleistung für diesen, sowie bei Patentlizenzverträgen in der Verpflichtung zur Anmeldung, Aufrechterhaltung und Verteidigung[4] der lizenzierten Schutzrechte, einer Verpflichtung, die dem Lizenznehmer nur ausnahmsweise, nämlich bei ausschließlichen Lizenzen, als Nebenpflicht aufgebürdet wird[5].

Bei **Know-how-Lizenzverträgen** stellt die Verfügbarmachung[6] sowie die Aufrechterhaltung des Geheimnisschutzes eine **Hauptverpflichtung des Lizenzgebers** dar.

Als **beiderseitige Verpflichtungen** von Lizenzgeber und Lizenznehmer sind üblicherweise der Austausch von Schutzrechten und Know-how, die Behandlung von Leistungsstörungen und schließlich die Pflichten nach Vertragsende ausgestaltet.

Zur **Definition von Haupt- und Nebenverpflichtungen** vgl. auch Rz. 340. Die Rechtsfolgen von Verletzungen dieser Verpflichtungen sind nachfolgend bei den jeweiligen Einzeldarstellungen (§§ 18–26) erörtert.

---

1 *Benkard*, Anm. 70–86 zu § 15 (Lizenznehmer) und Anm. 87–89 zu § 15 (Lizenzgeber); *Stumpf*, Lizenzvertrag, Anm. 98–240 (Lizenznehmer) und Anm. 241–289 (Lizenzgeber); *ders.*, Know-how-Vertrag, Anm. 90–167 (Lizenznehmer) und Anm. 168–179 a (Lizenzgeber); *Henn*, S. 62 ff., 118 ff.; *Haver/Mailänder*, S. 47 ff.; *Bernhardt/Kraßer*, Anm. II, III, IV und V zu § 41; RG GRUR 1936/325, 326, 328.
2 So *Benkard*, Anm. 96 zu § 15; RG GRUR 1937/1003, 1007.
3 Vgl. *Benkard*, Anm. 96 zu § 15.
4 *Schulte*, Anm. 43 zu § 15. A. A. *Benkard*, Anm. 96 unter Hinweis auf BGH GRUR 1965/591, 595.
5 Zur Frage der Einstufung von Haupt- oder Nebenverpflichtungen vgl. *Benkard*, Anm. 96 zu § 15; RG GRUR 1937/1003, 1006; BGH GRUR 1961/466, 468. Vgl. auch die Übersicht bei *Kraßer/Schmid* in GRUR Int. 1982/324, 328 ff.
6 Vgl. hierzu *Pagenberg/Geissler*, S. 248, 250 (Tz. 37–39); *Gaul/Bartenbach*, Handbuch, Tz. Q 41 ff.; *Stumpf*, Know-how-Vertrag, Anm. 169–171.

§ 18 Zahlung von Lizenzgebühren und sonstiger Kosten

Üblicherweise hat der **Lizenznehmer** als Gegenleistung für die Lizenzerteilung **Lizenzgebühren** an den Lizenzgeber 244

– Anhanganlagen 1, 2, 3 (Randziffern 14–26), 4 (Randziffern 8 und 9),
6 (Randziffern 8–17), 7 (Randziffern 3 und 4), 8 (Randziffern 9–11)
und 10 (Randziffer 4) –

zu bezahlen[7]. Unter einer „Lizenzgebühr" ist eine Zahlung in Geld zu verstehen. Wird eine **andere Gegenleistung** vereinbart (z. B. Übertragung oder Verfügbarmachung von Erfindungen, Patenten, Patentanmeldungen, Verbesserungen und Know-how), liegt eine **gebührenfreie**, nicht eine unentgeltliche Lizenz **(Gratis- oder Freilizenz)** vor[8]. Vgl. hierzu unten Abschnitt 5. Daraus folgt, dass der Lizenznehmer diese Gegenleistung ganz oder teilweise verweigern darf, wenn die Leistungen des Lizenzgebers ganz oder teilweise nicht erbracht werden (Einrede des nicht erfüllten Vertrags, § 320 BGB, vgl. Rz. 343, 351)[9]. Gleiches gilt auch umgekehrt, d. h. wenn der Lizenznehmer die Lizenzgebühren ganz oder teilweise nicht erbringt, kann sich der Lizenzgeber weigern, seine Leistung (Lizenzerteilung) zu erbringen. Vgl. hierzu Rz. 343, 351. Da die Zahlung der Lizenzgebühren zwar nicht die einzige Verpflichtung des Lizenznehmers, aber meist dessen Hauptverpflichtung darstellt, ist der Lizenzgeber bei kontinuierlicher Zahlungsverweigerung zur Kündigung des Lizenzvertrags berechtigt, auch wenn dies vertraglich nicht besonders geregelt ist. Vgl. hierzu Rz. 219.

Wie vorstehend erwähnt, kann die Gegenleistung des Lizenznehmers statt in Lizenzgebühren auch in anderen Leistungen bestehen, z. B. in der Verfügbarmachung eigener Patente und eigenen Know-hows, sowie in der Verpflichtung zum Bezug bestimmter Produkte vom Lizenzgeber[10]. Meist sind diese Pflichten nicht als Hauptverpflichtung, sondern als Nebenverpflichtung ausgestaltet. Vgl. hierzu unten §§ 20 und 23. Als Hauptverpflichtung kommen sie eigentlich nur dann in Betracht, wenn entweder ein gesellschaftsrechtliches, im technischen Bereich ausgeglichenes Verhältnis der Vertragspartner vorliegt oder sogar der Lizenznehmer eine wesentlich stärkere technische Position als der Lizenzgeber besitzt.

---

[7] *Benkard*, Anm. 71 zu § 15; *Henn*, S. 62; *Bartenbach/Gennen*, Rz. 1675; *Stumpf*, Lizenzvertrag, Anm. 98; *ders.*, Know-how-Vertrag, Anm. 92; *Haver/Mailänder*, S. 49; *Vortmann*, S. 16 ff.; *Troller*, II, S. 831 ff.; *Bernhardt/Kraßer*, Anm. III 2 zu § 41; *Schulte*, Anm. 50 zu § 15; RG GRUR 1937/1003, 1006; BGH GRUR 1958/564.
[8] Vgl. hierzu *Benkard*, Anm. 71 zu § 15; *Troller*, II, S. 831; RG GRUR 1937/1003, 1006; BGHZ 17/41, 58.
[9] *Henn*, S. 62.
[10] Vgl. hierzu *Benkard*, Anm. 71 zu § 15; RG GRUR 1937/1003, 1006; BGHZ 17/41, 58

245 Die Vertragspartner kalkulieren die **Lizenzgebühren**, unter Berücksichtigung der konkreten Gegebenheiten, ohne an Berechnungsmaßstäbe gebunden zu sein[11], üblicherweise nach folgenden Faktoren[12]:

1. Umfang des sachlichen, örtlichen und persönlichen Vertragsgebiets.
2. Vertragsdauer.
3. Technische und wirtschaftliche Bedeutung des Vertragsprodukts, Fertigungsmöglichkeiten, Kalkulation.
4. Einfache oder ausschließliche Lizenz, Existenz anderer Lizenznehmer (Gleichbehandlung), Unterlizenzberechtigung.
5. Bewertung der beiderseitigen Entwicklungsleistungen und Entwicklungserwartungen, des Patent- und Know-how-Schutzes sowie des Austausches von Schutzrechten und Know-how.
6. Bewertung der Absatzchancen, Konkurrenzverhältnisse, Prognose des Marktanteils, Verkaufsorganisation und Kundendienst.
7. Bewertung der Ertragschancen.
8. Sonstige Leistungen (z.B. Ausübungs- und Bezugspflicht des Lizenznehmers, Gewährleistungspflichten des Lizenzgebers, Verpflichtung zur Anmeldung, Aufrechterhaltung und Verteidigung von Schutzrechten, Stellung von Personal).
9. Art der Zusammenarbeit.
10. Steuerliche Aspekte.
11. Politische Einflüsse.
12. Bonität und Marktposition der Vertragspartner.

Dass diese Zusammenstellung nur beispielhaft und nicht abschließend sein kann, liegt auf der Hand. Sie zeigt indessen das Wesentliche, aber auch die **Problematik der Kalkulationsgrundlagen** auf. Bei der Berechnung der richtigen Lizenzgebühr kommt es natürlich nicht nur auf die Bewertung der einzelnen Faktoren, sondern auch auf ihr Verhältnis zueinander an[13]. Hilfsmittel stellen das zur Berechnung der Arbeitnehmererfindungsvergütungen gemäß § 12 ArbNErfG[14] i.V.m. den gemäß § 11 ArbNErfG erlassenen Richtlinien (RL)[15] sowie der angemessenen Höhe der Vergütung (geschäftsübliche bzw. angemessene Bedingungen) für Zwangslizenzen gemäß §§ 13 Abs. 3 S. 1, 24 Abs. 1 Nummer 1, Abs. 2 S. 2 PatG 1981 veröffentlichte Schrifttum und

---

11 *Pagenberg/Geissler*, S. 252, 254 (Tz. 44–46); BGH GRUR 1979/308, 309.
12 Vgl. hierzu *Stumpf*, Lizenzvertrag, Anm. 99; *ders.*, Know-how-Vertrag, Anm. 93; *Benkard*, Anm. 72 zu § 15; *Haver/Mailänder*, S. 49 ff.; *Henn*, S. 63 ff.; *Gross* in BB 1995/17; *Pagenberg/Geissler*, S. 128 (Tz. 188); *Kraßer/Schmidt* in GRUR Int. 1982/324, 332; RGZ 122/70, 72; 136/320; 155/306, 314; BGH I ZR 103/60; BGHZ 28/144 ff.; BGH GRUR 1953/114, 118; 1962/401, 402.
13 So zutreffend *Stumpf*, Lizenzvertrag, Anm. 100.
14 Vom 25.7.1957 (BGBl I S. 756), zuletzt geändert durch Gesetz vom 18.1.2002 (BGBl I S. 414). Vgl. hierzu *Bartenbach/Volz*, Rz. 11–13 zu § 12; kritisch *Bartenbach/Gennen*, Rz. 1785 ff.
15 Diese Vergütungsrichtlinien (RL) werden durch den Bundesminister für Arbeit erlassen. Text abgedruckt bei *Bartenbach/Volz*, Anhang 1 zu § 11. Vgl. hierzu *Bartenbach/Gennen*, Rz. 1785.

die diesbezügliche Rechtsprechung dar[16]. Des Weiteren ist die Rechtsprechung des RG[17] und des BGH[18] für die Bemessung des Schadensersatzes bei Patentverletzungen als Vergleichsmaßstab heranzuziehen.

Die Berechnung der Lizenzgebühr kann losgelöst von irgendwelchen Bezugsgrößen erfolgen **(Festlizenzgebühr)**[19] oder als **Umsatzlizenzgebühr**[20] an bestimmte Tatbestände anknüpfen, nämlich: 246

1. den Umsatz pro Stück Vertragsprodukt **(Stücklizenz)**[21];
2. den Umsatz in Prozent des Verkaufswertes der Vertragsprodukte **(Wertlizenz)**[22];
3. den auf den Umsatz von Vertragsprodukten entfallenden Gewinn **(Gewinnlizenz)**[23].

Hauptanwendungsfall der Festlizenzgebühr ist das so genannte **Eintrittsgeld** (à-fond-perdu-Zahlung, Grundlizenzgebühr, Grundzahlung, einmalige Pauschalgebühr, Abschlussgebühr, Vorwegvergütung)[24], aber auch die **Optionsgebühr** für die nach Vertragsabschluss vereinbarungsgemäß durch den Lizenznehmer im Wege der Optionserklärung herbeigeführte Änderung des sachlichen, örtlichen, persönlichen oder zeitlichen Vertragsgebiets oder des Charakters als einfacher oder ausschließlicher Lizenz. Die Umsatzlizenzgebühr kann durch eine Mindestumsatzlizenzgebühr – in vielen Varianten – abgesichert werden[25]. Es ist üblich, die verschiedenen Lizenzgebührenfor-

---

16 Vgl. hierzu *Stumpf*, Lizenzvertrag, Anm. 98, 102; *Gaul/Bartenbach*, Handbuch, Tz. N 276 ff.; *Bartenbach/Gennen*, Rz. 1685; *Benkard*, Anm. 15 zu § 13 sowie Anm. 29 zu § 24; *Rosenberger* in GRUR 1990/240 ff.; RGZ 112/242, 248 f.; 126/356, 361; 140/276, 287, 290; BGHZ 6/270, 295; 15/23, 26; 28/144 = GRUR 1959/125; 29/217, 221; 30/338, 351; 102/390, 391. Für die Schätzung der Höhe der Vergütung bei Zwangslizenzen ist § 287 ZPO anwendbar. Vgl. BGHZ 29/217 ff.
17 RGZ 95/220; 144/187; RG in MuW 1932/203; RG GRUR 1938/836; 1939/898; 1943/288.
18 BGH in BB 1962/467 = DB 1962/599; BGH GRUR 1967/655, 657. Vgl. hierzu auch *von Godin*, Anm. 263 a zu § 1 (UWG).
19 *Henn*, S. 62 f., 66; *Haver/Mailänder*, S. 49; *Stumpf*, Lizenzvertrag, Anm. 113–116; *ders.*, Know-how-Vertrag, Anm. 100; *Schulte*, Anm. 50 zu § 15; *Benkard*, Anm. 77 zu § 15; *Busse*, S. 250 (Anm. 19 zu § 9); *Pollzien* bei Pollzien/Langen, S. 12, 174; *Vollrath* in GRUR 1983/52, 53; *Heine* in GRUR 1961/29; BGH GRUR 1961/27, 28.
20 Vgl. *Stumpf*, Lizenzvertrag, Anm. 103 ff.; *Henn*, S. 63, 66 f.; *Schulte*, Anm. 50 zu § 15; *Benkard*, Anm. 72 zu § 15; *Haver/Mailänder*, S. 49; *Busse*, S. 250 (Anm. 19 zu § 9); *Pollzien* bei Pollzien/Langen, S. 9.
21 Vgl. *Stumpf*, Lizenzvertrag, Anm. 111 und 112; *ders.*, Know-how-Vertrag, Anm. 98; *Pagenberg/Geissler*, S. 122 (Tz. 176); *Schulte*, Anm. 50 zu § 15; *Benkard*, Anm. 72 zu § 15; *Henn*, S. 63; *Reimer*, S. 509 und 513 f. (Anm. 48 und 50 zu § 9); *Siech*, S. 79 und 80; *Haver/Mailänder*, S. 49; RGZ 155/306, 314.
22 Vgl. *Stumpf*, Lizenzvertrag, Anm. 107–109; *ders.*, Know-how-Vertrag, Anm. 95 und 96; *Schulte*, Anm. 50 zu § 15; *Benkard*, Anm. 72 zu § 15; *Henn*, S. 63; *Reimer*, S. 509 und 511 (Anm. 48 und 49 zu § 9); *Siech*, S. 79 und 80; *Haver/Mailänder*, S. 49; RGZ 122/70, 72; 136/320.
23 Vgl. hierzu *Stumpf*, Lizenzvertrag, Anm. 117; *ders.*, Know-how-Vertrag, Anm. 102; *Johannesson* in GRUR 1978/269 f.; *Pagenberg/Geissler*, S. 120, 122 (Tz. 173); *Henn*, S. 63; *Ellis/Deller*, § 129; *Schulte*, Anm. 50 zu § 15; *Benkard*, Anm. 72 zu § 15; BGHZ 28/144 ff.
24 Vgl. zu diesen Begriffen *Vollrath* in GRUR 1983/52, 53, *Pagenberg/Geissler*, S. 122 (Tz. 175), *Benkard*, Anm. 77 zu § 15, sowie BGH GRUR 1961/27, 28.
25 *Benkard*, Anm. 76 zu § 15; *Reimer*, S. 514 (Anm. 51 zu § 9); *Stumpf*, Lizenzvertrag, Anm. 118–120; *ders.*, Know-how-Vertrag, Anm. 103–105; *Haver/Mailänder*, S. 49; RG GRUR 1936/1056, 1059; BGH GRUR 1974/40, 43.

men kumulativ zu verwenden[26]. Die häufigste Kombination ist die kumulative Verwendung von Fest- und Stück- bzw. Wertlizenzgebühren[27]. Diese Kombination erfreut sich deshalb einer besonderen Beliebtheit, weil sie den Satz der Stück- bzw. Wertlizenzgebühr relativ niedrig halten kann, während unter dem Titel „Festlizenzgebühren" ein einmaliger Betrag für Entwicklungskosten des Lizenzgebers eingefordert wird. Der Lizenzgeber hat hier den Vorteil, mit Sicherheit einen bestimmten Betrag zu erhalten, unabhängig davon, ob der Lizenznehmer zu einer positiven Entwicklung gelangt oder nicht, welchen Umsatz er später erzielt und ob er den Vertrag vielleicht vorzeitig wieder aufkündigt. Er kann seine oft erheblichen Entwicklungskosten auf diese Weise wesentlich früher „refinanzieren" und bindet den Lizenznehmer enger an seine Entwicklungskapazität, weil er echt am „Risikobereich" der Entwicklung beteiligt ist. Der Lizenznehmer seinerseits hat den Vorteil, seinen Umsatz an Vertragsprodukten konkurrenzmäßig nicht zu stark mit Lizenzgebühren zu belasten. Er adaptiert sich gewissermaßen an die Kostenstruktur des Lizenzgebers und unterscheidet sich von diesem nur noch durch eine verhältnismäßig geringe Stück- bzw. Wertlizenz, die er freilich zahlt und der andere bekommt. Üblich ist auch die **anglo-amerikanische Form der paid-up-license,**

– Anhanganlage 10 (Randziffer 4) –

bei der ein **Maximalbetrag (Kaufpreis)** vereinbart wird[28]. Vgl. hierzu Rz. 268. Alle Gebührenzahlungen, gleich welcher Art, werden auf diesen Betrag angerechnet. Wenn der Maximalbetrag erreicht ist, ist die Lizenzerteilung gebührenfrei. Vgl. unten Abschnitt 5.

247 Das Schrifttum[29] hat sich eingehend mit der Frage der Ermittlung eines **korrekten**

---

26 Vgl. *Reimer*, S. 510 (Anm. 48 zu § 9); *Henn*, S. 64.
27 Vgl. *Stumpf*, Lizenzvertrag, Anm. 114.
28 *Pagenberg/Geissler*, S. 122 (Tz. 175).
29 *Benkard*, Anm. 72 und 76 zu § 15, bemerkt, dass Stück- oder Wertlizenzen die übliche Gebührenregelung darstellen, während Mindestumsatzlizenzgebühren Interessenkollisionen verursachen könnten; ähnlich auch *Nirk*, S. 252, sowie *Pagenberg/Geissler*, S. 120 (Tz. 172); *Stumpf*, Lizenzvertrag, Anm. 98 ff., sowie Know-how-Vertrag, Anm. 92, verzichtet auf eine besondere Bewertung; *Haver/Mailänder*, S. 49 ff., betonen, dass der Lizenzgeber bei Festlizenzgebühren vor allem sein Risiko erheblich vermindern könne, was auch durch die Vereinbarung von Mindestumsatzlizenzgebühren möglich sei; ähnlich argumentiert *Henn*, S. 62 ff.; *Lindenmaier*, S. 363 ff. (Anm. 47 und 48 zu § 9), sieht die Festlegung der Lizenzgebühr als eine reine Vereinbarungssache an, wo irgendwelche objektiven Maßstäbe nicht beachtet werden müssen; *Avery/Mayer*, S. 319 ff., vermitteln insbesondere Abgrenzungen zum US-Antitrustrecht; *Lüdecke/Fischer*, S. 530, geben verschiedene Methoden der optimalen Lizenzgebührenberechnung, wobei es auf jeden Fall zweckmäßig erscheine, verschiedene Figuren miteinander zu verbinden; *Blum/Pedrazzini*, Anm. 99 zu Art. 34, verweisen nur darauf, dass die „angemessene Lizenzgebühr" eine für beide Teile enorm wichtige Frage sei, wobei offenbar die verantwortungsbewusste Vertragsfreiheit betont werden soll; ähnlich auch *Pedrazzini*, S. 135 f.; *Walton* bei *Langen*, S. 213, sieht die Vertragspartner als völlig frei an, wie sie ihre Lizenzgebühren vereinbaren. *Boguslawski*, S. 39, führt dagegen in Bezug auf die frühere UdSSR aus, dass „in der sowjetischen Praxis häufig das gemischte System angewendet wird, d.h. pauschale Zahlung der Anfangsvergütung und spätere periodische Anteilbeträge"; *Roubier*, II S. 282, sieht es als Vereinbarungssache an, ob Einmalbeträge oder periodische Zahlungen

Lizenzgebührensystems beschäftigt, ebenfalls die Rechtsprechung[30]. Fehlt im Lizenzvertrag eine Vereinbarung über die Höhe der Lizenzgebühr, so kann sie der Lizenzgeber „nach billigem Ermessen" bestimmen (§ 316 i. V. m. § 315 BGB)[31]. Bei Unübersehbarkeit der den Umfang der Leistung bestimmenden Umstände und bei mangelndem gegenseitigem Vertrauen kann von einem Leistungsbestimmungsrecht des Lizenzgebers nicht ausgegangen werden[32]. Kommt eine vertragsergänzende Auslegung (§ 157 BGB) nicht in Betracht (vgl. hierzu Rz. 241), ist der Vertrag als nicht geschlossen anzusehen (§ 154 BGB). Für die Frage der Angemessenheit der Lizenzgebühr sind die **konkreten Umstände** und die **betrieblichen Möglichkeiten des Lizenznehmers** zu berücksichtigen[33]. In erster Linie richtet sich die Angemessenheit der Lizenzgebühr danach, was vernünftige Vertragspartner beim Vertragsabschluss in Kenntnis der tatsächlichen Entwicklung während der Vertragslaufzeit vereinbart hätten[34].

Bei **reduzierter Gegenleistung des Lizenzgebers** (z. B. Vernichtung oder Beschränkung von lizenzierten Schutzrechten sowie Wegfall derselben in bestimmten Ländern, Offenkundigwerden von lizenziertem Know-how) kann der Lizenznehmer, wenn dies nicht in zulässiger Weise vertraglich ausgeschlossen ist, eine angemessene **Anpassung seiner Gebührenverpflichtung** 248

– Anhanganlagen 1, 2 und 3 (Randziffer 23) –

vom Lizenzgeber verlangen[35]. Vgl. hierzu auch unten § 21, Abschnitte 2 und 3, sowie § 25, Abschnitte 1 und 2.

Ein **Abrechnungs- und Kontrollsystem** regelt die Zahlung und Verifizierung der vereinbarten Lizenzgebühren. 249

Neben den eigentlichen Lizenzgebühren sind durch die Vertragspartner auch Regelungen hinsichtlich der **Kosten** der Anmeldung und Aufrechterhaltung von Schutz-

---

geleistet werden oder ein gemischtes System angewendet wird; *Chavanne/Burst*, Nr. 233, 260–263, verdeutlichen die extensive Vertragsfreiheit bei der Festlegung der Gebühren; *Lemke* bei *Langen*, S. 141, 142, führt in Bezug auf die frühere DDR aus: „Ist der Lizenznehmer ein kapitalistisches Unternehmen, so beurteilt es seine Lizenzfabrikation vom Standpunkt der Kapitalverwertung aus und wird nur solche Lizenzgebühren-Forderungen akzeptieren, die eine günstige Verzinsung des aufgewendeten Kapitals in Aussicht stellen. Ist der Lizenznehmer ein sozialistisches Unternehmen, ein volkseigener Betrieb, so wird er nur solche Lizenzgebührenverpflichtungen übernehmen, die dem festgestellten Nutzeffekt unter Berücksichtigung des Verschleißes des Vertragsgegenstandes entsprechen"; *Troller*, II S. 843 f., stellt bei Patentlizenzverträgen auf die wirtschaftliche Bedeutung der Erfindung und die Reichweite des Patents ab, wobei für Pioniererfindungen ein viel höherer Lizenzansatz gerechtfertigt sei als für bloße Verbesserungen auf bereits bekanntem Gebiet.

30 RGZ 122/70, 72; 155/306, 314; RG GRUR 1936/1056, 1059; 1937/135, 138; 1938/563, 567; 1943/247, 248 f.; BGH GRUR 1953/114, 118; 1967/655, 657; 1974/40, 43; BGHZ 28/144 ff.; BGH NJW-RR 1993/1261; 1995/1320.
31 *Benkard*, Anm. 78 zu § 15; RG in MuW 1933/96; KG GRUR 1942/68, 73, 74 f.
32 *Benkard*, Anm. 78 zu § 15; BGH I ZR 144/53; I ZR 73/58.
33 BGH GRUR 1958/564, 566; *Benkard*, Anm. 78 zu § 15.
34 BGH GRUR 1962/509, 513; BGHZ 44/372, 380 f.; BGH NJW-RR 1993/1261; 1995/1320; *Benkard*, Anm. 78 zu § 15.
35 *Bartenbach/Gennen*, Rz. 1815 ff.; *Pagenberg/Geissler*, S. 124, 126 (Tz. 179 ff.); BGH GRUR 1958/175, 177; BGH GRUR 1969/409, 410; BGH GRUR 1977/107, 109; BGH GRUR 1983/237, 239; OLG Braunschweig GRUR 1964/344.

rechten, für Arbeitnehmererfindungsvergütungen und für Know-how-Aufbereitung zu treffen.

Bezieht das örtliche Vertragsgebiet auch Gebiete außerhalb der BRD (Ausland) mit ein oder sind aus anderen Gründen verschiedene Zahlungswährungen festgelegt, ist durch eine **Währungsklausel** zu bestimmen, wie diese Währungen zu verrechnen sind.

Zu diesen Themenkreisen ist in den nachfolgenden Abschnitten im Einzelnen Stellung zu nehmen.

Abschnitt 1
Festlizenzgebühr (Eintrittsgeld)

250 Unter einer „**Festlizenzgebühr**" (in der anglo-amerikanischen Terminologie entrance fee, cash down payment oder lump sum genannt)[36] ist ein **pauschaler, fest bezifferter Betrag** zu verstehen, der einen „Kaufpreis" für die Lizenzerteilung darstellt und entweder bei Vertragsabschluss in einem Betrag oder in mehreren gleichen oder ungleichen Raten beginnend mit Vertragsabschluss **(Eintrittsgeld)**

– Anhanganlagen 1, 2, 3 (Randziffer 14), 6 (Randziffer 8),
8 (Randziffer 9) und 10 (Randziffer 4) –

zahlbar ist[37]. Zur **paid-up-license** vgl. Rz. 246, 268[38]. Vorbehaltlich anderer Absprache ist diese Gebühr, die meist mit einer nachträglichen Beteiligung des Lizenznehmers an den Entwicklungskosten des Lizenzgebers motiviert wird[39], bei vorzeitiger Beendigung des Lizenzvertrags **nicht rückzahlbar** und auch nicht verrechnungspflichtig gegenüber etwaigen sonstigen kumulativ vorgesehenen **Umsatzlizenzgebühren**[40]. Während die Umsatzlizenzgebühren als Multiplikationsfaktoren, vor allem als Wertlizenzen, nach den üblichen Sätzen verhältnismäßig einfach zu berechnen sind, weil sie einen direkten Bezug zum Umfang des realen Lizenzgeschäfts haben (vgl. hierzu den nachfolgenden Abschnitt 3), ist die Berechnung des Betrags der Festlizenzgebühr wegen Fehlens dieses Bezugs ungleich komplizierter. Hier gibt es entgegen *Stumpf*[41]

---

36 *Bartenbach/Gennen*, Rz. 1753; *Pagenberg/Geissler*, S. 122 (Tz. 174) sowie S. 254 (Tz. 45).
37 *Henn*, S. 66; *Stumpf*, Lizenzvertrag, Anm. 113–116; *ders.*, Know-how-Vertrag, Anm. 100, 101; *Benkard*, Anm. 77 zu § 15; *Bernhardt/Kraßer*, Anm. III 2 zu § 41; BGH GRUR 1961/27. Zur wirtschaftlichen Bedeutung der Festlizenzgebühren auf der Grundlage von statistischem Material der Jahre 1976–1991 vgl. Deutsche Bundesbank, Monatsberichte, 44. Jahrgang, Nr. 4 (April 1992), S. 36.
38 Vgl. hierzu *Pagenberg/Geissler*, S. 122 (Tz. 175).
39 Vgl. *Pagenberg/Geissler*, S. 142 (Tz. 215, 216); *Vollrath* in GRUR 1983/52, 53.
40 *Stumpf*, Lizenzvertrag, Anm. 113 a.E. und Anm. 114 a.E.; *ders.*, Know-how-Vertrag, Anm. 100 und 101; *Körner* in GRUR 1982/341, 342; *Heine* in GRUR 1961/29; *Vollrath* in GRUR 1983/52, 53; *Blum/Pedrazzini*, Anm. 99 zu Art. 34 (Nachtrag), unter Hinweis auf BGH GRUR 1961/27 ff.; *Henn*, S. 66; *Benkard*, Anm. 77 zu § 15; *Busse*, S. 254 (Anm. 28 a.E. zu § 9); BGH BB 1960/998; BGH GRUR 1961/27, 28.
41 Lizenzvertrag, Anm. 116, unter Hinweis auf BGH GRUR 1961/27 und GRUR 1977/539, wo Festlizenzgebühren von DM 20 000,– bzw. DM 500 000,– neben Umsatzlizenzgebühren vereinbart worden sind. Der Betrag von DM 500 000,– ist auch nicht sehr hoch, gewissermaßen die denkbare Obergrenze. Die richtige Bemessung der Festlizenzgebühren hängt einfach von

keine üblichen Sätze und beispielhaften Vorgänge. Die Vertragspartner müssen das **zukünftige Lizenzgeschäft und damit die Umsatz- und Ertragserwartungen** des Lizenznehmers schätzen und auf dieser Grundlage eine Gebührenberechnung, die für den Lizenznehmer eine Kostenbelastung des Vertragsprodukts darstellt, vornehmen. Falls neben der Festlizenzgebühr noch Umsatzlizenzgebühren zahlbar sind, sind diese in die Berechnung mit einzubeziehen[42].

Die Festlizenzgebühr ist die für den Lizenzgeber **vorteilhafteste Gebühr**, weil er gleich im Zeitpunkt des Vertragsabschlusses oder (bei Ratenzahlungen) in nahem zeitlichen Zusammenhang mit diesem eine namhafte Zahlung (wenn kumulativ Umsatzlizenzgebühren vereinbart sind) oder die volle Zahlung (wenn mit der Festlizenzgebühr alle Gebührenverpflichtungen des Lizenznehmers abgegolten sind) erhält. Er hat damit keine Risiken, weder hinsichtlich der Bonität seines Schuldners noch in Bezug auf die Intensität der Ausnutzung der Lizenz, und ist der arbeitsaufwendigen Kontrolle von Abrechnungen enthoben[43]. Zudem bindet er den Lizenznehmer auch technisch-wirtschaftlich an den Vertrag, da dieser bestrebt sein wird, die getätigten Vorleistungen durch einen entsprechenden Umsatz zu kompensieren. Der Lizenznehmer hat bei diesem Gebührensystem andererseits den Vorteil, dass er seine Kalkulation hinsichtlich der Herstellung der Vertragsprodukte nicht oder nur beschränkt durch Lizenzgebühren belastet, wenn er die Festlizenzgebühr voll abgeschrieben hat. Damit ist er bei der Preiskalkulation gegenüber den Konkurrenten im Vorteil[44] und ist nicht mit Abrechnungen belastet[45]. 251

Abschnitt 2
Optionsgebühr

Eine „**Optionsgebühr**" (in der anglo-amerikanischen Terminologie option fee genannt) wird in einem abzuschließenden oder bereits bestehenden Lizenzvertrag 252

– Anhanganlagen 1, 2, 3 (Randziffer 5) und 8 (Randziffer 4) –

festgelegt, wenn eventuell später das sachliche, örtliche, persönliche oder zeitliche **Vertragsgebiet** (vgl. hierzu oben 4. Kapitel) oder der Charakter als einfacher oder aus-

---

einer richtigen Bewertung des technischen und wirtschaftlichen Gehalts der Lizenzerteilung ab, was von vielen Faktoren, auch und insbesondere dem Vertragsgegenstand (vgl. oben 1. Kapitel, § 1, Abschnitt 1, sowie § 2, Abschnitt 1), dem sachlichen, örtlichen, persönlichen und zeitlichen Vertragsgebiet (vgl. oben 4. Kapitel), sowie dem einfachen oder ausschließlichen Charakter der Lizenzerteilung (vgl. oben 3. Kapitel, § 9) bestimmt wird. Es gibt nachweislich (registrierte) internationale Lizenzverträge mit Festlizenzgebühren (neben Umsatzlizenzgebühren) zwischen DM 5 und DM 10 Mio und sogar über DM 10 Mio. (Umrechnung in EUR zum Kurs von EUR 1,– = DM 1,95583). Vgl. hierzu auch Rz. 276 sowie den in Anhanganlage 10 vorgelegten Vertrag, der (mit geänderten Partnerbezeichnungen) einem effektiv abgeschlossenen Vertrag entspricht.

42 Vgl. hierzu *Pagenberg/Geissler*, S. 128, 130 (Tz. 188–190); *Gross* in BB 1995/17; *Körner* in GRUR 1982/341 ff.
43 Vgl. *Vortmann*, S. 17.
44 Vgl. hierzu *Henn*, S. 64; *Benkard*, Anm. 77 und 90 zu § 15.
45 Vgl. *Vortmann*, S. 17.

schließlicher Lizenz (vgl. hierzu oben 3. Kapitel, §9) im Wege einer vereinbarten Optionserklärung des Lizenznehmers **verändert** werden soll (**Option**)[46]. Vgl. Rz. 203. Hierzu gehören auch zukünftige Schutzrechte des Lizenzgebers, die nach Vertragsschluss entstanden sind und einbezogen werden sollen. Vgl. Rz. 22. Neben der Optionsgebühr sind meist Formen und Fristen für die Optionsausübung zu beachten. Zu scheiden ist die Option von einem bindenden Angebot des Lizenzgebers. Die Option ist echter (zweiseitiger) Vertrag, das bindende Angebot des Lizenzgebers nur einseitige Willenserklärung[47].

Die Optionsgebühr wird wie die Festlizenzgebühr (vgl. oben Abschnitt 1) nach dem durch das Optionsrecht vermittelten Lizenzwert kalkuliert, wobei der Zeitpunkt der Optionsausübung angemessen zu berücksichtigen ist.

Abschnitt 3
Umsatzlizenzgebühr

253 Die Zahlung von **Umsatzlizenzgebühren** (in der anglo-amerikanischen Terminologie turnover royalties genannt)[48]

– Anhanganlagen 1, 2, 3 (Randziffern 16–19), 4 (Randziffern 8.2–8.4), 6 (Randziffern 11–14), 7 (Randziffer 3) und 8 (Randziffer 10) –

stellt die **übliche Regelung**[49] der Gebührenfrage dar, die den Ausgleich der Interessen beider Vertragspartner am besten verwirklicht: Der Lizenzgeber wird am **Umsatz der von ihm lizenzierten Vertragsprodukte beteiligt**, unabhängig vom Ertrag, auf den er keinen Einfluss hat, aber bestimmt vom technischen und wirtschaftlichen Wert des Vertragsgegenstands, der sich im Konkurrenzfeld behaupten muss. Er erhält keine Vorleistungen, auch keine Abgeltung erbrachter Entwicklungsleistungen wie bei der Festlizenzgebühr, sondern seinen Anteil am tatsächlichen Geschäft. Damit ist er auf die Qualifikation, Aktivität und Bonität des Lizenznehmers angewiesen. Diese Elemente kann er aber mitbestimmen, da ihm die Auswahl obliegt. Außerdem kann er sich umsatzbezogen durch Mindestumsatzlizenzgebühren (vgl. den nachfolgenden Abschnitt 4) und bonitätsbezogen durch bankübliche Sicherheiten absichern. Letztlich steht ihm ein Kündigungsrecht zu, wenn dieses in Verbindung mit der Ausübungspflicht (vgl. unten §19, Abschnitt 4, sowie oben 5. Kapitel, §16, Abschnitt 1) vertraglich festgelegt ist.

---

46 Obwohl die Option in Schrifttum (vgl. *Gaul/Bartenbach*, Handbuch, Tz. K 166) und Rechtsprechung (vgl. BGH GRUR 1968/564, 566) kaum in Erscheinung tritt, hat sie in der deutschen Vertragspraxis große Bedeutung. Vgl. hierzu *Henn*, S. 106 f. unter Hinweis auf *Pollzien* bei *Pollzien/Bronfen*, S. 138. Vgl. auch *Pollzien* bei *Pollzien/Langen*, S. 167.
47 *Henn*, S. 107; *Blum/Pedrazzini*, Anm. 53 zu Art. 34; *Topken* und *Koch/Weser* bei *Langen*, S. 476.
48 Vgl. hierzu *Stumpf*, Lizenzvertrag, Anm. 103 ff.; *ders.*, Know-how-Vertrag, Anm. 95 ff.; *Pagenberg/Geissler*, S. 120 (Tz. 172); *Haver/Mailänder*, S. 49 f.; *Benkard*, Anm. 72 zu §15; *Bernhardt/Kraßer*, Anm. III 2 zu §41; *Henn*, S. 66 ff. Für den anglo-amerikanischen Bereich *Ellis/Deller*, §129; *Bronfen/Smolka* bei *Pollzien/Bronfen*, S. 323.
49 So auch die Deutsche Bundesbank, Monatsberichte, Nr. 4 (April 1992), S. 36, auf der Grundlage von statistischem Material der Jahre 1976–1991.

Der Lizenznehmer hat zwar den Nachteil, dass er seine Kostenkalkulation für die lizenzierten Vertragsprodukte durch die Umsatzlizenzgebühren gegenüber der Konkurrenz belastet, einer Konkurrenz, die möglicherweise Eigenentwicklung betrieben und deren Kosten längst abgeschrieben hat, doch ist für ihn risikogünstig, dass er Lizenzgebühren immer nur auf den effektiven Umsatz bezahlt. Dieser Vorteil entfällt allerdings bei der Vereinbarung von Mindestumsatzlizenzgebühren (vgl. den nachfolgenden Abschnitt 4). Aus seiner Sicht ist die Vereinbarung von Mindestumsatzlizenzgebühren deshalb nur ratsam, wenn sich der hierdurch abgedeckte Umsatz mit hoher Wahrscheinlichkeit auch erzielen lässt.

Die Umsatzlizenzgebühr ist die **typische Miet-Pachtgebühr**, die dieser Rechtsnatur des Lizenzvertrags (vgl. oben 2. Kapitel, § 6, Abschnitte 1 und 2) wegen ihres auf die dauervertragliche Nutzung bezogenen Charakters am besten entspricht[50]. Sie hat, wie in Rz. 246 dargelegt, die Form einer auf den Umsatz pro Stück Vertragsprodukt bezogenen Gebühr **(Stücklizenz)**[51], einer auf den Umsatz in Prozent des Verkaufswerts der Vertragsprodukte bezogenen Gebühr **(Wertlizenz)**[52] oder einer auf den Gewinnanteil am Umsatz von Vertragsprodukten bezogenen Gebühr **(Gewinnlizenz)**[53]. **254**

Die **Gewinnlizenz** stellt wegen ihres systemfremden Charakters (Lizenzgebühren sind Kosten und nicht Ertragsanteile) eine **selten praktizierte** Gebührenalternative dar. Sie ist für den Lizenzgeber eigentlich nur bei technisch und wirtschaftlich riskanten Entwicklungsverträgen, bei denen er durch eine Festlizenzgebühr oder durch Mindestumsatzlizenzgebühren abgesichert ist, zumutbar. Hinzu kommt die Problematik der Definition der Bezugsgröße, nämlich des Gewinns[54]. In Betracht kommt sie eigentlich nur bei **gesellschaftsähnlichen Rechtsverhältnissen**[55]. **255**

Üblich sind **Stücklizenzen** und **Wertlizenzen**[56]. Die Stücklizenz ist in einem bestimmten Betrag in EUR oder Fremdwährung pro Stück definiert, die Wertlizenz in einem bestimmten Prozentsatz einer wirtschaftlichen Bezugsgröße (z. B. Nettofakturenpreis ab Werk, net selling price ex works, prix net depart usine). Die Definition dieser Bezugsgröße wirft verständlicherweise viele Probleme auf. Es ist deshalb exakt festzulegen, **256**

– Anhanganlagen 1, 2, 3 (Randziffer 17), 4 (Randziffer 8.2 und 8.4),
6 (Randziffer 12) und 7 (Randziffern 1.8 und 3.1) –

---

50 Vgl. *Henn*, S. 66.
51 Vgl. *Stumpf*, Lizenzvertrag, Anm. 111, 112; *ders.*, Know-how-Vertrag, Anm. 98; *Benkard*, Anm. 72 zu § 15; *Bartenbach/Gennen*, Rz. 1750; *Henn*, S. 63; *Reimer*, S. 509, 510 (Anm. 48 zu § 9); *Siech*, S. 79, 80; *Haver/Mailänder*, S. 49; RGZ 155/306, 314.
52 Vgl. *Stumpf*, Lizenzvertrag, Anm. 107–109; *ders.*, Know-how-Vertrag, Anm. 95, 96; *Benkard*, Anm. 72 zu § 15; *Henn*, S. 63; *Reimer*, S. 510 (Anm. 48 zu § 9); *Siech*, S. 79, 80; *Haver/Mailänder*, S. 49; RGZ 122/70, 72; 136/320.
53 Vgl. hierzu *Stumpf*, Lizenzvertrag, Anm. 117; *ders.*, Know-how-Vertrag, Anm. 102; *Johannesson* in GRUR 1978/269 f.; *Pagenberg/Geissler*, S. 120, 122 (Tz. 173); *Benkard*, Anm. 72 zu § 15; *Henn*, S. 63; *Ellis/Deller*, § 129.
54 Vgl. hierzu *Stumpf*, Anm. 117; *Johannesson* in GRUR 1978/269 f.; *Pagenberg/Geissler*, S. 120, 122 (Tz. 173), *Benkard*, Anm. 72 zu § 15; BGHZ 28/144 ff.
55 Vgl. *Stumpf*, Lizenzvertrag, Anm. 117.
56 Vgl. *Bernkard*, Anm. 72 zu § 15; *Stumpf*, Lizenzvertrag, Anm. 111–116 (Stücklizenz) sowie Anm. 107–109 (Wertlizenz); *ders.*, Know-how-Vertrag, Anm. 98 (Stücklizenz) sowie Anm. 95, 96 (Wertlizenz); *Henn*, S. 66 ff.; *Haver/Mailänder*, S. 49.

6. Kapitel *Die Pflichten der Vertragspartner des Lizenzvertrags*

was unter dem Nettofakturenpreis ab Werk zu verstehen ist. Üblicherweise gilt der auf der Rechnung ausgewiesene Nettopreis, also ohne Versicherung, Steuern, Spesen, Verpackung und Transportkosten, und nach Abzug von Rabatten und Skonti als Nettofakturenpreis[57]. Der Nachteil der Stücklizenz gegenüber der Wertlizenz besteht in der möglicherweise langfristigen Festlegung eines bestimmten Betrags ohne Verbindung mit den Gegebenheiten auf dem Markt. Diese Verbindung muss deshalb durch eine sachdienliche **Wertsicherungsklausel (Indexierung)** geschaffen werden. Die Wertlizenz ist gegenüber der Stücklizenz benachteiligt, wenn – wie in Staatshandelsländern oder in behördlich reglementierten Branchen – keine marktwirtschaftliche Preisbildung gegeben ist. Hier muss dann ein besonderes Vertragssystem der hypothetischen Preisermittlung geschaffen oder auf die Stücklizenz ausgewichen werden[58]. Diesbezüglich ist auf die Vorschriften des Preisangaben- und Preisklauselgesetzes vom 3.12.1984 (PaPkG)[59] zu verweisen[60], nach dessen Bestimmungen (§ 2 Abs. 1 S. 2) eine Genehmigungspflicht für automatische Anpassungen vorgesehen ist[61].

Für die **Bemessung der Wertlizenz** haben sich in der Praxis Sätze (vgl. hierzu die tabellarische Übersicht in Rz. 257) entwickelt, die sich im Regelfall um 5 % herum (Automobilindustrie) bewegen und je nach Geschäftszweig darunter (Werkzeugbau, Elektroindustrie) oder darüber (Maschinenbau, Feinmechanik, Optik) liegen, wobei erhebliche Unterschiede je nach örtlichem Vertragsgebiet bestehen (z.B. in USA niedrigere Sätze als in Westeuropa). Auf das diesbezügliche einschlägige Schrifttum wird verwiesen[62]. Die zukünftige Entwicklung dieser Sätze in der früheren UdSSR (jetzt russische Föderation) lässt sich nur schwer einschätzen. Im Hinblick auf den marktwirtschaftlichen Anschluss an den Welt-Lizenzmarkt dürfte hier eine fallende Tendenz anzunehmen sein, wenn auch, wie schon bisher, durch Erhöhung der Eintrittsgelder.

257 Neben dieser **wirtschaftlichen Bezugsgröße** spielt, vor allem bei Patentlizenzverträgen, die **technische Bezugsgröße** eine große Rolle. Hierunter ist bei einer Gesamtanlage derjenige Teil des Vertragsprodukts zu verstehen, auf den sich die Lizenz bezieht, also beispielsweise eine bestimmte Kolbenbauart bei einem Automobilmotor oder eine Zündvorrichtung bei einer Lichtmaschine[63]. Hierzu im Einzelnen Rz. 258 im Anschluss an die nachfolgende tabellarische Übersicht zu den Wertlizenzen[64].

---

57 Lüdecke/Fischer, S. 544; *Ellis/Deller*, §§ 129, 139; *Pagenberg/Geissler*, S. 120 (Tz. 172); *Henn*, S. 67; *Stumpf*, Lizenzvertrag, Anm. 105, 107; *Benkard*, Anm. 72 zu § 15; RGZ 122/70, 72; BGH GRUR 1980/38; BGH I ZR 103/60.
58 Vgl. *Bartenbach/Gennen*, Rz. 1878–1884; *Pagenberg/Geissler*, S. 254 (Tz. 46).
59 BGBl I S. 1429.
60 Vgl. hierzu *Bartenbach/Gennen*, Rz. 1879.
61 Vgl. hierzu *Bartenbach/Gennen*, Rz. 1881.
62 *Lüdecke/Fischer*, S. 524, 525; *Henn*, S. 68 (Anm. 219); *Mosheim* in RIW 1954/55, S. 130; *Bronfen/Smolka* bei *Pollzien/Bronfen*, S. 233; *Troller*, II S. 844 (Anm. 56); *Pagenberg/Geissler*, S. 130 (Tz. 190); *Pollzien* bei *Pollzien/Langen*, S. 12.
63 Vgl. hierzu *Lüdecke/Fischer*, S. 526; *Henn*, S. 67; *Benkard*, Anm. 73, 75 zu § 15; *Pagenberg/Geissler*, S. 130, 132 (Tz. 191–197) sowie S. 248 (Tz. 47); RG GRUR 1940/146, 148; BGHZ 17/41, 56; BGH GRUR 1992/599, 600; BGH NJW-RR 1995/1320.
64 Vgl. hierzu *Bartenbach/Gennen*, Rz. 1785 ff.

Erfahrungssätze für Wertlizenzen

Geschäftszweig	Örtliches Vertragsgebiet	Lizenzsätze in Prozent
Elektroindustrie	USA, Großbritannien	3–5
	Frankreich, BRD	5–6
	frühere UdSSR (jetzt russische Föderation)	5
	Japan	3–5
Maschinenbau	USA	3–5
	Großbritannien	5
	Frankreich, BRD	5–7,5
	frühere UdSSR (jetzt russische Föderation)	7,5
	Japan	5–7,5
Feinmechanik, Optik	USA	5
	Westeuropa	5–10
	frühere UdSSR (jetzt russische Föderation)	7,5–10
	Japan	5–10
Werkzeugbau	USA	3–5
	Westeuropa	4–5
	frühere UdSSR (jetzt russische Föderation)	5
	Japan	2,5–5
Automobilindustrie	USA	3
	Großbritannien	3–5
	Frankreich, BRD,	5
	frühere UdSSR (jetzt russische Föderation)	6
	Japan	3–5
Pharma	USA	2–5
	Westeuropa	3–5
	frühere UdSSR (jetzt russische Föderation)	5
	Japan	3–5

6. Kapitel *Die Pflichten der Vertragspartner des Lizenzvertrags*

258 Im Allgemeinen wird man wie *H. Tetzner*[65] im Einklang mit anderen gewichtigen Qellen[66] zutreffend dargelegt, nur dann eine gemeinsame Berechnungsgrundlage festlegen können, wenn eine „technische und wirtschaftliche Einheit" der geschützten Teile vorliegt und die gemeinsame Berechnungsgrundlage nur eine die Abrechnung erleichternde Zahlungsmodalität ist. Ähnlich argumentiert im Anschluss an die Rechtsprechung des RG[67] der BGH[68]. Fehlt diese Einheit, muss bei einer Gesamtanlage nach lizenzierten Einzelteilen abgerechnet werden[69]. Zur **kartellrechtlichen Problematik von Gebührenabrechnungen** nach nicht lizenzierten Teilen einer Gesamtanlage vgl. Rz. 377, 409[70].

259 Durchaus üblich sind bei Stück- u. Wertlizenzen **Mengendegressionsstaffeln**,

– Anhanganlagen 1, 2 und 3 (Randziffer 18)
sowie Anhanganlage 7 (Randziffer 3.2) –

also Gebührenrabatte für höhere Umsätze, die im Allgemeinen jedes Vertrags- oder Kalenderjahr wieder mit ihrer Eingangsstufe neu beginnen lassen[71]. Natürlich ist es auch möglich, die Degressionsstaffeln, wenn sie einmal erreicht sind, fortzuführen, also eine progressive Gratifikation für ein bestimmtes Umsatzvolumen zu gewähren.

Verschiedentlich werden die Degressionsstaffeln auch unabhängig vom Umsatz rein zeitlich und unterschiedlich für die Lizenzierung von Schutzrechten einerseits sowie Know-how andererseits

– Anhanganlage 4 (Randziffer 8.3) –

bestimmt.

---

[65] Anm. 34 zu § 9.
[66] *Bernhardt/Kraßer*, Anm. I b 3 zu § 42; *Bartenbach/Gennen*, Rz. 1735 ff.; *Reimer*, S. 511 ff. (Anm. 49 zu § 9) unter Hinweis auf RGZ 92/329; 95/220 und 144/187 = GRUR 1934/438; BKartA in GRUR 1981/919, 921. Vgl. für das schweizerische Recht *Blum/Pedrazzini*, Anm. 100 zu Art. 34.
[67] GRUR 1939/721; 1940/146, 148. Vgl. *Benkard*, Anm. 73 zu § 15.
[68] GRUR 1962/401 ff. (403); 1969/677, 679. Vgl. hierzu auch *Benkard*, Anm. 75 zu § 15, sowie *Henn*, S. 68.
[69] *Benkard*, Anm. 73 zu § 15; *Pagenberg/Geissler*, S. 130, 132 (Tz. 191–197), sowie S. 254 (Tz. 46).
[70] Vgl. hierzu *Pagenberg/Geissler*, S. 130, 132 (Tz. 193); BKartA in GRUR 1981/919; EuGH GRUR Int. 1986/635; OLG Karlsruhe NJW-RR 1996/35.
[71] *Stumpf*, Lizenzvertrag, Anm. 109; *Henn*, S. 69; BGH GRUR 1969/677, 680.

Abschnitt 4
Mindestumsatzlizenzgebühr

Mindestumsatzlizenzgebühren (in der anglo-amerikanischen Terminologie minimum turnover royalties genannt)[72] werden zur **Absicherung** von Umsatzlizenzgebühren, also von Stücklizenzen, Wertlizenzen oder Gewinnlizenzen vereinbart,   **260**

– Anhanganlagen 1, 2 und 3 (Randziffer 20) sowie
Anhanganlage 7 (Randziffer 4.1) –

wobei dies ausschließlich im Interesse des Lizenzgebers liegt[73]. Der Lizenznehmer trägt also das Risiko, ob er die Mindestumsatzlizenzgebühren durch Umsatzlizenzgebühren „verdienen" kann oder nicht[74]. Mindestumsatzlizenzgebühren sind vorbehaltlich anderer Absprache grundsätzlich im Voraus für den Abrechnungszeitraum der Umsatzlizenzgebühren zur Zahlung fällig. Vgl. hierzu den nachfolgenden Abschnitt 6. Mindestumsatzlizenzgebühren sind auch dann zu zahlen, wenn es dem Lizenznehmer ohne sein Verschulden unmöglich wird, Vertragsprodukte herzustellen und zu vertreiben[75]. Will er sich in solchen Fällen von seiner Zahlungsverpflichtung lösen, muss er den Vertrag kündigen, es sei denn, es ist ein besonderes Kündigungsrecht für die Mindestumsatzlizenzgebührenverpflichtung vorgesehen. Dies kann beispielsweise dann der Fall sein, wenn diese Verpflichtung der Preis für die Gewährung der Ausschließlichkeit ist. Allerdings ist auch denkbar, dass in derartigen Fällen ein **Vertragsanpassungsrecht (Änderungskündigung)** wegen Wegfalls der Geschäftsgrundlage (§ 242 BGB) zugunsten des Lizenznehmers besteht, das zur Aufhebung oder Senkung der Mindestumsatzlizenzgebührenverpflichtung führt[76]. Vgl. hierzu oben § 16, Abschnitt 3 (5. Kapitel).

Mindestumsatzlizenzgebühren werden üblicherweise und verständlicherweise nach den **zu erwartenden Umsatzlizenzgebühren**, unter Berücksichtigung eines Risikoabschlags, kalkuliert[77]. Das bedingt, dass sie erst für den Zeitpunkt nach Vertragsabschluss festgesetzt werden, in welchem auch Umsatzlizenzgebühren zu zahlen sind[78]. Vgl. oben Abschnitt 3.   **261**

---

72 *Benkard*, Anm. 76 zu § 15; *Stumpf*, Lizenzvertrag, Anm. 118–120; *ders.*, Know-how-Vertrag, Anm. 103–105; *Henn*, S. 69 f.; *Pagenberg/Geissler*, S. 136 (Tz. 205); RG GRUR 1936/1056, 1059. Für das anglo-amerikanische Recht: *Ellis/Deller*, § 140. Für das französische Recht: *Nouel* bei *Pollzien/Bronfen*, S. 130, 131.
73 *Benkard*, Anm. 76 zu § 15; *Bartenbach/Gennen*, Rz. 1764; *Vortmann*, S. 17; BGH GRUR 1974/40, 43.
74 *Stumpf*, Lizenzvertrag, Anm. 118; *Pagenberg/Geissler*, S. 136, 138 (Tz. 205, 208).
75 *Stumpf*, Lizenzvertrag, Anm. 118; *ders.*, Know-how-Vertrag, Anm. 103 a.E.; *Benkard*, Anm. 76 zu § 15; BGH GRUR 1974/40, 43.
76 Vgl. hierzu *Stumpf*, Lizenzvertrag, Anm. 118, 119 mit Nachweisen; *Pagenberg/Geissler*, S. 138 (Tz. 208) unter Hinweis auf BGH GRUR 1974/40, 43 (extreme Ausnahmefälle); *Bartenbach/Gennen*, Rz. 1769.
77 Vgl. hierzu *Pagenberg/Geissler*, S. 136 (Tz. 205); *Stumpf*, Lizenzvertrag, Anm. 118; *Benkard*, Anm. 76 zu § 15.
78 Vgl. zum Zahlungsbeginn „ab Serienreife" *Pagenberg/Geissler*, S. 138 (Tz. 209).

6. Kapitel *Die Pflichten der Vertragspartner des Lizenzvertrags*

262 Abgesehen von dem Fall der **ausschließlichen Lizenz**, die grundsätzlich mit einer Mindestumsatzlizenzgebührenverpflichtung verbunden wird (Rz. 253, 279)[79], ist im Übrigen Sinn einer solchen Verpflichtung, den Lizenznehmer wirtschaftlich zu zwingen, die Lizenz auch **auszunutzen** und dem Lizenzgeber eine gewisse Mindestvergütung zu gewähren, mit der er rechnen kann[80]. Dem so genannten „Totkaufen" von Lizenzen soll entgegengewirkt werden, d.h. dem Erwerb einer Lizenz mit oder ohne Festlizenzgebühr, nur zu dem Zweck, eine bestimmte, vielleicht konkurrenzmäßig hinderliche Erfindung langsam „sterben" zu lassen. Die Mindestumsatzlizenzgebühr tritt damit in **Konkurrenz zur Ausübungspflicht** (vgl. nachfolgend § 19). Sie ist die wirtschaftliche Alternative zur Ausübungspflicht und sicher die geeignetere Form, den Lizenznehmer zu Aktivität zu veranlassen[81].

263 Problematisch kann die Frage sein, ob eine **stillschweigende Mindestumsatzlizenzgebührenverpflichtung** vorliegt, wenn bei Stücklizenzen nicht ein bestimmter Mindestbetrag, sondern eine bestimmte **Mindeststückzahl**, die erreicht werden soll, festgelegt wird[82].

264 Auch bei den Mindestumsatzlizenzgebühren sind **Staffeln** üblich, hier aber im Gegensatz zu den Umsatzlizenzgebühren **progressiver Art**, weil erwartet werden kann, dass die Umsätze nach einer Anlaufzeit, die mindestgebührenfrei ist (beispielsweise 3 Jahre oder „bis zur Serienreife" des Vertragsprodukts)[83], bis zu einem Planungsziel (beispielsweise 6 Jahre) anwachsen.

265 Wird das Vertragsgebiet sachlich, örtlich oder persönlich während der Vertragslaufzeit (z.B. durch Optionsausübung) verändert, ist es üblich, die Mindestumsatzlizenzgebühren entsprechend **anzupassen**. Im Hinblick auf die erhebliche wirtschaftliche Bedeutung der Mindestumsatzlizenzgebühr kann eine Anpassung auch unter dem Gesichtspunkt des § 242 BGB in Betracht kommen, also nach dem allgemeinen Rechtsgrundsatz der Billigkeit, wobei allerdings nicht nur die berechtigten Interessen des Lizenznehmers, sondern auch diejenigen des Lizenzgebers angemessen zu berücksichtigen sind[84]. Bei **ausschließlichen Lizenzen** kommt auch die **Umwandlung** in eine **einfache Lizenz** in Betracht[85].

---

79 *Lüdecke/Fischer*, S. 538 unter Hinweis auf das Urteil des RG GRUR 1936/1056.
80 In diesem Sinne auch *Lüdecke/Fischer*, S. 538. Für das französische Recht: *Roubier*, II S. 282. Für das nordamerikanische Recht: *Lichtenstein*, S. 176; *Ellis/Deller*, § 140, und *Bronfen/Smolka* bei *Pollzien/Bronfen*, S. 324. Für das schweizerische Recht: *Blum/Pedrazzini*, Anm. 99 zu Art. 34, und *Troller*, II S. 832 f.
81 Vgl. hierzu *Pagenberg/Geissler*, S. 118 (Tz. 166), S. 136 (Tz. 205); *Benkard*, Anm. 79 zu § 15.
82 Vgl. hierzu *Stumpf*, Lizenzvertrag, Anm. 120 mit Nachweisen.
83 *Pagenberg/Geissler*, S. 138 (Tz. 209).
84 Vgl. hierzu *Pagenberg/Geissler*, S. 138, 140 (Tz. 208, 211); BGH GRUR 1974/40; 1978/166; 2001/223.
85 Vgl. *Stumpf*, Lizenzvertrag, Anm. 118.

Abschnitt 5
Die gebührenfreie und die unentgeltliche Lizenz

Die Gegenleistung des Lizenznehmers für die Lizenzerteilung besteht entweder in der **266**
Zahlung der Lizenzgebühr oder in der Erbringung **anderer Gegenleistungen**. Unter
„Lizenzgebühr" ist ausschließlich eine Geldzahlung zu verstehen. Die Regel ist die
Lizenzgebühr. Nur ausnahmsweise werden andere Gegenleistungen vereinbart, z.B.
die Übertragung oder Verfügbarmachung von Erfindungen, Patenten, Patentanmeldungen, Verbesserungen und Know-how[86], oder auch der Bezug von bestimmten Produkten des Lizenzgebers, was kartellrechtlich problematisch sein kann[87]. Diese Verfügbarmachung kann auch durch die Vereinbarung eines bilateralen oder multilateralen Austausches erfolgen. Vgl. hierzu unten § 23. In diesen Fällen handelt es sich um eine **„gebührenfreie" Lizenz**.

„Unentgeltlich" ist die Lizenzerteilung dann, wenn überhaupt **keine Gegenleistung** **267**
des Lizenznehmers für die Lizenzerteilung erfolgt, weder als „Lizenzgebühr" noch in
anderer Weise. Dann spricht man von **Gratis- oder Freilizenzen**[88]. Ein solcher Fall ist
außerordentlich selten, da üblicherweise Sinn der Lizenzierung eine technisch-wirtschaftliche Arbeitsteilung zwischen Lizenzgeber und Lizenznehmer (vgl. hierzu Rz. 2)
ist und deshalb die Gegenleistung des Lizenznehmers für die Lizenzierung zumindestens indirekt erfolgt. Handelt es sich dagegen um eine echte Gratis- oder Freilizenz,
bedarf der Lizenzvertrag gemäß § 518 BGB der notariellen Beurkundung.

Kein Fall einer Gratislizenz ist die in der anglo-amerikanischen Praxis bekannte **paid-** **268**
up-license, bei der nach Erreichen eines bestimmten, im Voraus vereinbarten Maximalbetrags keine Lizenzgebühren mehr zu bezahlen sind

– Anhanganlage 10 (Randziffer 4) –

und die Lizenz „gratuit" wird[89]. Vgl. hierzu Rz. 246. Denkbar sind auch Fälle, in denen
der Lizenzgeber deshalb eine gebührenfreie Lizenz gewährt, weil er einen bestimmten
Lizenznehmer als „Zugnummer" oder wegen seiner **besonderen Qualifikation** auf

---

86 Vgl. hierzu *Benkard*, Anm. 71 zu § 15; *Henn*, S. 71 f.; *Blum/Pedrazzini*, Anm. 37 zur Art. 34;
RG GRUR 1937/1003, 1006; BGHZ 17/41, 58.
87 Vgl. *Pagenberg/Geissler*, S. 132 (Tz. 198) und S. 156 (Tz. 249, 250).
88 So zutreffend *Blum/Pedrazzini*, Anm. 37 zu Art. 34, der Folgendes ausführt: „Von Freilizenzen spricht man dann, wenn die Lizenzerteilung unentgeltlich stattfindet, sodass der Lizenznehmer keine Gegenleistung zu erbringen hat." die Gegenleistung brauche aber nicht in Geld
zu bestehen, sondern könne auch durch technische Leistungen (etwa Verbesserungen, Weiterentwicklungen etc.) erbracht werden. Vgl. auch *Pedrazzini*, S. 135 f., sowie *Troller*, II S. 831,
und *Busse*, S. 250 (Anm. 18 a. E. zu § 9). Wegen des Nachweises einer „Consideration"
(Gegenleistung), die nach englischem Recht Wirksamkeitsvoraussetzung für jeden Vertrag
ist, empfiehlt sich eine Siegelung, durch die diese Voraussetzung hinfällig wird. Vgl. hierzu
Walton bei *Langen*, S. 179.
89 *Pagenberg/Geissler*, S. 122 (Tz. 175). Eine solche Lizenz hat deshalb die nach englischem
Recht notwendige „Consideration" (Gegenleistung), für die es weder erforderlich ist, dass die
Lizenzgebühr kontinuierlich bezahlt wird, noch dass die Gegenleistung überhaupt in Geld
besteht. Vgl. hierzu *Lane* bei *Pollzien/Langen*, S. 121; *Bartenbach/Gennen*, Rz. 1755.

einem technischen Entwicklungsgebiet sowie im Bereich des Vertriebs und Marketings gewinnen will. Auch hier liegt keine Gratislizenz vor, da eine indirekte Gegenleistung erfolgt.

Abschnitt 6
Abrechnung, Fälligkeit, Zahlung und Kontrolle sowie Verjährung

269 Die **Festlizenzgebühren** (oben Abschnitt 1) unterliegen logischerweise **keiner Abrechnung oder Kontrolle**, da ihr Betrag mit Vertragsabschluss feststeht. Die Fälligkeit und Zahlung bestimmen sich ebenfalls nach vertraglicher Absprache[90]. Gleiches gilt für die **Optionsgebühren** (oben Abschnitt 2).

270 Bei den **Umsatzlizenzgebühren** (oben Abschnitt 3) und den **Mindestumsatzlizenzgebühren** (oben Abschnitt 4) ist dies jedoch **nicht der Fall**[91]. Die Umsatzlizenzgebühren müssen nach einem bestimmten, im Vertrag festgelegten Modus abgerechnet werden[92],

– Anhanganlagen 1, 2, 3 (Randziffern 21 und 22), 4 (Randziffer 8.5),
6 (Randziffer 15), 7 (Randziffer 3.4), 8 (Randziffer 10) und 17 (Formular) –

und zwar für bestimmte Zeitabschnitte, meist (branchenbezogen) halbjährlich. Die Abrechnung ist üblicherweise innerhalb zwei Monaten (Abrechnungsfälligkeit) und die Zahlung innerhalb eines weiteren Monats (Zahlungsfälligkeit) zu bewirken. Die Mindestumsatzlizenzgebühren werden jeweils für den Abrechnungsabschnitt der Umsatzlizenzgebühren, also meist halbjährlich, festgelegt und dann jeweils mit den zu zahlenden Umsatzlizenzgebühren verrechnet. Auch die jährliche Festlegung ist durchaus üblich, wobei die Verrechnung dann zunächst mit der ersten Halbjahresabrechnung der Umsatzlizenzgebühren, und sodann, soweit eine Tilgung noch nicht vollständig bewirkt ist, mit der zweiten Halbjahresabrechnung der Umsatzlizenzgebühren erfolgt. Die Umsatzlizenzgebühren für die **Unterlizenznehmer** des Lizenznehmers werden hierbei vom Lizenznehmer nach dem gleichen vertraglichen Modus abgerechnet[93]. Vgl. hierzu auch Rz. 168.

271 Der **Grundsatz der Abrechnungspflicht** als solcher ist in Schrifttum[94] und Rechtsprechung[95] unbestritten. Hierbei wird die Vorschrift des § 666 BGB aus dem Auftragsrecht entsprechend angewendet, nach der der Beauftragte verpflichtet ist, dem Auftraggeber die entsprechenden Informationen und Auskünfte zu geben und nach Aus-

---

90 Vgl. *Stumpf*, Lizenzvertrag, Anm. 134; *ders.*, Know-how-Vertrag, Anm. 112; *Henn*, S. 128.
91 *Henn*, S. 128; *Benkard*, Anm. 84 zu § 15; *Stumpf*, Lizenzvertrag, Anm. 136, 137; *ders.*, Know-how-Vertrag, Anm. 113, 114; *Haver/Mailänder*, S. 50 f.
92 *Benkard*, Anm. 84 zu § 15; *Stumpf*, Lizenzvertrag, Anm. 136–138; *ders.*, Know-how-Vertrag, Anm. 115; *Lüdecke/Fischer*, S. 552 f.; *Haver/Mailänder*, S. 50 f.; *Lindenmaier*, S. 368 f. (Anm. 52 zu § 9); *Reimer*, S. 520 ff. (Anm. 56 zu § 9); RGZ 127/243, 244.
93 *Bartenbach/Gennen*, Rz. 1866; BGH GRUR 1953/114, 118.
94 *Benkard*, Anm. 84 zu § 15; *Stumpf*, Lizenzvertrag, Anm. 136; *ders.*, Know-how-Vertrag, Anm. 113; *Bartenbach/Gennen*, Rz. 1842 ff.; *Schulte*, Anm. 51 zu § 15; *Pagenberg/Geissler*, S. 144 (Tz. 220); *Henn*, S. 128; *Haver/Mailänder*, S. 50 f.; *Busse*, S. 248 (Anm. 13 zu § 9).
95 RGZ 127/243, 244, 245 = GRUR 1930/430 = MuW 1930/243 = JW 1930/1672 Nr. 2; RG in MuW 1932/199, 200; RG GRUR 1937/1003; 1006; BGH GRUR 1961/466.

führung des Auftrags Rechenschaft zu legen. Abrechnung für Umsatz- und Mindestumsatzlizenzgebühren in ihrer Konnexität muss also auch dann erteilt werden, wenn dies **vertraglich nicht besonders geregelt** ist. Auch können die Grundsätze für die Rechnungslegung bei **Arbeitnehmererfindungen** herangezogen werden[96], so wie dies für die Ermittlung dieser Gebühren selbst durchaus praktiziert werden kann. Vgl. hierzu Rz. 245. Doch empfiehlt sich, die entsprechenden Detailbestimmungen im **Vertrag** zu verankern[97], weil sich mangels einer solchen Regelung Art und Umfang der Abrechnung nach Treu und Glauben mit Rücksicht auf die Verkehrssitte (§ 242 BGB)[98], also zwangsläufig nach einer objektiven, nicht einer subjektiven Methode, richten. Die Abrechnung muss dem Lizenzgeber eine Prüfung ermöglichen, ob und in welchem Umfange ihm Ansprüche gegen den Lizenznehmer zustehen[99]. Der **Lizenzgeber** ist auch ohne besondere vertragliche Absprache

– Anhanganlagen 1, 2, 3 (Randziffern 25 und 26), 6 (Randziffern 16 und 17), 7 (Randziffer 5) und 8 (Randziffer 11) –

berechtigt, die vom Lizenznehmer erstellten Abrechnungen innerhalb eines bestimmten Zeitabschnitts nach dem Ende des Abrechnungsabschnitts beziehungsweise nach Übersendung der Abrechnung **auf seine Kosten nachzuprüfen**[100].

Richtiger Ansicht nach kann dies jedoch nur durch einen **vereidigten Buchprüfer** oder eine **unabhängige Prüfungsgesellschaft** geschehen[101], es sei denn, der Lizenznehmer ist mit einer direkten Prüfung durch den Lizenzgeber einverstanden. Der Grundsatz, die Prüfung durch unabhängige Einrichtungen durchführen zu lassen, trägt dem Gedanken Rechnung, dass dem Lizenzgeber nur die Kontrolle des lizenzbezogenen Zahlenmaterials, nicht Einsicht in Geschäftsvorgänge des Lizenznehmers zusteht, was besonders wichtig bei Konkurrenzunternehmen ist. Der Lizenznehmer hat diesbezüglich Anspruch auf **absolute Vertraulichkeit**, dies nicht nur in Bezug auf den Lizenzgeber selbst, sondern auch im Hinblick auf die anderen Lizenznehmer, die vom Lizenzgeber betreut werden.

Wenn es der Lizenznehmer durch vorsätzlich sittenwidrige Handlungen unternimmt, die **Abrechnungsansprüche** des Lizenzgebers zu **vereiteln**, ist er im Wege des Schadensersatzes gemäß §§ 826, 249 BGB zur Auskunft verpflichtet[102]. Begründeter Verdacht der Unrichtigkeit der Abrechnung rechtfertigt einen Anspruch auf Abgabe

272

---

96 Vgl. BGH NJW 1995/386; *Bartenbach/Volz*, Rz. 11–13 zu § 12.
97 So zutreffend *Haver/Mailänder*, S. 50 f.; *Pagenberg/Geissler*, S. 144 (Tz. 220); *Stumpf*, Lizenzvertrag, Anm. 138; *ders.*, Know-how-Vertrag, Anm. 115.
98 *Benkard*, Anm. 84 zu § 15; RGZ 127/243, 245.
99 RGZ 127/243, 244 = GRUR 1930/430; RG GRUR 1936/943, 945.
100 So die h.M. Vgl. *Benkard*, Anm. 84 zu § 15; *Henn*, S. 128; *Roubier*, II S. 282; *Lichtenstein*, S. 175; *Langen* bei *Langen*, S. 115; *Lembke* bei *Langen*, S. 143; *Walton* bei *Langen*, S. 213; *Blum* bei *Langen*, S. 398; RGZ 127/243 = GRUR 1930/430; RG GRUR 1939/943, 945; BGH GRUR 1962/354, 356; a.A. *Stumpf*, Lizenzvertrag, Anm. 142, *ders.*, Know-how-Vertrag, Anm. 119; *Bartenbach/Gennen*, Rz. 1845 und *Pagenberg/Geissler*, S. 144 (Tz. 221), jeweils unter Hinweis auf BGH GRUR 1961/466.
101 So *Lüdecke/Fischer*, S. 561; *Rasch*, S. 47; *Henn*, S. 128 f.
102 *Benkard*, Anm. 85 zu § 15; BGH I b ZR 92/64.

einer Versicherung an Eides Statt (§ 259 Abs. 2 BGB)[103]. Fällige Ansprüche (Zahlungs- und Abrechnungsfälligkeit) unterliegen gemäß § 194 Abs. 1 BGB der **Verjährung**. Anstelle der „regelmäßigen Verjährungsfrist" des § 195 BGB von dreißig Jahren, ist nunmehr gemäß dem **Gesetz zur Modernisierung des Schuldrechts (SMG)** vom 26.11.2001[104] eine solche von **drei Jahren** getreten[105]. Die früheren Vorschriften der §§ 196, 197 BGB über die zweijährige beziehungsweise vierjährige Verjährungsfrist (Letztere fand bei Lizenzverträgen in Bezug auf die „wiederkehrenden Leistungen" bei abrechnungsbedürftigen Lizenzgebühren wie Umsatz- und Mindestumsatzlizenzgebühren Anwendung)[106] sind entfallen[107]. Die neuen Vorschriften des § 196 BGB (Verjährungsfrist bei Rechten an einem Grundstück) sowie des § 197 BGB (dreißigjährige Verjährungsfrist z.B. bei rechtskräftig festgestellten Ansprüchen) haben lizenzrechtlich keine Bedeutung. Die Verjährungsfrist schließt beide Fälligkeiten, nämlich den Anspruch auf Abrechnung und den Anspruch auf Zahlung des aus der Abrechnung resultierenden Betrags ein. Es gilt also nur eine gemeinsame Verjährungsfrist. Die Verjährungsfrist beginnt gemäß § 199 Abs. 1 BGB mit dem Schluss des Jahres, in dem die Abrechnung erteilt wurde bzw. hätte erteilt werden müssen (Nummer 1) und der Gläubiger von den den Anspruch begründenden Umständen und der Person des Schuldners (Lizenznehmers) Kenntnis erlangt oder ohne grobe Fahrlässigkeit erlangen müsste (Nummer 2)[108]. Für lizenzrechtliche Schadensersatzansprüche gilt die Sondervorschrift des § 199 Abs. 3 S. 1 BGB mit ihrer gegenüber dem bisherigen Recht modifizierten Regelung für eine zehnjährige (Nummer 1) beziehungsweise dreißigjährige (Nummer 2) Verjährungsfrist[109]. Im Falle einer Leistungsstundung oder einer berechtigten Leistungsverweigerung ist die Verjährung gemäß § 203 BGB gehemmt, wobei die Verjährung frühestens drei Monate nach dem Ende der Hemmung eintritt. Bei **Festlizenz- und Optionsgebühren** gilt ebenso wie für die **Umsatz- und Mindestumsatzlizenzgebühren** nunmehr die neue Vorschrift des § 195 BGB mit ihrer dreijährigen Verjährungsfrist ab Fälligkeit[110]. Für die Verjährung von **Gewährleistungsansprüchen** gilt mit Ausnahme der Arglisthaftung nach Kaufrecht gemäß § 438 Abs. 1 Nummer 3 BGB eine zweijährige Frist. Bei Arglist verbleibt es gemäß § 438 Abs. 3 BGB bei drei Jahren. Vgl. Rz. 305.

---

103 BGH GRUR 1962/398, 400. Vgl. auch *Stumpf*, Lizenzvertrag, Anm. 143; *Benkard*, Anm. 85 a.E. zu § 15.
104 BGBl I S. 3138. Vgl. zu den Motiven *Palandt*, Rz. 21 ff. vor § 241.
105 Vgl. hierzu *Palandt*, Rz. 1–3 zu § 195; *Pagenberg/Geissler*, S. 136 (Tz. 203)
106 Vgl. *Stumpf*, Lizenzvertrag, Anm. 146, 147; *Lüdecke/Fischer*, S. 554; *Pagenberg/Geissler*, S. 136 (Tz. 203); *Busse*, S. 254 (Anm. 28 a.E. zu § 9); BGH GRUR 1959/125; 1979/800.
107 Vgl. hierzu *Palandt*, Rz. 1 zu § 195.
108 Vgl. hierzu *Palandt*, Rz. 2 zu § 199.
109 Vgl. hierzu *Palandt*, Rz. 14 ff. zu § 199.
110 Dies stellt einen wesentlichen Unterschied zur herrschenden Auffassung des bisherigen Rechts dar, wo nach Maßgabe des § 195 BGB alter Fassung diesbezüglich die dreißigjährige Verjährungsfrist Anwendung fand. Zum bisherigen Recht: *Pagenberg/Geissler*, S. 136 (Tz. 203); BGH GRUR 1979/200.

Abschnitt 7
Kosten für die Anmeldung, Aufrechterhaltung und Verteidigung von Schutzrechten, von Arbeitnehmererfindungsvergütungen und der Know-how-Aufbereitung

Die Kosten für die **Anmeldung, Aufrechterhaltung und Verteidigung (Prozessführung)** der lizenzierten Schutzrechte des Lizenzgebers sowie der diesen zugrunde liegenden Arbeitnehmererfindungsvergütungen und der Aufbereitung des lizenzierten Know-how des Lizenzgebers hat grundsätzlich der **Lizenzgeber** zu tragen,

– Anhanganlagen 1, 2, 3 (Randziffern 11–13),
4 (Randziffern 6.1–6.3, 7.2–7.4) und 7 (Randziffer 12) –

da er für die Verfügbarkeit des Vertragsgegenstands (vgl. Rz. 9) verantwortlich ist[111]. Vgl. unten § 22. Hieraus folgt auch, dass der Lizenzgeber Träger der Gewährleistungspflicht ist. Vgl. unten § 21. Lediglich bei der **ausschließlichen Lizenz** gehen diese Verpflichtungen, soweit die Ausschließlichkeit reicht[112], nach h. M.[113] **auf den Lizenznehmer** über. Vgl. Rz. 321. Die abweichenden Ansichten von *Stumpf*[114] und *Benkard*[115], die sich auf die grundsätzliche Verpflichtung des Lizenzgebers berufen, das Benutzungsrecht einzuräumen und deshalb auch aufrecht zu erhalten, sind nicht überzeugend. Der ausschließliche Lizenznehmer hat, wie von diesen Autoren ausdrücklich eingeräumt wird[116], eine mehr dem Kaufrecht als dem Miet-Pachtrecht angenäherte Rechtsstellung. Hieraus und auch aus der Lizenzgeberfunktion, die Dritten gegenüber eingenommen wird, folgt jedoch eine grundlegend andere Beurteilung dieser Gegebenheiten als beim einfachen Lizenznehmer. Vgl. hierzu auch oben § 9 (3. Kapitel).

273

Soweit es um die Kosten für die Anmeldung, Aufrechterhaltung und Verteidigung der **Schutzrechte des Lizenznehmers** geht, die im Rahmen des Schutzrechtsaustauschs (vgl. unten § 23) dem Lizenzgeber lizenziert werden, ist hierfür allein der **Lizenznehmer** zuständig.

274

---

111 *Stumpf*, Lizenzvertrag, Anm. 201; *Schulte*, Anm. 54 zu § 15; *Bartenbach/Gennen*, Rz. 1385; *Benkard*, Anm. 87 zu § 15; *Henn*, S. 125; *Lüdecke/Fischer*, S. 256 und 257; *Reimer*, S. 529 f. (Anm. 59 zu § 9); *Walton* bei *Langen*, S. 201; *Blum* bei *Langen*, S. 395; RGZ 155/306, 315.
112 Vgl. *Henn*, S. 130 unter Hinweis auf RGZ 83/93 und 106/362.
113 So für die Kosten der Anmeldung und Aufrechterhaltung: *Lüdecke/Fischer*, S. 258 und 259; *Reimer*, S. 529 (Anm. 59 zu § 9); *Pagenberg/Geissler*, S. 64 (Tz. 58); *Henn*, S. 125. Für die Kosten der Verteidigung (Prozessführung): *Lüdecke/Fischer*, S. 284–286, 303 und 304; *Reimer*, S. 462 (Anm. 6 und 7 zu § 9), S. 532 ff. (Anm. 63 zu § 9), S. 534 f. (Anm. 64 zu § 9), S. 538 (Anm. 68 zu § 9), S. 539 ff. (Anm. 71 zu § 9), und S. 542 ff. (Anm. 73 zu § 9); *H. Tetzner*, Anm. 40 und 53 zu § 9; *Henn*, S. 130 unter Hinweis auf RGZ 83/93 und 106/362. Für die ausländischen Rechte: *Roubier*, II S. 278 und 279; *Lichtenstein*, S. 82 und 84; *Simone* bei *Langen*, S. 234; *Blum* bei *Langen*, S. 388; *Topken*, und *Koch/Weser* bei *Langen*, S. 481 und 482; *Walton* bei *Langen*, S. 201 und 202; *Blum/Pedrazzini*, Anm. 105 zu Art. 34; *Lane* bei *Pollzien/Bronfen*, S. 103; *Pollzien*, bei *Pollzien/Bronfen*, S. 148.
114 Lizenzvertrag, Anm. 201.
115 Anm. 87 zu § 15.
116 *Benkard*; Anm. 52 zu § 15 unter Hinweis auf RG GRUR 1937/627, 629 und BGH I ZR 8/59; *Stumpf*, Lizenzvertrag, Anm. 36.

275 Die auf die jeweiligen Schutzrechte entfallenden **Arbeitnehmererfindungsvergütungen**

– Anhanganlagen 1, 2, 3 (Randziffer 47), 6 (Randziffer 31)
und 7 (Randziffer 10) –

hat grundsätzlich (vorbehaltlich anderer Absprache) der Vertragspartner zu zahlen, der die Rechte **erarbeitet** hat[117]. Gleiches gilt für die Kosten der Aufbereitung des Know-how[118]. Vgl. hierzu das **ArbNErfG** vom 25.7.1957[119], das durch *Bartenbach/Volz* eine substantiierte Kommentierung erfahren hat[120].

Abschnitt 8
Fremdwährung

276 Festlizenzgebühren, Optionsgebühren, Umsatzlizenzgebühren, soweit Letztere als Stücklizenzen berechnet werden, und Mindestumsatzlizenzgebühren müssen auf eine **bestimmte Währung** lauten, da es sich um feste Beträge handelt. Dies kann – aus der Sicht des deutschen Vertragspartners (Lizenzgeber oder Lizenznehmer) – die Währung der BRD (EUR ab 1.1.2002), aber auch jede andere Währung (Fremdwährung), vorbehaltlich einschlägiger Devisenbestimmungen, sein. Entsprechendes gilt bei Verträgen ohne Inlandsbezug. Im Falle der Festlegung einer Fremdwährung bedarf es einer Währungsklausel, durch die festgelegt wird, zu welchem Zeitpunkt und zu welchem Kurs die **Umrechnung** von der Fremdwährung in EUR zu erfolgen hat, wenn die Zahlung in EUR gewünscht wird. Die Umrechnung von DM (Währung der BRD bis 31.12.2001) in EUR erfolgt zum Kurs von 1,95583:1.

Ähnliche Probleme entstehen bei der Umrechnung der in Fremdwährung getätigten Umsätze von Vertragsprodukten in Ländern außerhalb der BRD in EUR zum Zwecke der Berechnung der Wertlizenzen oder Gewinnlizenzen.

Es liegt auf der Hand, dass sich bei diesen Umrechnungen, vor allem wenn sie nicht zeitnah zur Zahlung erfolgen, erhebliche **Währungsrisiken** ergeben, die durch eine sachdienliche Gestaltung der **Währungsklausel**

– Anhanganlagen 1, 2, 3 (Randziffer 17), 4 (Randziffer 8.5),
6 (Randziffer 12) und 7 (Randziffer 3.6) –

abgesichert werden müssen[121].

Die Vereinbarung einer Fremdwährung für die Lizenzgebühren stellt auch ungeachtet einer Währungsklausel einen erheblichen **Risikofaktor** dar, und zwar sowohl für den Lizenzgeber als auch für den Lizenznehmer, je nachdem der eine oder andere Ver-

---

117 Vgl. *Stumpf*, Lizenzvertrag, Anm. 387 (5. Auflage, 1984), 172.
118 Vgl. *Stumpf*, Know-how-Vertrag, Anm. 136, 137, 178, 179.
119 BGBl I S. 756, zuletzt geändert durch Gesetz vom 18.1.2002 (BGBl I S. 414).
120 In der 4. Auflage nach dem Stand vom 30.6.2002.
121 Vgl. *Haver/Mailänder*, S. 51 f.; *Pagenberg/Geissler*, S. 144 (Tz. 223); *Henn*, S. 107 ff.; *Lüdecke/Fischer*, S. 528; *Walton* bei *Langen*, S. 213, 314; *Pollzien* bei *Pollzien/Bronfen*, S. 146; *Pollzien* bei *Pollzien/Langen*, S. 174; *Bartenbach/Gennen*, Rz. 1869 ff.

tragspartner durch Vereinbarung einer Fremdwährung betroffen ist. Letztlich entscheiden hierüber die faktischen Vertragspositionen im Zeitpunkt des Vertragsabschlusses, wobei – z.B. bei mehreren Lizenzgebern innerhalb eines einheitlichen Vertrags –

– Anhanganlage 10 (Randziffer 4) –

durchaus mehrere Währungen festgelegt werden können.

§ 19 Ausübungspflicht des Lizenznehmers

Es ist eine problematische Thematik, ob der Lizenznehmer verpflichtet ist, die Lizenz zu benutzen. Nach den Grundsätzen des Miet- und Pachtrechts, das eine vorrangige Bedeutung für die Beurteilung von Lizenzverträgen besitzt (vgl. Rz. 91, 97), würde eine solche Pflicht (überwiegend Ausübungspflicht, aber auch Ausführungspflicht, Ausnutzungspflicht, Benutzungspflicht, Auswertungspflicht und Verwertungspflicht genannt)[122], an sich nicht gegeben sein. Es ist dem Vermieter nämlich völlig gleich, ob der Mieter die Mietsache benutzt, ob er also in der gemieteten Wohnung wohnt oder das gemietete Auto fährt oder nicht. Zweifelhaft ist die Frage dagegen schon bei der Pacht eines landwirtschaftlichen Grundstücks oder auch eines Hotels oder einer Tankstelle. Weshalb? Weil der Wert des Anwesens durch die Nichtbenutzung erheblich sinken kann. Es kommt also bei der Beantwortung der Frage nach der Benutzungspflicht immer darauf an, ob sich das **Interesse des Vermieters, Verpächters oder Lizenzgebers** auf die Vereinnahmung des Miet- und Pachtzinses oder der Lizenzgebühr beschränkt oder ob ein weitergehendes Interesse an der **effektiven Benutzung** des betreffenden Gegenstandes besteht.

277

Zunächst wird einmal der Lizenzgeber – im Gegensatz zum Vermieter, aber möglicherweise nicht im Gegensatz zum Verpächter, der häufig eine umsatzbezogene Pacht zu beanspruchen hat – auch aus finanziellen Gründen an der **Ausnutzung der Lizenz** interessiert sein, denn er erhält ja nicht nur eine Festlizenzgebühr, sondern auch Stück- und Wertlizenzgebühren auf den Umsatz der Vertragsprodukte. Die Vereinbarung einer Mindestumsatzlizenzgebühr ändert nichts an diesem Tatbestand, denn die Stücklizenz- oder Wertlizenzgebühren können die Mindestumsatzlizenzgebühr ja weit übersteigen. Schon aus finanziellen Gründen könnte also die Benutzungspflicht des Lizenznehmers begründet sein[123].

Hierin liegt aber sicher nicht das Hauptelement einer eventuellen Ausübungspflicht.

---

122 Ausübungspflicht: *Stumpf*, Lizenzvertrag, Anm. 149 ff.; *ders.*, Know-how-Vertrag, Anm. 123 ff.; *Haver/Mailänder*, S. 54 f.; *Schulte*, Anm. 53 zu § 15; *Pagenberg/Geissler*, S. 118 (Tz. 166); *Reimer*, S. 516 ff. (Anm. 55 zu § 9); *Vortmann*, S. 18; *Benkard*, Anm. 81 und 82 zu § 15; *Bernhardt/Kraßer*, Anm. III 3 zu § 41; *Hunna* bei *Langen*, S. 355. Ausführungspflicht: *Benkard*, Anm. 79 zu § 15; *Blum* bei *Langen*, S. 397; *Henn*, S. 126. Ausnutzungspflicht: *Langen* bei *Langen*, S. 12. Benutzungspflicht: *Busse*, S. 248 (Anm. 13 zu § 9). Auswertungspflicht: *Langen* bei *Langen*, S. 115. Verwertungspflicht: *Mathèly* bei *Langen*, S. 152.
123 Vgl. hierzu *Schulte*, Anm. 53 zu § 15.

Der Lizenzgeber wird unter dem Aspekt einer solchen Ausübungspflicht in erster Linie Interesse an einer aktiven Mitwirkung des Lizenznehmers, an der Weiterentwicklung des gemeinsamen „Vertragsgegenstands" (vgl. Rz. 9, 292, 293, 324, 325) haben. Hierdurch wird der Bestand an Schutzrechten und Know-how des Lizenzgebers aufgewertet, denn sowohl durch die laufende technische Weiterentwicklung als auch durch die Ausnutzung der erteilten Lizenz durch Herstellung und Vertrieb der Vertragsprodukte erzielt der Lizenzgeber – auch werbewirksam – die erforderliche Breitenwirkung.

Die Thematik spitzt sich damit auf die Frage zu, inwieweit der Lizenzgeber sein verständliches Interesse an einer Ausübungspflicht des Lizenznehmers ihm gegenüber **durchsetzen** kann, ob es hierfür einer vertraglichen Absprache bedarf, inwieweit eine solche der Übung entspricht und ob und unter welchen Voraussetzungen eine Ausübungspflicht ohne vertragliche Verankerung bestehen kann. Dass der Lizenznehmer von sich aus nicht an einer Ausübungspflicht interessiert ist, bedarf keiner besonderen Begründung[124].

Abschnitt 1
Entstehen der Ausübungspflicht

278 Für das Entstehen der Ausübungspflicht hat sich im deutschen Schrifttum[125] und in der deutschen Rechtsprechung[126] überwiegend die Auffassung herausgebildet, dass es bei der **einfachen Lizenz** einer **ausdrücklichen Absprache** der Vertragspartner bedarf, im Zweifel also keine Ausübungspflicht besteht, bei der **ausschließlichen Lizenz** der Lizenznehmer jedoch zur Ausübung auch ohne entsprechende Absprache **verpflichtet** ist, es sei denn, die Vertragspartner hätten die Verpflichtung ausdrücklich ausgeschlossen. Zum Begriffspaar „einfache" und „ausschließliche" Lizenz vgl. oben § 9 (3. Kapitel). Diese Auffassung entspricht der praktischen Übung. Wegen der gewichtigen Gegenstimmen vor allem auch im internationalen Bereich[127], die bei der einfachen

---

124 Vgl. zur Gesamtthematik der Ausübungspflicht insbesondere *Benkard*, Anm. 79 zu § 15; *Stumpf*, Lizenzvertrag, Anm. 149 ff.; *ders.*, Know-how-Vertrag, Anm. 123 ff.; *Haver/Mailänder*, S. 54 f.; *Bernhardt/Kraßer*, Anm. III 3 zu § 41.
125 *Stumpf*, Lizenzvertrag, Anm. 151 und 152; *ders.*, Know-how-Vertrag, Anm. 124–127; *Lindenmaier*, S. 370 (Anm. 53 zu § 9); *Bartenbach/Gennen*, Rz. 1896; *Henn*, S. 127 f.; *Isay*, S. 347; *Kohler*, S. 508; *Schulte*, Anm. 53 zu § 15; *Pagenberg/Geissler*, S. 118 (Tz. 166) sowie S. 256 (Tz. 48, 50); *Lüdecke* in GRUR 1952/211; *Busse*, S. 248 (Anm. 13 zu § 9); *Pollzien* bei *Pollzien/Langen*, S. 175; *H. Tetzner*, Anm. 20 zu § 9; einschränkend *Benkard*, Anm. 79 zu § 15, und *Bernhard/Kraßer*, Anm. III 3 zu § 41; ablehnend *Rasch*, S. 55, und in GRUR 1937/1.
126 KG GRUR 1939/66; RGZ 134/91, 98; BGHZ 52/55, 58; BGH GRUR 1961/470, 471; 1980/38, 40; 2000/138 ff.
127 *Benkard*, Anm. 79 zu § 15; *Bernhardt/Kraßer*, Anm. III 3 zu § 41; *Reimer*, S. 516 ff. (Anm. 55 zu § 9) unter Hinweis auf RG GRUR 1937/37, 38; *Langen* bei *Langen*, S. 115; *Lüdecke/Fischer*, S. 445, 448–451; *Lüdecke* in GRUR 1958/416; *Rasch*, S. 55. Zu den ausländischen Quellen vgl. *Ellis/Deller*, § 146, unter Hinweis auf das Urteil in Sachen *Jobbins v. Kendall* Mfg. Co. = 196 F 216; *Lichtenstein*, S. 156, unter Hinweis auf das Urteil vom 13.4.1931 in Sachen In Re Waterson, Berlin & Snyder Co. v. Irving Trust C. = 48 F 2 d 704 (707); *Chavanne/Burst*, Nr. 254; *Blum* bei *Langen*, S. 397; *Homburger/Jenny* bei *Pollzien/Bronfen*, S. 293; *Pedrazzini*, S. 136; *Troller*, II S. 833 f., unter Hinweis auf BGE 85 II 43; 96 II 156; KG GRUR 1939/66; RG GRUR 1937/37, 38; RGZ 134/91, 98; BGH GRUR 1961/470, 471.

und der ausschließlichen Lizenz eine Ausübungspflicht ohne Absprache nur bei **umsatzbezogenen Lizenzgebühren** anerkennen, ist es jedoch ratsam, diesen wichtigen Fragenkomplex grundsätzlich – positiv oder negativ – im Vertrag zu regeln[128].

Die Vereinbarung von **Mindestumsatzlizenzgebühren**, die bei **ausschließlichen** Lizenzen üblich und bei **einfachen** Lizenzen nicht unüblich ist (vgl. hierzu oben § 18, Abschnitt 4)[129], kann ein wichtiges Argument **gegen das Bestehen einer Ausübungspflicht** sein, weil der Lizenzgeber dann durch die Mindestumsatzlizenzgebühr abgesichert ist[130].

279

Abschnitt 2
Umfang der Ausübungspflicht

Steht die Ausübungspflicht fest, ist zu ermitteln, welchen **Inhalt** sie hat. Da im Vertrag hierzu meist nichts weiteres geregelt ist, auch wenn die Ausübungspflicht dort gesondert verankert wurde, bedarf es der Auslegung, die gemäß §§ 133, 157, 242 BGB zu erfolgen hat, also nach Treu und Glauben mit Rücksicht auf die Verkehrssitte[131], wobei der wirkliche Wille der Vertragspartner zu erforschen und nicht an dem buchstäblichen Sinne des Ausdrucks zu haften ist. Vgl. hierzu Rz. 239.

280

Die Ausübungspflicht umfasst im Zweifel **alle Bestandteile der Lizenzerteilung**, also Herstellung und Vertrieb, nicht weniger und nicht mehr[132]. Vgl. hierzu Rz. 137, 138.

Die Ausübungspflicht kann nicht über die **kartellrechtlichen Grenzen** der §§ 17, 18 GWB hinausgehen[133]. Vgl. hierzu Rz. 374, 408, 415.

281

Der **Lizenznehmer** trägt grundsätzlich das **Risiko der wirtschaftlichen Verwertbarkeit** der lizenzierten Erfindung oder des lizenzierten Know-how[134]. Dieses Risiko hat er mit der Lizenzerteilung übernommen. Von diesem Risiko, das jeder Lizenznehmer zu tragen hat, ist die Ausübungspflicht zu unterscheiden. Die Ausübungspflicht kann nicht mit dem Argument beseitigt oder relativiert werden, man wolle das Risiko der wirtschaftlichen Verwertbarkeit nicht tragen. Der Lizenznehmer, der nicht zur Ausübung verpflichtet ist, kann sich hierzu entschließen. Der Lizenznehmer, der zur Aus-

282

---

128 *Stumpf*, Lizenzvertrag, Anm. 153; *Haver/Mailänder*, S. 54; *Benkard*, Anm. 79 zu § 15; *Reimer*, S. 517 (Anm. 55 zu § 9).
129 BGH GRUR 1979/38, 40; *Stumpf*, Lizenzvertrag, Anm. 152 a. E.; *Benkard*, Anm. 79 zu § 15.
130 So zutreffend *Lüdecke/Fischer*, S. 445; *Lüdecke* in GRUR 1952/211; *Bartenbach/Gennen*, Rz. 1900; *Benkard*, Anm. 79 a. E. zu § 15; *Schulte*, Anm. 53 zu § 15; *Pagenberg/Geissler*, S. 118 (Tz. 166), 136 (Tz. 205); *Schade*, S. 43 ff.; BGH GRUR 1957/595; a. A. *Stumpf*, Lizenzvertrag, Anm. 152 a. E., der darauf hinweist, dass die Mindestumsatzlizenzgebühr gerade zur Absicherung der Ausübungspflicht vereinbart werde. Einschränkend dagegen *ders.*, Know-how-Vertrag, Anm. 127.
131 Vgl. *Benkard*, Anm. 82 zu § 15; RG GRUR 1939/380 ff.; BGH GRUR 1978/166.
132 Vgl. *Benkard*, Anm. 81 zu § 15; *Bartenbach/Gennen*, Rz. 1903; BGH I a ZR 88/63.
133 *Benkard*, Anm. 81 zu § 15; *Bartenbach/Gennen*, Rz. 1935, 1936; *Reimer*, S. 520 (Anm. 55 a. E. zu § 9) und S. 639 (Anm. 152 zu § 9); *Pagenberg/Geissler*, S. 118 (Tz. 168); BGHZ 52/55, 58; BGH GRUR 1969/560.
134 *Benkard*, Anm. 81 zu § 15; *Stumpf*, Lizenzvertrag, Anm. 155; BGHZ 83/283, 289; BGH KZR 15/68; BGH GRUR 1978/166 mit Nachweisen.

übung verpflichtet ist, muss dagegen, auch wenn er dies für zu riskant hält, alles ihm Zumutbare tun, um in angemessener Frist die Produktionsaufnahme des Vertragsproduktes herbeizuführen und in geeigneter Weise dasselbe zu vertreiben. Ist eine Lizenzerteilung für ein noch nicht fertig entwickeltes Produkt erfolgt, ist diese Frist entsprechend länger, sie ist dagegen kürzer, wenn das Produkt bereits durch den Lizenzgeber und durch andere Lizenznehmer hergestellt oder vertrieben wird[135].

283 Im Rahmen dieses unternehmerischen Risikos muss der Lizenznehmer auch Finanzierungs-, Rentabilitäts- und Absatzschwierigkeiten tragen, allerdings nicht über eine **Zumutbarkeitsgrenze** hinaus, die nach Treu und Glauben mit Rücksicht auf die Verkehrssitte bestimmt wird (§ 242 BGB)[136]. Diese Zumutbarkeitsgrenze hat bei der **Begrenzung der Ausübungspflicht** in Rechtsprechung[137] und Schrifttum[138] eine eingehende Würdigung erfahren. Die Grenze liegt nach Auffassung des BGH dort, wo der Lizenznehmer bei Ausübung der Lizenz „mehr oder weniger unverkäuflichen Schrott produzieren" würde[139]. Auch die wirtschaftliche Seite wird durch den BGH angesprochen, wenn gesagt wird, dass die Herstellung des Vertragsprodukts dann unzumutbar ist, wenn sich herausstellt, dass der vorgesehene Umsatz mangels entsprechender wirtschaftlicher Verwerbarkeit der lizenzierten Rechte auch nicht annähernd erreicht werden kann[140]. Der Lizenznehmer trägt allerdings die Beweislast der Unzumutbarkeit[141].

Abschnitt 3
Werbung

284 Dem Lizenznehmer, der zur Ausübung verpflichtet ist, obliegt regelmäßig auch eine **Pflicht zur Werbung** für das lizenzierte Vertragsprodukt[142]. Dies liegt darin begründet, dass nicht nur die technischen, sondern auch die kaufmännischen, insbesondere die vertrieblichen Voraussetzungen für einen sachdienlichen Absatz der Vertragsprodukte geschaffen werden müssen. Der Werbung kommt hierbei eine vorrangige Bedeutung zu. Der Lizenzgeber hat in diesem Zusammenhang allerdings eine besondere Unterstützungs- und Kooperationspflicht, da er üblicherweise über wesentlich bessere Werbungsmittel verfügt als der Lizenznehmer. In welchem Umfang dem Lizenznehmer eine Werbung zugemutet werden kann, ist grundsätzlich nach den Gegebenheiten des Einzelfalles zu entscheiden[143]. In jedem Fall ist es ratsam, die Einzelheiten der Werbungsverpflichtung des Lizenznehmers vertraglich festzuhalten.

---

135 *Stumpf*, Lizenzvertrag, Anm. 154; *ders.*, Know-how-Vertrag, Anm. 128.
136 *Benkard*, Anm. 82 zu § 15; *Stumpf*, Lizenzvertrag, Anm. 155; *Schade*, S. 91 f.; RG GRUR 1939/380 ff.; BGH GRUR 1978/166.
137 RG MuW 1914/328, 329; 1938/206, 207; KG GRUR 1935/892, 895; BGH I a ZR 16/65; BGH I ZR 148 60; BGH GRUR 1969/560; 1970/40, 42; 1978/166; BGHZ 52/55.
138 *Benkard*, Anm. 82 zu § 15; *Stumpf*, Lizenzvertrag, Anm. 164.
139 GRUR 1978/166; vgl. hierzu *Stumpf*, Lizenzvertrag, Anm. 164.
140 BGH KZR 15/68.
141 *Stumpf*, Lizenzvertrag, Anm. 165, *Benkard*, Anm. 82 zu § 15; BGH I ZR 81/60.
142 Vgl. hierzu *Stumpf*, Lizenzvertrag, Anm. 162; *ders.*, Know-how-Vertrag, Anm. 134; *Benkard*, Anm. 86 zu § 15; *Reimer*, S. 518 (Anm. 55 zu § 9); KG GRUR 1939/66 f.
143 Vgl. *Lindenmaier*, S. 370 (Anm. 53 zu § 9); KG GRUR 1939/66.

Abschnitt 4
Verletzung der Ausübungspflicht

Die Ausübungspflicht ist, wenn sie besteht, grundsätzlich **Hauptverpflichtung**[144]. Verletzt der Lizenznehmer die Ausübungspflicht, hat der Lizenzgeber deshalb des Recht, den Vertrag „aus wichtigem Grunde" nach dem fruchtlosen Ablauf einer angemessenen Behebungsfrist **fristlos zu kündigen**, auch wenn ein solches Kündigungsrecht vertraglich nicht vorgesehen ist. Soweit dieses ex nunc wirkende Kündigungsrecht „aus wichtigem Grunde" besteht, ist ein **Rücktritt** gemäß §§ 323 ff. BGB, der über ein Rückgewährschuldverhältnis ex tunc wirksam sein würde (vgl. hierzu Rz. 223), ausgeschlossen[145]. In **allen anderen Fällen**, kann der Lizenzgeber dem im Verzug (§ 286 BGB) befindlichen Lizenznehmer gemäß § 323 Abs. 1 BGB eine angemessene Frist mit der Erklärung bestimmen, dass er nach dem fruchtlosen Ablauf dieser Frist vom Vertrag zurücktrete[146]. Dann kann der Lizenzgeber sowohl gemäß § 325 BGB **Schadensersatz wegen Nichterfüllung** verlangen als auch gemäß § 323 Abs. 1 BGB vom Vertrag **zurücktreten**[147]. Ist die dem Lizenznehmer obliegende Leistung (Ausübung der Lizenz) dagegen unmöglich geworden (objektiv oder subjektiv) oder liegen die Voraussetzungen des § 323 Abs. 2 oder 3 BGB vor[148], bedarf es dieser Fristsetzung nicht, sondern der Lizenzgeber kann sofort Schadensersatz wegen Nichterfüllung verlangen und vom Vertrag zurücktreten. Besonderheiten des Rücktritts (z.B. Rücktritt vor Fälligkeit, Teilleistung, Rücktrittsverschulden) sind in § 323 Abs. 4–6 BGB genannt[149]. Vgl. zu den Leistungsstörungen (Verzug, Unmöglichkeit, positive Vertragsverletzung) auch unten § 25. Die Novellierung der vorstehenden Vorschriften basiert auf dem **Gesetz zur Modernisierung des Schuldrechts (SMG)** vom 26.11.2001[150].

285

Die Anwendung der Vorschriften der §§ 323, 325 BGB setzt Verschulden des Lizenznehmers voraus, wobei dieses Verschulden gemäß § 280 Abs. 1 S. 2 BGB vermutet wird. Der Lizenznehmer muss sich also dahin entlasten, dass ein Verschulden nicht vorgelegen hat[151].

Der Lizenzgeber wird in der Praxis, wenn er grundsätzlich am Lizenzvertrag festhalten will, auf die Verletzung (Verzögerung) der Ausübungspflicht durch Geltendmachung eines Schadensersatzanspruchs reagieren und damit auch Druck auf den Lizenznehmer ausüben, seine Verpflichtungen zu erfüllen[152].

---
144 *Stumpf*, Lizenzvertrag, Anm. 163; *ders.*, Know-how-Vertrag, Anm. 135; *Bartenbach/Gennen*, Rz. 1926.
145 *Benkard*, Anm. 95 zu § 15; RG GRUR 1943/78, 80; BGHZ 50/312.
146 Vgl. *Palandt*, Rz. 1–4 zu § 323.
147 *Palandt*, Rz. 10–16 zu § 323; Rz. 1 zu § 325. Zum bisherigen Recht vgl. *Bartenbach/Gennen*, Rz. 1926; *Stumpf*, Lizenzvertrag, Anm. 163; *ders.*, Know-how-Vertrag, Anm. 135; *Benkard*, Anm. 81 zu § 15; RG GRUR 1939/380 ff.; BGH GRUR 1980/38, 40.
148 Vgl. *Palandt*, Rz. 17–22 zu § 323.
149 Vgl. *Palandt*, Rz. 23–32 zu § 323.
150 BGBl I S. 3138. Vgl. zu den Motiven *Palandt*, Rz. 21 ff. vor § 241.
151 Vgl. hierzu *Benkard*, Anm. 81 a.E zu § 15; *Stumpf*, Lizenzvertrag, Anm. 163; *ders.*, Know-how-Vertrag, Anm. 135; *Palandt*, Rz. 40 zu § 280; BGH NJW 1987/1938.
152 Vgl. hierzu RG GRUR 1939/380.

Abschnitt 5
Wegfall der Ausübungspflicht

286 Die Ausübungspflicht kann richtigerweise nur durch **Entfallen ihrer Voraussetzungen** wegfallen, also der oben in Abschnitt 1 genannten Gegebenheiten. Ist die Ausübungspflicht im Vertrag geregelt, bedarf es einer Aufhebungsvereinbarung. Ist die Ausübungspflicht nicht im Vertrag geregelt und folgt sie beispielsweise aus dem ausschließlichen Charakter der Lizenz, dann hängt sie vom Bestand dieser Lizenzform ab. Schwieriger sind die Fälle zu beurteilen, wo sich die Ausübungspflicht unabhängig von der Lizenzform (also bei einfachen Lizenzen) aus der umsatzbezogenen Lizenzgebührenregelung oder aus einer Mindestumsatzgebührenregelung ergeben könnte. Diese Beurteilung ist bereits hinsichtlich des Entstehens der Ausübungspflicht problematisch. Sie ist es deshalb auch bei ihrem Wegfall.

287 Die **Begrenzung** der Ausübungspflicht durch den Grundsatz der **Zumutbarkeit** hat entgegen der Ansicht von *Stumpf*[153] nichts mit ihrem Wegfall, sondern ausschließlich mit ihrem Umfang, d.h. ihrem Inhalt, zu tun. Die Ausübungspflicht, wenn sie einmal entstanden ist, bleibt ihrem Verpflichtungscharakter nach unberührt. Lediglich ihr Inhalt kann sich nach den konkreten Gegebenheiten verändern, und zwar bis zur zeitweiligen oder partiellen Aufhebung. Sie kann jedoch, wenn sich die Verhältnisse erneut verändert haben, wieder aufleben. Vgl. hierzu oben Abschnitt 2.

§ 20 Nebenpflichten des Lizenznehmers

288 Unter solchen „**Nebenpflichten**" des Lizenznehmers sind alle die Pflichten zu verstehen, die weder Verpflichtungen zur Zahlung von Lizenzgebühren und sonstiger Kosten (oben § 18) noch Ausübungspflicht (oben § 19) sind. Damit **entfällt** auch bei deren Verletzung ein **Kündigungsrecht „aus wichtigem Grunde"** oder die Geltendmachung eines **Rücktrittsrechts** gemäß § 323 Abs. 1 BGB. Schadensersatz kann dagegen gemäß § 325 BGB beansprucht werden. Vgl. hierzu oben § 16, Abschnitte 1 und 2 (5. Kapitel) sowie unten § 25.

Der Kreis dieser im Lizenzvertrag festzulegenden Nebenpflichten ist ebenso vielschichtig wie groß. Der Vertragsfreiheit sind keine Grenzen gesetzt. Natürlich kann diesen Pflichten in dem einen oder anderen Fall auch der Charakter einer Hauptverpflichtung gegeben werden, weil die Vertragspartner hieran bestimmte Rechtsfolgen knüpfen wollen (z.B. Rücktritt, Kündigung). Zur Frage der Einstufung von **Haupt- und Nebenverpflichtungen** vgl. Rz. 243. Die üblichsten Nebenpflichten, die nachfolgend behandelt werden, sind die **Bezugspflicht**, die **Weiterentwicklungspflicht** und die **Markierungspflicht**. Zur **kartellrechtlichen** Beurteilung dieser Nebenpflichten, gemäß §§ 17 Abs. 2 Nummer 1, 18 GWB ist unten auf § 27, Abschnitt 2, sowie gemäß EWG-

---

153 Lizenzvertrag, Anm. 164.

Recht unten auf § 28, Abschnitt 2 (7. Kapitel) zu verweisen. Weiterhin ist, vor allem bei der Lizenzierung von Know-how, die **Geheimhaltungspflicht** von erheblicher Bedeutung und hier zu erörtern.

Abschnitt 1
Bezugspflicht

Der **Lizenzgeber** kann aus drei Gründen daran interessiert sein, dem Lizenznehmer eine **Bezugspflicht** 289

– Anhanganlage 8 (Randziffer 3 a) –

hinsichtlich Roh- und Hilfsstoffen, Vorprodukten, Zwischenteilen, Zubehör und Ersatzteilen sowie Fertigungsmaschinen und deren Teilen aufzuerlegen[154]:

1. Zur **Qualitätssicherung**[155], an der er zur Wahrung des good will seines Unternehmens und seiner Produkte vor allem dann interessiert sein muss, wenn seine Handelsmarke oder seine Lizenzgebereigenschaft durch entsprechende Hinweise offenkundig gemacht werden (vgl. nachfolgenden Abschnitt 3).
2. Zur **Sicherung des Absatzes an Vertragsprodukten**[156] im „örtlichen Vertragsgebiet", insbesondere wenn seitens der zuständigen Behörden diesbezüglich Regelungen getroffen werden.
3. Zur **Flankierung der Lizenzgebührenverpflichtung**[157] im Hinblick auf das Interesse des Lizenzgebers, Erträge aus seinen lizenzierten Schutzrechten und seinem lizenzierten Know-how nicht nur in Form von Gebühren, sondern auch durch Auslastung seiner Fertigungseinrichtungen zu erwirtschaften, was im Hinblick auf die kartellrechtlichen Vorschriften der §§ 17 Abs. 2 Nummer 1, 18 GWB bei der Bemessung der Gebührenhöhe (reduzierend) zum Ausdruck kommen muss.

Auch der **Lizenznehmer** kann an einer solchen Bezugspflicht interessiert sein, die dann allerdings als **Belieferungspflicht** des Lizenzgebers 290

– Anhanganlage 7 (Randziffer 7.3) –

ausgestaltet ist. Dies gilt insbesondere für den **Anfangsabschnitt des Lizenzvertrags**, wo der Lizenznehmer erfahrungsgemäß Schwierigkeiten hat, das Vertragsprodukt herzustellen. Diese Belieferungspflicht dürfte vor allem dann eine Rolle spielen, wenn für den Lizenznehmer eine Ausübungspflicht besteht. Vgl. hierzu oben § 19.

Zu den **kartellrechtlichen** Problemen der Bezugspflicht vgl. Rz. 375, 403, 415. 291

---

154 Vgl. hierzu *Stumpf*, Lizenzvertrag, Anm. 157, 197–200; 536; *ders.*, Know-how-Vertrag, Anm. 240 ff.; *Bartenbach/Gennen*, Rz. 1950; *Benkard*, Anm. 162 zu § 15; *Pedrazzini*, S. 136.
155 *Stumpf*, Lizenzvertrag, Anm. 198.
156 *Stumpf*, Lizenzvertrag, Anm. 199.
157 *Stumpf*, Lizenzvertrag, Anm. 200.

Abschnitt 2
Weiterentwicklungspflicht

292 Der Lizenzgeber lizenziert den „**Vertragsgegenstand**" (vgl. Rz. 9) im Lizenzvertrag. Dies ist der wichtigste Bestandteil des Vertrags. Abgegrenzt wird der „Vertragsgegenstand" nach den Gegebenheiten bei Vertragsabschluss, also den Schutzrechten (Patenten), Schutzrechtsanmeldungen (Patentanmeldungen) und dem Know-how, die im **Zeitpunkt des Vertragsabschlusses** dem Lizenzgeber gehören bzw. über die er das Verfügungsrecht besitzt. Die Ergebnisse **zukünftiger Entwicklungen** durch den Lizenzgeber sind ebenso wenig eingeschlossen wie die Ergebnisse zukünftiger Entwicklungen durch den Lizenznehmer, jeweils bezogen auf das „sachliche Vertragsgebiet" (vgl. oben § 13, 4. Kapitel).

Sollen diese Rechte in den „Vertragsgegenstand" einbezogen werden, bedarf es einer **ausdrücklichen Vertragsabsprache**.

– Anhanganlagen 1, 2, 3 (Randziffer 1), 4 (Randziffer 4), 6 (Randziffer 27), 7 (Randziffern 1.5, 11.1 und 11.2) und 8 (Randziffer 14)

An dieser Stelle ist nur über die zukünftigen Entwicklungen des **Lizenznehmers** zu sprechen. Die zukünftigen Entwicklungen des Lizenzgebers sind unten in § 21, Abschnitt 5, behandelt. Verschiedentlich wird die Ansicht vertreten, dass im Falle des Bestehens einer Ausübungspflicht, die ein aktives Mitwirken des Lizenznehmers mit sich bringe (vgl. Rz. 277), eine Weiterentwicklungspflicht auch ohne ausdrückliche vertragliche Absprache besteht[158]. Dieser Ansicht kann nicht gefolgt werden.

293 Ist der **Lizenznehmer** zur Weiterentwicklung des „Vertragsgegenstandes" verpflichtet[159], muss der Lizenzvertrag auch regeln, was mit den **Ergebnissen dieser Entwicklung** geschehen soll[160]. Ähnlich den Gegebenheiten bei der Bezugspflicht (vgl. vorstehender Abschnitt 1) müssen, wenn der Lizenznehmer diese Ergebnisse unentgeltlich zur Verfügung zu stellen (zu lizenzieren) hat[161], die Lizenzgebühren angemessen gesenkt werden, damit der Lizenznehmer in indirekter Form eine angemessene Vergütung für die Lizenzierung der von ihm entwickelten Rechte erhält[162]. In der Praxis wird diese Frage allerdings meist in der Weise gelöst, dass beide Vertragspartner, Lizenzgeber und Lizenznehmer, ihre beiderseitigen Entwicklungsergebnisse im Wege der Gegenseitigkeit dem jeweils anderen Vertragspartner verfügbar machen. Dies entspricht auch den **kartellrechtlichen** Vorschriften der §§ 17 Abs. 2 Nummer 2, 18 GWB. Kartellrechtlich bedenklich ist nicht nur die einseitige Lizenzierung durch den Lizenznehmer, sondern auch die Übertragung der Rechte, selbst gegen entsprechendes Ent-

---
158 So *Stumpf*, Lizenzvertrag, Anm. 168; *Wertheimer* in GRUR 1930/578.
159 *Stumpf*, Lizenzvertrag, Anm. 166 ff.; *ders.*, Know-how-Vertrag, Anm. 136 ff.; *Benkard*, Anm. 89 und 163 zu § 15; *Lüdecke* in GRUR 1958/415; RG GRUR 1940/430; BGH GRUR 1957/485.
160 Vgl. hierzu *Stumpf*, Lizenzvertrag, Anm. 169; *ders.*, Know-how-Vertrag, Anm. 138; BGHZ 17/41, 57 f.
161 Vgl. *Stumpf*, Lizenzvertrag, Anm. 172.
162 So RG Mitt. 1934/236; *Haver/Mailänder*, S. 56; einschränkend BGH GRUR 1957/485. Vgl. auch *Stumpf*, Lizenzvertrag, Anm. 170 a. E.; *ders.*, Know-how-Vertrag, Anm. 138 a. E.

gelt¹⁶³. Vgl. hierzu auch unten § 27, Abschnitt 4, und § 28, Abschnitte 5 und 10 (7. Kapitel).

Dass der **Lizenznehmer** selbst diese Ergebnisse **benutzen** darf, ist nach h. M.¹⁶⁴ ohne Einschränkung zu Recht zu bejahen, und zwar unabhängig davon, ob er zur Weiterentwicklung verpflichtet ist oder nicht. Die von *Stumpf*¹⁶⁵ erwähnten Ausnahmen von diesem Grundsatz vermögen nicht zu überzeugen, da sich relevante Verbesserungen nur auf das lizenzierte „sachliche Vertragsgebiet" (vgl. oben § 13, 4. Kapitel) beziehen können, das so zu definieren ist, wie es die Interessen der Vertragspartner erfordern. 294

Der Lizenznehmer ist auch ohne Bestehen einer vertraglichen Weiterentwicklungspflicht gemäß § 242 BGB gehalten, den Lizenzgeber über die **Ergebnisse der Weiterentwicklung** innerhalb angemessener Frist **in Kenntnis zu setzen**. Um so mehr gilt dies, wenn eine vertragliche Weiterentwicklungspflicht besteht. Einer besonderen Regelung dieser Informationsverpflichtung bedarf es nicht. Sie ist eine selbstverständliche Folge des vertraglichen Vertrauensverhältnisses¹⁶⁶. 295

Abschnitt 3
Markierungspflicht (Kennzeichnungspflicht)

Nicht nur der **Lizenzgeber**, sondern auch der **Lizenznehmer** ist – aus Werbungsgründen und aus Gründen der technischen Identifikation – an einer **Markierung (Kennzeichnung)** der Vertragsprodukte interessiert: Hierunter ist der Hinweis darauf zu verstehen, dass das betreffende Produkt unter Lizenz des mit Namen genannten Lizenzgebers hergestellt wurde¹⁶⁷. Üblich ist darüber hinaus bei Patentlizenzen die Angabe der Nummer, unter der das (deutsche) Patent angemeldet oder erteilt wurde. Praktiziert werden weiterhin entsprechende Angaben in Prospekten, im Schriftverkehr, an Mustern und Modellen. Eine derartige Markierungspflicht (Kennzeichnungspflicht) ist grundsätzlich nur bei ausdrücklicher vertraglicher Absprache 296

– Anhanganlagen 1, 2, 3 (Randziffern 27 und 28), 7 (Randziffer 8),
8 (Randziffer 12) und 10 (Randziffer 5) –

gegeben. Lediglich, wenn sich eine Täuschung des Geschäftsverkehrs hinsichtlich der Herkunftsbezeichnung ergeben könnte, wird man nach Wettbewerbsrecht eine Markierung (Kennzeichnung) auch ohne vertragliche Regelung fordern müssen¹⁶⁸. Die Markierungspflicht (Kennzeichnungspflicht) wird häufig mit einer **Auflage zur Sicherung der Produktionsqualität** verbunden¹⁶⁹, die ebenso wie die Markierungspflicht (Kennzeichnungspflicht) selbst **kartellrechtlich** nach §§ 17 Abs. 2 Nummer 1, 18 GWB und den

---

163 Vgl. *Stumpf*, Lizenzvertrag, Anm. 173.
164 *Stumpf*, Lizenzvertrag, Anm. 169 mit Nachweisen; *ders.*, Know-how-Vertrag, Anm. 138.
165 Lizenzvertrag, Anm. 170.
166 Zur gegenteiligen Ansicht vgl. *Stumpf*, Lizenzvertrag, Anm. 171; *ders.*, Know-how-Vertrag, Anm. 139.
167 Vgl. *Stumpf*, Lizenzvertrag, Anm. 195; *Bartenbach/Gennen*, Rz. 1412; *Troller*, II S. 844; *Pagenberg/Geissler*, S. 146, 148 (Tz. 229, 230).
168 Vgl. dazu OLG Frankfurt in WRP 1980/339.
169 Vgl. hierzu *Bartenbach/Gennen*, Rz. 1415; *Pagenberg/Geissler*, S. 266 (Tz. 68).

entsprechenden EWG-Bestimmungen unbedenklich ist[170]. Vgl. hierzu unten § 27, Abschnitt 2, und § 28, Abschnitte 2 und 10 (7. Kapitel).

297 Die Markierung (Kennzeichnung) der Vertragsprodukte durch den Lizenznehmer begründet grundsätzlich keine Verantwortlichkeit des Lizenzgebers aus **Produkthaftung** (product liability) nach den Bestimmungen des § 4 Abs. 1 S. 2 ProdHaftG[171] (Quasihersteller). Vgl. hierzu Rz. 306. Ein so weitgehender Vertrauensschutz lässt sich nach deutschem Recht nicht begründen, was sowohl der BGH[172] als auch die h. M.[173] im Schrifttum zu Recht stets herausgestellt haben, wenn von gesondert liegenden Einzelfällen abgesehen wird, z. B. dann, wenn der Lizenzgeber damit rechnen muss, dass der Benutzer im Hinblick auf das der Markierung (Kennzeichnung) entgegengebrachte Vertrauen Vorsichtsmaßregeln unterlässt, die er andernfalls beachten würde[174].

Abschnitt 4
Geheimhaltungspflicht

298 Soweit **Know-how** lizenziert wird, zu dessen Begriffbestimmung die **fehlende Offenkundigkeit** gehört (vgl. Rz. 9, 29), ist der Lizenznehmer schon nach dem Grundsatz von Treu und Glauben mit Rücksicht auf die Verkehrssitte (§ 242 BGB) verpflichtet, alles ihm Zumutbare zu tun, um das ihm mitgeteilte Know-how geheim zu halten und nicht durch Weitergabe an unbefugte Dritte der Lizenzierung ihre Grundlage zu entziehen[175].

Ungeachtet dieser gesetzlichen Rechtsgrundlage ist es üblich, in die Lizenzverträge eine entsprechende Verpflichtung **(Geheimhaltungsvereinbarung)**[176]

– Anhanganlagen 1, 2, 3 (Randziffer 29), 4 (Randziffer 10), 6 (Randziffer 20), 7 (Randziffer 13), 8 (Randziffer 13) und 10 (Randziffer 8) –

aufzunehmen. Unabhängig vom Abschluss einer solchen Vereinbarung, die **integrierender Bestandteil des Lizenzvertrags** ist, kann zum Schutz der Lizenzgeberinteressen eine **gesonderte** Vereinbarung abgeschlossen werden. Vgl. hierzu Rz. 299.

299 Wird Know-how schon **vor Abschluss des Lizenzvertrags** im Rahmen der Vertragsanbahnung dem Lizenzinteressenten oder bei Entwicklungsaufträgen und Entwicklungs-

---

170 Vgl. *Bernhardt/Kraßer*, Anm. I b 5 zu § 42; *Pagenberg/Geissler*, S. 266 (Tz. 68); *Bartenbach/Gennen*, Rz. 1417, 1422.
171 Vom 15.12.1989 (BGBl I S. 2198), das nach Maßgabe der EG-Richtlinie vom 25.7.1985 erlassen worden ist und damit internationale Wirkungen entfaltet. Durch Gesetz vom 25.10.1994 (BGBl I S. 3082) ist eine Änderung des Markierungsrechts erfolgt. Vgl. hierzu *Palandt*, Rz. 6 zu § 4 ProdHaftG (Lizenzgeber ist kein Quasihersteller); *Stumpf*, Lizenzvertrag, Anm. 258, 259.
172 BGHZ 48/118; BGH GRUR 1975/150.
173 Vgl. *Stumpf*, Lizenzvertrag, Anm. 260 mit Nachweisen; *Pagenberg/Geissler*, S. 150 (Tz. 235). Abweichend *Bartenbach/Gennen*, Rz. 1416.
174 So BGH BB 1977/1117.
175 Vgl. *Stumpf*, Know-how-Vertrag, Anm. 9; *Vortmann*, S. 18; *Pagenberg/Geissler*, S. 112 (Tz. 155).
176 Vgl. hierzu *Bartenbach/Gennen*, Rz. 2225–2227, 2610 ff.

verträgen dem Auftragnehmer zur Verfügung gestellt, bedarf es des Abschlusses einer **gesonderten Geheimhaltungsvereinbarung**,

– Anhanganlagen 13 (§ 7), 14 (Randziffer 6), 25, 26 und 27 –

damit das verfügbar gemachte Know-how des Inhabers geschützt wird, obwohl nach deutschem Recht (§§ 17–19 UWG) ein begrenzter gesetzlicher Schutz besteht[177].

§ 21 Gewährleistungspflichten des Lizenzgebers

Die **Hauptverpflichtung des Lizenzgebers** besteht in der Verfügbarmachung des „Vertragsgegenstands" (vgl. Rz. 9), also der Schutzrechte, Schutzrechtsanmeldungen (Patente, Patentanmeldungen) und des Know-how[178]. Die Verfügbarmachung kann durch so genannte **Leistungsstörungen** (Verzug, Unmöglichkeit, positive Vertragsverletzung) belastet sein. Dieser Bereich ist Gegenstand des nachfolgenden § 25. Die Verfügbarmachung kann aber auch **Qualitätsmängel** aufweisen. Die sich hieraus ergebenden Rechtsfolgen sind nachfolgend in diesem § 21 zu erörtern. Bei Überschneidung gehen die Gewährleistungsansprüche als Sonderrecht vor[179].

300

Die **Gewährleistung für diese Qualitätsmängel** ist wie folgt aufzugliedern:

301

1. Gewährleistung für industrielle Verwertbarkeit,
2. Gewährleistung für zugesicherte Eigenschaften,
3. Gewährleistung für Sachmängel,
4. Gewährleistung für Rechtsmängel.

Die Punkte 1 und 2 sind Gegenstand des Abschnitts 1, die Punkte 3 und 4 werden in den Abschnitten 2 und 3 behandelt.

Hieran schließt sich die Erörterung derjenigen Sachthemen an, die im weiteren Sinne die Benutzungsfähigkeit des „Vertragsgegenstandes" gewährleisten sollen:

5. Verteidigung der lizenzierten Schutzrechte,
6. Verbesserungs- und Weiterentwicklungsverpflichtung.

Die Behandlung dieser Thematik erfolgt in den Abschnitten 4 und 5.

Da die Gewährleistungspflichten des Lizenzgebers **Hauptverpflichtungen** darstellen, steht dem Lizenznehmer bei ihrer Verletzung ein Kündigungsrecht „aus wichtigem

---

177 Vgl. hierzu *Bartenbach/Gennen*, Rz. 307–310, 2553.
178 *Benkard*, Anm. 87 zu § 15; *Schulte*, Anm. 45 zu § 15; *Vortmann*, S. 19.
179 Vgl. Münch-Komm. *Emmerich*, Anm. 43 zu § 320; RGZ 66/333; 108/280; BGHZ 10/248; BGH NJW 1979/33.

Grunde" oder die Geltendmachung des **Rücktrittsrechts** gemäß § 323 Abs. 1 BGB zu[180]. Vgl. hierzu oben § 16, Abschnitte 1 und 2 (5. Kapitel). Im Übrigen kommen die miet- und pachtrechtlichen Vorschriften der §§ 581 Abs. 2, 536 BGB **(Minderungsrecht)** und der §§ 581 Abs. 2, 536a BGB **(Schadensersatzrecht)** entsprechend in Anwendung[181]. Dies gilt ganz grundsätzlich und allgemein. Vgl. hierzu auch oben § 6, Abschnitte 1 und 2 (2. Kapitel). Im Einzelnen ist zu diesen Fragen bei der Behandlung der jeweiligen Sachthemen Stellung zu nehmen. Die durch das **Gesetz zur Modernisierung des Schuldrechts (SMG)** vom 26.11.2001[182] und durch das **Mietrechtsreformgesetz (MietRRG)** vom 19.6.2001[183] erfolgten Änderungen sind nicht substantieller Natur in Bezug auf das Lizenzrecht. Sie sind nachfolgend berücksichtigt.

302 Die Gewährleistungshaftung setzt grundsätzlich **kein Verschulden** voraus[184]. Lediglich beim Schadensersatz ist dieses erforderlich (es sei denn, dass es um die Haftung für zugesicherte Eigenschaften oder für einen schon bei Vertragsabschluss vorhandenen Fehler oder für Verzug bei der Beseitigung eines Mangels geht), wobei das Verschulden entweder nachgewiesen werden muss oder vermutet wird, sodass die Beweislast entweder dem Lizenznehmer oder dem Lizenzgeber obliegt. Der gewährleistungsrechtliche Schadensersatz überschneidet sich demnach auch mit dem Schadensersatz bei Leistungsstörungen. Vgl. hierzu unten § 25, Abschnitt 1.

303 Mit Ausnahme des anglo-amerikanischen Rechtskreises wird die Patentlizenz international als **positives Benutzungsrecht** beurteilt[185], was demnach auch für das deutsche Recht seit dem richtungsweisenden Urteil des RG vom 18.8.1937[186] gilt. Für die Know-how-Lizenz hat diese Frage nur untergeordnete Bedeutung. Der Charakter dieser Lizenz unterliegt weitgehend der Vertragsgestaltung. Vgl. zu dieser Thematik oben § 4 (2. Kapitel).

304 Hieraus ergibt sich, dass die Gewährung des Lizenzgebers im engeren und weiteren Sinn eine Verpflichtung zur **Verschaffung des Nutzungsrechts** im rechtlichen und im sachlichen (technisch-wirtschaftlichen) Sinn ist[187]. Wird die Lizenz ausnahmsweise als

---

180 Vgl. *Stumpf*, Lizenzvertrag, Anm. 313; BGH GRUR 1979/768.
181 Vgl. *Benkard*, Anm. 103 zu § 15; *Pagenberg/Geissler*, S. 264 (Tz. 64); *Nirk* in GRUR 1970/329; BGH GRUR 1959/616, 617; 1970/547 ff.; 1979/768, 769.
182 BGBl I S. 3138. Vgl. zu den Motiven *Palandt*, Rz. 21 ff. vor § 241.
183 BGBl I S. 1149. Vgl. hierzu *Palandt*, Rz. 77–77g vor § 535.
184 *Benkard*, Anm. 97, 102 zu § 15; BGH GRUR 1955/338, 340; 1965/298, 301; 1979/768, 769.
185 *Stumpf*, Lizenzvertrag, Anm. 5 und 291; *Knoppe*, S. 3; *Langen* bei *Langen*, S. 109; *Lüdecke/Fischer*, S. 370; *Haver/Mailänder*, S. 33 f.; *Benkard*, Anm. 6 zu § 9 und Anm. 49, 52 und 53 zu § 15; *Reimer*, S. 463 (Anm. 7 zu § 9); *Henn*, S. 15; *H. Tetzner* Anm. 39 zu § 9; RGZ 155/306, 313 = JW 1937/2992 Nr. 39; BGH GRUR 1953/114, 118; 1963/563, 565. Für das schweizerische Recht: *Blum/Pedrazzini*, Anm. 3 zu Art. 34; abweichend (negativ) jedoch *Troller*, II S. 824 ff. Für das österreichische Recht: *Kassler/Koch*, S. 27. Für das französische Recht: *Roubier*, II S. 263 ff. Für das italienische Recht: *Ascarelli*, S. 306. Für das nordamerikanische Recht: *Lichtenstein*, S. 5; *Henn*, S. 16, 17.
186 RGZ 155/306. Vgl. oben 2. Kapitel Anm. 20, 21, 40, 41.
187 Vgl. *Stumpf*, Lizenzvertrag, Anm. 291; *ders.*, Know-how-Vertrag, Anm. 51; *Henn*, S. 15; *Benkard*, Anm. 102 zu § 15.

negatives Verbietungsrecht gestaltet (wie es der Regel im anglo-amerikanischen Rechtskreis entspricht, vgl. Rz. 58), kommt der Gewährleistung kaum Bedeutung zu. Es steht dem Lizenzgeber frei, das Schutzrecht verfallen zu lassen oder auf dieses zu verzichten[188] Gleiches gilt für das Offenkundigwerden des Know-how.

Lizenzrechtliche Gewährleistungspflichten unterlagen nach Kaufrecht bereits bisher nicht der kurzen **Verjährung** des früheren § 477 BGB (sechs Monate)[189]. Aufgrund der durch das **Gesetz zur Modernisierung des Schuldrechts (SMG)** vom 26.11.2001[190] eingefügten Vorschrift des § 438 BGB, beträgt die Verjährung für sonstige Mängelansprüche (lizenzrechtliche Ansprüche) zwei Jahre (§ 438 Abs. 1 Nummer 3 BGB)[191], es sei denn es lag arglistiges Verschweigen des Mangels vor, was auch bisher schon eine Ausnahme begründete. Hier verjähren die Mängelansprüche gemäß § 438 Abs. 3 BGB in der „regelmäßigen Verjährungsfrist" des § 195 BGB (drei Jahre)[192]. Vgl. hierzu Rz. 272. Eine **Verwirkung** (§ 242 BGB) ist möglich[193].

305

Eine **Produkthaftung** (product liability) des Lizenzgebers gegenüber den Abnehmern der vom Lizenznehmer hergestellten Vertragsprodukte nach den Bestimmungen des ProdHaftG[194] kommt grundsätzlich nicht in Betracht, es sei denn, der Lizenznehmer stellt das Vertragsprodukt genau nach den Anweisungen des Lizenzgebers her[195]. Dies dürfte vor allem im Falle einer **Nachbau-Lizenz**

306

– Anhanganlage 6 –

gegeben sein[196]. Gemäß § 1 ProdHaftG trifft den Hersteller des Produkts die Haftung, und gemäß § 4 ProdHaftG gilt als Hersteller, wer das Endprodukt, einen Grundstoff oder ein Teilprodukt hergestellt hat bzw. sich durch Kennzeichnung als Hersteller (nicht als Lizenzgeber, vgl. Rz. 297) ausgibt.

---

188 Vgl. hierzu *Benkard*, Anm. 94 zu § 15; RG GRUR 1939/963, 964.
189 *Benkard*, Anm. 107 und 143 zu § 15; *Pagenberg/Geissler*, S. 66 (Tz. 60 a.E.); RGZ 82/155, 159.
190 BGBl I S. 3138. Vgl. zu den Motiven *Palandt*, Rz. 21 ff. vor § 241.
191 Vgl. *Palandt*, Rz. 11 zu § 438.
192 Vgl. *Palandt*, Rz. 12 zu § 438.
193 *Benkard*, Anm. 107 zu § 15; BGH GRUR 1961/466, 467. Vgl. zur Verwirkung im Vergleich zur Verjährung BGH JZ 1989/255.
194 Vom 15.12.1989 (BGBl I S. 2198). Vgl. vorstehende Anm. 171.
195 So zutreffend *Körner* in NJW 1985/3047 ff., sowie *Vortmann*, S. 24. Vgl. weiterhin *Bartenbach/Gennen*, Rz. 1590, *Pagenberg/Geissler*, S. 262, 264 (Tz. 63), und *Stumpf*, Lizenzvertrag, Anm. 257–259 mit Nachweisen.
196 Vgl. hierzu *Stumpf*, Lizenzvertrag, Anm. 259.

Abschnitt 1
Gewährleistung für industrielle Verwertbarkeit und für zugesicherte Eigenschaften

307 Nach h.M.[197] haftet der **Lizenzgeber** (Gewährleistung)

1. für die **industrielle Verwertbarkeit** der Erfindung und des Know-how (auch technische Ausführbarkeit und technische Brauchbarkeit genannt),
2. für **zugesicherte Eigenschaften**, also alles, was nicht unter Punkt 1 fällt und durch ausdrückliche Zusage Vertragsinhalt geworden ist.

308 Der Lizenzgeber haftet dagegen **nicht für die kommerzielle Verwertbarkeit** der Erfindung und des Know-how[198], es sei denn, diese ist gemäß vorstehendem Punkt 2 zugesichert[199]. Unter „kommerzieller Verwertbarkeit" ist der Gesamtbereich der wirtschaftlichen Ausnutzung der Erfindung oder des Know-how zu verstehen, und zwar unter Einschluss der Ertragsfähigkeit, Rentabilität und der Absatzpolitik. Die Wettbewerbsfähigkeit des lizenzierten Vertragsprodukts gehört also in die Risikosphäre des Lizenznehmers[200]. Der Lizenznehmer trägt auch das Risiko der Fabrikationsreife[201] und des Reifezustands der Erfindung[202]. Lediglich in Sonderfällen (Unzumutbarkeit der Vertragsfortsetzung) hat der Lizenznehmer ein Kündigungsrecht gemäß § 242 BGB[203]. Darüber hinaus gewährt hier die nach Maßgabe des **Gesetzes zur Modernisierung des Schuldrechts (SMG)** vom 26.11.2001[204] eingefügte Regelung des § 314 Abs. 1 BGB ein Kündigungsrecht „aus wichtigem Grund" für beide Seiten (Lizenznehmer und Lizenzgeber)[205]. Vgl. Rz. 219.

---

197 *Benkard*, Anm. 102, 106 und 143 zu § 15; *Stumpf*, Lizenzvertrag, Anm. 291, 292, 302, 330; ders., Know-how-Vertrag, Anm. 51; *Henn*, S. 123 f.; *Schulte*, Anm. 46 zu § 15; *Bartenbach/Gennen*, Rz. 1560 ff., 1615 ff.; *Haver/Mailänder*, S. 59; *Bernhardt/Kraßer*, Anm. IV 2 und 3 zu § 41; *Pietzcker*, Anm. 12, 22, 35 zu § 6; *Busse*, S. 251 (Anm. 21 zu § 9); *Rasch*, S. 22 ff.; RGZ 75/400; 106/366; 163/1, 6; BGH GRUR 1955/338, 341; 60/44, 46; 61/466, 467; 65/298; BGH BB 1955/78; einschränkend hinsichtlich der technischen Brauchbarkeit *Lüdecke/Fischer*, S. 118.
198 *Bartenbach/Gennen*, Rz. 1600; *Stumpf*, Lizenzvertrag, Anm. 292, 330; ders., Know-how-Vertrag, Anm. 52; *Schulte*, Anm. 47 zu § 15; *Benkard*, Anm. 108 und 143 zu § 15; *Bernhard/Kraßer*, Anm. IV 3 zu § 41; *Pagenberg/Geissler*, S. 70 (Tz. 67); RGZ 75/400; 403 f.; 106/362, 366; BGH GRUR 1955/338, 340 f.; 1960/44, 45; 1965/298, 301; 1979/768; 1985/338, 340 f.; einschränkend *Haver/Mailänder*, S. 59; *Lüdecke/Fischer*, S. 112.
199 *Stumpf*, Lizenzvertrag, Anm. 308; ders., Know-how-Vertrag, Anm. 56; *Bernhardt/Kraßer*, Anm. IV 2 zu § 41; *Benkard*, Anm. 106 zu § 15; RG Mitt. 1936/323, 324; BGH GRUR 1961/466, 467.
200 RGZ 78/363, 367; RG GRUR 1943/35, 36; BGH I a ZR 240/63; BGH GRUR 1955/338, 340 f.; 1961/466, 467; 1974/40, 43. So für das schweizerische Recht *Pedrazzini*, S. 141 f.
201 RG GRUR 1932/865, 867; 1943/35; BGH GRUR 1979/768; *Stumpf*, Lizenzvertrag, Anm. 299, 300.
202 RG Mitt. 1936/323, 324.
203 *Pagenberg/Geissler*, S. 70 (Tz. 69) unter Bezugnahme auf BGH GRUR 1978/166.
204 BGBl I S. 3138. Zu den Motiven vgl. *Palandt*, Rz. 21 vor § 241.
205 Vgl. hierzu *Pagenberg/Geissler*, S. 70 (Tz. 69); *Bartenbach/Gennen*, Rz. 1603.

Die Haftung des Lizenzgebers für die **industrielle Verwertbarkeit** der Erfindung und **309** des Know-how ist entsprechend den Grundsätzen der **Sachmängelhaftung** gestaltet, wie diese unter miet-pachtrechtlichen Aspekten in § 581 Abs. 2 i.V.m. §§ 536, 536a BGB ihren Niederschlag gefunden hat[206]. Dieser Fragenkreis ist nachfolgend in Abschnitt 2 behandelt.

In der Praxis ist es wegen der Unsicherheit darüber, was unter die Haftung des Lizenzgebers für die industrielle Verwertbarkeit fällt, üblich, Eigenschaften der Erfindungen und des Know-how als **vertragliche Zusicherungen**

– Anhanganlagen 1, 2, 3 (Randziffer 10),
4 (Randziffer 5) und 7 (Randziffer 6.2) –

zu gestalten[207]. Hierunter fallen nicht allgemein gehaltene Erklärungen werbender oder lobpreisender Art, vor allem, wenn diese nicht im Vertragstext selbst, sondern im begleitenden Schriftverkehr oder in einer Patentschrift enthalten sind, es sei denn dieser beziehungsweise diese sind ausdrücklich zum **Bestandteil des Vertrages** gemacht worden[208]. Anders sind dagegen konkrete technische Angaben zu beurteilen, z.B. solche, die in einem so genannten Lastenheft (cahier de charge) enthalten sind[209]. Die Haftung für zugesicherte Eigenschaften basiert auf § 581 Abs. 2 i.V.m. §§ 536 Abs. 2, 536a BGB und gewährt dem Lizenznehmer, weil der Lizenzgeber diesen Umstand zu vertreten hat (ohne Nachweis eines Verschuldens), einen Anspruch auf Schadensersatz wegen Nichterfüllung[210]. Liegen die besonderen Verhältnisse des § 536a BGB nicht vor, kann der Lizenznehmer gemäß § 581 Abs. 2 i.V.m. § 536 Abs. 2 BGB seine Lizenzgebührenzahlung aussetzen bzw. mindern[211]. Die beim Vertragsabschluss vorhandene Kenntnis des Lizenznehmers von der nicht gegebenen industriellen Verwertbarkeit der Erfindung und des Know-how sowie des Nichtvorliegens der zugesicherten Eigenschaften beseitigt jeden Gewährleistungsanspruch (§ 536b S. 1 BGB). Ist dem Lizenznehmer diese Gelegenheit infolge grober Fahrlässigkeit unbekannt geblieben, stehen ihm Gewährleistungsansprüche nur dann zu, wenn der Lizenzgeber arglistig gehandelt hat (§ 536b S. 2 BGB). Diese Ansprüche[212] haben lizenzrechtlich erhebliche praktische Bedeutung.

---

206 Vgl. *Benkard*, Anm. 102 zu § 15; *Stumpf*, Lizenzvertrag, Anm. 302; *ders.*, Know-how-Vertrag, Anm. 330; *Pagenberg/Geissler*, S. 66 (Tz. 60); RGZ 163/1, 6; BGH GRUR 1955/338, 341; 1960/44, 46; 1961/466, 467; 1965/298, 301; 1979/768, 769.
207 Vgl. hierzu *Stumpf*, Lizenzvertrag, Anm. 308; *ders.*, Know-how-Vertrag, Anm. 56; *Benkard*, Anm. 106 zu § 15; *Pagenberg/Geissler*, S. 66 (Tz. 61); *Bernhardt/Kraßer*, Anm. IV 2 zu § 41.
208 BGHZ 48/118; 59/158, 160; BGH DB 1981/213. Vgl. hierzu *Stumpf*, Lizenzvertrag, Anm. 308; *Benkard*, Anm. 106 zu § 15.
209 Der diesbezüglich einschränkenden Ansicht von *Stumpf*, Lizenzvertrag, Anm. 308, kann nicht gefolgt werden. Sie steht auch nicht im Einklang mit der zitierten Entscheidung des BGH DB 1981/213.
210 *Palandt*, Rz. 24–26 zu § 536; Rz. 13, 14 zu § 536a; *Bernhardt/Kraßer*, Anm. IV 2 und 4 zu § 41; *Benkard*, Anm. 106 zu § 15; *Pagenberg/Geissler*, S. 68 (Tz. 63); BGH GRUR 1961/466, 467; 1965/298; 1970/547, 548; 1979/768.
211 *Stumpf*, Lizenzvertrag, Anm. 320.
212 Vgl. hierzu *Palandt*, Rz. 5 zu § 536b.

Abschnitt 2
Gewährleistung für Sachmängel

310 Die Gewährleistung für industrielle Verwertbarkeit der Erfindung und des Know-how, auch Haftung für technische Ausführbarkeit und für technische Brauchbarkeit genannt, erfolgt nach den **Grundsätzen der Sachmängelhaftung**[213]. Vgl. hierzu den vorstehenden Abschnitt 1. Darüber, was hierunter zu verstehen ist, gehen die Meinungen auseinander[214]. Diese Meinungen sind oft schillernd und wenig praxisorientiert. Richtig dürfte sein, die **technische Ausführbarkeit** dahin zu definieren, dass die technische Konzeption der Erfindung oder des Know-how, wie diese entweder in der **Patentschrift**

– Anhanganlagen 22 und 24 –

oder in **sonstigen Beschreibungen und Erläuterungen** niedergelegt ist, unter Einsatz üblicher Herstellungseinrichtungen, auch wenn diese erst geschaffen werden müssen, mit zumutbaren Aufwendungen innerhalb eines angemessenen Zeitraums verwirklicht werden kann[215]. Unter **technischer Brauchbarkeit** ist zu verstehen, dass mit dem Vertragsprodukt der von den Vertragspartnern erstrebte technische Verwendungszweck erreicht werden kann[216]. Damit liegt auf der Hand, dass im Lizenzvertrag und zwar bei Definition des **„Vertragsgegenstands"** (vgl. Rz. 9), die entsprechenden fallorientierten Konzeptionen und Beschreibungen, gegebenenfalls in einer Vertragsanlage, verankert werden müssen[217].

311 Wenn die industrielle Verwertbarkeit der Erfindung oder des Know-how in der Weise fehlt, dass die Erfindung oder das Know-how naturgesetzlich unausführbar bzw. unverwertbar sind, ist der Anspruch aus dem Lizenzvertrag gemäß §§ 275 Abs. 1, 311a Abs. 1 BGB wegen **Unmöglichkeit** ausgeschlossen[218]. Vgl. hierzu Rz. 233.

312 Die miet-pachtrechtliche Haftung gemäß § 581 Abs. 2 i.V.m. §§ 536, 536a, 536b BGB ist darauf ausgerichtet, dass das **„Vertragsprodukt"** (vgl. Rz. 9) bei „Überlassung" oder danach nicht mit Fehlern behaftet ist, die seine Tauglichkeit zu dem vertragsmä-

---

[213] *Benkard*, Anm. 102 zu § 15; *Busse*, S. 251 (Anm. 21 zu § 9); *Vortmann*, S. 21 f.; *Pagenberg/Geissler*, S. 66 (Tz. 59, 60) sowie S. 264, 266 (Tz. 66); RGZ 163/1, 6; BGH GRUR 1955/338, 341; 1960/44, 46; 1961/466, 467; 1965/298, 301; 1979/768, 769.

[214] Vgl. hierzu *Stumpf*, Lizenzvertrag, Anm. 293 ff. mit Nachweisen; *Reimer*, S. 499 ff. (Anm. 37 zu § 9); *Lüdecke/Fischer*, S. 113; *Benkard*, Anm. 102 zu § 15 mit Nachweisen; *Henn*, S. 124; RG GRUR 1943/35; RGZ 161/1; BGH BB 1955/78 = GRUR 1955/338, 340; BGH NJW 1965/759. Zum französischen Recht vgl. *Roubier*, II S. 276. Zum nordamerikanischen Recht vgl. *Lichtenstein*, S. 147.

[215] So im Grundsatz auch *Stumpf*, Lizenzvertrag, Anm. 303, 304. Wenig aussagekräftig sind die diesbezüglich von *Stumpf*, Anm. 299, 300, zitierten Entscheidungen des RG (GRUR 1943/35) und des BGH (GRUR 1955/338).

[216] So auch BGH GRUR 1979/768.

[217] Vgl. *Stumpf*, Lizenzvertrag, Anm. 306, unter Hinweis auf BGH GRUR 1965/298.

[218] Vgl. zu dieser novellierten Vorschrift *Palandt*, Rz. 31 zu § 275. Zum bisherigen Recht: *Bernhardt/Kraßer*, Anm. IV 1 zu § 41; BGH GRUR 1960/44.

ßigen Gebrauch aufheben oder mindern (§ 536 BGB)[219]. Die Haftung des Lizenzgebers für die technische Brauchbarkeit kann ausgeschlossen sein, wenn der Lizenznehmer bei Vertragsabschluss, der beim Lizenzvertrag grundsätzlich zeitgleich mit der „Überlassung" einzuordnen sein dürfte, wusste, dass das lizenzierte Vertragsprodukt noch nicht ausreichend erprobt war und weitere Versuche erforderlich sind, um Gewissheit für seine Eignung zum vorgesehenen Zweck zu erhalten (§ 536b BGB)[220]. Nach diesem durch die Schuldrechtsnovelle (vgl. Rz. 301) nicht wesentlich veränderten Gewährleistungsrecht ist der **Lizenznehmer** von der **Zahlung der Lizenzgebühren befreit**, wenn die Fehler zur Aufhebung der Tauglichkeit führen, und zur **angemessenen Senkung der Gebühren** befugt, wenn die Tauglichkeit gemindert ist (§ 536 BGB)[221]. War ein solcher Fehler bereits bei **Vertragsabschluss** vorhanden oder entsteht er **nach dem Zeitpunkt infolge Verschuldens** (Vorsatz und Fahrlässigkeit, §§ 276, 278 BGB)[222] des **Lizenzgebers** oder kommt der Lizenzgeber mit der Beseitigung eines Mangels in **Verzug**, hat der Lizenznehmer neben dem Recht aus § 536 BGB (Mietminderung) das Recht, **Schadensersatz** zu fordern (§ 536a BGB)[223]. Daneben kommen die Vorschriften der §§ 323, 325 BGB in Anwendung, wenn die Durchführung des Vertrags infolge der vorhandenen Mängel gefährdet oder vereitelt wird[224]. Der Lizenznehmer kann dann vom Vertrag **zurücktreten** und **Schadensersatz** wegen Nichterfüllung verlangen[225].

Hat der Lizenzgeber einen Tauglichkeitsmangel schuldhaft nicht erkannt, ist er nach der von der h. M.[226] angenommenen Haftung für Mangelfolgeschäden wegen **positiver Vertragsverletzung** zum Ersatz des Schadens verpflichtet, der dem Lizenznehmer infolge des Mangels entsteht. Vgl. hierzu auch Rz. 347, 349. 313

Da der Lizenzgeber ohne anderslautende Abrede[227] nur für die technische Ausführbarkeit und für die technische Brauchbarkeit, **nicht für die kommerzielle Verwertbar-** 314

---

219 Vgl. zu diesen novellierten Vorschriften *Palandt*, Rz. 1–5 zu § 536. Zum bisherigen Recht: *Stumpf*, Lizenzvertrag, Anm. 302, unter Hinweis auf BGH GRUR 1979/768; *Pagenberg/Geissler*, S. 66 (Tz. 60); OLG Hamm NJW-RR 1993/1270.
220 Vgl. zu dieser novellierten Vorschrift *Palandt*, Rz. 5 zu § 536b. Zum bisherigen Recht: *Benkard*, Anm. 102 a. E. zu § 15; BGH GRUR 1979/768, 771.
221 So auch *Stumpf*, Lizenzvertrag, Anm. 309–311, 319 sowie Know-how-Vertrag, Anm. 61, der zu Recht auf die wenig überzeugende einschlägige Beurteilung seitens eines Teils des Schrifttums (z. B. *Malzer* in GRUR 1971/96, 99; *Nirk* in GRUR 1970/329, 333; *Klauer/Möhring*, Anm. 74 zu § 9; *Krausse/Katluhn*, Anm. 9 und 38 zu § 9; *Rasch*, S. 24) sowie der Rechtsprechung (RG in MuW 1931/441; RGZ 82/155; BGH GRUR 1979/768) hinweist. Dies liegt in der Tat vor allem daran, dass zu sehr auf kaufrechtliche und nicht auf miet-pachtrechtliche Vorschriften abgestellt wird, obwohl der Lizenzvertrag als Dauerschuldverhältnis dem Miet-Pachtrecht viel verwandter ist als dem Kaufrecht. Vgl. zu dieser Thematik oben § 6 (2. Kapitel).
222 *Stumpf*, Lizenzvertrag, Anm. 325, leugnet die Notwendigkeit des Verschuldens wegen einer „pachtrechtlichen Garantie". Dem kann nicht gefolgt werden. Vgl. BGH GRUR 1979/768 und hierzu *Bernhardt/Kraßer*, Anm. IV 4 zu § 41.
223 *Stumpf*, Lizenzvertrag, Anm. 325; *Bernhardt/Kraßer*, Anm. IV 4 zu § 41; *Palandt*, Rz. 31–37 zu § 536; Rz. 9–14 zu § 536a; BGH GRUR 1979/768.
224 *Palandt*, Rz. 3 zu § 536a; BGH GRUR 1955/338, 340; 1979/768.
225 *Palandt*, Rz. 3 zu § 536a; BGH GRUR 1955/338, 340; 1979/770.
226 Vgl. hierzu *Bernhardt/Kraßer*, Anm. IV 5 zu § 41.
227 *Pagenberg/Geissler*, S. 70 (Tz. 68).

keit haftet[228], umfasst der eventuell zu zahlende Schadensersatz nicht auch den Gewinn, den der Lizenznehmer hätte erzielen können, wenn er das Vertragsprodukt hätte herstellen können. Hieraus folgt, dass der Schadensersatzanspruch des Lizenznehmers auf die effektiven Aufwendungen (damnum emergens) beschränkt ist, während der entgangene Gewinn (lucrum cessans) außer Betracht bleibt[229]. Im Hinblick auf mögliche Komplikationen beim exakten Schadensnachweis empfiehlt sich die Vereinbarung von Vertragsstrafen[230].

315 In Anbetracht der Haftungsrisiken des Lizenzgebers für die industrielle Verwertbarkeit, vor allem im Schadensersatzbereich, wird die diesbezügliche Gewährleistung meist im Lizenzvertrag eingeschränkt oder ausgeschlossen[231]. Eine solche **Vereinbarung**

– Anhanganlagen 1, 2, 3 (Randziffer 10), 4 (Randziffer 5),
7 (Randziffer 6.2) und 10 (Randziffer 14) –

ist vorbehaltlich Arglist zulässig (§ 536d BGB)[232].

Abschnitt 3
Gewährleistung für Rechtsmängel

316 Bei der Lizenzierung eines für eine Erfindung erteilten **Patents** hat der **Lizenzgeber** dafür einzustehen (Gewährleistung)[233],

– Anhanganlagen 1, 2, 3 (Randziffer 9), 6 (Randziffer 7) und 10 (Randziffer 11) –

dass

1. ihm im **Zeitpunkt des Vertragabschlusses** das **Patent zusteht** und er hierüber **verfügungsbefugt** ist,
2. **nach Vertragsabschluss** nicht **Dritte Rechte** geltend machen, die das Benutzungsrecht des Lizenznehmers beeinträchtigen.

317 Bei der **Lizenzierung von Know-how** gilt ähnliches, nur wird sich die Gewährleistung hier im Wesentlichen auf das **Vorhandensein** und die **Aufrechterhaltung des Geheimnisschutzes** beschränken,

– Anhanganlagen 1, 2, 3 (Randziffer 29), 4 (Randziffer 10) und 6 (Randziffer 20) –

---

228 So zutreffend *Pagenberg/Geissler*, S. 70 (Tz. 67); *Bartenbach/Gennen*, Rz. 1600; BGH GRUR 1985/338, 340 f.
229 *Benkard*, Anm. 103 zu § 15; *Pietzcker*, Anm. 12 und 22 zu § 6; *Rasch*, S. 26; *H. Tetzner*, Anm. 17 zu § 9; *Stumpf*, Lizenzvertrag, Anm. 327; offen gelassen in BGH GRUR 1979/768, 769.
230 Vgl. *Lüdecke/Fischer*, S. 624; *Haver/Mailänder*, S. 61.
231 Vgl. *Stumpf*, Lizenzvertrag, Anm. 326; *ders.*, Know-how-Vertrag, Anm. 66; *Henn*, S. 123; *Haver/Mailänder*, S. 60; *Lüdecke/Fischer*, S. 119.
232 Vgl. hierzu *Palandt*, Rz. 1 zu § 536d.
233 Vgl. *Stumpf*, Lizenzvertrag, Anm. 331; *Bernhardt/Kraßer*, Anm. V b 1 zu § 41; *Bartenbach/Gennen*, Rz. 1531, 1532; *Benkard*, Anm. 97 zu § 15; *Busse*, S. 251, 252 (Anm. 21, 22 zu § 9); *Vortmann*, S. 22 f.; *Pagenberg/Geissler*, S. 62, 64 (Tz. 54, 56), sowie S. 264 (Tz. 65); RGZ 33/103, 104; 78/363, 367; 82/155, 157; RG GRUR 1899/246; BGH GRUR 1960/44, 45; 1962/370, 374; BGHZ 86/330, 334.

da die Inhaberschaft und Verfügungsberechtigung ebenso wie die Beeinträchtigung durch Dritte von untergeordneter Bedeutung sind[234]. Rechtsgrundlage für die Mängelhaftung ist § 581 Abs. 2 i.V.m. § 536 BGB. Die zuletzt genannte Vorschrift schreibt für die Rechtsmängelhaftung die gleiche Haftung wie für die Sachmängelhaftung (vorstehender Abschnitt 2) vor[235] und steht damit insofern im Gegensatz zum früheren Recht, als dort nur eine „entsprechende" Anwendung vorgesehen war. Durch das Mietrechtsreformgesetz (vgl. Rz. 301) wurde das mietrechtliche Gewährleistungsrecht nicht wesentlich verändert.

Bei Rz. 316 Punkt 1) geht es um die **Haftung des Lizenzgebers** für den lizenzierten Bestand der Schutzrechte und die diesbezügliche Verfügungsbefugnis im **Zeitpunkt des Vertragsabschlusses**, die diesem uneingeschränkt obliegt[236]. Dagegen obliegt dem Lizenzgeber grundsätzlich nicht die Haftung für den zukünftigen Bestand[237] der lizenzierten Schutzrechte, der durch eine eventuelle Nichtigkeit bzw. Vernichtung derselben beeinträchtigt werden kann[238], und zwar rückwirkend, da die Nichtigkeitserklärung rechtsgestaltende Wirkungskraft ex tunc hat[239]. Trotz dieser rückwirkenden Kraft der Nichtigkeitserklärung bleibt der Lizenzvertrag voll für die Vergangenheit wirksam[240]. So auch Art. 35 Abs. 2 b GPÜ. Bei der Nichtigkeitserklärung bleibt der Lizenznehmer deshalb zur Gebührenzahlung verpflichtet[241]. Diese Grundsätze beruhen auf der Überlegung, dass der Lizenznehmer bis zur Nichtigkeitserklärung eine tatsächliche Nutzungsmöglichkeit an dem betreffenden Patent gehabt hat[242]. Da die Lizenzerteilung für ein Patent wegen dessen praktischen Vorteilen und nicht wegen dessen theoretischem Bestand erfolgt, so wichtig dieser dafür ist, dass die Nutzung überhaupt erfolgen kann, steht dem Zeitpunkt der Nichtigkeitserklärung das Offenbarwerden der Nichtigkeit gleich, weil die Mitbewerber nach dem Patent arbeiten können, ohne eine Verletzungsklage befürchten zu müssen[243]. Bei einer Lizenz auf eine Patentanmeldung erstreckt sich die Haftung nicht darauf, dass das Patent tatsächlich erteilt

318

---

234 Vgl. *Stumpf*, Know-how-Vertrag, Anm. 68; *Benkard* Anm. 143 zu § 15; RGZ 163/1, 8 f., BGH GRUR 1960/44, 46; 1979/768, 769; BGHZ 17/41, 62.
235 Vgl. *Stumpf*, Lizenzvertrag, Anm. 331; *Bernhardt/Kraßer*, Anm. V b 1 zu § 41.
236 *Lüdecke/Fischer*, S. 610; *Benkard*, Anm. 97 zu § 15; *Pagenberg/Geissler*, S. 62 (Tz. 54); *Henn*, S. 122 f.; *Reimer*, S. 479 ff. (Anm. 25 zu § 9); *Langen* bei *Langen* S. 112, unter Hinweis auf BGH in NJW 1957/1317; *H. Tetzner*, Anm. 15 zu § 9; *Lindenmaier*, S. 361 (Anm. 39 zu § 9); *Pollzien* bei *Pollzien/Bronfen*, S. 144; *Blum/Pedrazzini*, Anm. 61 zu Art. 34; RGZ 33/103, 104; 78/363, 367; 82/155, 157; RG GRUR 1899/246; BGH GRUR 1960/44, 45.
237 *Benkard*, Anm. 109 zu § 15; *Pagenberg/Geissler*, S. 64 (Tz. 56); *Schulte*, Anm. 48 zu § 15; *Kraßer/Schmidt* in GRUR Int. 1982/324, 330; BGH GRUR 1957/595, 596; 1961/466, 468; BGHZ 83/283, 288; 86/330, 334.
238 *Stumpf*, Lizenzvertrag, Anm. 68 ff., 332; *Benkard*, Anm. 103 zu § 15; RGZ 86/45, 53; BGH GRUR 1957/595, 596.
239 *Stumpf*, Lizenzvertrag, Anm. 68.
240 *Benkard*, Anm. 109 zu § 15; *Pagenberg/Geissler*, S. 64 (Tz. 56); *Körner* in WuW 1979/785, 790; *Preu* in GRUR 1974/623, 655 f.; a. A. *Nirk* in GRUR 1970/329, 339; *Möhring* in Mitt. 1969/296, 297.
241 BGH GRUR 1957/595, 596 mit Nachweisen.
242 *Benkard*, Anm. 111 zu § 15; RG GRUR 1940/265, 269; BGH GRUR 1957/295, 296; 1969/677, 678.
243 *Benkard*, Anm. 112 zu § 15; BGH GRUR 1957/595, 596; 1958/175, 177; 1969/409, 411; BGHZ 83/283, 289.

wird, sondern nur darauf, dass die angemeldete Erfindung technisch ausführbar und technisch brauchbar ist[244].

319 Rz. 316 Punkt 2) betrifft die **nach Vertragsabschluss** eintretende bzw. bekannt werdende **Abhängigkeit** des lizenzierten Patents von einem älteren Patent oder Gebrauchsmuster, wenn deren Inhaber sein Einverständnis zur Auswertung des lizenzierten Rechts verweigert[245]. Gleiches gilt, wenn **Vorbenutzungsrechte** (§ 12 PatG 1981) das Benutzungsrecht des Lizenznehmers an dem lizenzierten Patent beeinträchtigen[246].

Unter einer „Abhängigkeit" von einem anderen Patent ist zu verstehen, dass die in einem älteren Patent geschützte Erfindung von einem jüngeren Patent benutzt wird, aber keine Identität, sondern eine Weiterentwicklung durch neue schöpferische Leistung vorliegt. Ein „Vorbenutzungsrecht" liegt vor, wenn ein anderer im Zeitpunkt der Anmeldung der Erfindung diese bereits in Benutzung genommen oder die dazu erforderlichen Anstalten getroffen hat.

Für die Gewährleistungshaftung in diesen beiden Fällen, die im Hinblick auf den Zeitpunkt der Haftungsbegründung (Zeitpunkt des Vertragsabschlusses oder nach diesem Zeitpunkt) und dem hiermit in Zusammenhang stehenden Zurechnungsgrad (Verschulden) verschieden gestaltet ist, gilt Folgendes[247]:

Die Haftung im ersten Falle **(Abhängigkeit)** stellt eine **Garantiehaftung** dar, und besteht damit **unabhängig von jedem Verschulden**[248]. Es kommt also – auch für den Anspruch auf Schadensersatz wegen Nichterfüllung – nicht darauf an, ob der Lizenzgeber den Rechtsmangel kannte oder nicht kannte. Der Lizenznehmer ist demnach von der Zahlung der Lizenzgebühr befreit, wenn ihm das Benutzungsrecht ganz entzogen ist, und er kann eine angemessene Minderung der Lizenzgebühr verlangen, wenn das Benutzungsrecht beeinträchtigt ist (§ 581 Abs. 2 i.V.m. § 536 BGB). Unabhängig hiervon kann er auch Schadensersatz wegen Nichterfüllung verlangen und nach dem fruchtlosen Ablauf einer angemessenen Behebungsfrist fristlos kündigen (§ 581 Abs. 2 i.V.m. §§ 536a, 543 BGB)[249]. Diese Ansprüche stehen dem Lizenznehmer jedoch nicht zu, wenn er bei Vertragsabschluss die Mängel kannte (§ 581 Abs. 2 i.V.m. § 536b BGB).

Die Haftung im zweiten Falle **(Vorbenutzungsrecht)** ist beim Anspruch auf Schadensersatz wegen Nichterfüllung (§ 581 Abs. 2 i.V.m. § 536a BGB) eine **Verschuldenshaf-**

---

244 *Benkard*, Anm. 113 zu § 15; *Gaul/Bartenbach*, Handbuch, Tz. K 56; BGH GRUR 1955/338, 340; 1961/466, 467.
245 *Benkard*, Anm. 71–79 zu § 9 sowie Anm. 98 zu § 15; *Bartenbach/Gennen*, Rz. 1535; *Bernhardt/Kraßer*, Anm. V b 3 zu § 41; *Stumpf*, Lizenzvertrag, Anm. 339; RGZ 50/111, 114; 91/188; BGH GRUR 1962/370, 374; 1964/600, 611.
246 *Benkard*, Anm. 99 zu § 15; *Bartenbach/Gennen*, Rz. 1534; *Bernhardt/Kraßer*, Anm. V b 3 zu § 41; *Stumpf*, Lizenzvertrag, Anm. 346; *Nirk* in GRUR 1970/329, 334; RGZ 123/58.
247 Vgl. hierzu *Stumpf*, Lizenzvertrag, Anm. 335 ff.
248 Vgl. hierzu *Stumpf*, Lizenzvertrag, Anm. 336; *Benkard*, Anm. 98 zu § 15; *Malzer* in GRUR 1964/350.
249 Vgl. hierzu *Bartenbach/Gennen*, Rz. 1547.

tung[250]. Der Lizenzgeber muss hier also den Rechtsmangel kennen oder infolge von Fahrlässigkeit (§§ 276, 278 BGB) nicht kennen. Gemäß § 581 Abs. 2 i.V.m. § 536 BGB besteht ein Verweigerungsrecht bzw. ein Minderungsrecht hinsichtlich der Lizenzgebühr[251]. Ungeachtet des Anspruchs auf Schadensersatz kann der Lizenznehmer nach dem fruchtlosen Ablauf einer angemessenen Behebungsfrist fristlos kündigen (§ 581 Abs. 2 i.V.m. §§ 536a, 543 BGB)[252].

Für den Fall der Existenz eines Vorbenutzungsrechts ist für den Umfang der Haftung im Übrigen zwischen einer ausschließlichen Lizenz einerseits und einer einfachen Lizenz andererseits zu unterscheiden[253]. Rechtsprechung[254] und Schrifttum[255] sehen zu Recht nur bei der ausschließlichen Lizenz eine haftungsbegründende Beeinträchtigung des Lizenzrechts als gegeben an, während die einfache Lizenz hiervon nicht betroffen wird, weil der einfache Lizenznehmer ohnehin mit Konkurrenten (anderen Lizenznehmern) rechnen muss.

Wie im Fall der Gewährleistung für Sachmängel (vgl. vorstehenden Abschnitt 2) kann auch die Gewährleistung für Rechtsmängel – in beiden vorerwähnten Fällen – **vertraglich** 320

– Anhanganlagen 1, 2, 3 (Randziffer 9), 7 (Randziffer 6.1) und 10 (Randziffer 14) –

vorbehaltlich Arglist eingeschränkt oder ausgeschlossen werden (§ 581 Abs. 2 i.V.m. § 536d BGB). Von der h.M.[256] wird sogar ein stillschweigender Ausschluss der Gewährleistung für Rechtsmängel für den vorerwähnten Fall der Abhängigkeit angenommen, und zwar wenn diese für den Lizenzgeber unbekannt gewesen ist. Dies wird mit dem Risikocharakter der Lizenz begründet. Diese Ansicht ist jedoch abzulehnen. Ein Lizenzvertrag trägt nicht mehr Risiko als jeder andere Gebrauchsüberlassungs- oder Nutzungsvertrag für ein Recht. Eine geeignetere Möglichkeit dürfte die Neuregelung durch § 313 BGB (schwerwiegende Veränderung der Geschäftsgrundlage) gemäß dem **Gesetz zur Modernisierung des Schuldrechts (SMG)** vom 26.11.2001[257] bieten, auf die *Pagenberg/Geissler* zu Recht hinweisen[258]. Vgl. hierzu auch Rz. 224f.

---

250 Vgl. *Stumpf*, Lizenzvertrag, Anm. 338ff.; *Bernhardt/Kraßer*, Anm. V b 3 zu § 41; *Benkard*, Anm. 99 zu § 15 a.E.
251 Vgl. *Stumpf*, Lizenzvertrag, Anm. 343; RG GRUR 1935/306 = MuW 1935/24.
252 *Stumpf*, Lizenzvertrag, Anm. 344; *Lüdecke/Fischer*, S. 218.
253 *Stumpf*, Lizenzvertrag, Anm. 347–349; *Bartenbach/Gennen*, Rz. 1548–1550.
254 RGZ 78/363; RG GRUR 1936/1056.
255 *Klauer/Möhring*, Anm. 70 zu § 9; *Pietzcker*, Anm. 11 zu § 6; *Bartenbach/Gennen*, Rz. 1548; *Trüstedt* in GRUR 1939/517; *Rasch*, S. 20, 52; *Stumpf*, Lizenzvertrag, Anm. 347–349; *Benkard*, Anm. 99 zu § 15.
256 *Pagenberg/Geissler*, S. 62, 64 (Tz. 54); *Kraßer/Schmid* in GRUR Int. 1982/324, 340; *Benkard*, Anm. 98, 99 zu § 15, mit Hinweisen; RGZ 78/363, 366; 163/1, 8f.
257 BGBl I S. 3138. Vgl. zu den Motiven *Palandt*, Rz. 21ff. vor § 241.
258 S. 64 (Tz. 54).

Abschnitt 4
Verteidigung der lizenzierten Schutzrechte

321 Aus der stillschweigenden, aus dem Grundsatz von Treu und Glauben (§ 242 BGB) abgeleiteten **Verpflichtung des Lizenzgebers**, alle Lizenznehmer unter gleichen Voraussetzungen **gleich zu behandeln (Meistbegünstigung, Nichtdiskriminierung**, vgl. unten 8. Kapitel, § 30), ergibt sich dessen meist im Lizenzvertrag als wichtige Grundsatzvorschrift verankerten Verpflichtung, die lizenzierten Schutzrechte gegen Angriffe zu **verteidigen**[259],

– Anhanganlagen 1, 2, 3 (Randziffern 12 und 13),
4 (Randziffern 7.2–7.4), 7 (Randziffer 12.2) und 8 (Randziffer 8) –

die sowohl vom Lizenznehmer[260], soweit nicht wie meist üblich eine Nichtangriffsklausel im Lizenzvertrag verankert ist (vgl. unten § 24), als auch von Dritten unternommen werden können. Gemäß § 242 BGB[261] ist „der Schuldner verpflichtet, die Leistung so zu bewirken, wie Treu und Glauben mit Rücksicht auf die Verkehrssitte es erfordern". Vgl. hierzu oben § 17 (5. Kapitel). Würde eine solche Verpflichtung nicht bestehen, hätte der Verletzer praktisch eine **unentgeltliche Lizenz (Gratis- oder Freilizenz)**. Dies wäre eine große Diskriminierung der Lizenznehmer, die für ihre Lizenzen Lizenzgebühren zahlen müssen. Dieser Grundsatz (Garantiefunktion) gilt nicht nur gegenüber dem **einfachen**, sondern auch gegenüber dem **ausschließlichen Lizenznehmer**, obwohl letzterer aus eigenem Recht zur Verteidigung der lizenzierten Schutzrechte im Rahmen des ihm eingeräumten Benutzungsrechts befugt ist[262]. Es geht nicht um das „**Verteidigenkönnen**", das auch dem einfachen Lizenznehmer im Wege der Bevollmächtigung grundsätzlich möglich wäre[263], sondern um das „**Verteidigenmüssen**", das dem Lizenzgeber deshalb obliegt, weil er zur Gleichbehandlung aller Lizenznehmer, der einfachen und ausschließlichen, verpflichtet ist[264]. Üblich ist allerdings, dem ausschließlichen Lizenznehmer die Verpflichtung des Lizenzgebers im Rahmen der Ausschließlichkeit zu übertragen[265].

---

259 *Benkard*, Anm. 87 zu § 15; *Bartenbach/Gennen*, Rz. 1385; *Henn*, S. 132; *Pagenberg/Geissler*, S. 270 (Tz. 78); RGZ 155/306, 314 f.; BGH NJW 1965/1861; missverständlich *Stumpf*, Lizenzvertrag, Anm. 279.
260 Vgl. hierzu *Benkard*, Anm. 83 zu § 15; BGH GRUR 1957/482, 483; GRUR Int. 1969/31.
261 Vgl. hierzu *Benkard*, Anm. 88 zu § 15; BGH GRUR 1965/591, 595.
262 Vgl. hierzu *Lindenmaier*, S. 235 (Anm. 23 zu § 9); *Stumpf*, Lizenzvertrag, Anm. 211, 365 und 388; *Fischer* in GRUR 1980/374; *H. Tetzner*, Anm. 40 zu § 9; *Benkard*, Anm. 55 und 57 zu § 15; *Bartenbach/Gennen*, Rz. 1387; *Pollzien* bei *Pollzien/Langen*, S. 178 f.; *Henn*, S. 47; *Pagenberg/Geissler*, S. 272 (Tz. 79); *Lüdecke/Fischer*, S. 284 und 287; *Reimer*, S. 462 (Anm. 6 und 7 zu § 9) und S. 532 (Anm. 63 zu § 9); RGZ 57/38, 40 f.; 83/93; 106/362; 148/146; 147; BGH GRUR 1992/310, 311.
263 Vgl. *Benkard*, Anm. 57 zu § 15; RGZ 83/93, 95, 96. Zur Problematik des grundsätzlichen Ausschlusses des einfachen Lizenznehmers von der Legitimation zur Verteidigung der Schutzrechte vgl. *Henn*, S. 129 (Anm. 459) unter Hinweis auf *Lichtenstein* in GRUR 1965/344 ff. Vgl. auch *Bartenbach/Gennen*, Rz. 1391.
264 Vgl. hierzu *Henn*, S. 132 (Anm. 478).
265 *Lichtenstein*, S. 82 und 84; *Roubier*, II S. 278 und 279; *Lüdecke/Fischer*, S. 284–286; *Reimer*, S. 462 (Anm. 6 und 7 zu § 9) und S. 532 ff. (Anm. 63 zu § 9); *Kraßer-Schmid* in GRUR Int. 1982/324, 331, mit Nachweisen; *Simone* bei *Langen*, S. 234; *Blum* bei *Langen*, S. 388; *Topken*

Der Lizenzgeber, der die lizenzierten Schutzrechte nicht verteidigt, ist gegenüber dem Lizenznehmer nach Maßgabe der Gewährleistung für Rechtsmängel (vgl. vorstehenden Abschnitt 3) haftbar (§ 581 Abs. 2 i.V.m. §§ 536, 536a BGB).

Die Verteidigung von Schutzrechten ist entweder auf Unterlassung der Verletzung oder auf Schadensersatz ausgerichtet (§ 139 Abs. 1 und 2 PatG 1981)[266].

Der Lizenznehmer (einfach und ausschließlich) ist aus der allgemeinen Obhutspflicht heraus nach miet-pachtrechtlichen Grundsätzen zur **Information** des Lizenzgebers über etwaige Schutzrechtsverletzungen Dritter verpflichtet, soweit das lizenzierte sachliche und örtliche Vertragsgebiet (vgl. hierzu oben 4. Kapitel, §§ 13 und 14) betroffen ist[267]. 322

Ist dem **Lizenznehmer vertraglich die Verteidigung der lizenzierten Schutzrechte übertragen**[268], hat er interessewahrend alles Erforderliche und Zumutbare zu tun, um die Angriffe Dritter abzuwehren. Einer solchen Regelung bedarf es – wenn die Begründung einer Verpflichtung gewünscht wird – auch beim ausschließlichen Lizenznehmer, da dieser kraft eigenen Rechts nur berechtigt, nicht verpflichtet ist, die Verteidigung zu übernehmen[269]. Diese vertragliche Übertragung der Verteidigung wird meist mit einer Regelung über die Kostentragung und hinsichtlich der Ergebnisse aus der Rechtsverfolgung verbunden, die im Verhältnis der Kostentragung auf Lizenzgeber und Lizenznehmer aufgeteilt zu werden pflegen. Es ist üblich, zumindestens dem ausschließlichen Lizenznehmer für das ihm lizenzierte sachliche und örtliche Vertragsgebiet die Verteidigung – auch kostenmäßig – zu übertragen, da er auf diesen Gebieten über besondere Kenntnisse und Erfahrungen verfügt und Schutzrechtsinhaberfunktionen ausübt[270]. Während der einfache Lizenznehmer für die gerichtliche Durchsetzung der Rechte des Lizenzgebers stets einer Prozessvollmacht, die für den Einzelfall oder als Generalvollmacht für eine unbestimmte Anzahl von Fällen ausgestellt sein kann, bedarf, ist dies beim ausschließlichen Lizenznehmer wegen dessen eingenständiger Rechtsposition nicht erforderlich[271]. 323

---

und *Koch/Weser* bei *Langen*, S. 481 und 482; *H. Tetzner*, Anm. 53 zu § 9; *Walton* bei *Langen*, S. 201 und 202; *Blum/Pedrazzini*, Anm. 105 zu Art. 34; *Pedrazzini*, S. 137; *Pagenberg/Geissler*, S. 164 (Tz. 266); *Henn*, S. 130 f.; *Lane* bei *Pollzien/Bronfen*, S. 103; *Pollzien* bei *Pollzien/Bronfen*, S. 148; RGZ 83/93; 106/362; RG GRUR 1934/306. Kritisch unter Hinweis auf die neuere schweizerische Auffassung *Troller*, II S. 828.

266 *Stumpf*, Lizenzvertrag, Anm. 393.
267 *Stumpf*, Lizenzvertrag, Anm. 205; BGH NJW 1970/1503. Offen *Bartenbach/Gennen*, Rz. 1395.
268 Ohne eine solche Absprache ist der Lizenznehmer nicht zur Verteidigung der lizenzierten Schutzrechte verpflichtet. So zutreffend *Stumpf*, Lizenzvertrag, Anm. 207; *Benkard*, Anm. 55 und 56 zu § 15; *Lüdecke/Fischer*, S. 303, 304; *Henn*, S. 129 f.; *Kraßer* in GRUR Int. 1982/333 ff.; RGZ 83/93, 95.
269 *Stumpf*, Lizenzvertrag, Anm. 207; *Benkard*, Anm. 55 zu § 15; RGZ 57/38, 40 f.; 148/146, 147; BGH BB 1995/1152.
270 So zutreffend *Stumpf*, Lizenzvertrag, Anm. 204, 209, 358.
271 Vgl. *Stumpf*, Lizenzvertrag, Anm. 211; *Benkard*, Anm. 55, 57 zu § 15.

Abschnitt 5
Verbesserungs- und Weiterentwicklungsverpflichtung

324 Der Lizenzgeber hat, vorbehaltlich anderer Vertragsabsprache, grundsätzlich **keine Verpflichtung**, die lizenzierten Schutzrechte und das lizenzierte Know-how zu **verbessern** und **weiterzuentwickeln** (Verbesserungs- und Weiterentwicklungserfindungen)[272]. Seine Verpflichtung beschränkt sich darauf, diese Schutzrechte sowie eventuell lizenzierte Schutzrechtsanmeldungen und das lizenzierte Know-how, wie diese im Zeitpunkt des Vertragsabschlusses vorhanden sind und den „Vertragsgegenstand" (vgl. hierzu Rz. 9) bilden, ohne Sach- und Rechtsmängel (vgl. vorstehende Abschnitte 2 und 3) zur Verfügung zu stellen und während der Vertragslaufzeit verfügbar zu halten. Stichtag ist das **Vertragsabschlussdatum** bzw. das **Datum des In-Kraft-Tretens des Vertrags**.

Der Lizenzgeber kann deshalb, wenn nichts anderes vereinbart ist, über die **Verbesserungserfindungen** einschließlich der hierfür angemeldeten oder hierauf erteilten Schutzrechte sowie über das einschlägige Know-how **frei verfügen.** Hieraus ergibt sich auch, dass der Lizenzgeber keine Informationspflichten gegenüber dem Lizenznehmer hat.

325 Die Praxis ist allerdings die, dass Verbesserungs- und Weiterenwicklungserfindungen in den „Vertragsgegenstand" **einbezogen** werden,

– Anhanganlagen 1, 2, 3 (Randziffer 1), 4 (Randziffern 1.1 b und 1.2 b),
7 (Randziffern 1.2 und 1.3) und 8 (Randziffer 1) –

weil nicht nur der Lizenznehmer daran interessiert ist, auf dem Stand der Technik zu bleiben, sondern auch der Lizenzgeber auf einen leistungsfähigen Lizenznehmer angewiesen ist[273]. Hinzu kommt, dass ohne Einbezug der Verbesserungsfindungen zunehmend mehrere Klassen von Lizenznehmern entstehen würden, wobei die jeweils späteren gegenüber den früheren durch einen fortentwickelten Leistungensstand bevorzugt wären. Üblich ist allerdings, den Einbezug von der Zahlung eines zusätzlichen Eintrittsgeldes (vgl. oben § 18, Abschnitt 1) abhängig zu machen. Dies ist nicht der Fall, wenn der Lizenznehmer im Rahmen eines vertraglich vereinbarten Austausches von Schutzrechten und Know-how (vgl. hierzu unten § 23) auch seinerseits dem Lizenzgeber Entwicklungsergebnisse zur Verfügung stellt, die Gegenleistung also in der Zurverfügungstellung seiner Schutzrechte und seines Know-how besteht[274]. Zur **kartellrechtlichen Problematik** vgl. Rz. 331 sowie das einschlägige Schrifttum[275].

---

[272] Vgl. hierzu *Lüdecke/Fischer*, S. 324; *Pagenberg/Geissler*, S. 250, 252 (Tz. 41); *Henn*, S. 53; *Benkard*, Anm. 89 zu § 15; *Stumpf*, Lizenzvertrag, Anm. 287–289; *ders.*, Know-how-Vertrag, Anm. 178 und 179; *Reimer*, S. 526 ff. (Anm. 58 zu § 9); *Simone* bei *Langen*, S. 223 und 234; *Topken* und *Koch*/Weser bei *Langen*, S. 478; RG GRUR 1938/563, 565.
[273] Vgl. hierzu *Henn*, S. 53 mit Nachweisen.
[274] Vgl. hierzu *Pagenberg/Geissler*, S. 252 (Tz. 42) mit Hinweisen.
[275] Nachweise bei *Pagenberg/Geissler*, S. 252 (Tz. 43).

§ 22 Verpflichtung des Lizenzgebers zur Anmeldung und Aufrechterhaltung der lizenzierten Schutzrechte sowie zur Verfügbarmachung und zur Wahrung des Geheimnisschutzes des lizenzierten Know-how

Wie oben in § 21. Abschnitt 3, dargelegt, hat der Lizenzgeber im Rahmen der Gewährleistung für Rechtsmängel dafür einzutreten, dass ihm im Zeitpunkt des Vertragsabschlusses der lizenzierte „Vertragsgegenstand" (vgl. Rz. 9) zusteht und er hierüber verfügungsbefugt ist. Hat er darüber hinaus eine Weiterentwicklungsverpflichtung übernommen und ist vereinbart, dass die Ergebnisse dieser Weiterentwicklung in den „Vertragsgegenstand" **einbezogen** werden, gilt jene **Gewährleistung auch für diese zukünftigen Rechte**. Vgl. oben § 21, Abschnitt 5.

326

An dieser Stelle ist zunächst über die **Verpflichtung des Lizenzgebers** zu sprechen, die im Rahmen eines Patentlizenzvertrags lizenzierten Schutzrechte, sei es, dass diese schon bei Vertragsabschluss „Vertragsgegenstand" sind, sei es, dass sie es erst nach diesem Zeitpunkt werden, **anzumelden** sowie – vorbehaltlich anderer Absprache – die erteilten Schutzrechte während der Vertragslaufzeit **aufrechtzuerhalten**[276]. Soweit die Aufrechterhaltung in einer Verteidigung der Schutzrechte gegen Angriffe Dritter besteht, ist die Behandlung dieses Fragenkomplexes oben Gegenstand des § 21, Abschnitt 4. Diese Anmeldungs- und Aufrechterhaltungsverpflichtung entpricht auch der miet-pachtrechlichen Grundverpflichtung des § 581 Abs. 2 i.V.m. § 535 BGB.

327

Der Lizenzgeber ist verpflichtet, die unter den „Vertragsgegenstand" (vgl. Rz. 9) fallende Erfindung zur Erteilung eines Patents anzumelden (§§ 6, 34 PatG 1981) und die Anmeldung nach besten Kräften zu betreiben. Die Kosten der Anmeldung (Gebühren und Auslagen des Patentamts, der Berater und der Sachverständigen), sowie der Prüfung und Erteilung (§§ 34 Abs. 1, 44 Abs. 1, 49 Abs. 1 PatG 1981) trägt, soweit die Vertragspartner nichts anderes vereinbart haben, der Lizenzgeber[277]. Sie sind Teil seiner Leistungsverpflichtung. Allerdings wird man dem **ausschließlichen Lizenznehmer** im Rahmen der Ausschließlichkeit diese **Verpflichtung für die zukünftig entstehenden Kosten überlassen müssen**, es sei denn die Vertragspartner hätten etwas anderes abgesprochen. Die Beweislast kehrt sich also gegenüber den Gegebenheiten bei der einfachen Lizenz um, was auch der Patentinhaberfunktion des ausschließlichen Lizenznehmers heraus als gerechtfertigt erscheint und eine Parallele bei den Kosten der Verteidigung der lizenzierten Schutzrechte (vgl. oben § 21, Abschnitt 4) hat. Diese Frage ist, soweit ersichtlich, nur für die nachstehend (Rz. 328) behandelten Jahresgebühren (§ 17 PatG 1981) in dieser Weise von der h.M.[278] entschieden worden, sollte jedoch für die – zukünftig entstehenden – Anmeldegebühren nicht anders beurteilt werden.

---

276 Vgl. hierzu *Stumpf*, Lizenzvertrag, Anm. 266–283; *Schulte*, Anm. 54 zu § 15; *Benkard*, Anm. 87 zu § 15; RGZ 155/306, 314; BGH X ZR 7/69.
277 *Stumpf*, Lizenzvertrag, Anm. 270, 273; *Benkard*, Anm. 87 zu § 15; RGZ 155/306, 314, 315.
278 *Klauer/Möhring*, Anmn. 79 zu § 9; *Rasch*, S. 53; *Schulte*, Anm. 54 zu § 15, *Pagenberg/Geissler*, S. 64 (Tz. 58); *Henn*, S. 125; *Lüdecke/Fischer*, S. 258 und 259; *Reimer*, S. 529 f. (Anm. 59 zu § 9); a.A. (negative Lizenz) *Stumpf*, Lizenzvertrag, Anm. 201, 270; *Kraßer/Schmid* in GRUR Int. 1982/324, 330; *Benkard*, Anm. 87 zu § 15.

328 Dass der Lizenzgeber zwecks Aufrechterhaltung der lizenzierten Schutzrechte die **Jahresgebühren** (§ 17 PatG 1981) zu zahlen hat,

— Anhanganlagen 1, 2, 3 (Randziffer 11), 4 (Randziffer 6),
7 (Randziffer 12.1) und 8 (Randziffer 7) —

kann nach der miet-pachtrechtlichen Grundsatzbestimmung des § 581 Abs. 2 i.V.m. § 535 BGB nicht zweifelhaft sein[279]. Werden die Jahresgebühren nicht bezahlt, erlischt das Patent (§ 20 Abs. 1 Nummer 3 PatG 1981)[280]. Durch Parteiabsprache können diese Gebühren ganz oder teilweise dem Lizenznehmer aufgebürdet werden. Die h.M. nimmt, wie vorstehend (Rz. 327) dargelegt, zu Recht an, dass der **ausschließliche** Lizenznehmer im Rahmen der Ausschließlichkeit die Jahresgebühren zu tragen hat, falls die Vertragspartner nichts anderes vereinbaren.

329 Für die **Rechtsfolgen** einer Verletzung der Verpflichtungen des Lizenzgebers zur Anmeldung und Aufrechterhaltung der lizenzierten Schutzrechte haftet dieser gemäß § 581 Abs. 2 i.V.m. §§ 535, 536a BGB. Der Lizenznehmer kann demnach Minderung der Lizenzgebühren oder Schadensersatz wegen Nichterfüllung wie bei Sach- und Rechtsmängeln (vgl. oben § 21, Abschnitte 2 und 3) verlangen oder fristlos kündigen. War dem Lizenznehmer die Erfüllung dieser Verpflichtungen übertragen, scheidet eine Verantwortlichkeit des Lizenzgebers selbstverständlich aus. Dagegen kann dieser vom Lizenznehmer Schadensersatz wegen positiver Vertragsverletzung (§ 276 BGB) verlangen. Vgl. hierzu auch Rz. 349.

330 Bei der Lizenzierung von **Know-how** ist der Lizenzgeber verpflichtet, das Know-how **verfügbar** zu machen sowie während der Laufzeit des Vertrags den Geheimnisschutz desselben **aufrechtzuerhalten**. Die Verfügbarmachung wird entweder in einer Vertragsanlage oder auch im Vertrag selbst

— Anhanganlagen 1, 2, 3 (Randziffer 1 b) und 7 (Randziffer 1.3) —

geregelt. Diese Regelung sollte möglichst detailliert Art und Umfang des Know-how beschreiben (auch durch technische Zeichnungen) und Übergabezeitpunkte sowie Übergabemodalitäten angeben[281]. Der **Geheimnisschutz** (wegen des Begriffs des Know-how vgl. Rz. 9, 29) ist von großer praktischer Bedeutung und wird deshalb üblicherweise spezifiziert im Vertrag verankert,

— Anhanganlagen 1, 2, 3 (Randziffer 29), 4 (Randziffer 10), 6 Randziffer 20),
7 (Randziffer 13), 8 (Randziffer 13) und 14 (Randziffer 6) —

weil hierdurch die Existenz dieser wichtigen Verpflichtung unterstrichen wird[282]. Für die Rechtsfolgen einer Verletzung gelten die gleichen Bestimmungen wie bei der Verletzung der Verpflichtungen des Lizenzgebers zur Anmeldung und Aufrechterhaltung der lizenzierten Schutzrechte.

---

279 *Pagenberg/Geissler*, S. 64 (Tz. 57, 58) sowie S. 268 (Tz. 74).
280 *Stumpf*, Lizenzvertrag, Anm. 270; *Benkard*, Anm. 87 zu § 15; RGZ 155/306, 315.
281 Vgl. *Stumpf*, Know-how-Vertrag, Anm. 169–171; *Gaul/Bartenbach*, Handbuch, Tz. Q 41–43.
282 Vgl. *Pagenberg/Geissler*, S. 112 (Tz. 155); *Fritze* in GRUR 1969/218.

§ 23   Austausch von Schutzrechten und Know-how

Die Schutzrechte, Schutzrechtsanmeldungen und das Know-how des **Lizenznehmers** auf dem sachlichen Vertragsgebiet (vgl. oben § 13, 4. Kapitel) sind Eigentum des Lizenznehmers.

– Anhanganlagen 1, 2, 3 (Randziffer 37), 6 (Randziffer 26) und 7 (Randziffer 9.2) –

Sie sind deshalb auch nicht „**Vertragsgegenstand**" (vgl. Rz. 9). Sie können aber im Rahmen einer **gegenseitigen Lizenzierung**[283] in den Vertrag einbezogen werden,

– Anhanganlagen 1, 2, 3 (Randziffern 30–34, 38–40),
6 (Randziffern 21–23, 27–29) und 7 (Randziffer 11) –

d. h.

1. die den „Vertragsgegenstand" bildenden Rechte sowie die zukünftigen Rechte des Lizenzgebers werden mit den entsprechenden Rechten desjenigen Lizenznehmers, um dessen Vertrag es sich handelt, ausgetauscht **(bilateraler Austausch)**, und
2. die entsprechenden Rechte der anderen Lizenznehmer werden über den Lizenzgeber zwecks Erhalts korrespondierender Rechte mit dem Lizenznehmer, um dessen Vertrag es sich handelt, ausgetauscht **(multilateraler Austausch)**,

wobei die **Bewertung** dieses Austauschs zu einer **Senkung oder gar Aufhebung der Lizenzgebührenverpflichtung** führen kann[284]. Der Austausch (flow-back), der nur dann **kartellrechtlich** zulässig ist, wenn gemäß §§ 17 Abs. 2 Nummer 2, 18 GWB den Verpflichtungen des Lizenznehmers **gleichartige** (nicht notwendig gleichwertige) Verpflichtungen des Lizenzgebers bzw. der anderen Lizenznehmer gegenüberstehen (vgl. hierzu unten 7. Kapitel, § 27, Abschnitt 4, und § 28, Abschnitte 5 und 10), ist von großer praktischer Bedeutung[285]. An diesem Austausch ist einmal der **Lizenzgeber** interessiert, weil er häufig die Entwicklungskapazität des Lizenznehmers, die die eigene durchaus erheblich überschreiten kann, im Hinblick auf eine **schnellere und qualifiziertere Durchsetzung des Vertragsprodukts** gewinnen will. Dies dürfte vor allem dann der Fall sein, wenn das Vertragsprodukt noch nicht voll entwickelt ist oder sich erfolgversprechende Weiterentwicklungen auf neuen Anwendungsgebieten aufzeigen. Der Austausch kann auf diese Weise sogar das Hauptmotiv des Vertragsabschlusses sein, während die Gebührenverpflichtungen in den Hintergrund treten. Damit nähert sich der Lizenzvertrag auch einem gesellschaftsähnlichen Rechtsverhältnis oder einem Gemeinschaftsunternehmen (Patentpool, Joint Venture), obwohl dort horizontale und hier vertikale Verbindungen bestehen. Vgl. hierzu oben § 12 (3. Kapitel).

Aber auch der **Lizenznehmer** ist an diesem Austausch interessiert, weil er damit seine ohnehin erfolgenden **Entwicklungsleistungen** in die Zusammenarbeit **einbringen**

---

283 Im anglo-amerikanischen Rechtskreis „cross licensing" genannt. Vgl. *Bronfen-Smolka* bei *Pollzien/Bronfen*, S. 322, 323; *Pagenberg/Geissler*, S. 252 (Tz. 42); *Bartenbach/Gennen*, Rz. 1645.
284 Vgl. hierzu *Stumpf*, Lizenzvertrag, Anm. 172.
285 Vgl. hierzu *Henn*, S. 53 ff.; *Benkard*, Anm. 163 zu § 15; *Stumpf*, Lizenzvertrag, Anm. 567 ff.; *Haver/Mailänder*, S. 109 f.; *Pagenberg/Geissler*, S. 252 (Tz. 42) mit Nachweisen; *Bartenbach/Gennen*, Rz. 1645–1649.

kann. Das verstärkt seine technische, wirtschaftliche und rechtliche Position, denn der Lizenzgeber, der die entsprechenden Rechte des Lizenznehmers benutzt, ist mit zunehmender Bindung hierauf angewiesen.

333 Üblicherweise erfolgt der Austausch **unentgeltlich**, d.h. es werden besondere Gebühren für den Austausch weder vom Lizenzgeber noch vom Lizenznehmer bezahlt. Die Bewertung ist – rein systematisch gesehen – vorweggenommen und hat bei der Festlegung der Lizenzgebühren Berücksichtigung gefunden.

334 Anders **nach Ablauf des Lizenzvertrags**,

– Anhanganlagen 1, 2, 3 (Randziffern 32 und 40),
6 (Randziffer 29) und 7 (Randziffer 11.2) –

wo gewichtige Interessen an der Fortsetzung des Austauschs bestehen können. Vgl. hierzu auch unten § 26.

335 Beim **bilateralen** Austausch erfolgt die gegenseitige Benutzung der Rechte des Lizenzgebers und des Lizenznehmers nur zwischen diesen beiden Vertragspartnern. Beim **multilateralen** Austausch fungiert der Lizenzgeber nur als Schalt- und Kontrollstelle für den Austausch zwischen zwei Lizenznehmern, die sich beide mit diesem Austausch zwischen sich, gegebenenfalls unter bestimmten Bedingungen (Gleichwertigkeit und Geheimnisschutz), einverstanden erklärt haben. Der bilaterale und multilaterale Austausch können vom Lizenzgeber in Form eines **Gemeinschaftsunternehmens** (Patentpool, Joint Venture) organisiert sein, um einen möglichst großen technischen und wirtschaftlichen Wirkungsgrad zu erzielen. Vgl. hierzu auch oben § 12 (3. Kapitel).

Der **bilaterale** Austausch stellt rechtlich eine **gegenseitige Lizenzierung** dar[286]. Der **multilaterale** Austausch beinhaltet eine **Unterlizenzierung durch den Lizenzgeber** an den lizenzierten Rechten des Lizenznehmers, die zum Hauptinhalt den Erhalt korrespondierender Rechte des anderen Lizenznehmers zwecks Unterlizenzierung an den Lizenznehmer, um dessen Vertrag es sich handelt, hat[287].

Soweit ein Austausch vereinbart ist, hat der Lizenznehmer die entsprechenden **Informationen** zu erteilen[288].

---

286 *Stumpf*, Lizenzvertrag, Anm. 172.
287 *Stumpf*, Lizenzvertrag, Anm. 177.
288 Vgl. hierzu *Bartenbach/Gennen*, Rz. 2001.

§ 24 Nichtangriffsklausel

336 Der **Lizenznehmer** ist nach h. M.[289] grundsätzlich **nicht** gehindert, das lizenzierte Patent mit der Nichtigkeitsklage **anzugreifen**. An sich ist diese Ansicht nicht zwingend, denn der Lizenznehmer sollte die von ihm selbst anerkannte Grundlage des Lizenzvertrags nicht beseitigen dürfen, wenn seine Interessen im Wege der Sach- und Rechtsmängelhaftung, durch Anfechtungs-, Kündigungs- und Rücktrittsrechte sowie durch Schadensersatzansprüche ausreichend gesichert sind.

Hauptargument für diese letztlich überzeugende Ansicht ist die **Öffentlichkeitswirkung des Patents**, aber auch die Auffassung, dass der Lizenznehmer **nicht** für etwas **gebührenpflichtig** sein könne, was in Wirklichkeit gar nicht zu Recht besteht[290].

Indessen ist eine **Absprache der Vertragspartner** über den Verzicht des Lizenznehmers, Nichtigkeitsklage zu erheben (Nichtangriffsklausel, Nichtangriffsabrede),

– Anhanganlagen 1, 2, 3 (Randziffer 48), 4 (Randziffer 7.5),
6 (Randziffer 32), 7 (Randziffer 14) und 8 (Randziffer 17) –

durchaus zulässig und üblich[291]. Der Erhebung der Nichtigkeitsklage steht dann der Einwand **unzulässiger Rechtsausübung** (§ 242 BGB) entgegen[292].

337 Darüber hinaus haben Rechtsprechung[293] und Schrifttum[294] dann – auch **ohne Vereinbarung einer Nichtangriffsklausel** – einen **stillschweigenden Verzicht** auf die Erhebung der Nichtigkeitsklage angenommen, wenn ein besonderes **Vertrauensverhältnis** zwischen den Vertragspartnern vorliegt, insbesondere der Vertrag **gesellschaftsähnlichen** Charakter hat. Dies wird beispielsweise dann angenommen, wenn die Vertragspartner durch ein Geheimhaltungsabkommen gebunden und hierdurch zu vertrauensvoller

---

289 *Benkard*, Anm. 83 zu § 15; *Stumpf*, Lizenzvertrag, Anm. 214; *Bartenbach/Gennen*, Rz. 2042; *Reimer*, S. 523 ff. (Anm. 57 zu § 9); *Langen* bei *Langen*, S. 116; *Busse*, S. 252 (Anm. 23 zu § 9); *H. Tetzner*, Anm. 28 zu § 9; *Lüdecke/Fischer*, S. 162, 163; *Pagenberg/Geissler*, S. 166, 168 (Tz. 273–276); *Roubier*, II S. 281; *Pollzien* bei *Pollzien/Bronfen*, S. 146; *Homburger/Jenny* bei *Pollzien/Bronfen*, S. 293; *Pollzien* bei *Pollzien/Langen*, S. 14, 175; *Pedrazzini*, S. 136; *Troller*, II S. 834 f. unter Bezugnahme auf BGE 75 II 167; RGZ 101/235; BGH GRUR 1957/ 482, 483; 1987/900, 901; Urteil Tr. Lyon = Ann. 07.219; Urteil Tr. Brüssel = Ann. 21.197; Urteil Tr. Seine = Ann. 30.392; a. A. *Kraßer* in GRUR Int. 1982/324, 333; *Lüdecke/Fischer*, S. 162, 163.
290 *Kraßer* in GRUR Int. 1982/324, 333; *Lüdecke/Fischer*, S. 162, 163.
291 *Benkard*, Anm. 83 zu § 15; *Pagenberg/Geissler*, S. 168 ff. (Tz. 277–281); *Bartenbach/Gennen*, Rz. 2043; *Stumpf*, Lizenzvertrag, Anm. 213 und 214; *Pollzien/Langen*, S. 14, 175 und 182; *Henn*, S. 82; BGH GRUR 1965/135, 137; 1969/409, 411.
292 So zutreffend *Benkard*, Anm. 83 zu § 15; *Pagenberg/Geissler*, S. 166 (Tz. 273); BGH GRUR 1965/135, 137.
293 BGH GRUR 1956 264; 1957/482, 483; 1965/135, 137 f.; 1971/243, 245; 1989/39, 40 f.; BGH Mitt. 1975/117.
294 *Benkard*, Anm. 83 zu § 15; *Pagenberg/Geissler*, S. 166 (Tz. 274); *Bartenbach/Gennen*, Rz. 2047; *Blum/Pedrazzini*, Anm. 104 zu Art. 34, und Nachtrag unter Hinweis auf BGH GRUR Int. 1969/31 ff.; *Pedrazzini*, S. 136; *Troller*, II S. 834 unter Hinweis auf BGE 61 II 139 ff. sowie 75 II 167; *Busse*, S. 252 (Anm. 23 zu § 9) bei einer ausschließlichen und einer Gratislizenz.

Zusammenarbeit verpflichtet sind[295]. Ein Verzicht wird auch dann angenommen, wenn der Lizenznehmer durch Erhebung der Nichtigkeitsklage **gegen den Grundsatz von Treu und Glauben** (§ 242 BGB) verstoßen würde[296]. Nichtangriffsklauseln sind nach **deutschem Kartellrecht** (§ 17 Abs. 2 Nummer 3 GWB) zulässig[297], nach **EWG-Kartellrecht** jedoch problematisch[298]. Vgl. hierzu nachfolgend Rz. 338 sowie Rz. 381, 407. Unwirksam sind sie nach **US-Antitrust-Law**[299].

338 Nichtangriffsklauseln sind gemäß § 17 Abs. 2 Nummer 3 GWB zulässig, wenn ihre Wirkung die Patentdauer (vgl. Rz. 197) nicht überschreitet[300]. Vgl. zu dieser **kartellrechtlichen** Regelung Rz. 381. Das EWG-Kartellrecht (vgl. Rz. 407) hat hingegen, vorbehaltlich eines Kündigungsrechts des Lizenznehmers, derartige Klauseln stets als unzulässig beurteilt[301].

Nichtangriffsklauseln in Bezug auf **Know-how** sind gegenstandslos, da hier der Bestandsschutz nur in der Geheimhaltung bestehen kann, der dem Wesen des Know-how entsprechend unabdingbarer Vertragsinhalt ist[302]. Das EWG-Kartellrecht erstreckt die Unzulässigkeit von Nichtangriffsklauseln hingegen auch auf Know-how, wo von einem Angriff auf „den geheimen Charakter des lizenzierten Know-how" gesprochen wird.

---

295 BGH GRUR 1955/338; *Pagenberg/Geissler*, S. 166 (Tz. 274).
296 *Henn*, S. 82; *Troller*, II S. 835; *Homburger/Jenny* bei *Pollzien/Bronfen*, S. 293; *Pagenberg/Geissler*, S. 166 (Tz. 274); BGH GRUR 1965/135; 1956/264; *Bartenbach/Gennen*, Rz. 2060; *Busse*, S. 252 (Anm. 23 zu § 9); *Pollzien* bei *Pollzien/Langen*, S. 175; BGH GRUR 1957/485 ff.
297 Vgl. *Stumpf* Lizenzvertrag, Anm. 214 a.E. sowie Anm. 542, 543 mit Nachweisen; *Benkard*, Anm. 83, 161 zu § 15; *Pagenberg/Geissler*, S. 168 (Tz. 277); BGH GRUR 1969/409, 411; 1987/900, 901; GRUR Int. 1989/689, 692.
298 Vgl. *Stumpf*, Lizenzvertrag, Anm. 214 a.E. sowie Anm. 640, 646 mit Nachweisen; *Pagenberg/Geissler*, S. 172, 174 (Tz. 282–286); *Benkard*, Anm. 172 zu § 15; EuGH GRUR 1986/635, 640 f.
299 Vgl. hierzu *Pollzien* bei *Pollzien/Langen*, S. 14; *Avery/Mayer*, S. 321 f.; *Pagenberg/Geissler*, S. 174 (Tz. 287, 288).
300 Vgl. hierzu *Bartenbach/Gennen*, Rz. 2090.
301 Vgl. hierzu *Bartenbach/Gennen*, Rz. 2070–2085.
302 Vgl. zu dieser umstrittenen Frage *Stumpf*, Lizenzvertrag, Anm. 543 a.E., sowie Know-how-Vertrag, Anm. 254, jeweils mit Nachweisen, und weiterhin *Gaul/Bartenbach*, Handbuch, Tz. Q 54, 55.

§ 25 Leistungsstörungen, Einrede des nichterfüllten Vertrags sowie Verschulden bei Vertragsverhandlungen

Die Partner des Lizenzvertrags sind zur Erfüllung desselben verpflichtet. Diese Erfüllung kann einmal dadurch vereitelt sein, dass der Vertrag infolge von Willensmängeln **anfechtbar** (§§ 119, 123, 142 BGB) oder **nichtig** (§ 105 Abs. 1 BGB) ist oder sich die Nichtigkeit aus Verstößen gegen ein gesetzliches Verbot (§ 134 BGB), gegen die guten Sitten (§ 138 BGB) oder gegen Formvorschriften (§§ 125–129 BGB) ergibt. Die Nichtigkeit folgt dagegen nicht mehr wie bisher aus der Vereinbarung einer objektiv unmöglichen Leistung (ursprüngliche Unmöglichkeit). Gemäß § 275 Abs. 1 BGB[303] bleibt der Vertrag wirksam, der Anspruch auf Leistung ist jedoch ausgeschlossen. Vgl. hierzu Rz. 233, 340.

339

Hiervon und auch von den im nachfolgenden Abschnitt 1 zu behandelnden **Leistungsstörungen** abzugrenzen sind die **Gewährleistungspflichten** des Lizenzgebers für industrielle Verwertbarkeit und für zugesicherte Eigenschaften, für Sach- und Rechtsmängel. Vgl. hierzu oben § 21. Diese berühren weder die Rechtsgültigkeit des Vertrags, noch stellen sie Leistungsstörungen[304] dar, die sich herkömmlich aus den Rechtsbegriffen

1. **Verzug,**
2. **Unmöglichkeit** und
3. **positive Vertragsverletzung**

zusammensetzen. Diese Unterteilung ist, auch nach dem neuen Schuldrecht[305], streitig[306].

Außer den Leistungsstörungen (nachstehend Abschnitt 1) sind noch die **Einrede des nichterfüllten Vertrags**, die bei gegenseitigen Verträgen ein Leistungsverweigerungsrecht gewährt, und das **Verschulden bei Vertragsverhandlungen (culpa in contrahendo)**, das wie die Leistungsstörungen einen Anspruch auf Schadensersatz gewährt, Gegenstand dieser Darlegungen. Praktisch bringt es wenig, wenn diese beiden Rechtsbegriffe dem Rechtsbegriff „Leistungsstörung" zugeordnet werden und der Verzug ausgegliedert wird[307].

Nachfolgend sind diese beiden Rechtsbegriffe in den Abschnitten 2 und 3 zu behandeln.

---

303 Neufassung gemäß Gesetz zur Modernisierung des Schuldrechts (SMG) vom 26.11.2001 (BGBl I S. 3138). Zu den Motiven vgl. *Pallandt*, Rz. 21 ff. vor § 241.
304 Der Begriff der „Leistungsstörungen" wurde erstmals durch *Staub*, Die Positiven Vertragsverletzungen, 1902 (2. Auflage, 1913), geprägt, und sodann durch *Stoll*, Die Lehre von den Leistungsstörungen, 1936, weiterentwickelt.
305 Vgl. vorstehende Anm. 303.
306 Vgl. hierzu *Palandt*, Rz. 1 vor § 275.
307 So *Palandt*, Rz. 1 vor § 275.

Abschnitt 1
Leistungsstörungen

340 **Leistungsstörungen** (Verzug, Unmöglichkeit und positive Vertragsverletzung) können sich sowohl auf Seiten des **Lizenzgebers** als auch aufseiten des **Lizenznehmers** ergeben, denn beide Vertragspartner sind bei einem gegenseitigen Vertrag wie ihn der Lizenzvertrag gemäß §§ 320 ff. BGB darstellt, Schuldner und Gläubiger von Haupt- und Nebenverpflichtungen[308]. Die Frage, ob eine Verpflichtung als Haupt- oder Nebenverpflichtung zu beurteilen ist, hängt in erster Linie vom **Parteiwillen** ab[309]. Sodann entscheiden die **Umstände des Einzelfalls**[310]. Auch sind durchaus **Veränderungen im Vertragsablauf** denkbar[311]. Eine **Hauptverpflichtung** liegt vor, wenn die Leistung eine so wesentliche Bedeutung hat, dass der Gläubiger sie unter allen Umständen erhalten soll[312]. Die praktische **Rechtsfolge** aus dieser Unterscheidung liegt darin, dass nur im Falle einer Hauptverpflichtung von objektiver oder subjektiver Unmöglichkeit (§ 275 Abs. 1 BGB) gesprochen werden oder bei Verzug gemäß §§ 286 Abs. 1, 323 Abs. 1 BGB (vgl. hierzu Rz. 348) die Leistung abgelehnt werden kann. Vgl. im Übrigen Rz. 243. Beim Lizenzgeber liegt diesbezüglich allerdings – soweit es um die Unmöglichkeit geht – der Schwerpunkt, denn er hat die Lizenzerteilung in ihren weit verzweigten technischen und wirtschaftlichen Komponenten dem Lizenznehmer verfügbar zu machen, während der Lizenznehmer vor allem mit der Zahlung der Lizenzgebühren belastet ist. Andererseits können den Lizenznehmer auch sonstige Pflichten treffen, nämlich die Ausübungspflicht, die Bezugspflicht, die Weiterentwicklungspflicht, die Markierungspflicht und die sich aus dem Austausch von Schutzrechten und Knowhow ergebenden Verpflichtungen. Die nachfolgenden Ausführungen zur Unmöglichkeit stellen deshalb vor allem auf die Leistungsstörung beim Lizenzgeber ab, sind jedoch so zu verstehen, dass sie auch auf den Lizenznehmer anwendbar sind, wenn die entsprechenden Voraussetzungen vorliegen.

Ist die Leistung ursprünglich oder nachträglich **unmöglich**, ist gemäß § 275 Abs. 1 BGB der Anspruch auf Leistung ausgeschlossen, wobei es ohne Bedeutung ist, ob die Leistung für den Schuldner (subjektive Unmöglichkeit) oder für jedermann (objektive Unmöglichkeit) unmöglich ist[313]. Diese Einheitsregelung beruht auf der Neufassung gemäß **Gesetz zur Modernisierung des Schuldrechts (SMG)** vom 26.11.2001[314] und novelliert die abweichende bisherige Gestaltung dieses Rechtsgebiets. Vgl. hierzu Rz. 233.

---

308 Zur Frage der Einstufung von Haupt- und Nebenverpflichtungen *Benkard*, Anm. 96 zu § 15; RG GRUR 1937/1003, 1006; BGH GRUR 1961/466, 468. Vgl. auch die Übersicht bei *Kraßer/Schmid* in GRUR Int. 1982/324, 328 ff.
309 Vgl. RG GRUR 1937/1003, 1006.
310 Vgl. BGH GRUR 1961/466, 468.
311 Vgl. RG GRUR 1937/1003, 1007.
312 Vgl. RG GRUR 1937/1003, 1006.
313 Vgl. zu dieser Abgrenzung *Stumpf*, Lizenzvertrag, Anm. 55 und 64; *Benkard*, Anm. 92 zu § 15; BGB/RGRK/*Alff*, Anm. 13 zu § 275; Münch-Komm, *Emmerich*, Anm. 49 zu § 275; *Soergel*, Anm. 49 zu § 275, RGZ 78/431; 163/7; BGHZ 66/350; BGH GRUR 1960/44; 1963/209; 1965/298; 1978/308, 310.
314 BGBl I S. 3138. Zu den Motiven vgl. *Palandt*, Rz. 21 ff. vor § 241.

Der gemäß § 275 Abs. 1 BGB von seiner Leistungspflicht befreite Schuldner ist, wenn ihn gemäß §§ 276–278 BGB ein **Verschulden** trifft, nach §§ 280 Abs. 1 und 3, 281 BGB **schadensersatzpflichtig**[315]. Gemäß § 276 Abs. 1 S. 1 BGB hat der Schuldner Vorsatz und Fahrlässigkeit zu vertreten, wenn eine strengere oder mildere Haftung weder bestimmt, noch aus dem sonstigen Inhalt des Schuldverhältnisses zu entnehmen ist[316]. Dieser Haftungsmaßstab ist demnach gegenüber dem bisherigen Recht unverändert[317]. Die Haftung wegen Vorsatzes kann nicht im Voraus erlassen werden (§ 276 Abs. 3 BGB). **Vorsatz** ist das Wissen und Wollen des rechtswidrigen Erfolges, womit wie bisher diese Definition der Doktrin entnommen ist[318]. Ähnliches gilt für die **Fahrlässigkeit**, obwohl das **Gesetz zur Modernisierung des Schuldrechts (SMG)** vom 26.11.2001[319] hier in § 276 Abs. 2 BGB eine Legaldefinition wie folgt getroffen hat[320]: „Fahrlässig handelt, wer die im Verkehr erforderliche Sorgfalt außer Acht lässt."

Der Gläubiger trägt die **Beweislast** dafür, dass der Schuldner eine ihm obliegende Pflicht verletzt hat[321], der Schuldner jedoch dafür, dass ihn hieran kein Verschulden trifft[322]. Letzteres folgt aus § 280 Abs. 1 S. 2 BGB.

342 Da es sich beim Lizenzvertrag um einen **gegenseitigen Vertrag** i.S. §§ 320 ff BGB handelt (vgl. Rz. 343), entfällt der Anspruch auf die Gegenleistung gemäß § 326 Abs. 1 BGB, wenn der Schuldner gemäß § 275 Abs. 1 BGB nicht zu leisten braucht[323]. Schuldner oder Gläubiger können jeweils Lizenzgeber oder Lizenznehmer sein. Vgl. hierzu Rz. 340.

Soweit der Schuldner seine Leistung **nicht oder nicht gehörig** erbringt, kann der Gläubiger Schadensersatz statt der Leistung nur nach angemessener Fristsetzung verlangen, wenn die Frist fruchtlos verstrichen ist (§ 281 Abs. 1 S. 1 BGB)[324].

343 Für den Lizenzvertrag als **gegenseitigem Vertrag**[325] gelten wie bisher die Sondervorschriften der §§ 320 ff. BGB. Soweit nicht die Vorleistung für einen Vertragspartner festgelegt ist, sind die gegenseitigen Leistungen **Zug um Zug** zu bewirken, d.h. jeder Vertragspartner hat ein entsprechendes **Leistungsverweigerungsrecht** (§ 320 Abs. 1 S. 1 BGB)[326]. Dem entspricht auch die prozessuale Vorschrift des § 322 BGB[327]. Gemäß § 323 BGB hat zudem jeder Vertragspartner nach angemessener Fristsetzung und fruchtlosem Ablauf der Frist ein **Rücktrittsrecht**[328]. Schadensersatz und Rücktritt

---

315 Vgl. *Palandt*, Rz. 1, 2 zu § 280; BGHZ 40/326, 332.
316 Vgl. *Palandt*, Rz. 5 ff. zu § 276, BGHZ 7/313; 39/285; BGH NJW 1984/801; 1986/180, 182.
317 Vgl. *Palandt*, Rz. 1 zu § 276.
318 Vgl. *Palandt*, Rz. 10 zu § 276.
319 BGBl I S. 3138. Zu den Motiven vgl. *Palandt*, Rz. 21 ff. vor § 241.
320 Hierzu *Palandt*, Rz. 12 zu § 276; BGHZ 39/285.
321 Vgl. hierzu *Palandt*, Rz. 35 zu § 280; BGHZ 28/253; 48/312; BGH NJW 1985/264.
322 Vgl. hierzu *Palandt*, Rz. 40 zu § 280; BGH NJW 1987/1938.
323 Vgl. *Palandt*, Rz. 31 zu § 275.
324 Vgl. *Palandt*, Rz. 9, 9a, 10 zu § 281; BGH NJW 1985/323, 857.
325 Vgl. *Benkard*, Anm. 95 zu § 15; *Gaul/Bartenbach*, Handbuch, Tz. K 11; RGZ 155/306, 310; RG GRUR 1939/377, 379; 1943/78, 80; BGH GRUR 1959/616, 617.
326 Vgl. *Palandt*, Rz. 12–16 vor § 320; Rz. 12–14 zu § 320; BGHZ 82/127; 84/44; 96/109; BGH NJW 1999/53.
327 Vgl. *Palandt*, Rz. 2, 3 zu § 322; BGHZ 88/94; 117/3.
328 Vgl. *Palandt*, Rz. 1, 12–14 zu § 323.

können im Abweichung vom bisherigen Recht **kumulativ** geltend gemacht werden (§ 325 BGB)[329]. Für **Teilleistungen** bestehen besondere Vorschriften (§§ 320 Abs. 2, 323 Abs. 5 BGB), die den Grundsatz der Verhältnismäßigkeit in Bezug auf die Leistungsverweigerung und den Rücktritt festhalten[330]. Vgl. hierzu Rz. 351.

344 Typische Fälle der **Unmöglichkeit auf Lizenznehmerseite** sind der Wegfall der Ausübungsfähigkeit, die fehlende Bereitschaft zum Bezug von Hilfsprodukten, die Unfähigkeit zum Austausch von Schutzrechten und Know-how sowie der Verlust der Fähigkeit zur Zahlung von Lizenzgebühren z. B. im Zusammenhang mit einem Insolvenzverfahren[331]. In diesen Bereich ist auch die „wirtschaftliche Unmöglichkeit"[332], die meist beim Lizenznehmer eintreten wird, einzuordnen. Vgl. Rz. 346.

345 Typische Fälle der **Unmöglichkeit auf Lizenzgeberseite** sind die Nichtigerklärung und die Einschränkung des Schutzumfangs des Patents sowie das Offenkundigwerden des Know-how[333].

346 Praktische Bedeutung kann auch die so genannte **wirtschaftliche Unmöglichkeit** haben, worunter diejenige Unmöglichkeit zu verstehen ist, die zwar nicht die formellen Voraussetzungen dieses Begriffs erfüllt, aber doch die Erfüllung der vertraglichen Verpflichtungen durch den Schuldner so schwierig gestaltet, dass dies materiell einer Unmöglichkeit gleichkommt. Das RG hatte früher auf diese Fälle die Bestimmungen der §§ 275, 280 BGB angewendet[334], ist jedoch später auf die Vorschrift des § 242 BGB **(Wegfall der Geschäftsgrundlage)** übergegangen[335]. Der BGH hat sich dieser Rechtsprechung angeschlossen[336]. Vgl. hierzu auch Rz. 224. In diesem Zusammenhang kann auch die durch das **Gesetz zur Modernisierung des Schuldrechts (SMG)** vom 26.11.2001[337] eingefügte Vorschrift des § 241 Abs. 2 BGB von Bedeutung sein, wonach das Schuldverhältnis nach seinem Inhalt jeden Teil zur Rücksicht auf die Rechte, Rechtsgüter und Interessen des anderen Teils verpflichten kann[338]. Bedeutsamer sind jedoch die durch das gleiche Gesetz neu eingefügten Bestimmungen der §§ 313 BGB (Störung der Geschäftsgrundlage)[339] und 314 (Kündigung von Dauerschuldverhältnissen aus wichtigem Grund)[340]. Wegen Unzumutbarkeit von schwerwiegenden Veränderungen kann gemäß § 313 Abs. 1 BGB die Anpassung des Vertrags verlangt werden[341]. Ist die Anpassung nicht möglich oder einem Teil nicht zumutbar, besteht gemäß § 313 Abs. 3 BGB ein Rücktrittsrecht (bei Dauerschuldverhältnissen ein Kündigungs-

---

329 Vgl. *Palandt*, Rz. 1, 2 zu § 325.
330 So schon bisher in Schrifttum und Rechtsprechung anerkannt: BGHZ 36/318; BGH NJW 1990/3012, 2550.
331 Vgl. *Palandt*, Rz. 3 ff. zu § 275.
332 Vgl. *Stumpf*, Lizenzvertrag, Anm. 87–90; RGZ 90/102; 92/87; 94/45.
333 Vgl. hierzu *Stumpf*, Lizenzvertrag, Anm. 78–86; *ders.*, Know-how-Vertrag, Anm. 174.
334 RGZ 57/116; 65/29, 34; 88/71, 74.
335 RGZ 90/102; 92/87; 94/45. Vgl. hierzu *Stumpf*, Lizenzvertrag, Anm. 87–90.
336 BGH MDR 1953/282. Vgl. auch BGB/RGRK/*Alff*, Anm. 15 und 16 zu § 275 und Anm. 3 zu § 280.
337 BGBl I 3138. Zu den Motiven vgl. *Palandt*, Rz. 21 ff. vor § 241.
338 Vgl. zu diesen Verhaltenspflichten *Palandt*, Rz. 6–8 zu § 241.
339 Vgl. *Palandt*, Rz. 1 zu § 313.
340 Vgl. *Palandt*, Rz. 1, 2 zu § 314.
341 Vgl. *Palandt*, Rz. 28, 29 zu § 313; BGHZ 47/52; 83/254; 89/238.

recht)³⁴². Die Vorschrift des § 314 Abs. 1 BGB gewährt bei Dauerschuldverhältnissen ein generelles fristloses Kündigungsrecht aus „wichtigem Grund"³⁴³, schafft also gegenüber § 313 Abs. 3 BGB einen selbständigen Sondertatbestand³⁴⁴. Diese Gesamtregelung der §§ 313, 314 BGB stellt inhaltlich keine Neuregelung dar, sondern nur eine gesetzliche Fixierung der vorerwähnten, auf § 242 BGB gestützten Lehre und Rechtsprechung³⁴⁵.

347 Neben der Unmöglichkeit, der eine vorrangige Bedeutung zukommt, stellen **Verzug** (Rz. 348) und **positive Vertragsverletzung** (Rz. 349) Tatbestände der Leistungsstörung dar.

348 Unter „**Verzug**" ist gemäß §§ 286, 287 BGB die **schuldhafte** (§§ 286 Abs. 4, 276–278 BGB) Nichtleistung im Zeitpunkt der Fälligkeit durch den Lizenzgeber oder den Lizenznehmer zu verstehen, wobei die Leistung noch „nachholbar", also nicht unmöglich ist³⁴⁶. Von diesem **Schuldnerverzug** ist der **Gläubigerverzug** (§§ 293 ff. BGB) zu unterscheiden³⁴⁷. Gemäß §§ 286, 323, 325 BGB kann der jeweilige Gläubiger der Leistung, wenn diese Hauptverpflichtung ist³⁴⁸, nach dem fruchtlosen Ablauf einer angemessenen Frist Schadensersatz wegen Nichterfüllung verlangen und – wenn der Vertrag noch nicht zur Ausführung gelangt ist – vom Vertrag zurücktreten, ihn also ex tunc rückabwickeln. Ist er dagegen bereits zur Ausführung gelangt, besteht nach dem fruchtlosen Ablauf einer angemessenen Frist ein Kündigungsrecht, das den Vertrag ex nunc beendigt³⁴⁹. Außerdem ist eine Geldschuld gemäß § 288 Abs. 1 S. 1 BGB während des Verzugs zu **verzinsen**³⁵⁰. Der **Zinssatz** beträgt für das Jahr fünf Prozentpunkte über dem Basiszinssatz (§ 288 Abs. 1 S. 2 BGB)³⁵¹. Dieser bestimmt sich nach § 247 Abs. 1 BGB, den die Deutsche Bundesbank jeweils im Bundesanzeiger gemäß § 247 Abs. 2 BGB bekannt macht. Diese Regelung gilt auch handelsrechtlich gemäß § 352 Abs. 1 S. 1 HGB³⁵². Der Gläubiger kann aus einem anderen Rechtsgrund höhere Zinsen verlangen (§ 288 Abs. 3 BGB)³⁵³. Die Geltendmachung eines weiteren Schadens ist nicht ausgeschlossen (§ 288 Abs. 4 BGB)³⁵⁴.

---

342 Vgl. *Palandt*, Rz. 30 zu § 313; BGHZ 133/316, 328; BGH NJW 2000/1714, 1716.
343 Vgl. *Palandt*, Rz. 4–6 zu § 314; BGHZ 41/108; BGH NJW 1993/1972; 1999/1177.
344 Vgl. *Palandt*, Rz. 1, 2 zu § 314.
345 Vgl. *Palandt*, Rz. 1 zu § 313 sowie Rz. 1 zu § 314.
346 BGB/RGRK/*Alff*, Anm. 2 und 3 zu § 284; *Soergel*, Anm. 3 zu § 284; Münch-Komm. *Walchshöfer*, Anm. 2a zu § 284; *Stumpf*, Lizenzvertrag, Anm. 91; *ders.*, Know-how-Vertrag, Anm. 46; BGH NJW 1982/2239.
347 Zu diesem auch als Annahmeverzug bezeichneten Rechtsinstitut vgl. *Palandt*, Rz. 1, 2 zu § 293; BGH NJW-RR 1988/1265.
348 *Benkard*, Anm. 96 zu § 15; RG GRUR 1937/1003, 1007; BGH GRUR 1965/591, 595.
349 *Benkard*, Anm. 95 zu § 15; *Stumpf*, Anm. 91; *ders.*, Know-how-Vertrag, Anm. 46; BGHZ 50/312; BGH GRUR 1959/616, 617.
350 Vgl. hierzu *Palandt*, Rz. 1 zu § 288 unter Hinweis auf das Gesetz zur Beschleunigung fälliger Zahlungen vom 30.3.2000 (BGBl I S. 330), das diese Regelung eingeführt hat.
351 Vgl. *Palandt*, Rz. 2 zu § 288.
352 Vgl. *Baumbach/Hopt*, Rz. 5 zu § 352.
353 Vgl. *Palandt*, Rz. 11 zu § 288; BGHZ 104/341; BGH NJW 1992/109.
354 Vgl. *Palandt*, Rz. 12 zu § 288.

6. Kapitel *Die Pflichten der Vertragspartner des Lizenzvertrags*

349 Eine **„positive Vertragsverletzung"** ist eine Leistungsstörung, die weder unter den Begriff der „Unmöglichkeit", noch den des „Verzugs" einzuordnen ist[355]. Das Gesetz berücksichtigt diesen durch *Staub*[356] geprägten und von *Stoll*[357] weiterentwickelten Begriff nicht, jedoch haben ihn Rechtsprechung[358] und Schrifttum[359] übernommen. Unter den Begriff der „positiven Vertragsverletzung" fällt zunächst die so genannte **Schlechtleistung**, soweit keine gesetzlichen Gewährleistungsbestimmungen bestehen. Das ist beim Lizenzvertrag nicht der Fall. Beim Lizenzvertrag mit gesetzlichen Gewährleistungsbestimmungen besteht Haftung für „positive Vertragsverletzung" soweit das Gesetz Regelungslücken enthält, also z. B. im Bereich der Begleitschäden und der Mangelfolgeschäden[360]. Im miet-pachtrechtlichen Bereich kommen beispielsweise diejenigen Ansprüche in Betracht, die im Einzelfall nicht von § 581 Abs. 2 i. V. m. § 536a BGB erfasst werden[361]. Das sind alle Nachteile des Lizenznehmers, die durch den Sachmangel verursacht sind und über das reine Erfüllungsinteresse hinausgehen[362]. Die „positive Vertragsverletzung" wird gesetzlich über § 276 BGB abgestützt, sie stellt also eine allgemeine Verschuldenshaftung im Rahmen von Verträgen dar[363]. Der geschädigten Vertragspartei steht ein Schadensersatzanspruch wegen **„Pflichtverletzung"** gemäß § 280 Abs. 1 BGB zu[364].

350 Ist wegen einer „Leistungsstörung" **Schadensersatz wegen Nichterfüllung** zu leisten (Rz. 341–349), so ist das volle **Erfüllungsinteresse (positives Interesse)** zu ersetzen, d. h. der Gläubiger ist so zu stellen, wie er stehen würde, wenn der Schuldner ordnungsgemäß erfüllt hätte[365]. Dieser Schadensersatz erfolgt grundsätzlich in Form der **Naturalrestitution** (§ 249 S. 1 BGB), praktisch jedoch meist in Geld, was allerdings nicht aus § 249 S. 2 BGB, sondern aus § 251 BGB folgt[366]. Der so genannte **Vertrauensschaden (negatives Interesse)** ist nur bei Verschulden bei Vertragsverhandlungen (culpa in contrahendo) zu leisten. Vgl. hierzu Rz. 233, 352. Beim negativen Interesse ist der Gläubiger so zu stellen, wie er stehen würde, wenn er nicht auf die Gültigkeit des Geschäfts vertraut hätte[367].

---

355 *Stumpf*, Lizenzvertrag, Anm. 92; *ders.*, Know-how-Vertrag, Anm. 47; *Palandt*, Rz. 11 vor § 275; *Bartenbach/Gennen*, Rz. 499.
356 Die positiven Vertragsverletzungen, 1902. Die 2. Auflage ist 1913 erschienen.
357 Die Lehre von den Leistungsstörungen, 1936, sowie in AcP 136/257.
358 RGZ 54/98; 106/22; BGHZ 11/83; BGH NJW 1978/260.
359 BGB/RGRK/*Alff*, Anm. 115 zu § 276; Münch-Komm. *Emmerich*, Anm. 95 vor § 275 mit umfangreichen Nachweisen; *Soergel*, Anm. 246 ff. vor § 275.
360 *Soergel*, Anm. 253 vor § 275; Münch-Komm. *Emmerich*, Anm. 102 vor § 275; BGHZ 60/9; 67/359, 365; 77/217; BGH NJW 1965/553.
361 Münch-Komm. *Emmerich*, Anm. 107 vor § 275; *Peters* in NJW 1978/665; BGH NJW 1971/424.
362 Vgl. *Todt* in BB 1971/680 mit Nachweisen.
363 Vgl. hierzu *Palandt*, Rz. 1 zu § 276.
364 Vgl. *Palandt*, Rz. 1, 2 zu § 280; *Bartenbach/Gennen*, Rz. 501.
365 Vgl. *Medicus* bei *Staudinger*, Anm. 4, 22, 29 und 137 zu § 249; Münch-Komm. *Grunsky*, Anm. 3 zu § 249; BGB/RGRK/*Alff*, Anm. 1 zu § 249; *Soergel*, Anm. 4 zu § 249; RGZ 91/33; 91/104, 106; 96/121, 122; 107/17.
366 *Soergel*, Anm. 19–21 und 128 zu § 249; Münch-Komm. *Grunsky*, Anm. 1 und 14 zu § 249; BGB/RGRK/*Alff*, Anm. 14 zu § 249; RGZ 61/353; 107/17; BGHZ 81/385, 389 = NJW 1982/98.
367 Vgl. *Medicus* bei *Staudinger*, Anm. 22 zu § 249; Münch-Komm. *Grunsky*, Anm. 47 vor § 249; *Soergel*, Anm. 69 vor § 249; RGZ 132/79; BGH BB 1955/429.

Abschnitt 2
Einrede des nichterfüllten Vertrags

Soweit der eine Vertragspartner seine Leistung, gleich aus welchem Grunde, nicht oder nicht gehörig erbringt, also eine „Leistungsstörung" (vgl. vorstehenden Abschnitt 1) vorliegt, ist der andere Vertragspartner, wenn er nicht zur Vorleistung verpflichtet ist, zur **Verweigerung seiner Leistung** berechtigt (§ 320 Abs. 1 BGB)[368]. Das ist eine Folge des **synallagmatischen Charakters** des gegenseitigen Vertrags. Bei Teilleistung besteht dieses Leistungsverweigerungsrecht auch nur anteilig (§ 320 Abs. 2 BGB)[369]. Vgl. hierzu Rz. 244, 343. Aus dem Gewährleistungsrecht als Sonderrecht (vgl. oben § 21) können sich Abweichungen ergeben, d.h. dieses geht vor[370]. Das Leistungsverweigerungsrecht ist ausgeschlossen, soweit es mit dem Grundsatz von Treu und Glauben (§ 242 BGB) in Widerspruch steht[371]. Das Leistungsverweigerungsrecht hindert den Eintritt des Verzuges (§§ 286, 287 BGB) beim Verweigerungsberechtigten[372]. Bei einer Schutzrechtsanfechtung ist der Lizenznehmer jedoch so lange zur Gebührenzahlung verpflichtet, bis das lizenzierte Schutzrecht rechtskräftig für nichtig erklärt ist[373]. Die Anfechtung als solche stellt noch keinen zu berücksichtigenden Nachteil dar, der bei der Lizenzgebührenzahlung zu bewerten wäre[374].

351

Abschnitt 3
Verschulden bei Vertragsverhandlungen

Das „**Verschulden bei Vertragsverhandlungen**" (culpa in contrahendo)[375] stellt einen Haftungstatbestand dar, der wie die „positive Vertragsverletzung" (vgl. Rz. 349) auf die Vorschrift des § 276 BGB gestützt von Rechtsprechung[376] und Schrifttum[377] aus bestimmten gesetzlichen Vorschriften heraus entwickelt worden ist[378]. In Verbindung

352

---

368 Vgl. Münch-Komm. *Emmerich*, Anm. 1, 2 und 7 zu § 320; *Soergel*, Anm. 3, 4 und 34 zu § 320; BGB/RGRK/*Alff*, Anm. 2, 3 und 21–23 zu § 320; *Palandt*, Rz. 5, 15 zu § 320; BGHZ 100/164.
369 Vgl. Münch-Komm. *Emmerich*, Anm. 37–40 zu § 320; *Soergel*, Anm. 48 zu § 320; BGB/RGRK/*Alff*, Anm. 17 zu § 320; *Palandt*, Rz. 8 zu § 320.
370 Vgl. Münch-Komm. *Emmerich*, Anm. 43 zu § 320; RGZ 66/333; 108/280; VGHZ 10/248; BGH NJW 1979/33.
371 Vgl. *Palandt*, Rz. 10 zu § 320; BGH BB 1974/671 sowie NJW 1958/706; BGHZ 54/249.
372 Vgl. *Palandt*, Rz. 17 zu § 320; RGZ 126/205.
373 BGH GRUR 1983/237.
374 Vgl. hierzu BGH GRUR 1983/237; *Pagenberg/Geissler*, S. 268 (Tz. 76).
375 Die Bezeichnung stammt von dem bedeutenden Rechtslehrer des 19. Jahrhunderts *Rudolf von Ihering*.
376 RGZ 95/58; 120/251; 162/156; BGHZ 6/333; 66/54; BGH NJW 1979, 1983.
377 *Bohrer*, Die Haftung des Dispositionsgaranten, 1980; *Larenz*, FS Ballerstedt, 1976, S. 397; *Nirk*, FS Möhring, 1975, S. 71; ders., FS Hauß, 1978, S. 267; *Stoll*, FS v. Caemmerer, 1978, S. 435.
378 Diese, z.T. inzwischen aufgehobenen oder geänderten Vorschriften sind die §§ 122, 179, 307, 309, 463 S. 2, 663 BGB. Vgl. hierzu *Palandt*, Rz. 11–14 zu § 311.

mit der (neuen) Vorschrift des § 241 Abs. 2 BGB[379] hat dieser Haftungstatbestand nunmehr in § 311 Abs. 2 BGB eine ausdrückliche gesetzliche Verankerung gefunden[380]. Vgl. Rz. 233.

Der Grund für die Verpflichtung Schadensersatz zu leisten, liegt in dem **„enttäuschten Vertrauen"**[381]. Deshalb hat der Schuldner auch nur den **Vertrauensschaden**, das so genannte **„negative Interesse"**, zu ersetzen[382], nicht den **Erfüllungsschaden**, das so genannte **„positive Interesse"** (vgl. hierzu Rz. 350). Bei dieser Vertrauenshaftung, die gemäß § 311 Abs. 2 BGB ausdrücklich als Schuldverhältnis i.S. § 241 Abs. 2 BGB bezeichnet wird[383], geht es um ein Verschulden bei der Aufnahme von Vertragsverhandlungen (Nummer 1)[384], bei der Anbahnung von Vertragsverhandlungen (Nummer 2)[385] sowie bei ähnlichen geschäftlichen Kontakten (Nummer 3)[386], also um die Fälle, in denen es durch das Verschulden eines Partners, des Schuldners, nicht zum Vertragsabschluss kommt oder dieser überhaupt nicht beabsichtigt ist[387], oder zwar zu einem Vertragsabschluss, aber mit einem Inhalt, der nicht der Interessenlage des Gläubigers entspricht[388].

353 Eine Haftung kann auch in Betracht kommen, wenn ein Vertrag **formungültig** oder wegen eines **Verstoßes gegen gesetzliche Gebote nichtig** ist, und dies auf das Verschulden des Schuldners zurückzuführen ist (z.B. Falschinformation)[389]. Bei Lizenzverträgen ist vor allem an eine zu großzügige Darstellung der technischen und wirtschaftlichen Gegebenheiten oder an ein Verschweigen von Bestandsrisiken hinsichtlich der lizenzierten Schutzrechte oder des lizenzierten Know-how zu denken[390], also letztlich an Tatbestände, die auch zu einer **Anfechtung** des Lizenzvertrags wegen arglistiger Täuschung (§ 123 BGB) führen können. In diesem Rahmen fällt auch der Abschluss von **Vorverträgen**[391], durch die insbesondere die Geheimhaltung von bestimmten Informationen in der Vorbereitungsphase des Vertragsabschlusses

– Anhanganlagen 25, 26 und 27 –

sichergestellt werden soll (Geheimhaltungsabsprache, Secrecy Agreement)[392]. Bei der Verletzung dieser Geheimhaltungspflichten, auch wenn sie nicht ausdrücklich geregelt sind, liegt ein Verschulden bei Vertragsverhandlungen (vgl. Rz. 352) mit einer entsprechenden Haftung vor[393].

---

379 Gemäß Gesetz zur Modernisierung des Schuldrechts vom 26.11.2001 (BGBl I S. 3138). Vgl. hierzu *Palandt*, Rz. 6–8 zu § 241.
380 Vgl. hierzu *Palandt*, Rz. 16–23 zu § 311.
381 *Stumpf*, Lizenzvertrag, Anm. 93; *ders.*, Know-how-Vertrag, Anm. 48; BGHZ 60/226; BGH NJW 1981/1035.
382 *Palandt*, Rz. 57, 58 zu § 311; BGH BB 1955/429 sowie NJW 1981/1673.
383 Vgl. hierzu *Palandt*, Rz. 12 zu § 311.
384 Vgl. hierzu *Palandt*, Rz. 16 zu § 311.
385 Vgl. hierzu *Palandt*, Rz. 17 zu § 311.
386 Vgl. hierzu *Palandt*, Rz. 18 zu § 311.
387 *Palandt*, Rz. 18 zu § 311; BGH NJW 1967/2199; 1975/43; BGHZ 6/333; 66/54.
388 BGH NJW 1979/1983; BGHZ 71/289; 72/387.
389 BGHZ 6/333; BGH NJW 1965/812; 1975/43; OLG Celle MDR 1952/554.
390 Vgl. *Stumpf*, Lizenzvertrag, Anm. 94.
391 Vgl. *Pagenberg/Geissler*, S. 110, 112 (Tz. 152).
392 Vgl. *Bartenbach/Gennen*, Rz. 307.
393 Vgl. *Stumpf*, Lizenzvertrag, Anm. 95, 96.

§ 26 Pflichten nach Vertragsende

Vorbehaltlich anderer Vertragsabsprache   354

– Anhanganlagen 1, 2, 3 (Randziffer 52), 6 (Randziffer 36),
7 (Randziffer 15.5), 8 (Randziffer 19) und 10 (Randziffer 7 d) –

ist der Lizenznehmer **ab Vertragsende nicht mehr berechtigt**, den „Vertragsgegenstand" (vgl. Rz. 9) zu benutzen. Er ist also verpflichtet, die Benutzung zu unterlassen. Eine weitere Benutzung würde bei einer Patentlizenz eine Patentverletzung gemäß § 9 PatG 1981 beinhalten, weil die für die Benutzung des Patents erforderliche Zustimmung des Patentinhabers bzw. des Patentanmelders hinweggefallen ist[394]. Bei einer Know-how-Lizenz würde eine weitere Verwertung einen Verstoß gegen § 18 UWG darstellen[395].

Nach § 242 BGB steht dem Lizenznehmer jedoch nach Vertragsende ein so genanntes **Auslaufrecht**   355

– Anhanganlagen 1, 2, 3 (Randziffer 52), 6 (Randziffer 36),
7 (Randziffer 15.5), 8 (Randziffer 19) und 10 (Randziffer 7 d) –

zu, d.h. das Recht, die im normalen vertraglichen Produktionsgang befindlichen **Vertragsprodukte** noch herzustellen und nach den bisher gültigen vertraglichen Bestimmungen zu vertreiben[396]. Dieses Recht ist nur insoweit abdingbar, als sich der Lizenzgeber bereit erklärt, die entsprechenden Vertragsprodukte bzw. Teile derselben selbst zu übernehmen oder sonst einen angemessenen Ausgleich zu leisten.

Für die hiernach noch hergestellten und vertriebenen Vertragsprodukte sind die **vertraglichen Lizenzgebühren** zu bezahlen[397], was auch gilt, wenn der Lizenzvertrag infolge Ablaufs des Patents oder Offenkundigwerden des Know-how automatisch sein Ende gefunden hat[398].   356

Bei Vertragsende hat der Lizenznehmer die ihm überlassenen **technischen und betriebswirtschaftlichen Unterlagen herauszugeben,**   357

– Anhanganlagen 1, 2, 3 (Randziffer 51), 6 (Randziffer 36),
7 (Randziffer 15.5), 8 (Randziffer 20) und 14 (Randziffer 7.4) –

---

394 Vgl. *Stumpf*, Lizenzvertrag, Anm. 216; *Henn* S. 102 f.; *Vortmann*, S. 20; *Lichtenstein*, S. 189, 190; *Roubier*, II S. 283.
395 Vgl. *Stumpf*, Know-how-Vertrag, Anm. 158; *Henn*, S. 102 f.; *Lichtenstein*, S. 189 und 190; *Roubier*, II S. 283.
396 Vgl. *Benkard*, Anm. 118 zu § 15; *Stumpf*, Lizenzvertrag, Anm. 217; BGH GRUR 1959/528 ff., *Schulte*, Anm. 55 zu § 15; *Henn*, S. 103; *Bartenbach/Gennen*, Rz. 1265; *Kraßer/Schmid* in GRUR Int. 1982/324, 341; *Gaul/Bartenbach*, Handbuch, Tz. K 143; *Blum/Pedrazzini*, Anm. 104 zu Art. 34; *Lüdecke/Fischer*, S. 588; *Topken* und *Koch/Weser* bei *Langen*, S. 484; *Pollzien* bei *Pollzien/Bronfen*, S. 143; *Homburger/Jenny* bei *Pollzien/Bronfen*, S. 290; *Lindenmaier*, S. 366 (Anm. 49 zu § 9); *Busse*, S. 254 (Anm. 28 zu § 9). Vgl. auch *Pagenberg/Geissler*, S. 186 (Tz. 307, 308), die im Hinblick auf die abweichende Ansicht von *Stumpf*, Know-how-Vertrag, Anm. 215, eine ausdrückliche Regelung dieses Fragenkreises empfehlen. Aus der Rspr. vgl. OLG Hamburg ZIP 1988/925, 926.
397 *Benkard*, Anm. 118 zu § 15; *Henn*, S. 103 f.; *Ellis/Deller*, § 104; *Nouel* bei *Pollzien/Bronfen*, S. 133; RG GRUR 1943/247, 248.
398 *Benkard*, Anm. 118 zu § 15; BGH GRUR 1955/87, 89.

auch wenn er hierfür eine besondere Vergütung entrichtet hat[399]. Dies muss auch dann gelten, wenn das Patent, auf das sich diese Unterlagen beziehen, abgelaufen oder das betreffende Know-how offenkundig geworden ist, weil bei einer Abwägung der beiderseitigen Interessen das Interesse des Lizenzgebers an der Ausschaltung etwaiger Risiken vorgeht[400].

358 Bei überlassenem **Know-how**, das als solches (abgesehen von den Unterlagen) nicht zurückgegeben werden kann, besteht **über das Vertragsende hinaus die Geheimhaltungspflicht** fort,

– Anhanganlagen 1, 2, 3 (Randziffer 29), 4 (Randziffer 10.4), 6 (Randziffer 20), 7 (Randziffer 13.2), 8 (Randziffer 13) und 14 (Randziffer 6) –

soweit und solange das Know-how **nicht offenkundig** ist[401]. Meist wird aus Gründen der praktischen Abwicklung diese Verpflichtung befristet.

359 **Wettbewerbsverbote** für die Zeit nach Vertragsende sind **kartellrechtlich** unzulässig, zumal sie schon während der Vertragslaufzeit problematisch sind. Ein Schutz gegen die Weiterverwendung des überlassenen und de facto nur beschränkt rückgabefähigen Know-how ist außerhalb §§ 17–19 UWG wettbewerbsrechtlich kaum möglich[402]. Vgl. hierzu auch Rz. 371, 408. Dagegen ist die Fortsetzung des Austausches von Schutzrechten und Know-how über das Vertragsende hinaus zulässig und für beide Vertragspartner von erheblicher Bedeutung. Vgl. oben § 23.

360 Nach Ablauf der vertraglichen Bindung können sich aus dem Lizenzvertrag **fortwirkende Treueverpflichtungen** ergeben[403], die eine Nichtigkeitsklage des Lizenznehmers gegen das lizenzierte Patent unzulässig machen können. Die Vertragspartner können eine entsprechende Absprache auch ausdrücklich in den Lizenzvertrag

– Anhanganlagen 1, 2, 3 (Randziffer 48), 6 (Randziffer 32), 7 (Randziffer 14.1) und 8 (Randziffer 17) –

aufnehmen. Vgl. hierzu auch oben § 24.

---

[399] *Benkard*, Anm. 118 zu § 15; *Stumpf*, Lizenzvertrag, Anm. 219; *Pagenberg/Geissler*, S. 114, 116 (Tz. 159, 160); *Kraßer* in GRUR Int. 1982/341; *Henn*, S. 103 f.
[400] Vgl. hierzu *Stumpf*, Lizenzvertrag, Anm. 219 und 220, der z. T. abweichend argumentiert, sowie *Benkard*, Anm. 118 zu § 15 a. E.
[401] Vgl. *Stumpf*, Lizenzvertrag, Anm. 221; *Kraßer* in GRUR Int. 1982/341; *Fritze* in GRUR 1969/218; *Pagenberg/Geissler*, S. 112 (Tz. 155).
[402] Vgl. *Stumpf*, Lizenzvertrag, Anm. 227; *Bartenbach/Gennen*, Rz. 2553.
[403] *Benkard*, Anm. 118 zu § 15; BGH GRUR 1965/135, 137.

7. Kapitel
Lizenz und Kartellrecht

Lizenzverträge (zur Definition vgl. Rz. 9) können **Beschränkungen im Wirtschaftsverkehr (Wettbewerbsbeschränkungen)** beinhalten und damit **361**

1. im Bereich der Bundesrepublik Deutschland (Inland),
2. im Ausland (alles, was nicht Inland ist)

kartellrechtlich relevant sein. Dies gilt sowohl für **Patentlizenzverträge** als auch für **Know-how-Lizenzverträge**. Patentrecht und Know-how-Recht einerseits und Kartellrecht andererseits schließen sich gegenseitig nicht aus, sondern ergänzen sich im Hinblick auf die Gewährleistung der Freiheit des Wettbewerbs und der Aufrechterhaltung einer marktwirtschaftlichen Ordnung[1]. Das Kartellrecht, das **öffentliches Recht** ist und damit nicht der Parteidisposition untersteht[2], bezweckt, Missbräuchen aus der Monopolstellung des Patent- oder Know-how-Inhabers zu begegnen[3].

Für den Bereich zu 1) gelten folgende Bestimmungen des **Gesetzes gegen Wettbewerbsbeschränkungen** in der gegenüber der früheren Fassung vom 20.2.1990[4] novellierten (vgl. § 131 Abs. 1 GWB) Fassung vom 26.8.1998 (GWB)[5]:

- §§ 1–13,
- §§ 14–16,
- §§ 17, 18
- § 130 Abs. 2.

Hierzu ist im nachfolgenden § 27 zunächst unter grundsätzlichen Aspekten und sodann im Hinblick auf die Beschränkungen auf dem sachlichen, örtlichen und zeitlichen Vertragsgebiet Stellung zu nehmen. Es schließt sich die Behandlung bestimmter typischer Beschränkungsklauseln wie in Bezug auf die technisch einwandfreie Ausnutzung des Vertragsgegenstands, die Preisbindung für das Vertragsprodukt, die Verpflichtung zum Patent- und Know-how-Austausch und die Nichtangriffsklausel an. Es folgt die Genehmigungspraxis für beschränkende Lizenzverträge.

Der Bereich zu 2) ist **länderweise verschieden gestaltet**, je nachdem, welche grundsätzliche Einstellung zur Problematik von Wettbewerbsbeschränkungen besteht[6]. So sind

---

[1] *Benkard*, Anm. 146 zu § 15; *Spengler* in GRUR 1961/607; *Krieger* in GRUR 1979/350, 352; *Bernhardt/Kraßer*, Anm. I a zu § 42; *Grützmacher*, S. 21 ff.; BGHZ 83/251, 253.
[2] Vgl. hierzu *Benkard*, Anm. 146 ff., 164 ff. zu § 15; *Stumpf*, Lizenzvertrag, Anm. 505 ff., 583 ff., *Reithmann/Martini*, Anm. 1294 ff.
[3] *Benkard*, Anm. 146 zu § 15; *Haver/Mailänder*, S. 81 ff.; *Stumpf*, Lizenzvertrag, Anm. 505; BGHZ 46/365, 376; 51/263, 265 f.
[4] BGBl I S. 235.
[5] BGBl I S. 2546. Vgl. hierzu *Bartenbach/Gennen*, Rz. 980. Das GWB hat nachfolgend wiederum Änderungen erfahren, zuletzt durch Gesetz vom 10.11.2001 (BGBl I S. 2992). Vgl. zum Entwurf des neugefassten GWB *Stumpf*, Lizenzvertrag, Anm. 589; *Bechtold* in BB 1997/1853 ff.
[6] Vgl. hierzu *Haver/Mailänder*, S. 86 ff. So führt die im schweizerischen Rechtsdenken tief ver-

7. Kapitel *Lizenz und Kartellrecht*

beispielsweise die USA von einem Kartellrecht (Antitrustrecht) mit stark kontrollierendem Charakter, der in der Formulierung jedes einschlägigen Lizenzvertrags

– Anhanganlage 10 –

deutlich wird, bestimmt[7]. Andere Länder, wie beispielsweise Japan, sind trotz Übernahme amerikanischer Rechtsgrundsätze zurückhaltender[8]. Dieser Bereich kann hier jedoch nur in Bezug auf die Europäische Union (EU) behandelt werden, der – gegenwärtig – die BRD neben 14 anderen Staaten[9] als Mitgliedstaat angehört. Maßgeblich hierfür sind die Bestimmungen der **Art. 81 und 82** (früher Art. 85 und 86) **des EWG-Vertrages** vom 25.3.1957 (EWGV)[10] und die hierzu ergangenen **Verordnungen, Gruppenfreistellungsverordnungen**[11] und **Bekanntma-**

---

ankerte Vertragsfreiheit zu einer weitgehenden Unabhängigkeit von staatlichen Eingriffen kartellrechtlichen Gehalts. Vgl. *Pedrazzini*, S. 136. 144.

7 Vgl. hierzu *Pietzke*, S. 17 ff.; *Topken* und *Koch/Weser* bei *Langen*, S. 485 f.; *Henn*, S. 111, 113 ff. mit Nachweisen; *Lichtenstein*, S. 56 ff.; *Avery/Mayer*, S. 310 ff.; *Smolka* bei *Pollzien/Bronfen*, S. 333–338; *Goldscheider* bei *Pollzien/Langen*, S. 458 ff.; *Mailänder* in GRUR Int. 1979/378; *Finnegan/Zotter* in GRUR Int. 1979/321; *Wedekind*, S. 29 ff.; *Pagenberg/Geissler*, S. 32 (Tz. 27); *Linder* in RIW/AWD 1977/744 ff.; *Zumbusch* in GRUR Int. 1988/541 ff.

8 Vgl. hierzu *Vogt* bei *Langen*, S. 246 ff.

9 Belgien, Dänemark, Finnland, Frankreich, Griechenland, Großbritannien und Nordirland, Irland, Italien, Luxemburg, Niederlande, Österreich, Portugal, Schweden und Spanien. Nach Maßgabe der Kopenhagener Regierungskonferenz vom 13.12.2002 sollen ab 1.5.2004 weitere 10 Staaten hinzutreten: Cypern, Estland, Lettland, Litauen, Polen, Malta, Slowakei, Slowenien, Tschechien und Ungarn.

10 BGBl II S. 753, in der Fassung des am 2.10.1997 unterzeichneten Amsterdamer Vertrags (BGBl 1998 II S. 386), in Kraft getreten am 1.5.1999 gemäß Bekanntmachung vom 6.4.1999 (BGBl II S. 296).

11 – Verordnung Nr. 17/62 des Rates vom 6.2.1962 (AblEG 1962 S. 204) = GRUR Ausl. 1962/295. Abgedruckt bei *Stumpf*, Lizenzvertrag, 6. Aufl., 1993, S. 726 ff., sowie bei *Bunte/Sauter*, S. 5 ff. und bei *Pagenberg/Geissler*, S. 712 ff. (Anhang 3).
– Verordnung Nr. 27/62 der Kommission vom 3.5.1962 zur Ausführung der Verordnung Nr. 17/62 des Rates vom 6.2.1962 (AblEG 1962 S. 1118). Abgedruckt bei *Stumpf*, Lizenzvertrag, 6. Aufl., 1993, S. 739 ff. (Anhang VIII).
– Verordnung Nr. 19/65 des Rates vom 2.3.1965 über die Anwendung von Artikel 85 Abs. 3 des Vertrages auf Gruppen von Vereinbarungen und aufeinander abgestimmte Verhaltensweisen (AblEG 1965 S. 533). Abgedruckt bei *Stumpf*, Lizenzvertrag, 6. Aufl., 1993, S. 741 ff. (Anhang IX), sowie bei *Bunte/Sauter*, S. 16 ff.
– Verordnung (EWG) Nr. 2349/84 der Kommission vom 23.7.1984 über die Anwendung von Artikel 85 Abs. 3 des Vertrages auf Gruppen von Patentlizenzvereinbarungen (AblEG 1984 Nr. L 219 S. 15, berichtigt in AblEG 1985 Nr. L 113 S. 34). Abgedruckt bei *Stumpf*, Lizenzvertrag, 6. Aufl., 1993, S. 753 ff. (Anhang XII), in GRUR Int. 1984/606 und bei *Bunte/Sauter*, S. 40 ff.
– Verordnung (EWG) Nr. 556/89 der Kommission vom 30.11.1988 zur Anwendung von Artikel 85 Abs. 3 des Vertrages auf Gruppen von Know-how-Vereinbarungen (AblEG 1989 Nr. L 61 S. 1). Abgedruckt bei *Stumpf*, Lizenzvertrag, 6. Aufl., 1993, S. 769 ff. (Anhang XIII), sowie bei *Pagenberg/Geissler*, 3. Aufl., 1991, S. 682 ff.
– Verordnung (EG) Nr. 3385/94 der Kommission vom 21.12.1994 zur Ausführung der Verordnung Nr. 17/62 des Rates vom 6.2.1962 unter Aufhebung der Verordnung Nr. 27/62 der Kommission vom 3.5.1962 (AblEG 1994 Nr. L 377 S. 28).

chungen[12]. Hierzu ist im nachfolgenden § 28, ebenfalls zunächst unter grundsätzlichen Aspekten und sodann, wie für den inländischen Bereich, unter einzelnen Bezugspunkten Stellung zu nehmen. Als solche Bezugspunkte, die besondere Bedeutung für die Wettbewerbsbeschränkungen haben, sind die ausschließlichen Lizenzen, die Vertriebsbeschränkungen, die Preisbindung für das Vertragsprodukt, die Beschränkung des sachlichen Vertragsgebiets, die Verpflichtung zum Patent- und Know-how-Austausch, die Nichtangriffsklausel, Wettbewerbsverbote, Lizenzgebühren, die Längstlaufklausel und die Lizenzierung von Know-how zu nennen.

In den Bereichen 1) und 2) kann die **gleiche** Beschränkung **kartellrechtlich** durchaus **verschieden** beurteilt werden[13]. Hinsichtlich der **Kompetenzabgrenzung** zwischen den nationalen Behörden der BRD und den supranationalen Behörden der EU gilt gemäß Art. 9 Abs. 3 der Verordnung Nr. 17/62[14] das BKartA aufgrund Art. 84 (früher Art. 88) EWGV insoweit als zuständig, als die EU-Kommission kein Verfahren eingeleitet hat[15].

§ 27 Deutsches Kartellrecht

Gemäß §§ 1, 130 Abs. 2 GWB findet das **deutsche Kartellrecht** des GWB auf alle Lizenzverträge Anwendung, die sich im **Inland** (zum Begriff vgl. Rz. 361) auswirken[16]. Unerheblich ist hierbei, ob sich der „Vertragsgegenstand" (vgl. oben Einleitung zum 1. Kapitel) auf ein in- oder ausländisches Schutzrecht bezieht oder der Schutzrechtsinhaber bzw. Lizenzgeber In- oder Ausländer ist[17]. Gleiches gilt für den Wohnsitz oder Sitz, hier selbstverständlich auch in Bezug auf den Lizenznehmer. Bei Know-how-Lizenzverträgen[18] kommt es ebenso wenig auf diese Gegebenheiten an. Entscheidend

362

– Verordnung (EG) Nr. 240/96 der Kommission vom 31.1.1996 zur Anwendung von Artikel 85 Abs. 3 des Vertrages auf Gruppen von Technologietransfer-Vereinbarungen (ABlEG 1996 Nr. L 31 S. 2). Abgedruckt bei *Stumpf*, Lizenzvertrag, Anm. 737 ff. (Anhang II), sowie bei *Pagenberg/Geissler*, S. 624 ff. (Anhang 1).
– Verordnung (EG) Nr. 2659/2000 der Kommission vom 29.11.2000 über die Anwendung von Artikel 81 Abs. 3 des Vertrages auf Gruppen von Vereinbarungen über Forschung und Entwicklung. Abgedruckt bei *Pagenberg/Geissler*, S. 684 ff. (Anhang 2).

12 Bekanntmachung der Kommission über Patentlizenzverträge vom 24.12.1962 (ABlEG 1962, S. 2922 = GRUR Ausl. 1963/26), aufgehoben durch Verordnung (EWG) Nr. 2349/84 der Kommission vom 23.7.1984 über die Anwendung von Art. 85 Abs. 3 des Vertrages auf Gruppen von Patentlizenzvereinbarungen (ABlEG 1984 Nr. L 219 S. 15 = GRUR Int. 1984/606).
13 Vgl. *Grützmacher*, S. 21.
14 Vgl. oben Anm. 11.
15 Vgl. *Pagenberg/Geissler*, S. 26 (Tz. 17); *Bartenbach/Gennen*, Rz. 655–659.
16 Vgl. hierzu *Benkard*, Anm. 147, 166 f. zu § 15; *Haver/Mailänder*, S. 85 f.; *Emmerich*, Anm. 4 zu § 2, sowie *Immenga/Mestmäcker*, Anm. 288 zu § 20; *Glassen/von Hahn/Kersten/Rieger*, Rz. 6, 7 zu § 130 Abs. 2; BGH WuW 1989/1026; EuGH GRUR Int. 1989/56, 57; 1981/237, 239.
17 *Benkard*, Anm. 147 zu § 15; *Müller-Henneberg/Schwartz/Hootz*, Anm. 24 ff. zu §§ 20, 21.
18 Zur kartellrechtlichen Behandlung von Verträgen über nicht geheimes technisches oder kaufmännisches Wissen, das richtigerweise nicht als „Know-how" beurteilt werden sollte, vgl. *Hesse* in GRUR 1985/661 ff. mit Nachweisen, sowie *Reimer*, S. 659 ff. (Anm. 165 zu § 9). Zum kombinierten Patent-Know-how-Lizenzvertrag (oben 1. Kapitel, § 3) vgl. *Emmerich*, Anm. 2 e zu § 16, sowie *Gaul/Bartenbach*, Handbuch, Tz. K 61.

ist allein die **„Auswirkung" des Lizenzvertrags im Inland**, womit der zwingende, öffentlich-rechtliche Charakter des Kartellrechts, unabhängig vom vereinbarten Vertragsinhalt und – bei internationalen Partnern – der getroffenen Rechtswahl, bewiesen wird. Bei einer „Auswirkung" im Bereich der EU finden die Bestimmungen der Art. 81 und 82 (früher Art. 85 und 86) EWGV Anwendung[19]. Hinsichtlich der Abgrenzung des deutschen Kartellrechts des GWB zum europäischen Kartellrecht gemäß EWGV ist es in der Praxis üblich, entweder den Vertrag sowohl beim BKartA als auch bei der EU-Kommission anzumelden oder es aber dem BKartA zu überlassen, die Vorlage des Vertrags bei der EU-Kommission zu verlangen[20]. Bei Verträgen, die sich nur auf ein EU-Mitgliedsland beziehen, ist europäisches Kartellrecht anzuwenden, falls durch Exportverkäufe oder Importe von einer der beiden Parteien eine nicht unerhebliche Beeinträchtigung des Wettbewerbs erwartet werden kann[21].

363 Wettbewerbsbeschränkungen in Lizenzverträgen unterliegen sowohl den allgemeinen Vorschriften der §§ 1–13 und 14–16 GWB als auch den Sonderbestimmungen der §§ 17, 18 GWB[22]. Die allgemeinen Vorschriften greifen dann ein, wenn die wettbewerbsbeschränkende Abrede der Vertragspartner nicht mehr über die Regeln für Austauschverträge erfasst wird, sondern als eine auf einen gemeinsamen Zweck gerichtete Kartellabsprache (z. B. bei Gemeinschaftsunternehmen – Patentpools/Joint Ventures) zu werten ist[23]. Ist dies der Fall, können die Sonderbestimmungen keine Anwendung finden, ungeachtet ihres Charakters als leges speciales[24]. Dies ist in jedem Einzelfall nach den konkreten Verhältnissen zu entscheiden.

364 Die Sonderbestimmungen der §§ 17, 18 GWB finden nur für Beschränkungen des **Lizenznehmers** Anwendung[25]. Für Beschränkungen des **Lizenzgebers** gelten die allgemeinen Vorschriften, insbesondere die §§ 14–16 GWB[26].

---

19 *Benkard*, Anm. 147, 166 f. zu § 15; BGH GRUR 1974/40, 42; BGHZ 60/312.
20 Vgl. hier *Pagenberg/Geissler*, S. 26 (Tz. 17).
21 So EG-Kommission in GRUR Int. 1976/182. Vgl. hierzu *Pagenberg/Geissler*, S. 80 (Tz. 88).
22 *Benkard*, Anm. 149 zu § 15; *Stumpf*, Lizenzvertrag, Anm. 507–509; *ders.*, Know-how-Vertrag, Anm. 216; *Bartenbach/Gennen*, Rz. 983 ff.; *Michalski*, BB 1991/1879.
23 *Benkard*, Anm. 149 zu § 15; *Stumpf*, Lizenzvertrag, Anm. 507 und 508; *ders.*, Know-how-Vertrag, Anm. 216; *Henn*, S. 114 mit Nachweisen; BGH GRUR 1975/206, 208; *Michalski*, BB 1991/1879; *Emmerich*, Anm. 2 b zu § 16 mit Nachweisen.
24 So zu Recht die von *Stumpf*, Lizenzvertrag, Anm. 507, zitierte Rechtsprechung des BGH und die Praxis des BKartA, zumindestens in Bezug auf die Grundsatzbestimmung des § 1 GWB. Vgl. auch *Bernhardt/Kraßer*, Anm. I a 1 zu § 42; *Stumpf*, Know-how-Vertrag, Anm. 228; *Emmerich*, Anm. 2 b zu § 16, sowie *Emmerich* bei Immenga/Mestmäcker, Anm. 19–24 und 112 ff. zu § 20; *Pfanner* in NJW 1957/1905; *Benkard*, Anm. 141 zu § 15; BGHZ 46/365, 374 ff.; 60/312, 316; BGH GRUR 1973/331; 1975/162, 166.
25 *Benkard*, Anm. 150 zu § 15; *Haver/Mailänder*, S. 89; *Stumpf*, Lizenzvertrag, Anm. 509; *ders.*, Know-how-Vertrag, Anm. 229; *Rittner* S. 354 ff.; *Michalski*, BB 1991/1879; *Pagenberg/Geissler*, S. 76 (Tz. 82); *Bartenbach/Gennen*, Rz. 988; *Emmerich*, Anm. 2 d zu § 16; *Müller-Henneberg/Schwartz/Hootz*, Anm. 89 zu §§ 20, 21; BGHZ 46/365, 377; 51/263, 269; 60/312; 316; BGH GRUR 1973/331, 332.
26 *Benkard*, Anm. 150 zu §§ 15; *Stumpf*, Lizenzvertrag, Anm. 509; *ders.*, Know-how-Vertrag, Anm. 229; *Michalski*, BB 1991/1879; *Pagenberg/Geissler*, S. 76 (Tz. 82); BGHZ 46/365, 377; 51/263, 269; 60/312, 316; BGH GRUR 1973/331, 332. Unter diesen Begriff fällt auch die Meistbegünstigung (vgl. unten § 30, 8. Kapitel), die eine Beschränkung des Lizenzgebers zugunsten der Lizenznehmer darstellt. Vgl. hierzu *Stumpf*, Lizenzvertrag, Anm. 509 a. E. mit Nachweisen; *ders.*, Know-how-Vertrag, Anm. 82.

Lizenzverträge über Patente, Patentanmeldungen und Know-how bedürfen gemäß **365**
§ 17 Abs. 3 GWB – möglicherweise – der **Schriftform**, wenn sie den Vertragsparteien
(Lizenzgeber oder Lizenznehmer) Beschränkungen im Wettbewerb auferlegen[27] und
die Voraussetzungen dieser Vorschrift gegeben sind. Vgl. hierzu Rz. 24, 382. Das
Erfordernis der Schriftform bezieht sich hierbei nicht nur auf die bechränkenden
Klauseln, sondern auf den **Gesamtvertrag**[28]. Auch Vorverträge werden erfasst[29]. Früher (bis 31. 12. 1998) galt die Schriftform auch dann, wenn die Beschränkungen gemäß
§§ 17, 18 GWB zulässig waren[30]. Ohne Beachtung dieser Form abgeschlossene Verträge sind **nichtig** (§ 125 S. 1 BGB). Vgl. hierzu oben § 1, Abschnitt 2, und § 2,
Abschnitt 2 (1. Kapitel). Lizenzverträge, die den Vorschriften der §§ 17 Abs. 1–3, 18
GWB zuwiderlaufen, waren (bis 31. 12. 1998) **unwirksam**[31] und sind (ab 1. 1. 1999) mit
der Rechtsfolge des § 134 BGB **verboten**[32]. Gemäß § 81 Abs. 1 Nummer 1 GWB
begeht derjenige, der sich über das hiernach bestehende Verbot hinwegsetzt, eine
Ordnungswidrigkeit, die gemäß § 81 Abs. 2 GWB mit einer Geldbuße bis zu EUR
500.000,–, und über diesen Betrag hinaus bis zur dreifachen Höhe des durch die Zuwiderhandlung erlangten Mehrerlöses geahndet wird[33]. Im Falle der **Unwirksamkeit (des
Verbots)** stellt sich die Frage, ob sich diese/dieses auf den gesamten Vertrag oder nur
die betreffenden Bestimmungen (§ 139 BGB) bezieht. Zweckdienlich dürfte sein, sie
nur auf die gesetzwidrigen Bestimmungen zu beziehen[34], auch wenn durch eine **Vertragsklausel** (vgl. hierzu Rz. 489) jeder Zweifel ausgeschlossen werden sollte[35].

Meistbegünstigungsklauseln (vgl. hierzu unten § 30, 8. Kapitel) werden vom BKartA **366**
dann als zulässig angesehen, wenn der Lizenzgeber im Interesse seines Lizenzsystems
die jeweils vorhandenen Lizenznehmer gegenüber den neuen Lizenznehmern gleichbehandeln muss[36]. Sowohl seitens des BKartA als dem BGH sind Bedenken geltend
gemacht worden[37].

Nachfolgend sind die **kartellrechtlich relevanten Bestimmungen** des Lizenzvertrags **367**
darzustellen. In Abschnitt 1 werden die Beschränkungen des sachlichen, örtlichen und
zeitlichen Vertragsgebiets (§§ 17 Abs. 1, 18 GWB) und in Abschnitt 2 die Beschränkungen im Hinblick auf eine technisch einwandfreie Ausnutzung des Vertragsgegen-

---

27 *Benkard*, Anm. 45, 139, 148 zu § 15; *Stumpf*, Lizenzvertrag, Anm. 46, 513; *ders.*, Know-how-Vertrag, Anm. 90 und 230; *Reimer*, S. 656 (Anm. 162 zu § 9); *Bernhardt/Kraßer*, Anm. I a 5 zu § 42; *Emmerich* in NJW 1980/1363 ff.; *Hesse* in NJW 1981/1586 ff.; BGHZ 53/304, 306 f.; BGH GRUR 1967/676, 680; 1975/498, 499; 1979/768, 770; 1980/747; BGH KZR 28/79.
28 *Benkard*, Anm. 148 zu § 15; *Stumpf*, Lizenzvertrag, Anm. 513; *Haver/Mailänder*, S. 91; BGH DB 1975/924 = NJW 1975/1170 ff.; OLG Karlsruhe NJW-RR 1996/35.
29 *Benkard*, Anm. 148 zu § 15; *Stumpf*, Lizenzvertrag, Anm. 513; *Haver/Mailänder*, S. 91; BGH BB 1955/463; BGH DB 1975/924 = NJW 1975/1170 ff.
30 *Stumpf*, Lizenzvertrag, Anm. 513; BGH BB 1955/463; BGH DB 1975/924 = NJW 1975/1170 ff.
31 Vgl. hierzu *Stumpf*, Lizenzvertrag, Anm. 508; *Benkard*, Anm. 152 zu § 15. Zu den ergebnisgleichen Begriffen „unwirksam" und „verboten" vgl. *Bechtold* in BB 1997/1854.
32 Vgl. hierzu *Bartenbach/Gennen*, Rz. 990.
33 Vgl. hierzu *Stumpf*, Lizenzvertrag, Anm. 513.
34 So zutreffend *Benkard*, Anm. 152 zu § 15; BGHZ 46/365, 376 f.; 51/263, 267.
35 So zutreffend *Bartenbach/Gennen*, Rz. 990.
36 Vgl. hierzu *Brandi-Dohrn* in BB 1982/1083, 1084; *Pagenberg/Geissler*, S. 258, 260 (Tz. 58); *Bartenbach/Gennen*, Rz. 1494–1497; *Gaul/Bartenbach*, Handbuch, Tz. K 86 ff.
37 Vgl. hierzu *Bartenbach/Gennen*, Rz. 1494–1497.

stands (§§ 17 Abs. 2 Nummer 1, 18 GWB) behandelt. Es folgen in Abschnitt 3 die Beschränkungen durch die Preisbindung des Vertragsprodukts, die ab 1.1.1999 bis zum 31.12.1999 vom Verbot der §§ 17 Abs. 1, 18 GWB freigestellt wurden und ab 1.1.2000 nur noch gemäß §§ 17 Abs. 3, 18 GWB freistellungsfähig sind (§ 131 Abs. 4 GWB), in Abschnitt 4 die Beschränkungen durch den Patent- und Know-how-Austausch (§§ 17 Abs. 2 Nummer 2, 18 GWB) und schließlich in Abschnitt 5 die Beschränkungen durch die Vereinbarung einer Nichtangriffsklausel (§§ 17 Abs. 2 Nummer 3, 18 GWB). Beschränkungen sind im Übrigen stets zulässig, wenn sie sich auf den ausländischen Markt (vgl. Rz. 361) beziehen (§ 130 Abs. 2 GWB)[38]. In Abschnitt 6 folgt eine Behandlung der Regelungen über die Erlaubnis von Absprachen durch das BKartA, die gemäß §§ 17 Abs. 3, 18 GWB unzulässig sind.

368 Der **kartellrechtliche Know-how-Begriff** gemäß § 18 GWB beschränkt sich im Gegensatz zum vertragsrechtlichen Know-how-Begriff (Rz. 29) auf das **technische** Wissen und schließt das **betriebswirtschaftliche Wissen**, wenn es nicht in untrennbarem Zusammenhang mit dem technischen Wissen steht, aus[39]. Insoweit besteht Übereinstimmung mit dem EWG-Kartellrecht. Vgl. hierzu Rz. 9, 29, 62, 411.

Im Anschluss an die Regelung der TechTraVO vom 31.1.1996[40] muss das Know-how gemäß § 18 Nummer 1 GWB „wesentlich" und „identifiziert" sein[41], wenn es unter die Gruppenfreistellung des § 17 GWB (entsprechend) fallen soll[42]. Vgl. hierzu Rz. 411 a.E.

Abschnitt 1
Beschränkungen des sachlichen, örtlichen und zeitlichen Vertragsgebiets

369 Oben im 4. Kapitel sind die Definitionen für das sachliche, örtliche und zeitliche Vertragsgebiet gegeben worden. Soweit dem Lizenznehmer eines Patentlizenzvertrags Beschränkungen im Geschäftsverkehr auferlegt werden, die **über den sachlichen, örtlichen oder zeitlichen Inhalt des Schutzrechts** hinausgehen, ist der Lizenzvertrag **unwirksam (verboten)**, wobei Beschränkungen hinsichtlich Art, Umfang, Menge, Gebiet oder Zeit der Ausübung des Schutzrechts als nicht über den Inhalt des Schutzrechts hinausgehend anzusehen sind (§ 17 Abs. 1 GWB)[43]. Gemäß § 18 GWB gelten diese Grundsätze auch für **Know-how-Lizenzverträge**[44]. Diese Vorschrift stellt die **kartell-**

---

38 Vgl. *Müller-Henneberg/Schwartz/Hootz*, Anm. 236 ff. zu §§ 20, 21; *Reimer*, S. 628 ff. (Anm. 149 zu § 9); *Emmerich*, Anm. 5 e zu § 15.
39 Vgl. hierzu *Emmerich*, Anm. 6a zu § 16.
40 Hierzu oben Anm. 11. *Emmerich*, Anm. 6a zu § 16.
41 Vgl. *Emmerich*, Anm. 6a zu § 16.
42 Vgl. *Emmerich*, Anm. 6b zu § 16.
43 *Benkard*, Anm. 151 zu § 15; *Emmerich*, Anm. 3 zu § 16, sowie *Emmerich* bei *Immenga/Mestmäcker*, Anm. 147 ff. zu § 20; *Bernhard/Kraßer*, Anm. I b 1 und 2 zu § 42; *Bartenbach/Gennen*, Rz. 995; *Pagenberg/Geissler*, S. 72 (Tz. 71); *Gaul/Bartenbach*, Handbuch, Tz. K 124 ff.; *Stumpf*, Lizenzvertrag, Anm. 510; *ders.*, Know-how-Vertrag, Anm. 234; *Haver/Mailänder*, S. 89; *Reimer*, S. 610 ff. (Anm. 138–141 zu § 9); BGHZ 46/365, 374 ff.; 60/312, 316; EU-Kommission in GRUR Int. 1984/171.
44 *Benkard*, Anm. 139 zu § 15; *Stumpf*, Lizenzvertrag, Anm. 513 und 523; *ders.*, Know-how-Vertrag, Anm. 234; *Müller-Henneberg/Schwartz/Hootz*, Anm. 40 ff. zu §§ 20, 21; *Bartenbach/Gennen*, Rz. 1010, 2552; *Emmerich* bei *Immenga/Mestmäcker*, Anm. 10 ff. zu § 21.

rechtliche Grundsatzregelung dar. Unter „Beschränkungen im Geschäftsverkehr" sind nicht nur **vertraglich** vereinbarte, sondern auch durch den Lizenzvertrag bewirkte rein **wirtschaftliche** Beschränkungen, die sich als Hemmnis für eine freie unternehmerische Entscheidung des Lizenznehmers auswirken, zu verstehen[45]. Hiernach sind alle Beschränkungen zulässig, die sich in dem in §§ 9, 14, 16 PatG 1981 aufgezeigten Rahmen bewegen. Über den Inhalt des Schutzrechts hinaus gehen diejenigen Beschränkungen des Lizenznehmers, die der Lizenzgeber aufgrund seines Schutzrechts ohne Lizenzvertrag nicht erreichen könnte[46]. Es muss sich hierbei um Beschränkungen der Entscheidungsfreiheit des Lizenznehmers handeln, die **„spürbar"** sind[47]. So auch im EWG-Kartellrecht (Rz. 383).

Zulässig sind demnach beispielsweise Beschränkungen hinsichtlich der **Menge** der herzustellenden Vertragsprodukte, des **technischen Charakters** derselben oder **bestimmter Anwendungszwecke** (vgl. hierzu oben § 13, 4. Kapitel)   370

– Anhanganlagen 1, 2, 3 (Randziffer 4 a), 6 (Randziffer 3 a),
7 (Randziffer 1.1) und 8 (Randziffer 3 a) –

soweit sich diese im Rahmen der Patentansprüche (§ 14 PatG 1981) bewegen, also einen Teilbereich derselben abdecken[48]. Zulässig sind weiterhin Beschränkungen in Bezug auf das **örtliche Vertragsgebiet**, also die Aufgliederung des Wirkungsbereichs des Schutzrechts (§ 9 PatG 1981) in Teilgebiete,

– Anhanganlagen 1, 2, 3 (Randziffer 4 a und b), 6 (Randziffer 3 a und b),
7 (Randziffer 1.7) und 8 (Randziffer 3 a und b) –

wobei die Lizenz nur für ein solches Teilgebiet vergeben wird[49].
Schließlich muss nicht die **Patentdauer (Schutzdauer)**, die 20 Jahre ab dem Tag, der auf die Anmeldung der Erfindung folgt, beträgt (§ 16 PatG 1981), oder – bei Know-how-Lizenzverträgen – das **Offenkundigwerden** des Know-how auch als **Laufzeit des Lizenzvertrags** zugrunde gelegt werden, sondern diese kann **kürzer** sein[50]. Zulässig sind nach deutschem Kartellrecht

– Anhanganlagen 1, 2 und 3 (Randziffer 49), 4 (Randziffer 11.1)
und 7 (Randziffer 15.1) –

---

45 Vgl. *Stumpf*, Lizenzvertrag, Anm. 510.
46 Vgl. *Benkard*, Anm. 151 zu § 15; *Stumpf*, Lizenzvertrag, Anm. 510; *Emmerich*, Anm. 4 a zu § 15, sowie bei *Immenga/Mestmäcker*, Anm. 199 zu § 20.
47 BKartA Tätigkeitsberichte 1965/63; 1966/71; *Bartenbach/Gennen*, Rz. 1036; *Stumpf*, Lizenzvertrag, Anm. 510.
48 *Benkard*, Anm. 151, 154, 155 und 156 zu § 15; *Emmerich* bei *Immenga/Mestmäcker*, Anm. 181–183 zu § 20; *Bartenbach/Gennen*, Rz. 1326; *Stumpf*, Lizenzvertrag, Anm. 515; *ders.*, Know-how-Vertrag, Anm. 236; *Reimer*, S. 610 f. (Anm. 138 und 139 zu § 9); BGHZ 65/147, 151; BGH I a ZR 88/63; BKartA Tätigkeitsbericht 1965/63.
49 *Benkard*, Anm. 151 zu § 15; *Stumpf*, Anm. 515, 527–530; *Bartenbach/Gennen*, Rz. 1222; *Emmerich* bei *Immenga/Mestmäcker*, Anm. 184–188 zu § 20; *Reimer*, S. 611 f. (Anm. 140 zu § 9).
50 *Benkard*, Anm. 151 und 154 zu § 15; *Emmerich* bei *Immenga/Mestmäcker*, Anm. 190 zu § 20; *Stumpf*, Lizenzvertrag, Anm. 556; *ders.*, Know-how-Vertrag, Anm. 238; *Pagenberg/Geissler*, S. 176 (Tz. 290); *Reimer*, S. 612 (Anm. 141 zu § 9); *Bartenbach/Gennen*, Rz. 1294; BKartA Tätigkeitsberichte 1960/48; 1962/70.

allerdings so genannte **Längstlaufklauseln**. Hierunter ist bei einem Bündel von lizenzierten Patenten die Vereinbarung einer unbestimmten Laufzeit mit der Maßgabe zu verstehen, dass der Lizenzvertrag erst mit dem Auslaufen des letztbestehenden – gegebenenfalls erst während der Vertragslaufzeit hinzutretenden – Schutzrechts oder des Offenkundigwerdens des zuletzt mitgeteilten Know-how beendet wird[51]. Kartellrechtliche Probleme bestehen jedoch dann, wenn durch die Einbeziehung **unwesentlicher** oder **wertloser** Schutzrechte die Laufzeit des Hauptpatents verlängert werden soll[52]. Vgl. zu diesem Gesamtkomplex auch Rz. 197–199. Dem sich mindernden Wert des Vertragsgegenstands muss allerdings nach deutschem Kartellrecht eine entsprechende Lizenzgebührensenkung gegenüberstehen[53]. Eine über die Patentdauer (gegebenenfalls in Form der Längstlaufklausel) hinausgehende Laufzeit des Lizenzvertrags ist kartellrechtlich nur bei **kombinierter Know-how-Lizenzierung** (vgl. oben § 3, 1. Kapitel) zulässig[54].

371 Unzulässig sind dagegen alle **Beschränkungen**, die sich auf die Herstellung oder den Vertrieb von Gegenständen beziehen, die **nicht unter das lizenzierte Schutzrecht** oder das **lizenzierte (nicht offenkundige) Know-how**[55] fallen. Auch die Vorschriften der §§ 17 Abs. 2, 18 GWB, die ganz bestimmte Beschränkungen, die grundsätzlich von § 17 Abs. 1 GWB erfasst werden, von der Rechtsfolge der Unwirksamkeit ausnehmen, setzen diesen Rahmen voraus, was in zeitlicher Beziehung ausdrücklich gesagt ist, aber auch sachlich und örtlich gilt[56]. Eine solche unzulässige Beschränkung kann beispielsweise in dem Verbot der Herstellung oder des Vertriebs von **Konkurrenzprodukten (Wettbewerbsverbot)** liegen, was Rechtsprechung[57] und Schrifttum[58] eindeutig bestätigen, und zwar im Einklang mit dem BKartA[59]. Nach deutschem Recht ist ein Wettbewerbsverbot dann unzulässig, wenn es den Lizenznehmer in der Herstellung, Benutzung oder im Vertrieb ungeschützter Produkte behindert[60]. Zulässig ist es dagegen, wenn Betriebsgeheimnisse verwendet werden, da der Lizenzgeber ein berechtigtes Interesse daran hat, dass diese Betriebsgeheimnisse nicht für Konkurrenzprodukte eingesetzt werden[61]. Nach der Praxis des BKartA[62] wird es als unzulässig angesehen,

---

51 Vgl. *Stumpf*, Lizenzvertrag, Anm. 557; *ders.*, Know-how-Vertrag, Anm. 238; *Bartenbach/Gennen*, Rz. 1252; *Benkard*, Anm. 158 zu § 15; *Gaul/Bartenbach*, Handbuch, Tz. K 141; *Emmerich* bei *Immenga/Mestmäcker*, Anm. 194 zu § 20.
52 Vgl. *Benkard*, Anm. 158 zu § 15; *Bartenbach/Gennen*, Rz. 1252; BGHZ 17/41, 55.
53 Vgl. *Axster* in GRUR Int. 1985/592.
54 *Pagenberg/Geissler*, S. 176 (Tz. 290); BGH GRUR 1969/493.
55 Vgl. hierzu *Stumpf*, Lizenzvertrag, Anm. 516 ff., 523 ff.; *Benkard*, Anm. 151 zu § 15.
56 Vgl. *Stumpf*, Lizenzvertrag, Anm. 516, 529; BKartA in GRUR 1981/919 ff.; *Müller-Henneberg/Schwartz/Hootz*, Anm. 176 zu §§ 20, 21; *Emmerich* bei *Immenga/Mestmäcker*, Anm. 198 ff. zu § 20; *Lampert* in GRUR 1950/4 ff.; *Lüdecke/Fischer*, S. 720.
57 BGH GRUR 1952/142; 1955/468; 1963/207; 1969/701; OLG München BB 1987/215.
58 *Müller-Henneberg/Schwartz/Hootz*, Anm. 177 ff. zu §§ 20, 21; *Bartenbach/Gennen*, Rz. 2130 ff.; *Emmerich* bei *Immenga/Mestmäcker*, Anm. 204 ff. zu § 20; *Magen*, S. 175 ff.; *Spengler* in WuW 1964/907 ff.; *Stumpf*, Lizenzvertrag, Anm. 519, 520; *ders.*, Know-how-Vertrag, Anm. 241; *Pagenberg/Geissler*, S. 160, 162 (Tz. 260–265); *Schmidt* in BB 1979/1173.
59 Tätigkeitsberichte 1962/71; 1963/67; 1976/103.
60 Vgl. *Pagenberg/Geissler*, S. 160, 162 (Tz. 261); BGH GRUR 1952/142; 1955/468; 1963/207; 1969/701; OLG München BB 1987/215.
61 Vgl. *Pagenberg/Geissler*, S. 162 (Tz. 262); BGH GRUR 1967/378.
62 Vgl. *Pagenberg/Geissler*, S. 162 (Tz. 263).

dem Lizenznehmer zu verbieten, 5 Jahre nach Vertragsende keine Konkurrenzprodukte herzustellen, außer solchen, die unter das lizenzierte Schutzrecht fallen. Das BKartA[63] sieht als unzulässig auch das Verbot der Beteiligung an einem Konkurrenzunternehmen an. Im Bereich des Vertriebs spielen auch die **Exportverbote** eine große praktische Rolle. Diese werden nach der h.M.[64] wegen § 130 Abs. 2 GWB für zulässig gehalten, da die Regelung des Wettbewerbs auf ausländischen Märkten (zum Begriff des Auslands vgl. Rz. 361) nicht Aufgabe des deutschen Kartellrechts ist. Das BKartA[65] vertritt hier jedoch eine fallweise orientierte Entscheidungspraxis und lässt Exportverbote grundsätzlich nur zu, wenn sie sich auf den lizenzierten Gegenstand beziehen. Von den Exportverboten für den Lizenznehmer sind die Exportverbote für Abnehmer des Lizenznehmers zu scheiden. Solche Exportverbote werden nicht nur vom BKartA[66], sondern auch vom Schrifttum[67] für unzulässig gehalten. Insgesamt gilt für die Beurteilung der Exportverbote, dass diese nicht nur unter dem Aspekt des deutschen Kartellrechts, sondern auch des EWG-Kartellrechts zu beurteilen sind[68]. Vgl. hierzu unten § 28, Abschnitt 2.

Zulässig sind auch **ausschließliche** Lizenzerteilungen in örtlicher, zeitlicher und sachlicher Beziehung, die sich beschränkend für die nicht begünstigten Lizenznehmer auswirken[69]. Vgl. hierzu oben 4. Kapitel, Einleitung[70]. Problematisch ist die Gebührenberechnung nach dem Gesamtpreis eines Produkts, wenn nur einzelne Teile desselben lizenziert sind[71]. Vgl. hierzu auch Rz. 258, 377, 409. Dies folgt daraus, dass der Inhaber des Patents beziehungsweise Know-how nicht nur zur inhaltlichen Beschränkung der Lizenzvergabe berechtigt ist, sondern auch zum Ausschluss eines Interessenten[72]. Die Grenze liegt dort, wo Beschränkungen ausgesprochen werden, die rein vertragsrechtlicher Natur sind, also durch das Patent oder das Know-how nicht gedeckt sind[73]. **372**

---

63 Tätigkeitsberichte 1963/67; 1976/103. Zustimmend *Stumpf*, Lizenzvertrag, Anm. 516.
64 *Müller-Henneberg/Schwartz/Hootz*, Anm. 173 zu §§ 20, 21; *Magen*, S. 133 ff.; vgl. auch *Stumpf*, Lizenzvertrag, Anm. 528; *Bartenbach/Gennen*, Rz. 2187; *Sack* in WRP 1999/592, 605; *Emmerich* bei *Immenga/Mestmäcker*, Anm. 187 ff. zu § 20; *Haver/Mailänder*, S. 85 f.
65 In DB 1961/371 = WuW 1961/297 sowie Tätigkeitsbereichte 1962/70; 1963/68 in Abweichung von Tätigkeitsbereicht 1960/49.
66 Tätigkeitsberichte 1960/49; 1961/58; 1970/93.
67 *Müller-Henneberg/Schwartz/Hootz*, Anm. 175 zu §§ 20, 21; *Stumpf*, Lizenzvertrag, Anm. 529 mit Nachweisen.
68 So zu Recht *Stumpf*, Lizenzvertrag, Anm. 529.
69 Vgl. *Bartenbach/Gennen*, Rz. 46.
70 *Müller-Henneberg/Schwartz/Hootz*, Anm. 90 und 91 zu §§ 20, 21.
71 Vgl. hierzu *Bernhardt/Kraßer*, Anm. 1 b 3 zu § 42.
72 Vgl. *Bartenbach/Gennen*, Rz. 998 mit Nachweisen.
73 Vgl. *Bartenbach/Gennen*, Rz. 999 mit Nachweisen.

Abschnitt 2

Beschränkungen im Hinblick auf eine technisch einwandfreie Ausnutzung des Vertragsgegenstands

373 In §§ 17 Abs. 2 Nummer 1, 18 GWB ist die erste Gruppe der zugelassenen Beschränkungen verankert, nämlich im Hinblick auf eine **technisch**[74] **einwandfreie Ausnutzung des Vertragsgegenstands**, wobei zu beachten ist, dass dies nur gilt, wenn diese Beschränkungen nicht die **Schutzdauer** des lizenzierten Schutzrechts (§ 16 PatG 1981) bzw. die **Nicht-Offenkundigkeit** des lizenzierten Know-how überschreiten. Vgl. hierzu den vorstehenden Abschnitt 1. Diese Mindestbedingungen müssen also eingehalten sein, wenn von der zugelassenen Beschränkung Gebrauch gemacht werden soll. Diese erste Gruppe (Nummer 1 der §§ 17 Abs. 2, 18 GWB) stellt die **Generalklausel** der zugelassenen Beschränkungen dar, während in den Nummern 2, 3 der §§ 17 Abs. 2, 18 GWB ganz konkret formulierte Beschränkungen verankert sind, nämlich der Patent- und Know-how-Austausch und die Nichtangriffsklausel. Die Preisbindung ist gemäß § 131 Abs. 4 GWB ab 1.1.2000 nicht mehr im Rahmen der Vorschriften der §§ 20 Abs. 2 Nummer 2, 21 der früheren Fassung des GWB (vgl. Rz. 361) freigestellt. Vgl. hierzu Rz. 377. Die Ausübungspflicht (Mindestgebühren) und die Markierungspflicht sind gemäß §§ 17 Abs. 2 Nummern 4 und 5, 18 GWB ab 1.1.1999 als gesonderte Tatbestände geschaffen worden. Vgl. hierzu die nachfolgenden Ausführungen[75].

Unter diese Generalklausel fallen demnach vor allem die oben in §§ 19 und 20 (6. Kapitel) behandelte **Ausübungspflicht**, die **Bezugspflicht**, die **Weiterentwicklungspflicht** sowie die **Markierungspflicht (Kennzeichnungspflicht)**[76], soweit ab 1.1.1999 nicht gesondert geregelt. Im Mittelpunkt der kartellrechtlichen Problematik haben stets die Ausübungs- und die Bezugspflicht gestanden. Beide Pflichten bringen eine erhebliche Belastung des Lizenznehmers mit sich. Dies rechtfertigt, dass an die Bewertung der Interessen des Lizenzgebers an einer technisch einwandfreien Ausnutzung des Vertragsgegenstands strenge Maßstäbe angelegt werden müssen. Diese Freistellungserweiterungen gehen auf die TechTraVO vom 31.1.1996[77] zurück[78]. Für den Lizenzgeber ist es von erheblicher Bedeutung, dass das lizenzierte Schutzrecht sowie das lizenzierte Know-how auch wirklich genutzt werden. Derartige Ausübungspflichten wurden auch früher schon als zulässig angesehen[79]. Die Kennzeichnungspflicht ist ebenfalls sehr wichtig für den Lizenzgeber, einmal als Markenschutz und zum anderen

---

74 Im Gegensatz zu den technisch bedingten Interessen des Lizenzgebers stehen die bloß wirtschaftlichen Interessen. Vgl. *Emmerich*, Anm. 4a zu § 16.
75 Vgl. hierzu *Emmerich*, Anm. 4d zu § 16.
76 Vgl. hierzu *Stumpf*, Lizenzvertrag, Anm. 531 ff., 536 ff.; *ders.*, Know-how-Vertrag, Anm. 239 ff.; *Benkard*, Anm. 159, 160, 162 zu § 15; *Henn*, S. 116; *Pagenberg/Geissler*, S. 156 (Tz. 249); sowie S. 266 (Tz. 68); *Bernhardt/Kraßer*, Anm. I b 5 zu § 42; *Reimer*, S. 614 ff. (Anm. 143 zu § 9) und S. 643 ff. (Anm. 154 zu § 9); *Emmerich* bei *Immenga/Mestmäcker*, Anm. 177–179 und 209 ff. zu § 20; OLG Düsseldorf GRUR 1961/136 f.
77 Hierzu oben Anm. 11. Vgl. *Emmerich*, Anm. 4d zu § 16.
78 Vgl. *Emmerich*, Anm. 4d zu § 16; *Pagenberg/Geissler*, S. 156 (Tz. 250) betr. Bezugspflicht.
79 Vgl. *Emmerich*, Anm. 4d zu § 16, BGHZ 10/22, 26 f.

aus Werbegründen[80]. Allerdings muss dem Lizenznehmer das Recht gewährt werden, seinen Produkthinweis zusätzlich anzubringen[81].

Der **Ausübungspflicht** begegnen bei der **ausschließlichen** Lizenz keinerlei Bedenken, da der Lizenzgeber zur Verwirklichung und Durchsetzung seiner Rechte darauf angewiesen ist, dass der Lizenznehmer auch effektiv tätig wird[82]. Gebührenmäßig kann er sich durch die Vereinbarung von Mindestumsatzlizenzgebühren absichern, nicht jedoch in Bezug auf den Marktwert der lizenzierten Rechte und die Weiterentwicklung derselben. Die Vereinbarung einer Ausübungspflicht bei einer **einfachen** Lizenz ist dagegen nur dann kartellrechtlich unbedenklich, wenn im konkreten Einzelfall (beispielsweise wegen der besonderen technischen Qualifikation des Lizenznehmers) gewichtige Interessen des Lizenzgebers an einer effektiven Ausübung der Lizenz bestehen, die nicht durch die Vereinbarung von Mindestumsatzlizenzgebühren abgesichert werden können[83]. 374

Bezugspflichten sind ohne Einschränkung insoweit zulässig, als es sich um Gegenstände handelt, die von einem Schutzrecht, einer Schutzrechtsanmeldung oder einem Know-how des Lizenzgebers 375

– Anhanganlagen 7 (Randziffer 7.3) und 8 (Randziffer 3 a) –

abgedeckt sind[84]. Hierbei muss es sich nicht um die gleichen Rechte handeln, die im Rahmen des „**Vertragsgegenstands**" (vgl. Rz. 9) an den Lizenznehmer lizenziert sind. Beispielsweise kann es sich um **Maschinen zur Herstellung des Vertragsprodukts** oder um **Zusatzteile** für dasselbe handeln. Liegen diese Voraussetzungen nicht vor, ist die Vereinbarung einer Bezugspflicht nur zulässig, wenn und soweit diese durch ein Interesse des Lizenzgebers an einer technisch einwandfreien Ausnutzung des „Vertragsgegenstands" gerechtfertigt ist[85]. Letzteres ist vor allem dann der Fall, wenn der Lizenznehmer – beispielsweise in der **Anlaufperiode** der Lizenzausübung – das Vertragsprodukt noch nicht bzw. noch nicht in hinreichender Qualität oder Quantität herzustellen in der Lage ist[86]. Anders ist die Frage der Zulässigkeit der Bezugspflicht beim **Bezug von Rohstoffen** und **Vorprodukten** zu beurteilen, d.h. eine solche Bezugspflicht ist grundsätzlich nicht durch §§ 17 Abs. 2 Nummer 1, 18 GWB abgedeckt[87], es sei denn eine gleich bleibend gute Rohstoffqualität oder eine konstante Präzision von Zusatzteilen für die Herstellung des Vertragsprodukts kann nur auf dem Wege des Bezuges über den Lizenzgeber bzw. über einen

---

80 Vgl. *Emmerich*, Anm. 4d zu § 16.
81 Vgl. *Emmerich*, Anm. 4d zu § 16.
82 *Benkard*, Anm. 159 zu § 15; *Stumpf*, Lizenzvertrag, Anm. 151; *ders.*, Know-how-Vertrag, Anm. 124; *Emmerich* bei *Immenga/Mestmäcker*, Anm. 206 zu § 20; BGHZ 52/55, 58; BGH GRUR 1980/38, 40.
83 Die h.M. sieht indessen keinerlei Bedenken. So *Benkard*, Anm. 159 zu § 15; *Stumpf*, Lizenzvertrag, Anm. 153; *Bartenbach/Gennen*, Rz. 1975; BGHZ 52/55, 58; BGH GRUR 1980/38, 40.
84 *Stumpf*, Lizenzvertrag, Anm. 536; *Völp* in BB 1960/761 ff.; *Benkard*, Anm. 162 zu § 15; *Heine* in GRUR 1960/265; *Reimer*, S. 614 ff. (Anm. 143 zu § 9).
85 *Benkard*, Anm. 162 zu § 15; *Stumpf*, Lizenzvertrag, Anm. 536; *Kellermann* in WuW 1960/615; BKartA Tätigkeitsbericht 1965/64.
86 *Stumpf*, Lizenzvertrag, Anm. 537, 538.
87 *Stumpf*, Lizenzvertrag, Anm. 537, 538; *Bartenbach/Gennen*, Rz. 1978; *Kellermann* in WuW 1960/603, 610; BKartA Tätigkeitsberichte 1965/64; 1966/87; 1973/115.

7. Kapitel Lizenz und Kartellrecht

von diesem bezeichneten Dritten gewährleistet werden[88]. Unzulässig ist eine Bezugspflicht, die der Erschließung zusätzlicher Einnahmequellen dient[89]. Aus dem Vorhergehenden folgt auch die Entscheidungspraxis des BKartA, Bezugspflichten bei so genannten Massenartikeln, die im Wesentlichen in gleicher Qualität, in gleicher Art sowie in gleicher Güte und Menge von Dritten bezogen werden können, für unzulässig zu beurteilen[90].

376 Die **Weiterentwicklungspflicht** stellt eine logische Vorstufe für den Austausch von Patenten und Know-how (vgl. hierzu nachfolgend Abschnitt 4) dar. Wenn und soweit dieser zulässig ist, muss auch diese Pflicht zulässig sein, wobei hinzukommt, dass hierdurch eine technisch einwandfreie Nutzung des Vertragsgegenstands, die eine Mitarbeit des Lizenznehmers in dessen speziellem Anwendungsbereich bedingt, gewährleistet wird. Die Markierungspflicht soll eine Qualitätskontrolle des Lizenzgebers rechtfertigen[91].

Abschnitt 3
Preisbindung für das Vertragsprodukt

377 Der Lizenzgeber ist verständlicherweise[92] daran interessiert, dass gewisse Maßstäbe für die **Bestimmung des Preises** für die lizenzierten **Vertragsprodukte** festgelegt oder diese Preise sogar exakt **vorgeschrieben** werden **(Preisbindung)**[93]. Dem trugen die Vorschriften der §§ 20 Abs. 2 Nummer 2, 21 der früheren Fassung des GWB (vgl. Rz. 361) Rechnung. Entsprechende Vereinbarungen waren zulässig, wenn diese Beschränkungen die **Dauer des lizenzierten Schutzrechts** (§ 16 PatG 1981) bzw. die **Nicht-Offenkundigkeit des lizenzierten Know-how** nicht überschritten[94]. Diese Regelung ist durch die Neufassung des GWB mit Wirkung ab 1.1.1999 entfallen, jedoch waren Verträge noch bis 31.12.1999 freigestellt (§ 131 Abs. 4 GWB). Vgl. Rz. 373. Schon bisher nicht zulässig waren Preisbindungen der zweiten Hand, also mit Wirkung für die Abnehmer der vom Lizenznehmer hergestellten Vertragsprodukte. Sie waren stets

---

88 *Benkard*, Anm. 162 zu § 15; *Reimer*, S. 614 (Anm. 143 zu § 9); *Stumpf*, Lizenzvertrag, Anm. 538.
89 *Benkard*, Anm. 162 zu § 15; *Reimer*, S. 616 (Anm. 143 zu § 9); BKartA Tätigkeitsbericht 1961.
90 Tätigkeitsbericht 1965/64; vgl. auch *Kellermann* in WuW 1960/611; kritisch hierzu unter dem Aspekt der Qualitätssicherung *Stumpf*, Lizenzvertrag, Anm. 538–541.
91 Vgl. *Lichtenstein*, S. 51; *Henn*, S. 114.
92 Dies nicht nur wegen seiner Gebührenansprüche, wenn sich diese als Wertlizenzen nach den Verkaufspreisen der Vertragsprodukte richten, sondern auch um sich, wenn er selbst fertigt, vor Unterbietungen durch den Lizenznehmer zu schützen. Ungeachtet der neuen Gesetzeslage ist dies berechtigt, denn der Lizenzgeber könnte die Lizenz auch auf die Herstellung der Vertragsprodukte beschränken und den Vertrieb selbst übernehmen. So auch *Stumpf*, Lizenzvertrag, Anm. 531; *ders.*, Know-how-Vertrag, Anm. 244; *Bernhardt/Kraßer* Anm. 1 b 5 zu § 42; *Emmerich*, Anm. 2 b zu § 16 sowie bei *Immenga/Mestmäcker*, Anm. 223 ff. zu § 20; *Bartenbach/Gennen*, Rz. 1523. Kritisch *Müller-Henneberg/Schwartz/Hootz*, Anm. 207 zu §§ 20, 21. Gegen jede Preisbindung BKartA Tätigkeitsberichte 1968/87; 1969/97; 1977/93. Vgl. jedoch die nachfolgende Anm. 98.
93 *Stumpf*, Lizenzvertrag, Anm. 531; 533; *ders.*, Know-how-Vertrag, Anm. 244; *Bernhardt/Kraßer*, Anm. 1 b 5 zu § 42; *Müller-Henneberg/Schwartz/Hootz*, Anm. 206 ff. zu §§ 20, 21.
94 *Pagenberg/Geissler*, S. 266 (Tz. 70); *Stumpf*, Lizenzvertrag, Anm. 531, 533.

nach § 14 GWB verboten[95]. Eine praktisch wichtige Frage ist, ob Preisbindungen der ersten Hand dann zulässig sind, wenn sich die Lizenz nur auf einen **Teil des Vertragsprodukts** bezieht, also eine Gesamtanlage vorliegt. Die kartellrechtliche Problematik ist derjenigen ähnlich, die sich bei der Berechnung der Umsatzlizenzgebühr ergibt[96]. Vgl. hierzu Rz. 257, 258. Zuzustimmen ist hier der Ansicht des BKartA[97], das die Zulässigkeit der Preisbindung bejaht, wenn der lizenzierte Teil Hauptbestandteil des Vertragsprodukts ist, der dem Gesamterzeugnis das charakteristische Gepräge gibt, eine in der Praxis nicht immer einfache Abgrenzung, die das BKartA[98] auch für die kartellrechtliche Zulässigkeit zugrunde legt. Diese Praxis dürfte auch im Rahmen der Neufassung des GWB gültig bleiben, und zwar nunmehr gemäß §§ 17 Abs. 2 Nummer 1, 18 GWB. Vgl. hierzu Rz. 373. Zur Absicherung von zulässigen Preisbindungen können **Lieferbedingungen** festgelegt werden[99]. Ob Lieferbedingungen auch darüber hinaus zulässig sind, dürfte nach der Novellierung des GWB (im Gegensatz zur Problematik nach früherem Recht) unzulässig sein[100]. Die wettbewerbsmäßig begründete[101] Ansicht von *Stumpf*[102], die Lieferbedingungen schlechthin für zulässig erachtet, ist indessen erwägenswert. Die Bestimmung des § 14 GWB bleibt grundsätzlich unberührt.

Abschnitt 4
Verpflichtung zum Patent- und Know-how-Austausch

Die Verpflichtung des Lizenznehmers zum **Austausch** seiner **eigenen Patente** und seines **eigenen Know-how** mit dem Lizenzgeber (**bilateraler Austausch**) und über diesen mit den anderen Lizenznehmern des Lizenzgebers (**multilateraler Austausch**) ist gemäß §§ 17 Abs. 2 Nummer 2, 18 GWB zulässig, 378

– Anhanganlagen 1, 2, 3 (Randziffern 30–33, 38–40),
6 (Randziffern 21, 22, 27–29), 7 (Randziffer 11)
und 8 (Randziffern 13, 14) –

---

95 Zu dem früheren Begriffspaar „unwirksam" und „verboten" vgl. *Bechtold* in BB 1997/1854. Vgl. im Übrigen *Stumpf*, Lizenzvertrag, Anm. 532 und 533; *ders.*, Know-how-Vertrag, Anm. 246; *Reimer*, S. 618 (Anm. 144 zu § 9); *Henn*, S. 116; *Bernhardt/Kraßer*, Anm. 1 b 5 zu § 42; *Kellermann* in WuW 1960/615; *Jäger* in WRP 1962/7; BKartA Tätigkeitsbericht 1975/97; BGH GRUR 1974/40; a. A. *Friedrich* in GRUR 1959/255: Rechtsvergleichend zum nordamerikanischen Recht vgl. *Topken* und *Koch/Weser* bei *Langen*, S. 485 und 486; *Ellis/Deller*, §§ 482 und 488; *Lichtenstein*, S. 50; *Henn*, S. 114; US Supreme Court = 243 US 502 in Sachen Motion Picture Patents Co. v. Universal Film Mfg. Co.
96 Vgl. hierzu *Stumpf*, Lizenzvertrag, Anm. 535, 533.
97 Tätigkeitsberichte 1961/58; 1965/64 sowie in GRUR 1981/919 ff. So auch *H. Tetzner* in WuW 1966/383. Kritisch *Stumpf*, Lizenzvertrag, Anm. 531 mit Nachweisen sowie Anm. 535, 533.
98 In GRUR 1981/919 ff. Vgl. auch *Pagenberg/Geissler*, S. 130, 132 (Tz. 193).
99 So *Kellermann* in WuW 1960/615; *Klauer/Möhring*, Anm. 30 Anhang zu § 9; *Reimer*, S. 618 (Anm. 144 zu § 9); *Stumpf*, Lizenzvertrag, Anm. 534.
100 Diesbezüglich positiver *Stumpf*, Lizenzvertrag, Anm. 534.
101 Dem selbst produzierenden Lizenzgeber soll durch seinen Lizenznehmer keine Konkurrenz gemacht werden können.
102 Lizenzvertrag, Anm. 534.

sofern dieser Verpflichtung des Lizenznehmers **„gleichartige"** Verpflichtungen des Lizenzgebers bzw. der anderen Lizenznehmer des Lizenzgebers entsprechen, und wenn diese Beschränkungen die Dauer des einzelnen Schutzrechts (§ 16 PatG 1981) bzw. die Nicht-Offenkundigkeit des lizenzierten Know-how nicht überschreiten[103]. Vgl. hierzu oben § 23 (6. Kapitel). Unter „Gleichartigkeit" ist nicht „Gleichwertigkeit" zu verstehen, sondern eine **systematisch gleiche Verpflichtung** des Empfängers der Schutzrechte und des Know-how des Lizenznehmers, wobei die gestaltungsmäßigen Unterschiede interessenorientiert sinnvoll motiviert sein müssen[104]. Zulässig ist nur die Lizenzierung von solchen Erfindungen und Know-how, die sich auf die Hauptlizenz des Lizenzgebers beziehen, also nicht eigenständig sind[105], und zwar die einfache ebenso wie die ausschließliche[106], nicht die Übertragung der Rechte[107]. Die Übertragung kann allerdings gemäß §§ 17 Abs. 3, 18 GWB durch das BKartA genehmigt werden[108]. Vgl. hierzu unten Abschnitt 6.

379 Unter §§ 17 Abs. 2 Nummer 2, 18 GWB fallen demnach nur **Anwendungs- und Verbesserungserfindungen** bzw. das entsprechende **Know-how**, nicht Parallelerfindungen und das entsprechende Know-how[109]. Die Genehmigung durch das BKartA gemäß §§ 17 Abs. 3, 18 GWB ist allerdings möglich[110]. Eine Anwendungs- und Verbesserungserfindung liegt nach Ansicht des BKartA[111] nur bei Abhängigkeit von dem Schutzrecht bzw. dem Know-how vor, das „Vertragsgegenstand" (vgl. Rz. 9) ist.

380 Besondere Bedeutung kommt dem Austausch zu, wenn dieser kraft seiner Struktur und seiner gemeinsamen Zielsetzung den Charakter einer **Patentgemeinschaft**

---

103 Vgl. *Benkard*, Anm. 163 zu § 15; *Bartenbach/Gennen*, Rz. 2020; *Stumpf*, Lizenzvertrag, Anm. 546; *ders.*, Know-how-Vertrag, Anm. 249; *Reimer*, S. 622 (Anm. 146 zu § 9); *Bernhardt/Kraßer*, Anm. I b 5 zu § 42; *Henn*, S. 116; *Magen*, S. 57; *Emmerich*, Anm. 4 b zu § 16, sowie bei *Immenga/Mestmäcker*, Anm. 250 ff. zu § 20; *Müller-Henneberg/Schwartz/Hootz*, Anm. 217 ff. zu §§ 20, 21.

104 Vgl. hierzu *Stumpf*, Lizenzvertrag, Anm. 553, 554; *Emmerich*, Anm. 4b zu § 16.

105 Vgl. hierzu *Emmerich*, Anm. 5 c zu § 15; *Stumpf*, Lizenzvertrag, Anm. 549; *Pagenberg/Geissler*, S. 252 (Tz. 43).

106 So zu Recht die h. M. (Nachweis bei *Möschel*, Anm. 471), da dem Lizenzgeber – zumindestens beim multilateralen Austausch – das Steuerungsrecht gebührt; abweichend mit unterschiedlicher Begründung (nur einfache Lizenzen) *Bernhardt/Kraßer*, Anm. 1 b 5 zu § 42; *Stumpf*, Lizenzvertrag, Anm. 567, 569; *Müller-Henneberg/Schwartz/Hootz*, Anm. 38 Anhang zu §§ 20, 21; *Gleiss/Deringer* in WuW 1952/621; *Henn*, S. 114; *Lüdecke/Fischer*, S. 739; *Völp* in WPR 1957/313; BKartA Tätigkeitsberichte 1971/95 ff.; 1973/113; 1974/89. Der BGH (WuW/E BGH 1980 S. 343 ff.) stellt unter bewusster Ausklammerung einer Grundsatzentscheidung auf den Einzelfall ab.

107 *Stumpf*, Lizenzvertrag, Anm. 547, 548; *Bernhardt/Kraßer*, Anm. 1 b 5 zu § 42; *Benkard*, Anm. 163 zu § 15; BKartA Tätigkeitsberichte 1961/58; 1971/98 ff.; 1974/91 ff.; 1975/97; 1976/105 ff.; BGHZ 17/41, 57 f.

108 Vgl. hierzu *Stumpf*, Lizenzvertrag, Anm. 548, 555; *Kellermann* in WuW 1960/616; BKArtA Tätigkeitsberichte 1959/45 ff.; 1960/47, 49.

109 *Stumpf*, Lizenzvertrag, Anm. 550; *ders.*, Know-how-Vertrag, Anm. 250; *Benkard*, Anm. 163 zu § 15; *Bernhardt/Kraßer*, Anm. 1 b 5 zu § 42; *Magen*, S. 169; *Emmerich* bei *Immenga/Mestmäcker*, Anm. 250 ff. zu § 20; kritisch *Müller-Henneberg/Schwartz/Hootz*, Anm. 223 zu §§ 20, 21.

110 *Benkard*, Anm. 163 zu § 15; *Stumpf*, Lizenzvertrag, Anm. 555.

111 Tätigkeitsberichte 1967/88; 1968/49; 1969/96 ff.; 1970/94; 1971/98 ff.; 1974/92 ff.

(Patentpool, Joint Venture) annimmt[112]. Vgl. hierzu oben § 12 (3. Kapitel) und § 23 (6. Kapitel). So bedeutsam diese Patentgemeinschaften (oder Know-how-Gemeinschaften) in der Praxis auch sind, ist kartellrechtlich äußerste Vorsicht geboten, weil die Zulässigkeit einer Gratwanderung gleichkommt. Das BKartA verhält sich jedenfalls sehr einschränkend. Das Schrifttum ist offener[113]. Das BKartA hat vor allem dann einen Verstoß gegen § 1 GWB angenommen, wenn ein Gemeinschaftsunternehmen durch Rechtsübertragung Lizenzgeber für die Gemeinschaftsmitglieder wurde und gleichzeitig Mengenbeschränkungen und Preisbindungen vorgesehen waren, zumal Letztere nach der Novellierung des GWB gemäß § 131 Abs. 4 GWB ab 1.1.2000 unzulässig geworden sind[114]. Vgl. Rz. 361, 377. Weiterhin wurden Gemeinschaftsunternehmen dann als **unzulässig** angesehen, wenn sie mit einem **Marktanteil von über 50 %** die Lizenzpolitik bestimmen konnten[115]. Diese Ansicht des BKartA ist überzogen. Die Auffassung des Schrifttums[116] ist praxisnäher, indem gesagt wird, dass Patentgemeinschaften (oder Know-how-Gemeinschaften) dann zulässig sind, wenn die Nutzungsrechte des jeweiligen Mitglieds seinem Anteil an der Gesamtheit der Schutzrechte und des Know-how entsprechen und jeder Dritte gegen Erbringung adäquater Leistungen in die Gemeinschaft aufgenommen werden kann. Zum EWG-Kartellrecht vgl. Rz. 390.

Abschnitt 5
Die Nichtangriffsklausel

Die Verpflichtung des Lizenznehmers, das lizenzierte Patent[117] **nicht anzugreifen** (**Nichtangriffsklausel, Non-contesting clause**), 381

– Anhanganlagen 1, 2, 3 (Randziffer 48), 4 (Randziffer 7.5), 6 (Randziffer 32), 7 (Randziffer 14) und 8 (Randziffer 17) –

ist gemäß § 17 Abs. 2 Nummer 3 GWB zulässig[118], wenn diese Beschränkung die **Dauer** des lizenzierten Schutzrechts (§ 16 PatG 1981) **nicht überschreitet**. Dies im Gegensatz zum EWG-Kartellrecht. Vgl. hierzu Rz. 407, sowie in grundsätzlicher Sicht Rz. 336, 337.

---

112 Vgl. hierzu *Stumpf*, Lizenzvertrag, Anm. 570; *Reimer*, S. 644 ff. (Anm. 156 zu § 9).
113 Vgl. hierzu *Emmerich*, Anm. 2b zu § 16.
114 Tätigkeitsbericht 1970/92; vgl. hierzu *Stumpf*, Lizenzvertrag, Anm. 570.
115 Tätigkeitsbericht 1973/113; vgl. hierzu *Stumpf*, Lizenzvertrag, Anm. 570.
116 *Müller-Henneberg/Schwartz/Hootz*, Anm. 27 Anhang zu §§ 20, 21; *Reimer*, S. 644 ff. (Anm. 156 zu § 9); *Hefermehl*, in GRUR 1966/657; *Stumpf*, Lizenzvertrag, Anm. 570; a. A. *Emmerich* bei *Immenga/Mestmäcker*, Anm. 112 ff. zu § 20.
117 Die Vereinbarung einer Nichtangriffsklausel bei lizenziertem Know-how ist gegenstandslos, da sie sich nur auf die unabdingbare Verpflichtung beziehen könnte, das Know-how geheim zu halten. Vgl. zu dieser umstrittenen Frage *Stumpf*, Lizenzvertrag, Anm. 542 a. E. sowie Know-how-Vertrag, Anm. 254.
118 Vgl. *Benkard* Anm. 161 zu § 15; *Bartenbach/Gennen*, Rz. 2090; *Emmerich* bei *Immenga/Mestmäcker*, Anm. 269 ff. zu § 20; *Bernhardt/Kraßer*, Anm. 1 b 5 zu § 42; *Reimer*, S. 625 ff. (Anm. 147 zu § 9); *Stumpf*, Lizenzvertrag, Anm. 542, 543; *ders.*, Know-how-Vertrag, Anm. 254 und 255; *Pagenberg/Geissler*, S. 168 (Tz. 277); *Haver/Mailänder*, S. 111; *Müller-Henneberg/Schwartz/Hootz*, Anm. 230 ff. zu §§ 20, 21; *Henn*, S. 116; BGH GRUR 1953/385 = BGHZ 10/22; 1955/468 = BGHZ 17/41, 53; 1969/409 ff.; 1987/900, 901; 1989/39, 41.

Unter einem „Angriff" auf das Schutzrecht sind hierbei sowohl der Einspruch (§ 59 PatG 1981), als auch die Beschwerde (§ 73 PatG 1981) und die Nichtigkeitsklage (§§ 22, 81 PatG 1981) zu verstehen[119], und zwar im In- und Ausland, auch wenn das örtliche Vertragsgebiet nicht betroffen ist.

Ungeachtet dieser durch den Gesetzestext abgedeckten Zulässigkeit der Nichtangriffsklausel gibt es immer wieder **Bedenken** sowohl in grundsätzlicher als auch in fallbezogener Sicht[120]. Grundsätzlich geht es darum, dem **Interesse der Allgemeinheit** aus der Beseitigung ungerechtfertigter Patente zu entsprechen. Fallbezogen kann die Nichtangriffsklausel dann unwirksam sein, wenn sie in einem Zeitpunkt vereinbart wurde, in welchem Anlass zu ernstlichen Zweifeln an der Rechtsbeständigkeit des lizenzierten Patents vorhanden war[121]. Die Unwirksamkeit kann sich auch daraus ergeben, dass die Nichtangriffsklausel die Verpflichtung enthält bzw. sich auf diese erstreckt, andere Patente des Lizenzgebers, die nicht lizenziert sind, nicht anzugreifen[122]. Problematisch sind auch Verpflichtungen des Lizenznehmers, alles zu unterlassen, was die lizenzierten Patente gefährden könnte. Dies könnte sich auch auf die Erarbeitung von Parallelerfindungen erstrecken, was unzulässig wäre[123]. Nichtangriffsklauseln können sich auch auf **zukünftige** Patente und Patentanmeldungen (zukünftige Schutzrechte), soweit diese lizenziert werden, beziehen[124] (vgl. Rz. 22), und grundsätzlich die gesamte Schutzdauer des Patents (§ 16 PatG 1981) unabhängig von der Vertragslaufzeit umfassen[125]. Allerdings besteht nach Ablauf des Lizenzvertrags eine Bindung des Lizenznehmers nur dann, wenn zwischen den Parteien ein **gesellschaftsähnliches Verhältnis** bestanden hat und aus nachwirkenden Vertragspflichten ein Angriff auf das lizenzierte Schutzrecht mit dem Ziel der rückwirkenden Vernichtung gegen Treu und Glauben (§ 242 BGB) verstoßen würde[126]. Vgl. hierzu auch Rz. 22, 35, 337.

Abschnitt 6
Erlaubniserteilung für beschränkende Lizenzverträge

382 Gemäß §§ 17 Abs. 3, 18 GWB kann die Kartellbehörde die **Erlaubnis** zu einem Vertrag erteilen, der gemäß § 17 Abs. 1 GWB sonst unwirksam wäre bzw. wo die Voraussetzungen des § 17 Abs. 2 GWB nicht vorliegen bzw. nicht anerkannt werden. Voraussetzung für eine solche Erlaubniserteilung ist, dass die „wirtschaftliche Bewegungsfreiheit des Lizenznehmers oder anderer Unternehmen nicht unbillig eingeschränkt und

---

119 So zutreffend *Emmerich*, Anm. 4c zu § 16.
120 Vgl. *Bernhardt/Kraßer*, Anm. 1 b 5 zu § 42; BGH GRUR 1989/39, 41.
121 *Emmerich*, Anm. 4c zu § 16; vgl. aber *Benkard*, Anm. 161 zu § 15 unter Bezugnahme auf BGH GRUR 1969/409, 410.
122 *Müller-Henneberg/Schwartz/Hootz*, Anm. 230 zu §§ 20, 21; *Stumpf*, Lizenzvertrag, Anm. 543, mit umfangreichen Nachweisen; BGH WuW 1986/736.
123 BKartA Tätigkeitsbericht 1965/64; *Stumpf*, Lizenzvertrag, Anm. 543.
124 BKartA Tätigkeitsberichte 1964/53; 1969/98; *Stumpf*, Lizenzvertrag, Anm. 543; a. A. *Klauer/Möhring*, Anm. 37 Anhang zu § 9.
125 BKartA Tätigkeitsbericht 1965/68; *Stumpf*, Lizenzvertrag, Anm. 543.
126 *Schulte*, Anm. 53 ff. zu § 81; *Pagenberg/Geissler*, S. 168, 170 (Tz. 278).

durch das Ausmaß der Beschränkungen der Wettbewerb auf dem Markt nicht wesentlich beeinträchtigt wird"[127]. Diese Erlaubniserteilung – nach der Praxis des BKartA nur für einen bereits **abgeschlossenen Vertrag**[128] – spielt praktisch eine geringe Rolle, da das BKartA sehr zurückhaltend verfährt[129]. Besondere Formulare sind für dieses Verfahren nicht vorgesehen. Ungeachtet dessen empfiehlt sich, vor allem bei langfristig abgeschlossenen Lizenzverträgen, eine Anmeldung[130], zumal zu berücksichtigen ist, dass es für die Beurteilung der kartellrechtlichen Zulässigkeit nicht vorrangig auf die Formulierung einer einzelnen Klausel, sondern auf das Zusammenwirken mehrerer Absprachen und deren rechtliche und wirtschaftliche Folgen ankommt[131]. Im Gegensatz zum EWG-Kartellrecht (vgl. Rz. 383) sah das deutsche Kartellrecht bislang kein **„Negativattest"** also eine verbindliche Nichtverletzungserklärung vor[132], sondern erteilte im Wege des so genannten „informellen Verfahrens" Auskünfte, die die faktische Wirkung eines „Negativattestes" hatten[133]. Gemäß §§ 17 Abs. 3 S. 2, 18 GWB gilt ab 1.1.1999 analog EWG-Recht (Rz. 391) drei Monate nach Anmeldung der Vertrag als freigestellt, wenn kein Widerspruch erfolgt.

§ 28 EWG-Kartellrecht

Mit dem Gemeinsamen Markt unvereinbar und verboten sind nach Art. 81 (früher Art. 85) Abs. 1 EWGV[134] alle Vereinbarungen zwischen Unternehmen, Beschlüsse von Unternehmensvereinigungen und aufeinander abgestimmte Verhaltensweisen, welche den **Handel zwischen den Mitgliedstaaten zu beeinträchtigen geeignet** sind und eine **Verhinderung, Einschränkung oder Verfälschung des Wettbewerbs** innerhalb des Gemeinsamen Marktes der Europäischen Union (EU) bezwecken oder bewirken[135]. Hierbei muss es sich wie im deutschen Kartellrecht (vgl. Rz. 369) um **spürbare**[136]

383

---

127 Vgl. hierzu *Bernhardt/Kraßer*, Anm. 1 b zu § 42; *Möschel*, Anm. 479; *Emmerich*, Anm. 5 zu § 16; *Kellermann* in WuW 1958/643, 645; *Müller-Henneberg/Schwartz/Hootz*, Anm. 142 ff. zu §§ 20, 21; *Pagenberg/Geissler*, S. 26, 28 (Tz. 19); *Reimer*, S. 636 ff. (Anm. 151 zu § 9); *Stumpf*, Lizenzvertrag, Anm. 512.
128 Vgl. *Stumpf*, Lizenzvertrag, Anm. 512, unter Hinweis auf die Tätigkeitsberichte 1962/72 und 1964/53; *Emmerich*, Anm. 7 zu § 16.
129 Vgl. hierzu *Bartenbach/Gennen*, Rz. 1105–1107.
130 *Pagenberg/Geissler*, S. 20 (Tz. 11).
131 So EuGH GRUR Int. 1986/635.
132 Vgl. *Wertenbruch* in BB 1992/219.
133 Vgl. *Wertenbruch in BB 1992/219*.
134 EWG-Vertrag vom 25.3.1957 (BGBl II S. 753), in der Fassung des am 2.10.1997 unterzeichneten Amsterdamer Vertrags (BGBl 1998 II S. 386), in Kraft getreten am 1.5.1999 gemäß Bekanntmachung vom 6.4.1999 (BGBl II S. 296).
135 Vgl. hierzu *Bernhardt/Kraßer*, Anm. II zu § 42; *Stumpf*, Lizenzvertrag, Anm. 583 ff.; *ders.*, Know-how-Vertrag, Anm. 262 ff.; *Henn*, S. 117 f.; *Wedekind*, S. 93 f.; *Haver/Mailänder*, S. 91 ff.; *Finger* in NJW 1968/2178 f.; *Küchler*, S. 60 ff. Zusammenfassend *Newes* bei *Pollzien/Langen*, S. 509 ff., sowie *Benkard*, Anm. 164 ff. zu § 15, insbesondere auch zur Abgrenzung von deutschem und EWG-Kartellrecht (Anm. 166, 167).
136 Vgl. hierzu *Wedekind*, S. 93 f., mit Nachweisen; *Benkard*, Anm. 166 zu § 15; EuGH GRUR Int. 1989/56, 57.

7. Kapitel *Lizenz und Kartellrecht*

Beeinträchtigungen handeln, was sich nach der Größe und den Marktanteilen der beteiligten Unternehmen bestimmt. Hierfür sind entsprechende Regelungen erfolgt[137]. Die nach Art. 81 (früher Art. 85) Abs. 1 EWGV verbotenen Vereinbarungen sind nach Abs. 2 **nichtig**. Gemäß Art. 2 der Verordnung Nr. 17/62 des Rates vom 6.2.1962[138] (vgl. hierzu die Ausführungsverordnung Nr. 3385/94 der Kommission vom 21.12.1994, die die Verordnung Nr. 27/62 der Kommission vom 3.5.1962 mit Wirkung vom 1.3.1995 abgelöst hat)[139] kann die Kommission aufgrund eines **formblattgebundenen Antrags**

– Anhanganlage 20 –

feststellen, dass nach den ihr bekannten Tatsachen für sie kein Anlass besteht, gegen eine Vereinbarung gemäß Art. 81 (früher Art. 85) Abs. 1 EWGV einzuschreiten **(Negativattest)**[140]. Die Formblätter können bei den jeweiligen Industrie- und Handelskammern bezogen werden. Dieses Negativattest-Verfahren ist von dem Verfahren gemäß Art. 4 der Verordnung Nr. 17/62 zu scheiden, das gerade eine Erfüllung der Gegebenheiten des Art. 81 (früher Art. 85) Abs. 1 EWGV voraussetzt, aber im Wege einer Anmeldung der Vereinbarung gemäß Art. 81 (früher Art. 85) Abs. 3 EWGV eine Freistellung ermöglicht. Hierüber ist weiter unten (Rz. 393) zu sprechen.

Die EG-Kommission hat im Jahre 1997 unter dem Titel „Kontakte mit der Kommission" einen **Leitfaden** veröffentlicht, der in

– Anhanganlage 20a –

auszugsweise wiedergegeben wird.

384 Nach Art. 82 (früher Art. 86) EWGV ist darüber hinaus mit dem Gemeinsamen Markt unvereinbar und verboten die **missbräuchliche Ausnutzung einer beherrschenden Stellung**, soweit dies zu einer Beeinträchtigung des Handels führen kann. Auch für eine derartige Vereinbarung kann ein Negativattest erteilt werden, wenn die Voraussetzungen vorliegen. Die beherrschende Stellung, die ein Patent kraft des diesem verliehenen Monopolrechts besitzt, fällt als solche nicht unter die Vorschrift[141].

385 Der Meinungsstreit darüber, ob die vorgenannten Vorschriften auch für **Lizenzverträge** gelten[142], ist durch Art. 4 Abs. 2 Nummer 2b der vorerwähnten (Rz. 383) Verordnung Nr. 17/62 ausgeräumt, wo die Lizenzierung von Patenten und Know-how ausdrücklich erwähnt wird[143]. Die Verordnung ist gemäß Art. 249 (früher Art. 189) EWGV **unmittelbar geltendes Recht** in jedem Mitgliedstaat der EU.

---

137 Nach der Bekanntmachung der EG-Kommission vom 9.12.1997 (ABlEG 1997 C 372/13), der so genannten Bagatellbekanntmachung, wurde die Grenze bei 5 % (Wettbewerber) beziehungsweise 10 % (Nichtwettbewerber) festgesetzt. Die Werte werden jedoch voraussichtlich auf 10 % (horizontale Vereinbarungen) beziehungsweise auf 15 % (vertikale Vereinbarungen) angehoben. Vgl. hierzu auch *Pagenberg/Geissler*, S. 22 (Tz. 12); *Benkard*, Anm. 166 zu § 15; *Bartenbach/Gennen*, Rz. 716–724; *Stumpf*, Lizenzvertrag, Anm. 596, 614.
138 Vgl. oben Anm. 11.
139 Vgl. oben Anm. 11.
140 Vgl. *Bernhardt/Kraßer*, Anm. II a 1 zu § 42; *Wedekind*, S. 94 f.; *Pagenberg/Geissler*, S. 28 (Tz. 20); *Gleiss/Hirsch*, Anm. 367 ff. zu Art. 85; OLG Düsseldorf WuW 1985/420.
141 Vgl. hierzu Urteil des EuGH vom 5.10.1988 in NJW 1990/628; *Wedekind*, S. 81 f.
142 Vgl. hierzu *Stumpf*, Lizenzvertrag, Anm. 583; *ders.*, Know-how-Vertrag, Anm. 262.
143 Vgl. *Bernhardt/Kraßer*, Anm. II a 3 zu § 42; *Stumpf*, Lizenzvertrag, Anm. 583. So auch die EG-Kommission in der Entscheidung vom 22.12.1987 (GRUR Int. 1988/505ff.).

Ungeachtet dieser grundsätzlich abgeklärten Rechtslage bestehen Meinungsverschiedenheiten über die **Zulässigkeit der verschiedenen Beschränkungen des Lizenznehmers** fort, die die Kommission in ihrer **Bekanntmachung über Patentlizenzverträge vom 24.12.1962**[144] veranlassten, ihre diesbezügliche Ansicht in geeigneter Weise bekannt zu machen. Auch wenn diese Bekanntmachung seit dem 1.1.1985 aufgehoben ist[145], beinhaltet sie eine Reihe von Grundsätzen, die im Hinblick auf die Entscheidungspraxis der Kommission nach Art. 81, 82 (früher Art. 85, 86) EWGV und deren Fortentwicklung von großer Bedeutung sind. Diese Bekanntmachung (wegen des Zeitpunkts ihrer Verabschiedung auch „**Weihnachtsbekanntmachung**" genannt)[146] beruhte – wie §§ 17, 18 GWB (vgl. oben § 27) – auf der Konzeption, dass Beschränkungen, die durch den **Inhalt des Schutzrechts (oder des Know-how)**[147] **gedeckt sind, nicht unter Art. 81 (früher Art. 85) Abs. 1 EWGV fallen.** Darüber hinaus erklärte sie eine Reihe von über den Schutzrechtsinhalt hinausgehender, als **unschädlich bewerteter Beschränkungen** für zulässig, insbesondere Ausübungs- und Bezugspflichten, Verpflichtungen zum Patent- und Know-how-Austausch sowie die ausschließliche Lizenzierung. Nicht erfasst wurden die in der früheren Fassung des GWB geregelte Preisbindung (vgl. Rz. 377) und die Nichtangriffsklausel gemäß § 17 Abs. 2 Nummer 3 GWB[148]. Die Weihnachtsbekanntmachung klammerte ausdrücklich die Anwendbarkeit des Art. 81 (früher Art. 85) Abs. 1 EWGV auf Patentgemeinschaften sowie die mehrfache, parallele Lizenzierung von Patenten aus. Sie war in vielen Punkten dem deutschen GWB nachgebildet, das in jenem Zeitpunkt die einzige einzelstaatliche Kartellrechtsordnung innerhalb der EU darstellte, wobei sich die Bekanntmachung allerdings nicht nur auf Beschränkungen des Lizenznehmers, sondern auch des Lizenzgebers (ausschließliche Lizenzierung) bezog und es andererseits nicht genügte, dass der Wettbewerb beschränkt wurde, sondern auch der Handel zwischen den Mitgliedstaaten beeinträchtigt sein musste, was den wesentlichen Unterschied des EWG-Kartellrechts gegenüber dem deutschen Kartellrecht des GWB darstellt, das sich gemäß der früheren Fassung des § 20 Abs. 2 Nummer 5 gerade nicht auf die ausländischen Märkte bezieht[149].

Die Weihnachtsbekanntmachung hat die Kartellrechtspraxis der Kommission zwischen 1962 und 1984 wesentlich bestimmt, wobei die Rechtsprechung des EuGH diese

386

---

144 ABlEG 1962/S. 2922 = GRUR Ausl. 1963/26. Abgedruckt bei *Stumpf*, Lizenzvertrag, 6. Aufl., 1993, S. 750 ff. (Anhang XI). Vgl. hierzu *J. M. Fuentes* in GRUR Int. 1987/219, sowie *Bunte/Sauter*, S. 304.

145 Durch die Verordnung (EWG) Nr. 2349/84 der Kommission vom 23.7.1984 über die Anwendung von Art. 81 (früher Art. 85) Abs. 3 des Vertrages auf Gruppen von Patentlizenzvereinbarungen. Vgl. oben Anm. 11 sowie *Bernhardt/Kraßer*, Anm. II a 4 a. E. und b zu § 42; *Stumpf*, Lizenzvertrag, Anm. 592 ff.; *ders.*, Know-how-Vertrag, Anm. 262, 263.

146 *Stumpf*, Lizenzvertrag, Anm. 593; *ders.*, Know-how-Vertrag, Anm. 262; *Emmerich*, Anm. 10b zu § 37.

147 Die Anwendung auf Know-how konnte im Hinblick auf die diesbezügliche Ausklammerung nur analog erfolgen, was aber geboten war. Vgl. *Stumpf*, Lizenzvertrag, 6. Aufl., 1993, Anm. 589; *ders.*, Know-how-Vertrag, Anm. 262, 264–267; *Gleiss/Hirsch*, Anm. 72 zu Art. 85; *Küchler*, S. 76 ff.

148 Vgl. hierzu *Bernhardt/Kraßer*, Anm. II a 3 a. E. zu § 42.

149 Vgl. *Stumpf*, Lizenzvertrag, 6. Aufl., 1993, Anm. 585, 586.

Praxis immer wieder nachhaltig kontrollierend gestaltet hat[150]. Die am 1.1.1985 in Kraft getretene, ursprünglich bis zum 31.12.1994 befristete, jedoch sodann durch die **Verordnung (EG) Nr. 240/96 der Kommission vom 31.1.1996 (TechTraVO)**[151] bis zum 31.3.1996 verlängerte **Gruppenfreistellungsverordnung (EWG) Nr. 2349/84 der Kommission vom 23.7.1984 (PatLizVO)**[152], die die Weihnachtsbekanntmachung abgelöst hat, schließt diese 22-jährige Praxis ab[153]. Für die am 31.3.1996 bereits bestehenden Verträge gilt das **alte Recht** gemäß Art. 11 Abs. 3 TechTraVO weiter.

387 Die PatLizVO galt gemäß ihrem Art. 1 Abs. 1 für **Lizenzverträge über Patente** sowie für (bestimmte) **gemischte Patent-Know-how-Lizenzverträge**[154], also für den wichtigsten Lizenzvertragstyp, bei denen die lizenzierten Schutzrechte für die Verwirklichung des Zwecks der lizenzierten Technologie notwendig sind und solange wenigstens ein lizenziertes Schutzrecht noch in Kraft ist. Vgl. hierzu oben § 3 (1. Kapitel). Für **reine Know-how-Lizenzverträge** galt ab 1.4.1989 mit ursprünglicher Laufzeit bis zum 31.12.1999 die **Gruppenfreistellungsverordnung (EWG) Nr. 556/89 der Kommission vom 30.11.1988 (Know-how-VO)**[155], die in ihrer Entstehungsgeschichte lebhaft umstritten war und gegenüber dem ursprünglichen Entwurf viele Änderungen erfahren hatte[156]. Bei Abfassung dieser Verordnung war vor allem zu berücksichtigen, dass es sich beim Know-how um nicht offenkundiges technisches Wissen handelt, dem der gesetzliche Schutz des Patents fehlt[157]. Beim Know-how-Lizenzvertrag spielt deshalb die vertragliche Ausgestaltung eine ungleich größere Rolle als beim Patent-Lizenzvertrag. Vgl. hierzu auch Rz. 33.

---

150 Vgl. hierzu vor allem *Stumpf*, Lizenzvertrag, 6. Aufl., 1993, Anm. 586, 587; *Bernhardt/Kraßer*, Anm. II a 5 zu § 42; *J. M. Fuentes* in GRUR Int. 1987/222; *Wedekind*, S. 96 ff.; Urteil des EuGH 258/78 vom 8.6.1982 (Maissaatgut) in DB 1982/825 ff. = GRUR Int. 1982/530, 535 mit Anm. von *Pietzke* = NJW 1982/1929; vgl. auch *Axster* in GRUR Int. 1982/646, sowie *Benkard*, Anm. 165 zu § 15.

151 Vgl. oben Anm. 11. Zu den Motiven vgl. *Emmerich*, Anm. 10b § 37; *Grützmacher*, S. 22.

152 Vgl. oben Anm. 11. Rechtsgrundlage für diese Verordnung der Kommission ist die Verordnung Nr. 19/65 des Rates vom 2.3.1965 über die Anwendung von Artikel 85 Abs. 3 des Vertrages auf Gruppen von Vereinbarungen und aufeinander abgestimmte Verhaltensweisen. Vgl. hierzu auch *Bernhardt/Kraßer*, Anm. II a 1 zu § 42; *Emmerich*, Anm. 10b zu § 37; *Stumpf*, Lizenzvertrag, Anm. 592 ff.; *Benkard*, Anm. 171 ff. zu § 15; *Wedekind*, S. 233 ff.; *Bunte/Sauter*, S. 303 ff.

153 Zur bewegten Geschichte dieser Verordnung vgl. *Stumpf*, Lizenzvertrag, Anm. 583 ff.; *Bernhardt/Kraßer*, Anm. II a 4 zu § 42; *Axster* in GRUR Int. 1985/581.

154 Vgl. *Bernhardt/Kraßer*, Anm. II b 2 zu § 42; *Axster* in GRUR Int. 1985/583; *Wedekind*, S. 235; *Gaul/Bartenbach*, Handbuch, Tz. Q 237; *Mailänder* in GRUR Int. 1987/536; *Bunte/Sauter*, S. 312 ff.; *Stumpf*, Lizenzvertrag, Anm. 616.

155 Vgl. oben Anm. 11.

156 Zur Vorgeschichte des Entwurfs (AblEG 1987 Nr. C 214/2 = GRUR Int. 1987/775 = *Bunte/Sauter*, S. 84 ff.) vgl. GRUR Int. 1986/595; 1987/275; *Stumpf*, Lizenzvertrag, Anm. 672; *Bunte/Sauter*, S. 481 ff.; *Schultz/Süchting* in WuW 1987/482 ff.; *Mailänder* in GRUR 1987/538; FAZ vom 9.9.1987, S. 15. Zur Problematik und zu den Anwendungskriterien vgl. *Lutz/Broderick* in RIW 1989/278. In diesem Zusammenhang ist auch die unmittelbar zuvor ergangene Entscheidung der EG-Kommission vom 13.10.1988 in GRUR Int. 1989/220 von Interesse.

157 Vgl. hierzu *Gaul/Bartenbach*, Handbuch, Tz. Q 9, 9 a und 9 b.

Die **PatLizVO** und die **Know-how-VO** wurden durch die in Rz. 386 erwähnte **TechTraVO**[158] **mit Wirkung vom 31.3.1996 aufgehoben und durch diese VO ab 1.4.1996 ersetzt**. Die TechTraVO gilt für die Dauer von 10 Jahren, also bis zum 31.3.2006[159]. Materiell hat sich gegenüber der Rechtslage zuvor nicht viel geändert, weshalb sich, auch in Bezug auf die am 31.3.1996 bestehenden Lizenzverträge (Art. 11 Abs. 3 TechTraVO), empfiehlt, die (ex nunc) aufgehobenen Bestimmungen weiterhin zu kommentieren. Vgl. hierzu Rz. 411. Hauptzweck der Neuregelung war es[160], den Anwendungsbereich der beiden Gruppenfreistellungen in „**einer einzigen Verordnung über Technologietransfervereinbarungen** zu erfassen und die für Patentlizenz- und Know-how-Vereinbarungen geltenden Bestimmungen so weit wie möglich zu harmonisieren und zu vereinfachen".

Durch die TechTraVO, die in Fortführung der PatLizVO (Schutzrechte) und der Know-how-VO (Know-how) de lege lata den substantiellen Inhalt des EWG-Kartellrechts festschreibt und in den nachfolgenden Abschnitten in ihren Einzelheiten zu behandeln ist, wurde die in der Praxis der Weihnachtsbekanntmachung deutlich gewordene **restriktive (kartellfeindliche) Beurteilung** entsprechender Verpflichtungen **praxisorientiert aufgelockert**[161]. Als problematisch dürfte hierbei das Exportverbot in bestimmten Fällen, das Verbot der quantitativen Beschränkung des „sachlichen Vertragsgebiets", die Einschränkung der Längstlaufklausel, das Verbot der Preisbindung für das Vertragsprodukt und das Verbot der Nichtangriffsklausel zu bezeichnen sein, also von Regelungen, die nach deutschem Kartellrecht (vgl. oben § 27) mit Ausnahme der Preisbindung zulässig sind[162]. 388

Nach Maßgabe der **Begründungserwägungen (BE)** der TechTraVO[163] werden gemäß **Art. 10** insgesamt 17 **Legaldefinitionen** gegeben, und zwar im Einklang mit den bisherigen Definitionen gemäß den BE der PatLizVO und der Know-how-VO. Zu verweisen ist auf BE 4, 5, 10 und 11. In anderen BE sind wichtige Auslegungsregeln oder Anwendungskriterien der VO verankert, die bei den entsprechenden Bestimmungen heranzuziehen sind[164]. Die Praxis der EU-Kommission[165] sowie einschlägige Entscheidungen des EuGH[166] dürften bei der Formulierung der BE eine erhebliche Rolle gespielt haben, wie dies bereits bei der PatLizVO und der Know-how-VO der Fall war[167]. Kritisch ist allerdings zu bemerken, dass die EU-Kommission trotz einschlägiger Ansätze zu wenig einschlägige Erfahrungen aus der Praxis einfließen lässt[168]. 389

---

158 Vgl. oben Anm. 11.
159 Vgl. hierzu *Bartenbach/Gennen*, Rz. 765, 2724.
160 Vgl. hierzu BE 3 sowie *Stumpf*, Lizenzvertrag, Anm. 589, 738 ff. und *Bartenbach/Gennen*, Rz. 776.
161 Vgl. zur Entwicklung *Stumpf*, Lizenzvertrag, Anm. 593, 739, sowie kritisch im Vorwort; *Axster* in GRUR Int. 1985/581 ff.
162 Vgl. *Stumpf*, Lizenzvertrag, Anm. 586 a.E.; *Axster* in GRUR Int. 1985/585 ff.; *Benkard*, Anm. 166, 167, 171 ff. zu § 15, insbesondere auch hinsichtlich der Abgrenzung von deutschem und EWG-Kartellrecht.
163 Oben Anm. 11.
164 Vgl. *Stumpf*, Lizenzvertrag, Anm. 599, 682, 823 ff., sowie unten Rz. 413.
165 Vgl. *Stumpf*, Lizenzvertrag, Anm. 586 ff., 673 ff, 739 ff.
166 Vgl. *Stumpf*, Lizenzvertrag, Anm. 593.
167 Vgl. *Stumpf*, 586 ff.; 673 ff.
168 Vgl. *Stumpf*, Lizenzvertrag, Anm. 594, 596, 600.

7. Kapitel *Lizenz und Kartellrecht*

390 **Ohne kartellrechtliche Bedeutung** ist nunmehr die **Abgrenzung** zwischen **PatLizVO** und **Know-how-VO**, die beide, was die BE 3 der TechTraVO besonders herausstellt, in der neuen Verordnung zusammengefasst sind[169]. Das ändert allerdings nichts daran, dass auch hier zwischen Patenten einerseits und Know-how andererseits, auch in den Anwendungskriterien, zu scheiden ist.

Nicht anwendbar waren die PatLizVO und die Know-how-VO im Einklang nunmehr mit der TechTraVO gemäß Art. 5 Abs. 1 Nummer 1 auf Vereinbarungen zwischen Mitgliedern von **Patentgemeinschaften**[170]. Nicht anwendbar waren diese Verordnungen und ist nunmehr die TechTraVO gemäß Art. 5 Abs. 1 Nummer 2 auch auf **Vereinbarungen zwischen Wettbewerbern**, die an einem **Gemeinschaftsunternehmen** beteiligt sind[171]. Die EG-Kommission hat jedoch in Anwendung der Verordnung Nr. 17/62 des Rates vom 6.2.1962[172] eine Freistellung gemäß Art. 81 (früher Art. 85) Abs. 3 EWGV bei einem Forschungs- und Entwicklungsunternehmen in Erwägung gezogen[173]. Die PatLizVO galt gemäß Art. 11 Nummer 1 auch für **Unterlizenzverträge**, jetzt in gleicher Weise gemäß Art. 6 Nummer 1 TechTraVO. Sie ist nicht anwendbar auf reine Vertriebslizenzen (Art. 1 Abs. 2 PatLizVO, Art. 5 Abs. 1 Nummer 5 TechTraVO), wo also der Lizenznehmer das Vertragsprodukt nicht selbst herstellt (vgl. hierzu oben 3. Kapitel, § 8)[174]. In diesem Zusammenhang ist auf die Verordnung (EG) Nr. 2659/2000 vom 29.11.2000[175] hinzuweisen, wo eine Gruppenfreistellung für die Zusammenarbeit von Wettbewerbsunternehmen, die zusammen **nicht mehr als 25 % Marktanteil** haben, sowie für die **Zusammenarbeit von Nichtwettbewerbern** ohne Marktanteilsschwelle für zunächst sieben Jahre erfolgt ist[176].

391 PatLizVO, Know-how-VO und TechTraVO stellen – nach allgemein gültigen Maßstäben ausgerichtete – **Freistellungsregelungen** dar. Spiegelbildlich (Umkehrschluss) ist also davon auszugehen, dass die freigestellten Beschränkungen ohne Freistellung unzulässig sein würden[177]. Ungeachtet dessen kann stets unter konkreten Aspekten eine **Individualfreistellung** beantragt werden (Art. 4 PatLizVO, Art. 4 Know-how-VO und Art. 4 TechTraVO)[178]. Wenn die Kommission nicht innerhalb vier (bisher sechs) Monaten nach Antragseingang widerspricht, ist die Beschränkung individuell freigestellt. **Einzelheiten dieses Antrags- und Widerspruchsverfahrens** sind in Art. 4 TechTraVO sowie in der dort (Abs. 1 und 3) erwähnten **Verordnung (EG) Nr. 3385/94 der Kommission vom 21.12.1994**[179] geregelt.

---

169 Vgl. zur früheren Abgrenzung zwischen PatLizVO und Know-how-VO *Gaul/Bartenbach*, Handbuch Tz. Q 237 ff.
170 Vgl. *Bernhardt/Kraßer*, Anm. II b 1 zu § 42; *Wedekind*, S. 235; *Pagenberg/Geissler*, S. 24, 26 (Tz. 16), sowie S. 32 (Tz. 24); *Axster* in GRUR Int. 1985/583, 588 f.; *Stumpf*, Lizenzvertrag, Anm. 776 ff
171 Vgl. *Pagenberg/Geissler*, S. 32 (Tz. 24).
172 Vgl. oben Anm. 11.
173 Entscheidung vom 11.10.1988 in GRUR Int. 1989/144.
174 Vgl. *Axster* in GRUR Int. 1985/584; *Bunte/Sauter*, S. 318; *Pagenberg/Geissler*, S. 32 (Tz. 24).
175 Vgl. oben Anm. 11.
176 Vgl. hierzu *Pagenberg/Geissler*, S. 354 (Tz. 12).
177 *Axster* in GRUR Int. 1985/589 f.; *Küchler*, S. 70 ff.
178 Vgl. *Axter* in GRUR Int. 1985/594; *Bernhardt/Kraßer*, Anm. II b 5 zu § 42; *Wedekind*, S. 252 f.
179 Vgl. oben Anm. 11. Vgl. hierzu *Stumpf*, Lizenzvertrag, Anm. 1129 ff.

Über die einschlägige Praxis der EG-Kommission und des EuGH im Hinblick auf die PatLizVO und die Know-how-VO haben *Wiedemann*[180] und *Stumpf*[181] ausführlich berichtet. Hierauf ist zu verweisen. Dies gilt insbesondere für die kritischen Bemerkungen[182]. 392

Wollen die Vertragspartner einen unter Art. 81 (früher Art. 85) Abs. 1 EWGV fallenden und deshalb gemäß Art. 81 (früher Art. 85) Abs. 2 EWGV grundsätzlich nichtigen[183] Lizenzvertrag, für den sie **kein Negativattest** (vgl. oben Rz. 383) erhalten, von dem grundsätzlichen Verbot gemäß Art. 81 (früher Art. 85) Abs. 3 EWGV freistellen lassen, müssen sie dies gemäß **Art. 4 der Verordnung Nr. 17/62 des Rates vom 6.2.1962**[184] unter Verwendung entsprechender **Formblätter** (vgl. hierzu die **Ausführungsverordnung Nr. 3385/94 der Kommission vom 21.12.1994**, die die Verordnung Nr. 27/62 der Kommission vom 3.5.1962 mit Wirkung vom 1.3.1995 abgelöst hat)[185], 393

– Anhanganlage 20 –

die bei den jeweiligen Industrie- und Handelskammern bezogen werden können, **beantragen**[186]. Vgl. hierzu auch BE 27 der TechTraVO. Die EU-Kommission ist bei Vorliegen der Voraussetzungen von Art. 81 (früher Art. 85) Abs. 3 EWGV verpflichtet, die **Freistellung** vom Verbot – befristet und gegebenenfalls unter Auflagen – auszusprechen[187].

Die EU-Kommission hat im Jahre 1997 unter dem Titel „Kontakte mit der Kommission" einen **Leitfaden** veröffentlicht, der in

– Anhanganlage 20 a –

auszugsweise wiedergegeben wird.

Bei einem vorsätzlichen oder fahrlässigen Verstoß gegen die Art. 81, 82 (früher Art. 85, 86) EWGV kann die Kommission gemäß Art. 15, 16 der Verordnung Nr. 17/62 entsprechende Geldbußen und Zwangsgelder festsetzen[188]. 394

Die **Markierungspflicht (Kennzeichnungspflicht)** der Vertragsprodukte (vgl. hierzu oben 6. Kapitel, § 20, Abschnitt 3) ist gemäß Art. 1 Abs. 1 Nummer 7, Art. 2 Abs. 1 Nummer 6 Pat LizVO, Art. 1 Abs. 1 Nummer 7 und Art. 2 Abs. 1 Nummer 11 Know- 395

---

180 In GRUR Int. 1990/807 ff. Vgl. auch die Berichte der EG-Kommission über die Wettbewerbspolitik.
181 Lizenzvertrag, Anm. 593 ff., 739 ff.
182 *Wiedemann* in GRUR Int. 1990/811 f.; *Stumpf*, Lizenzvertrag, Anm. 593, 594, 597, 598–603. Vgl. auch die Berichte der EU-Kommission über die Wettbewerbspolitik.
183 Vgl. jedoch EuGH GRUR Int. 1987/868, wonach nur die wettbewerbsbeschränkende Klausel nichtig ist, während die Weitergeltung des übrigen Vertrags den nationalen Gerichten zur Entscheidung überlassen bleibt. So auch *Pagenberg/Geissler*, S. 28, 30 (Tz. 21).
184 Vgl. oben Anm. 11.
185 Vgl. oben Anm. 11.
186 *Stumpf*, Lizenzvertrag, Anm. 658; *Wedekind*, S. 94; *Pagenberg/Geissler*, S. 20, 22 (Tz. 11). Vgl. auch *J. M. Fuentes* in GRUR Int. 1987/218; *Bartenbach/Gennen*, Rz. 1076.
187 *Stumpf*, Lizenzvertrag, Anm. 658; *Bartenbach/Gennen*, Rz. 1078; EuGH Slg. 1966/321 ff., 344 (Grundig-Consten). Eine Standardentscheidung dieser Art für Know-how hat die EG-Kommission am 22.12 1987 erlassen (GRUR Int. 1988/505 ff.).
188 *Stumpf*, Lizenzvertrag, (5. Aufl., 1984), Anm. 593.

how-VO sowie Art. 1 Abs. 1 Nummer 7 und Art. 2 Abs. 1 Nummer 11 TechTraVO ausdrücklich gruppenfreigestellt[189]. Gleiches gilt für die **Meistbegünstigungsklauseln** (vgl. hierzu unten 8. Kapitel, § 30) gemäß Art. 2 Abs. 1 Nummer 11 PatLizVO, Art. 2 Abs. 1 Nummer 10 Know-how-VO sowie Art. 2 Abs. 1 Nummer 10 TechTraVO[190].

396 Nachfolgend sind zunächst die sonstigen (außerhalb Markierungspflicht und Meistbegünstigung) kartellrechtlich relevanten Bestimmungen des Lizenzvertrages nach Maßgabe der PatLizVO und der Know-how-VO i.V.m. der TechTraVO – wegen ihrer Wichtigkeit im Einzelnen – zu überprüfen und darzustellen.

In Abschnitt 1 werden die Beschränkungen durch ausschließliche Lizenzen, in Abschnitt 2 die Vertriebsbeschränkungen des Lizenznehmers, in Abschnitt 3 die Beschränkungen durch die Preisbindung für das Vertragsprodukt und in Abschnitt 4 die Beschränkungen des sachlichen Vertragsgebiets behandelt. Es folgen in Abschnitt 5 die Beschränkungen durch den Patent- und Know-how-Austausch, in Abschnitt 6 die Beschränkungen durch die Vereinbarung einer Nichtangriffsklausel, in Abschnitt 7 die Beschränkungen durch Wettbewerbsverbote und in Abschnitt 8 die Beschränkungen durch die Art und Weise der Lizenzgebührenberechnung. Den Abschluss bildet in Abschnitt 9 die kartellrechtliche Behandlung der Längstlaufklausel. Hiermit werden die **wichtigsten Freistellungsbestimmungen dieser Verordnungen** behandelt, wobei zwischen den **grundsätzlichen Regelungen (Art. 1)**, der so genannten „**weißen Liste**" **(Art. 2)** sowie der so genannten „**schwarzen Liste**" **(Art. 3)** zu unterscheiden ist[191]. Freigestellt sind die Verpflichtungen der Art. 1 und 2, während die Verpflichtungen des Art. 3 verboten sind.

In Abschnitt 10 folgt sodann eine **summarische Erörterung** der Vorschriften der durch die TechTraVO zum 31.3.1996 aufgehobenen Know-how-VO unter Berücksichtigung der Vorschriften der TechTraVO zu reinen Know-how-Lizenzverträgen. Gemäß Art. 11 Abs. 3 TechTraVO gelten diese Vorschriften für Altverträge (bis 31.3.1996) weiter.

Abschnitt 1
Ausschließliche Lizenzen

397 Ohne Einschränkung **gruppenfreigestellt** ist gemäß Art. 1 Abs. 1 Nummern 1 und 2 PatLizVO, Know-how-VO und TechTraVO die **Ausschließlichkeit des örtlichen Vertragsgebiets (Gebietslizenz)**,

– Anhanganlagen 1, 2, 3 (Randziffer 4, 4 (Randziffer 2.1)
und 6 (Randziffer 3) –

---

189 Vgl. hierzu *Pagenberg/Geissler*, S. 266 (Tz. 68).
190 Vgl. hierzu *Pagenberg/Geissler*, S. 258 (Tz. 57); EG-Kommission in GRUR Int. 1975/449; *Gaul/Bartenbach*, Handbuch, Tz. K 95.
191 Vgl. hierzu *Stumpf*, Lizenzvertrag, Anm. 610–631, 873 ff. (Art. 1), 632–644, 952 ff. (Art. 2) und 645–656, 1077 ff. (Art. 3).

und zwar **mit und ohne Selbstausschluss des Lizenzgebers**[192]. Vgl. zu den Begriffsbestimmungen oben § 9 (3. Kapitel) und § 14 (4. Kapitel). Hiermit ist die Kommission unter Aufgabe ihrer restriktiven Haltung letztlich dem eindeutigen Meinungsstand im Schrifttum[193] und der Rechtsprechung des EuGH (Maissaatguturteil vom 8. 6. 1982)[194] gefolgt, wobei auch eine Rolle spielte, dass die Mitgliedstaaten der EU in Art. 43 GPÜ beim Gemeinschaftspatent die Ausschließlichkeit der Lizenz ausdrücklich anerkannt hatten[195].

Zulässig ist auch die dem Lizenznehmer auferlegte Verpflichtung, sich der **Herstellung und des Gebrauchs des Vertragsgegenstands** in den örtlichen Vertragsgebieten anderer Lizenznehmer des Lizenzgebers zu **enthalten**, soweit in diesen örtlichen Vertragsgebieten **Parallelpatente** in Kraft sind (Art. 1 Abs. 1 Nummer 4 PatLizVO, Art. 1 Abs. 2 TechTraVO)[196]. Gleiches gilt für das **Verbot einer „aktiven" Vertriebspolitik** (Werbung, Niederlassungen, Auslieferungslager) in diesen örtlichen Vertragsgebieten (Art. 1 Abs. 1 Nummer 5 PatLizVO, Know-how-VO und TechTraVO). Das **Verbot eines „passiven" Vertriebs** ist dagegen nur für einen Zeitraum von 5 Jahren ab erstem Inverkehrbringen des Vertragsprodukts zulässig[197]. Vgl. nachfolgenden Abschnitt 2.

398

Aus Art. 1 Abs. 3 PatLizVO, Art. 1 Abs. 5 TechTraVO ergibt sich schließlich die grundsätzliche **Anerkennung der ausschließlichen Lizenzen** auf dem örtlichen, sachlichen und zeitlichen Vertragsgebiet[198]. Vgl. hierzu oben 4. Kapitel Einleitung sowie § 13. Die Rechtslage entspricht demnach derjenigen des deutschen Kartellrechts nach dem GWB, wonach es zur Bestandsgarantie jedes Schutzrechts gehört, dieses durch die Vergabe von einfachen oder ausschließlichen Lizenzen im Rahmen seines Schutzbereichs und seiner Dauer zu nutzen.

399

---

192 Vgl. *Axster* in GRUR Int. 1985/584; *Wedekind*, S. 238 ff., *Pagenberg/Geissler* S. 80 (Tz. 89); *Bunte/Sauter*, S. 316; *Stumpf*, Lizenzvertrag, Anm. 873–884; *Bartenbach/Gennen*, Tz. 46.
193 *Stumpf*, Lizenzvertrag, Anm. 615; *ders.*, Know-how-Vertrag, Anm. 266; *Koch* in BB 1972/103; *Ullrich* in ZHR 1973/134 ff.; *Küchler*, S. 100 ff. mit Nachweisen.
194 258/78 in GRUR Int. 1982/530, 535 mit Anm. von *Pietzke* = NJW 1982/1929 = Slg. 1982/2015 ff. Vgl. auch *Axster* in GRUR Int. 1982/646 sowie 1985/582, 585; *Bartenbach/Gennen*, Rz. 46; desweiteren *Wedekind*, S. 103 ff., *Pagenberg/Geissler*, S. 82 (Tz. 91), und das weitere Urteil des EuGH vom 26.4.1988 in GRUR Int. 1989/665. Vgl. oben Anm. 150.
195 Vgl. hierzu *Stumpf* Lizenzvertrag, Anm. 625; *Axster* in GRUR Int. 1985/582 sowie *J. M. Fuentes* in GRUR Int. 1987/224.
196 Vgl. hierzu *Stumpf*, Lizenzvertrag, Anm. 627. Zum Themenkreis der Erschöpfung des Patentrechts bei territorial beschränkten Lizenzen vgl. die ausführliche und gut belegte Darstellung von *Pagenberg/Geissler*, S. 88 ff. (Tz. 105 ff.).
197 Vgl. hierzu *Stumpf*, Lizenzvertrag, Anm. 627, 920.
198 Vgl. *Axster* in GRUR Int. 1985/585 f.; *Stumpf*, Lizenzvertrag, Anm. 625; *Bartenbach/Gennen*, Rz. 46. Vgl. jedoch EG-Kommission, Entscheidung vom 26. 7. 1988 in GRUR Int. 1989/131, bei Lizenzvergabe an ein marktbeherrschendes Unternehmen.

Abschnitt 2
Vertriebsbeschränkungen des Lizenznehmers sowie Mindestqualitätsvorschriften und Bezugspflichten

400 Bis in die Schlussverhandlungen der PatLizVO hinein war die Frage umstritten, ob **Vertriebsbeschränkungen des Lizenznehmers** im Interesse des Gebietsschutzes anderer Lizenznehmer des Lizenzgebers (Exportverbot) zulässig sind oder nicht[199]. Hierfür war entscheidend, ob derartige Verbote bei Vorhandensein von Parallelpatenten von der Bestandsgarantie des Art. 30 (früher Art. 36) EWGV gedeckt sind oder nicht[200]. Die PatLizVO hat einen von praktischen Erwägungen getragenen, auch von Art. 43 GPÜ bestimmten[201] Kompromiss gefunden, der darin besteht, den beschränkten Lizenznehmer zugunsten des begünstigten Lizenznehmers durch ein **Exportverbot** für einen **Zeitraum von fünf Jahren** ab erstem Inverkehrbringen des Vertragsprodukts zu belasten (Art. 1 Abs. 1 Nummer 6 PatLizVO). Die TechTraVO hat diese Regelung in Art. 1 Abs. 2 übernommen. Hiermit sollen die Herstellungs- und Markteinführungsinvestitionen des begünstigten Lizenznehmers geschützt werden[202].

401 Die vorgenannte **Fünfjahresfrist** gilt nur für den so genannten „passiven" Vertrieb, während für den „aktiven" Vertrieb **keine Zeitbegrenzungen** bestehen[203]. Hier können also zeitlich unbegrenzte Vertriebsbeschränkungen festgelegt werden. Diese Unterscheidung stammt aus der Gruppenfreistellungsverordnung 67/67 für Alleinvertriebsvereinbarungen[204], wo der „passive" Vertrieb durch den vertraglichen Ausschluss, innerhalb des betreffenden örtlichen Vertragsgebiets „Kunden zu werben, Niederlassungen einzurichten und Auslieferungslager zu unterhalten" gekennzeichnet war[205]. Die Definition des „aktiven" Vertriebs gemäß Art. 1 Abs. 1 Nummer 5 PatLizVO ist allerdings nicht deckungsgleich mit der aus dieser Praxis abgeleiteten Definition. Sie ist durch das neue Tatbestandsmerkmal der „besonders auf diese Gebiete ausgerichteten Werbung" bestimmt. Die TechTraVO hat diese Definition in Art. 1 Abs. 1 Nummer 5 übernommen, allerdings die Einschränkung durch Parallelpatentschutz aufgegeben.

402 Vertriebsbeschränkungen waren gemäß Art. 1 Abs. 2 PatLizVO, Art. 1 Abs. 5 Know-how-VO grundsätzlich nur zulässig, wenn der **Lizenznehmer** das Vertragsprodukt **selbst herstellt oder unter seiner Verantwortung** (durch ein **verbundenes Unternehmen** gemäß Legaldefinition in Art. 12 PatLizVO, Art. 9 Know-how-VO und Art. 10 Nummer 14 TechTraVO) **herstellen lässt**. Reine Vertriebslizenzen (vgl. hierzu

---

[199] Vgl. *Stumpf*, Lizenzvertrag, Anm. 627; *Küchler*, S. 105 ff. mit Nachweisen.
[200] Vgl. *Stumpf*, Lizenzvertrag, Anm. 627; *Günzel*, S. 140 ff.
[201] Vgl. *Albrechtskirchinger* in GRUR Int. 1976/255 ff.; *Krieger* in GRUR Int. 1976/208 ff.; *Stumpf*, Lizenzvertrag (5. Aufl., 1984), Anm. 606, 607; *Küchler*, S. 82 f.
[202] Vgl. *Axster* in GRUR Int. 1985/586; *Bunte/Sauter*, S. 316, 319 ff.; *Gaul/Bartenbach*, Handbuch, Tz. K 131; *Bartenbach/Gennen*, Rz. 1221; *Stumpf*, Lizenzvertrag, Anm. 896 ff.
[203] Vgl. *Stumpf*, Lizenzvertrag, Anm. 627, 891 ff.
[204] ABlEG 1975 Nr. L 276 S. 5; fortgeführt in der Verordnung 1983/83 (ABlEG 1983 Nr. L 173 S. 11).
[205] Vgl. *Axster* in GRUR Int. 1985/586; *Bunte/Sauter*, S. 316, 321 f.

Rz. 134) werden also nicht freigestellt[206]. Diese Regelung wurde durch Art. 5 Abs. 1 Nummer 5 TechTraVO übernommen.

Zulässig ist gemäß Art. 1 Abs. 1 Nummer 7 PatLizVO, Art. 1 Abs. 1 Nummer 7 Know-how-VO sowie Art. 1 Abs. 1 Nummer 7 TechTraVO auch die Verpflichtung des Lizenznehmers zur Benutzung des **Warenzeichens** in Verbindung mit dem Vertragsprodukt **(Markierung)**, wobei dem Lizenznehmer allerdings das Recht verbleiben muss, sich als **Hersteller des Vertragsprodukts** zu bezeichnen[207]. Vgl. hierzu oben § 20, Abschnitt 3 (6. Kapitel). 403

Mindestqualitätsvorschriften und **Bezugspflichten** (vgl. hierzu Rz. 289, 290, 296) waren gemäß Art. 2 Abs. 1 Nummer 1 sowie Art. 3 Nummer 9 PatLizVO und Art. 2 Abs. 1 Nummer 5 Know-how-VO freigestellt. Die TechTraVO hat diese Regelung in Art. 2 Abs. 1 Nummer 5 übernommen[208].

Abschnitt 3
Preisbindung für das Vertragsprodukt

Die Kommission hat stets die Ansicht vertreten, dass **Preisbindungen** nach Art. 81 (früher Art. 85) Abs. 1 EWGV **wettbewerbswidrig** und deshalb nach Art. 81 (früher Art. 85) Abs. 2 EWGV **nichtig** sind[209]. Sie waren durch Art. 3 Nummer 6 PatLizVO und Art. 3 Nummer 8 Know-how-VO ausdrücklich von der **Gruppenfreistellung ausgenommen**[210]. Allenfalls konnte eine Einzelfreistellung gemäß Art. 4 PatLizVO und Art. 4 Know-how-VO unter ähnlichen Voraussetzungen erfolgen, wie diese für das frühere deutsche Kartellrecht bis 31.12.1998 gültig war. Vgl. hierzu Rz. 373, 377 (mit Freistellung bis 31.12.1999). Die TechTraVO hat diese Regelung uneingeschränkt in Art. 3 Nummer 1 sowie in Art. 4 übernommen. 404

Abschnitt 4
Beschränkungen des sachlichen Vertragsgebiets

Durch Art. 2 Abs. 1 Nummer 3 PatLizVO und Art. 2 Abs. 1 Nummer 8 Know-how-VO wurde klargestellt, dass **Beschränkungen des „sachlichen Vertragsgebiets"** (field of use, application area, champs d'application) 405

– Anhanganlagen 1, 2, 3 (Randziffer 4a) und 6 (Randziffer 3a) –

---

206 Vgl. *Axter* in GRUR Int. 1985/587; *Bunte/Sauter*, S. 318.
207 Vgl. *Axster* in GRUR Int. 1985/587; *Küchler*, S. 88; *Bunte/Sauter*, S. 317; *Stumpf*, Lizenzvertrag, Anm. 904 ff.
208 Vgl. hierzu *Bartenbach/Gennen*, Rz. 1962.
209 *Bernhardt/Kraßer*, Anm. II b 4 zu § 42; *Stumpf*, Lizenzvertrag, Anm. 651; *Küchler*, S. 112 ff. mit Nachweisen.
210 Vgl. *Bunte/Sauter*, S. 331; *Bartenbach/Gennen*, Rz. 1522; *Pagenberg/Geissler*, S. 266, 268 (Tz. 71).

gruppenfreigestellt sind[211]. Dies rechtfertigt sich (wie bei der Ausschließlichkeit, vgl. oben Abschnitt 1) aus dem Monopolcharakter des Schutzrechts, das dem Schutzrechtsinhaber innerhalb des Schutzbereichs die Befugnis gibt, Rechte ganz oder teilweise an Dritte zu vergeben. Vgl. hierzu oben § 13 (4. Kapitel). Die TechTraVO hat diese Regelung in Art. 2 Abs. 1 Nummer 8 übernommen.

Die Freistellung ist allerdings auf **klar definierbare technische Bereiche** (z.B. Kleinmotoren bzw. Großmotoren mit einer PS-Abgrenzung) begrenzt, von denen der eine lizenziert, der andere nicht lizenziert wird. Mengen, Maßeinheiten etc., die nur quantitativ das gleiche technische Produkt lizenzmäßig begrenzen, sind unzulässig (Art. 3 Nummer 5 PatLizVO, Art. 3 Nummer 7 Know-how-VO sowie Art. 3 Nummer 5 TechTraVO)[212].

Abschnitt 5

Verpflichtung zum Patent- und Know-how-Austausch

406 Nach Art. 2 Abs. 1 Nummer 10 PatLizVO und Art. 2 Abs. 1 Nummer 4 Know-how-VO war wie im deutschen Kartellrecht gemäß §§ 17 Abs. 2 Nummer 2, 18 GWB (vgl. hierzu oben § 27, Abschnitt 4) die **gegenseitige Lizenzierung** zwischen Lizenzgeber und Lizenznehmer zum Zweck des **Patent- und Know-how-Austausches**

– Anhanganlagen 1, 2, 3 (Randziffern 30–34, 38–40),
6 (Randziffern 21–23, 27–29), 7 (Randziffer 11)
und 8 (Randziffern 13, 14) –

gruppenfreigestellt[213]. Eine grundsätzlich ähnliche, wenn auch in den Einzelheiten anders gestaltete Bestimmung findet sich in Art. 2 Abs. 1 Nummer 4 TechTraVO. Entscheidend ist die **Gegenseitigkeit**. Anwendungs- und Verbesserungserfindungen des Lizenznehmers, die dem Lizenzgeber lizenziert werden, müssen also Anwendungs- und Verbesserungserfindungen des Lizenzgebers, die dem Lizenznehmer lizenziert werden, gegenüberstehen **(bilateraler Austausch)**. Der Austausch kann auch zwischen zwei Lizenznehmern des gleichen Lizenzgebers über diesen erfolgen **(multilateraler Austausch)**. Gegenseitigkeit heißt **nicht Gleichwertigkeit**, wohl aber **Gleichartigkeit**. Vgl. hierzu Rz. 331. Die Austauschverpflichtung darf nicht ausschließlich sein. Zum Know-how-Austausch vgl. auch nachfolgend Abschnitt 10.

---

211 Vgl. *Axster* in GRUR Int. 1985/589 f.; *Küchler*, S. 83 f.; *Bartenbach/Gennen*, Rz. 1325; *Pagenberg/Geissler*, S. 96, 98 (Tz. 123, 124).

212 So schon EuGH in GRUR Int. 1982/530; vgl. auch *Bunte/Sauter*, S. 330 f.; *Stumpf*, Lizenzvertrag, Anm. 650 unter Hinweis auf BE 23; *Gaul/Bartenbach*, Handbuch, Tz. K 156; *Axster* in GRUR Int. 1985/590, 592.

213 Vgl. *Axter* in GRUR Int. 1985/590; *Bernhardt/Kraßer*, Anm. II b 4 zu § 42; *Bartenbach/Gennen*, Rz. 2017; *Küchler*, S. 88 f.

Abschnitt 6
Die Nichtangriffsklausel

Im Gegensatz zum deutschen Kartellrecht §§ 17 Abs. 2 Nummer 3 GWB wurden **407**
Nichtangriffsklauseln (non-contesting clauses, clauses de non-agression)

– Anhanganlagen 1, 2, 3 (Randziffer 48), 4 (Randziffer 7.5),
6 (Randziffer 32), 7 (Randziffer 14) und 8 (Randziffer 17) –

im EWG-Bereich stets als **unzulässig** beurteilt[214]. Vgl. hierzu Rz. 381, sowie in grundsätzlicher Beziehung Rz. 336, 337. Die PatLizVO hat diese Praxis fortgeführt, indem Art. 3 Nummer 1 statt einer Gruppenfreistellung ein **Vertragskündigungsrecht** des Lizenzgebers für den Fall von **Angriffen des Lizenznehmers auf das lizenzierte Patent**

– Anhanganlagen 1, 2, 3 (Randziffer 50 letzter Satz), 6 (Randziffer 32),
7 ((Randziffer 14) und 8 (Randziffer 17) –

zuläßt[215]. Gleiches galt gemäß Art. 3 Nummer 4 Know-how-VO für den **Angriff auf den geheimen Charakter des lizenzierten Know-how**. Vgl. Rz. 338. Damit wurde die Nichtangriffsklausel gemäß Art. 81 (früher Art. 85) Abs. 1 EWGV als wettbewerbswidrig angesehen und war gemäß Art. 81 (früher Art. 85) Abs. 2 EWGV nichtig. Allerdings konnte das zulässige Kündigungsrecht im Einzelfall durchaus faktisch den Zweck der unzulässigen Nichtangriffsklausel erfüllen. Man musste allerdings davon ausgehen, dass dieses Kündigungsrecht nur bei ausdrücklicher Festlegung im Vertrag bestand[216], und nicht etwa aus dem Grundsatz von Treu und Glauben (§ 242 BGB) oder aus seiner Verankerung in der PatLizVO (oder der Know-how-VO) folgte, die nichts anderes als eine Gruppenfreistellung darstellte. Die TechTraVO hat in Art. 4 Abs. 2 Buchstabe b diese Regelung grundsätzlich übernommen[217], allerdings **ohne ausdrückliche Erwähnung des Kündigungsrechts**, obwohl dieses selbstverständlich ein **zulässiges Abwehrmittel** des Lizenzgebers bleibt. Allerdings kann nunmehr die Freistellung von Nichtangriffsklauseln durch **Anmeldung** bei der EU-Kommission erreicht werden, wenn diese nicht

---

214 *Stumpf*, Lizenzvertrag, Anm. 646 unter Hinweis auf BE 20, mit Nachweisen aus der Entscheidungspraxis der EG-Kommission (Fußnoten 344, 347); *Bernhardt/Kraßer*, Anm. II b 4 zu § 42; *Wedekind*, S. 216 ff.; *Pagenberg/Geissler*, S. 172 (Tz. 282); *Küchler*, S. 110 ff. mit Nachweisen. Auflockernd hiergegen (vgl. *Bartenbach/Gennen*, Rz. 2078, 2079) Urteil des EuGH vom 27.9.1988 (GRUR Int. 1988/953; 1989/56; RIW 1989/216), das eine Nichtangriffsklausel dann für zulässig angesehen hat, wenn sie im konkreten Fall keinen wettbewerbsbeschränkenden Charakter hat, z. B. dann wenn sie Bestandteil einer unentgeltlichen Lizenz ist und der Lizenznehmer deshalb keine wettbewerblichen Nachteile erleidet oder wenn sie in einer entgeltlichen Lizenzvereinbarung über ein technisch überholtes Verfahren enthalten ist, da dieses vom Lizenznehmer nicht angewendet wird. Vgl. hierzu die Erläuterungen bei *Pagenberg/Geissler*, S. 172 (Tz. 283), weiterhin die Anm. von *Schaub* in RIW 1989/216 ff., von *Axster* in GRUR 1989/335 sowie das zustimmende (vgl. *Bartenbach/Gennen*, Rz. 2082) Urteil des vorlegenden BGH vom 21.2.1989 (WuW/E BGH S. 603 ff. = NJW-RR 1989/998). Vgl. auch *Kirchhoff* in DB 1989/2263.
215 *Axster* in GRUR Int. 1985/590; *Wedekind*, S. 251 f.; *Stumpf*, Lizenzvertrag, Anm. 646; *Pagenberg/Geissler*, S. 172 (Tz. 282, 283); *Bernhardt/Kraßer*, Anm. II b 4 zu § 42; *Bunte/Sauter*, S. 329 f.
216 *Axster* in GRUR Int. 1985/590.
217 Vgl. hierzu *Pagenberg/Geissler*, S. 172 (Tz. 284); *Bartenbach/Gennen*, Rz. 2084.

Abschnitt 7
Wettbewerbsverbote

408 Gemäß Art. 3 Nummer 3 PatLizVO beziehungsweise Art. 3 Nummer 9 Know-how-VO waren **Wettbewerbsverbote** des Lizenznehmers **unzulässig**[218]. Besonders hervorgehoben ist andererseits[219] die Unbedenklichkeit der **Ausübungspflicht**, denn diese hat die Verpflichtung zum Inhalt, die lizenzierte Erfindung „nach besten Kräften auszuwerten". Vgl. hierzu oben § 19 (6. Kapitel). Diese Regelung entspricht dem deutschen Kartellrecht (§§ 17 Abs. 2 Nummer 1, 18 GWB)[220]. Vgl. hierzu oben § 27, Abschnitte 1 und 2.

Der EUGH[221] hat diesbezüglich in der Nutricia-Entscheidung bestimmt, dass ein **Wettbewerbsverbot** dann **zulässig** ist, wenn dadurch die Herstellung oder der Vertrieb von Waren oder der **technische oder wirtschaftliche Fortschritt gefördert** werden und die **Verbraucher** an diesen Vorteilen **angemessen beteiligt** sind. Ähnlich hat sich das BKartA[222] geäußert, und zwar für den Fall von Investitionen in neue Produktionskapazitäten.

Der TechTraVO hat diese Regelung weitgehend unverändert in Art. 3 Nummer 2 übernommen.

Abschnitt 8
Lizenzgebühren

409 Gemäß Art. 3 Nummer 4 PatLizVO waren solche Lizenzgebühren nicht gruppenfreigestellt, die sich auf Vertragsprodukte beziehen, „die nicht ganz oder teilweise **vom Patent gedeckt** sind oder nach dem patentierten Verfahren hergestellt werden, oder für die **Benutzung von technischem Wissen**, das **offenkundig** geworden ist"[223]. Wurde das **Offenkundigwerden des technischen Wissens** hingegen durch den **Lizenznehmer verursacht**, ist die Fortsetzung der Gebührenzahlungspflicht **zulässig und gruppenfreigestellt**[224]. Allerdings konnte die Lizenzgebührenpflicht dann hinsichtlich der für nicht patentierte Vertragsprodukte oder für offenkundiges Wissen bezahlten Lizenzgebüh-

---

218 Vgl. hierzu *Stumpf*, Lizenzvertrag, Anm. 648; *Bartenbach/Gennen*, Rz. 2121.
219 Vgl. hierzu *Stumpf*, Lizenzvertrag, Anm. 648.
220 *Axster* in GRUR Int. 1985/590 f.; *Bartenbach/Gennen*, Rz. 2130; *Küchler*, S. 92 f.
221 GRUR Int. 1980/55. Vgl. hierzu *Pagenberg/Geissler*, S. 160, 162 (Tz. 261).
222 Vgl. *Pagenberg/Geissler*, S. 162 (Tz. 263); *Bartenbach/Gennen*, Rz. 2143.
223 *Bernhardt/Kraßer*, Anm. II b 4 zu § 42; *Axster* in GRUR Int. 1985/591; *Wedekind*, S. 209 ff.; *Bunte/Sauter*, S. 330; Bericht der EG-Kommission über die Wettbewerbspolitik in GRUR Int. 1981/551; EG-Kommission, Beschluss vom 2.12.1975 in GRUR Int. 1976/182; vom 11.7.1983 in GRUR Int. 1984/176 f.; *Stumpf*, Lizenzvertrag, Anm. 649.
224 *Stumpf*, Lizenzvertrag, Anm. 649.

ren zulässig sein, wenn dies eine bloße „**Zahlungsmodalität**" darstellt[225]. Unter diesem Aspekt war auch eine Lizenzgebührenpflicht nach Ablauf des lizenzierten Patents oder nach Offenkundigwerden des lizenzierten technischen oder kaufmännischen Wissens zulässig[226]. Gleiches galt, wenn der Lizenznehmer **kündigungsberechtigt** ist (oder der Vertrag automatisch beendet wird), und dennoch den Vertrag (z. B. aus wirtschaftlichen Gründen) fortsetzt[227]. Hieraus ergab sich auch die Zulässigkeit der **Längstlaufklausel** (vgl. nachfolgenden Abschnitt 9) in gebührenmäßiger Sicht, d. h. es bedarf EWG-kartellrechtlich **keiner Anpassung der Lizenzgebühren bei abnehmendem Schutzrechtsbestand**[228]. Problematisch war dagegen die Gebührenberechnung nach dem **Gesamtpreis eines Produkts**, wenn nur einzelne Teile desselben lizenziert sind[229], es sei denn, dass es sich um „Zahlungsmodalitäten" handelte. Die TechTraVO hat die Grundkonzeption dieser Regelung in Art. 2 Abs. 1 Nummer 7 übernommen.

Die Vereinbarung von **Mindestlizenzgebühren** (oder von Mindestmengen des Vertragsprodukts beziehungsweise von Mindestzahlen von Benutzungshandlungen) war gemäß Art. 2 Abs. 1 Nummer 2 PatLizVO beziehungsweise Art. 2 Abs. 1 Nummer 9 Know-how-VO zulässig[230]. Dies galt in gleicher Weise für **ausschließliche** wie für **nicht-ausschließliche** Lizenzen[231], auch wenn die Vereinbarung von Mindestlizenzgebühren eher für die ausschließliche Lizenz typisch ist, da der Lizenzgeber hier (außerhalb von Ausübungspflichten) keine wirtschaftliche Absicherung hat[232]. Vgl. hierzu auch oben § 18, Abschnitt 4 (6. Kapitel). Die TechTraVO hat diese Regelung in Art. 2 Abs. 1 Nummer 9 im Wesentlichen übernommen.

Abschnitt 9

Längstlaufklausel

Bei einem Bündel von lizenzierten Patenten oder entsprechendem Know-how ist eine so genannte **Längstlaufklausel** (vgl. hierzu Rz. 198, 215, 370, 388) **410**

– Anhanganlagen 1, 2 und 3 (Randziffer 49), 4 (Randziffer 11.1)
und 7 (Randziffer 15.1) –

üblich. Sie besagt, dass der Lizenzvertrag spätestens mit dem Ablauf des **letzten lizenzierten Patents** oder dem **Offenkundigwerden des zuletzt mitgeteilten Know-how** endet. Nach deutschem Kartellrecht ist eine solche Klausel zulässig[233]. Vgl. hierzu

---

225 Vgl. *Bernhardt/Kraßer*, Anm. II b 4 zu § 42; *Stumpf*, Lizenzvertrag, Anm. 649; *Axster* in GRUR Int. 1985/591; WuW/E BGH 100; WuW/E BGH 531.
226 *Bernhardt/Kraßer*, Anm. 11 b 4 zu § 42; *Axster* in GRUR Int. 1985/591.
227 Vgl. Urteil des EuGH vom 12.5.1989 in GRUR Int. 1990/458.
228 Vgl. *Axster* in GRUR 1985/592; *Küchler*, S. 78.
229 Vgl. *Küchler*, S. 78; *Pagenberg/Geissler*, S. 130, 132 (Tz. 193–196); EuGH GRUR Int. 1986/635.
230 Vgl. hierzu *Stumpf*, Lizenzvertrag, Anm. 634; *Bartenbach/Gennen*, Rz. 1770.
231 Vgl. *Stumpf*, Lizenzvertrag, Anm. 634.
232 Vgl. *Stumpf*, Lizenzvertrag, Anm. 634.
233 *Stumpf*, Lizenzvertrag, Anm. 557; *Axster* in GRUR 1985/591; *Haver/Mailänder*, S. 103; *Benkard*, Anm. 158 zu § 15; *Pagenberg/Geissler*, S. 176, 178 (Tz. 291); *Henn*, S. 101 f. mit Nachweisen; BGHZ 17/41, 55.

Rz. 370. Sie war jedoch nach Art. 3 Nummer 2 PatLizVO beziehungsweise Art. 3 Nummer 10 Know-how-VO **nicht gruppenfreigestellt**, es sei denn, dass eine **mindestens jährliche Kündigungsmöglichkeit** vorgesehen war[234]. Soweit **nicht offenkundig gewordenes Know-how** lizenziert wurde, konnte der Vertrag fortgeführt werden[235].

Die TechTraVO hat diese Regelung in Art. 8 Abs. 3 übernommen, allerdings mit der Maßgabe, dass der Lizenzvertrag **mindestens alle drei Jahre gekündigt** werden kann.

Abschnitt 10
Die Lizenzierung von Know-how unter Berücksichtigung der früheren Know-how-VO sowie der TechTraVO

411 Für **reine Know-how-Lizenzverträge** galt (vgl. Rz. 387) ab 1.4.1989 die Gruppenfreistellungsverordnung (EWG) Nr. 556/89 der Kommission vom 30.11.1988 **(Know-how-VO)**[236]. Diese Verordnung ist durch die **TechTraVO**[237] mit Wirkung vom 31.3.1996 aufgehoben und durch diese VO ab 1.4.1996 ersetzt worden. Vgl. Rz. 387. Für die am 31.3.1996 bereits bestehenden Verträge gilt jedoch das **alte Recht** gemäß Art. 11 Abs. 3 TechTraVO weiter. Unter Berücksichtigung dessen wurde dieses neue Recht, das sich nur wenig von dem bisherigen unterscheidet, in den vorausgegangenen Abschnitten 1 bis 9 unter jeweiligem Hinweis auf die bisherigen Vorschriften der Pat LizVO und der Know-how-VO dargestellt. Vgl. hierzu Rz. 387. Im Hinblick auf die gesonderte Figur des reinen Know-how-Lizenzvertrags, der wegen des fehlenden Patentschutzes in Bezug auf seine Laufzeit möglicherweise langfristiger ausgelegt ist als der Patentlizenzvertrag oder der kombinierte Patent-Know-how-Lizenzvertrag, rechtfertigt sich gleichgerichtet die nachfolgende Darstellung nach **Maßgabe der früheren Know-how-VO unter Gegenüberstellung der TechTraVO.**

In Art. 1 Abs. 7 Nummern 1–4 Know-how-VO war die **Begriffsbestimmung** des **„Know-how"** verankert. Hierunter ist jedes **„wesentliche" geheime technische** Wissen zu verstehen, das in geeigneter Form **identifiziert** ist (Art. 1 Abs. 7 Nummer 1 Know-how-VO)[238]. Der Begriff „geheim" entspricht dem Begriff „Nichtoffenheit" (Art. 1 Abs. 7 Nummer 2 Know-how-VO)[239]. Vgl. hierzu Rz. 9, 368, wobei zu beachten ist, dass der **kartellrechtliche** Know-how-Begriff nach Ansicht der EU-Kommission[240] das **betriebswirtschaftliche Wissen**, wenn es nicht in untrennbarem Zusammenhang mit dem technischen Wissen steht, **nicht erfasst**. „Wesentlich" ist Know-how dann, wenn

---

234 *Axster* in GRUR Int. 1985/591 f.; *Bernhardt/Kraßer*, Anm. II b 4 zu § 42; *Pagenberg/Geissler*, S. 178 (Tz. 292); EG-Kommission, Beschluss vom 12.7.1985 in GRUR Int. 1986/116; *Küchler*, S. 119 ff.
235 Vgl. hierzu *Stumpf*, Lizenzvertrag, Anm. 647, unter Hinweis auf BE 20.
236 Vgl. oben Anm. 11, sowie Einleitung zu diesem § 28.
237 Vgl. oben Anm. 11, sowie Einleitung zu diesem § 28.
238 Vgl. hierzu *Gaul/Bartenbach*, Handbuch, Tz. Q 245; *Stumpf*, Lizenzvertrag, Anm. 672 ff.; *Bartenbach/Gennen*, Rz. 780, 781.
239 Vgl. hierzu *Gaul/Bartenbach*, Handbuch, Tz. Q 9,9 a
240 Vgl. *Stumpf*, Lizenzvertrag, Anm. 685, der diese Ansicht zu Recht kritisiert. Diese in BE 1 verankerte Auffassung lässt die große wirtschaftliche Bedeutung betriebswirtschaftlichen Wissens außer Ansatz.

es für die Herstellung oder die Entwicklung eines Erzeugnisses oder für eine Dienstleistung von Bedeutung ist, wobei alltägliche Informationen ausgeschlossen sind (Art. 1 Abs. 7 Nummer 3 Know-how-VO)[241]. Know-how muss somit nützlich für den Lizenznehmer sein, d. h. im Zeitpunkt des Vertragsabschlusses muss erwartet werden können, dass sich durch seine Verwendung die Wettbewerbsstellung des Lizenznehmers verbessert[242]. Der Begriff „identifiziert" bedeutet, dass das „Know-how" überprüfungsfähig beschrieben oder auf Träger aufgenommen ist (Art. 1 Abs. 7 Nummer 4 Know-how-VO). Diese Begriffsbestimmungen nach der **Know-how-VO** werden durch die **TechTraVO** im Wesentlichen übernommen (Art. 10 Nummern 1, 2, 3 und 4).

In Art. 1 Abs. 1 Nummern 1–8 Know-how-VO (jetzt Art. 1 Abs. 1 Nummern 1–8 TechTraVO) war geregelt, dass gemäß Art. 81 (früher Art. 85) Abs. 3 EWGV Know-how-Lizenzverträge zwischen zwei Unternehmen mit folgenden Verpflichtungen von der Anwendung des Art. 81 (früher Art. 85) Abs. 1 EWGV gruppenfreigestellt sind[243]:   **412**

1. Die Verpflichtung des Lizenzgebers, anderen Unternehmen die Nutzung des lizenzierten Know-how im Vertragsgebiet nicht zu gestatten (Ausschließlichkeitsklausel)[244].
2. Die Verpflichtung des Lizenzgebers, das lizenzierte Know-how im Vertragsgebiet nicht selbst zu nutzen (Selbstausschluss)[245].
3. Die Verpflichtung des Lizenznehmers, das lizenzierte Know-how in denjenigen Vertragsgebieten innerhalb der EU nicht zu nutzen, die dem Lizenzgeber vorbehalten sind[246].
4. Die Verpflichtung des Lizenznehmers, in denjenigen Vertragsgebieten innerhalb der EU das Vertragsprodukt nicht herzustellen oder zu benutzen, oder das Lizenzverfahren nicht zu betreiben, die anderen Lizenznehmern vorbehalten sind[247].
5. Die Verpflichtung des Lizenznehmers, keine aktive Vertriebspolitik in denjenigen Vertragsgebieten innerhalb der EU, die an andere Lizenznehmer lizenziert sind, in Bezug auf das Vertragsprodukt zu betreiben, insbesondere keine diesbezügliche Werbung in diesen Vertragsgebieten durchzuführen oder dort Filialen oder Auslieferungslager zu unterhalten[248].
6. Die Verpflichtung des Lizenznehmers, das Vertragsprodukt in denjenigen Vertragsgebieten innerhalb der EU nicht in Verkehr zu bringen, die an andere Lizenznehmer lizenziert sind[249].
7. Die Verpflichtung des Lizenznehmers, nur das Warenzeichen des Lizenzgebers oder die von diesem bestimmte Aufmachung zu verwenden, um das Vertragsprodukt während der Laufzeit des Vertrags von anderen zu unterscheiden, soweit der

---

241 Vgl. hierzu *Gaul/Bartenbach*, Handbuch, Tz. Q 9 b.
242 Vgl. hierzu *Gaul/Bartenbach*, Handbuch, Tz. Q 9 b.
243 Vgl. hierzu *Stumpf*, Lizenzvertrag, Anm. 683 ff.
244 Vgl. hierzu *Stumpf*, Lizenzvertrag, Anm. 691.
245 Vgl. hierzu *Stumpf*, Lizenzvertrag, Anm. 691.
246 Vgl. hierzu *Stumpf*, Lizenzvertrag, Anm. 692.
247 Vgl. hierzu *Stumpf*, Lizenzvertrag, Anm. 693.
248 Vgl. hierzu *Stumpf*, Lizenzvertrag, Anm. 694.
249 Vgl. hierzu *Stumpf*, Lizenzvertrag, Anm. 694.

Lizenznehmer nicht gehindert wird, sich als Hersteller des Vertragsprodukts zu bezeichnen[250].

8. Die Verpflichtung des Lizenznehmers, die Herstellung von Vertragsprodukten auf diejenigen Mengen zu beschränken, die erforderlich sind, um seine eigenen Erzeugnisse herzustellen und das Vertragsprodukt lediglich als einen integralen Bestandteil oder Ersatzteil für seine eigenen Produkte oder in anderer Weise in Verbindung mit dem Verkauf seiner eigenen Erzeugnisse zu vertreiben, soweit solche Mengen allein durch den Lizenznehmer festgesetzt werden[251].

413 Unter „Vertragsgebiet" war gemäß Art. 1 Abs. 7 Nummer 11 Know-how-VO (jetzt Art. 10 Nummer 11 TechTraVO) das Gebiet zu verstehen, das den gemeinsamen Markt insgesamt oder wenigstens zum Teil umfasst, wo der Lizenznehmer berechtigt ist, das lizenzierte Know-how zu benutzen.

Die bisher wichtige **Abgrenzung der Know-how-VO zur PatLizVO**[252] hat wegen deren Zusammenfassung in der TechTraVO[253] **keine besondere Bedeutung** mehr, wenn auch in der TechTraVO verschiedentlich von „reinen" Patentlizenzverträgen, „reinen" Know-how-Lizenzverträgen und „gemischten" (kombinierten) Patent-Know-how-Lizenzverträgen gesprochen wird. So in Art. 1 Abs. 2, Abs. 3 und 4, Art. 8 Abs. 3 sowie Art. 10 Nummer 6.

Unter einem **„reinen" Patent-Lizenzvertrag** war ein Lizenzvertrag zu verstehen, der sich nur auf Schutzrechte beziehungsweise Patente und Patentanmeldungen bezieht[254] (vgl. Rz. 387).

Unter einem **„reinen" Know-how-Lizenzvertrag** war ein Lizenzvertrag zu verstehen, der sich nur auf Know-how bezieht[255] (vgl. Rz. 387).

Unter einem **„kombinierten" (gemischten) Patent-Know-how-Lizenzvertrag** war ein Lizenzvertrag zu verstehen, der sich sowohl auf Schutzrechte beziehungsweise Patente und Patentanmeldungen als auch auf Know-how bezieht[256] (vgl. Rz. 387).

Außerhalb der beiden vorerwähnten Definitionen des „reinen" Know-how-Lizenzvertrags und des „kombinierten" (gemischten) Patent-Know-how-Lizenzvertrags in Art. 1 Abs. 7 Nummern 5 und 6 Know-how-VO waren in den Nummern 1–4 sowie 7–13 des Art. 1 Abs. 7 Know-how-VO weitere **wichtige Definitionen** verankert, die sich jetzt in Artikel 10 TechTraVO befinden[257]. Zu nennen sind insbesondere die Definitionen für **„geheim"** (Nummer 2 Know-how-VO, Nummer 2 TechTraVO), **„identifiziert"** (Nummer 4 Know-how-VO, Nummer 4 TechTraVO), **„Vertragsgebiet"** (Nummer 11 Know-how-VO, Nummer 11 TechTraVO) und **„verbundene Unternehmen"** (Nummer 13 Know-how-VO, Nummer 14 TechTraVO).

---

[250] Vgl. hierzu *Stumpf*, Lizenzvertrag, Anm. 695.
[251] Vgl. hierzu *Stumpf*, Lizenzvertrag, Anm. 696.
[252] Vgl. hierzu Rz. 387 sowie *Stumpf*, Lizenzvertrag, Anm. 697 und *Gaul/Bartenbach*, Handbuch, Tz. Q 237 ff.
[253] Vgl. hierzu BE 3 zu dieser Verordnung.
[254] Vgl. hierzu BE 2 zur PatLizVO.
[255] Vgl. hierzu Art. 1 Abs. 7 Nummer 5 Know-how-VO.
[256] Vgl. hierzu Art. 1 Abs. 7 Nummer 6 Know-how-VO.
[257] Vgl. hierzu *Stumpf*, Lizenzvertrag, Anm. 823 ff.; *Bartenbach/Gennen*, Rz. 2556–2559.

Sechs der acht in Art. 1 Abs. 1 Know-how-VO verankerten gruppenfreigestellten Verpflichtungen wurden in Art. 1 Abs. 2 Know-how-VO **zeitlich befristet**, und zwar für 10 Jahre die Nummern 1–5 und für 5 Jahre die Nummer 6. Diese Frist lief hinsichtlich des jeweils lizenzierten Know-how für die Nummern 1–3 ab Unterzeichnung des ersten Know-how-Lizenzvertrags für das lizenzierte Vertragsgebiet innerhalb der EU. Für die Nummern 4–6 begann die Frist ab Unterzeichnung des ersten Know-how-Lizenzvertrags für das Gesamtgebiet der EU. In der TechTraVO sind diese Fristbestimmungen in Art. 1 Abs. 3 verankert, nunmehr ab erstem Inverkehrbringen des Vertragsprodukts.

414

In Art. 2 Abs. 1 Nummern 1–12 Know-how-VO waren parallel zur PatLizVO (und zur TechTraVO) eine Reihe von Standardklauseln (so genannte **weiße Liste**)[258] gruppenfreigestellt, die in der Regel nicht wettbewerbsbeschränkend sind, nämlich (jetzt Art. 2 Abs. 1 Nummern 1–13, 15, 17, 18 TechTraVO):

415

1. Die Verpflichtung des Lizenznehmers, das empfangene Know-how während und nach der Laufzeit des Lizenzvertrags geheim zu halten **(Geheimhaltungsklausel)**.
2. Die Verpflichtung des Lizenznehmers, keine Unterlizenzen zu gewähren oder die Lizenz nicht weiter zu übertragen **(Unterlizenzierungs- und Übertragungsverbot)**.
3. Die Verpflichtung des Lizenznehmers, das Know-how nach Beendigung des Lizenzvertrags nicht mehr zu nutzen, soweit und solange dieses noch geheim ist **(Benutzungsverbot)**.
4. Die Verpflichtung des Lizenznehmers, dem Lizenzgeber sein eigenes Know-how verfügbar zu machen, wobei bestimmte Bedingungen zu beachten sind **(Austausch von Know-how)**.
5. Die Verpflichtung des Lizenznehmers zur Einhaltung von Mindestqualitätsbedingungen für das Vertragsprodukt oder zum Bezug von Erzeugnissen oder Dienstleistungen vom Lizenzgeber oder einem von diesem benannten Dritten **(technisch einwandfreie Nutzung sowie Bezugspflicht)**.
6. Die Verpflichtung des Lizenznehmers zur Information über die missbräuchliche Nutzung von Know-how oder die Verletzung von lizenzierten Patenten, und hiergegen gerichtlich vorzugehen beziehungsweise den Lizenzgeber bei der entsprechenden Rechtsverfolgung zu unterstützen **(Verteidigung des lizenzierten Know-how)**.
7. Die Verpflichtung des Lizenznehmers im Falle des Offenkundigwerdens von Know-how ohne Zutun des Lizenzgebers, zur Fortzahlung der vertraglichen Lizenzgebühren bis zur Beendigung des Lizenzvertrags, wobei bestimmte Bedingungen zu beachten sind **(Gebührenfortzahlungsverpflichtung)**.
8. Die Verpflichtung des Lizenznehmers, die Benutzung des Know-how auf ein oder mehrere technische Anwendungsgebiete oder Produktmärkte zu beschränken **(Beschränkung des sachlichen und örtlichen Vertragsgebiets)**.
9. Die Verpflichtung des Lizenznehmers zur Zahlung von Mindestlizenzgebühren oder zur Herstellung von Mindestmengen des Vertragsprodukts oder zu einer

---

258 Vgl. *Bunte/Sauter*, S. 486; *Stumpf*, Lizenzvertrag, Anm. 699 ff., 952 ff.; *Emmerich*, Anm. 10b zu § 37; *Bartenbach/Gennen*, Rz. 808–825; *Gaul/Bartenbach*, Handbuch, Tz. Q 254–262. Vgl. hierzu Rz. 396.

Mindesttätigkeit in der Benutzung von Know-how (**Mindestgebührenverpflichtung sowie Ausübungspflicht**).

10. Die Verpflichtung des Lizenzgebers zur Gewährung günstiger Bedingungen gegenüber dem Lizenznehmer, die der Lizenzgeber anderen Unternehmen nach Abschluss des Lizenzvertrags einräumt (**Meistbegünstigungsklausel**).
11. Die Verpflichtung des Lizenznehmers zur Kennzeichnung des Vertragsprodukts (**Kennzeichnungspflicht**).
12. Die Verpflichtung des Lizenznehmers, das Know-how des Lizenzgebers nicht zu nutzen, um für Dritte Anlagen zu errichten (**Beschränkung des persönlichen Vertragsgebiets**).
13. Die Verpflichtung des Lizenznehmers hinsichtlich der Liefermenge sowie der Nutzung der Technologie (**Mengen- und Nutzungsbeschränkung**).
14. Die Vorbehalte des Lizenzgebers betreffend den **Angriff** auf das Know-how und die **Ausschließlichkeit**.

416 Gemäß Art. 3 Nummer 1 Know-how-VO galt die Gruppenfreistellung des Art. 1 Abs. 1 Know-how-VO dann nicht, wenn der Lizenznehmer vertraglich daran gehindert war, das lizenzierte Know-how nach Beendigung des Lizenzvertrags weiterzubenutzen, obwohl dieses ohne Vertragsverletzung des Lizenznehmers offenkundig geworden war. Diese Bestimmung gehörte zum Katalog der so genannten **schwarzen Liste**, die in Art. 3 Know-how-VO verankert war[259]. Diesbezüglich ist auf Art. 1 Abs. 3 TechTraVO hinzuweisen. Vgl. hierzu oben Rz. 414 a. E.

417 In Art. 4 Know-how-VO war das **Widerspruchsverfahren** (für die so genannte **graue Zone**)[260] verankert. Es geht hier um Beispielsfälle für solche Vorgänge, die nicht von vornherein freigestellt werden sollten. Parallel zur PatLizVO sah diese Vorschrift vor, dass der Rechtsvorteil der Freistellung nach Art. 1 und 2 Know-how-VO auch Vereinbarungen mit solchen wettbewerbsbeschränkenden Verpflichtungen zugute kommen kann, die in diesen Artikeln nicht genannt sind, jedoch unter Art. 3 Know-how-VO fallen. Erhebt die Kommission nicht binnen **sechs Monaten** nach Antragseingang Widerspruch gegen die Freistellung, konnten sich die Vertragspartner auf den Rechtsvorteil der Freistellung berufen. Dieses Widerspruchsverfahren ist nach Maßgabe von Art. 4 TechTraVO unter **Verkürzung der Widerspruchsfrist auf vier Monate** nach Maßgabe der Verordnung (EG) Nr. 3385/94 vom 21.12.1994[261] im Wesentlichen übernommen worden. Vgl. hierzu auch Rz. 391.

418 Gemäß Art. 5 Abs. 1 Nummer 1 Know-how-VO galt die **Gruppenfreistellung nicht für Vereinbarungen** zwischen den Mitgliedern einer **Patent- oder Know-how-Gemeinschaft**[262]. Diese Regelung wurde uneingeschränkt durch die TechTraVO (Art. 5 Abs. 1 Nummer 1) übernommen. Vgl. hierzu oben § 12 (3. Kapitel).

419 In Art. 7 Know-how-VO war geregelt, dass die EU-Kommission den Rechtsvorteil der Know-how-VO wieder entziehen kann, wenn sie im Einzelfall feststellte, dass die Frei-

---

259 Vgl. *Bunte/Sauter*, S. 486; *Stumpf*, Lizenzvertrag, Anm. 719; *Bartenbach/Gennen*, Rz. 826 bis 834; *Gaul/Bartenbach*, Handbuch, Tz. Q 263–265. Vgl. hierzu Rz. 396.
260 Vgl. hierzu *Gaul/Bartenbach*, Handbuch, Tz. Q 266; *Bartenbach/Gennen*, Rz. 835–839; *Stumpf*, Lizenzvertrag, Anm. 731, 732.
261 Vgl. oben Anm. 11.
262 Vgl. hierzu *Gaul/Bartenbach*, Handbuch, Tz. Q 247; *Stumpf*, Lizenzvertrag, Anm. 733, 734.

stellung Wirkungen hat, die mit den in Art. 81 (früher Art. 85) Abs. 3 EWGV vorgesehenen Voraussetzungen unvereinbar sind[263]. Diese Regelung wurde in angepasster Form durch die TechTraVO (Art. 7) übernommen.

Alle vor dem 1.4.1989 angemeldeten Know-how-Lizenzverträge galten rückwirkend von dem Zeitpunkt ab als gruppenfreigestellt, in dem die Voraussetzungen der Know-how-VO erfüllt waren, frühestens vom Tag der Anmeldung an (Art. 8 Abs. 2 Know-how-VO). Zum In-Kraft-Treten der TechTraVO am 1.4.1996 vgl. oben Rz. 411. **420**

Die EU-Kommission hat zu Know-how-Lizenzen eine größere Zahl von Einzelfreistellungsentscheidungen getroffen, die sich vor allem mit der **„Wesentlichkeit"** von Beschränkungen befassen[264]. **421**

---

263 Vgl. hierzu *Gaul/Bartenbach*, Handbuch, Tz. Q 267; *Stumpf*, Lizenzvertrag, Anm. 736; *Wiedemann*, Bd. 2, S. 470.
264 Vgl. hierzu *Gaul/Bartenbach*, Handbuch, Tz. Q 268–270; *Stumpf*, Lizenzvertrag, Anm. 673 ff.

8. Kapitel
Sonstige Vertragsbestimmungen

422 Neben den in den Kapiteln 1–7 behandelten „großen" Vertragsthemen, also den Grundlagen und Hauptpunkten jedes Lizenzvertrags, gibt es noch eine Reihe von Punkten, deren Regelung im Vertrag entweder empfehlenswert oder zumindestens nützlich ist. Die hier auftretenden Fragen und Probleme unterscheiden sich von den vorerwähnten Hauptpunkten vor allem dadurch, dass sie keinen typisch lizenzrechtlichen Charakter haben, sondern allgemein vertragsrechtlich zu beurteilen sind.

In den nachfolgenden §§ 29–33 werden folgende Vertragspunkte behandelt:
1. steuerrechtliche Fragen (§ 29),
2. Meistbegünstigung und Nicht-Diskriminierung (§ 30),
3. Recht und Gerichtsstand, Schiedsvereinbarung, Vertragssprache (§ 31),
4. Genehmigung und In-Kraft-Treten (§ 32),
5. Nebenbestimmungen (§ 33).

§ 29 Steuerrechtliche Fragen

423 Die **Besteuerung der Lizenzgebühren** hat sowohl **nationale** als auch **internationale Aspekte**[1]. Sie ist in erster Linie einkommen- bzw. körperschaftsteuerrechtlich und umsatzsteuerrechtlich, aber auch vermögensteuer- und gewerbesteuerrechtlich von Bedeutung. Das Steuerrecht untersteht dem **öffentlichen Recht** und ist damit im Gegensatz zum Lizenzvertrag, der dem Privatrecht angehört, der **Parteidisposition (Parteiautonomie) entzogen**[2]. Der Parteidisposition unterliegt lediglich die Gestaltung der Besteuerungsgrundlagen, soweit diese nicht ausschließlich zum Zwecke der Umgehung der Besteuerung bzw. einer bestimmten Besteuerung erfolgt, sowie des **vertragsrechtlichen finanziellen Ausgleichs (Besteuerungsklausel)**[3]. Zwischen der Besteuerung von Einkünften aus Schutzrechten einerseits und Know-how andererseits bestehen grundsätzlich keine Unterschiede[4].

424 Für die Art und Höhe der Besteuerung ist entscheidend, welches **nationale Steuerrecht** Anwendung findet. Da die Einkünfte durch den **Lizenzgeber** erzielt bzw. die Umsätze (Leistungen durch Lizenzierung von Schutzrechten und Know-how) durch diesen getätigt werden, gelten für die Besteuerung der Lizenzgebühren die Bestim-

---
1 Vgl. hierzu *Stumpf*, Lizenzvertrag, Anm. 500 ff., 441 ff.; *ders.*, Know-how-Vertrag, Anm. 190 ff.; *Henn* S. 144 ff.; *Grützmacher*, S. 35 ff.; *Bartenbach/Gennen*, Rz. 3170 ff.
2 *Knoppe*, S. 28, 29.
3 Vgl. hierzu *Henn*, S. 144.
4 Vgl. *Stumpf*, Lizenzvertrag, Anm. 500; *ders.*, Know-how-Vertrag, Anm. 441 a. E.

mungen des für dessen **Sitz bzw. Wohnsitz, gewöhnlichen Aufenthalt oder Geschäftsleitung** maßgeblichen **nationalen Steuerrechts**[5]. Der **Lizenznehmer** als Gebührenschuldner ist nur insoweit betroffen, als für ihn bei **internationalen Vertragsbeziehungen** (Vertragspartner mit Sitz bzw. Wohnsitz oder Geschäftsleitung in verschiedenen Staaten) eine **Quellensteuer** nach Maßgabe des an seinem **Sitz bzw. Wohnsitz, gewöhnlichem Aufenthalt** oder **Geschäftsleitung** geltenden **nationalen Steuerrechts** erhoben wird[6]. Ob und inwieweit dieser Abzug auf die Steuerschuld in **Anrechnung** kommt, ist Gegenstand des für den Lizenzgeber maßgeblichen Steuerrechts bzw. etwaiger internationaler Abkommen zwischen den beiden betroffenen Staaten zur Vermeidung der Doppelbesteuerung **(Doppelbesteuerungsabkommen = DBA)**[7]. Beim Lizenznehmer stellt die bezahlte Lizenzgebühr steuerlichen Aufwand (Betriebsausgaben) dar, d.h. seine steuerlichen Einkünfte werden entsprechend gemindert[8].

Nachfolgend ist die steuerliche Behandlung der Lizenzgebühren bei Lizenzverträgen ohne Auslandsbezug (Auslandsberührung) und mit Auslandsbezug zu erörtern. Es folgt eine Erörterung der vertraglichen Konsequenzen unter dem Titel „Besteuerungsklausel". 425

Abschnitt 1
Lizenzverträge ohne Auslandsbezug

Gemäß § 21 Abs. 1 S. 1 Nummer 3 EStG 1997[9] stellen Einkünfte aus „zeitlich begrenzter Überlassung von Rechten, insbesondere von ... gewerblichen Urheberrechten, von gewerblichen Erfahrungen ...", **Einkünfte aus Vermietung und Verpachtung** dar. Diese Einkünfte gehen damit auch in die Berechnung der Körperschaftsteuer gemäß KStG 1999[10] und der Gewerbesteuer gemäß GewStG 1999[11] ein, wo keine Besonderheiten gelten[12]. Bei der **Vermögensteuer** gemäß VStG[13] und bei der Gewerbekapitalsteuer werden die Lizenzgeberrechte als solche grundsätzlich nicht bilanziert[14], sondern lediglich die Erfindung bzw. Schutzrechte, also die Stämme dieser Rechte, soweit es sich um Diensterfindungen handelt, die an Dritte lizenziert oder in sonstiger Weise 426

---

5 *Stumpf*, Lizenzvertrag, Anm. 441.
6 *Stumpf*, Lizenzvertrag, Anm. 411; *Henn*, S. 144 ff. mit Nachweisen; *Grützmacher*, S. 38 ff.
7 *Stumpf*, Lizenzvertrag, Anm. 441; *Grützmacher*, S. 38.
8 *Stumpf*, Lizenzvertrag, Anm. 501; *ders.*, Know-how-Vertrag, Anm. 190.
9 In der Fassung vom 16.4.1997 (BGBl I S. 821), geändert insbesondere durch Gesetz vom 23.10.2000 (BGBl I S. 1433). Vgl. hierzu *Frotscher*, Anm. 20 zu § 21; *Herrmann/Heuer/Raupach*, Anm. 12 ff. zu § 21.
10 In der Fassung vom 22.4.1999 (BGBl I S. 817), geändert durch Gesetze vom 23.10.2000 (BGBl I S. 1433) und vom 19.12.2000 (BGBl I S. 1790).
11 In der Fassung vom 19.5.1999 (BGBl I S. 1010), geändert durch Gesetze vom 23.10.2000 (BGBl I S. 1433) und vom 19.12.2000 (BGBl I S. 1790).
12 *Stumpf*, Lizenzvertrag, Anm. 501, 503 mit Nachweisen.
13 In der Fassung vom 14.11.1990 (BGBl I S. 2467). Aufgrund des Beschlusses des BVerfG vom 22.6.1995 (2 BvL 37/91 = BGBl I S. 1191 = NJW 1995/2615) wird die Vermögensteuer wegen ihrer teilweisen Verfassungswidrigkeit ab 1997 nicht mehr erhoben.
14 *Stumpf*, Lizenzvertrag, Anm. 502; *ders.*, Know-how-Vertrag, Anm. 190.

gegen Entgelt überlassen werden[15]. Know-how ist nicht bilanzierungspflichtig[16]. Dies folgt aus § 95 Abs. 1 BewG i.V.m. § 15 Abs. 2 EStG 1997[17]. Handelt es sich dagegen nicht um Diensterfindungen (also beispielsweise um persönliche Erfindungen des Betriebsinhabers oder einer Einzelperson), besteht keine Bilanzierungspflicht. Gemäß Abschnitt 64 der Vermögensteuer-Richtlinien wird der Bewertung eine 8-jährige Nutzungsdauer (Kapitalisierung) zugrundegelegt[18].

427 Die **Einkommensteuerpflicht der Lizenzeinnahmen** setzt gemäß § 1 Abs. 1 S. 1 EStG 1997 grundsätzlich voraus, dass die **lizenzgebende natürliche Person** im Inland (BRD) ihren Wohnsitz oder ihren gewöhnlichen Aufenthalt hat **(unbeschränkte Steuerpflicht)**. Gleiches gilt gemäß § 1 Abs. 1 KStG 1999 für die **Körperschaftsteuerpflicht bei lizenzgebenden juristischen Personen**, die ihre Geschäftsleitung oder ihren Sitz im Inland haben. Auf die Residenzverhältnisse des Lizenznehmers kommt es nicht an. Zum **Quellensteuerabzug** bei Lizenzgebühren, die durch Lizenznehmer, die im Ausland (alles, was nicht Inland ist) residieren, bezahlt werden, vgl. nachfolgenden Abschnitt 2.

428 Gemäß § 1 Abs. 1 Nummer 1 i.V.m. § 3 Abs. 9 UStG 1999[19] stellt die Lizenzierung von Patenten und Know-how eine **„Sonstige Leistung" des Lizenzgebers** dar, die **umsatzsteuerpflichtig** ist, wenn die Lizenzierung „im Rahmen seines Unternehmens", also **unternehmensbezogen** und nicht privat, sowie **„gegen Entgelt"** erfolgt. Als „Unternehmer" gilt gemäß § 2 Abs. 1 S. 1 UStG 1999 derjenige, der „eine gewerbliche oder berufliche Tätigkeit selbständig ausübt". Hierunter ist gemäß § 2 Abs. 1 S. 3 UStG 1999 „jede **nachhaltige Tätigkeit** zur Erzielung von Einnahmen" zu verstehen, also nicht die gelegentliche. Außerdem muss die Lizenzierung im **Inland** („Erhebungsgebiet" gemäß § 1 Abs. 2 S. 1 UStG 1999) erfolgen, was voraussetzt, dass der **Lizenznehmer sein Unternehmen im Inland betreibt**. Dies folgt – abweichend von § 3 a Abs. 1 UStG 1999 – aus § 3 a Abs. 3 und 4 Nummern 1 und 5 UStG 1999 und bedingt, dass der **Lizenznehmer Unternehmer** ist. Liegen diese Voraussetzungen nicht vor, verbleibt es bei der Regelung des § 3 a Abs. 1 UStG 1999, d.h. der **Lizenzgeber** muss **sein Unternehmen im Inland betreiben**. Hat der **Lizenznehmer**, der nicht Unternehmer ist, seinen Sitz oder Wohnsitz außerhalb der EU, entfällt allerdings auch dann die Umsatzsteuerpflicht, wenn der Lizenzgeber **sein Unternehmen im Inland betreibt**. Auf den örtlichen Geltungsbereich des lizenzierten Patents (§ 9 PatG 1981) kommt es hierbei nicht an, zumal bei jedem lizenzierten Patent von Parallelanmeldungen im Ausland (alles, was nicht Inland ist) auszugehen ist und eine Aufteilung der Lizenzgebühren auszuschließen ist. Bemessungsgrundlage für die Umsatzsteuer ist das Entgelt, also die Lizenzgebühr (§ 10 Abs. 1 S. 1 UStG 1999).

---

15 *Stumpf*, Lizenzvertrag, Anm. 502.
16 *Stumpf*, Know-how-Vertrag, Anm. 190.
17 BewG in der Fassung vom 1.2.1991 (BGBl I S. 230), geändert durch Gesetze vom 20.12.1996 (BGBl I S. 2049) und vom 19.12.2000 (BGBl I S. 1790).
18 Kritisch hierzu *Stumpf*, Lizenzvertrag (5. Aufl., 1984), Anm. 502; *Reuter* in BB 1983/494.
19 In der Fassung vom 9.6.1999 (BGBl I S. 1270), geändert durch Gesetz vom 23.10.2000 (BGBl I S. 1433).

Soll die Steuerbelastung vertragsrechtlich anders gestaltet werden, als dies den steuerrechtlichen Gegebenheiten entspricht, müssen die Vertragspartner in einer Besteuerungsklausel (vgl. hierzu den nachfolgenden Abschnitt 3) entsprechende Regelungen treffen.

Abschnitt 2
Lizenzverträge mit Auslandsbezug

Hat der **Lizenznehmer weder seinen Sitz oder Wohnsitz oder gewöhnlichen Aufenthalt, noch seine Geschäftsleitung im Inland (BRD)**, während der **Lizenzgeber im Inland** residiert, kann nach den Vorschriften des für den Lizenznehmer geltenden nationalen Steuerrechts ein **Quellensteuerabzug** in Bezug auf seine Lizenzgebührenverpflichtung erfolgen. Es ist Aufgabe des Vertragsrechts (vgl. hierzu den nachfolgenden Abschnitt 3) diesen Punkt gegebenenfalls in einer Besteuerungsklausel privatrechtlich zu klären und zu regeln.

429

Gleiches gilt selbstverständlich in Bezug auf das deutsche Steuerrecht für den umgekehrten Fall, in welchem der **Lizenzgeber** seinen Sitz, gewöhnlichen Aufenthalt oder Wohnsitz oder seine Geschäftsleitung im **Ausland** (alles was nicht Inland ist) hat, der Lizenznehmer jedoch im Inland residiert.

Der dritte denkbare Fall (beide Vertragspartner residieren im Ausland) berührt die deutsche Steuergesetzgebung nicht.

Hat der **Lizenzgeber** seinen Sitz, Wohnsitz, gewöhnlichen Aufenthalt oder seine Geschäftsleitung im Inland, ist er hinsichtlich der von dem im **Ausland residierenden Lizenznehmer** vereinnahmten Lizenzgebühren **voll steuerpflichtig**, und zwar sowohl in Bezug auf die Einkommen- und Körperschaftsteuer, als auch betreffend die Vermögen- und Gewerbesteuer[20]. Das folgt aus der so genannten unbeschränkten Steuerpflicht gemäß § 1 Abs. 1 S. 1 EStG 1997[21], § 1 Abs. 1 KStG 1999[22], § 1 Abs. 1 VStG[23] und § 2 Abs. 1 S. 1 GewStG 1999[24]. Deutsche Umsatzsteuer fällt hingegen nicht an, da die „Sonstige Leistung" i.S. § 1 Abs. 1 Nummer 1 S. 1 UStG 1999[25] nicht im Inland erbracht wird, es sei denn der Lizenznehmer ist nicht Unternehmer und hat seinen Wohnsitz, Sitz oder gewöhnlichen Aufenthalt innerhalb der EU (§ 3a Abs. 1 i.V.m. § 3a Abs. 3 und 4 Nummern 1 und 5 UStG 1999). Hingegen kann der im Ausland residierende Lizenznehmer nach seinen Steuergesetzen umsatzsteuerpflichtig sein.

430

Um eine **doppelte Besteuerung** des gleichen Lizenzgebühreneinkommens – beim Lizenznehmer in dessen Herkunftsstaat und beim Lizenzgeber in der BRD – zu vermeiden oder zu vermindern, bestehen zwischen den beiden betroffenen Staaten zum Teil **Doppelbesteuerungsabkommen (DBA)** mit Quellensteuersätzen (Liste),

431

– Anhanganlage 19 –

---
20 Vgl. *Stumpf*, Lizenzvertrag, Anm. 441. Zur Vermögensteuer vgl. oben Anm. 13.
21 Vgl. oben Anm. 9.
22 Vgl. oben Anm. 10.
23 Vgl. oben Anm. 13.
24 Vgl. oben Anm. 11.
25 Vgl. oben Anm. 19.

in denen entweder überhaupt auf die Erhebung einer **Quellensteuer verzichtet** oder diese aber auf 5 %, 10 %, 15 % oder 20 % **beschränkt** wird (meist in Art. 12 dieser Abkommen geregelt), während sie sonst oft 25 %, 30 % oder mehr beträgt[26]. Die BRD hat für Steuern vom Einkommen und Vermögen mit 88 Staaten (2003) DBA abgeschlossen, zu denen insbesondere die anderen 14 Mitgliedstaaten der EU, die USA, Japan sowie Argentinien, Brasilien, Indien, Indonesien, Israel, Jugoslawien, Kanada, Norwegen, Polen, Rumänien, Schweiz, die russische Föderation und Ungarn gehören[27]. Die von der BRD abgeschlossenen DBA werden bei der deutschen Besteuerung mit Wirkung ab 1.1.1991 im Gebiet der neuen Bundesländer sowie des Teils des Landes Berlin, in dem das GG vor dem Wirksamwerden des Beitritts gemäß der aufgehobenen Vorschrift des Art. 23 S. 2 GG nicht galt, angewendet[28].

432 Hat der Lizenznehmer weder seinen Sitz, Wohnsitz oder gewöhnlichen Aufenthalt, noch seine Geschäftsleitung im Inland, während der Lizenzgeber im Inland residiert, sind, wenn ein DBA abgeschlossen worden ist, die Bestimmungen dieses Abkommens maßgeblich[29]. Das **Besteuerungsrecht** steht in diesen **Abkommen** – dem OECD-Musterabkommen folgend – meist (mit Ausnahme des **Betriebsstättenprinzips**, wenn die Lizenzvergabe wirtschaftlich der Betriebsstätte im Lizenznehmerstaat zuzurechnen ist) dem Staat zu, in dem der **Lizenzgeber seinen Wohnsitz, seinen Sitz, gewöhnlichen Aufenthalt oder seine Geschäftsleitung** hat **(Wohnsitzprinzip)**[30]. In manchen DBA ist eine Schutzklausel verankert, die überhöhte Lizenzgebührenzahlungen (mit Quellensteuerfreiheit) verhindern soll[31]. Bei DBA mit verschiedenen Staaten (vor allem Entwicklungsländern, bei denen kein ausgeglichenes Verhältnis bei den Lizenzeinnahmen besteht bzw. zu erwarten ist), ist den Staaten, in denen der Lizenznehmer residiert, das Recht eingeräumt, die Lizenzgebühren bis zu einem bestimmten Prozentsatz der Bruttobeträge zu besteuern **(Quellenbesteuerung)**[32]. Ist kein DBA abgeschlossen, ist der Staat, in dem der Lizenznehmer residiert, in Anwendung seines Steuerrechts frei, eine Quellenbesteuerung vorzunehmen und hierbei den Quellensteuersatz zu bestimmen. Die im **Ausland** – mit oder ohne DBA – **zulasten des Lizenzgebers** erhobene **Quellen-**

---

26 Vgl. hierzu *Stumpf*, Lizenzvertrag, Anm. 441–443; *ders.*, Know-how-Vertrag, Anm. 191; *Grützmacher*, S. 35 ff.; *ders.*, S. 285–287 (Quellensteuersätze); *Henn*, S. 144; *Bühler*, S. 50 ff. Zur einschlägigen Rechtsprechung des BFH vgl. *Weber/Fas*.
27 Eine Übersicht, die der Bundesminister der Finanzen nach dem Stand vom 1.1.2003 in BStBl 2003 I S. 39 veröffentlicht hat (Text in Anhanganlage 19), weist für Steuern vom Einkommen und Vermögen den Abschluss von DBA mit 88 Staaten aus. Diese Unterlage enthält auch die noch im Verhandlungsstadium befindlichen und die gezeichneten, aber noch nicht in Kraft getretenen Abkommen. Vgl. hierzu auch *Stumpf*, Lizenzvertrag, Anm. 443, sowie *ders.*, Know-how-Vertrag, Anm. 191.
28 Art. 11 Einigungsvertrag vom 31.8.1990 (BGBl II S. 889); Mitteilung des Bundesministers der Finanzen vom 2.1.1992 (BStBl 1992 S. 8).
29 *Stumpf*, Lizenzvertrag, Anm. 441.
30 *Stumpf*, Lizenzvertrag, Anm. 441. Vgl. hierzu auch Urteil des BFH vom 20.11.1974 (I R 1/73) in *Weber/Fas*, II/180.
31 So das mit den USA geschlossene Abkommen vom 29.8.1989 (Art. 12 Abs. 4). Vgl. hierzu *Debatin* in DB 1990/657.
32 *Stumpf*, Lizenzvertrag, Anm. 441.

steuer kann gemäß § 34c Abs. 1 EStG 1997[33] und § 26 Abs. 6 KStG 1999[34] auf die **Steuerschuld des Lizenzgebers angerechnet** werden, jedoch nur **bis zur Höhe der deutschen Steuer**[35]. Anrechnungsfähig sind im Übrigen nur solche ausländischen Steuern, die mit der deutschen Einkommen- und Körperschaftsteuer vergleichbar sind. Umsatzsteuern, Stempelsteuern und ähnliche Abgaben sind also nicht anrechnungsfähig[36], was gegebenenfalls in einer so genannten **Besteuerungsklausel** (vgl. nachstehenden Abschnitt 3) zu berücksichtigen ist. Eine (nicht erschöpfende) Liste der anrechenbaren ausländischen Steuern wird jährlich in der Anlage zu Abschnitt 212a der Einkommensteuer-Richtlinien veröffentlicht.

Die ausländischen Steuern, die angerechnet werden sollen, müssen durch **Belege** und sonstige **urkundliche Unterlagen** nachgewiesen werden[37], gegebenenfalls auch ihr Rechtscharakter, falls dieser nicht aus der vorerwähnten Unterlage ersichtlich ist. 433

Statt der Anrechnung der Quellensteuer auf die Steuerschuld des Lizenzgebers gemäß § 34c Abs. 1 EStG 1997 und § 26 Abs. 6 KStG 1999 (Rz. 432) kann die Quellensteuer auch gemäß § 34c Abs. 2 EStG 1997 und § 26 Abs. 6 KStG 1999 vom **Gesamtbetrag der Einkünfte abgezogen** werden, was bei hohen, nicht anrechenbaren Beträgen günstiger sein kann als die Anrechnung auf die Steuerschuld[38]. 434

Schließlich kann gemäß § 34c Abs. 5 EStG 1997 und § 26 Abs. 6 KStG 1999 die deutsche Steuer aus **Billigkeitsgründen** auch ganz oder teilweise **erlassen** oder in einem **Pauschbetrag** (25%) festgesetzt werden[39]. 435

Residierte der Lizenznehmer in der **früheren DDR**, galten Besonderheiten gemäß § 3 Nummer 63 EStG 1987 (Vorschrift ab 1991 aufgehoben) und § 8 Abs. 1 KStG 1984. Die von diesem Lizenznehmer bezahlten Lizenzgebühren waren in den alten Bundesländern einschließlich West-Berlin steuerfrei, wenn sie (galt ab 1.1.1989) in der früheren DDR zur Einkommensteuer herangezogen wurden. Die Quellensteuer in der früheren DDR betrug 25%, die mangels Steuerpflicht in den alten Bundesländern einschließlich West-Berlin weder anrechenbar, noch abzugsfähig war[40]. 436

Die Lizenzvergabe an Lizenznehmer mit Sitz, Wohnsitz, gewöhnlichem Aufenthalt oder Geschäftsleitung in der früheren DDR war gemäß § 1 Abs. 1 Nummer 1 S. 1 i.V.m. § 3a Abs. 3 und 4 Nummern 1 und 5 UStG 1980 (jetzt UStG 1999)[41] in den alten Bundesländern einschließlich West-Berlin nicht umsatzsteuerpflichtig[42].

Nach Maßgabe von Art. 31 Abs. 1 i.V.m. Anlage IV Abschnitt III des Staatsvertrags vom 18.5.1990[43] besteht ab 1.1.1991 Rechtseinheit zwischen der früheren DDR und 437

---

33 Vgl. oben Anm. 9.
34 Vgl. oben Anm. 10.
35 Vgl. *Stumpf*, Lizenzvertrag, Anm. 441; *Grützmacher*, S. 43 ff.
36 Vgl. *Grützmacher*, S. 44.
37 Vgl. *Grützmacher*, S. 44.
38 Vgl. *Stumpf*, Lizenzvertrag, Anm. 441; *Grützmacher*, S. 50.
39 Vgl. *Grützmacher*, S. 49.
40 Vgl. zu diesem Komplex *Stumpf*, Lizenzvertrag, Anm. 441.
41 Vgl. oben Anm. 19.
42 Vgl. *Stumpf*, Lizenzvertrag, Anm. 441 a.E.
43 BGBl II S. 537.

den alten Bundesländern einschließlich West-Berlin, sodass die vorstehenden Regelungen (Rz. 436) von diesem Zeitpunkt ab ohne Bedeutung sind. Die staatliche Einheit ist am 3.10.1990 durch Beitritt der früheren DDR gemäß der aufgehobenen Vorschrift des Art. 23 S. 2 GG verwirklicht worden[44].

438 Hat der **Lizenznehmer** seinen Sitz, Wohnsitz, gewöhnlichen Aufenthalt oder seine Geschäftsleitung im **Inland**, während der **Lizenzgeber** im **Ausland** residiert, unterliegt die durch den Lizenznehmer bezahlte Lizenzgebühr grundsätzlich einer deutschen **Quellensteuer** von 25 % gemäß § 50a Abs. 4 S. 1 Nummer 3, S. 2 EStG 1997, es sei denn dass durch ein **DBA** diese Quellensteuer auf einen **niedrigeren Satz** beschränkt oder überhaupt **ausgeschlossen** ist[45]. Vgl. jedoch hierzu die Vorschrift des § 50d Abs. 1 S. 1 EStG 1997. Wenn nach dem Lizenzvertrag (Besteuerungsklausel, vgl. nachfolgenden Abschnitt 3) der Lizenznehmer die Quellensteuer zu tragen hat, wird sie der Lizenzgebühr zugeschlagen und von dieser erhöhten Berechnungsgrundlage ermittelt. Sie beträgt deshalb dann nicht 25 %, sondern 33⅓ %[46]. Der **ausländische Lizenzgeber** ist im Übrigen mit seiner Lizenzvergabe, die eine „Sonstige Leistung" gemäß § 1 Abs. 1 Nummer 1 S. 1 UStG 1999[47] darstellt, nach deutschem Steuerrecht **umsatzsteuerpflichtig**, weil der Leistungsort gemäß § 3a Abs. 1 i. V.m. Abs. 3 und 4 Nummern 1 und 5 UStG 1999 im Inland liegt[48]. Vgl. jedoch oben Abschnitt 1. Der Lizenznehmer ist gemäß § 51 Abs. 1 S. 1 Nummer 1 UStDVO 1999[49] zur Einbehaltung und Abführung der Umsatzsteuer verpflichtet[50].

Abschnitt 3
Die Besteuerungsklausel

439 Aufgabe der **Besteuerungsklausel** ist es, die zwingend anzuwendenden Bestimmungen des Steuerrechts in ihren wirtschaftlichen Auswirkungen umzugestalten[51], und zwar

a) bei Lizenzverträgen ohne Auslandsbezug (vgl. vorstehenden Abschnitt 1) sowie
b) bei Lizenzverträgen mit Auslandsbezug (vgl. vorstehenden Abschnitt 2).

Besondere Bedeutung hat die Besteuerungsklausel für den Fall b), wenn zwischen dem **Herkunftsstaat des Lizenzgebers** und dem **Herkunftsstaat des Lizenznehmers kein Abkommen zur Vermeidung der Doppelbesteuerung (DBA)** besteht, durch das die Doppelbesteuerung vermieden oder vermindert wird, aber nicht nur dann. Es ist nämlich bei bestehenden DBA zum einen zu beachten, dass sich die **Anrechnungsfähigkeit** nur auf solche ausländischen Steuern bezieht, die mit der deutschen Einkommen- und Körperschaftsteuer vergleichbar sind, demnach nicht auf Umsatzsteuern,

---

44 Art. 1 Einigungsvertrag vom 31.8.1990 (BGBl II S. 889).
45 Vgl. *Stumpf*, Lizenzvertrag, Anm. 442; *Grützmacher*, S. 71; *Selling* in RIW 1989/75 f.
46 Vgl. *Grützmacher*, S. 73; *Henn*, S. 145.
47 Vgl. oben Anm. 19.
48 Vgl. *Stumpf*, Lizenzvertrag, Anm. 442 a. E.; *Grützmacher*, S. 76.
49 In der Fassung vom 9.6.1999 (BGBl I S. 1308).
50 Vgl. *Stumpf*, Lizenzvertrag, Anm. 442.
51 Vgl. hierzu *Grützmacher*, S. 76 ff.; *Henn*, S. 144 ff.

Stempelsteuern und ähnliche Abgaben[52]. Zum anderen ist zu berücksichtigen, dass in zahlreichen DBA die Doppelbesteuerung nicht vermieden, sondern nur gemindert wird.

Gegenstand der Besteuerungsklausel **440**
– Anhanganlagen 1, 2, 3 (Randziffern 15, 20 und 21),
6 (Randziffer 15) und 7 (Randziffern 3.4 und 4.1) –

sind deshalb üblicherweise folgende **drei Bereiche**:

1. die Vermeidung oder Verminderung der Quellenbesteuerung im Herkunftsland des **Lizenznehmers (Einkommen- und Körperschaftsteuer)**,
2. die Vermeidung oder Verminderung der **Umsatzsteuer**,
3. die Vermeidung oder Verminderung **sonstiger Abgaben** (z. B. Stempelsteuern).

Im Fall 1) geht es darum, die vom Lizenznehmer an den Lizenzgeber zu zahlende Lizenzgebühr nicht oder nur gemäßigt mit der beim Lizenznehmer eventuell erhobenen Quellensteuer (vgl. hierzu oben Abschnitt 2) zu belasten. Der Lizenznehmer soll also diese Quellensteuer ganz oder teilweise tragen. Da die steuerrechtlichen Gegebenheiten nicht geändert werden können, muss die Quellensteuer in entsprechendem Umfang der Lizenzgebühr zugeschlagen werden, soweit der Lizenznehmer vertragsrechtlich hiermit belastet sein soll. Bei einer vollen Übernahme der Quellensteuer durch den Lizenznehmer müsste deshalb die Lizenzgebühr bei einem Quellensteuersatz von 25 % um $33\frac{1}{3}$ % erhöht werden, da die vom Lizenznehmer übernommene Quellensteuer steuerrechtlich als Lizenzgebühr gilt. Ungeachtet dessen kann der Lizenzgeber die vom Lizenznehmer bezahlte Quellensteuer auf seine Steuerverpflichtung gemäß Steuerquittung in Anrechnung bringen[53]. Er erhält also per Saldo mehr als die vereinbarte Lizenzgebühr. Das würde dafür sprechen, die Quellensteuer nur teilweise dem Lizenznehmer aufzulasten. Zwecks Regelung dieses Aspekts kann folgende **Vertragsklausel** vorgesehen werden:

„Sollte der Lizenznehmer auf die Lizenzgebühren Einkommensteuer (Quellensteuer) im Vertragsgebiet entrichten müssen, ist er berechtigt, diese in Höhe der effektiven Entrichtung von der zu zahlenden Lizenzgebühr in Abzug zu bringen, soweit der Lizenzgeber zur Verrechnung mit seinen Steuerverpflichtungen befugt ist. Der Lizenznehmer wird dem Lizenzgeber die diesbezüglichen Steuerzahlungsbelege unverzüglich übermitteln."

Im Fall 2) kann sowohl der Lizenznehmer, als auch der Lizenzgeber mit der Abführung der Umsatzsteuer belastet sein, sei es als unmittelbarer Steuerschuldner, sei es als Haftungsschuldner. Dies richtet sich nach den jeweiligen Steuergesetzen. Hat der Lizenznehmer im Gegensatz zum Lizenzgeber weder seinen Sitz noch Wohnsitz, noch seine Geschäftsleitung im Inland (BRD), ist die Lizenzvergabe nach deutschem Steuerrecht gemäß § 1 Abs. 1 Nummer 1 S. 1 i. V. m. § 3 a Abs. 3 und 4 Nummern 1 und 5 UStG 1999[54] nicht umsatzsteuerpflichtig, es sei denn der Lizenznehmer ist nicht Unternehmer und hat seinen Wohnsitz oder Sitz innerhalb der EU. Es kann jedoch nach ausländischem Steuerrecht, das für den Lizenznehmer maßgeblich ist, Umsatz-

---

52 Vgl. *Grützmacher*, S. 44.
53 Zweifelnd *Grützmacher*, S. 77.
54 Vgl. oben Anm. 19.

steuer anfallen. Hat der Lizenznehmer seinen Sitz, Wohnsitz oder seine Geschäftsleitung im Gegensatz zum Lizenzgeber dagegen im Inland, ist er gemäß § 51 Abs. 1 S. 1 Nummer 1 UStDVO 1999[55] zur Einbehaltung und Abführung der seinem ausländischen Lizenzgeber gemäß § 1 Abs. 1 Nummer 1 S. 1 i.V.m. § 3a Abs. 3 und 4 Nummern 1 und 5 UStG 1999 obliegenden Umsatzsteuer verpflichtet[56]. In beiden Fällen kann es zweckmäßig sein, in der Besteuerungsklausel die Umsatzsteuerbelastung vertraglich abweichend zu regeln[57].

Der Fall 3) stellt eine Belastung dar, die nur ausnahmsweise in direktem Bezug zu den Lizenzgebühren steht. Immerhin dürfte es sinnvoll sein, die Frage der Abzugsfähigkeit in der Besteuerungsklausel abzuklären[58].

§ 30 Meistbegünstigung und Nicht-Diskriminierung

441   Für das **Verhältnis des Lizenzgebers zu mehreren Lizenznehmern** gilt, auch wenn dies nicht in einer „Meistbegünstigungsklausel" (in der anglo-amerikanischen Terminologie most favored licensee clause genannt) besonders vereinbart worden ist[59], der **Grundsatz der Meistbegünstigung**, d.h. die Lizenznehmer[60] müssen unter gleichen Voraussetzungen gleich behandelt werden[61]. Dieser Grundsatz wird aus § 242 BGB **(Treu und Glauben)** abgeleitet[62]. Reflexrecht der Meistbegünstigung ist der Anspruch jedes Lizenznehmers des gleichen Lizenzgebers auf Nicht-Diskriminierung.

442   „Gleichbehandlung" heißt nicht arithmetische Gleichheit der Bedingungen, sondern gleiche Bewertung der im jeweiligen Lizenzvertrag festgelegten beiderseitigen Leis-

---

55 Vgl. oben Anm. 49.
56 Vgl. *Stumpf*, Lizenzvertrag, Anm. 442.
57 Vgl. hierzu *Grützmacher*, S. 79 f.
58 So auch *Grützmacher*, S. 79 f.
59 *Haver/Mailänder*, S. 48; *Henn*, S. 132; *Stumpf*, Lizenzvertrag, Anm. 381; *Benkard*, Anm. 88 zu § 15; BGH BB 1965/803; *Pagenberg/Geissler*, S. 258 (Tz. 56).
60 Verschiedentlich wird im Schrifttum die Ansicht vertreten, dass die Meistbegünstigung nur gegenüber einfachen Lizenznehmern Geltung besitze. Das ist aber nur bedingt richtig. Soweit es nur einen einzigen ausschließlichen Lizenznehmer gibt, stellt sich das Problem ohnehin nicht. Gibt es jedoch – für verschiedene sachliche, örtliche oder zeitliche Vertragsgebiete – mehrere ausschließliche beziehungsweise ausschließliche und einfache Lizenznehmer, so dürfte der Grundsatz der Meistbegünstigung auch gegenüber den ausschließlichen Lizenznehmern gelten. Vgl. *Reimer*, S. 548 f. (Anm. 81 zu § 9); *Topken* und *Koch/Weser* bei *Langen*, S. 480.
61 Vgl. *Lüdecke/Fischer*, S. 226; *Stumpf*, Lizenzvertrag, Anm. 279 und 381; *ders.*, Know-how-Vertrag, Anm. 82; *Schulte*, Anm. 44 zu § 15; *Blum/Pedrazzini*, Anm. 95 zu Art. 34, und Nachtrag unter Hinweis auf BGH GRUR 1965/591 ff. = NJW 1965/1861 f.; *Troller*, II S. 831; *Brandi/Dohrn* in BB 1982/1083 ff.; *Bartenbach/Gennen*, Rz. 1475; *Gaul/Bartenbach*, Handbuch, Tz. K 85; *Roubier*, II S. 283; *Ellis/Deller*, §§ 253 und 254; *Haver/Mailänder*, S. 48; *Benkard*, Anm. 88 zu § 15; *Henn*, S. 132 ff.; BGH NJW 1965/1861; BGH GRUR 1965/591, 595; OLG Düsseldorf BB 1963/914 ff.
62 *Benkard*, Anm. 88 zu § 15; *Bartenbach/Gennen*, Rz. 1476; *Gaul/Bartenbach*, Handbuch, Tz. K 85; *Stumpf*, Lizenzvertrag, Anm. 381; BGH GRUR 1965/591, 595 = NJW 1965/1861, 1862.

tungen⁶³. Motiv der Gleichbehandlung ist die **angemessene Berücksichtigung der gleichen Wettbewerbsstufe der Lizenznehmer** auf der einen Seite⁶⁴ und das **Monopolrecht des Lizenzgebers** im formellen Sinne (Patent) oder im materiellen Sinne (Know-how) auf der anderen Seite.

Dem Grundsatz des § 242 BGB entspricht der **zwingende Charakter der Meistbegünstigung**. Sie kann vertraglich nicht abbedungen werden⁶⁵. Hierdurch werden die Vertragsbedingungen des Lizenzgebers praktisch zu „Allgemeinen Geschäftsbedingungen" i.S. der §§ 305 ff. BGB, die zwar abänderungsfähig sind, aber dann auch zugunsten der bereits abgeschlossenen Verträge umgestaltet werden müssen⁶⁶. Jeder Lizenznehmer darf darauf vertrauen, dass er nicht schlechter gestellt wird, als der zeitlich nachfolgende Lizenznehmer, und dass ihm, falls mit solchen Lizenznehmern bessere Bedingungen ausgehandelt werden, dieselben angeboten werden⁶⁷. Ob die günstigeren Bedingungen „automatisch" für jeden anderen Lizenzvertrag gelten, wie dies im Schrifttum verschiedentlich vertreten wird⁶⁸, dürfte indessen zweifelhaft sein, schon deshalb, weil gar nicht eindeutig ist, was „günstiger" und was „nicht günstiger" ist⁶⁹, ganz abgesehen von dem unzulässigen Eingriff in bestehende Verträge und die dort zu beachtende Schriftform⁷⁰. 443

Ein in Schrifttum⁷¹ und Rechtsprechung⁷² besonders herausgestellter praktischer Anwendungsfall der Meistbegünstigung stellt die Verpflichtung des Lizenzgebers dar, auch ohne besondere vertragliche Vereinbarung gegen **Patentverletzer** vorzugehen. Vgl. hierzu auch Rz. 321. 444

Kartellrechtlich kann sowohl im **deutschen Bereich** als auch unter **EU-Aspekten** davon ausgegangen werden, dass Meistbegünstigungsklauseln **zulässig** sind⁷³. Entscheidend ist hierfür, dass die **Interessen des Lizenznehmers geschützt werden**⁷⁴, was letztlich auch durch die Anwendung des Grundsatzes des § 242 BGB zum Ausdruck kommt. Im Übrigen ist auf Rz. 366, 395 zu verweisen. 445

Die Meistbegünstigung ist auch in **anderen Rechten** als ein jeden Lizenzvertrag bestimmender Rechtsgrundsatz **anerkannt**, der aus dem Grundsatz der „bona fide" bzw. der „bonne foi" abgeleitet wird, also die gleiche rechtliche Motivation erfährt wie im deutschen Recht, allerdings allgemein nur im Rahmen einer zu vereinbarenden 446

---

63 *Henn*, S. 133.
64 Vgl. *Lüdecke/Fischer*, S. 228; *Stumpf*, Lizenzvertrag, Anm. 381; BGH GRUR 1965/591, 595.
65 Abweichend im Widerspruch hierzu *Bartenbach/Gennen*, Rz. 1475.
66 *Henn*, S. 132. Dieses Rechtsgebiet wurde durch das SMG neu gestaltet.
67 Diese „Rückwirkungstheorie" der Meistbegünstigung dürfte der h.M. entsprechen. Vgl. *Lüdecke/Fischer*, S. 228 mit Nachweisen; *Bartenbach/Gennen*, Rz. 1479; *Blum/Pedrazzini*, Anm. 95 zu Art. 34, und Nachtrag unter Hinweis auf BGH GRUR 1965/591 ff. = NJW 1965/1861 f.; *Henn*, S. 132.
68 *Reimer*, S. 422 (Anm. 81 zu § 9); *Lüdecke/Fischer*, S. 228; *Bartenbach/Gennen*, Rz. 1476.
69 *Henn*, S. 132; *Troller*, II S. 831.
70 So zu Recht *Roubier*, II S. 283; *Blum/Pedrazzini*, Anm. 95 zu Art. 34; *Ellis/Deller*, §§ 255 unter Bezugnahme auf das Urteil in Sachen *Foster v. Goldschmidt* = 21 F 70.
71 *Benkard*, Anm. 88 zu § 15; *Stumpf*, Lizenzvertrag, Anm. 279; *Bartenbach/Gennen*, Rz. 1481.
72 BGH GRUR 1965/591, 595 = NJW 1965/1861, 1862.
73 Vgl. hierzu *Bartenbach/Gennen*, Rz. 1488–1497; *Pagenberg/Geissler*, S. 258, 260 (Tz. 58–63).
74 Vgl. *Brandi-Dohrn* in BB 1982/1083 f.; *Pagenberg/Geissler*, S. 258, 260 (Tz. 58).

Meistbegünstigungsklausel (most favored licensee clause, clause du licencié le plus favorisé) und nicht als zwingende Regelung des Gesetzes[75].

§ 31 Recht und Gerichtsstand, Schiedsvereinbarung, Vertragssprache

447 Die Frage nach dem anzuwendenden **materiellen** und **prozessualen** Privatrecht, also das Internationale Privatrecht (IPR) bzw. das Internationale Zivilprozessrecht (IZPR)[76], ist sicher keine typisch lizenzvertragsrechtliche. Dennoch spielt sie für den Lizenzvertrag deshalb eine **große praktische Rolle**, weil wegen der internationalen Wirkung des Patentschutzes zum Mindesten der Patentlizenzvertrag in einem zwangsläufigen Kontakt zu diesen Fragen steht[77]. Bei jedem **Lizenzvertrag mit Auslandsbezug (Auslandsberührung)** stellt sich die Frage nach dem anzuwendenden materiellen und prozessualen Privatrecht, wobei im letzteren Fall die Frage der gerichtlichen Zuständigkeit (Gerichtsstand bzw. Schiedsvereinbarung) eine besondere Rolle spielt. Bei **Lizenzverträgen ohne Auslandsbezug** ist die Frage des anzuwendenden materiellen Rechts von untergeordneter Bedeutung, dagegen kann die Frage der gerichtlichen oder schiedsgerichtlichen Zuständigkeit wegen der bestehenden Wahlrechte hohen praktischen Wert besitzen[78].

448 Bei Lizenzverträgen mit Auslandsbezug spielt neben dem anzuwendenden materiellen und prozessualen Recht die **Vertragssprache** eine erhebliche Rolle[79], da hiermit eigenständige Probleme sprachlicher Art verbunden sind und die Vertragssprache auch einen rein praktischen Arbeitswert verkörpert, der nicht unterschätzt werden sollte.

449 In den nachfolgenden drei Abschnitten sind das anzuwendende materielle Recht, das anzuwendende prozessuale Recht einschließlich der gerichtlichen oder schiedsgerichtlichen Zuständigkeit und die Vertragssprache zu behandeln.

Abschnitt 1
Das anzuwendende materielle Recht

450 In jedem korrekt gestalteten **Lizenzvertrag mit Auslandsbezug bzw. Auslandsberührung (Hauptvertrag)** befindet sich eine Bestimmung darüber,

– Anhanganlagen 1, 2, 3 (Randziffer 60), 6 (Randziffer 44),
7 (Randziffer 16), 8 (Randziffer 22), 9 (§ 6 Abs. 1), 10 (Randziffer 13),
11 (Artikel VIII) und 27 (Artikel VI Abs. 1) –

---

75 Vgl. *Troller*, II S. 831; *Blum/Pedrazzini*, Anm. 95 zu Art. 34; *Roubier*, II S. 283; *Ellis/Deller*, §§ 253, 254; *Hauser*, S. 175.
76 Vgl. *Kegel/Schurig*, S. 22 ff.; *Batiffol*, S. 3, 4; *Henn*, S. 86; *Rosenberg/Schwab*, S. 28 ff.
77 Vgl. *Henn*, S. 86.
78 Vgl. im Einzelnen hierzu *Stumpf*, Lizenzvertrag, Anm. 444 ff.; *ders.*, Know-how-Vertrag, Anm. 194 ff.; *Haver/Mailänder*, S. 35 ff.
79 *Stumpf*, Lizenzvertrag, Anm. 454; *ders.*, Know-how-Vertrag, Anm. 202; *Haver/Mailänder*, S. 65 f.

welches **materielle Recht** auf die Rechtsbeziehungen der Vertragspartner in Anwendung kommt **(Verweisungsvertrag)**[80]. Die Zulässigkeit des Verweisungsvertrags richtet sich nach dem anzuwendenden Kollisionsrecht[81].

Die Ansicht, dass eine übergeordnete, objektive Wertordnung, das so genannte **primäre Statut**, bestimmt, welches Kollisionsrecht anzuwenden ist, kann heute als überholt gelten[82]. Statt des primären Statuts gilt das **Sitzrecht** des anzurufenden oder angerufenen staatlichen Gerichts, die **lex fori**, als anzuwendendes Kollisionsrecht[83].

Verweisungsvertrag und Hauptvertrag sollten in jedem Fall dem **gleichen materiellen Recht** unterstellt sein. Eine Differenzierung wäre wirklichkeitsfremd und willkürlich[84].

Für die Rechtswahl gilt – vorbehaltlich des Grundsatzes des Auslandsbezugs (Auslandsberührung)[85] – **Parteiautonomie**, d.h. das Recht kann frei gewählt werden[86]. Unter diesem Grundsatz des Auslandsbezugs ist die Existenz eines **anerkennenswerten Interesses** (intérêt légitime; bona fide intention) zu verstehen, also irgendeiner berechtigten Beziehung zu dem gewählten Recht[87]. Der Parteiautonomie folgen im Wesentlichen alle Rechtsordnungen, wobei jedoch die common-law-Rechte (USA; Großbritannien), die vom Territorialitätsgrundsatz beherrscht sind, dem „unterlegten" Auslandsbezug der getroffenen Rechtswahl eine ungleich größere Bedeutung beimessen, als die kontinentalen Rechte[88].

451

---

80 *Stumpf*, Lizenzvertrag, Anm. 444; *ders.*, Know-how-Vertrag, Anm. 194; *Schütze/Tscherning/Wais*, Anm. 560, 583, 584; *Troller* in GRUR Ausl. 1952/108, 118; *Lionnet*, S. 247 ff.; *Reithmann/Martiny*, Anm. 1270, 1302; *Schwab/Walter*, S. 536 ff.; *Raape/Sturm*, S. 467; *Kegel/Schurig*, S. 569 ff.; *Henn*, Schiedsverfahrensrecht, Rz. 68 ff; *Hoffmann* in RabelsZ 40 (1976), S. 208 f.; *Pfaff* in RIW/AWD 1974/241; *Pforte* in DB 1974/1665; *Pollzien* bei Pollzien/Langen, S. 14.
81 *Schütze/Tscherning/Wais*, Anm. 560, 583, 584; *Henn*, Schiedsverfahrensrecht, Rz. 68; *Reithmann/Martiny*, Anm. 50; *Kegel/Schurig*, S. 571 ff.; BGH AWD 1962/52 = JZ 1963/167.
82 *Reithmann/Martiny*, Anm. 50; *Henn*, Schiedsverfahrensrecht, Rz. 68; *Wolff*, S. 136 ff.
83 Streitig. So wie hier *Reithmann/Martiny*, Anm. 50; *Schütze/Tscherning/Wais*, Anm. 585; *Mann* in ZHR 130 (1986), S. 97 ff.; *Henn* Schiedsverfahrensrecht, Rz. 68; *Gamillscheg* in AcP 157 (1958/59), S. 240; *Bucher*, Anm. 226; *Kegel/Schurig*, S. 355; *Raape/Sturm*, S. 456 ff. Schiedsgerichte haben keine lex fori. Vgl. *Bucher*, Anm. 226.
84 *Schwab/Walter*, S. 539 ff.; *Schütze/Tscherning/Wais*, Anm. 560; BGHZ 40/320, 323; 51/255.
85 So zu Recht *Schlosser*, Anm. 231.
86 *Reithmann/Martiny*, Anm. 45; *Kegel/Schurig*, S. 569 ff.; *Schütze/Tscherning/Wais*, Anm. 560; *Böckstiegel* in FS Beitzke, 1979, S. 448 ff.; *Schlosser*, Anm. 229 f.; *Ohl* in GRUR 1992/78; *Wolff*, S. 139; *Benkard*, Anm. 134 zu § 15; BGHZ 31/367, 371.
87 *Kegel/Schurig*, S. 570 mit Nachweisen; *Reithmann/Martiny*, Anm. 45, 51, 52; *Schütze/Tscherning/Wais*, Anm. 560; *Gamillscheg* in AcP 157 (1958/59), S. 308 f.; *Trinker* in AWD 1970/578 f.; *Simitis* in Jus 1966/209 ff.; *Böckstiegel* in FS Beitzke, 1979, S. 443 ff.; *Henn*, S. 87 ff. sowie Schiedsverfahrensrecht, Rz. 69; *Batiffol*, S. 641; *Dölle*, S. 71; *Lane* bei Pollzien/Bronfen, S. 99; *Lichtenstein*, S. 132 ff.; *Blum/Pedrazzini*, Anm. 120 zu Art. 34; *Troller* in GRUR Ausl. 1952/108 ff.
88 Vgl. hierzu auch *Reithmann/Martiny*, Anm. 47, unter Hinweis auf *Vischer*, Internationales Vertragsrecht, S. 39 ff., sowie die Vorschriften von Art. 3 EVÜ (vgl. nachfolgende Anm. 89) und Art. 27 EGBGB; *Schlosser*, Anm. 231. Zum schweizerischen Recht unter besonderer Berücksichtigung des „transnationalen Rechts" vgl. *Bucher*, Anm. 281, in Bezug auf Art. 116 Abs. 1 IPRG.

8. Kapitel *Sonstige Vertragsbestimmungen*

452 Das auf EU-Ebene geschlossene, am 1.4.1991 in Kraft getretene **Übereinkommen über das auf vertragliche Schuldverhältnisse anzuwendende Recht (EVÜ)** vom 19.6.1980[89], das in den Art. 3, 4, 7 und 9 in Festschreibung der in Schrifttum und Rechtsprechung überwiegend vertretenen Ansichten die wesentlichen schuldrechtlichen Grundsätze des IPR verankert hat, wurde zunächst nur von sechs Staaten gezeichnet, nämlich Belgien, der BRD, Frankreich, Italien, Luxemburg und den Niederlanden. Später zeichneten noch Dänemark (10.3.1981), Griechenland durch Staatsvertrag (10.4.1981), Großbritannien und Nordirland (7.12.1981) sowie Irland[90]. Die beiden Neumitglieder Portugal und Spanien sind durch Staatsvertrag vom 18.5.1992 beigetreten[91]. Die weiteren Neumitglieder Finnland, Österreich und Schweden traten durch Staatsvertrag vom 29.11.1996 bei[92]. Das EVÜ wurde inzwischen von Belgien, der BRD, Dänemark, Finnland, Frankreich, Griechenland, Großbritannien und Nordirland, Irland, Italien, Luxemburg, den Niederlanden, Österreich, Portugal, Schweden und Spanien, also von allen – gegenwärtigen – fünfzehn Mitgliedstaaten der EU ratifiziert, welche die zehn Unterzeichnerstaaten sowie die neuen Mitglieder Portugal, Schweden, Finnland, Österreich und Spanien umfassen[93]. Zu berücksichtigen sind hierbei noch das erste und zweite Protokoll betreffend die Auslegung des Übereinkommens durch den Gerichtshof der Europäischen Gemeinschaften vom 19.12.1988[94]. Nach seinem Art. 29 Abs. 1 tritt das EVÜ drei Monate nach dem Zeitpunkt in Kraft, in dem mindestens sieben der Unterzeichnerstaaten ratifiziert haben[95]. Das In-Kraft-Treten ist mit der Ratifizierung durch Griechenland sowie Großbritannien und Nordirland – wie oben erwähnt – am 1.4.1991 erfolgt. Ungeachtet dessen konnten die Vertragsstaaten (wie auch jeder Nicht-Vertragsstaat, z.B. die Schweiz durch das Bundesgesetz vom 18.12.1987 über das Internationale Privatrecht, IPRG)[96] das EVÜ als nationales Recht vorzeitig in Kraft setzen. Für die BRD ist dies durch das Gesetz zur Neuregelung des Internationalen Privatrechts vom 25.7.1986[97] mit Wirkung vom 1.9.1986 geschehen, durch das die wesentlichen schuldrechtlichen Grundsätze des IPR in den Art. 11, 27, 28 und 34 EGBGB verankert worden sind. Zum noch nicht in Kraft getretenen Gemeinschaftspatentübereinkommen (GPÜ) vgl. Rz. 5[98].

453 Folgende Möglichkeiten bieten sich für die der Parteiautonomie unterliegende **ausdrückliche Rechtswahl** (Art. 3 Abs. 1 S. 2 HS. 1 EVÜ; Art. 27 Abs. 1 S. 2 HS. 1 EGBGB; Art. 116 Abs. 2 S. 1 HS. 1 IPRG) an:

---

89 In der Fassung des Übereinkommens von Funchal vom 18.5.1992, ABlEG 1992 Nr. L 333/1. Deutsche Originalfassung ABlEG 1980 Nr. L 266/6. Text abgedruckt bei *Reithmann/Martiny*, Anm. 27. Zur Entstehungsgeschichte vgl. daselbst Anm. 2.
90 Vgl. *Reithmann/Martiny*, Anm. 2 ff.
91 Vgl. *Reithmann/Martiny*, Anm. 2 a.E. mit Angabe der Einzelheiten.
92 Vgl. hierzu *Reithmann/Martiny*, Anm. 4 a.E.
93 Vgl. zur Rechtslage bis zum In-Kraft-Treten des EVÜ und zum Beitritt weiterer Mitglieder *Reithmann/Martiny*, Anm. 4.
94 Gesetz vom 16.11.1995 (BGBl II S. 914).
95 Vgl. *Reithmann/Martiny*, Anm. 5, wobei auf das Einzelbestimmungsrecht der Mitgliedstaaten hinsichtlich des für sie maßgeblichen Zeitpunkts des In-Kraft-Tretens hingewiesen wird.
96 Vgl. hierzu den Kommentar von *Walter/Bosch/Brönnimann*.
97 BGBl I S. 1142. Vgl. hierzu *Reithmann/Martiny*, Anm. 3, mit Angabe der Gesetzgebungsentwicklung.
98 Vgl. zu den Rechtsanwendungsvorschriften dieses Abkommens *Ohl* in GRUR 1992/78.

1. Das Heimatrecht (Recht des gewöhnlichen Aufenthalts, der Hauptverwaltung, der Staatsangehörigkeit) der einen Vertragspartei[99].
2. Das Heimatrecht (Recht des gewöhnlichen Aufenthalts, der Hauptverwaltung, der Staatsangehörigkeit) der anderen Vertragspartei[100].
3. Ein drittes Recht, mit dem der Vertrag oder die Vertragsparteien neben oder anstelle des Heimatrechts eine besondere Beziehung haben:
   a) Abschlußort (place of execution)[101],
   b) Erfüllungsort (place of performance)[102],
   c) Sitz des Gerichts oder Schiedsgerichts (seat of the court)[103],
   d) Schwerpunkt (center of gravity)[104],
   e) Vertragssprache (contract language)[105],
   f) Vertragswährung (contract currency)[106].

Haben die Parteien eine **Rechtswahl** getroffen, ist das vereinbarte Recht **Vertragsstatut**[107]. Dies gilt auch für die zu beachtende **Form** (Art. 9 EVÜ; Art. 11 Abs. 1 HS. 1 EGBGB). Nachträgliche Rechtswahl oder Änderung der getroffenen Rechtswahl ist

454

---

99 Während der Anknüpfung an die Staatsangehörigkeit früher in der Rechtsprechung des RG erhebliche Bedeutung zukam (vgl. RGZ 120/70, 73; 122/233; 161/296) hat sie heute (vgl. hierzu mit Nachweisen *Reithmann/Martiny*, Anm. 134) keinen großen Stellenwert mehr (vgl. OLG Köln AWD 1965/94). Das Recht des gewöhnlichen Aufenthalts oder der Hauptverwaltung wird dagegen anknüpfungsrechtlich höher bewertet. Vgl. hierzu Nachweise bei *Reithmann/Martiny*, Anm. 116 ff.
100 Die Anknüpfung an die Staatsangehörigkeit bzw. an den gewöhnlichen Aufenthalt oder die Hauptverwaltung der einen oder anderen Vertragspartei muss schwerpunktmäßig „unterlegt" sein, sonst wäre sie willkürlich. Vgl. hierzu *Reithmann/Martiny*, Anm. 116, 117.
101 Wegen der Zufälligkeit und Willkürlichkeit ohne große praktische Bedeutung. Vgl. *Reithmann/Martiny*, Anm. 138; *Wolff*, S. 139; *Makarov*, S. 122; RGZ 61/343, 345; OLG Düsseldorf AWD 1961/295.
102 Die st. Rspr. des RG hat dem Erfüllungsort einen hohen Bezugswert eingeräumt, da er ein wesentliches rechtliches und faktisches Element von Schuldbeziehungen verkörpere. Vgl. RGZ 81/273, 275; 58/366, 367; BGH BB 1955/462; BGH NJW 1960/1720; OLG Karlsruhe NJW 1982/1950. Zum Schrifttum vgl. *Kegel/Schurig* S. 582; *Reithmann/Martiny*, Anm. 84; *Pollzien* bei *Pollzien/Langen*, S. 180. Durch das EVÜ hat der Erfüllungsort an Bedeutung verloren. Im Rahmen des EuGVÜ besitzt der Erfüllungsort jedoch erhebliche Bedeutung. Vgl. hierzu Rz. 494.
103 Vgl. hierzu *Reithmann/Martiny*, Anm. 76–80, mit umfangreichen Nachweisen; BGH WM 1969/1140, 1141; OLG Hamburg RIW 1986/462; BGH AWD 1970/31.
104 Vgl. hierzu *Reithmann/Martiny*, Anm. 108; BGHZ 19/110, 112, 113; BGH DB 1969/1053; BGH WM 1987/77 = RIW 1987/148.
105 Die Vertragssprache, auch wenn sie ausdrücklich als verbindlich erklärt ist, hat allein noch keinen brauchbaren Bezugswert. Sie kann (auch als dritte Sprache) rein praktischen Bedürfnissen dienen. Anders, wenn sie mit anderen Bezugselementen zusammenfällt. Vgl. *Reithmann/Martiny*, Anm. 87; BGH BB 1955/462; BGHZ 19/110; OLG Düsseldorf AWG 1961/295. Vgl. hierzu auch unten Abschnitt 3.
106 Vgl. hierzu *Reithmann/Martiny*, Anm. 137; *Kegel/Schurig*, S. 956; BGH AWD 1958/33; BGHZ 19/110; OLG Düsseldorf WM 1971/168, 171; OLG Hamm RIW 1979/205.
107 BGH in st. Rspr.: BGHZ 7/231, 234; 9/34, 37; 9/221, 222; 17/89, 92; 19/110, 111; 52/239, 241; 53/189, 191; BGH DB 1958/162 sowie NJW 1962/1005; 1977/1011; 1979/1773. Diesem Grundsatz folgen mit Einschränkungen alle Rechtsordnungen. Vgl. hierzu mit Nachweisen *Reithmann/Martiny*, Anm. 47.

jederzeit zulässig (Art. 3 Abs. 2 EVÜ; Art. 27 Abs. 2 S. 1 EGBGB; Art. 116 Abs. 3 S. 1 IPRG)[108].

455 **Fehlt eine ausdrückliche Rechtswahl** und liegt auch **keine stillschweigende Vereinbarung** vor, die sich mit hinreichender Sicherheit aus den Bestimmungen des Vertrags oder aus den Umständen des Falles ergibt (Art. 3 Abs. 1 S. 2 HS. 2 EVÜ; Art. 27 Abs. 1 S. 2 HS. 2 EGBGB; Art. 116 Abs. 2 S. 1 HS. 2 IPRG)[109], liegt also **kein realer Parteiwille** über die Rechtswahl vor[110], **war früher (bis zur Reform durch das EVÜ)** die Rechtsanwendung insoweit nach dem hypothetischen (mutmaßlichen) Parteiwillen zu bestimmen **(Hypothetisches Vertragsstatut)**[111]. Das war ein objektiver Begriff, dem die subjektive Theorie des RG gegenüberstand[112], und den nunmehr Art. 4 Abs. 1 EVÜ (Art. 28 Abs. 1 EGBGB; Art. 117 Abs. 1 IPRG) in der Weise übernommen hat, dass der Vertrag dem Recht des Staates unterliegt, mit dem er **„die engsten Verbindungen"** (the law of the country with which the contract is most closely connected; la loi du pays avec lequel le contrat présente les liens les plus étroits) aufweist. Es geht also um den **Schwerpunkt** des Vertrags, der durch eine Bewertung seiner Elemente ermittelt werden muss. Damit gilt das, was auch nach der bisherigen h. M. und der Rechtsprechung des BGH (wie auch der ganz allgemeinen internationalen Ansicht) gültig war[113]. Im Einklang mit *Kegel/Schurig*[114] ist entgegen *Reithmann/Martiny*[115] davon auszugehen, dass auch der Begriff der „engsten Verbindungen" wie bisher ein subjektiv-objektives Merkmal ist, das sich aus dem Vertragsinhalt in dessen Auslegung gemäß §§ 133, 157, 242 BGB ableitet. Eine Schwerpunktbeziehung ist kein vom Vertrag losgelöster objektiver Tatbestand, der nur an das anknüpft, was die Vertragsparteien erklärt, nicht an das, was sie gewollt haben. Allerdings kommt es bei der Auslegung weniger darauf an, was die konkreten Vertragsparteien nach den Gegebenheiten mußmaßlich als Vertragswillen in Bezug auf die Rechtswahl geäußert haben würden, wenn sie sich geäußert hätten, sondern darauf, was **vernünftige Vertragsparteien (Normparteien)** ganz allgemein nach diesen Gegebenheiten vereinbart haben würden **(Generalklausel für objektive Interessenwertung)**[116].

---

108 *Reithmann/Martiny*, Anm. 91–94.
109 *Kegel/Schurig*, S. 574; *Reithmann/Martiny*, Anm. 101 ff.; *Schütze/Tscherning/Wais*, Anm. 560; BGH AWD 1958/33; 1964/395; 1967/267; 1970/31; BGHZ 53/189, 191; OLG Stuttgart AWD 1960/246.
110 *Kegel/Schurig*, S. 575; *Reithmann/Martiny*, Anm. 101.
111 *Wolff*, S. 142 ff.; *Schwab/Walter*, S. 458; *Reithmann/Martiny*, Anm. 101; *Kegel/Schurig*, S. 575; BGHZ 7/231, 234; 9/221, 223; 17/89, 92; 19/110, 112; 44/183, 186; 53/332, 337; 61/221, 223.
112 Vgl. *Reithmann/Martiny*, Anm. 101. Vgl. hierzu die nachfolgende Anm. 113.
113 Vgl. hierzu BGHZ 7/231; 17/89; 19/110; 44/183, 186; 61/221, 223; BGH RIW 1987/148; *Moser*, Vertragsabschluss, Vertragsgültigkeit und Parteiwille im internationalen Obligationenrecht, 1948, S. 242; *Neumann*, Vertragsgültigkeit und Parteiwille in Lehre und Rechtsprechung des internationalen Schuldrechts, 1930, S. 10 ff., 89 f.; *Lewald*, Das Deutsche internationale Privatrecht auf der Grundlage der Rechtsprechung, 1931, S. 218. Das RG (RGZ 120/70 und 161/298), dem *Wolff*, S. 143, und *Gammillscheg* in AcP 157 (1958/59), S. 323, folgten, hatte demgegenüber wie vorstehend erwähnt, rein subjektiv argumentiert.
114 S. 575 f.
115 Anm. 101.
116 So *Kegel/Schurig*, S. 575 unten.

Die subjektive Komponente dieser hypothetischen Bestimmung des anzuwendenden Rechts ist also ein generalisierter Willensbegriff.

In Art. 4 Abs. 2–4 EVÜ (Art. 28 Abs. 2–4 EGBGB) ist nun die durch **Ausweichklausel** widerlegbare Vermutung (Art. 4 Abs. 5 EVÜ; Art. 28 Abs. 5 EGBGB) verankert, dass der Vertrag die „engsten Verbindungen" mit dem Staat aufweist, in dem die Vertragspartei, welche die **„charakteristische Leistung"** zu erbringen hat, im Zeitpunkt des **Vertragsabschlusses** ihren gewöhnlichen **Aufenthalt** oder – bei juristischen Personen – ihre **Hauptverwaltung** hat[117]. Unter dem Begriff der „charakteristischen Leistung" (the performance which is characteristic of the contract; la prestation caractéristique), der weder im EVÜ noch im EGBGB definiert ist, aber eine lange Geschichte im Schrifttum und der Rechtsprechung vieler Länder aufweist[118], ist die Eigenart des jeweiligen Rechtsverhältnisses, also die charakteristische Verpflichtung zu verstehen. Charakteristisch für einen Schuldvertrag ist diejenige Leistung, die ihn von anderen Verträgen unterscheidet d.h. typisch ist, also beispielsweise beim Kauf und bei der Miete die verkaufte bzw. die vermietete Sache, nicht das Geld, das in beiden Fällen die Gegenleistung darstellt[119].

Sowohl für die **Vorfrage**, nach welchem Recht sich die Zulässigkeit des Verweisungsvertrags bestimmt, als auch für die **Rechtswahl** in diesem Vertrag in ausdrücklicher, stillschweigender oder hypothetischer Form ist demnach das **anzuknüpfende Statut** zu ermitteln.

456

Folgende Statute sind zu nennen:

1. Das Vertragsstatut (Art. 3, 9 EVÜ; Art. 27, 11 EGBGB)[120]: Dieses ist für das äußere Zustandekommen des Vertrags maßgeblich, also insbesondere für die Form, aber nicht nur für diese.
2. Das Schuldstatut (Art. 3, 10 EVÜ; Art. 27, 32 EGBGB): Dieses ist für die inhaltliche Gestaltung des Vertrags maßgeblich.
3. Das Hypothetische Vertragsstatut (Art. 4 EVÜ; Art. 28 EGBGB): Dieses gilt für das äußere Zustandekommen und für die inhaltliche Gestaltung des Vertrags, wenn ein Verweisungsvertrag nicht vorliegt.

Für **Lizenzverträge** hat sowohl hinsichtlich der realen Rechtswahl (ausdrücklich oder stillschweigend) als auch hinsichtlich der Ermittlung des hypothetischen Parteiwillens die **Schwerpunktbeziehung** besondere Bedeutung[121]. Der Schwerpunkt eines Lizenzvertrags liegt grundsätzlich in dem **Staat**, für den die Lizenz **erteilt**, wo diese **ausgeübt**

457

---

117 Vgl. hierzu *Kegel/Schurig*, S. 576 ff.; *Reithmann/Martiny*, Anm. 110 ff.; *Benkard*, Anm. 135 zu § 15.
118 Vgl. hierzu *Kegel/Schurig*, S. 577 ff. mit umfangreichen Nachweisen auf S. 578; *Reithmann/Martiny*, Anm. 110; *Benkard*, Anm. 135 zu § 15.
119 *Kegel/Schurig*, S. 577 ff.; *Reithmann/Martiny*, Anm. 111; *Benkard*, Anm. 135 zu § 15.
120 Vgl. *Reithmann/Martiny*, Anm. 195, 200; dieses Statut (lex loci actus), das als Form des Schuldstatuts im deutschen Recht in Art. 11 Abs. 1 EGBGB verankert ist, besagt, dass für das äußere Zustandekommen eines Vertrags (Geschäftsfähigkeit, Willenserklärungen, Form) das Schuldstatut maßgeblich ist. Für die Form genügt hierbei die Beachtung der Gesetze des Ortes, an dem das Rechtsgeschäft vorgenommen wird (Ortsstatut).
121 So wohl auch *Stumpf*, Lizenzvertrag, Anm. 444; *ders.*, Know-how-Vertrag, Anm. 194; *Benkard*, Anm. 135 zu § 15; *Reithmann/Martiny*, Anm. 1271 ff.

wird[122]. Das ist das **örtliche Vertragsgebiet**. Vgl. oben § 14 (4. Kapitel). Die Lizenzerteilung bezieht sich sowohl auf die Herstellung als auch den Vertrieb des Vertragsprodukts. Vgl. oben § 8 (3. Kapitel). Für den Fall der Ermittlung des hypothetischen Parteiwillens wird damit, wie die **h.M.**[123] zutreffend annimmt, die Vermutung des Art. 4 Abs. 2 EVÜ (Art. 28 Abs. 2 EGBGB) i.S. Art. 4 Abs. 5 EVÜ (Art. 28 Abs. 5 EGBGB) widerlegt (Ausweichklausel).

458 Umfasst allerdings das örtliche Vertragsgebiet, wie üblich, **mehrere Staaten**, sodass eine einheitliche Anknüpfung geboten ist[124], dürfte, entgegen der **h.M.**[125], die grundsätzlich den Schwerpunkt beim **Heimatrecht des Lizenzgebers** einordnet, das **Heimatrecht des Lizenznehmers** und nur in Ausnahmefällen das Heimatrecht des Lizenzgebers den Schwerpunkt bilden. Die **Vertragsleistung des Lizenznehmers** ist für die ausschließliche Lizenz, aber auch für die einfache Lizenz üblicherweise so **wesentlich**, dass sie diesbezüglich nicht etwa mit der Miete verglichen werden kann, obwohl die analoge Anwendung des Miet-Pachtrechts auf den Lizenzvertrag der h.M. im internationalen Bereich entspricht. Vgl. hierzu Rz. 122, 123. Der Wert des lizenzierten Patents oder Know-how wird direkt von der Art der Ausübung durch den Lizenznehmer beeinflusst. Bei der ausschließlichen Lizenz nimmt der Lizenznehmer sogar Lizenzgeberaufgaben wahr. Diese Beurteilung entspricht auch dem deutschen Umsatzsteuerrecht hinsichtlich des Leistungsorts. Vgl. hierzu oben § 29, Abschnitte 1 und 2. Der Schwerpunkt liegt nur dann beim **Lizenzgeber**, wenn – wie beispielsweise bei einer Nachbaulizenz – die **technische Steuerung weitgehend beim Lizenzgeber** verbleibt, dem Lizenznehmer also die technische Eigenständigkeit fehlt.

459 Dieser Fragenkreis hat nichts mit der Frage des anzuwendenden Rechts betreffend die **Schutzwirkungen des lizenzierten Patents** zu tun, die sich nach dem Recht des Schutzlandes (Land, in dem das Patent erteilt worden ist) richtet[126]. Patentrecht ist öffentliches Recht und insoweit nicht der Parteiautonomie unterworfen. Disponibel ist nur das Schuldstatut des Lizenzvertrags.

460 Bei den **Know-how-Lizenzverträgen**, auch in kombinierter Form (vgl. oben 1. Kapitel, § 3), gilt grundsätzlich nichts anderes. Durch die Verbindung zwischen Vertragsgebiet

---

122 So zu Recht *Stumpf*, Lizenzvertrag, Anm. 444 a.E. mit Nachweisen; *ders.*, Know-how-Vertrag, Anm. 194; *Reithmann/Martiny*, Anm. 1272; *Benkard*, Anm. 135 zu § 15; *Troller* in GRUR Ausl. 1952/108, 118; *Homburger/Jenny* bei *Pollzien/Bronfen*, S. 295; *Pagenberg/Geissler*, S. 190 (Tz. 314), sprechen vom „Schutzland" unter Bezugnahme auf OLG Düsseldorf GRUR Int. 1962/256.
123 Vgl. *Reithmann/Martiny*, Anm. 1278 mit Nachweisen.
124 Vgl. hierzu *Benkard*, Anm. 135 zu § 15; *Stumpf*, Lizenzvertrag, Anm. 445; *Reithmann/Martiny*, Anm. 1274.
125 *Stumpf*, Lizenzvertrag, Anm. 445; *ders.*, Know-how-Vertrag, Anm. 194 a.E; *Reithmann/Martiny*, Anm. 1274; *Pedrazzini*, S. 145; *Benkard*, Anm. 135 zu § 15; *Troller* in GRUR Ausl. 1952/108, 118; *Homburger/Jenny* bei *Pollzien/Bronfen*, S. 295. In den Fällen, in denen die Verpflichtungen des Lizenznehmers gegenüber dem Normalfall verstärkt sind (z.B. bei Ausschließlichkeit oder Ausübungspflicht), neigt die h.M. jedoch ebenfalls der Ansicht des Verfassers zu. Vgl. hierzu *Reithmann/Martiny*, Anm. 674 der Vorauflage, unter Hinweis auf die Rechtsprechung des schweizerischen Bundesgerichts (BGE 101 II 293/298) sowie des Obergerichts Zürich (AWD 1969/329). Zu den Know-how-Lizenzverträgen vgl. insbesondere *Reithmann/Martiny*, Anm. 1275.
126 Vgl. hierzu *Benkard*, Anm. 134 zu § 15 mit Nachweisen.

und Schutzland, die dem Patentlizenzvertrag eigen ist, dem Know-how-Lizenzvertrag jedoch fehlt, wird die **Rechtsstellung des ausübenden Know-how-Lizenznehmers** noch verstärkt, auch wenn keine Ausschließlichkeit und keine Ausübungspflicht festgelegt ist[127].

Der **Abschlussort** hat nicht nur hinsichtlich der realen Rechtswahl (ausdrücklich oder stillschweigend) sowie für die Ermittlung des hypothetischen Parteiwillens Bedeutung, sondern auch für die Beachtung der **Formerfordernisse (Ortsstatut)**. Werden die Formvorschriften des Abschlussortes beachtet, reicht dies nach dem IPR-Rechtsgrundsatz locus regit actum ungeachtet der etwa anderslautenden Vorschriften des anzuwendenden materiellen Rechts aus (Art. 9 EVÜ; Art. 11 Abs. 1 HS. 2 EGBGB)[128], allerdings nach Maßgabe einer eventuellen Vertragsabsprache. Vgl. hierzu auch oben § 1, Abschnitt 2, sowie § 2 Abschnitt 2 (1. Kapitel) und nachfolgend § 33, Abschnitt 5.

Öffentliches Recht, also insbesondere **Kartell- und Steuerrecht**, aber auch das **Patentrecht** in Bezug auf die Schutzwirkung des lizenzierten Patents wie in Rz. 459 erwähnt, unterliegt **nicht der parteiautonomen Rechtswahl**[129]. Die entsprechenden Bestimmungen finden, wenn ihre Voraussetzungen gegeben sind, ungeachtet der vertraglichen Absprachen Anwendung. Öffentliches Recht ist immer zwingend, aber auch Privatrecht kann zwingend sein. Zwingende Bestimmungen des anzuwendenden Rechts als solche können nicht ausgeschlossen werden, dagegen können diese durch die Wahl eines anderen Rechts, das entsprechende Bestimmungen nicht kennt, außer Anwendung gesetzt werden (Art. 7 EVÜ; Art. 34 EGBGB)[130]. Diesbezüglich ist vor allem an Formvorschriften und an Bestimmungen, die die Rechtsgültigkeit von Willenserklärungen regeln, zu denken.

461

Bei **Streitigkeiten**, die durch ein **Schiedsgericht** entschieden werden, ist auf die Vorschrift des § 1051 ZPO zu verweisen, die auf der Grundlage des UNCITRAL-Modellgesetzes und im Einklang mit dem EVÜ durch das Gesetz vom 22.12.1997[131] mit Wirkung ab 1.1.1998 eingefügt worden ist. Vgl. hierzu den nachfolgenden Abschnitt 2.

462

---

127 Vgl. hierzu *Reithmann/Martiny*, Anm. 1275.
128 *Kegel/Schurig*, S. 120, 549 ff.; *Reithmann/Martiny*, Anm. 138, 558; *Firsching* bei *Staudinger*, Anm. 51 ff. zu Art. 11 EGBGB.
129 *Stumpf*, Lizenzvertrag, Anm. 446, 451; *ders.*, Know-how-Vertrag, Anm. 197, 198; *Grützmacher*, S. 35 ff.; *Benkard*, Anm. 134 zu § 15; *Reithmann/Martiny*, Anm. 1292 ff.; *Pagenberg/Geissler*, S. 190 (Tz. 315) mit Nachweisen; OLG Karlsruhe GRUR Int. 1987/788 f.
130 Vgl. *Reithmann/Martiny*, Anm. 377 f., 450 ff.
131 BGBl I S. 3224.

Abschnitt 2
Gerichtsstand, Schiedsgericht und anzuwendendes Verfahrensrecht

463 Unabhängig von der Vereinbarung eines bestimmten materiellen Rechts in **Lizenzverträgen mit Auslandsbezug (Auslandsberührung)** sollte jeder Lizenzvertrag, mit oder ohne Auslandsbezug, eine so genannte **Gerichtsstandsklausel** oder – alternativ – eine **Schiedsvereinbarung**

– Anhanganlagen 1, 2, 3 (Randziffern 61–66), 4 (Randziffer 14),
6 (Randziffern 45–50), 7 (Randziffer 17), 8 (Randziffern 26–31),
9 (§ 6 Abs. 2–4), 11 (Artikel IX), 13 (§ 10 Abs. 2), 14 (Randziffer 8.4),
26 (Randziffer 10) und 27 (Artikel VI Abs. 2–4) –

enthalten. Im Falle der Schiedsvereinbarung dürfte es bei Auslandsbezug auch zweckmäßig sein, eine Vereinbarung über das anzuwendende Verfahrensrecht zu treffen[132]. Die **Vorteile des Schiedsverfahrens** in wirtschaftsnahen Streitigkeiten, vor allem im internationalen Bereich, sind unbestritten. Dennoch sollte vor Abschluss einer Schiedsvereinbarung eine sorgfältige Prüfung erfolgen. Vgl. hierzu auch Rz. 482.

464 Nach **deutschem Zivilprozessrecht** (§§ 38–40 ZPO) ist seit der Gerichtsstandsnovelle 74 (Gesetz vom 21.3.1974)[133] mit Wirkung ab 1.4.1974[134] der Grundsatz der freien Vereinbarung der sachlichen und örtlichen Zuständigkeit (Prorogation) aufgegeben und fast in sein Gegenteil verkehrt worden. **Prorogation ist nur noch in engen Grenzen zulässig**[135]. Die Vorschrift des § 38 Abs. 1 ZPO wurde durch das Gesetz vom 22.6.1998 (HRefG)[136] reformiert[137]. Dagegen besteht im Rahmen der §§ 1029, 1030 (§§ 1031–1033) ZPO[138] unverändert **Parteiautonomie** hinsichtlich der Vereinbarung eines **Schiedsverfahrens**, wobei nur wenige Beschränkungen vorhanden sind[139]. Vgl. hierzu Rz. 470 ff.

---

132 Vgl. hierzu *Stumpf*, Lizenzvertrag, Anm. 455 ff.; *ders.*, Know-how-Vertrag, Anm. 196; *Henn*, S. 94 ff.; *ders.*, Schiedsverfahrensrecht, Rz. 82.
133 BGBl I S. 753.
134 Vgl. hierzu *Zöller*, Anm. 1 vor § 38.
135 Vgl. *Zöller*, Anm. 1, 9 vor § 38; *Baumbach/Lauterbach/Albers/Hartmann*, Anm. 1 vor § 38; *Rosenberg/Schwab*, S. 182 ff. mit Nachweisen; *Wieczorek/Rössler/Schütze*, Anm. A zu § 38; *Jauernig*, S. 35 f.; *Stumpf*, Lizenzvertrag, Anm. 455; LG Trier NJW 1982/287.
136 BGBl I S. 1474.
137 Vgl. hierzu *Zöller*, Anm. 17–22 zu § 38; *Baumbach/Lauterbach/Albers/Hartmann*, Anm. 17–20 zu § 38.
138 Die im 10. Buch der ZPO verankerten Bestimmungen über zivilrechtliche Schiedsgerichte wurden durch das Gesetz vom 22.12.1997 (BGBl I S. 3224) mit Wirkung ab 1.1.1998 neu gefasst.
139 *Stumpf*, Lizenzvertrag, Anm. 455; *ders.*, Know-how-Vertrag, Anm. 196; *Schwab/Walter*, S. 34 ff.; *Schütze/Tscherning/Wais*, Anm. 41 ff.; *Henn*, Schiedsverfahrensrecht, Rz. 30 ff.; *Baumbach/Lauterbach/Albers/Hartmann*, Anm. 16 zu § 1029, und 2 ff. zu § 1030; *Schwab/Walter*, S. 34 ff.; *Lionnet*, S. 54 ff.; *Thomas/Putzo*, Anm. 2 b zu § 1025; *Zöller*, Anm. 19a zu § 1029 und 1 ff. zu § 1030; *Bork* in ZZP 100 (1987), S. 249 ff.

Gerichtsstandsvereinbarungen[140] **465**

– Anhanganlage 14 (Randziffer 8.4) –

sind nach deutschem Zivilprozessrecht gemäß §§ 38, 40 ZPO[141] nur unter folgenden – alternativen – **Voraussetzungen** zulässig[142]:

1. Wenn beide Vertragsparteien **Kaufleute** i.S. der §§ 1–3 sowie 5–7 HGB, **juristische Personen** des öffentlichen Rechts oder öffentlichrechtliche **Sondervermögen** sind (§ 38 Abs. 1 ZPO)[143], oder
2. wenn mindestens eine Vertragspartei **keinen allgemeinen Gerichtsstand** (§ 38 Abs. 2 S. 1 i.V.m. §§ 12–18 ZPO) **im Inland** (BRD) hat[144], oder
3. wenn sie ausdrücklich **nach Entstehen der Streitigkeit** (§ 38 Abs. 3 Nummer 1 ZPO)[145] oder für den Fall geschlossen werden, dass die im Klageweg in Anspruch zu nehmende Vertragspartei **nach Vertragsabschluss ihren Wohnsitz oder gewöhnlichen Aufenthaltsort ins Ausland** (alles, was nicht Inland ist) verlegt oder ihr **Wohnsitz oder gewöhnlicher Aufenthalt** im Zeitpunkt der Klageerhebung **nicht bekannt** ist (§ 38 Abs. 3 Nummer 2 ZPO)[146].

Gerichtsstandsvereinbarungen sind nur zulässig, wenn sie sich auf ein **bestimmtes Rechtsverhältnis** und die aus diesem entspringenden Rechtsstreitigkeiten beziehen (§ 40 Abs. 1 ZPO)[147]. Sie müssen **vermögensrechtliche Ansprüche** betreffen und dürfen **nicht** einem **ausschließlichen Gerichtsstand** (§§ 24, 29 a, 29 c, 32 a ZPO, 23 Nummer 2 GVG, 24 UWG, 87 Abs. 1 GWB, 143 Abs. 1 PatG 1981) unterworfen sein (§ 40 Abs. 2 ZPO)[148]. **466**

Zu den „**Patentstreitsachen**", für die gemäß § 143 Abs. 1 PatG 1981 die Zivilkammern der Landgerichte (Patentkammern) ausschließlich zuständig sind und gemäß § 143 Abs. 2 PatG 1981 zwingende örtliche Zuständigkeiten bestehen können (vgl. Anm. zu Anhanganlage 14 a.E.)[149], gehören Klagen auf Unterlassung und Schadensersatz **467**

---

140 Vgl. hierzu *Baumbach/Lauterbach/Albers/Hartmann*, Anm. 4, 5, 21, 33 ff. zu § 38; *Zöller*, Anm. 17 ff., 23 ff., 31 ff., 36 ff. zu § 38; *Rosenberg/Schwab*, S. 182 ff.; BGHZ 57/75, 49/387; LG Trier NJW 1982/287; BayrObLG BB 1978/1685.
141 In der Neufassung durch das HRefG vom 22.6.1998 (BGBl I S. 1474). Vgl. hierzu *Zöller*, Anm. 1 vor § 38; *Bartenbach/Gennen*, Rz. 2936–2938.
142 Vgl. hierzu *Zöller*, Anm. 1 vor § 38 und 17, 23, 31, 36 zu § 38; *Baumbach/Lauterbach/Albers/ Hartmann*, Anm. 17–19, 21, 33–35 zu § 38.
143 Zu dieser „kaufmännischen" Prorogation vgl. *Baumbach/Lauterbach/Albers/Hartmann*, Anm. 17 zu § 38; *Rosenberg/Schwab*, S. 183 f.; *Zöller*, Anm. 17 ff. zu § 38.
144 Zu dieser „internationalen" Prorogation vgl. *Baumbach/Lauterbach/Albers/Hartmann*, Anm. 21 zu § 38; *Rosenberg/Schwab*, S. 183; *Zöller*, Anm. 23 ff. zu § 38; *Katholnigg* in BB 1974/395. Vgl. auch die Abgrenzung zur „europäischen" Prorogation bei *Zöller*, Anm. 24 zu § 38.
145 Zu dieser „nachträglichen" Prorogation vgl. *Baumbach/Lauterbach/Albers/Hartmann*, Anm. 34 zu § 38; *Rosenberg/Schwab*, S. 183; *Zöller*, Anm. 31 ff. zu § 38.
146 *Baumbach/Lauterbach/Albers/Hartmann*, Anm. 35 zu § 38; *Rosenberg/Schwab*, S. 183; *Zöller*, Anm. 37 ff. zu § 38.
147 *Baumbach/Lauterbach/Albers/Hartmann*, Anm. 3 zu § 40; *Rosenberg/Schwab*, S. 184; *Bartenbach/Gennen*, Rz. 2936, 2963; *Zöller*, Anm. 3, 4 zu § 40; *Diederichsen* in BB 1974/382.
148 *Baumbach/Lauterbach/Albers/Hartmann*, Anm. 5 zu § 40; *Rosenberg/Schwab*, S. 184; *Zöller*, Anm. 6 ff. zu § 40.
149 Vgl. hierzu *Bartenbach/Gennen*, Rz. 2939.

wegen Patentverletzung (§ 139 PatG 1981). Soweit eine Überschreitung der Lizenzerteilung i. S. § 15 Abs. 2 S. 2 PatG 1981 vorliegt (vgl. Rz. 204, 209), ist nicht nur eine Verletzung des Lizenzvertrags, sondern auch eine Patentverletzung gegeben und damit die Zuständigkeit gemäß § 143 Abs. 1 PatG 1981 begründet[150]. Diese Beschränkungen gelten **nicht für Schiedsvereinbarungen**, die für „Patentstreitsachen" frei getroffen werden können. Vgl. hierzu die nachfolgenden diesbezüglichen Darlegungen in der Zusammenstellung in Rz. 470 (Ziffer 6).

Gerichtsstandsvereinbarungen gemäß Rz. 465 (Ziffer 1) bedürfen **keiner besonderen Form**[151], während Gerichtsstandsvereinbarungen gemäß Rz. 465 (Ziffern 2 und 3) der **Schriftform** (§ 126 BGB)[152] unterliegen (§ 38 Abs. 1, Abs. 2 S. 2, Abs. 3 ZPO)[153]. Hat im Falle einer Gerichtsstandsvereinbarung gemäß Ziffer 2 ein Vertragspartner einen allgemeinen Gerichtsstand (§§ 12–18 ZPO) im Inland (BRD), so kann für das Inland nur ein Gericht gewählt werden, bei dem dieser Vertragspartner seinen allgemeinen Gerichtsstand oder einen besonderen Gerichtsstand (§§ 20–23, 27–29, 30–34 ZPO) hat (§ 38 Abs. 2 S. 3 ZPO).

468 Für **Gerichtsstandsvereinbarungen nach ausländischen Rechten** sind die entsprechenden Vorschriften heranzuziehen. Für die Schweiz ist beispielsweise auf Art. 5 IPRG zu verweisen. Beratung ist dringend zu empfehlen[154]. Im Übrigen ist auf die Ausführungen in Rz. 469 zu verweisen.

469 Für **Gerichtsstandsvereinbarungen im internationalen Bereich** ist das auf EG-Ebene geschlossene, am 1.2.1973 in Kraft getretene **EWG-Übereinkommen über die gerichtliche Zuständigkeit und die Vollstreckung gerichtlicher Entscheidungen in Zivil- und Handelssachen (EuGVÜ)** vom 27.9.1968[155], das **Lugano-Übereinkommen (LGVÜ)** vom 16.9.1988[156] sowie die **Verordnung (EG) Nr. 44/2001 des Rates (EuGVVO)** vom

---

150 Vgl. *Benkard*, Anm. 4 zu § 143; *Bartenbach/Gennen*, Rz. 2939; *Pagenberg/Geissler*, S. 100 (Tz. 128) sowie S. 186 (Tz. 309, 310); RGZ 170/226, 228, 229, 231; BGHZ 8/16, 18; OLG Celle GRUR 1958/292.
151 Baumbach/Lauterbach/Albers/Hartmann, Anm. 20 zu § 38; *Diederichsen* in BB 1974/381; *Rosenberg/Schwab*, S. 183; *Zöller*, Anm. 8 und 20 zu § 38.
152 Wegen der Formulierung des § 38 Abs. 2 S. 2 ZPO spricht *Zöller*, Anm. 27 zu § 38, von der „halben Schriftlichkeit", was es mit sich bringe, dass nicht die Einhaltung des § 126 BGB verlangt werde. Hierbei wird auf BGH NJW 2001/1731 (offen noch BGHZ 116/80) sowie auf weitere Quellen verwiesen. Ähnlich *Baumbach/Lauterbach/Albers/Hartmann*, Anm. 26 zu § 38.
153 *Rosenberg/Schwab*, S. 183; *Zöller*, Anm. 8, 27 und 34 zu § 38; *Diederichsen* in BB 1974/381; BGH DB 1984/825; *Baumbach/Lauterbach/Albers/Hartmann*, Anm. 26 zu § 38.
154 Vgl. *Stumpf*, Lizenzvertrag, Anm. 455; *Reithmann/Martiny*, Anm. 2086 ff.
155 Gemäß Gesetz vom 24.7.1972 (BGBl II S. 773) in der Fassung des Beitritts-Übereinkommens vom 29.11.1996 (BGBl 1998 II S. 1412). Texte bei *Baumbach/Lauterbach/Albers/Hartmann*, S. 2814 ff.
156 Über die gerichtliche Zuständigkeit und Vollstreckung gerichtlicher Entscheidungen in Zivil- und Handelssachen (BGBl 1994 II S. 2658). Text bei *Baumbach/Lauterbach/Albers/Hartmann*, S. 2859 ff.

22.12.2000[157] zu beachten[158]. Die Vorschriften der §§ 38–40 ZPO werden in ihrem Anwendungsbereich durch diese Abkommen verdrängt, d.h. jene sind **subsidiär**[159]. Das **EuGVÜ** gilt seit dem 1.2.1973 in Belgien, der BRD, Frankreich, Italien, Luxemburg und den Niederlanden. Für Dänemark, Großbritannien und Nordirland sowie Irland ist es am 1.11.1986, 1.1.1987 sowie am 1.6.1988 in Kraft getreten. Mit Griechenland wurde es am 1.4.1989 verbindlich. Spanien und Portugal folgten am 1.2.1991 und am 1.7.1992. Die neuen Mitgliedstaaten Finnland, Österreich und Schweden haben das EuGVÜ sämtlich am 29.11.1996 gezeichnet. In Kraft getreten ist das Übereinkommen am 1.4.1999, am 1.12.1998 und am 1.1.1999 mit diesen Ländern. Damit gilt dieses Übereinkommen (wie das EPÜ, obwohl dieses einen weiteren räumlichen Anwendungsbereich hat, vgl. Rz. 4) in allen 15 Mitgliedstaaten der EU.

Auch das im Wesentlichen übereinstimmende **Lugano-Übereinkommen (LGVÜ)** vom 16.9.1988[160] ist in allen 15 Mitgliedstaaten der EU in Kraft[161].

Durch eine **Schiedsvereinbarung** (Schiedsklausel, Schiedsabrede)[162]. **470**

– Anhanganlagen 1, 2, 3 (Randziffern 61–66), 4 (Randziffer 14),
6 (Randziffern 45–50), 7 (Randziffer 17), 8 (Randziffern 26–31),
9 (§ 6 Abs. 2–4), 11 (Artikel IX) und 27 (Artikel VI Abs. 2–4) –

kann gemäß §§ 1029–1033 ZPO (Neufassung gemäß SchiedsVfG vom 22.12.1997, hierzu Rz. 471 a.E.) die **Zuständigkeit der staatlichen Gerichte** zugunsten eines von den Vertragsparteien beauftragten Schiedsgerichts unter folgenden Voraussetzungen **(Schiedsfähigkeit) ausgeschlossen** werden[163]:

1. **Vermögensrechtliche Ansprüche** (§ 1030 Abs. 1 S. 1 ZPO).
2. Entscheidung von **entstandenen** oder **künftigen Rechtsstreitigkeiten** aus einem **bestimmten Rechtsverhältnis** (§ 1029 Abs. 1).

---

157 Über die gerichtliche Zuständigkeit und die Anerkennung und Vollstreckung von Entscheidungen in Zivil- und Handelssachen (AblEG L 12 vom 16.1.2001). Text bei *Baumbach/Lauterbach/Albers/Hartmann*, S. 2844 ff.
158 Vgl. zum zeitlichen und internationalen Anwendungsbereich dieser Regelungen *Baumbach/Lauterbach/Albers/Hartmann*, S. 2844, Anm. 1, sowie *Pagenberg/Geissler*, S. 186 (Tz. 309). Desweiteren: *Geimer* in NJW 1976/441; *Bartenbach/Gennen*, Rz. 2953 ff.; *Kropholler*, Europäisches Zivilprozessrecht, Kommentar zum EuGVÜ, 2. Aufl., 1987.
159 Vgl. *Reithmann/Martiny*, Anm. 2094; *Zöller*, Anm. 7, 8 zu § 642; BGH NJW 1980/2022 f.; LG Frankfurt/M. IPRax 1992/241, 243.
160 Vgl. vorstehende Anm. 156, sowie *Reithmann/Martiny*, Anm. 2111; *Zöller*, Anm. 7, 8 zu § 642.
161 Vgl. hierzu *Reithmann/Martiny*, Anm. 2094 ff.
162 Mustertexte werden bei *Henn*, Schiedsverfahrensrecht, Rz. 94, S. 235 ff. sowie bei *Lionnet*, S. 491 ff. vorgeschlagen.
163 Das 10. Buch der ZPO mit den Vorschriften über das schiedsrichterliche Verfahren (§§ 1025–1066) wurde durch das SchiedsVfG vom 22.12.1997 (BGBl I S. 3224) neu gefasst. Vgl. hierzu *Henn*, Schiedsverfahrensrecht, Rz. 16, 38 ff.; *Rosenberg/Schwab*, S. 1074 ff.; *Baumbach/Lauterbach/Albers/Hartmann*, Anm. 8 zu § 1029, 2–5 zu § 1030; *Wieczorek/Rössler/Schütze*, Anm. A zu § 1025; *Zöller*, Anm. 26, 48 zu § 29, 1, 20 zu § 1030; *Schwab/Walter*, S. 34 ff.; *Schütze/Tscherning/Wais*, Anm. 41 ff.; *Lionnet*, S. 124; *Pagenberg/Geissler*, S. 186, 188 (Tz. 311); *Zumbusch* in GRUR Int. 1988/541 ff. unter dem Aspekt von Kartellstreitigkeiten, wobei das EWG-Kartellrecht ausdrücklich als schiedsfähig bezeichnet wird (S. 550 ff.).

8. Kapitel *Sonstige Vertragsbestimmungen*

3. **Vergleichsfähigkeit** bei **nichtvermögensrechtlichen** Ansprüchen (§ 1030 Abs. 1 S. 2 ZPO).
4. **Keine** Rechtsstreitigkeiten, die den **Bestand eines Mietverhältnisses** über Wohnraum im Inland betreffen (§ 1030 Abs. 2 ZPO).
5. **Keine** Rechtsstreitigkeiten aus bestimmten **Börsengeschäften** (§ 28 Börsengesetz) sowie aus **Kartellsachen** (§ 87 Abs. 1 GWB).
6. **Keine** Rechtsstreitigkeiten aus **Nichtigerklärung von Patenten**, auf **Zurücknahme von Patenten** und auf **Erteilung von Zwangslizenzen** (§ 65 Abs. 1 S. 1 PatG 1981), während für Klagen **aus Patentstreitsachen** (§ 143 Abs. 1 PatG 1981) die **Zuständigkeit eines Schiedsgerichts** vereinbart werden kann[164].

471 Die Schiedsvereinbarung hat nicht mehr wie in der früheren Vorschrift des § 1025 Abs. 1 ZPO zu bestimmen, „dass die Entscheidung einer Rechtsstreitigkeit durch einen oder mehrere Schiedsrichter erfolgen solle"[165], sondern die Vorschrift des § 1029 Abs. 1 ZPO regelt nunmehr im Wege einer detaillierten **Legaldefinition** die Bedingungen einer solchen Absprache wie folgt: „Schiedsvereinbarung ist eine Vereinbarung der Parteien, **alle oder einzelne Streitigkeiten**, die zwischen ihnen in Bezug auf ein **bestimmtes Rechtsverhältnis** vertraglicher oder nichtvertraglicher Art **entstanden** sind oder **künftig** entstehen, der Entscheidung durch ein Schiedsgericht zu unterwerfen". Auch diese Neuformulierung dürfte der bisherigen Gestaltungspraxis von Schiedsvereinbarungen entsprechen, sodass keine Anpassungen unter neuem Recht erforderlich sind. Alle anderen Bestimmungen einer Schiedsvereinbarung wie Bildung, Zusammensetzung und Sitz des Schiedsgerichts, Vergütung der Schiedsrichter, Verfahren und Fällung des Schiedsspruchs sind fakultativ[166]. Das Gesetz enthält in den §§ 1034–1066 ZPO entsprechende Vorschriften. Zumindest bei Schiedsvereinbarungen mit Auslandsbezug, wo entweder die Anwendung deutschen Rechts zweifelhaft ist oder gar die Anwendung ausländischen Rechts vereinbart wurde, dürfte es dringend ratsam sein, alle wichtigen Bestimmungen, auch die nach deutschem Recht fakultativen, zu regeln. Dies gilt insbesondere für den **Sitz des Schiedsgerichts** und das hiernach **anzuwendende Verfahrensrecht**, wovon die am 1.1.1998 in Kraft getretene Neuregelung des 10. Buches der ZPO über das schiedsrichterliche Verfahren (SchiedsVfG)[167] in

---
164 So zutreffend BGH BB 1984/561; *Zöller*, Anm. 14 zu § 1030; *Benkard*, Anm. 13 zu § 143; *Schwab/Walter*, S. 39; *Pfaff* in FS Nagel, 1987, S. 289. Vgl. auch *Henn*, Schiedsverfahrensrecht, Rz. 30 (Ziffer 5).
165 Zum bisherigen Recht: *Henn*, Schiedsverfahrensrecht, 2. Aufl., 1991, S. 17 f.; *Schwab/Walter*, 5. Aufl., 1995, S. 22 ff.; *Schütze/Tscherning/Wais*, Anm. 98; *Zöller*, 19. Aufl., 1995, Anm. 18 ff. zu § 1025; *Rosenberg/Schwab*, S. 1080; Baumbach/Lauterbach/Albers/Hartmann, 56. Aufl., 1998, Anm. 5 zu § 1025.
166 *Henn*, Schiedsverfahrensrecht, Rz. 44 ff.; *Schütze/Tscherning/Wais*, Anm. 94 ff.; *Rosenberg/Schwab*, S. 1081 f.; *Schwab/Walter*, S. 52 ff.; *Lionnet*, S. 145 ff.; *Zöller*, Anm. 32 ff. zu § 1029; Baumbach/Lauterbach/Albers/Hartmann, Anm. 13 zu § 1029.
167 Gesetz vom 22.12.1997 (BGBl I S. 3224). Vgl. hierzu *Henn*, Schiedsverfahrensrecht, Rz. 2; *Zöller*, Anm. 9 vor § 1025; Baumbach/Lauterbach/Albers/Hartmann, Anm. 1 ff. vor § 1025.

den §§ 1025 Abs. 1, 1043, 1060 und 1061 im Einklang mit dem übernommenen UNCITRAL-Modellgesetz und den Bestimmungen des UNÜ vom 10.6.1958 ausgeht[168].

472 Die Schiedsvereinbarung muss **nicht mehr ausdrücklich** geschlossen werden, bedarf jedoch der (eingeschränkten) **Schriftform** (§ 1031 Abs. 1 ZPO)[169], wobei sie nicht mehr wie im früheren Recht eine selbständige Urkunde darstellen muss, also auch mit anderen Vertragsbestandteilen verbunden sein darf[170].

473 **Schriftform** i. S. § 1031 Abs. 1 ZPO heißt nach Maßgabe des § 126 BGB eigenhändige Unterzeichnung durch beide Vertragspartner[171] auf derselben Urkunde oder jeweils auf der für die Gegenpartei bestimmten Urkunde. Gemäß § 1031 Abs. 2 ZPO gilt die Form auch im Wege der stillschweigenden Zustimmung als gewahrt, wenn das Schweigen der Gegenpartei nach der Verkehrssitte als Zustimmung anzusehen ist[172]. Mechanische, faksimilierte Unterschriften, Telefaxschriftwechsel, elektronischer Datenaustausch (Internet und Electronic Data Exchange) genügen dann, wenn diese Medien, wie § 1031 Abs. 1 ZPO als novellierte Vorschrift ausdrücklich bestimmt, „einen Nach-

---

168 Eine deutsche Mindermeinung war hiervon bereits im Einklang mit der allgemeinen Ansicht im internationalen Bereich vor In-Kraft-Treten der Novelle ausgegangen. Vgl. hierzu *Henn*, Schiedsverfahrensrecht, Rz. 524, 525, sowie JPS 3 (1989), S. 35, jeweils mit Nachweisen, sowie *Lionnet*, S. 97 ff., 142. Zu verweisen ist auch auf die Darstellungen von *Beringe* in NJW 1959/80 sowie von *Mann* in FS *Flume*, 1978, S. 593 ff. und in FS *Oppenhoff*, 1985, S. 215 ff.; die vollinhaltlich der vom Verfasser vertretenen sitzbezogenen Anknüpfung der Parteiautonomie des schiedsgerichtlichen Verfahrensrechts entsprachen, die nicht nur im Einklang mit der st. Rspr. des RG stand, sondern auch der österreichischen und schweizerischen h.M. entspricht, wie diese beispielsweise in dem (schweizerischen) Konkordat über die Schiedsgerichtsbarkeit vom 27.3.1969 (Art. 1 Abs. 1) oder in dem (schweizerischen) Bundesgesetz vom 18.12.1987 über das Internationale Privatrecht (Art. 176 Abs. 1) zum Ausdruck kommt. Vgl. hierzu *Böckstiegel/Blessing*, S. 26 ff., sowie *Bucher*, Anm. 427 ff.; der Text des seit dem 1.1.1989 in Kraft befindlichen IPRG ist bei *Schnyder*, Das neue IPR-Gesetz, 1988, sowie auszugsweise bei *Böckstiegel*, S. 199 ff., und in GRUR Int. 1988/343 f., abgedruckt. Die hiermit bis zur Novelle 1997 im Widerspruch gestandene deutsche h.M. (vgl. *Kornblum* in NJW 1986/2304; *Schlosser* in ZHR 150 (1986) S. 719 f.; *Triebel/Petzold* in RIW 1988/249 f.; *Walter/Stadler* in ZZP 1987/242), die sich vor allem auf BGHZ 21/365 = JZ 1957/26 mit Anm. *Habscheid*, sowie auf BGHZ 96/40 = NJW 1986/1436 = RIW 1985/1970 = JZ 1986/401 (vgl. hierzu auch die Besprechung von *Sandrock* in JZ 1986/370 ff.) gestützt hatte, vermochte nicht zu überzeugen. Dort wurde zwar auf das tatsächlich angewandte (was noch nicht einmal das vereinbarte sein musste) Verfahrensrecht abgestellt, aber doch in Anknüpfung an das Sitzrecht, da es eine anknüpfungsfreie Vereinbarung des Verfahrensrechts nicht gibt. Der Bezug zum Sitzrecht zeigt sich spätestens bei der Durchsetzung des Schiedsspruchs, meist schon während der Beweisaufnahme oder der Ersatzbestellung von Schiedsrichtern.
169 *Henn* Schiedsverfahrensrecht, Rz. 53, 54; *Rosenberg/Schwab*, S. 1079 f.; *Pagenberg/Geissler*, S. 188 (Tz. 312); *Schütze/Tscherning/Wais*, Anm. 69; *Schwab/Walter*, S. 43 ff.; *Baumbach/Lauterbach/Albers/Hartmann*, Anm. 3 ff. zu § 1031; *Zöller*, Anm. 5 ff. zu § 1031.
170 Zum bisherigen Recht: *Henn*, Schiedsverfahrensrecht, 2. Aufl., 1991, S. 28 f.; *Schütze/Tscherning/Wais*, Anm. 70; *Schwab/Walter*, 5. Aufl., 1995, S. 43; *Baumbach/Lauterbach/Albers/Hartmann*, 56. Aufl., 1998, Anm. 1 D zu § 1027; *Lionnet*, 1. Aufl., 1996, S. 46 f.; BGHZ 38/163.
171 *Schütze/Tscherning/Wais*, Anm. 69; *Schwab/Walter*, S. 44 f.; *Henn*, Schiedsverfahrensrecht, Rz. 55 ff.; BGHZ 47/71; BGH NJW 1981/1900; BGH NJW 1994/2300; RGZ 50/51, 55.
172 Vgl. *Baumbach/Lauterbach/Albers/Hartmann*, Anm. 6 zu § 1031; *Zöller*, Anm. 8 zu § 1031.

weis der Vereinbarung sicherstellen"[173]. Damit nähert sich diese Formvorschrift der gewillkürten Schriftform des § 127 BGB[174] sowie den neuen Vorschriften der §§ 126a und 126b BGB. Vollmacht ist zulässig[175]. Unterzeichnet werden muss durch Namensunterschrift, wobei der Familienname genügt[176]. Bei Gesellschaften muss die Unterschrift in der beim Handelsregister hinterlegten Form (z.B. §§ 37 Abs. 5, 81 Abs. 4, 79 AktG) erfolgen, was den allgemeinen handelsrechtlichen Grundsätzen der §§ 12, 17, 29 HS. 2, 53 Abs. 2, 108 Abs. 2 HGB entspricht. Hierbei sind auch die Bestimmungen über die gesetzliche Vertretung (z.B. § 78 AktG) zu beachten, also welche Personen und in welcher Zusammensetzung zur Vertretung berechtigt sind[177]. Die Schriftform wird durch die notarielle Beurkundung ersetzt[178].

474 Die im früheren Recht enthaltene Bestimmung über die **Formfreiheit von Schiedsvereinbarungen** für bestimmte **handelsrechtliche** Sondertypen[179]**, ist entfallen**. Stattdessen regelt die neue Vorschrift des § 1031 ZPO in ihren Absätzen 1–5 (zu den Absätzen 1 und 2 vgl. Rz. 473) praxisnah zahlreiche Details für verschiedene Formen von Schiedsvereinbarungen. Der Mangel der Form wird durch die Einlassung auf die schiedsgerichtliche Verhandlung zur Hauptsache geheilt (§ 1031 Abs. 6 ZPO).

475 Die Zulässigkeit einer Schiedsvereinbarung im Falle der Anwendung ausländischen Verfahrensrechts bestimmt sich nach den entsprechenden Vorschriften der jeweiligen Zivilprozessordnung, z.B. nach den Art. 176–194 des Schweizerischen Bundesgesetzes vom 18.12.1987 über das Internationale Privatrecht (IPRG). Beratung ist dringend zu empfehlen. Positiv zu berücksichtigen ist hierbei, dass eine **weitgehende Übernahme des UNCITRAL-Modellgesetzes vom 21.6.1985** sowie von Vorschriften des **UNÜ vom 10.6.1958** festzustellen ist, sodass insoweit Einheitlichkeit besteht. Dies gilt beispielsweise auch für die in Rz. 473 erwähnte novellierte Vorschrift des § 1031 Abs. 1 ZPO hinsichtlich der Nachrichtenübermittlung[180].

476 Für Lizenzverträge mit Wirkung innerhalb der EU behielt sich die EU-Kommission gemäß Art. 9 Nummer 1 PatLizVO (vgl. oben 7. Kapitel, § 28) ein Überprüfungsrecht von Schiedssprüchen vor[181]. Diese Regelung wurde in Art. 7 TechTraVO nicht übernommen.

---

173 Vgl. hierzu *Baumbach/Lauterbach/Albers/Hartmann*, Anm. 5 zu § 1031; Zöller, Anm. 7 zu § 1031 (Abspeicherung aus Nachweisgründen erforderlich).
174 Schütze/Tscherning/Wais, Anm. 69; *Schwab/Walter*, S. 44 f.; *Henn*, Schiedsverfahrensrecht, Rz. 56; BGHZ 24/298; BGH NJW 1970/1078.
175 *Schwab/Walter*, S. 44; *Henn*, Schiedsverfahrensrecht, Rz. 56; RGZ 81/1.
176 *Schwab/Walter*, S. 44; *Henn*, Schiedsverfahrensrecht, Rz. 56; RGZ 134/309.
177 *Baumbach/Hopt*, Anm. 17 ff. zu § 17; Anm. 2 zu § 108; *Henn*, Handbuch des Aktienrechts, 7. Aufl., 2002, Rz. 585.
178 *Henn*, Schiedsverfahrensrecht, Rz. 57; BGH NJW 1967/2310.
179 *Schwab/Walter*, S. 43; *Schütze/Tscherning/Wais*, Anm. 77; *Lionnet*, S. 133 ff.; *Henn*, Schiedsverfahrensrecht, Rz. 63–65; BGHZ 36/277.
180 Vgl. hierzu *Zöller*, Anm. 7 zu § 1031. Der Text des UNÜ (englisch, französisch, spanisch und deutsch) ist bei *Henn*, Schiedsverfahrensrecht, Anlage 13, und der Text des UNCITRAL-Modellgesetzes (englisch und deutsch) bei *Lionnet*, Anhang 3, wiedergegeben.
181 Vgl. *Pagenberg/Geissler*, 3. Aufl., 1991, S. 190 (Tz. 317). Vgl. auch oben Anm. 163 a. E.

Für die Praxis im **nationalen**[182] und **internationalen**[183] Bereich werden – neben den **477**
entsprechenden zivilprozessualen Vorschriften – **Mustertexte für Schiedsklauseln**
angeboten, die die Interessen der Beteiligten unter den verschiedenen Aspekten
abdecken. Darüber hinaus gibt es **Musterschiedsgerichtsordnungen**[184], die vor allem
im internationalen Handelsverkehr erhebliche Bedeutung haben.

Die in den **478**

– Anhanganlagen 1, 2, 3 (Randziffern 61–66), 6 (Randziffern 45–50),
7 (Randziffer 17), 8 (Randziffern 26–31), 9 (§ 6 Abs. 2–4)
und 11 (Artikel IX) –

vorgelegten Schiedsvereinbarungen im **internationalen Bereich** sehen als Verfahrensrecht die Bestimmungen des 12. Kapitels (Art. 176–194) des Schweizerischen Bundesgesetzes vom 18.12.1987 über das Internationale Privatrecht (IPRG), in Kraft seit dem 1.1.1989, soweit dies rechtlich zulässig ist (Schiedsfähigkeit und Auslandsbezug), vor. Die **Schweizer Schiedsgerichtsbarkeit** genießt den Ruf einer sehr modernen, weltoffenen, freiheitlichen, politisch unabhängigen und rechtsstaatlichen Einrichtung, die zudem praxisnah und auch unkompliziert ist[185]. Wie in Art. 177 Abs. 1 IPRG geregelt, bedarf es für den wirksamen Abschluss einer (schriftlich oder schriftgleichwertig gemäß Art. 178 Abs. 1 IPRG abzufassenden) Schiedsvereinbarung, der objektiven Schiedsfähigkeit des Streitgegenstandes (vermögensrechtlicher Anspruch) sowie der subjektiven Schiedsfähigkeit der Streitparteien (Wohnsitz oder gewöhnlicher Aufenthalt mindestens einer Streitpartei außerhalb der Schweiz) gemäß Art. 176 Abs. 1 IPRG[186]. Das Schiedsgericht muss außerdem gemäß Art. 176 Abs. 1 IPRG seinen Sitz in der Schweiz haben, wobei die Streitparteien allerdings denselben gemäß Art. 176 Abs. 3 IPRG frei bestimmen können[187].

In der internationalen Praxis ist es auch häufig üblich, Schiedsvereinbarungen nach **479**
Maßgabe der **Vergleichs- und Schiedsgerichtsordnung der Internationalen Handelskammer (IHK)** in der Fassung vom 1.1.1998

– Anhanganlage 27 (Artikel VI Abs. 2) –

---

182 Vgl. *Henn*, Schiedsverfahrensrecht, Rz. 51; *Lionnet*, S. 509 ff.
183 Vgl. *Henn*, Schiedsverfahrensrecht, Rz. 93 ff.; *Lionnet*, S. 491 ff. Die von *Schlosser* in ZHR 150 (1986), S. 718 (ebenso wie von *Karrer* in SJZ 4/87), gegen die Anwendung der Züricher ZPO im Hinblick auf das Inkrafttreten des Konkordats über die Schiedsgerichtsbarkeit vom 27.3.1969 am 1.7.1985 erhobenen Einwände gehen fehl, da das Zivilprozessrecht der Schweiz nach der Bundesverfassung unverändert zur Zuständigkeit der Kantone gehört. Deshalb hat das Konkordat nicht unmittelbar, sondern nur mittelbar (über § 238 Züricher ZPO) Eingang in die Züricher ZPO gefunden. Das Konkordat ist also formal Recht der Züricher ZPO und nicht etwa Bundesrecht. Dies beweisen auch die in Kraft gebliebenen §§ 239 und 284 der Züricher ZPO sowie Art. 176 Abs. 2 des Bundesgesetzes vom 18.12.1987 über das Internationale Privatrecht (IPRG). Hierzu *Schnyder*, Das neue IPR-Gesetz, 1988; *Bucher*, Anm. 28, 29, 59, 60; *Real*, S. 45 (Anm. 18); *Pollzien* bei *Pollzien/Langen*, S. 14 ff.
184 Vgl. hierzu *Henn*, Schiedsverfahrensrecht, Rz. 93 ff.; *Lionnet*, S. 491 ff.
185 Vgl. hierzu *Böckstiegel/Böckstiegel*, S. 1 ff.; *Böckstiegel/Lalive*, S. 5 ff.; *Böckstiegel/Blessing*, S. 20; *Bucher*, Anm. 19–23; *Walter/Bosch/Brönnimann*, S. 43 ff.
186 Vgl. hierzu *Böckstiegel/Blessing*, S. 27 ff.; 38 ff.; *Bucher*, Anm. 43–49; *Walter/Bosch/Brönnimann*, S. 36 ff.
187 Vgl. hierzu *Böckstiegel/Blessing*, S. 29 ff.; *Bucher*, Anm. 40–42; *Walter/Bosch/Brönnimann*, S. 36 ff.

8. Kapitel Sonstige Vertragsbestimmungen

zu vereinbaren[188], wobei bei Anwendung deutschen Rechts die Vorschrift des § 1031 ZPO (Form der Schiedsvereinbarung) zu beachten ist.

480 Bei **nationalen Schiedsvereinbarungen** ist eine Verweisung auf das 10. Buch der ZPO (§§ 1025–1066) ohne nähere inhaltliche Ausgestaltung der Schiedsklausel durchaus möglich, wenn auch (z. B. wegen der Zahl der Schiedsrichter, der Bildung des Schiedsgerichts und des anzuwendenden Verfahrens) nicht immer zweckmäßig. Auch hier ist die Formvorschrift des § 1031 ZPO zu beachten. Stattdessen ist es im Hinblick auf die praktische Betreuung durchaus ratsam, die Anwendung der **Schiedsgerichtsordnung der Deutschen Institution für Schiedsgerichtsbarkeit (DIS)**, Berlin/Bonn, zu vereinbaren (Fassung vom 1. 7. 1998)[189].

481 Neben den in Rz. 478 genannten mehr formellen Voraussetzungen der Rechtsgültigkeit einer Schiedsvereinbarung nach dem IPRG, die einen sehr parteiautonomen Charakter aufweisen[190], bestimmen sich auch die sonstigen Vorschriften, insbesondere hinsichtlich des anzuwendenden materiellen Rechts und des Verfahrens vor dem Schiedsgericht sowie der Anfechtbarkeit und der Durchsetzung des ergangenen Schiedsspruchs, nach den Interessen von Streitparteien in einem Schiedsverfahren, die auf eine zwar rechtsstaatliche und sachkundige, aber auch zügige und unbürokratische Abwicklung ausgerichtet sind[191]. Für das anzuwendende materielle Recht gilt gemäß § 1051 ZPO das, was vorstehend in Abschnitt 1 dargelegt worden ist, also vorrangig Parteivereinbarung und hilfsweise das Recht des Staates, mit dem der Vertrag die engsten Verbindungen aufweist[192].

482 Überragende Bedeutung kommt den bilateralen und multilateralen Abkommen über die Anerkennung und Vollstreckung von Schiedssprüchen und Schiedsvergleichen im internationalen Rechtsverkehr[193] zu, die weit über diejenige des Rechtsschutzes hinausgeht, der den Entscheidungen staatlicher Gerichte im internationalen Rechtsverkehr gewährt wird. Hierin und in der schnellen und sachkundigen Entscheidung von Rechtsstreitigkeiten liegt der Vorteil des Schiedsverfahrens[194].

---

188 Vgl. hierzu *Lionnet*, S. 491 ff. (Anhang 8); *Henn*, Schiedsverfahrensrecht, Rz. 94 (Anlage 1).
189 Vgl. hierzu *Lionnet*, S. 509 ff. (Anlage 9); *Henn*, Schiedsverfahrensrecht, Rz. 94 (Anlage 8).
190 Vgl. hierzu *Böckstiegel/Blessing*, S. 20, 42 ff.
191 Vgl. *Böckstiegel/Blessing*, S. 21 f., 50 ff.
192 Vgl. hierzu *Baumbach/Lauterbach/Albers/Hartmann*, Anm. 2, 3 zu § 1051; *Zöller*, Anm. 3–5 zu § 1051; *Henn*, Schiedsverfahrensrecht, Rz. 69–74; *Solomon* in RIW 1997/983.
193 Vgl. hierzu *Henn*, Schiedsverfahrensrecht, Rz. 520 ff.; *Zöller*, Anm. 1, 2 zu § 1061.
194 *Henn*, Schiedsverfahrensrecht, Rz. 13, 89 ff., 520 ff.; *Stumpf*, Lizenzvertrag, Anm. 455, 456; *Bartenbach/Gennen*, Rz. 2990 ff.

Abschnitt 3
Vertragssprache

Lizenzverträge mit Auslandsbezug (Auslandsberührung) werden häufig in ausländischer Sprache abgefasst[195]. Dies kann eine praktische Lösung, aber auch der Ausdruck einer bestimmten Vertragsposition sein. In Betracht kommt die Heimatsprache des Lizenzgebers, des Lizenznehmers oder eine dritte Sprache. Zu unterscheiden ist zwischen der rechtlich verbindlichen Vertragssprache (legal binding language) und der Verhandlungs- und Arbeitssprache (working language)[196]. Vertragssprache ist die Sprache, in der der Vertrag geschlossen (abgefasst) wurde, Verhandlungs- und Arbeitssprache diejenige, in der die Verhandlungen mündlich oder schriftlich geführt wurden oder in der die Vertragspartner zukünftig zusammenarbeiten (korrespondieren) wollen[197].

483

Wird eine bestimmte **Vertragssprache** vereinbart,

484

– Anhanganlagen 1, 2, 3 (Randziffern 67 und 68), 6 (Randziffern 51 und 52), 7 (Randziffer 18.1), 8 (Randziffer 22), 11 (Artikel XII) und 27 (Artikel VII) –

müssen sich die Vertragspartner darüber im klaren sein, dass alle Zweifels- und Auslegungsfragen in dieser Sprache abzuklären sind und dass sie demnach das so genannte „**Sprachrisiko**" tragen[198]. Unter dem „Sprachrisiko" versteht man im Allgemeinen die Frage, wer die Folgen dafür zu tragen hat, dass eine Partei den Inhalt des Vertrags oder einer nach diesem abgegebenen Willenserklärung aus sprachlichen Gründen nicht oder nicht richtig versteht[199]. Die Vertragssprache (contract language) hat auch bei der Anwendung des materiellen Rechts als Anknüpfungstatbestand Bedeutung (vgl. Rz. 453), nämlich dann, wenn mangels ausdrücklicher oder stillschweigender Regelung die Rechtsanwendung nach dem Grundsatz der „engsten Verbindungen" zu ermitteln ist. Vermieden werden sollte, eine Vertragssprache zu vereinbaren, die von der Gesetzessprache des anzuwendenden Rechts abweicht, da dies mit dem Risiko von Auslegungs- und Definitionsdifferenzen verbunden ist.

---

[195] Vgl. hierzu *Stumpf*, Lizenzvertrag, Anm. 454; *ders.*, Know-how-Vertrag, Anm. 202; *Haver/Mailänder*, S. 65 f.
[196] *Reithmann/Martiny*, Anm. 207, 1215.
[197] *Reithmann/Martiny*, Anm. 207; OLG Düsseldorf MDR 1964/12 und DB 1963/929; OLG Karlsruhe NJW 1972/2185; OLG Hamburg NJW 198/1232; OLG Frankfurt NJW 1982/1949.
[198] *Reithmann/Martiny*, Anm. 206; *Haver/Mailänder*, S. 65 f.
[199] *Reithmann/Martiny*, Anm. 206; OLG Bremen AWD 1974/104; LG Köln WM 1986/821; BGHZ 87/112/115 = WM 193/527 = RIW 1983/454.

§ 32 Genehmigung und In-Kraft-Treten

485 Der Lizenzvertrag tritt entweder im vereinbarten Zeitpunkt[200], im Zeitpunkt des Vorliegens der **erforderlichen Genehmigung**[201] staatlicher Behörden (z.B. im Bereich des Kartellrechts oder des Außenwirtschaftsrechts) bzw. **privater Aufsichtsorgane**, oder im Zeitpunkt der **letzten Unterschriftsleistung** in Kraft. Es ist üblich, diese Gegebenheiten ausdrücklich im Vertrag zu verankern,

– Anhanganlagen 1, 2, 3 (Randziffern 59 und 69), 4 (Randziffer 15),
6 (Randziffern 43 und 53), 7 (Randziffer 15.1), 8 ((Randziffer 32),
9 (§ 8), 10 (Präambel), 14 (Randziffer 7.1) und 27 (Artikel VII) –

damit der exakte Zeitpunkt des In-Kraft-Tretens nicht zweifelhaft ist, da sich an diesen wichtige Rechte und Pflichten knüpfen. Zweckmäßig dürfte auch eine gegenseitige Bestätigung des Zeitpunktes des In-Kraft-Tretens in einem Schriftwechsel sein. Praktische Bedeutung hat insbesondere die Genehmigungspflicht **internationaler Lizenzverträge** nach Maßgabe des Außenwirtschaftsgesetzes (AWG) vom 28.04. 1961[202] und der hierzu erlassenen Außenwirtschaftsverordnung (AWV)[203]. Diesen Regelungen geht die Verordnung (EG) Nr. 3381/94 des Rates vom 19.12.1994[204] vor. Hinsichtlich der kartellrechtlichen Genehmigung ist auf Rz. 382, 393 zu verweisen.

486 Wird der Lizenzvertrag nicht durch Lizenzgeber und Lizenznehmer als natürliche Personen selbst unterzeichnet, sondern durch **Bevollmächtigte** oder – wie bei juristischen Personen – durch den gesetzlichen Vertreter, bedarf es des **Nachweises**

– Anhanganlagen 15 und 16 –

der **Vertretungsberechtigung**. Fehlt dieser bei Vertragsabschluss, ist er nachzureichen. Gegebenenfalls ist der Abschluss durch den oder die Berechtigten zu genehmigen.

---

200 *Lüdecke/Fischer*, S. 567; *Henn*, S. 158.
201 Vgl. hierzu *Stumpf*, Lizenzvertrag, Anm. 48, 435, 436; *Bartenbach/Gennen*, Rz. 2472.
202 BGBl I S. 481, zuletzt geändert durch Gesetz vom 3.5.2000 (BGBl I S. 632).
203 Vgl. hierzu *Bartenbach/Gennen*, Rz. 2474.
204 Abl. EG Nr. L 367/1, geändert durch Verordnung (EG) Nr. 837/95 vom 10.4.1995 (Abl. EG Nr. L 90/1).

§ 33 Nebenbestimmungen

Unter den Begriff der „**Nebenbestimmungen**" werden üblicherweise vor allem folgende Bereiche eingeordnet: **487**
1. Unwirksamkeit und Teilunwirksamkeit des Vertrages sowie die Rechtsfolgen,
2. Wirkung von Verstößen gegen vertragliche Vereinbarungen,
3. Form und Wirksamwerden von Willenserklärungen sowie Fristbestimmungen,
4. Festlegung des Erfüllungsorts,
5. Vertragsform,
6. Vertragsauslegung,
7. Sukzessionsschutz.

In den folgenden Abschnitten sind diese Fragen zu behandeln.

Unter den Begriff der „Nebenbestimmungen" fällt im weiteren Sinne auch die so **488**
genannte **Präambel** des Vertrags (Whereas-Klausel, Considérant-Que-Klausel)[205], die vor allem in internationalen Lizenzverträgen erhebliche Bedeutung hat. Eine solche Klausel wird dem eigentlichen Vertragstext vorangestellt,

– Anhanganlagen 1, 2, 3, 4, 6, 7, 8, 10, 11 und 27 –

und enthält die wesentlichen Vorstellungen der Vertragsparteien über die **Vertragsgrundlage**[206]. Dies ist vor allem wichtig bei der Auslegung von einzelnen Vertragspassagen unter Aspekten, die sich erst während der Vertragslaufzeit ergeben[207]. Zur diesbezüglichen Vertragsauslegung vgl. auch Rz. 240 sowie Rz. 499.

Abschnitt 1
Unwirksamkeit und Teilunwirksamkeit des Vertrages sowie die Rechtsfolgen

Der Lizenzvertrag oder Teile desselben können aus den verschiedensten Gründen **489**
nichtig, unwirksam oder schwebend unwirksam sein, wobei es bei diesen Bezeichnungen um graduelle Unterschiede der Unwirksamkeit als gemeinsamen Oberbegriff geht[208]. Von weitreichender Bedeutung für das Schicksal des Lizenzvertrags ist die Frage, ob die Unwirksamkeit **einzelner** Bestimmungen, z.B. aus **kartellrechtlichen** oder **devisenrechtlichen** Gründen, die Unwirksamkeit des **gesamten Vertrages** zur

---
205 *Koch/Weser* bei *Langen*, S. 476 f.; *Bartenbach/Gennen*, Rz. 447–450; *Nouel* bei *Pollzien/Langen*, S. 156; *Pagenberg/Geissler*, S. 56, 58 (Tz. 38–44).
206 *Koch/Weser* bei *Langen*, S. 476.
207 *Benkard*, Anm. 66 zu § 15; *Lüdecke/Fischer*, S. 58; *Bartenbach/Gennen*, Rz. 448; *Koch/Weser* bei *Langen*, S. 476; *Haver/Mailänder*, S. 62 a.E.; RG GRUR 1937/135, 137; 1943/247, 248; BGH GRUR 1959/384, 387; BGHZ 15/249.
208 Vgl. hierzu *Stumpf*, Lizenzvertrag, Anm. 578.

Folge hat, wie es dem Grundsatz des § 139 BGB entspricht[209]. Ist die Unwirksamkeit durch eine Genehmigung zu beseitigen, ist dies sicher der richtigste und vertragskonforme Weg (§ 242 BGB), auch wenn der Vertrag keine entsprechende Klausel **(salvatorische Klausel)**

– Anhanganlagen 1, 2, 3 (Randziffer 57), 4 (Randziffer 13.2),
6 (Randziffer 41), 7 (Randziffer 18.8), 8 (Randziffer 24), 13 (§ 9 Abs. 2),
14 (Randziffer 8.2) und 26 (Randziffer 9) –

enthalten sollte[210], die Wirksamkeit des Vertrages herbeizuführen. Kann die Unwirksamkeit dagegen nicht beseitigt werden, muss über die vorgenannte Vertragsklausel[211] bei entsprechendem Vertragswillen eine **Anpassung** erfolgen, es sei denn die unwirksame Regelung ist für den gesamten Vertrag von solcher Bedeutung, dass dieser ohne sie in seiner Grundlage völlig verändert würde[212]. Maßgeblich ist hierbei, im Wege der **ergänzenden Vertragsauslegung gemäß § 157 BGB** festzustellen, welche Vertragsformulierung die Vertragsparteien bei Kenntnis der Teilunwirksamkeit nach Treu und Glauben mit Rücksicht auf die Verkehrssitte vereinbart hätten[213]. Vgl. hierzu auch Rz. 241. In der Rechtsprechung des BGH wurde indessen auch entschieden, dass die Unwirksamkeit einzelner Bestimmungen des Lizenzvertrags, vor allem im Falle von Verletzungen des Kartellrechts, auch bei Nichtanpassung des Vertrags nicht die Unwirksamkeit des gesamten Vertrags zur Folge hat, wenn es treuwidrig sein würde, sich hierauf zu berufen[214].

Abschnitt 2
Wirkung von Verstößen gegen vertragliche Vereinbarungen

490 Bei einer **Vertragsverletzung**, die gleichzeitig eine Verletzung des **lizenzierten Patents** darstellt, kann der Lizenzgeber nicht nur Ansprüche wegen Vertragsverletzung, sondern auch wegen Patentverletzung geltend machen. Dies stellt die international erhärtete Auffassung in Schrifttum[215] und Rechtsprechung[216] dar (§ 15 Abs. 2 S. 2 PatG

---

209 *Stumpf*, Lizenzvertrag, Anm. 579; BGB/RGRK/*Krüger-Nieland/Zöller*, Anm. 1 zu § 139; *Dilcher* bei *Staudinger*, Anm. 24 zu § 139. Vgl. hierzu WuW/E BGH 1989 S. 603 ff.
210 Vgl. hierzu *Pagenberg/Geissler*, S. 192 (Tz. 319); BGH GRUR 1994/463 ff.
211 Die Bestimmung des § 139 BGB ist dispositives Recht. Vgl. BGH NJW 1977/40.
212 Vgl. *Lüdecke/Fischer*, S. 678 ff.; *Lieberknecht* in DB 1957/1016; *Stumpf*, Lizenzvertrag, Anm. 580.
213 *Sandrock*, in AcP 159/481; BGB/RGRK/*Krüger-Nieland/Zöller*, Anm. 38 zu § 139; RGZ 107/40; 118/222; 146/118; BGH DNotZ 1975/152, 154; BGH NJW 1951/397; BGHZ 17/41 = GRUR 1955/468 = NJW 1955/829.
214 BGH BB 1969/1239 = WuW/E BGH S. 1039 ff.; BGH BB 1982/1258; BGH GRUR 1994/463. Kritisch hierzu *Emmerich* bei *Immenga/Mestmäcker*, Anm. 329 zu § 20, sowie *Pagenberg/Geissler*, S. 192 (Tz. 319, 320). Vgl. auch *Dilcher* bei *Staudinger*, Anm. 6 zu § 139.
215 *Lichtenstein*, S. 78 sowie in NJW 1965/1843; *Bernhardt/Kraßer*, Anm. VI 2 zu § 40; *Benkard*, Anm. 42, 43 zu § 15; *Roubier*, II S. 269 f.; *Stumpf*, Lizenzvertrag, Anm. 180, 184, 581; *Isay*, S. 366; *Klauer/Möhring*, Anm. 54 zu § 9; *Rasch*, S. 90; *Kohler*, S. 523; *Pietzcker*, Anm. 25 zu § 6; *Henn*, S. 30 f.; *Lüdecke/Fischer*, S. 424. Vgl. auch oben Anm. 150.
216 RGZ 135/148 f.; BGH GRUR 1967/676, 680. Vgl. auch oben Anm. 150.

1981, Art. 43 Abs. 2 GPÜ). Vgl. hierzu auch Rz. 204, 467. Die Ansprüche können sich auf Schadensersatz, aber auch auf eine Kündigung des Vertrags beziehen. Vgl. hierzu Rz. 219, 220, 343.

Abschnitt 3
Form und Wirksamwerden von Willenserklärungen sowie Fristbestimmungen

Jeder Lizenzvertrag sollte Bestimmungen über **Form und Wirksamwerden** von so genannten **empfangsbedürftigen Willenserklärungen**, also von Willenserklärungen, die der anderen Vertragspartei gegenüber abzugeben sind (z.B. Ausübung von Vertragserweiterungsrechten, Optionen, Änderungen von Anschriften, Kündigungen), **491**

– Anhanganlagen 1, 2, 3 (Randziffern 54 und 55),
6 (Randziffern 38 und 39), 7 (Randziffer 18.4) und 10 (Randziffer 10) –

enthalten. Wenn eine solche Willenserklärung in schriftlicher Form (eventuell Einschreiben) abgegeben wird, was als formgerechte Wirksamkeitsvoraussetzung im Vertrag festzulegen ist, wird sie gemäß § 130 Abs. 1 S. 1 BGB in dem Zeitpunkt wirksam, in welchem sie dem Empfänger zugeht[217]. **Zugegangen ist eine Willenserklärung**, wenn sie so in den Bereich des Empfängers gelangt ist, dass dieser unter normalen Verhältnissen die Möglichkeit hat, vom Inhalt der Erklärung Kenntnis zu nehmen[218]. Bei einer unberechtigten Annahmeverweigerung geht die Erklärung im Zeitpunkt des Angebots der Aushändigung zu. Wer mit dem Eingang rechtsgeschäftlicher Erklärungen rechnen muss, muss durch geeignete Vorkehrungen sicherstellen, dass ihn die zu erwartenden Erklärungen auch tatsächlich erreichen[219]. Die Bestimmung des § 130 Abs. 1 S. 1 BGB stellt dispositives Recht dar. Die dort enthaltene Regelung kann also im Vertrag anders gestaltet werden[220]. Eine solche andere Gestaltung gesetzlicher Art stellt die Bestimmung des § 121 Abs. 1 S. 2 BGB dar, wonach es bei der Anfechtung wegen Irrtums für die Fristwahrung nicht auf den Eingang der Erklärung, sondern auf die rechtzeitige Absendung ankommt. Vertraglich ist es allerdings üblich, für die Fristwahrung auf den Eingang beim Empfänger abzustellen, der durch den Poststempel auf dem Rückschein des eingeschriebenen Briefes nachzuweisen ist.

Die **Fristbestimmungen** sind so exakt wie möglich zu treffen, vor allem hinsichtlich des Fristbeginns. Außerdem muss die Frist „angemessen" sein, also die besonderen Umstände des jeweiligen Falles berücksichtigen. Dies kann dazu führen, dass die betreffende Frist nicht im Vertrag geregelt ist, sondern durch die interessierte Vertragspartei bei Abgabe der Erklärung dem Adressaten „gesetzt" wird. Im Übrigen ist hinsichtlich der Fristberechnung auf die Vorschriften der §§ 186 ff. BGB zu verweisen, die im Vertrag ausdrücklich für anwendbar erklärt werden können, obwohl sie bei Anwendung deutschen materiellen Rechts ohnehin gelten. **492**

---
217 BGHZ 65/14.
218 BGHZ 67/275; BGH NJW 1965/966; 1980/990.
219 BGHZ 67/278.
220 RGZ 108/91.

493 Im Zusammenhang mit der Abgabe von Willenserklärungen ist die exakte Angabe der **Anschriften der Vertragspartner** im Vertrag, unter der diese erreichbar sind, von erheblicher rechtlicher Bedeutung. Diese Anschriften gelten so lange, bis sie von der betreffenden Vertragspartei in der Form, die für Willenserklärungen vorgeschrieben ist, geändert worden sind. Eine nicht mitgeteilte Anschriftenänderung geht damit zu Lasten derjenigen Vertragspartei, der gegenüber eine Willenserklärung abzugeben ist.

Abschnitt 4
Festlegung des Erfüllungsorts

494 Der **Erfüllungsort (Leistungsort)** ist gemäß § 269 BGB im Zweifel der Ort, an dem der Schuldner bei Vertragsschluss seinen Wohnsitz (Sitz) hat. Bei Lizenzverträgen, die **gegenseitige Verträge** i.S. §§ 320 ff. BGB sind (vgl. Rz. 89, 342, 343, 351), kann die Bestimmung dieses Ortes problematisch sein, da sowohl Lizenzgeber als auch Lizenznehmer Leistungen zu erbringen haben und deshalb möglicherweise **zwei Erfüllungsorte** in Betracht kommen[221]. **Geldschulden** sind zudem **Schickschulden** (§ 270 Abs. 4 BGB), woraus folgt, dass sie grundsätzlich am Wohnsitz beziehungsweise der gewerblichen Niederlassung des **Schuldners** (zumeist des **Lizenznehmers**) zu erfüllen sind[222]. In diesem Zusammenhang ist auf das **EWG-Übereinkommens über die gerichtliche Zuständigkeit und die Vollstreckung gerichtlicher Entscheidungen in Zivil- und Handelssachen (EuGVÜ)** vom 27.9.1968[223], das **Lugano-Übereinkommen** vom 16.9.1988 sowie die **Verordnung (EG) Nr. 44/2001 des Rates (EuGVVO)** vom 22.12.2000 hinzuweisen. Nach diesen Vorschriften kann eine Person mit Wohnsitz in einem Vertragsstaat dieser Rechtsgrundlagen in einem anderen Vertragsstaat vor dem **Gericht des Erfüllungsorts** verklagt werden[224]. Vgl. zu den Einzelheiten sowie den Gesetzesstellen dieser Vorschriften Rz. 469. Es empfiehlt sich deshalb, den **Erfüllungsort im Lizenzvertrag**

– Anhanganlagen 1, 2, 3 (Randziffer 53), 6 (Randziffer 37),
7 (Randziffer 18.9) und 14 (Randziffer 8.4) –

festzulegen, weil diesem sowohl im Hinblick auf die **gerichtliche Zuständigkeit** gemäß § 29 ZPO (besonderer Gerichtsstand des Erfüllungsorts)[225] als auch – bei Lizenzverträgen mit Auslandsbezug – nach dem **EuGVÜ** wie vorerwähnt und wegen der IPR-Anknüpfung[226] Bedeutung zukommen kann. Vgl. hierzu auch oben § 31, Abschnitte 1 und 2.

495 Nach **deutschem Zivilprozessrecht** (§ 29 Abs. 2 ZPO) ist seit der **Gerichtsstandsnovelle 74** (Gesetz vom 21.3.1974, vgl. hierzu Rz. 464) und der Novelle gemäß **HRefG**

---

[221] *Baumbach/Lauterbach/Albers/Hartmann*, Anm. 13–16 zu § 29; *Zöller*, Anm. 24 zu § 29; *Reithmann/Martiny*, Anm. 271; RGZ 47/411; 140/69; BGH NJW 1995/1546.
[222] Vgl. hierzu *Reithmann/Martiny*, Anm. 271; BGH NJW 1993/2753 = IPRax 1994/115.
[223] Gemäß Gesetz vom 24.7.1972 (BGBl II S. 773) in der Fassung des Beitritts-Übereinkommens vom 29.11.1996 (BGBl 1998 II S. 1412). Texte bei *Baumbach/Lauterbach/Albers/Hartmann*, S. 2814 ff.
[224] Vgl. *Reithmann/Martiny*, Anm. 273 ff. mit Nachweisen.
[225] Vgl. *Brehm/Preusche* in NJW 1975/26.
[226] RGZ 81/273, 275; 58/366, 367; *Reithmann/Martiny*, Anm. 84 mit Nachweisen.

vom 22. 6. 1998[227] (vgl. hierzu gleichfalls Rz. 464) eine **gerichtsstandsbegründende Vereinbarung des Erfüllungsorts** allerdings nur noch dann zulässig, wenn die Vertragspartner Kaufleute, juristische Personen des öffentlichen Rechts oder öffentlich-rechtliche Sondervermögen sind[228].

Abschnitt 5
Vertragsform

Der Lizenzvertrag kann einer **gesetzlichen Form** (z. B. Schriftform gemäß § 17 Abs. 3 GWB, vgl. Rz. 24 bei kartellrechtlich relevanten Verträgen) oder einer **gewillkürten Form**, die gemäß § 127 BGB in einer entsprechenden Vertragsklausel **496**

– Anhanganlagen 1, 2, 3 (Randziffer 56), 4 (Randziffer 13.1),
6 (Randziffer 40), 7 (Randziffer 18.3), 8 (Randziffer 23),
10 (Randziffer 15) und 14 (Randziffer 8.1) –

zu vereinbaren ist, unterliegen. Wird die gesetzliche oder die gewillkürte **Schriftform nicht beachtet**, ist der Lizenzvertrag **nichtig** bzw. **unwirksam** (§§ 126, 126a, 126b, 127, 125 BGB)[229]. Vgl. hierzu oben § 1, Abschnitt 2, und § 2, Abschnitt 2 (1. Kapitel) sowie § 16, Abschnitt 4 (5. Kapitel).

Nach der praktischen Übung ist der formlose Abschluss von Lizenzverträgen, vor allem wegen der bei dieser Vertragsart besonders notwendigen präzisen Formulierung von Rechten und Pflichten und des Nachweisfaktors, äußerst selten. Die **Einhaltung der Schriftform ist dringend zu empfehlen**. Vgl. hierzu auch oben § 1, Abschnitt 2, und § 2, Abschnitt 2 (1. Kapitel).

Besteht gesetzliche Schriftform oder ist die Schriftform vertraglich vereinbart, müssen insbesondere auch **Änderungen des Lizenzvertrags** (so genannte **Nachtragsvereinbarungen**) **497**

– Anhanganlagen 5 –

schriftlich erfolgen, um wirksam zu sein[230]. Dies stellt einen erheblichen Schutz gegen das **Risiko aus „Konferenzabsprachen"** dar. Gleiches gilt für die **notarielle Form**, die gesetzlich (z. B. § 518 BGB) bestehen oder vertraglich vereinbart sein kann.

Die zu beachtende Form hat auch unter dem Aspekt des IPR Bedeutung. Vgl. hierzu oben § 31, Abschnitt 1. Werden die **Formvorschriften des Abschlussortes** beachtet, reicht dies, ungeachtet der Vorschriften des anzuwendenden materiellen Rechts, aus (Art. 9 EVÜ; Art. 11 Abs. 1 HS. 2 EGBGB)[231]. **498**

---

227 BGBl I S. 1474.
228 Vgl. *Zöller*, Anm. 21, 26 ff. zu § 29; *Baumbach/Lauterbach/Albers/Hartmann*, Anm. 35, 36 zu § 29; BayrObLG NJW-RR 1990/742.
229 Vgl. *Stumpf*, Lizenzvertrag, Anm. 46; *ders.*, Know-how-Vertrag, Anm. 40; *Reithmann/Martiny*, Anm. 1291; BGH GRUR 1959/124; 1975/498; 1979/768.
230 Vgl. *Pagenberg/Geissler*, S. 192 (Tz. 318).
231 *Kegel/Schurig*, S. 549; *Reithmann/Martiny*, Anm. 558 ff.; *Firsching* bei *Staudinger*, Anm. 51 ff. zu Art. 11 EGBGB; RGZ 121/154; BGHZ 53/189, 191; 73/1391.

Abschnitt 6
Vertragsauslegung

499 Die Vertragsparteien können im Vertragstext Bestimmungen über die **Auslegung von Zweifelsfragen** und überhaupt über die **Anwendung des Vertrages** aufnehmen. Dies geschieht üblicherweise durch eine Bezugnahme auf die Vorschriften der §§ 133, 157 BGB. Nach diesen Vorschriften ist bei der Auslegung einer Willenserklärung der wirkliche Wille zu erforschen und nicht an dem buchstäblichen Sinne des Ausdrucks zu haften. Verträge sind so auszulegen, wie Treu und Glauben mit Rücksicht auf die Verkehrssitte es erfordern. Vgl. hierzu oben § 17 (5. Kapitel).

Abschnitt 7
Sukzessionsschutz

500 Hinsichtlich des **persönlichen Vertragsgebiets** (vgl. hierzu oben 4. Kapitel, § 15) können sich sowohl auf Seiten des Lizenzgebers, als auch des Lizenznehmers während der Laufzeit des Lizenzvertrags Veränderungen ergeben, d.h. die entsprechenden **natürlichen oder juristischen Personen wechseln**[232]. Der Lizenzgeber kann den Vertragsgegenstand (Patent oder Know-how, vgl. Rz. 9) veräußern oder es kann eine Gesamtrechtsnachfolge (Verlust der Rechtsfähigkeit, Betriebsübertragung, Tod) eintreten. Der Lizenznehmer kann die ihm gewährte Lizenz wegen ihres persönlichen Charakters (Ausnahme die ausschließliche Lizenz und die Betriebslizenz, vgl. hierzu Rz. 163, 172) zwar nur mit Zustimmung des Lizenzgebers auf andere übertragen, aber auch hier ist demnach dieser Rechtsübergang grundsätzlich möglich. Hinzu kommt die Gesamtrechtsnachfolge, für die die gleichen Regeln gelten wie bei der Einzelrechtsnachfolge. Vgl. hierzu auch oben § 16, Abschnitt 5 (5. Kapitel).

501 Diese **Veränderungen des persönlichen Vertragsgebiets**, gleich auf welcher Seite, bringen verständlicherweise **erhebliche Risiken** für die Vertragspartner mit sich, vor allem wenn sich diese nur auf das in- oder ausländische Recht, das entsprechende Regelungen für den **Sukzessionsschutz** vorsehen kann oder nicht, wobei auf Schrifttum und Rechtsprechung zurückgegriffen werden muss, verlassen können oder wollen[233]. Vgl. hierzu oben § 5, Abschnitt 1 (2. Kapitel). Es ist deshalb auf jeden Fall ratsam, in einer einschlägigen **Vertragsbestimmung**

– Anhanganlagen 1, 2, 3 (Randziffer 58), 4 (Randziffer 13.4),
6 (Randziffer 42), 7 (Randziffer 18.2), 8 (Randziffer 25)
und 10 (Randziffer 12) –

die Interessen der Vertragspartner an einem angemessenen Sukzessionsschutz ausdrücklich zu berücksichtigen und damit auch der in den verschiedenen Rechtsordnungen unterschiedlich erfolgten Regelung dieser Frage zu begegnen[234].

---

232 Vgl. *Stumpf*, Lizenzvertrag, Anm. 228–232, 359 ff.; *ders.*, Know-how-Vertrag, Anm. 73 ff., 84; *Benkard*, Anm. 58, 60 ff. zu § 15.
233 Vgl. *Stumpf*, Lizenzvertrag, Anm. 228–232, 359 ff.; 382 ff.; *ders.*, Know-how-Vertrag, Anm. 73 ff., 84; *Benkard*, Anm. 60 ff. zu § 15.
234 Vgl. *Stumpf*, Lizenzvertrag, Anm. 228–232, 359 ff., 382 ff.; *ders.*, Know-how-Vertrag, Anm. 73 ff., 84; *Benkard*, Anm. 64 zu § 15.

Anhang

Anlage 1

Der/die .... (nachstehend Lizenzgeber genannt) ist Inhaber von Patenten und Patentanmeldungen sowie von technischen und kaufmännischem Wissen, denen der von ihm erfundene .... und zur Betriebsfähigkeit entwickelte .... zugrunde liegt. Er ist an einer geeigneten Auswertung dieser Rechte sowie daran interessiert, diese Rechte mit dazu geeigneten Partnern weiterzuentwickeln und vertriebsmäßig zu nutzen.

Der/die .... (nachstehend Lizenznehmer genannt) ist daran interessiert, sich an dieser Entwicklung und Auswertung unter Benutzung der vom Lizenzgeber zur Verfügung zu stellenden Rechte zu beteiligen.

Auf dieser Grundlage schließen die Firmen
....
.... (Lizenzgeber)
einerseits

und

....
.... (Lizenznehmer)
andererseits
folgenden

Lizenzvertrag

I. Vertragsgegenstand, Definitionen

(1) Gegenstand dieses Vertrages sind die auf dem „sachlichen Vertragsgebiet" vor und während der Dauer dieses Vertrages an den bzw. von dem Lizenzgeber

a) erteilten bzw. in seinem Namen angemeldeten in- und ausländischen Schutzrechte (im folgenden „Vertragsschutzrechte" genannt und in der in Anlage 1 zu diesem Vertrag beigefügten und von dem Lizenzgeber laufend zu ergänzenden Liste vermerkt);

b) gewonnenen technischen und kaufmännischen Erfahrungen, Kenntnisse, Entwicklungsergebnisse und Konstruktionen (im folgenden „Know-how" genannt und in der in Anlage 2 zu diesem Vertrag beigefügten und von dem Lizenzgeber laufend zu ergänzenden Liste vermerkt).

(2) Unter „sachliches Vertragsgebiet" im Sinne dieses Vertrages ist die Entwicklung, Konstruktion und Fertigung von .... nach dem System .... zu verstehen, wie beispielsweise durch das .... Patent Nr. .... erläutert.

(3) Unter „Lizenznehmer" im Sinne der nachfolgenden Bestimmungen dieses Vertrages ist der Lizenznehmer unter Einschluss seiner direkt oder indirekt kontrollierten Beteiligungen (über 50% Anteil an den Stimmrechten) sowie der Gesellschaften zu verstehen, die eine solche Kontrolle auf ihn ausüben. Die Beteiligungen und Gesellschaften ergeben sich aus der in Anlage 3 zu diesem Vertrag beigefügten Liste, die bei Veränderungen nach Vertragsabschluss einvernehmlich von den Vertragsparteien zu ergänzen ist.

Anlage 1 *Lizenz-Standardvertrag*

Unter „Vertragspartner" im Sinne der nachfolgenden Bestimmungen dieses Vertrages ist der Lizenzgeber einerseits und der Lizenznehmer gemäß vorstehendem Absatz andererseits zu verstehen.

II. Umfang der Lizenz

(4) Der Lizenzgeber erteilt dem Lizenznehmer das nicht[1] ausschließliche Recht, unter Benutzung der Vertragsschutzrechte und des Know-how

a) in .... (Herstellungsgebiet)
.... (Vertragsprodukte)
herzustellen. Der Lizenzgeber behält sich das Recht vor, auf Wunsch des Lizenznehmers das Herstellungsgebiet zu erweitern.

b) gemäß a) hergestellte Vertragsprodukte einschließlich Austausch- und Ersatzteile, zwecks Verwendung für Eigenprodukte des Lizenznehmers in allen Ländern der Welt zu benutzen, benutzen zu lassen, zu vertreiben und/oder vertreiben zu lassen (Vertriebsgebiet)[2].

(5) Der Lizenzgeber gewährt dem Lizenznehmer gegen Zahlung eines einmaligen bei Ausübung des jeweiligen Optionsrechts fälligen Betrages von jeweils .... EUR (ohne Abzug von Steuern, Gebühren oder sonstigen Abgaben, jedoch zuzüglich etwaiger Umsatzsteuer) Optionsrechte auf zusätzliche Lizenzerteilung für
....
....
und zwar mit gleicher Ausgestaltung wie die vorstehend zu Randziffer (4) erfolgte Lizenzerteilung. Diese Optionsrechte müssen innerhalb von zwei Jahren nach Abschluss dieses Vertrages ausgeübt werden. Die einzelnen Bedingungen betreffend Umfang und Gebühren der entsprechenden Lizenzerteilung werden durch den Lizenzgeber im Zeitpunkt der Ausübung der Option festgelegt und auf Wunsch des Lizenznehmers diesem im Voraus mitgeteilt.

(6) Definitionen:
....
....

(7) Zur Gewährung von Unterlizenzen [Randziffern (4a) und (4b)] auf die Vertragsschutzrechte und das Know-how [Randziffern (1a) und (1b)] oder von Nachbaulizenzen auf vom Lizenznehmer konstruierte Typen von Vertragsprodukten bedarf der Lizenznehmer der schriftlichen Einwilligung des Lizenzgebers.

(8) Die Übertragung des Lizenzrechts als Ganzes durch den Lizenznehmer ist ausgeschlossen. Randziffer (58) bleibt unberührt.

Dem Lizenzgeber bleibt vorbehalten, die gemäß Randziffer (7) nach Abschluss des Vertrags noch erforderlichen Einwilligungen von der Zahlung einer zusätzlichen, angemessenen Festlizenzgebühr abhängig zu machen.

III. Haftung und Gewährleistung für die Vertragsschutzrechte

(9) Der Lizenzgeber erklärt, dass er über die Vertragsschutzrechte frei verfügen kann und dass ihm keine Tatsachen bekannt sind, welche die Rechtsgültigkeit der Vertragsschutzrechte beeinträchtigen könnten.

Der Lizenzgeber haftet aber in keinem Fall, wenn solche Tatsachen etwa nach In-Kraft-Treten dieses Vertrags eintreten sollten.

(10) Der Lizenzgeber übernimmt keine Haftung oder Gewähr für die industrielle Verwertbarkeit der den Vertragsschutzrechten zugrunde liegenden Erfindungen.

IV. Bestand der Vertragsschutzrechte

(11) Der Lizenzgeber verpflichtet sich, die Jahresgebühren für die Vertragsschutzrechte zu zahlen und alle Formalien zu erfüllen, die zu ihrer Aufrechterhaltung nötig sind.

(12) Der Lizenzgeber wird Verletzungen von Vertragsschutzrechten auf seine Kosten in der ihm geeignet erscheinenden Weise verfolgen. Der Lizenznehmer unterstützt ihn dabei nach besten Kräften.

(13) Will der Lizenzgeber einen Verletzungsprozess nicht führen, dann wird er auf Wunsch des Lizenznehmers diesem alle zur Prozessführung nötigen Vollmachten geben und ihn bei der Prozessführung nach besten Kräften unterstützen. Über die Beteiligung an den Kosten eines solchen Prozesses verständigen sich die Vertragspartner vorher. Die Erträgnisse werden in dem Verhältnis geteilt, in dem die Vertragspartner die Kosten getragen haben.

V. Festlizenzgebühr

(14) Für die Überlassung der Lizenz an den Vertragsschutzrechten und dem Know-how zahlt der Lizenznehmer an den Lizenzgeber unabhängig von der Vertragslaufzeit [Randziffern (49) und (50)] auf die Dauer von .... Jahren eine jährliche Festlizenzgebühr von .... EUR, somit einen Gesamtbetrag von .... EUR. Falls die Vertragslaufzeit 10 Jahre überschreitet, ist kein zusätzlicher Betrag zu zahlen.

(15) Diese Gebühr ist frei von Steuern, Gebühren und sonstigen Abzügen zuzüglich etwaiger Umsatzsteuer im Voraus sofort nach Abschluss dieses Vertrages [in ... Raten am ... und am ...] auf das vom Lizenzgeber angegebene Konto zu zahlen und in keinem Fall zurückzubezahlen. Dies gilt auch, wenn dieser Vertrag vorzeitig beendet wird, wenn sich der Bestand an Vertragsschutzrechten durch vorzeitigen Wegfall mindert oder gänzlich erlischt, wenn sich Rechte Dritter, Vorbenutzungsrechte oder Abhängigkeiten der Vertragsschutzrechte ergeben oder die Entwicklung nicht zum beiderseits erhofften Erfolg führt.

VI. Umsatzlizenzgebühr

(16) Der Lizenznehmer zahlt zusätzlich zu der Festlizenzgebühr gemäß Randziffern (14) und (15) an den Lizenzgeber eine Lizenzgebühr, die nach dem auf der Grundlage des Fabrikausgangspreises errechneten Umsatz berechnet wird, den der Lizenznehmer, seine Unterlizenznehmer und Nachbaulizenznehmer mit den unter Benutzung mindestens eines Vertragsschutzrechtes hergestellten Vertragsprodukten erzielen.

(17) Unter Fabrikausgangspreis ist der fakturierte Nettopreis des reinen Vertragsprodukts ohne Einrechnung aller fremden Zubehörteile zu verstehen. Als fremde Zubehörteile gelten:
....
....

Bei in eine Gesamtanlage eingebauten Vertragsprodukten tritt, falls der Nettopreis des reinen Vertragsprodukts nicht besonders ausgewiesen ist oder von den Vertragspartnern im

Anlage 1 *Lizenz-Standardvertrag*

Einzelfall nachgewiesen werden kann, ein von den Vertragspartnern gemäß Anlage 4 für jeden Typ besonders festzulegender Prozentsatz des für die Gesamtanlage fakturierten Nettopreises. Bei fakturierter Fremdwährung tritt der nach dem in Frankfurt amtlich notierten mittleren Tageskurs errechnete EUR-Gegenwert der Fakturierung an die Stelle des fakturierten Betrages. Falls ein solcher Kurs nicht ermittelt werden kann, werden sich die Parteien entsprechend über die Modalitäten der Umrechnung verständigen.

(18) Die Umsatzlizenzgebühr beträgt .... bis zu einem Jahresumsatz von .... einschließlich; sie beträgt .... für den einen Jahresumsatz von .... übersteigenden Teil des Jahresumsatzes. Sie beträgt .... für den einen Jahresumsatz von .... übersteigenden Teil des Jahresumsatzes. Sie beträgt .... für den Teil des Jahresumsatzes, der über .... liegt. Für die Ermittlung des Jahresumsatzes wird hierbei das Kalenderjahr zugrunde gelegt.

(19) Auf Vertragsprodukte, die von Unterlizenznehmern oder Nachbaulizenznehmern hergestellt werden, werden Umsatzlizenzgebühren nach derselben Staffel, aber jeweils gesondert, berechnet. Soweit der Umsatz der Unterlizenznehmer oder Nachbaulizenznehmer zur Weiterlieferung über den Lizenznehmer erfolgt, werden Umsatzlizenzgebühren nur einmal, und zwar für den Umsatz der Unterlizenznehmer oder Nachbaulizenznehmer berechnet.

VII. Mindest-Umsatzlizenzgebühr

(20) Unabhängig vom Umsatz zahlt der Lizenznehmer ab 1.1.20 .. für die Laufzeit dieses Vertrages frei von Steuern, Gebühren und sonstigen Abzügen zuzüglich etwaiger Umsatzsteuer eine jeweils im Voraus fällige Mindest-Umsatzlizenzgebühr.

Diese beträgt:
– im Kalenderjahr.................................... EUR ....
– im Kalenderjahr.................................... EUR ....
– im Kalenderjahr.................................... EUR ....
– und vom .... ab jährlich EUR ....

VIII. Abrechnung und Fälligkeit der Lizenzgebühren

(21) Die auf den erzielten Umsatz des Lizenznehmers bezogene Umsatzlizenzgebühr ist durch den Lizenznehmer frei von Steuern, Gebühren und sonstigen Abzügen zuzüglich etwaiger Umsatzsteuer, kalenderhalbjährlich jeweils innerhalb von 30 Tagen, und die auf den Umsatz der Unterlizenznehmer und Nachbaulizenznehmer bezogene Umsatzlizenzgebühr – ohne Rücksicht auf den tatsächlichen Eingang – innerhalb von 60 Tagen nach Ablauf eines Kalenderhalbjahres abzurechnen und binnen weiterer 30 Tage auf das vom Lizenzgeber angegebene Konto zu zahlen.

(22) Die gezahlte Mindest-Umsatzlizenzgebühr wird jeweils bei den Abrechnungen der Umsatzlizenzgebühr verrechnet, wobei jedoch der Umsatz der Unterlizenznehmer und Nachbaulizenznehmer außer Betracht bleibt.

IX. Ermäßigung der Lizenzgebühren

(23) Künftig fällig werdende Umsatz- und Mindest-Umsatzlizenzgebühren ermäßigen sich angemessen, wenn

a) der Lizenznehmer, um mit seinen von ihm hergestellten Vertragsprodukten auf dem Stand der Technik zu bleiben, Schutzrechte von anderen Lizenzgebern als dem Lizenzgeber und dessen Lizenznehmern benutzen muss;

b) der Lizenzgeber die unbefugte Benutzung von Vertragsschutzrechten durch Nicht-Lizenznehmer nicht verhindern kann;

c) wichtige Vertragsschutzrechte vor Ablauf der Patentlaufzeit in für den Lizenznehmer wichtigen Ländern erlöschen. Sie ermäßigen sich in diesem Fall jedoch nicht, wenn durch Lizenzgewährung an vom Lizenzgeber inzwischen erarbeiteten neuen Schutzrechten der wirtschaftliche Wert der Vertragsschutzrechte im Wesentlichen gleich bleibt.

(24) Der Gesamtbetrag der Ermäßigung und Abzüge gemäß Randziffer (23) Buchstaben a), b) und c) darf jedoch nicht die Hälfte der in Randziffer (18) vereinbarten Umsatzlizenzgebühren überschreiten.

Die Umsatz- und Mindest-Umsatzlizenzgebühr für das laufende Jahr bleiben in jedem Fall unberührt.

X. Kontrollrecht

(25) Der Lizenzgeber ist berechtigt, alle für die Lizenzgebührenberechnungen nötigen Unterlagen einmal jährlich durch einen vereidigten Buchprüfer oder eine Prüfungsgesellschaft einsehen zu lassen.

(26) Der Lizenznehmer ist verpflichtet, für sich und für seine Unterlizenznehmer und Nachbaulizenznehmer besondere Bücher zu führen, aus denen für die jeweiligen Abrechnungszeiträume die Anzahl der hergestellten Vertragsprodukte, ihr Fabrikausgangspreis und der Zeitpunkt der Lieferung ersichtlich ist.

XI. Kennzeichnungspflicht

(27) Soweit der Lizenznehmer bzw. die Unter- und Nachbaulizenznehmer Vertragsprodukte fertigen, werden sie diese nach bestem Können herstellen und vertreiben.

(28) Der Lizenznehmer kennzeichnet jedes Vertragsprodukt mit dem Hinweis .... Genügen die Vertragsprodukte nach Ansicht des Lizenzgebers dem technischen und/oder geschäftlichen Entwicklungs- oder Fertigungsstandard nicht, kann dieser unter Einhaltung einer Frist von einem halben Jahr die Benutzung dieses Hinweises untersagen, ohne dass der Lizenznehmer hieraus irgendwelche Ansprüche auf Entschädigung oder Minderung der Lizenzgebühren herleiten kann.

XII. Geheimhaltung und Erfahrungsaustausch

(29) Die Vertragspartner sind vorbehaltlich der nachfolgenden Bestimmungen dieses Abschnitts zu strenger Geheimhaltung allen Know-hows auf dem sachlichen Vertragsgebiet [Randziffer (2)], das nicht in die Öffentlichkeit gelangt ist, verpflichtet. Dies gilt auch nach Beendigung dieses Vertrages.

(30) Die Vertragspartner vereinbaren zur eigenen Verwendung unter sich gegenseitigen Austausch von Know-how auf dem sachlichen Vertragsgebiet. Zu diesem Zweck kann jeder Vertragspartner nach vorheriger Abstimmung mit dem anderen Vertragspartner monatlich bis .... Angestellte in die Entwicklungs-, Versuchs-, Konstruktions- und Fertigungs-

Anlage 1 *Lizenz-Standardvertrag*

stätten des anderen entsenden, um sich dort über ihn interessierende Fragen hinsichtlich des Standes der Entwicklung, der von diesem gefundenen Neuerungen und Verbesserungen, sowie hinsichtlich seines sonstigen Know-hows auf dem sachlichen Vertragsgebiet zu unterrichten. Andere Möglichkeiten des Austausches von Know-how bleiben vorbehalten.

(31) Jeder Vertragspartner ist im Rahmen des sachlichen Vertragsgebietes dem anderen Partner zur vorbehaltlosen Auskunft verpflichtet, soweit es sich dabei nicht um Fragen handelt, die speziell den Einbau des Vertragsprodukts in Gesamtanlagen oder solche Angelegenheiten betreffen, zu deren Geheimhaltung der Partner einem Dritten gegenüber verpflichtet ist, es sei denn, dass dieser Vertrag hierdurch bewusst umgangen würde. Die Geheimhaltung bezieht sich hierbei jedoch nur auf die besondere, unter die Geheimhaltung fallende Anwendung des betreffenden Produkttyps.

(32) Der Lizenzgeber darf und wird, abgesehen von vertraglichen Sonderfällen, ferner solches ihm mitgeteiltes Know-how, das sich ausschließlich auf am Vertragsprodukt vorhandene technische Sachverhalte bezieht, dort generell anwendbar ist und nicht später als 3 Jahre nach dem Beginn der Serienfertigung des betreffenden Vertragsprodukts erarbeitet wird, während und nach Ablauf dieses Lizenzvertrages an seine sonstigen Lizenznehmer zur unentgeltlichen Benutzung durch diese im Rahmen der mit ihnen geschlossenen Verträge weitergeben, um von diesen sonstigen Lizenznehmern einschlägiges Know-how zur unentgeltlichen Benutzung durch den Lizenznehmer – auch über das Vertragsende hinaus – zu erhalten. Soweit ein sonstiger Lizenznehmer – gleich aus welchem Grunde – Know-how zur Weitergabe an den Lizenznehmer nicht zur Verfügung stellt, steht diesem sonstigen Lizenznehmer Know-how des Lizenznehmers nur im entsprechenden Umfange zur Verfügung. Dies gilt insbesondere dann, wenn die Weitergabe des Know-how ganz oder teilweise aus Gründen der Geheimhaltung unterbleibt, jedoch nur insoweit, als das vorenthaltene Know-how dem Lizenznehmer auch für die allgemeine Anwendung von Nutzen sein würde.

Der Lizenzgeber ist dem Lizenznehmer gegenüber verpflichtet, Know-how des Lizenznehmers an die sonstigen Lizenznehmer weiterzuleiten, um auf diese Weise Know-how der sonstigen Lizenznehmer für den Lizenznehmer zu erhalten.

Irgendeine Haftung für den Lizenzgeber wird hierdurch nicht begründet.

(33) Der Lizenznehmer darf das Know-how des Lizenzgebers, das sich auf ausschließlich am Vertragsprodukt vorhandene technische Sachverhalte bezieht und dort generell anwendbar ist, während der Dauer dieses Vertrages an seine Unter- und Nachbaulizenznehmer auf die Dauer der mit ihnen geschlossenen Verträge zur unentgeltlichen Benutzung weitergeben.

(34) Jeder Vertragspartner darf sein Know-how und das Know-how des anderen seinen Lieferanten mitteilen, soweit diese es zur Ausführung von Aufträgen brauchen.

(35) Die Vertragspartner werden ihre Lizenznehmer bzw. Unter- und Nachbaulizenznehmer und Lieferanten zur vertraulichen Behandlung des mitgeteilten Know-how verpflichten.

(36) Das Recht des Lizenzgebers, mit jedem beliebigen Dritten einen Lizenzvertrag abzuschließen und diesen damit auch an den Austausch von Know-how nach Maßgabe dieses Vertrages (Randziffer 4) anzuschließen, bleibt unberührt.

XIII. Schutzrechte des Lizenznehmers

(37) Alle Schutzrechte und Schutzrechtsanmeldungen, die der Lizenznehmer oder der Unter- bzw. Nachbaulizenznehmer auf dem sachlichen Vertragsgebiet [Randziffer (2)] erarbeiten, erwirbt der Lizenznehmer bzw. Unter- oder Nachbaulizenznehmer.

(38) An allen Schutzrechten und Schutzrechtsanmeldungen die das sachliche Vertragsgebiet [Randziffer (2)] betreffen oder betreffen können und die vom Lizenznehmer, seinen Nachbau- und Unterlizenznehmern vor oder während der Dauer dieses Lizenzvertrages erarbeitet werden, gewährt der Lizenznehmer dem Lizenzgeber eine einfache und unentgeltliche Lizenz für alle Anwendungsgebiete. Diese Lizenz ist von der Dauer dieses Vertrages unabhängig und wird für die Laufzeit der Schutzrechte des Lizenznehmers erteilt. Nach Ablauf dieses Vertrages zahlt der Lizenzgeber für diese Lizenz eine angemessene Umsatzlizenzgebühr.

(39) Die dem Lizenzgeber nach der vorstehenden Randziffer zustehende Lizenz umfasst das Recht, für die Laufzeit dieses Vertrages an derartigen Schutzrechten des Lizenznehmers, soweit diese nicht später als 3 Jahre nach dem Beginn der Serienfertigung des betreffenden Vertragsprodukts angemeldet worden sind, unentgeltlich Unterlizenzen an die in- und ausländischen Lizenznehmer des Lizenzgebers für die jeweilige Laufdauer der Schutzrechte zu erteilen, damit diese sonstigen Lizenznehmer ihre einschlägigen Schutzrechte und Schutzrechtsanmeldungen dem Lizenzgeber zur unentgeltlichen Unterlizenzierung an den Lizenznehmer freigeben. Soweit eine Freigabe zugunsten des Lizenznehmers – gleich aus welchem Grunde – nicht erfolgt, stehen dem sonstigen Lizenznehmer Schutzrechte und Schutzrechtsanmeldungen des Lizenznehmers nur im entsprechenden Umfange zur Verfügung. Randziffer (32) Absatz 1 Satz 3 gilt sinngemäß.

Der Lizenzgeber ist dem Lizenznehmer gegenüber verpflichtet, Schutzrechte des Lizenznehmers den sonstigen Lizenznehmern zur Unterlizenzierung anzubieten, um auf die Schutzrechte dieser sonstigen Lizenznehmer Unterlizenzen für den Lizenznehmer zu erhalten.

Irgendeine Haftung für den Lizenzgeber wird hierdurch nicht begründet.

(40) Nach Ablauf dieses Vertrages darf der Lizenzgeber Unterlizenzen gemäß Randziffer (39) nur gegen Zahlung einer angemessenen Umsatzlizenzgebühr zugunsten des Lizenznehmers aufrechterhalten bzw. neu vergeben.

XIV. Anmeldung und Aufgabe von Schutzrechten

(41) Die Vertragspartner werden sich gegenseitig von allen eigenen Schutzrechtsanmeldungen oder Schutzrechtsanmeldungen ihrer Lizenznehmer, der Nachbaulizenznehmer und Unterlizenznehmer, die das sachliche Vertragsgebiet [Randziffer (2)] betreffen oder betreffen können, unverzüglich durch Abschrift Kenntnis geben und einander über den Fortgang des Anmeldeverfahrens unterrichten, soweit sie hierzu nicht durch andere vertragliche Verpflichtungen gehindert sind.

(42) Über die Frage, ob und in welchen Ländern Auslandsanmeldungen durchgeführt werden sollen, verständigen sich die Vertragspartner rechtzeitig vor Ablauf der Prioritätsfrist. Jeder Vertragspartner wird auf Wunsch des anderen Vertragspartners Auslandsanmeldungen auf seine Erfindungen in denjenigen Ländern vornehmen, in denen er selbst keine Anmeldungen durchführen will, vorausgesetzt, dass der andere Vertragspartner erklärt, dass er die Kosten für die Anmeldung trägt.

Anlage 1 *Lizenz-Standardvertrag*

(43) Wollen die Vertragspartner oder ein Nachbau- oder Unterlizenznehmer des Lizenznehmers ein Schutzrecht aufgeben, das das sachliche Vertragsgebiet betrifft oder betreffen kann, so teilt dies der eine Vertragspartner dem anderen zwei Monate vor Fälligkeit der Jahresgebühren mit. Der andere Vertragspartner darf dieses Recht dann unentgeltlich übernehmen.

(44) Die Vertragspartner können über Schutzrechte, die sie nach der vorgehenden Randziffer erworben haben, frei verfügen, jedoch nicht gegen die Interessen des anderen Vertragspartners.

Sie werden dem anderen Vertragspartner eine unentgeltliche Lizenz sowie ein Rückkaufsrecht daran erteilen, wenn er sich zur Hälfte an den Kosten der Aufrechterhaltung dieser Schutzrechte nachträglich beteiligt. Dies gilt auch nach Ablauf dieses Vertrages.

XV. Schutzrechte von Dritten

(45) Erwirbt einer der Vertragspartner von Dritten außerhalb seiner Lizenznehmer, Nachbau- oder Unterlizenznehmer ein Schutzrecht, das das sachliche Vertragsgebiet [Randziffer (2)] betrifft oder betreffen kann, so hat er dem anderen die Mitbenutzung dieses Rechts zu den Bedingungen dieses Lizenzvertrages gegen eine angemessene Beteiligung an den Beschaffungskosten anzubieten, soweit er nicht rechtlich gehindert ist.

(46) Der Lizenznehmer wird die Benutzung solcher Schutzrechte auch den sonstigen Lizenznehmern des Lizenzgebers anbieten, wenn diese eine entsprechende Verpflichtung eingehen.

XVI. Arbeitnehmer-Erfindungsvergütungen

(47) Vergütungen, die aufgrund gesetzlicher Vorschriften für die Inanspruchnahme von Arbeitnehmererfindungen zu zahlen sind, trägt der Vertragspartner, der Inhaber der betreffenden Schutzrechte ist.

XVII. Nichtangriffsklausel[3]

(48) Kein Vertragspartner wird im Rahmen dieses Vertrages lizenzierte Schutzrechte und Schutzrechtsanmeldungen, die dem anderen Partner gehören, unmittelbar oder mittelbar angreifen. Die gleiche Verpflichtung gilt für die Nachbau- oder Unterlizenznehmer des Lizenznehmers, denen die Verpflichtung durch den Lizenznehmer vertraglich zu übertragen ist.

Wird dieser Vertrag gemäß Randziffer (50) gekündigt, so gilt diese Verpflichtung auch nach Ablauf des Lizenzvertrages weiter, und zwar bis zum Ende des 4. Jahres nach Vertragsende.

XVIII. Vertragslaufzeit und Kündigung

(49) Vorbehaltlich der nachfolgenden Bestimmungen läuft dieser Vertrag bis zum Ablauf des letzten Vertragsschutzrechtes gemäß Randziffer (1a)[4].

(50) Der Lizenznehmer kann den Vertrag unter Einhaltung einer Frist von 6 Monaten erstmals zum 31.12.20... kündigen. Danach ist der Vertrag für den Lizenznehmer mit einjähriger Frist auf das Ende jedes folgenden Kalenderjahres kündbar.

Jeder Vertragspartner kann den Vertrag fristlos kündigen, wenn im Verhalten des anderen ein wichtiger Grund vorliegt, der die für diesen Vertrag nötige Vertrauensgrundlage wesentlich erschüttert. Der Lizenzgeber kann ferner fristlos kündigen, wenn der Lizenznehmer mit der Zahlung von Lizenzgebühren länger als zwei Monate im Verzug ist, oder wenn es ihm infolge höherer Gewalt unmöglich wird, Lizenzgebühren zu transferieren, Vertragsprodukte herzustellen oder zu vertreiben, oder wenn einzelne Bestimmungen dieses Vertrages nachträglich behördlicherseits aufgehoben, für nichtig erklärt oder in ihrer Handhabung wesentlich eingeschränkt werden sollten. Randziffer (57) bleibt unberührt. [Jeder Vertragspartner kann im Falle von Randziffer (48) den Vertrag fristlos kündigen, wenn der andere Vertragspartner ein lizenziertes Schutzrecht oder eine lizenzierte Schutzrechtsanmeldung angreift][5].

XIX. Pflichten nach Vertragsende

(51) Nach Beendigung dieses Vertrages hat der Lizenznehmer alle noch vorhandenen, vom Lizenzgeber überlassenen Entwurfs-, Konstruktions- und Arbeitspläne, Schnitte usw. unverzüglich zurückzugeben.

(52) Nach Beendigung dieses Vertrages darf der Lizenznehmer im normalen Produktionsgang befindliche Vertragsprodukte fertig stellen und vertreiben. Die Umsatzlizenzgebühren dafür sind nach den Bedingungen dieses Vertrages abzurechnen und zu zahlen.

XX. Nebenbestimmungen

(53) Erfüllungsort ist ....

(54) Willenserklärungen rechtsgeschäftlichen Inhalts müssen mit eingeschriebenem Brief abgegeben werden, um rechtswirksam zu sein. Dies gilt insbesondere für die in Randziffern (5), (7), (41), (42), (43), (50), (55) Absatz 2, (64), (65), (66) vorgesehenen Erklärungen. Ist eine Frist zu wahren, ist für die Einhaltung derselben das Datum des Poststempels auf dem Rückschein maßgebend, das den Eingang beim Empfänger ausweist.

(55) Alle für den Lizenzgeber bestimmten Mitteilungen sind an ....
....
zu richten. Alle für den Lizenznehmer bestimmten Mitteilungen erfolgen an ....
....
Änderungen dieser Anschriften werden erst wirksam, wenn sie gemäß den vorstehenden Bestimmungen mitgeteilt sind.

(56) Für diesen Vertrag gilt Schriftform. Mündliche Vereinbarungen sind nicht getroffen. Jede Aufrechnung oder Zurückbehaltung gegen Lizenzgebührforderungen ist ausgeschlossen.

(57) Die Unwirksamkeit einer oder mehrerer Bestimmungen dieses Vertrages berührt die Gültigkeit der übrigen nicht.

Jeder Vertragspartner kann in diesem Fall die Vereinbarung einer neuen gültigen Bestimmung verlangen, die den wirtschaftlichen Zweck der unwirksamen Bestimmung am besten erreicht.

(58) Alle Bestimmungen dieses Vertrages gelten auch für die Gesamtrechtsnachfolger der Vertragspartner.

XXI. Staatliche Genehmigungen

(59) Jeder Vertragspartner wird nach besten Kräften darauf hinwirken, dass die [nach seinem Heimatrecht][6] etwa erforderlichen staatlichen Genehmigungen für diesen Vertrag erteilt werden.

XXII. Anzuwendendes Recht[6]

(60) Auf die Rechtsbeziehungen der Vertragspartner aus diesem Vertrag findet das Recht der Bundesrepublik Deutschland Anwendung.

XXIII. Schiedsverfahren[7]

(61) Über alle Streitigkeiten aus diesem und über diesen Vertrag, einschließlich seiner Rechtsgültigkeit und der Fortwirkungen nach Beendigung, entscheidet unter Ausschluss des ordentlichen Rechtsweges ein Schiedsgericht endgültig. [Das Schiedsgericht hat seinen Sitz in Zürich (Schweiz). Es entscheidet in Anwendung des 12. Kapitels des Schweizerischen Bundesgesetzes vom 18. Dezember 1987 über das Internationale Privatrecht (IPRG)][6].

(62) Die Gerichtsgebühren betragen 5 % des Streitwerts zuzüglich Auslagen und sonstiger Kosten (insgesamt nachfolgend als Gerichtskosten bezeichnet). Sie sind zusammen mit einer vom Gericht festzusetzenden Parteientschädigung für die obsiegende Partei von der unterliegenden Partei zu übernehmen. Jede Partei hat die Hälfte der Gerichtskosten vorzuschießen.

(62a) [Soweit die Parteien nichts anderes vereinbaren, gelten die Bestimmungen des 10. Buches der ZPO über das schiedsrichterliche Verfahren. Zuständiges Staatsgericht i.S. § 1062 ZPO ist das Oberlandesgericht ....][8].

(63) Das Schiedsgericht besteht aus zwei Schiedsrichtern und einem Obmann, [der die Befähigung zum Richteramt hat][8].

(64) Die das Schiedsgericht anrufende Partei hat der anderen den Anspruch, wegen dessen sie das Schiedsgericht anruft, schriftlich darzulegen und gleichzeitig mitzuteilen, wen sie als Schiedsrichter gewählt hat.

(65) Die andere Partei hat binnen 30 Tagen nach Eingang dieser Erklärung den anderen Schiedsrichter zu benennen. Benennt sie ihn innerhalb dieser Frist nicht, so kann die anrufende Partei seine Ernennung durch den Präsidenten des Obergerichts Zürich[6]/den Präsidenten des Oberlandesgerichts ....[8] beantragen.

(66) Der Obmann wird von den Schiedsrichtern gewählt. Einigen diese sich nicht binnen 30 Tagen, so kann jede Partei den Präsidenten des Obergerichts Zürich[6]/den Präsidenten des Oberlandesgerichts ....[8] um die Ernennung des Obmannes bitten.

XXIV. Verbindliche Fassung und In-Kraft-Treten

(67) Dieser Vertrag ist in deutscher [und in ....][9] Sprache abgefasst und unterzeichnet.

(68) Für die Rechte und Pflichten der Vertragspartner sowie für alle Zweifels- und Auslegungsfragen ist allein die Fassung in deutscher Sprache verbindlich[9].

(69) Dieser Vertrag tritt nach Unterzeichnung durch die Vertragspartner und nach Erteilung der notwendigen behördlichen Genehmigungen, die dem Vertrag in Anlage 5 beigefügt werden, in Kraft.

Es handelt sich um folgende Genehmigungen:

        1. ....
        2. ....
        3. ....

........................, den ...., den ....
Lizenzgeber   Lizenznehmer

Anlage 3

zum Lizenzvertrag ....

Liste der Beteiligungen und Gesellschaften

Beteiligungen und Gesellschaften des Lizenznehmers bleiben vorerst ausgeschlossen und sind deshalb nicht besonders aufzuführen.

Die Vertragspartner behalten sich vor, zu gegebener Zeit einvernehmlich Beteiligungen und Gesellschaften des Lizenznehmers in den Vertrag einzubeziehen.

Anlage 4

zum Lizenzvertrag ....

Prozentsatz für die Bewertung von eingebauten Vertragsprodukten

Die Vertragspartner haben bis auf weiteres gemäß gesonderter Vereinbarung, für den „ausgewiesenen Nettopreis" die Selbstkosten zuzüglich eines Gewinnaufschlags von 15% zugrunde gelegt.

Die Vertragspartner werden nach Beginn der Serienproduktion gemeinsam über die festgelegten Prozentsätze entscheiden, soweit dies gewünscht wird.

Anlage 1 *Lizenz-Standardvertrag*

Anmerkungen

1. Bei ausschließlichen Lizenzen ist dieses Wort zu streichen. Diese Lizenz ist gemäß § 30 Abs. 4 PatG 1981 registrierungsfähig.
2. Das Vertriebsgebiet kann auch gegebenenfalls auf einzelne Länder beschränkt werden.
3. Bei Vertragspartnern mit gewöhnlichem Aufenthalt bzw. Hauptverwaltung innerhalb der EU (mit Ausnahme von innerdeutschen Verträgen) wird die Nichtangriffsklausel unter dem Titel „Angriff auf Schutzrechte und Schutzrechtsanmeldungen" durch folgende Bestimmung ersetzt: „Im Falle des unmittelbaren oder mittelbaren Angriffs auf lizenzierte Schutzrechte oder Schutzrechtsanmeldungen ist der betroffene Vertragspartner gemäß Randziffer (50) letzter Satz zur Kündigung berechtigt. Ungeachtet dessen bleibt die Anmeldung bei den zuständigen Behörden zwecks Freistellung vorbehalten."
4. Die Längstlaufklausel ist bei Vertragspartnern mit gewöhnlichem Aufenthalt bzw. Hauptverwaltung innerhalb der EU (mit Ausnahme von innerdeutschen Verträgen) nicht gruppenfreigestellt, es sei denn, dass nach Ablauf der ursprünglichen Laufzeit eine mindestens dreijährliche Kündigungsmöglichkeit vorgesehen ist (Randziffer 50 Abs. 1).
5. Zusatzbestimmung für den Fall, dass innerhalb der EU die Nichtangriffsklausel durch ein Kündigungsrecht ersetzt wird.
6. Bei Verträgen, die mit nicht-deutschen Partnern geschlossen werden. Hinsichtlich der Schiedsklausel sind Schiedsfähigkeit und Auslandsbezug (Art. 176 Abs. 1, 177 Abs. 1 IPRG) erforderlich.
7. Die Schiedsklausel muss nach einschlägigen Novellierungen keine selbständige Urkunde darstellen.
8. Bei Verträgen, die zwischen deutschen Partnern geschlossen werden.
9. Bei Verträgen, die mit nicht-deutschen Partnern ausnahmsweise in mehreren Sprachen abgefasst und unterzeichnet sind.

Anlage 2

The .... (hereinafter referred to as Licensor) is holder of patents, patent applications and technical and economic experience based on the .... which he has invented and developed to operating standard as ....

He is interested in an exchange of experience as well as in the further development and commercial exploitation of his inventions and designs in this field in conjunction with suitable partners.

The .... (hereinafter referred to as Licensee) on the other hand is interested in participating in this development and exploitation using the experience and rights to be made available by the Licensor.

On this basis the firms

....

.... (Licensor)
on the one hand

and

....

.... (Licensee)
on the other hand

conclude the following

Licence Agreement

I. Subject of the agreement, definitions

(1) Subject of this agreement are:

a) the home and foreign patent rights granted to or applied for in the name of the Licensor (hereinafter referred to as 'agreement patent rights' and listed in schedule 1) attached to this agreement, which is to be completed continuously by the Licensor);

b) the technical and economic experience, knowledge, development results and designs (hereinafter referred to as 'Know-how' and listed in schedule 2) attached to this agreement, which is to be completed continuously by the Licensor);
gained before and during the term of this agreement within the material field of agreement.

(2) 'Material field of agreement' shall for the purposes of this agreement be taken to mean the development, design and manufacture of .... according to the system .... as explained by patent Nr. ....

(3) 'Licensee' shall for the purposes of the following conditions of this agreement be taken to mean the Licensee including his present and future directly or indirectly controlled affiliated companies (over 50% share in the voting stock) as well as those companies which exercise such control over him. The affiliated and associated companies are listed in schedule 3) attached to this agreement, which in the event of changes after conclusion of this agreement is to be amended by mutual arrangement of the parties to this agreement.

'Parties to this agreement' shall for the purposes of the following conditions be taken to mean the Licensor on the one hand and the Licensee in accordance with the foregoing paragraph on the other.

Anlage 2   *Standard Licence Agreement*

II. Scope of the licence

(4) The Licensor hereby grants to the Licensee the non-exclusive[1] right under the agreement patent rights and Know-how:

a) to manufacture in .... (manufacturing territory) .... (contract products).

The Licensor reserves the right to extend the manufacturing territory at the request of the Licensee.

b) to use, cause to be used, sell and/or cause to be sold, distribute, cause to be distributed, lease, and generally dispose of contract products manufactured in accordance with a) including spare and replacement parts, for use for the own products of the Licensee in all countries of the world (sales territory)[2].

(5) The Licensor grants to the Licensee against payment of a single amount of EUR ...... (free of taxes, imposts, dues and other deductions plus turnover tax, if any) each due on exercise of the respective option, an option right on the granting of a licence for

....
....

on the same lines as the granting under item (4) above. This option right can only be exercised within two years after conclusion of this agreement. The detailed conditions concerning extend and amount of the respective licence fees will be fixed by the Licensor at the time of exercising the option and, at the request of the Licensee, communicated to the latter beforehand.

(6) Definitions:

....
....

(7) The Licensee requires the prior written consent of the Licensor for the granting of sub-licences [items (4a) and (4b)] on the agreement patent rights and Know-how (items 1a and 1b) or of manufacturing licences for types of contract products designed by the Licensee.

(8) Transfer or assignment of the licence right as a whole by the Licensee is excluded. Item (58) remains unaffected.

The Licensor reserves the right to make the consent under item (7) dependent on the payment of an additional appropriate licence fee.

III. Liability and guarantee for the agreement patent rights

(9) The Licensor declares that he has the entire disposal of the agreement patent rights and that he knows of no facts that could prejudice the legal validity of the agreement patent rights.

The Licensor is in no event liable, should such facts arise after the coming into force of this agreement.

(10) The Licensor does not accept any liability or guarantee for the industrial exploitability of the invention on which the agreement patent rights are based.

IV. Maintenance of the agreement patent rights

(11) The Licensor undertakes to pay the annual fees for the agreement patent rights and to fulfil all formalities which are necessary for their maintenance.

(12) The Licensor will at his own expense deal with infringements of agreement patent rights in the manner which he considers appropriate. The Licensee shall support him in this to the best of his ability.

(13) If the Licensor, does not wish to institute infringement proceedings, then he shall at the request of the Licensee give the latter all necessary powers for instituting infringement proceedings and will support him in such proceedings to the best of his ability. The parties to the agreement will come to a prior understanding on the sharing of the costs of such proceedings. The proceeds will be divided in the proportion in which the parties to the agreement have borne the costs.

V. Fixed licence fee

(14) For the grant of the licence in respect of the agreement patent rights and the Know-how the Licensee will pay to the Licensor independent of the term of the agreement [items (49) and (50)] for a period of .... years an annual fixed licence fee of .... EUR, and hence a total amount of .... EUR. No additional amount is to be paid if the period of validity of the agreement is longer than ten years.

(15) This fee is to be paid free of taxes, imposts, dues and other deductions plus turnover tax, if any, in advance immediately after conclusion of this agreement [in .... instalments on .... and on ....] into the account specified by the Licensor and is in no case to be refunded. This also applies if this agreement is prematurely terminated, if the holding of agreement patent rights is reduced or completely exhausted by premature lapsing, if third party rights, rights of prior use, or particular dependences relating to the agreement patent rights arise, or if the development does not lead to the success mutually hoped for.

VI. Royalty on turnover

(16) In addition to the fixed licence fee in accordance with items (14) and (15) the Licensee shall pay to the Licensor a royalty calculated according to the turnover, computed on the basis of the ex-works price, which the Licensee, his sub-licensee(s) and manufacturing licensee(s) achieve with contract products manufactured under the use of at least one agreement patent right.

(17) Ex-works price shall taken to mean the invoiced net price of the basis contract product excluding all auxiliary accessory parts. Such auxiliary accessory parts are:

....
....

If the net price of contract products installed in assemblies is not specifically identified or if in an individual case it cannot be definitely established by the parties to this agreement, the net price of the contract product shall be replaced by a percentage of the invoiced net price, to be fixed by the parties to this agreement in accordance with schedule 4) for each particular type. In case of amounts invoiced in foreign currency the invoiced amount will be

Anlage 2 *Standard Licence Agreement*

replaced by its EUR equivalent calculated in accordance with the mean daily rate of exchange officially quoted in Frankfurt. If such exchange rate cannot be established the parties will agree accordingly on the method of conversion.

(18) The royalty on sales amounts to 5% [up to an annual turnover of .... Mill. EUR inclusive; it amounts to .. % for the annual turnover which exceeds an annual turnover of .... Mill. Euro]. The annual turnover will be determined on the basis of the calendar year.

(19) Royalties in respect of contract products manufactured by (a) sublicensee(s) or manufacturing licensee(s) of the Licensee will be calculated in accordance with the same scale but accounted for separately. In case that such sub-licensee(s) or manufacturing licensee(s) sell(s) contract products through the Licensee, the royalty is payable only once, i.e. for the turnover of the sublicensee or manufacturing licensee.

VII. Minimum royalty

(20) Independent of the turnover the Licensee shall pay in advance free of taxes, imposts, dues, and other deductions plus turnover tax, if any, as from 1.1.20... for the term of this agreement an annual minimum royalty, which amounts to:

– in the calendar year .... EUR ....
– in the calendar year .... EUR ....
– in the calendar year .... EUR ....
– and from .... onwards annually EUR ....

VIII. Settlement and due date for royalties

(21) The royalty on turnover referred to the turnover achieved by the Licensee shall be computed by the Licensee half (calendar) yearly and each time within 30 days, and the royalty referred to the turnover of his sublicensee(s) and manufacturing licensee(s) – no account being taken of actual receipts – within 60 days after expiry of a half calendar year, and within a further 30 days paid into the account specified by the Licensor, free of taxes, imposts, dues, and other deductions plus turnover tax, if any.

(22) The paid minimum royalty will each time be set off in computing the turnover royalty. The turnover of the sub-licensee(s) and manufacturing licensee(s) will, however, not be taken into consideration.

IX. Reduction of licence fees

(23) Turnover royalties and minimum royalties which will become due will be appropriately reduced by the Licensor if

a) the Licensee has to use patent rights of licensors other than the Licensor and his licensees, in order to remain on the technical level with the contract products which he manufactures;

b) the Licensor cannot prevent the use by non-licensees of agreement patent rights;

c) important agreement patent rights expire prior to the end of the term of a patent in countries important to the Licensee. They will, however, not be reduced in this case, if, due to the granting of licences on new patent rights gained by the Licensor due to his work in the meantime, the economic value of the agreement patent rights remains substantially unchanged.

(24) However, the total amount of the reduction and deduction in accordance with item 23a), b) and c) may not exceed one half of the turnover royalties agreed upon in item (18).

At any rate the turnover royalty and the minimum royalty for the current year remain unaffected.

X. Right of audit

(25) The Licensor is authorized to have examined once annually by a sworn auditor or auditing company all documents which are necessary for computing the royalties.

(26) The Licensee is obliged to maintain special books for himself, his sub-licensee(s) and manufacturing licensee(s) from which can be seen for each particular accounting period the number of contract products manufactured, their ex-works price and delivery date.

XI. Marking obligation

(27) To the extent the Licensee, his sub-licensee(s) and manufacturing licensee(s) manufacture contract products they shall manufacture and market the contract products to the best of their ability.

(28) The Licensee, his sub-licensee(s) and manufacturing licensee(s) will mark each contract product: .... If in the opinion of the Licensor the contract products do not satisfy the technical and/or commercial development- or manufactoring standard the Licensor can at six months' notice forbid the use of such marking without thereby giving the Licensee grounds for any claims to compensation or reduction of royalties.

XII. Secrecy and exchange of Know-how

(29) Subject to the following provisions of this section the parties to this agreement are bound to observe strict secrecy in respect of all Know-how in the material field of the agreement (item 2). This also applies after termination of this agreement.

(30) The parties to this agreement agree to the reciprocal exchange of Know-how in the material field of the agreement [item (2)] for their own use. For this purpose each party to this agreement after prior agreement with the other party to this agreement, can send monthly up to .... employees to the development-, test-, design-, and manufacturing departments of the other, in order to obtain information on questions which interest him concerning the state of development, innovations and improvements found by the other party, and concerning his other Know-how in the material field of the agreement. Other possibilities of exchange of Know-how remain reserved.

(31) Each party to this agreement is bound to give to the other party Know-how without reservation within the scope of the material field of the agreement [item (2)] insofar as this does not concern questions which refer especially to the installation of contract products in assemblies, or to matters in respect of which the party is bound by a third party to observe secrecy, unless this agreement would thereby be knowingly circumvented. The secrecy only applies to the particular application of the respective product type subject to secrecy.

(32) The Licensor may and will during the term and after expiry of this agreement, with the exception of contractual special cases, pass on to his other licensees for use by the latter free of charge within the framework of the agreements concluded with them such Know-how as is communicated to the Licensor, which exclusively refers to technical matters existing on

Anlage 2 *Standard Licence Agreement*

the contract product and which can be generally applied thereto and which Know-how is made not later than three years after beginning of series production of the respective contract product, in order to obtain from such other licensees the relevant Know-how for gratuitous use by the Licensee. Insofar as such other licensee – for whatever reason – does not give his Know-how for passing on to the Licensee, such other licensee will be given the Know-how of the Licensee only in a corresponding extent. This particularly applies if the passing on of Know-how does wholly or in part not take place for reasons of secrecy, but only if the experience withheld would be useful to the other licensee for general application.

The Licensor is obliged to the Licensee to pass on his Know-how to the other licensees to obtain in return the Know-how of the other licensees for the Licensee.

Any liability of the Licensor is not constituted hereby.

(33) During the term of this agreement the Licensee may pass on to his sub-licensee(s) and manufacturing licensee(s) for the term of the agreements concluded with them and for gratuitous use, the Know-how of the Licensor which refers exclusively to technical matters existing on the contract product and which can be generally applied there.

(34) Each party to this agreement may pass on his own Know-how and the Know-how of the other party to his suppliers insofar as the latter require it for the execution of orders.

(35) The parties to this agreement will bind their licensee(s), sublicensee(s), manufacturing licensee(s), and suppliers to treat as confidential the Know-how communicated to them.

(36) The right of the Licensor to conclude a licence agreement with any third party and in so doing to include the latter in the exchange of Know-how under this agreement (item 4) remains unaffected.

XIII. Patent rights of the Licensee

(37) All patent rights and patent applications obtained by the Licensee or his sub-licensee(s) or manufacturing licensee(s) through their work in the material field of the agreement shall be the property of the Licensee, sub-licensee or manufacturing licensee respectively.

(38) The Licensee grants to the Licensor a simple and gratuitous licence for all fields of application in respect of all patent rights and patent applications which refer to or can refer to the material field of the agreement [item (2)] and which are obtained by the Licensee, his manufacturing- and/or sub-licensee(s) through their work before or during the term of this agreement. This licence is independent of the term of this agreement and is granted for the period of validity of the patent rights of the Licensee. After expiry or termination of this agreement the Licensor will pay an appropriate turnover royalty for this licence.

(39) The licence granted to the Licensor in accordance with the foregoing item includes the right to grant to the home and foreign licensees of the Licensor for the term of this agreement free of charge sub-licences in respect of such patent rights of the Licensee for the period of validity of the particular patent rights, provided that such patent rights are filed not later than three years after beginning of series production of the respective contract product in order to have these other licensees release their patent rights and patent applications for gratuitous sub-licencing to the Licensee by the Licensor. Insofar as such release in favour of the Licensee does not materialize – no matter for what reason – such other licensee will be given patent rights and patent applications of the Licensee only in a corresponding extend. Item 32 Sect.1 Sentence 3 applies analogically.

The Licensor is bound to the Licensee to offer patent rights of the Licensee for sublicencing to the other licensees to obtain sub-licences on the patent rights of these other licensees in favour of the Licensee.

Any liability of the Licensor is not constituted hereby.

(40) After expiry of this agreement the Licensor may grant sub-licences only on payment of an appropriate turnover royalty in favour of the Licensee.

XIV. Application for and surrender of patent rights

(41) The parties to this agreement will notify each other without delay by copy of all their own patent applications or patent applications of their licensees, their manufacturing licensee(s) and sub-licensee(s) which refer to or can refer to the material field of the agreement [item (2)] and will inform each other of the progress of the application proceedings, insofar as they are not prevented from so doing by other contractual obligations.

(42) The parties to this agreement will come to an understanding in good time before expiry of the priority period concerning the question whether and in which countries foreign applications are to be filed. Each party to this agreement will at the request of the other party file patent applications in those countries, in which he is personally unwilling to file applications, if the other party declares his readiness to bear the expenses of application.

(43) If the parties to this agreement or a manufacturing- or sub-licensee of the Licensee wish to surrender a patent which refers to or can refer to the material field of the agreement, then the one party to this agreement will inform the other of this two months before the annual patent fees become due. The other party may then take over this patent free of charge.

(44) The parties to the agreement can freely dispose of patent rights which they have acquired in accordance with the foregoing item, but not contrary to the interests of the other party to this agreement.

They will grant to the other party to the agreement a gratuitous licence and right of redemption in respect thereof, if they subsequently share in the cost of maintaining those patent rights to the extent of one half. This applies also after expiry or other termination of this agreement.

XV. Third party patent rights

(45) If one of the parties to this agreement acquires from third parties except from his licensee(s), manufacturing- or sub-licensee(s) a patent which refers to or can refer to the material field of the agreement [item (2)], then he must invite the other to share the use of this patent under the terms of this licence agreement in return for an appropriate participation in the acquisition costs, insofar as he is not legally prevented from doing so.

(46) The Licensee will also offer the use of such patent rights to the other licensees of the Licensor if these enter into a corresponding obligation.

Anlage 2 *Standard Licence Agreement*

XVI. Remuneration for employees' inventions

(47) Remuneration which is required by legal regulations to be paid for claiming employees' inventions, is to be borne by the party to the agreement who is holder of the relevant patent rights.

XVII. Non-contesting clause[3]

(48) No party to this agreement will contest directly or indirectly patent rights and patent applications licenced within the framework of this agreement and which belong to the other party, nor will he undertake steps which could prejudice or affect the existence of such a patent right f.i. by circumventing applications. The same obligation applies for his manufacturing- or sub-licensee(s), to whom the obligation is to be contractually transferred by the Licensee.

If this agreement in accordance with item (50) is terminated then this obligation will still apply after expiry of the licence agreement, i.e. till the end of the 4th year after the end of this agreement.

XVIII. Period of validity and termination of the agreement

(49) Subject to the following provisions this agreement remains in force until expiry of the last agreement patent right (item 1)[4]

(50) The Licensee can terminate this agreement at 6 months' notice initially as of .... 20... Thereafter this agreement can be terminated by the Licensee at one year's notice as of the end of any subsequent calendar year.

Each party to this agreement can terminate the agreement without any period of notice if in the behaviour of the other there is an important reason which substantially undermines the basis of trust necessary for this agreement. Further, the Licensor can terminate without a period of notice if the Licensee is more than two months in arrears with the payment of licence fees or royalties or if he is unable due to force majeure to transfer licence fees, to pruduce or to market contract products, or if individual terms of this agreement are subsequently cancelled, declared invalid, or should be substantially restricted in their application by the authorities. Item (57) remains unaffected. [Each party to this agreement can terminate the agreement in the case of item (48) without any period of notice if the other party contests licenced patent rights or patent applications][5].

XIX. Obligations after the end of the agreement

(51) After the end of this agreement the Licensee must return without delay to the Licensor all project-, design-, and working drawings, sections, etc. which he still holds and which were supplied by the Licensor.

(52) After termination of this agreement the Licensee may complete and sell contract products which are in the normal course of production. The turnover royalties therefore are to be computed and paid in accordance with the terms of this agreement.

XX. Additional conditions

(53) Place of performance is ....

(54) Declarations of intention of legal nature such as notices, statements, demands, approvals, consents or other communications must be sent by registered post to be valid in law. This applies in particular to the declarations provided for in items (5), (7), (41), (42), (43), (50), (55) Paragraph 2, (64), (65), (66). If a period of notice is to be observed, then its observance shall be decided by the date of the postmark on the return receipt which certifies its delivery to the addressee.

(55) All communications intended for the Licensor are to be addressed to ....
....

All communications intended for the Licensee are to be addressed to ....
....

Changes in these addresses become effective only if notified in accordance with the foregoing conditions.

(56) For this agreement written form is valid. No verbal agreements have been made. Any set-off or retention against the claim for licence fees or royalties is excluded.

(57) The ineffectiveness of one or more provisions of this agreement does not affect the validity of the others.

Each party to this agreement can in this case demand that a new valid provision be agreed which best achieves the economic purpose of the ineffective provision.

(58) All conditions of this agreement apply also to the legal successors to the full rights of the parties to this agreement.

XXI. State approval

(59) Each party to this agreement will endeavour to the best of its ability to bring about the granting of any government permits which in accordance with the laws of its country may be required for this agreement.

XXII. Law to be applied

(60) The law of the Federal Republic of Germany shall be applied in respect of the legal relations between the parties to this agreement arising out of this agreement.

XXIII. Arbitration[6]

(61) All disputes, controversies, or differences which may arise out of or in relation to or in connection with this agreement, including its legal validity and the continued effectiveness after termination, shall be decided finally and binding upon the parties disbarring legal actions, by a court of arbitration. The court of arbitration will sit in Zürich, Switzerland, and shall arbitrate in application of chapter 12 of the swiss federal law of december 18, 1987 on the private international law.

(62) Court costs amount to 5 p.c. of the value in litigation. They are to be borne by the losing party. Either party has to advance 50 p.c. of these court costs.

(63) The court of arbitration shall consist of two arbitrators and one umpire.

Anlage 2 *Standard Licence Agreement*

(64) The party appealing to the court of arbitration must present to the other in writing the claim concerning which it is appealing to the court of arbitration, and at the same time inform the other as to whom it has appointed as an arbitrator.

(65) The other party must appoint the other arbitrator within 30 days of receipt of this statement. If it fails to appoint him within this period then the prosecuting party can apply for his appointment by the President of the Obergericht Zürich.

(66) The umpire is elected by the arbitrators. If they do not agree within 30 days, then each party can request the President of the Obergericht Zürich to appoint the umpire.

XXIV. Binding version and coming into force

(67) This agreement is drawn up and signed in German [and in ....] language[7].

(68) For the rights and obligations of the parties to this agreement as well as for all questions of doubt and interpretation exclusively the German version is binding[7].

(69) This agreement comes into force after signing by the parties to the agreement and granting of the necessary permits by the authorities, which are appended to the agreement in schedule 5.

The permits concerned are as follows:

1. ....
2. ....
3. ....

...................., (date) ...., (date) ....
Licensor   Licensee

Schedule 3

to the Licence Agreement ....

List of affiliated and associated companies

Affiliated and associated companies of the Licensee are initially excluded and are therefore not specifically listed.

The parties to the agreement reserve the position to include in the agreement at appropriate time by mutual agreement affiliated and associated companies of the Licensee.

Schedule 4

to the Licence Agreement ....

Percentage assessment of the value of installed contract products

---

Until further specific agreement the parties to the agreement have fixed for the 'invoiced net price' the factory cost plus a profit of 15 p.c.

The parties to the agreement will after the beginning of series production mutually decide fixed percentages insofar as this is desirable.

Anmerkungen

1 Bei ausschließlichen Lizenzen ist dieses Wort durch das Wort 'exclusive' zu ersetzen. Diese Lizenz ist gemäß § 30 Abs. 4 PatG 1981 registrierungsfähig.
2 Das Vertriebsgebiet kann auch gegebenenfalls auf einzelne Länder beschränkt werden.
3 Bei Vertragspartnern mit gewöhnlichem Aufenthalt bzw. Hauptverwaltung innerhalb der EU (mit Ausnahme von innerdeutschen Verträgen) wird die Nichtangriffsklausel unter dem Titel "Contesting patent rights and patent applications" durch folgende Bestimmung ersetzt: "In the case of direct or indirect contesting of licenced patent rights or patent applications the party concerned is entitled to terminate this agreement according to item (50) last sentence, subject to the approval of the noncontesting clause by the authorities requested by the parties to the agreement."
4 Die Längstlaufklausel ist bei Vertragspartnern mit gewöhnlichem Aufenthalt bzw. Hauptverwaltung innerhalb der EU (mit Ausnahme von innerdeutschen Verträgen) nicht gruppenfreigestellt, es sei denn, dass nach Ablauf der ursprünglichen Laufzeit eine mindestens dreijährliche Kündigungsmöglichkeit vorgesehen ist (Randziffer 50 Abs. 1).
5 Zusatzbestimmung für den Fall, dass innerhalb der EU die Nichtangriffsklausel durch ein Kündigungsrecht ersetzt wird.
6 Die Schiedsklausel muss nach einschlägigen Novellierungen keine selbständige Urkunde darstellen. Schiedsfähigkeit und Auslandsbezug (Art. 176 Abs. 1, 177 Abs. 1 IPRG) sind erforderlich.
7 Nur bei Verträgen, die mit nicht-deutschen Partnern ausnahmsweise in mehreren Sprachen abgefasst und unterzeichnet sind.

Anlage 3

Le/la .... (ci-après designé donneur de licence) est propriétaire de brevets et de demandes de brevets ayant pour objet .... qu'il/elle a inventé et dont il/elle a préparé l'exploitation. Il/elle a intérêt à échanger les connaissances qu' il/elle a acquises et à poursuivre avec des partenaires qualifiés l'étude de ses inventions et les fabrications entreprises.

Le/la .... (ci-après designé licencié) s'interesse de son côté à l'étude de .... et à l'exploitation qui peut en être faite en utilisant tout à fois les droits de propriété industrielle et l'expérience acquise par le donneur de licence, que celui-ci offre à sa disposition.

Sur cette base les firmes

....

.... (donneur de licence)

d'une part

et

....

.... (licencié)

d'autre part

concluent le contract ci-dessous:

Contrat de licence

I. Objet du Contrat, Definitions

(1) L'objet du contrat comprend:

a) les droits de propriété industrielle (brevets) accordés au donneur de licence ou ayant fait l'objet de demande par le donneur de licence (ci-dessous designés «droits de propriété industrielle» et mentionnés sur la liste jointe en annexe 1) à ce contrat qui doit être complété de manière permanente par le donneur de licence);

b) les expériences techniques et économiques, les connaissances acquises, les résultats obtenus au cours des études et des fabrications déjà effectuées (ci-dessous designés «Know-how» et mentionnés sur la liste jointe en annexe 2) à ce contrat qui doit être complété de manière permanente par le donneur de licence);

dans le champ d'application du contrat, aussi bien ceux intervenus avant la signature de ce contrat que ceux qui seraient aprés.

(2) Par «champ d'application du contrat», il faut entendre dans l'esprit de ce contrat, l'étude, la construction et la fabrication de .... d'après le système .... comme expliqué par le brevet Nr. ....

(3) Par «licencié» il faut entendre pour la suite du contrat, le licencié lui-même et les filiales qu'il contrôle directement ou indirectement (dans lesquelles il possede plus de 50% des droits de vote), ainsi que les sociétés sont indiquées sur la liste jointe en annexe 3) à ce contrat qui, en cas de modification après conclusion du contrat, sera complétée par les parties au contrat qui se mettront d'accord à ce sujet.

Par «parties au contrat» il faut entendre pour la suite de ce contrat, le donneur de licence d'une part et le licencié au sens de l'alinéa précédent d'autre part.

II. Etendue de la licence

(4) Le donneur de licence accorde au licencié le droit non[1] exclusif en utilisant les droits de propriété industrielle et le Know-how,

a) de fabriquer en .... (territoire de fabrication) .... (produits de contrat).

Le donneur de licence pourra étendre le territoire de fabrication sur demande du licencié.

b) d'utiliser, de faire utiliser, de vendre et/ou de faire vendre les produits de contrat construits selon a), y compris les pièces interchangeables et de rechange, en vue de les employer pour les produits propres du licencié, dans tous les pays du monde (lieux de distribution)[2].

(5) Le donneur de licence accorde au licencié, un droit d'option contre paiement d'un montant uniquement dû à l'exercice du droit d'option de EUR .... à chacun pour

....

....

c'est-à-dire sous la même forme que la concession de licence mentionnée dans la clause (4). Ce droit d'option doit être exercé dans une espace de deux ans après la conclusion de ce contrat. Les conditions détaillées concernant le volume et le montant des redevances correspondantes seront fixées du côté du donneur de licence au moment de l'exercice du droit d'option et dont le licencié sera informé préalablement selon son désir.

(6) Definitions:

....

....

(7) Pour accorder des sous-licences générales de fabrication [clauses (4a) et (4b)] relatives aux droits de propriété industrielle et au Know-how [clauses (1a) et (1b)] ou des licences particulières de fabrication relatives à des produits de contrat déjà construits par le licencié même, le licencié aura besoin du consentement écrit du donneur de licence.

(8) La cession de la licence dans son intégralité par le licencié est exclue. Cette disposition ne contredit pas la clause (58) qui reste applicable.

Pour autoriser le licencié à donner les licences ou les sous-licences prévues par la clause (7), après la passation du contrat, le donneur de licence pourra exiger le paiement d'une redevance fixe supplémentaire.

III. Responsabilité et Garantie pour les droits de propriété industrielle

(9) Le donneur de licence affirme qu'il a la libre disposition des droits de propriété, objet de ce contrat et qu'il ne connaisse rien qui puisse être une cause de non-validité de ces droits.

Toutefois, le donneur de licence n'encourrait aucune responsabilité dans le cas où après l'entrée en vigueur de ce contrat seraient découvertes ou surviendraient des causes de nullité.

(10) Le donneur de licence n'assume ni responsabilité ni garantie pour la réalisation industrielle des inventions qui ont pour fondement les droits de propriété industrielle ci-dessus mentionnés.

IV. Etat des droits de propriété

(11) Le donneur de licence s'engage à payer les taxes annuelles pour les droits de propriété industrielle faisant l'objet du contrat et à accomplir toutes les formalités nécessaires pour les conserver.

(12) Le donneur de licence poursuivra les tiers auteurs de violation de ces droits, à ses frais, de la manière qui lui paraîtra convenable. Le licencié lui assistera dans cette tâche, de toutes ses forces.

(13) Si le donneur de licence ne veut pas intenter un pareil procès sur demande du licencié, il lui donnera tous les pouvoirs nécessaires à la conduite du procès et l'assurera de toutes ses forces dans ce procès. Les parties au contrat se mettront d'accord par avance sur répartition des frais d'un tel procès. Les profits du procès seront répartis entre les parties dans la proportion où elles auront supporté les frais.

V. Redevances fixes

(14) Pour la concession de la licence des droits de propriété industrielle et du Know-how, le licencié paie au donneur de licence sans considération de la durée du contrat [clauses (49) et (50)] pendant une durée de .... ans, une redevance fixe annuelle de .... EUR, soit un montant total de .... EUR.

Pour le cas où la durée du contrat outrepasse 10 ans, on ne doit payer aucun montant supplémentaire.

(15) Cette redevance doit être versée par avance dès la conclusion de ce contrat [par .... tranches .... / ....] au compte indiqué par le donneur de licence, net d'impôts, de taxes ou de toutes autres charges et elle ne peut en aucun cas donner lieu à remboursement. Il en est ainsi même si ce contrat s'achève plus tôt que prévu, même si la liste des droits de propriété industrielle est réduite, même s'il n'en existe plus du tout du fait d'une suppression prématurée de ces droits, même si cette suppression est la conséquence des droits des tiers, droits résultant d'une utilisation antérieure, ou bien d'une dépendance des droits de propriété industrielle, et même si l'évolution ne conduit pas au succès escompté par les deux parties.

VI. Redevances sur le chiffre d'affaires

(16) Le licencié paie au donneur de licence en plus de la redevance fixe prévue aux clauses (14) et (15), une redevance sur le chiffre d'affaires réalisé – sur la base du prix départ-usine – par le licencié, les sous-licenciés et ceux qui auraient reçu une licence particulière de fabrication selon un produit déterminé grâce à la fabrication des produits de contrat en utilisant ne serait-ce qu'un seul des droits de propriété industrielle faisant l'objet de ce contrat.

(17) On entend par prix départ-usine le prix net facturé du produit de contrat seul, non compris les parties accessoires étrangères. Sont considéré comme parties accessoires étrangères:
....
....

S'il s'agit de produits de contrat installés dans un ensemble, et si le prix net du produit de contrat ne peut pas être établi de façon très précise ou bien, dans une hypothèse particulière, ne peut pas être fourni on applique pour chaque type d'ensemble, un pourcentage du prix net facturé comme il est indiqué dans l'annexe 4) de ce contrat.

En cas de facturation en monnaie étrangère on retient la contre-valeur en EUR du montant de la facture – calculé d'après le cours moyen du change du jour publié officiellement à Francfort – à la place du montant porté sur la facture. Au cas où il serait impossible d'utiliser ce cours, les parties devraient se mettre d'accord pour déterminer les modalités de cette conversion.

(18) La redevance sur le chiffre d'affaires se monte à .... jusqu'à un chiffre de EUR .... inclus; elle se monte à .... % pour la partie du chiffre d'affaires annuel dépassant un chiffre d'affaires annuel de EUR .... Pour la détermination du chiffre d'affaires annuel, c'est l'année calendaire qui est prise ici pour base.

(19) Pour les produits de contrat qui sont fabriqués par sous-licenciés ou par ceux qui ont reçu une licence particulière de fabrication d'après un modèle déterminé, la redevance est calculée d'après la même échelle, mais séparément. Si le chiffre d'affaires des sous-licenciés ou de ceux qui ont reçu une licence particulière de fabrication résulte de livraisons faites au licencié, la redevance n'est calculée qu'une fois et ce sur le chiffre d'affaires des sous-licenciés ou des licenciés qui ont reçu une licence particulière de fabrication.

VII. Redevances minima sur le chiffre d'affaires

(20) Au début de chaque année et d'avance, quel que soit le chiffre d'affaires, le licencié paie à partir du 1er janvier 20... pour le temps à courir de ce contrat, une redevance minima sur le chiffre d'affaires, nette d'impôts, de taxes et d'autres charges. Cette redevance minima s'élève:
– Pour l'année civile .... à EUR ....
– Pour l'année civile .... à EUR ....
– Pour l'année civile .... à EUR ....
– A partir du .... annuellement à EUR ....

VIII. Liquidation et échéance des redevances

(21) La redevance sur le chiffre d'affaires réalisé par le licencié doit être calculée par le licencié exempte d'impôts, de taxes, et ce, dans un délai de 30 jours. La redevance sur le chiffre d'affaires des sous-licenciés et de ceux qui auront reçu une licence particulière de fabrication d'un produit déterminé, devra être calculée, sans considération de la rentreé réelle, dans un délai de 60 jours après expiration d'un semestre civil. Toutes ces redevances doivent être versées dans les 30 jours qui suivent la liquidation, au compte indiqué par le donneur de licence.

(22) Lors de chaque liquidation de la redevance sur chiffre d'affaires, la redevance minima est portée en compte; le chiffre d'affaires des sous-licenciés et licenciés qui auront reçu une licence particulière de fabrication d'un modèle déterminé demeure hors de considération.

IX. Réduction des redevances

(23) Les redevances sur chiffre d'affaires et la redevance minima seront réduites si:

a) le licencié doit, pour que les produits de contrat qu'il construit, demeurent sur standard actuel de la technique, utiliser des droits de propriété industrielle qui lui seraient conférés par d'autres que le donneur de licence,

b) le donneur de licence ne peut pas empêcher l'utilisation des droits de propriété industrielle faisant l'objet du présent contrat par des non-licenciés,

c) d'importants droits de propriété industrielle faisant l'objet de ce contrat cessent d'exister avant le terme fixé dans les pays qui étant importants au licencié. Toutefois, les redevances ne seraient pas réduites, si la valeur économique des droits de' propriété industrielle faisant l'objet de ce contrat demeurait la même du fait de l'octroi par le donneur de licence de nouveaux droits de propriété industrielle créés entre-temps.

(24) Le montant total de la diminution et des déductions conformément à la clause (23) a), b) et c), ne peut toutefois pas dépasser la moitié des redevances sur chiffre d'affaires prévue à la clause (18) de ce contrat.

La redevance sur le chiffre d'affaires et la redevance minima pour l'année en cours, seraient en tout état de cause inchangée.

X. Droit de contrôle

(25) Le donneur de licence est fondé à faire examiner une fois par an par un expertcomptable assermenté ou une société de vérifications, tous les documents nécessaires au calcul des redevances.

(26) Le licencié s'engage à tenir tout à la fois pour elle et pour tous ses licenciés, des livres particuliers faisant ressortir pour chacune des périodes de liquidation, le nombre des produits de contrat fabriqués, leur prix départ-usine et le moment de leur livraison.

XI. Obligation de marquage

(27) Dans la mesure où le licencié ou bien les sous-licenciés et ceux qui ont reçu une licence particulière de fabrication fabriquent les produits de contrat, ils les fabriqueront et diffuseront le mieux possible.

(28) Le licencié apposera sur chaque produit de contrat la marque: ....
Si à l'opinion du donneur de licence les produits de contrat fabriqués ne sont pas satisfaisants, le donneur de licence peut en observant un préavis de six mois, interdire l'utilisation de cette marque, sans que le licencié puisse trouver là une prétention à dédommagement ou à réduction des redevances.

XII. Obligation de secret et échange de connaissances acquises

(29) Les parties au contrat sous réserve des dispositions suivantes de ce chapitre sont obligées au secret le plus absolu pour toutes les connaissances acquises dans le champ d'application du contrat [clause (2)]. Cette obligation subsiste après l'expiration du contrat.

(30) Les parties au contrat conviennent d'échanger réciproquement entre elles le Knowhow acquis dans le champ d'application du contrat grâce à leur expérience personnelle.

A cette fin, chaque partie peut, après accord préalable avec l'autre, envoyer chaque mois jusqu'à .... collaborateurs dans les services d'étude, de recherche, de fabrication de l'autre partie pour s'y renseigner sur les questions qui l'intéressent concernant l'évolution de la technique, les nouveautés et les améliorations trouvées par cette partie et aussi plus généralement sur le Know-how entier acquis dans le champ d'application du contrat. D'autres moyens d'échange du Know-how acquis demeurent réservés.

(31) Chaque partie s'engage dans le champ d'application du contrat à donner toutes informations utiles à l'autre pour autant qu'il ne s'agisse pas de renseignements concernant spécialement l'installation du produit de contrat dans un ensemble ou bien des questions pour lesquelles le contractant est tenu au secret vis-à-vis d'un tiers, l'obligation au secret ne pouvant être invoquée par l'un des contractants pour échapper frauduleusement à l'application de cette clause. Il ne peut y avoir d'obligation au secret que pour l'utilisation d'un type du produit.

(32) Sous réserve de cas particuliers prévus au contrat, le donneur de licence est autorisé, pendant la durée du contrat et après son expiration, à transmettre à ses autres licenciés – à l'égard de qui il s'y est obligé – tout Know-how relatif au produit de contrat et d'une utilisation générale qui lui aura été communiqué par le licencié pour autant qu'il s'agisse du Know-how acquis au plus trois ans après le commencement de la fabrication en série du produit de contrat considéré. Il est précisé cependant que si, quelle qu'en soit la raison, l'un quelconque des autres licenciés ne met pas à la disposition du donneur de licence que partiellement à la disposition du donneur de licence son propre Know-how pour que le bénéfice en soit transmis au licencié, le Know-how acquis par le licencié n'est mis à la disposition de cet autre licencié que dans la mesure correspondante. Cette règle reçoit application particulièrement dans le cas ou la transmission du Know-how est refusée totalement ou partiellement pour des raisons de secret, cela pour autant que le Know-how en cause serait normalement utile pour l'autre licencié.

Le donneur de licence s'oblige à transmettre son Know-how acquis par le licencié aux autres licenciés pour obtenir de cette façon a titre de réciprocité le Know-how aquis par les autres licenciés afin de le transmettre au licencié.

Le donneur de licence ne peut toutefois encourir une responsabilité quelconque à ce sujet.

(33) Le licencié peut, pendant la durée du contrat, transmettre le Know-how acquis par le donneur de licence qui se rapporte à la technique du produit de contrat et est d'application générale à ses sous-licenciés et à ceux qui recevront une licence particulière de fabrication d'un produit déterminé et pour la durée des contrats conclus avec eux et pour une utilisation gratuite.

(34) Chaque partie au contrat peut communiquer le Know-how qu'elle a acquis et celui qu'elle a reçu de l'autre à ses fournisseurs pour autant que ceux-ci en ont besoin pour l'exécution de leurs commandes.

(35) Les parties au contrat obligeront leurs licenciés ainsi que les sous-licenciés et ceux qui auront reçu une licence particulière de fabrication d'un produit déterminé et leurs fournisseurs à l'utilisation confidentielle du Know-how.

(36) Le donneur de licence a le droit (au cadre de la clause 4) de conclure un autre contrat de licence avec un tiers et de le faire profiter ainsi que du Know-how acquis de cette manière.

XIII. Droits de propriété du licencié

(37) Tous les droits de propriété industrielle et demandes de brevets que le licencié ou ses sous-licenciés et ceux qui recevront une licence particulière de fabrication d'un produit determiné acquerront dans le champ d'application du contrat [clause (2)], appartiendront définitivement au licencié, à ses sous-licenciés ou à ceux qui auront reçu une licence particulière de fabrication.

(38) Tous les droits de propriété industrielle et demandes de brevets concernant le champ d'application du contrat [clause (2)] qui seront acquis par le licencié, ses sous-licenciés et ceux qui recevront une licence particulière de fabrication d'un produit determiné, avant ou pendant la durée du contrat de licence, font dès maintenant l'objet d'une licence simple et gratuite par le licencié au donneur de licence dans tous les domaines d'application possibles. Cette licence est indépendante de la durée de ce contrat et elle est donnée pour la periode restant à courir des droits de propriété industrielle du licencié. Après l'expiration du contrat, le donneur de licence paiera pour cette licence une redevance.

(39) La licence attribuée au donneur de licence d'après la clause précédente comprend le droit pour le donneur de licence, pendant la durée du contrat, de donner à titre gratuit des sous-licences concernant l'exploitation des droits de propriété industrielle ci-dessus, pour autant que ceux-ci aient été déposés dans les trois ans du commencement de la fabrication en série du produit de contrat considéré, aux licenciés de l'interieur et de l'étranger du donneur de licence pour la durée de la validité de chacun de ces droits de propriété afin que les autres licenciés accordent une pareille licence de leurs droits de propriété au donneur de licence pour que ceux-ci en donnent sous-licence à titre gratuit au licencié. Les droits de propriété et demandes de droits de propriété du licencié ne sont mis à la disposition d'un autre licencié du donneur de licence que dans la mesure où cet autre licencié a lui-même donné une autorisation de licence au profit du licencié de ses propres droits de propriété industrielle. L'application de cette règle doit être faite dans le même esprit que l'application de la clause (32), alinéa 1, phrase 3.

Le donneur de licence s'engage vis-à-vis du licencié à offrir en sous-licence les droits de propriété du licencié à ses autres licenciés afin d'obtenir des sous-licences des droits de propriété de ces autres licenciés en faveur du licencié.

Le donneur de licence ne peut en aucun cas encourir de responsabilité à ce sujet.

(40) Après expiration du contrat, le donneur de licence ne peut maintenir ou accorder de sous-licences conformément à la clause (39) que contre paiement d'une redevance sur le chiffre d'affaires au profit du licencié.

XIV. Dépôt et abandon des droits de propriété industrielle

(41) Les parties au contrat s'informeront réciproquement – immédiatement, en envoyant un double – de tous les dépôts de droits de propriété industrielle qui seront faits par elles ou par leurs sous-licenciés ou par ceux qui auront reçu une licence particulière de fabrication d'un produit determiné, concernant ou pouvant concerner le champ d'application du contrat [clause (2)]. Elles s'informeront réciproquement de la marche de la procédure du dépôt, sauf si elles en sont empêchées par d'autres obligations contractuelles.

(42) Les parties au contrat se mettent d'accord sur les pays dans lesquels des dépôts doivent être faits et ce, en temps voulu, avant l'expiration du délai de priorité. Chaque partie sera tenue, à la demande de l'autre, de faire des dépôts à l'étranger, des inventions dont

elle est l'auteur, même si elle n'avait pas l'intention de le faire elle-même, sauf l'obligation pour l'autre partie de supporter les frais du dépôt.

(43) Si l'une des parties au contrat ou bien un sous-licencié ou celui qui aura reçu une licence particulière de fabrication d'un produit déterminé veut abandonner un droit de propriété qui se rapporte ou peut se rapporter au champ d'application du contrat, elle devra le faire savoir à l'autre, deux mois avant l'exigibilité des taxes à payer annuellement. Elle devra céder ses droits à l'autre partie, à titre gratuit.

(44) Chaque partie peut librement disposer des droits de propriété qu'elle a acquis en vertu de la clause précédente, mais pas à l'encontre des intérêts de l'autre partie. Elle donnera à l'autre partie une licence à titre gratuit ainsi qu'un droit de rachat si elle participe postérieurement pour moitié aux frais de conservation de ces droits de propriété.

XV. Droits de propriété des tiers

(45) Si l'une des parties acquiert de tiers, autres que des sous-licenciés ou de ceux ayant une licence particulière de fabrication d'un produit déterminé, un droit de propriété se rapportant ou pouvant se rapporter au champ d'application du contrat [clause (2)], elle doit offrir à l'autre la co-jouissance de ce droit aux conditions de ce contrat de licence, contre une participation convenable aux frais d'acquisition, pour autant qu'elle n'en soit pas empêchée légalement.

(46) Le licencié offrira également la jouissance de ce droit de propriété aux autres licenciés du donneur de licence, si ceux-ci prennent un engagement correspondant.

XVI. Rémunération en cas d'inventions de salariés

(47) Les rémunérations à payer à un salarié en raison d'obligations légales sont supportées par celles de parties au contrat titulaire des droits de propriété.

XVII. Clause de non-agression[3]

(48) Aucune des deux parties ne pourra directement ou indirectement demander la nullité des droits de propriété industrielle ou des dépôts de droits donnés en licence et appartenant à l'autre partie. Chacune d'elles s'interdit d'entreprendre des démarches qui pourraient compromettre l'existence de ces droits de propriété, par exemple de faire des dépôts pour se soustraire aux droits de l'autre. La règle est applicable aux sous-licenciés du licencié et à ceux ayant une licence particulière de fabrication d'un produit déterminé, à qui celui-ci doit l'imposer par le contrat qu'il fait avec eux.

Si le présent contrat est dénoncé conformément à la clause (50), cette obligation continue de recevoir application, même après l'expiration du contrat de licence, et ce jusqu'à la fin de la quatrième année après l'expiration du contrat.

XVIII. Durée du contrat et dénonciation

(49) Ce contrat sous réserve des dispositions suivantes court jusqu'à l'extinction du dernier droit de propriété industrielle faisant l'objet de ce contrat selon la clause (1)[4].

(50) Le licencié peut dénoncer ce contrat, en observant un préavis de six mois, pour la première fois au 31 décembre .... Ultérieurement, ce contrat pourra être dénoncé par le licencié à l'expiration de chaque an et avec préavis d'un an.

Anlage 3 *Contrat de licence standard*

Chaque partie peut dénoncer ce contrat sans délai si l'autre se comporte d'une manière telle que la confiance mutuelle qui est la base de ce contrat disparaît. Le donneur de licence peut dénoncer sans délai ce contrat si le licencié est en retard de plus de deux mois pour le paiement des redevances de licence ou s'il lui est impossible même par cas de force majeure de transférer les redevances, de produire des produits de contrat, de les diffuser ou si différentes dispositions de ce contrat venaient à être supprimées officiellement, annulées ou limitées dans leur application. La clause (57) reste cependant applicable.

[Chaque partie peut dénoncer ce contrat sans délai au cas de la clause (48) si l'autre demande la nullité des droits de propriété ou des dépôts de droits donnés en licence][5].

XIX. Obligations des parties à l'expiration du contrat

(51) Après l'expiration de ce contrat, le licencié devra restituer immédiatement tous les projets ainsi que toutes les coupes transmis par le donneur de licence.

(52) Après l'expiration de ce contrat le licencié pourra fabriquer et diffuser des produits de contrat en cours de fabrication. Les redevances sur le chiffre d'affaires se rapportant à ces produits seront calculées et payées conformément aux clauses du contrat.

XX. Dispositions annexes

(53) Le lieu d'exécution est ....

(54) Les notifications à faire en vertu des clauses de ce contrat doivent pour être valables être transmises par lettre recommandée. Il en est ainsi notamment des notifications prévues dans les clauses (5), (7), (41), (42), (43), (50), (55) alinéa 2, (64), (65), (66). C'est la date du cachet de la poste sur le reçu qui fait foi pour prouver l'arrivée chez le destinataire.

(55) Toutes les notifications destinées au donneur de licence doivent être adressées à
....

Toutes les communications destinées au licencié sont faites à ....

Des modifications de ces adresses ne seront valables que si elles sont communiquées conformément aux articles précédents.

(56) Seules les dispositions écrites font partie de ce contrat. Des conventions verbales ne peuvent être faites.

(57) L'invalidité d'une ou de plusieurs dispositions de ce contrat ne porte pas atteinte à la validité des autres.

Chaque partie au contrat peut demander dans ce cas qu'il soit convenu d'une nouvelle disposition valable pour réaliser au mieux le but de la disposition inefficace.

(58) Toutes les dispositions de ce contrat s'appliquent également à tous les ayantscause des parties au contrat.

XXI. Autorisation officielle

(59) Chaque partie au contrat agira de son mieux pour que soient accordées à ce contrat les autorisations officielles qui peuvent être exigées par chacun des droits nationaux.

XXII. Droit applicable

(60) Pour les rapports juridiques des parties au contrat résultant de ce contrat, c'est le droit de la République fédérale d'Allemagne qui s'appliquera.

XXIII. Procédure arbitrale[6]

(61) C'est un tribunal d'arbitrage à l'exclusion des voies de droit ordinaires, qui statue définitivement sur toutes les contestations qui peuvent résulter de ce contrat ou à l'occasion de ce contrat, y compris sur sa validité et sur ses prolongements après expiration. Le tribunal d'arbitrage a son siège à Zürich (Suisse) et statue en application du chapitre 12 de la Loi fédérale suisse du 18 décembre 1987 sur le droit international privé.

(62) Les frais de justice se montent à 5% de la valeur du procès. La partie qui succombe doit se charger des susdits frais. Chaque partie au contrat doit avancer la moitié de ces frais.

(63) Le tribunal d'arbitrage se compose de deux arbitres et d'un sur-arbitre.

(64) La partie faisant appel au tribunal d'arbitrage doit exposer par écrit à l'autre la revendication pour laquelle elle fait appel au tribunal d'arbitrage et lui communiquer en même temps qui elle a choisi comme arbitre.

(65) L'autre partie a un délai de 30 jours après réception de cette communication pour désigner l'autre arbitre. Si elle ne le désigne pas pendant ce délai la partie intéressée peut demander sa désignation par le Président de la Cour d'Appel de Zürich.

(66) Le sur-arbitre est choisi par les arbitres. S'ils ne se mettent pas d'accord dans les 30 jours chacune des parties peut demander la désignation du sur-arbitre au Président de la Cour d'Appel de Zürich.

XXIV. Rédaction ayant force obligatoire et entrée en vigueur

(67) Ce contrat est rédigé et signé en langue allemande [et en langue ....][7].

(68) Pour les droits et obligations des parties au contrat ainsi que pour toutes les questions douteuses et à interpréter, seule la rédaction en langue allemande a force obligatoire[7].

(69) Ce contrat entre en vigueur après sa signature par les parties au contrat et après délivrance par les autorités des autorisations nécessaires jointes au contrat en annexe 5).

Il s'agit des autorisations suivantes:

    1. ....
    2. ....
    3. ....

........................, le ...., le ....
donneur de licence   licencié

Anlage 3 *Contrat de licence standard*

Annexe 3

au contrat de licence ....

Liste des filiales et des sociétés

Les filiales et les sociétés liées au licencié restent tout d'abord exclues et à cause de cela on ne doit pas les citer à part.

Les parties au contrat se réservent de faire entrer dans ce contrat, en temps utile et sous la condition de leur mutuel consentement, les filiales et les sociétés liées au licencié.

Annexe 4

au contrat de licence ....

Pourcentage relatif à l'estimation des produits installés

Quant à «la détermination du prix net», les parties au contrat, jusqu'à nouvelle disposition conforme à une convention séparée, ont pris pour base les prix coûtants plus une augmentation de profit qui se monte à 15%.

Anmerkungen

Anstelle des Begriffs «donneur de licence» (Lizenzgeber), der im vorstehenden Text durchgehend Verwendung gefunden hat, wird verschiedentlich auch der Begriff «concédant» benutzt. Gleiches gilt für den Begriff "Know-how", an dessen Stelle der Ausdruck «savoir-faire» tritt.

1 Bei ausschließlichen Lizenzen ist dieses Wort zu streichen. Diese Lizenz ist gemäß § 30 Abs. 4 PatG 1981 registrierungsfähig.
2 Das Vertriebsgebiet kann auch gegebenenfalls auf einzelne Länder beschränkt werden.
3 Bei Vertragspartnern mit gewöhnlichem Aufenthalt bzw. Hauptverwaltung innerhalb der EU (mit Ausnahme von innerdeutschen Verträgen) wird die Nichtangriffsklausel unter dem Titel «Demandes de nullité des droits de propriété ou des dépôts de droits» durch folgende Bestimmung ersetzt: »Au cas de la demande directe ou indirecte de la nullité des droits de propriété ou des dépôts de droits donnés en licence la partie concernée est autorisée de dénoncer le présent contrat selon la clause (50) dernière phrase. Chaque partie peut demander l'autorisation officielle de cette clause comformément aux dispositions de la loi en vigueur.»
4 Die Längstlaufklausel ist bei Vertragspartnern mit gewöhnlichem Aufenthalt bzw. Hauptverwaltung innerhalb der EU (mit Ausnahme von innerdeutschen Verträgen) nicht gruppenfreigestellt, es sei denn, dass nach Ablauf der ursprünglichen Laufzeit eine mindestens dreijährliche Kündigungsmöglichkeit vorgesehen ist (Randziffer 50 Abs. 1).
5 Zusatzbestimmung für den Fall, dass innerhalb der EU die Nichtangriffsklausel durch ein Kündigungsrecht ersetzt wird.
6 Die Schiedsklausel muss nach einschlägigen Novellierungen keine selbständige Urkunde darstellen. Schiedsfähigkeit und Auslandsbezug (Art. 176 Abs. 1, 177 Abs. 1 IPRG) sind erforderlich.
7 Nur bei Verträgen, die mit nicht-deutschen Partnern ausnahmsweise in mehreren Sprachen abgefasst und unterzeichnet sind.

Anlage 4

Lizenzvertrag

zwischen **Dr. Ing. Martin Lotz**
Günterstalstraße 35
79102 Freiburg

Lotz Thermo Engineering
– im Folgenden „Dr. Lotz" –

und **GWB-Motor AG**
Habsburger Str. 122–128
64521 Groß-Gerau

– im Folgenden „GWB-Motor" –

Präambel

I. Dr. Lotz ist Alleinverfügungsberechtigter über Erfindungen in Bezug auf

„Geräte zur Aufladung von Verbrennungskraftmaschinen" (Vertragsprodukte).

Für diese Erfindungen hat Dr. Lotz in verschiedenen Ländern Patente und Gebrauchsmuster angemeldet, bzw. erteilt bekommen. GWB-Motor ist der Umfang der Anmeldungen derzeit noch nicht vollständig bekannt.

II. Dr. Lotz verfügt über technische, im Wesentlichen theoretische Kenntnisse und Produktvorschläge in Bezug auf die in Abschnitt I genannten Vertragsprodukte, insbesondere über Bauweise, Systemverhalten, Vergleiche mit anderen Ladesystemen und günstige Einsatzgebiete. Dr. Lotz verfügt ferner über Kenntnisse bezüglich verschiedener Arten des Antriebs, von Ladeverfahren und einer Reihe weiterer Anwendungen von Aufladungsgeräten. Dr. Lotz verfügt über Funktionszeichnungen und Funktionsdiagramme. Erste Prototypen existieren bereits und werden derzeit getestet.

III. Dr. Lotz hat GWB-Motor die Kommerzialisierung der Vertragsprodukte angeboten. Mit Vertrag vom 30. April 1998 haben die Parteien vereinbart, zur Vorbereitung der endgültigen Entscheidung über die Kommerzialisierung der Vertragsprodukte durch GWB-Motor im Rahmen einer Projektstudie die Funktionsfähigkeit der Aufladungsgeräte zu prüfen, deren Funktionsnachweis zu erbringen und günstige Einsatzmöglichkeiten in der Praxis zu untersuchen sowie die jeweiligen Ergebnisse durch Schutzrechtsanmeldungen zu sichern.

GWB-Motor hat Dr. Lotz mit der Durchführung der Projektstudie beauftragt und die Übernahme der hierzu erforderlichen Kosten zugesagt (Auftragsbestätigung vom 8. Juni 1998). Die Projektstudie wird derzeit durchgeführt und soll bis Mitte 2000 abgeschlossen werden.

Bis Ende 1998 hat GWB-Motor für die Durchführung der Projektstudie insgesamt etwa DM 2,8 Mio. an Sach-, Personal- und Reisekosten aufgewendet. Die weiteren Kosten werden auf etwa DM 1,8 Mio. geschätzt. Zusätzlich sind bzw. werden bei GWB-Motor noch etwa DM 0,5 Mio. für Versuche, Gutachten usw. aufzuwenden sein. GWB-Motor hat ferner die Kosten für die Anmeldung von Schutzrechten, die über die sechs bis April 1998 von

Anlage 4 *Lizenzvertrag*

Dr. Lotz in der Bundesrepublik Deutschland angemeldeten Schutzrechte hinausgehen, in Höhe von DM 250000 vorfinanziert (vgl. Vertrag vom 30. April 1998). Die Umrechnung von DM in EUR erfolgt nach Maßgabe der gesetzlichen Vorschriften.

IV. GWB-Motor beabsichtigt, im eigenen Unternehmen oder mittels ihrer im Sinne von § 15ff. AktG verbundenen Unternehmen – im folgenden „Verbundene Unternehmen" – oder mit Hilfe Dritter, die durch einen Unterlizenzvertrag gegenüber GWB-Motor zu binden sind (nachfolgend „Joint-Venture-Partner") die Konstruktion, Weiterentwicklung, Herstellung und den Vertrieb der Vertragsprodukte zu übernehmen, vorausgesetzt, dass die laufenden Projektstudien die gewünschten Ergebnisse zeitigen, und dass ausreichendes Interesse der Automobilindustrie an dem Serieneinsatz der Vertragsprodukte besteht. Eine endgültige Entscheidung hierüber wird GWB-Motor unverzüglich nach Abschluss und Vorlage der Projektstudie treffen.

Davon ausgehend vereinbaren die Parteien Folgendes:

1. Vertragsschutzrechte, Vertrags-Know-how

1.1 „Vertragsschutzrechte" sind
a) alle bis zum In-Kraft-Treten dieses Vertrages (Ziffer 11.1) für die Vertragsprodukte von Dr. Lotz durchgeführten Patentanmeldungen und Gebrauchsmusteranmeldungen und die darauf erteilten und noch zu erteilenden Patente und Gebrauchsmuster sowie
b) alle weiteren Schutzrechte einschließlich Zusatzpatente, Verfahrenspatente usw., die Dr. Lotz während der Laufzeit dieses Vertrages für die Vertragsprodukte zur Sicherstellung eines umfassenden Patentschutzes noch anmelden wird.

1.2 „Vertrags-Know-how" ist das gesamte bei Dr. Lotz auf dem Arbeitsgebiet der Vertragsprodukte
a) bei In-Kraft-Treten dieses Vertrages (Ziffer 11.1) vorhandene und
b) während der Laufzeit dieses Vertrages von diesem entwickelte technische Wissen,

insbesondere Kenntnisse und Unterlagen über Konstruktion, Materialbeschaffenheit, Fertigung, Fertigungsverfahren, Anwendungstechnik, Testergebnisse, Erfahrungsberichte, Gutachten, Veränderungen, Verbesserungen, Marktdaten usw.

2. Lizenzierung, Herstellung

2.1 Dr. Lotz erteilt GWB-Motor das Recht zur ausschließlichen weltweiten Benutzung
a) der Vertragsschutzrechte (Ziffer 1.1),
b) des Vertrags-Know-how (Ziffer 1.2)

zur Herstellung, zum Gebrauch, zur Montage und zum Einbau sowie zum Anbieten und Vertrieb der Vertragsprodukte, nicht jedoch soweit es sich um „Abgeleitete Produkte" (Ziffer 4.1) handelt.

Die Benutzung umfasst auch das Recht zur Vergabe von Unterlizenzen an Dritte und an Joint-Venture-Partner.

Soweit sich nicht aus diesem Vertrag oder einer gesonderten schriftlichen Absprache ausdrücklich etwas anderes ergibt, wird Dr. Lotz für die Laufzeit dieses Vertrages die Vertragsprodukte nicht selbst herstellen oder herstellen lassen.

2.2 Für den Fall, dass GWB-Motor oder ein mit ihr Verbundenes Unternehmen an der Herstellung oder dem Vertrieb der Vertragsprodukte einer bestimmten Größe oder Type oder für bestimmte Anwendungsfälle nicht interessiert ist (z. B. wegen geringer Stückzahl, mangelnder Kapazität oder weil sie bei GWB-Motor nicht wirtschaftlich hergestellt werden können), wird GWB-Motor dies Dr. Lotz unverzüglich mitteilen. Dr. Lotz hat dann das Recht, diese Produkte in dem mit GWB-Motor jeweils zu vereinbarenden Umfang und zeitlichen Rahmen selbst herzustellen oder durch Dritte herstellen zu lassen und zu vertreiben. Dies gilt auch in Bezug auf evtl. von GWB-Motor mit der Herstellung beauftragte oder unterlizenzierte dritte Unternehmen.

In der Anfangsphase (etwa für drei Jahre ab Serienfertigung der Vertragsprodukte bei GWB-Motor oder einem mit GWB-Motor Verbundenen Unternehmen oder einem Joint-Venture-Partner) wird Dr. Lotz diese Produkte jedoch nicht von einem Kfz-Hersteller oder Kfz-Zulieferer herstellen lassen.

3. Persönliche Beratung, gegenseitige Information

3.1 Dr. Lotz stellt GWB-Motor und deren Verbundene Unternehmen seine eigene Beratungsleistung oder die eines kompetenten Mitarbeiters in dem Umfang zur Verfügung, wie dies zur Verwertung und Anwendung der Vertragsschutzrechte und des Vertrags-Know-how von GWB-Motor gewünscht und seitens Dr. Lotz sachlich und zeitlich möglich ist.

3.2 Auf Wunsch von GWB-Motor wird Dr. Lotz auch für Beratung gegenüber Kunden zur Verfügung stehen, soweit dies im Hinblick auf seine übrigen Verpflichtungen zeitlich möglich ist.

3.3 GWB-Motor wird gestattet, technisches und kaufmännisches Personal an Dr. Lotz zu entsenden, um an Ort und Stelle durch Besichtigung und Gespräche sich mit den Vertragsprodukten, ihrer Funktionsweise, ihrer Anwendung, dem Vertrags-Know-how usw. vertraut zu machen. Dr. Lotz wird dafür sorgen, dass dem Personal von GWB-Motor nicht vorenthalten wird, was für GWB-Motor technisch und kaufmännisch von Bedeutung sein könnte.

3.4 GWB-Motor stellt Dr. Lotz das bei GWB-Motor, ihren Verbundenen Unternehmen und Joint-Venture-Partnern auf dem Arbeitsgebiet der Vertragsprodukte vorhandene Know-how zur Verfügung, wenn und soweit dies von Dr. Lotz zur weiteren Forschung und Entwicklung auf dem Arbeitsgebiet der Vertragsprodukte gewünscht wird. Die Modalitäten werden zwischen den Parteien jeweils abgesprochen.

4. Weiterentwicklung der Vertragsprodukte

4.1 Dr. Lotz wird GWB-Motor über sämtliche bei ihm anfallende Erkenntnisse bei der Forschung und Entwicklung in Bezug auf solche Entwicklungen informieren, die aus den Vertragsprodukten oder der diesen zugrunde liegenden Konzeption abgeleitet werden, und zwar bezogen sowohl auf die Auflagung von Verbrennungskraftmaschinen, als auch auf sonstige Fälle der Verwendung des Prinzips der Aufladungsgeräte (nachfolgend „Abgeleitete Produkte").

4.2 Sofern GWB-Motor hinsichtlich solcher Abgeleiteter Produkte ebenfalls Interesse hat, diese im eigenen Unternehmen oder bei ihren Verbundenen Unternehmen oder Joint-Venture-Partnern herzustellen und/oder zu vertreiben, wird GWB-Motor dies Dr. Lotz mitteilen. Dr. Lotz wird für diese Produkte, bevor er hierüber mit Dritten verhandelt, GWB-Motor eine Lizenz in gleichem Umfang wie für die Vertragsprodukte anbieten. Über die entsprechenden Lizenzgebühren werden die Parteien sich im Einzelfall einigen und über die Benutzung von Schutzrechten und Know-how für diese Produkte sowie über die zu zahlenden Lizenzgebühren eine gesonderte Vereinbarung treffen.

Anlage 4 *Lizenzvertrag*

Wenn GWB-Motor innerhalb von zwei Monaten nach Erhalt eines entsprechenden Angebotes seitens Dr. Lotz nicht erklärt, an Herstellung und/oder Vertrieb der Abgeleiteten Produkte ein Interesse zu haben, ist Dr. Lotz berechtigt, deren Kommerzialisierung Dritten anzubieten oder selbst durchzuführen. Das Gleiche gilt, wenn GWB-Motor ihr Interesse zwar erklärt, aber von dem Angebot seitens Dr. Lotz über den wesentlichen Inhalt des abzuschließenden Lizenzvertrages (Umfang der Lizenz, Vergütung) abweichen möchte und innerhalb von vier Monaten nach Erhalt des Angebotes seitens Dr. Lotz eine Einigung hierüber nicht erzielt worden ist.

4.3 GWB-Motor wird selbst den Wirtschaftlichkeitsnachweis in Bezug auf die Vertragsprodukte untersuchen, Weiterentwicklungen betreiben, Verfahren für die Herstellung in Serie zu entwickeln und Marketing betreiben. GWB-Motor wird ferner, in Abstimmung mit Dr. Lotz, die Fertigung von Prototypen übernehmen.

5. Gewährleistung

5.1 Dr. Lotz übernimmt keine Haftung für die Schutzfähigkeit oder industrielle Verwertbarkeit der Vertragsprodukte und die Neuheit des Know-how sowie dafür, dass die Vertragsprodukte keine Schutzrechte Dritter verletzen.

Insbesondere übernimmt Dr. Lotz keine Haftung für die Funktionsfähigkeit, Leistungsfähigkeit, Herstellbarkeit in Serie, für die Absetzbarkeit und Marktgängigkeit der Vertragsprodukte sowie dafür, dass keine vergleichbaren Konkurrenzprodukte vorhanden sind.

5.2 GWB-Motor wird nach besten Kräften die Herstellbarkeit und Herstellung in Serie und die Marktdurchsetzung der Vertragsprodukte betreiben, haftet jedoch nicht für den technischen und marktmäßigen Erfolg.

5.3 Keine Partei übernimmt gegenüber der anderen eine Haftung dafür, dass die Vertragsprodukte von Behörden, Untersuchungsämtern, Technischen Überwachungsvereinen und ähnlichen Institutionen genehmigt werden. Beide Parteien werden sich jedoch bemühen, ggf. erforderliche Genehmigungen zu erhalten.

5.4 Sollte Dr. Lotz von einem Dritten wegen einer von GWB-Motor, einem ihrer Verbundenen Unternehmen, Unterlizenznehmer oder Joint-Venture-Partner dem Dritten gegenüber begangenen Schutzrechtsverletzung oder wegen Inverkehrbringens eines fehlerhaften Vertragsproduktes in Anspruch genommen werden, wird GWB-Motor Dr. Lotz von allen Ansprüchen freistellen.

6. Kosten für die Anmeldung und Aufrechterhaltung von Vertragsschutzrechten

6.1 Die Kosten für Anmeldung und Aufrechterhaltung von Vertragsschutzrechten, die bis zum In-Kraft-Treten dieses Vertrages angemeldet wurden bzw. werden, übernimmt GWB-Motor. Die Kosten im Zusammenhang mit den vor Ende April 1998 angemeldeten Schutzrechten wird Dr. Lotz nach In-Kraft-Treten dieses Vertrages zusammenstellen. GWB-Motor wird die Kosten unverzüglich überprüfen und Dr. Lotz erstatten, soweit diese nicht durch die nach dem Vertrag vom 30. April 1998 bereits gezahlte Pauschale in Höhe von DM 250 000 abgedeckt sind.

Besteht seitens GWB-Motor an der Aufrechterhaltung eines unter diese Ziffer fallenden Vertragsschutzrechtes kein Interesse mehr, kann Dr. Lotz die Aufrechterhaltungskosten selbst übernehmen. Die hiervon betroffenen Vertragsschutzrechte fallen sodann nicht mehr unter diesen Vertrag.

6.2 Will Dr. Lotz weitere Schutzrechte anmelden, übernimmt GWB-Motor die Kosten für die Anmeldung und Aufrechterhaltung, soweit GWB-Motor vorher ihr Interesse gegenüber Dr. Lotz schriftlich bestätigt hat. Soweit dies nicht der Fall ist, kann Dr. Lotz Schutzrechte auf eigene Kosten anmelden bzw. die Aufrechterhaltungskosten für bereits angemeldete Schutzrechte selbst übernehmen. Die hiervon betroffenen Schutzrechtsanmeldungen und Schutzrechte fallen sodann nicht bzw. nicht mehr unter diesen Vertrag.

6.3 Über die Kosten für Neuanmeldungen von Schutzrechten, die nicht die Vertragsprodukte selbst, sondern Abgeleitete Produkte betreffen (Ziffer 4.1), werden die Parteien im Rahmen der Verhandlungen gemäß Ziffer 4.2 eine gesonderte Vereinbarung treffen.

6.4 Für die Durchführung der Anmeldung und Verwaltung von Vertragsschutzrechten steht die Patentabteilung der GWB-Motor Dr. Lotz unentgeltlich zur Verfügung, soweit GWB-Motor gemäß Ziffer 6.1 oder 6.2 die entsprechenden Kosten übernimmt.

6.5 Es besteht Einigkeit darüber, dass – soweit sich aus diesem Vertrag nicht ausdrücklich etwas anderes ergibt – GWB-Motor keinen Anspruch auf Rückforderung gegen Dr. Lotz wegen der von GWB-Motor für die Anmeldung und Aufrechterhaltung von Vertragsschutzrechten aufgebrachten und noch aufzubringenden Kosten hat. Dies gilt nicht, soweit ein nach dem Gesetz zum Schadensersatz verpflichtendes schuldhaftes Verhalten von Dr. Lotz oder seinen Mitarbeitern vorliegt.

7. Verwaltung und Verteidigung von Vertragsschutzrechten

7.1 Dr. Lotz wird bei der Anmeldung von weiteren Vertragsschutzrechten und bei der Festlegung der Länder, in denen angemeldet werden soll, sowie bei Verzicht oder Fallenlassen von Vertragsschutzrechten, z. B. durch Nichtzahlung der Verlängerungsgebühren, die vorherige Zustimmung von GWB-Motor einholen, sofern hierdurch Rechte aus diesem Vertrag berührt werden.

7.2 Wenn GWB-Motor die Verletzung eines Vertragsschutzrechtes durch Dritte nicht selbst verfolgen will, wird sie dies Dr. Lotz unverzüglich mitteilen. Dr. Lotz kann die Verfolgung der Verletzungshandlungen auf eigene Kosten selbst betreiben.

Soweit GWB-Motor und/oder Dr. Lotz im Rahmen der Verfolgung von Verletzungshandlungen durch Dritte Schadenersatz erhalten, wird dieser zwischen GWB-Motor und Dr. Lotz entsprechend der Beteiligung an den Kosten der Rechtsverfolgung aufgeteilt.

7.3 Wird GWB-Motor wegen Herstellung, Gebrauch oder Vertrieb der Vertragsprodukte von einem Dritten auf Unterlassung oder Schadenersatz in Anspruch genommen, so wird sie Dr. Lotz hierüber unverzüglich informieren. Dr. Lotz wird GWB-Motor, wenn sie sich gegen die geltend gemachten Ansprüche verteidigen will, nach besten Kräften unterstützen.

7.4 Werden die Vertragsschutzrechte von Dritten angegriffen, so werden die Parteien gemeinsam erörtern, ob eine Verteidigung Aussicht auf Erfolg haben würde. Die Kosten trägt GWB-Motor, vorausgesetzt, dass sie sich zur Verteidigung entschlossen bzw. mit der Verteidigung durch Dr. Lotz zuvor einverstanden erklärt hat.

7.5 Die Parteien verpflichten sich zum gegenseitigen Nichtangriff von Vertragsschutzrechten.

Anlage 4 *Lizenzvertrag*

8. Entschädigung, Lizenzgebühren

8.1 Wenn GWB-Motor nach Abschluss der Projektstudie die Durchführung der Kommerzialisierung der Vertragsprodukte beschließt, erhält Dr. Lotz als Beitrag zu den Kosten, die Dr. Lotz in der Zeit vor Beginn der Projektstudie für die Konstruktion und Entwicklung im Zusammenhang mit den Vertragsprodukten aufgewendet hat, von GWB-Motor einen Betrag (nachfolgend „Entschädigungsbetrag"), in Höhe von DM 1,6 Mio. (eine Million Sechshunderttausend). Die Umrechnung von DM in EUR erfolgt nach Maßgabe der gesetzlichen Vorschriften.

Der Entschädigungsbetrag ist in drei Raten zur Zahlung fällig, die erste Rate mit 25 % innerhalb eines Monats nach In-Kraft-Treten dieses Vertrages, die zweite Rate mit 25 % innerhalb eines Monats nach Mitteilung der Kommerzialisierung und die dritte Rate mit 50 % innerhalb eines Monats nach Beginn der Serienfertigung der Vertragsprodukte bei GWB-Motor, einem ihrer Verbundenen Unternehmen, Unterlizenznehmer oder Joint-Venture-Partner.

Sollte es nicht zur Kommerzialisierung kommen, besteht nur Anspruch auf die erste Rate; sollte es nicht zur Serienfertigung kommen, besteht nur Anspruch auf die ersten beiden Raten (vgl. jedoch Ziffer 12.4 Absatz 2).

GWB-Motor wird Dr. Lotz unverzüglich informieren, wenn GWB-Motor die Durchführung der Kommerzialisierung beschließt und wann die Serienfertigung beginnt.

8.2 Ferner zahlt GWB-Motor an Dr. Lotz eine Umsatzlizenzgebühr auf die Nettoverkaufspreise (Ziffer 8.4), welche GWB-Motor oder ein von ihr mit der Herstellung der Vertragsprodukte beauftragtes oder lizenziertes Unternehmen bzw. ein Joint-Venture-Partner aus dem Vertrieb oder dem sonstigen Gebrauch der in Ausübung der Lizenz hergestellten Vertragsprodukte erzielt. Bei in Aggregaten eingebauten Vertragsprodukten (z. B. bei Vergabe von Unterlizenzen für den Eigenbau) gelten als Berechnungsgrundlage für die Umsatzlizenzgebühr die durchschnittlichen Nettoverkaufspreise nach Satz 1 für Vertragsprodukte gleicher oder ähnlicher Ausführung und Größe.

8.3 Im einzelnen sind folgende Umsatzlizenzgebühren zu zahlen:
1. Als Vergütung für die Benutzung der Vertragsschutzrechte 4,0 %
2. Als Vergütung für die Benutzung des Vertrags-Know-how
   a) ab Beginn der Serienfertigung für die ersten fünf Jahre (wobei das Kalenderjahr, in das der Beginn der Serienfertigung fällt, nicht mitgerechnet wird) 2,5 %
   b) für die nächsten fünf Jahre 2,0 %
   c) für die Zeit danach 1,5 %
3. Zusätzlich zur Vergütung ist die gesetzliche Umsatzsteuer zu zahlen.

8.4 Nettoverkaufspreise im Sinne obiger Ziffer 8.2 sind die effektiven Preise, die GWB-Motor, ihre Verbundenen Unternehmen, Lizenznehmer oder Joint-Venture-Partner ihren Abnehmern in Rechnung stellen, und zwar ab Werk, ohne Verpackung, Versicherung, Steuer, Zölle und sonstige gesondert in Rechnung gestellte Nebenkosten.

8.5 Die Abrechnung der Umsatzlizenzgebühren erfolgt pro Kalenderjahr. In die Abrechnung werden die Vertragsprodukte einbezogen, die das Werk bis zum 31. Dezember des vorangegangenen Jahres verlassen haben. Die Zahlungen an Dr. Lotz sind bis zum 31. März eines jeden Jahres für das vorangegangene Jahr fällig. Mit der Zahlung ist eine vollständige Abrechnung vorzulegen.

Im Falle der Berechnung der Nettoverkaufspreise in anderer Währung als DM beziehungsweise EUR erfolgt die Umrechnung in DM beziehungsweise EUR nach Maßgabe des mittleren Devisenkurses der Börse Frankfurt/Main für den jeweiligen Fakturenmonat.

Im Falle von Unterlizenzen erfolgt die Abrechnung ebenfalls pro Kalenderjahr, soweit GWB-Motor nicht mit dem Unterlizenznehmer eine kürzere Abrechnungsperiode vereinbart hat. Die Zahlungen an Dr. Lotz sind innerhalb von 30 Tagen nach Eingang der entsprechenden Zahlungen des Unterlizenznehmers bei GWB-Motor, spätestens jedoch zum 30. April eines jeden Jahres für das vorangegangene Jahr, zu leisten. Zu diesem Zeitpunkt ist auch die Abrechnung in Bezug auf den Unterlizenznehmer vorzulegen.

Bei in Aggregaten eingebauten Vertragsprodukten wird Absatz 1 dieser Ziffer 8.5 entsprechend angewendet.

8.6 Die Umsatzlizenzgebühren werden in Höhe von jeweils 50 % für die nach Ziffer 5.2.1 des Vertrages vom 30. April 1998 (Kapital des bedingt zurückzahlbaren Darlehens zuzüglich Zinsen) vereinbarte Verrechnung solange verwendet, bis zunächst die fälligen Zinsen bezahlt sind und sodann das Darlehen getilgt ist.

8.7 Es besteht Einigkeit darüber, dass – soweit sich aus diesem Vertrag nicht ausdrücklich etwas anderes ergibt – GWB-Motor keinen Anspruch auf Rückforderung gegen Dr. Lotz wegen der von GWB-Motor für die Projektstudie aufgebrachten und noch aufzubringenden Kosten hat. Dies gilt nicht, soweit ein nach dem Gesetz zum Schadenersatz verpflichtendes schuldhaftes Verhalten von Dr. Lotz oder seinen Mitarbeitern vorliegt.

9. Voraussetzungen für die Zahlung der Lizenzgebühr

9.1 Voraussetzung für die Zahlung der Lizenzgebühr als Vergütung für die Benutzung der Vertragsschutzrechte nach Ziffer 8.3, Nr. 1 ist, dass in jedem der europäischen Volumenländer (Schweden, Großbritannien und Nordirland, Bundesrepublik Deutschland, Frankreich, Spanien, Italien) zumindestens ein Vertragsschutzrecht, das für die Herstellung der Vertragsprodukte erforderlich ist, erteilt worden ist und aufrechterhalten bleibt.

Ist dies nicht der Fall, wird der in Ziffer 8.3, Nr. 1, genannte Prozentsatz angemessen reduziert. Die Parteien werden sich zu gegebener Zeit entsprechend einigen. Dabei werden sie insbesondere
- die Möglichkeit der Ausschließung Dritter vom Wettbewerb bezüglich der Vertragsprodukte
- den wirtschaftlichen Wert der übrigen erteilten und aufrechterhaltenen Vertragsschutzrechte und deren Benutzung für Herstellung und/oder Vertrieb sowie
- die Bedeutung der erfinderischen Beiträge von Dr. Lotz einerseits und von GWB-Motor andererseits, die im Rahmen der Projektstudie und auch für die Zeit danach zur Anmeldung und Erteilung von Vertragsschutzrechten geführt haben,

berücksichtigen. Können die Parteien sich nicht innerhalb angemessener Frist über die Höhe der Reduzierung einigen, gilt die Hälfte des in Ziffer 8.3, Nr. 1, genannten Prozentsatzes als vereinbart.

Wenn GWB-Motor, ein mit ihr Verbundenes Unternehmen, Unterlizenznehmer oder Joint-Venture-Partner Vertragsschutzrechte nur gegen Zahlung einer Lizenzgebühr an einen Dritten nutzen kann oder bei der Nutzung von Vertragsschutzrechten Schutzrechte Dritter verletzt und deshalb auf Schadenersatz in Anspruch genommen wird, gilt der vorstehende Absatz entsprechend.

Anlage 4 *Lizenzvertrag*

Soweit und solange jedoch von GWB-Motor, einem ihrer Verbundenen Unternehmen, Unterlizenznehmer oder Joint-Venture-Partner oder von einem ihrer Kunden im Vertrieb überhaupt keine Vertragsschutzrechte benutzt werden, entfällt die Zahlung von Lizenzgebühren nach Ziffer 8.3, Nr. 1, ganz.

9.2 Voraussetzung für die Zahlung der Lizenzgebühr als Vergütung für die Benutzung des Vertrags-Know-how nach Ziffer 8.3, Nr. 2, ist, dass das Vertrags-Know-how bei GWB-Motor, ihren Verbundenen Unternehmen, Unterlizenznehmern oder Joint-Venture-Partnern in der Konstruktion, Entwicklung und/oder Produktion der Vertragsprodukte tatsächlich benutzt wird oder benutzt werden kann. Es wird vermutet, dass dies der Fall ist.

9.2.1 Wird das Vertrags-Know-how im obigen Sinne tatsächlich benutzt, gilt Folgendes:

Soweit dieses Vertrags-Know-how während der Laufzeit dieses Vertrages in erheblich geringerem Umfang benutzt wird als zu Beginn der Serienfertigung, werden die in Ziffer 8.3, Nr. 2, genannten Prozentsätze angemessen reduziert. Die Parteien werden sich zu gegebener Zeit entsprechend einigen. Dabei werden sie insbesondere

- den wirtschaftlichen Wert des jeweils tatsächlich benutzten Vertrags-Know-how (es gilt als um so wertvoller, je weniger es Dritten zugänglich ist, d. h. je weniger es offenkundig ist) und
- die Bedeutung der im Rahmen der Projektstudie und auch für die Zeit danach von Dr. Lotz einerseits und von GWB-Motor andererseits zum wirtschaftlichen Wert des Vertrags-Know-how geleisteten Beiträge

berücksichtigen. Können die Parteien sich nicht innerhalb angemessener Frist über die Höhe der Reduzierung einigen, gelten jeweils drei Viertel der in Ziffer 8.3, Nr. 2, genannten Prozentsätze als vereinbart.

9.2.2 Wird das Vertrags-Know-how bei Beginn der Serienherstellung und danach in obigem Sinne nicht benutzt, obwohl es benutzt werden kann, gilt Folgendes:

Dr. Lotz erhält (für die exklusive Übermittlung des Vertrags-Know-how an GWB-Motor und die Möglichkeit der Nutzung durch GWB-Motor) für die Dauer von zehn Jahren ab Serienfertigung (jedoch nicht über die Laufzeit dieses Vertrages hinaus) die Hälfte des in Ziffer 8.3, Nr. 2a, genannten Prozentsatzes. Das Kalenderjahr, in das der Beginn der Serienfertigung fällt, wird nicht mitgerechnet.

9.2.3 Sollte das gesamte Vertrags-Know-how offenkundig werden, ohne dass dies auf einem Verschulden von GWB-Motor, einem ihrer Verbundenen Unternehmen, Unterlizenznehmer oder Joint-Venture-Partner beruht, entfällt die Zahlung von Lizenzgebühren nach Ziffer 8.3, Nr. 2, nach Ablauf des in Ziffer 9.2.2 genannten Zeitraumes ganz. Hinsichtlich der Frage der Offenkundigkeit trägt GWB-Motor die Beweislast.

9.3 Sollte durch die in Ziffer 8.3, Nr. 1 und 2, festgelegten Gebührensätze die Wettbewerbsfähigkeit der Vertragsprodukte so stark beeinträchtigt werden, dass deren Absatz gefährdet ist, werden die in Ziffer 8.3, Nr. 1 und 2, genannten Prozentsätze angemessen reduziert. Die Parteien werden sich zu gegebener Zeit über eine solche Reduzierung entsprechend einigen. Sollte eine Einigung über die Höhe der Reduzierung innerhalb einer angemessenen Frist nicht erzielt werden, gilt die Hälfte der in Ziffer 8.3, Nr. 1 und 2, genannten Prozentsätze als vereinbart.

10. Geheimhaltung

10.1 Die Parteien verpflichten sich zur Geheimhaltung aller vor und während der Laufzeit dieses Vertrages ausgetauschten Informationen technischer, kaufmännischer und finanzieller Art, insbesondere verwertbarer Kenntnisse über Grundlagen, Bauweise, Arbeitsweise, Herstellung, Neuentwicklung, Verbesserungen und sonstiger Details betreffend das Vertragsprodukt und der daraus abgeleiteten weiteren Entwicklungen, auch wenn diese nicht ausdrücklich als geheim oder vertraulich bezeichnet worden sind.

GWB-Motor wird ihre Verbundenen Unternehmen, Unterlizenznehmer, Joint-Venture-Partner sowie Kunden und Lieferanten entsprechend verpflichten.

10.2 Beide Parteien verpflichten sich, dieselbe Geheimhaltungsverpflichtung auch ihren sämtlichen Betriebsangehörigen sowie den Betriebsangehörigen ihrer Verbundenen Unternehmen, Unterlizenznehmer und Joint-Venture-Partner sowie Mitarbeitern und Beratern aufzuerlegen, die aufgrund ihrer Tätigkeit Zugang zu solchen Informationen haben.

10.3 Die Geheimhaltungsverpflichtung gilt nicht, soweit Informationen nach gegenseitigem Einvernehmen zwischen den Parteien für die Weitergabe an Dritte bestimmt sind.

10.4 Die Geheimhaltungsverpflichtung besteht über die Laufzeit dieses Vertrages hinaus fort.

10.5 Das Recht, Schadensersatz bei schuldhafter Verletzung der vorstehenden Bestimmungen zu verlangen, bleibt unberührt.

11. Vertragslaufzeit, Kündigung, Umwandlung in nicht-ausschließliche Lizenz

11.1 Dieser Vertrag tritt nach Unterzeichnung durch beide Parteien in Kraft. Er gilt für die Dauer von fünfzehn Jahren ab In-Kraft-Treten.

Sollte nach Ablauf dieser Zeit noch mindestens ein Vertragsschutzrecht bestehen (d. h. angemeldet oder erteilt und nicht für nichtig erklärt worden sein), gilt dieser Vertrag bis zum Auslaufen des längstlebenden Vertragsschutzrechtes.

Sollte nach Ablauf der fünfzehn Jahre bzw. nach Auslaufen des längstlebenden Vertragsschutzrechtes noch nicht offenkundiges Vertrags-Know-how bei GWB-Motor, ihren Verbundenen Unternehmen, Unterlizenznehmern und/oder Joint-Venture-Partnern in der Konstruktion, Entwicklung und/oder Produktion benutzt werden, gilt der Vertrag als reiner Know-how-Vertrag fort. Der Vertrag endet dann, wenn das gesamte Vertrags-Know-how offenkundig wird, mit Eintritt dieses Ereignisses, ohne dass es einer Kündigung bedarf. Die Vergütung für die Benutzung des Vertrags-Know-how richtet sich nach Ziffer 8.3, Nr. 2, in Verbindung mit Ziffer 9.2.

11.2 Das Recht zur außerordentlichen Kündigung aus wichtigem Grund bleibt unberührt. Ein wichtiger Grund liegt z. B. dann vor, wenn eine Partei wesentliche Pflichten aus diesem Vertrag nachhaltig schuldhaft verletzt.

11.3 Kündigungen erfolgen per eingeschriebenem Brief.

11.4 Wenn Dr. Lotz nachweist, dass GWB-Motor Herstellung und Vertrieb der Vertragsprodukte unterlässt oder verhindert oder keine Unterlizenzen erteilt, obwohl die Herstellung technisch möglich und die Vermarktung oder Unterlizenzierung auch wirtschaftlich sinnvoll wäre, kann Dr. Lotz schriftlich erklären, dass die Rechte von GWB-Motor nach Ziffer 2.1 von einem von Dr. Lotz anzugebenden angemessenen Zeitpunkt ab als nicht-ausschließliche Rechte, ohne das Recht zur Vergabe von Unterlizenzen an Dritte oder Joint-

Anlage 4 *Lizenzvertrag*

Venture-Partner, weiter gelten. Dr. Lotz ist in diesem Fall berechtigt, selbst nicht-ausschließliche Lizenzen zu vergeben.

11.5 Wenn Dr. Lotz nachweist, dass GWB-Motor Herstellung und Vertrieb nicht in dem Umfang betreibt, wie dies bei objektiver Beurteilung des Marktes und unter Berücksichtigung angemessener Ertragsaussichten sowie der berechtigten Interessen für GWB-Motor wirtschaftlich sinnvoll wäre, kann Dr. Lotz schriftlich erklären, dass die Rechte von GWB-Motor nach Ziffer 2.1 von einem von Dr. Lotz anzugebenden angemessenen Zeitpunkt ab als nicht-ausschließliche Rechte, jedoch mit dem Recht zur Vergabe von Unterlizenzen, weiter gelten. Dr. Lotz ist in diesem Fall berechtigt, selbst nicht-ausschließliche Lizenzen zu vergeben.

11.6 Die Geltendmachung von Schadensersatzansprüchen durch den kündigenden Vertragspartner bleibt unberührt, es sei denn, dass die Geltendmachung in bestimmten Fällen nach diesem Vertrag ausdrücklich ausgeschlossen ist.

12. Regelungen für den Fall, dass GWB-Motor nicht kommerzialisiert bzw. in Serie fertigt

Wenn GWB-Motor beschließt, die Kommerzialisierung der Vertragsprodukte nicht durchzuführen oder wenn GWB-Motor die Durchführung der Kommerzialisierung zwar beschließt, es aber – aus welchem Grund auch immer, z. B. weil Dr. Lotz den Vertrag aus wichtigem Grund gekündigt hat – nicht zur Serienfertigung kommt, gilt Folgendes:

12.1 Die Anwendung der Ziffern 2 bis 9 entfällt.

12.2 Die Entwicklungsergebnisse aus der Projektstudie stehen Dr. Lotz zu.

12.3 Auf Wunsch von Dr. Lotz wird GWB-Motor nicht-ausschließliche Lizenzen zur Benutzung etwaiger Schutzrechte von GWB-Motor auf dem Arbeitsgebiet der Vertragsprodukte an Dr. Lotz selbst oder an von Dr. Lotz zu benennende Unternehmen vergeben (gegen angemessene Vergütung).

Auf Wunsch von Dr. Lotz wird GWB-Motor auch bereit sein, über die Vergabe von ausschließlichen Lizenzen oder die Übertragung von Patenten an bzw. auf Dr. Lotz selbst oder von Dr. Lotz zu benennende Unternehmen zu verhandeln.

12.4 Wenn es Dr. Lotz gelingt, die Vertragsschutzrechte oder das Vertrags-Know-how durch Vertrag mit einem oder mehreren Dritten anderweitig zu verwerten, wird Dr. Lotz die Hälfte der ihm von GWB-Motor im Rahmen der Projektstudie gezahlten Beträge – zuzüglich Zinsen in Höhe von jährlich 3,5% über dem jeweils gültigen Diskontsatz der Europäischen Zentralbank (EZB), berechnet ab dem Tag der Zahlungen an Dr. Lotz im Rahmen der Projektstudie – nach Maßgabe der Ziffer 12.5 zurückerstatten. Dr. Lotz wird in diesem Fall ferner die Hälfte der an ihn gemäß Ziffer 8.1 gezahlten ersten und zweiten Rate des Entschädigungsbetrages – zuzüglich Zinsen gemäß vorstehendem Satz – nach Maßgabe der Ziffer 12.5 zurückerstatten. Dies gilt nicht, wenn Dr. Lotz nachweist, dass der Dritte die Ergebnisse der Tätigkeit von Dr. Lotz vor Beginn der Projektstudie (Ziffer 8.1) nicht mitübernimmt.

12.5 Dr. Lotz wird aus dem Verwertungserlös (Kaufpreis, Einmalzahlung und/oder Lizenzgebühren usw.) jeweils die Hälfte an GWB-Motor abführen, zur Zahlung fällig innerhalb von 30 Tagen nach dem jeweiligen Eingang des Verwertungserlöses bei Dr. Lotz, bis die sich aus Ziffer 12.4 ergebenden Beträge erreicht sind. Soweit wegen zu geringen Verwertungserlöses die sich aus Ziffer 12.4 ergebenden Beträge nicht innerhalb von zehn Jahren nach In-Kraft-Treten dieses Vertrages erreicht werden, entfällt die Rückerstattungspflicht.

12.6 Kommt es zu keiner anderweitigen Verwertung, braucht Dr. Lotz an GWB-Motor nichts zurückzuerstatten.

13. Schlussbestimmungen

13.1 Dieser Vertrag unterliegt der Schriftform. Änderungen oder Ergänzungen bedürfen zu ihrer Gültigkeit der Schriftform. Dies gilt auch für das Schriftformerfordernis selbst.

13.2 Sollten einzelne Bestimmungen dieses Vertrages unwirksam sein oder werden, so berührt das die Wirksamkeit dieses Vertrages im Übrigen nicht; die Parteien verpflichten sich vielmehr, die unwirksame Regelung durch eine wirksame Regelung zu ersetzen, die dem wirtschaftlichen Zweck dieses Vertrages am nächsten kommt.

13.3 Dieser Vertrag unterliegt dem Recht der Bundesrepublik Deutschland.

13.4 Soweit zwischen den Parteien nicht ausdrücklich etwas anderes vereinbart wird, gilt dieser Vertrag auch für und gegen die gesetzlichen oder vertraglichen Rechtnachfolger einer Partei. Rechtsnachfolge liegt auch vor bei Übertragung von Vertragsschutzrechten, Vertrags-Know-how, sonstigen Aktiven, bei Umwandlung und Eingliederung.

14. Schiedsvereinbarung

Etwaige Streitigkeiten im Zusammenhang mit diesem Vertrag einschließlich seiner Rechtsgültigkeit und seiner Fortwirkung nach Vertragsbeendigung werden unter Ausschluss des ordentlichen Rechtsweges durch ein dreiköpfiges Schiedsgericht nach Maßgabe der in Beilage 1 zu diesem Vertrag beigefügten Schiedsvereinbarung endgültig entschieden.

15. Genehmigung des GWB-Motor-Vorstandes

Bei Unterzeichnung dieses Vertrages lag die für den Vertrag erforderliche Genehmigung des Vorstandes von GWB-Motor noch nicht vor. Der Vertrag tritt daher – in Abweichung von Ziffer 11.1 – erst in Kraft, wenn Dr. Lotz die Nachricht von der Genehmigung seitens des GWB-Motor-Vorstandes zugegangen ist.

Freiburg/Groß-Gerau, den 10. März 1999

Lotz Thermo Engineering   GWB-Motor AG
Dr. Martin Lotz

Anlage 4 *Lizenzvertrag*

**Beilage 1
zum Lizenzvertrag**

Schiedsvereinbarung

zwischen **Dr. Ing. Martin Lotz**
Günterstalstraße 35
79102 Freiburg

Lotz Thermo Engineering

– im Folgenden „Dr. Lotz" –

und **GWB-Motor AG**
Habsburger Str. 122–128
64521 Groß-Gerau

– im Folgenden „GWB-Motor" –

Präambel

Die Parteien haben am 10. März 1999 einen Lizenzvertrag betreffend die von Dr. Lotz entwickelten Aufladungsgeräte geschlossen. Nach Ziffer 14 dieses Vertrages sollen etwaige Streitigkeiten durch ein Schiedsgericht entschieden werden.

Davon ausgehend wird folgende Schiedsvereinbarung geschlossen:

1. Alle etwaigen Streitigkeiten im Zusammenhang mit dem in der vorstehenden Präambel genannten Vertrag einschließlich seiner Rechtsgültigkeit, Beendigung oder Fortsetzung und seiner Fortwirkung nach Vertragsbeendigung entscheidet unter Ausschluss des ordentlichen Rechtsweges ein Schiedsgericht.

2. Das Schiedsgericht hat seinen Sitz in Frankfurt/Main.

3. Es besteht aus zwei Schiedsrichtern und einem Obmann, der die Befähigung zum Richteramt haben muss.

4. Jede Partei ernennt einen Schiedsrichter.

5. Die das Schiedsgericht anrufende Partei hat der anderen den Anspruch, wegen dessen sie das Schiedsgericht anruft, schriftlich darzulegen und gleichzeitig mitzuteilen, wen sie als Schiedsrichter gewählt hat.

6. Die andere Partei hat binnen 30 Tagen nach Eingang dieser Erklärung den anderen Schiedsrichter zu benennen. Benennt sie ihn innerhalb dieser Frist nicht, so kann die betreibende Partei seine Ernennung durch den Präsidenten des Oberlandesgerichts Frankfurt/Main beantragen.

7. Der Obmann wird von den Schiedsrichtern gewählt. Einigen sie sich nicht binnen 30 Tagen, so kann jede Partei den Präsidenten des Oberlandesgerichts Frankfurt/Main um die Ernennung des Obmanns bitten.

8. Jede Partei unterwirft sich im Voraus dem Schiedsspruch. Dieser ist endgültig.

9. Soweit dieser Vertrag keine Regelung enthält, gelten die Bestimmungen des 10. Buches der ZPO über das schiedsrichterliche Verfahren. Zuständiges Staatsgericht i. S. § 1062 ZPO ist das Oberlandesgericht Frankfurt/Main.

Freiburg/Groß-Gerau, den 10. März 1999

Lotz Thermo Engineering   GWB-Motor AG

Dr. Martin Lotz

Anlage 5

Nachtragsvereinbarung

zum Lizenzvertrag vom ....

zwischen der Firma ....

– im Folgenden *Lizenzgeber* genannt –

– einerseits –

und

....

– im Folgenden *Lizenznehmer* genannt –

– andererseits –

I.

Die Parteien haben vereinbart, die Randziffern (4), (5), (18) und (20) des Lizenzvertrags vom .... wie folgt zu ändern:

1. Randziffer (4) lautet künftig wie folgt:

„(4) Der Lizenzgeber erteilt dem Lizenznehmer das nicht ausschließliche Recht, unter Benutzung der Vertragsschutzrechte und des Know-how:
a) in Japan (Herstellungsgebiet) Otto-Motoren von 30 bis 230 DIN-PS bei 5000 UpM
   (im folgenden „Lizenzmotoren" genannt) als
   Antriebsmotoren für PKW (Herstellungszweck)
   und
   von 30 bis 150 DIN-PS bei 5000 UpM
   (im folgenden „Lizenzmotoren" genannt) als
   Antriebsmotoren für Wasserfahrzeuge (Herstellungszweck) herzustellen; der Lizenzgeber behält sich das Recht vor, auf Wunsch des Lizenznehmers das Herstellungsgebiet zu erweitern.
b) gemäß a) hergestellte Lizenzmotoren, einschließlich Austausch- und Ersatzteile, zwecks Verwendung für Eigenprodukte des Lizenznehmers in allen Ländern der Erde zu benutzen, benutzen zu lassen, zu vertreiben und/oder vertreiben zu lassen."

2. Randziffer (5) lautet künftig wie folgt:

„(5) Ein Optionsrecht für Diesel- und Hybridanwendung entfällt."

3. Randziffer (18) lautet künftig wie folgt:

„(18) Die Umsatzlizenzgebühr beträgt 5% bis zu einem Jahresumsatz von EUR .... einschließlich; sie beträgt 4,5% für den einen Jahresumsatz von EUR .... übersteigenden Teil des Jahresumsatzes. Sie beträgt 4% für den einen Jahresumsatz von EUR .... übersteigenden Teil des Jahresumsatzes. Sie beträgt 3,5% für den Teil des Jahresumsatzes, der über EUR .... liegt. Für die Ermittlung des Jahresumsatzes wird hierbei das Kalenderjahr zugrunde gelegt."

4. Randziffer (20) lautet künftig wie folgt:

„(20) Unabhängig vom Umsatz zahlt der Lizenznehmer ab .... für die Laufzeit dieses Vertrages frei von Steuern, Gebühren und sonstigen Abzügen zuzüglich Umsatzsteuer eine jeweils im Voraus fällige jährliche Mindestumsatzlizenzgebühr.

Diese beträgt:
- im Kalenderjahr.................................... EUR ....
- im Kalenderjahr.................................... EUR ....
- im Kalenderjahr.................................... EUR ....
- und vom .... ab jährlich EUR ...."

II.

Bei In-Kraft-Treten dieser Nachtragsvereinbarung Nr. 1 hat der Lizenznehmer zur Abgeltung der durch Abänderung der Randziffer (4) a) und b) vorgenommenen Vertragserweiterung einen Betrag von EUR .... (ohne Abzug von Steuern, Gebühren oder sonstigen Abzügen, jedoch zuzüglich etwaiger Umsatzsteuer) an den Lizenzgeber zu zahlen.

III.

Diese Nachtragsvereinbarung tritt nach Genehmigung der ....
.... Behörden am .... in Kraft.

IV.

Im Übrigen bleibt der Lizenzvertrag vom .... unverändert.

.... , den .... , den ....
Lizenzgeber   Lizenznehmer

Anlage 5

Supplement

to the Licence Agreement, dated ....
between

....

– hereinafter called *Licensor* –

– on the one hand –

and

....

– hereinafter called *Licensee* –

– on the other hand –

1. Item (5) shall read as follows:

"The grant of an option right for Diesel- and Hybrid-application is waived.

In extension of the licence granted under (4) a) above Licensor grants to the licensee the following 2 options, i.e.

a) exercisable by payment of a lump sum in the amount of EUR .... that the licence granted hereunder shall be extended to cover all applications from 0,5 to 50 h.p. DIN at 5000 rpm with the exception of land vehicles and aircraft. This option right is exercisable within four years from the effective date of this Agreement.

b) exercisable by payment of a lump sum in the amount of EUR .... that the licence granted hereunder shall be extended to cover all applications from 0,5 to 50 h.p. DIN at 5000 rpm, but excluding aircraft and over-the-road land vehicles having a speed in excess of 30 m.p.h.; provided, however, that land vehicles [primarily intended for off-the-road use] shall be included without restriction as to speed.

On exercise of these options the minimum royalties in accordance with item (23) of this Agreement shall be increased by 50%."

2. All other conditions remain unaffected.

3. This agreement shall come into force with retroactive effect as from ....

...................., (date) ...., (date) ....
Licensor   Licensee

Anlage 6

Der/die .... beabsichtigt, auf der Grundlage der ihm/ihr gehörenden Patente und Patentanmeldungen sowie des ihm/ihr gehörenden Know-how, insbesondere der deutschen Patente Nr. .... sowie unter Benutzung von Patenten und Patentanmeldungen sowie von Know-how seiner/ihrer Lizenznehmer den .... bis zur Serienreife zu entwickeln.

Der/die .... andererseits ist daran interessiert, diesen .... unter Benutzung der nachstehend definierten Vertragsschutzrechte und des Know-how, die seitens .... zur Verfügung gestellt werden, nachzubauen.

Auf dieser Grundlage schließen die Firmen

....

(im Folgenden *Nachbau-Lizenzgeber* genannt)

– einerseits –

und

....

(im Folgenden *Nachbau-Lizenznehmer* genannt)

– andererseits –

folgenden

Nachbau-Lizenzvertrag

I. Definitionen

(1) Unter „sachliches Vertragsgebiet" im Sinne dieses Vertrages ist die Fertigung und Fortentwicklung von .... Typ .... zu verstehen, der in Anlage .... zu diesem Vertrag näher beschrieben ist und nachfolgend „Lizenzmotor" genannt wird.

(2) Unter „Nachbau-Lizenznehmer" im Sinne der nachfolgenden Bestimmungen dieses Vertrages ist der Nachbau-Lizenznehmer unter Einschluss seiner direkt oder indirekt kontrollierten Beteiligungen (über 50 % Beteiligung an den Stimmrechten) sowie der Gesellschaften zu verstehen, die eine solche Kontrolle auf ihn ausüben. Die Beteiligungen und Gesellschaften ergeben sich aus der in Anlage .... zu diesem Vertrag beigefügten Liste, die bei Veränderungen nach Vertragsabschluss einvernehmlich von den Vertragsparteien zu ergänzen ist.

Unter „Vertragspartnern" im Sinne der nachfolgenden Bestimmungen dieses Vertrages ist der Nachbau-Lizenzgeber einerseits und der Nachbau-Lizenznehmer gemäß vorstehendem Absatz andererseits zu verstehen.

Unter „Vertragsschutzrechten" sind die Patente und Patentanmeldungen sowohl des Nachbau-Lizenzgebers als auch dessen Lizenznehmer auf dem Gebiet des .... (den Grundsätzen der deutschen Patente .... entsprechend) zu verstehen, soweit diese für die Fertigung und Fortentwicklung der Lizenzmotoren Verwendung finden.

Anlage 6 *Nachbau-Lizenz-Standardvertrag*

II. Umfang der Lizenz

(3) Der Nachbau-Lizenzgeber erteilt dem Nachbau-Lizenznehmer das nicht[1]-ausschließliche Recht, unter Benutzung der auf dem sachlichen Vertragsgebiet erarbeiteten Vertragsschutzrechte und des Know-how

a) in .... (Herstellungsgebiet) Lizenzmotoren als .... (Herstellungszweck) herzustellen. Der Nachbau-Lizenzgeber behält sich das Recht vor, auf Wunsch des Nachbau-Lizenznehmers das Herstellungsgebiet zu erweitern;

b) gemäß a) hergestellte Lizenzmotoren in .... (Vertriebsgebiet) zu benutzen, benutzen zu lassen, zu vertreiben und/oder vertreiben zu lassen.

(4) Zur Gewährung von Unternachbaulizenzen für den Lizenzmotor bedarf der Nachbau-Lizenznehmer der schriftlichen Einwilligung des Nachbau-Lizenzgebers.

(5) Die Übertragung des Lizenzrechts als Ganzes durch den Nachbau-Lizenznehmer ist ausgeschlossen. Randziffer (42) bleibt unberührt.

Dem Nachbau-Lizenzgeber bleibt es vorbehalten, die gemäß Randziffer (4) erforderliche Einwilligung von der Zahlung einer zusätzlichen, angemessenen Festlizenzgebühr abhängig zu machen.

(6) Optionsklausel

....

....

III. Haftung und Gewährleistung für die Vertragsschutzrechte

(7) Der Nachbau-Lizenzgeber erklärt, dass er über die Vertragsschutzrechte gemäß Randziffer (3) frei verfügen kann, und dass ihm keine Tatsachen bekannt sind, welche die Rechtsgültigkeit dieser Vertragsschutzrechte beeinträchtigen könnten.

Der Nachbau-Lizenzgeber haftet aber in keinem Fall, wenn solche Tatsachen etwa nach In-Kraft-Treten dieses Vertrages eintreten sollten oder Patente bzw. Patentanmeldungen von Lizenznehmern für den Nachbau-Lizenzgeber nicht mehr verfügbar sind. Eine Haftung für die industrielle Verwertbarkeit der Lizenzmotoren ist ausgeschlossen.

IV. Festlizenzgebühr

(8) Für die Gewährung der Nachbau-Lizenz zahlt der Nachbau-Lizenznehmer an den Nachbau-Lizenzgeber unabhängig von der Vertragslaufzeit (Randziffern 33–35 dieses Vertrages) einen einmaligen Betrag von EUR .... (in Worten: ....)

(9) Diese Gebühr ist bei In-Kraft-Treten des Vertrages zu zahlen und in keinem Falle zurückzuzahlen. Dies gilt auch, wenn dieser Vertrag vorzeitig beendet wird, wenn sich der Bestand an Rechten durch vorzeitigen Wegfall mindert oder gänzlich erlischt und wenn sich Rechte Dritter, Vorbenutzungsrechte oder Abhängigkeiten der Rechte ergeben.

(10) Auf Wunsch des Nachbau-Lizenznehmers kann die Festlizenzgebühr gemäß Randziffer (8) in .... Jahresraten in Höhe von .... %, ... % und .... % jeweils bei Vertragsabschluss sowie ein bzw. zwei Jahre danach bezahlt werden, wobei ein Zinszuschlag in Höhe von .... % auf den Gesamtbetrag der Festlizenzgebühr erfolgt. Der Zinszuschlag ist mit der ersten Jahresrate zu bezahlen.

V. Umsatzlizenzgebühr

(11) Der Nachbau-Lizenznehmer zahlt zusätzlich zu der Festlizenzgebühr gemäß Randziffern (8), (9) und (10) dieses Vertrages an den Nachbau-Lizenzgeber eine Lizenzgebühr, die nach dem auf der Grundlage des Fabriksausgangspreises errechneten Umsatz an Lizenzmotoren berechnet wird, den der Nachbau-Lizenznehmer sowie seine Nachbau-Unterlizenznehmer erzielen.

(12) Unter Fabriksausgangspreis ist der fakturierte Nettopreis des reinen Motors ohne Einrechnung aller motorfremden Zubehörteile wie z. B. Vergaser, Wasser- oder Ölpumpen, Schalldämpfer, Aufhängevorrichtungen, zu verstehen. Als motorfremde Zubehörteile gelten nicht solche Zubehörteile, für deren Herstellung Vertragsschutzrechte benutzt werden. Bei in Kraftfahrzeugen, Maschineneinrichtungen usw. eingebauten Lizenzmotoren tritt, falls der Nettopreis des Lizenzmotors nicht besonders ausgewiesen ist oder von den Vertragspartnern im Einzelfall nachgewiesen werden kann, ein von den Vertragspartnern gemäß Anlage .... für jeden Typ besonders festzulegender Prozentsatz des für das Kraftfahrzeug, die Maschineneinrichtung usw. fakturierten Nettopreises. Bei fakturierter Fremdwährung tritt der nach dem in Frankfurt amtlich notierten mittleren Tageskurs errechnete EUR-Gegenwert der Fakturierung an die Stelle des fakturierten Betrages. Falls ein solcher Kurs nicht ermittelt werden kann, werden sich die Parteien entsprechend über die Modalitäten der Umrechnung verständigen.

(13) Die Umsatzlizenzgebühr beträgt .... %.

(14) Auf Lizenzmotoren, die von Nachbau-Unterlizenznehmern hergestellt werden, werden Umsatzlizenzgebühren nach derselben Staffel, aber jeweils gesondert, berechnet. Soweit der Umsatz der Nachbau-Unterlizenznehmer zur Weiterlieferung über den Nachbau-Lizenznehmer erfolgt, werden Umsatzlizenzgebühren nur einmal, und zwar für den Umsatz der Nachbau-Unterlizenznehmer berechnet.

VI. Abrechnung und Fälligkeit der Lizenzgebühren

(15) Die auf den erzielten Umsatz des Nachbau-Lizenznehmers bezogene Umsatz-Lizenzgebühr ist durch den Nachbau-Lizenznehmer kalenderhalbjährlich jeweils innerhalb von 30 Tagen und die auf den Umsatz der Nachbau-Unterlizenznehmer bezogene Umsatz-Lizenzgebühr – ohne Rücksicht auf den tatsächlichen Eingang – innerhalb von 60 Tagen nach Ablauf eines Kalenderhalbjahres abzurechnen und binnen weiterer 30 Tage auf das vom Nachbau-Lizenzgeber angegebene Konto zu zahlen. Sie ist, ebenso wie die Festlizenzgebühr gemäß Randziffer (9), frei von Steuern, Gebühren und sonstigen Abzügen zahlbar.

VII. Kontrollrecht

(16) Der Nachbau-Lizenzgeber ist berechtigt, alle für die Lizenzgebührenberechnungen nötigen Unterlagen einmal jährlich durch einen vereidigten Buchprüfer oder eine Prüfungsgesellschaft einsehen zu lassen. Der Nachbau-Lizenzgeber ist weiterhin berechtigt, alle sich aus der nachfolgenden Randziffer (19) als notwendig ergebenden Qualitätskontrollen durchzuführen.

(17) Der Nachbau-Lizenznehmer ist verpflichtet, für sich und für seine Nachbau-Unterlizenznehmer besondere Bücher zu führen, aus denen für die jeweiligen Abrechnungszeiträume die Anzahl der hergestellten Lizenzmotoren, ihr Fabriksausgangspreis und der Zeitpunkt der Lieferung ersichtlich sind.

VIII. Kennzeichnungspflicht

(18) Der Nachbau-Lizenznehmer und die Nachbau-Unterlizenznehmer werden die Lizenzmotoren nach bestem Können herstellen und vertreiben.

(19) Der Nachbau-Lizenznehmer kennzeichnet jeden Lizenzmotor mit dem Hinweis ...... Genügen die Lizenzmotoren nach Ansicht des Nachbau-Lizenzgebers dem technischen und/oder geschäftlichen Entwicklungs- oder Fertigungsstandard nicht, kann dieser unter Einhaltung einer Frist von einem halben Jahr die Benutzung dieses Hinweises untersagen, ohne dass der Nachbau-Lizenznehmer hieraus irgendwelche Ansprüche auf Entschädigung oder Minderung der Lizenzgebühren herleiten kann.

IX. Geheimhaltung und Know-how-Austausch

(20) Die Vertragspartner sind vorbehaltlich der nachfolgenden Bestimmungen dieses Abschnitts zu strenger Geheimhaltung aller Kenntnisse und Erfahrungen (Know-how) auf dem sachlichen Vertragsgebiet (Randziffer (1) dieses Vertrages) verpflichtet. Dies gilt auch nach Beendigung dieses Vertrages.

(21) Die Vertragspartner vereinbaren zur eigenen Verwendung unter sich einen gegenseitigen Austausch von Know-how auf dem sachlichen Vertragsgebiet. Zu diesem Zweck kann jeder Vertragspartner nach vorheriger Abstimmung mit dem anderen Vertragspartner monatlich bis 3 Angestellte in die Entwicklungs-, Versuchs-, Konstruktions- und Fertigungsstätten des anderen entsenden, um sich dort über ihn interessierende Fragen hinsichtlich des Standes der Entwicklung, der von diesem gefundenen Neuerungen und Verbesserungen, sowie hinsichtlich seiner sonstigen Erfahrungen auf dem sachlichen Vertragsgebiet zu unterrichten. Andere Möglichkeiten des Erfahrungsaustausches bleiben vorbehalten.

(22) Jeder Vertragspartner ist im Rahmen des sachlichen Vertragsgebiets dem anderen Partner zur vorbehaltlosen Auskunft verpflichtet, soweit es sich dabei nicht um Fragen handelt, die speziell den Einbau des Lizenzmotors in Fahrzeuge und andere Gegenstände oder solche Angelegenheiten betreffen, zu deren Geheimhaltung der Partner einem Dritten gegenüber verpflichtet ist, es sei denn, dass dieser Vertrag hierdurch bewusst umgangen würde. Die Geheimhaltung bezieht sich hierbei jedoch nur auf die besondere, unter die Geheimhaltung fallende Anwendung des Lizenzmotors.

Der Nachbau-Lizenzgeber ist berechtigt, das vom Nachbau-Lizenznehmer erhaltene Know-how auch an die sonstigen Lizenznehmer auf dem sachlichen Vertragsgebiet weiterzugeben, um das Know-how dieser sonstigen Lizenznehmer, das im Lizenzmotor verarbeitet ist, zu kompensieren.

(23) Jeder Vertragspartner darf sein Know-how und das Know-how des anderen seinen Lieferanten mitteilen, soweit diese dasselbe zur Ausführung von Aufträgen brauchen.

(24) Die Vertragspartner werden ihre Lizenznehmer bzw. Nachbau-Unterlizenznehmer und Lieferanten zur vertraulichen Behandlung des mitgeteilten Know-how verpflichten.

(25) Das Recht des Nachbau-Lizenzgebers, mit jedem beliebigen Dritten einen Lizenzvertrag abzuschließen, bleibt unberührt.

X. Schutzrechte des Nachbau-Lizenznehmers

(26) Alle Schutzrechte und Schutzrechtsanmeldungen, die der Nachbau-Lizenznehmer oder der Nachbau-Unterlizenznehmer auf dem sachlichen Vertragsgebiet (Randziffer (1) dieses Vertrages) erarbeitet, erwirbt der Nachbau-Lizenznehmer bzw. Nachbau-Unterlizenznehmer, vorbehaltlich des Rechts des Nachbau-Lizenzgebers zur käuflichen Übernahme zu den Erarbeitungskosten.

(27) An allen Schutzrechten und Schutzrechtsanmeldungen, die das sachliche Vertragsgebiet (Randziffer (1) dieses Vertrages) betreffen oder betreffen können und die vom Nachbau-Lizenznehmer sowie seinen Nachbau-Unterlizenznehmern vor oder während der Dauer dieses Lizenzvertrages erarbeitet werden, gewährt der Nachbau-Lizenznehmer an den Nachbau-Lizenzgeber eine einfache und unentgeltliche Lizenz für alle Anwendungsgebiete. Diese Lizenz ist von der Dauer dieses Vertrages unabhängig und wird für die Laufzeit der lizenzierten Schutzrechte erteilt. Nach Ablauf dieses Vertrages zahlt der Nachbau-Lizenzgeber für diese Lizenz eine angemessene Umsatzlizenzgebühr.

(28) Die dem Nachbau-Lizenzgeber nach der vorstehenden Randziffer zustehende Lizenz umfasst das Recht, für die Laufzeit dieses Vertrages an derartigen Schutzrechten unentgeltlich Unterlizenzen an die in- und ausländischen Lizenznehmer des Nachbau-Lizenzgebers für die jeweilige Laufzeit der Schutzrechte und für alle Anwendungszwecke zu erteilen, um die für den Lizenzmotor benutzten Schutzrechte der sonstigen Lizenznehmer zu kompensieren.

Irgendeine Haftung des Nachbau-Lizenzgebers wird hierdurch nicht begründet.

(29) Nach Ablauf dieses Vertrages darf der Nachbau-Lizenzgeber Unterlizenzen nur gegen Zahlung einer angemessenen Umsatzlizenzgebühr zugunsten des Nachbau-Lizenznehmers vergeben.

XI. Anmeldung und Aufgabe von Schutzrechten

(30) Der Nachbau-Lizenznehmer wird dem Nachbau-Lizenzgeber von allen nach In-Kraft-Treten dieses Vertrages erfolgten Schutzrechtsanmeldungen (Randziffer (26) dieses Vertrages) unverzüglich durch Abschrift Kenntnis geben und über den Fortgang des Anmeldeverfahrens unterrichten. Der Nachbau-Lizenznehmer wird auf Wunsch des Nachbau-Lizenzgebers gegen Kostenerstattung Anmeldungen auf seine das sachliche Vertragsgebiet betreffenden Erfindungen in den Ländern vornehmen, in denen er selbst keine Anmeldungen durchführen will. Will der Nachbau-Lizenznehmer ein Schutzrecht aufgeben, das das sachliche Vertragsgebiet betrifft oder betreffen kann, so teilt er dies zwei Monate vor Fälligkeit der Jahresgebühren dem Nachbau-Lizenzgeber mit. Der Nachbau-Lizenzgeber ist dann berechtigt, das Recht unentgeltlich zu übernehmen.

XII. Arbeitnehmer-Erfindervergütungen

(31) Vergütungen, die aufgrund gesetzlicher Vorschriften für die Inanspruchnahme von Arbeitnehmererfindungen zu zahlen sind, trägt der Vertragspartner, der Inhaber der betreffenden Schutzrechte ist.

Anlage 6 *Nachbau-Lizenz-Standardvertrag*

XIII. Nichtangriffsklausel[2]

(32) Kein Vertragspartner wird im Rahmen dieses Vertrages lizenzierte Schutzrechte und Schutzrechtsanmeldungen unmittelbar oder mittelbar angreifen oder sonst Schritte unternehmen, die den Bestand eines solchen Schutzrechts z. B. durch Umgehungsanmeldungen gefährden könnten. Die gleiche Verpflichtung gilt für die Nachbau-Unterlizenznehmer des Nachbau-Lizenznehmers, denen die Verpflichtung durch den Nachbau-Lizenznehmer vertraglich zu übertragen ist. Wird dieser Vertrag gemäß Randziffer (34) oder (35) gekündigt, so gilt diese Verpflichtung auch nach Ablauf des Lizenzvertrages weiter, und zwar bis zum Ende des 4. Jahres nach Vertragsende.

XIV. Vertragslaufzeit und Kündigung

(33) Dieser Vertrag läuft vorbehaltlich der nachfolgenden Bestimmungen auf unbestimmte Zeit.

(34) Jeder Vertragspartner kann den Vertrag unter Einhaltung einer Frist von 6 Monaten, erstmals zum .... kündigen. Danach ist der Vertrag mit einjähriger Frist auf das Ende jedes folgenden Kalenderjahres kündbar.

(35) Jeder Vertragspartner kann den Vertrag fristlos kündigen, wenn im Verhalten des anderen ein wichtiger Grund vorliegt, der die für diesen Vertrag nötige Vertrauensgrundlage erschüttert. Der Nachbau-Lizenzgeber kann ferner fristlos kündigen, wenn im Falle von Randziffer (19) die Halbjahresfrist verstrichen ist oder der Nachbau-Lizenznehmer mit der Zahlung von Lizenzgebühren länger als zwei Monate im Rückstand ist, oder wenn einzelne Bestimmungen dieses Vertrages nachträglich behördlicherseits aufgehoben, für nichtig erklärt oder in ihrer Handhabung wesentlich eingeschränkt werden sollten. Randziffer (41) bleibt unberührt.

XV. Pflichten nach Vertragsende

(36) Nach Beendigung dieses Vertrages hat der Nachbau-Lizenznehmer alle noch vorhandenen, vom Nachbau-Lizenzgeber überlassenen Entwurfs-, Konstruktions- und Arbeitspläne, Schnitte usw. unverzüglich zurückzugeben.

Der Nachbau-Lizenznehmer darf im normalen Produktionsgang befindliche Lizenzmotoren fertig stellen und vertreiben. Die Umsatzlizenzgebühren dafür sind nach den Bedingungen dieses Vertrages abzurechnen und zu zahlen.

XVI. Nebenbestimmungen

(37) Erfüllungsort ist ....

(38) Willenserklärungen rechtsgeschäftlichen Inhalts müssen mit eingeschriebenem Brief abgegeben werden, um rechtswirksam zu sein. Dies gilt insbesondere für die in Randziffer 4, 6, 30, 34, 35, 39 Abs. 2, 48, 49, 50 vorgesehenen Erklärungen. Ist eine Frist zu wahren, ist für die Einhaltung derselben das Datum des Poststempels auf dem Rückschein maßgebend, das den Eingang beim Empfänger ausweist.

(39) Alle für den Nachbau-Lizenzgeber bestimmten Mitteilungen sind an .... zu richten. Alle für den Nachbau-Lizenznehmer bestimmten Mitteilungen erfolgen an ..... Änderungen dieser Anschriften werden erst wirksam, wenn sie gemäß den vorstehenden Bestimmungen mitgeteilt sind.

(40) Für diesen Vertrag gilt Schriftform. Mündliche Vereinbarungen sind nicht getroffen.

(41) Die Unwirksamkeit einer oder mehrerer Bestimmungen dieses Vertrages berührt die Gültigkeit der übrigen nicht.

Jeder Vertragspartner kann in diesem Fall die Vereinbarung einer neuen gültigen Bestimmung verlangen, die den wirtschaftlichen Zweck der unwirksamen Bestimmung am besten erreicht.

(42) Alle Bestimmungen dieses Vertrages gelten auch für die Gesamtrechtsnachfolger der Vertragspartner.

XVII. Staatliche Genehmigungen

(43) Jeder Vertragspartner wird nach besten Kräften darauf hinwirken, dass die [nach seinem Heimatrecht][3] etwa erforderlichen staatlichen Genehmigungen für diesen Vertrag erteilt werden.

XVIII. Anzuwendendes Recht[3]

(44) Auf die Rechtsbeziehungen der Vertragspartner aus diesem Vertrag findet das Recht der Bundesrepublik Deutschland Anwendung.

XIX. Schiedsverfahren[4]

(45) Über alle Streitigkeiten aus diesem und über diesen Vertrag, einschließlich seiner Rechtsgültigkeit und der Fortwirkungen nach Beendigung, entscheidet unter Ausschluss des ordentlichen Rechtsweges ein Schiedsgericht endgültig. [Das Schiedsgericht hat seinen Sitz in Zürich (Schweiz). Es entscheidet in Anwendung des 12. Kapitels des Schweizerischen Bundesgesetzes vom 18. Dezember 1987 über das internationale Privatrecht (IPRG)][5].

(46) Die Gerichtsgebühren betragen 5 % des Streitwerts zuzüglich Auslagen und sonstiger Kosten (insgesamt nachfolgend als Gerichtskosten bezeichnet). Sie sind zusammen mit einer vom Gericht festzusetzenden Parteientschädigung für die obsiegende Partei von der unterliegenden Partei zu übernehmen. Jede Partei hat die Hälfte der Gerichtskosten vorzuschießen.

(46a) [Soweit die Parteien nichts anderes vereinbaren, gelten die Bestimmungen des 10. Buches der ZPO über das schiedsrichterliche Verfahren. Zuständiges Staatsgericht i.S. § 1062 ZPO ist das Oberlandesgericht ....][6].

(47) Das Schiedsgericht besteht aus zwei Schiedsrichtern und einem Obmann, [der die Befähigung zum Richteramt hat][6].

(48) Die das Schiedsgericht anrufende Partei hat der anderen den Anspruch, wegen dessen sie das Schiedsgericht anruft, schriftlich darzulegen und gleichzeitig mitzuteilen, wen sie als Schiedsrichter gewählt hat.

(49) Die andere Partei hat binnen 30 Tagen nach Eingang dieser Erklärung den anderen Schiedsrichter zu benennen. Benennt sie ihn innerhalb dieser Frist nicht, so kann die betreffende Partei seine Ernennung durch den Präsidenten des Obergerichts Zürich[5]/den Präsidenten des Oberlandesgerichts .... [6] beantragen.

Anlage 6 *Nachbau-Lizenz-Standardvertrag*

(50) Der Obmann wird von den Schiedsrichtern gewählt. Einigen sie sich nicht binnen 30 Tagen, so kann jede Partei den Präsidenten des Obergerichts Zürich[5]/den Präsidenten des Oberlandesgerichts .... [6] um die Ernennung bitten.

XX. Verbindliche Fassung und In-Kraft-Treten

(51) Dieser Vertrag ist in deutscher [und in ....][7] Sprache abgefasst und unterzeichnet.

(52) Für die Rechte und Pflichten der Vertragspartner sowie für alle Zweifels- und Auslegungsfragen ist allein die Fassung in deutscher Sprache verbindlich[7].

(53) Dieser Vertrag tritt nach Unterzeichnung durch die Vertragspartner und nach Erteilung der notwendigen behördlichen Genehmigungen in Kraft. Er wird gegenstandslos, wenn die Genehmigungen nicht innerhalb 6 Monaten ab Unterzeichnung erteilt worden sind.

Es handelt sich um folgende Genehmigungen:

1. ....
2. ....
3. ....

Der Nachbau-Lizenznehmer verpflichtet sich, dem Nachbau-Lizenzgeber innerhalb der vorbezeichneten Frist die Genehmigungsurkunden zu übermitteln. Der Nachbau-Lizenzgeber verpflichtet sich, dem Nachbau-Lizenznehmer unverzüglich nach Eingang dieser Urkunden das In-Kraft-Treten dieses Vertrages zu bestätigen, falls bis zu diesem Zeitpunkt die vom Nachbau-Lizenzgeber zu beschaffenden Genehmigungen bereits vorliegen. Liegen diese Genehmigungen noch nicht vor, tritt der Vertrag nach entsprechender Mitteilung durch den Nachbau-Lizenzgeber in Kraft.

....................., den ...., den ....
Nachbau-Lizenzgeber   Nachbau-Lizenznehmer

Anmerkungen

1 Bei ausschließlichen Lizenzen ist dieses Wort zu streichen.
2 Vgl. hierzu Anm. 3 und 5 zu Anlage 1.
3 Bei Verträgen, die mit nicht-deutschen Partnern geschlossen werden.
4 Die Schiedsklausel muss nach einschlägigen Novellierungen keine selbständige Urkunde darstellen. Schiedsfähigkeit und Auslandsbezug (Art. 176 Abs. 1, 177 Abs. 1 IPRG) sind im Falle von Anm. 5 erforderlich.
5 Bei Verträgen, die mit nicht-deutschen Partnern geschlossen werden.
6 Bei Verträgen, die zwischen deutschen Partnern geschlossen werden.
7 Bei Verträgen, die mit nicht-deutschen Partnern ausnahmsweise in mehreren Sprachen abgefasst und unterzeichnet sind.

Anlage 7

Between the firms

FOOD EXPRESS Vertriebs GmbH, a German limited liability company, having a place of business and its seat at D-76133 Karlsruhe (Germany), Karlstraße 32, represented by its President Alberto Malesa,

– hereinafter referred to as LICENSOR –

....
....

on the one hand

and

PRIMA S. p. A., an italian stock company, having a place of business and its seat at I-06083 Bastia Umbra (Prov. Perugia/Italy), via del Lavoro 5, represented by its President Carlo Predanti,

– hereinafter referred to as LICENSEE –

....
....

on the other hand

the following

Licence Agreement

is concluded:

Preamble

The LICENSOR is Proprietor of the European Patent No. 0482473 and of other domestic and foreign patents and patent applications in the area of Food automaton for producing hot meals ready for consume. He has successfully developed a prototype of this product which will achieve manufacturing maturity within a short time. For this purpose LICENSOR and LICENSEE have agreed to a close cooperation of commun development during the starting period of this agreement.

After having reached manufacturing maturity of the Food automaton the LICENSEE will start the production and will realize the necessary investments. The parties to this agreement are expecting as starting time summer 1999.

The LICENSOR will make available to the LICENSEE all necessary information on which he disposes with reference to the commercialisation of the product, especially regarding potential customers and marketing. The LICENSEE considers this information as highly valuable in order to reach commercial success.

The parties to this agreement have full accordance on the commercial importance and value of the intended cooperation of an important international food company, which has promoted very intensively this project. This company has tested the Food automaton and evaluated it with excellent result. A report containing all details and proposals referring to the production of the Food automaton is in the hands of the parties to this agreement.

Anlage 7 *EU-Lizenzvertrag*

1. Definitions

1.1 Subject of the agreement

"SUBJECT OF THE AGREEMENT" is the Food automaton for producing hot meals ready for consume as explained by European Patent No. 0482473.

1.2 Agreement patent rights

"AGREEMENT PATENT RIGHTS" are all patent rights concerning the "SUBJECT OF THE AGREEMENT" granted to or applied for in the "AGREEMENT TERRITORY" in the name of the LICENSOR as well as all future patent rights relating to the "SUBJECT OF THE AGREEMENT" granted to or applied for in the "AGREEMENT TERRITORY" in the name of the LICENSOR as listed in **schedule 1** attached to this agreement, which schedule shall be updated continuously. The "AGREEMENT PATENT RIGHTS" are necessary for achieving the objects of the licensed technology. Protection by patent exists in all countries of the European Patent Convention of October 5, 1973, and in USA, Canada and Japan.

1.3 Agreement know how

"AGREEMENT KNOW HOW" is the entire present and future technical knowledge of the LICENSOR, relating to the "SUBJECT OF THE AGREEMENT", which has been authenticly elaborated or acquired by the LICENSOR and which is not public. This "AGREEMENT KNOW HOW" consists exclusively of knowledge supporting the qualified use of the "AGREEMENT PATENT RIGHTS" (socalled combined technical knowledge). The essentiell elements of this "AGREEMENT KNOW HOW" are fixed in **schedule 2** attached to this agreement.

1.4 Agreement products

"AGREEMENT PRODUCTS" are the products which are manufactured or caused to be manufactured, sold or caused to be sold, used or caused to be used, distributed or caused to be distributed, leased or caused to be leased or generally disposed of by the LICENSEE or by his sublicensees under the "AGREEMENT PATENT RIGHTS" and under the "AGREEMENT KNOW HOW" in the "AGREEMENT TERRITORY".

1.5 Licensee's patents

"LICENSEE'S PATENTS" are all patent rights concerning the "SUBJECT OF THE AGREEMENT" granted to or applied for in the "AGREEMENT TERRITORY" in the name of the LICENSEE as well as all future patent rights relating to the "SUBJECT OF THE AGREEMENT" granted to or applied for in the "AGREEMENT TERRITORY" in the name of the LICENSEE as notified by the LICENSEE continuously to the LICENSOR.

1.6 Licensee's know how

"LICENSEE'S KNOW HOW" is the entire present and future technical knowledge of the LICENSEE, relating to the "SUBJECT OF THE AGREEMENT", which has been authenticly elaborated or acquired by the LICENSEE and which is not public. This "LICENSEE'S KNOW HOW" consists exclusively of knowledge supporting the qualified use of the "LICENSEE'S PATENTS" (socalled combined technical knowledge).

1.7 Agreement Territory

"AGREEMENT TERRITORY" are all countries of the world.

1.8 Net selling price

"NET SELLING PRICE" is the net price for "AGREEMENT PRODUCTS", excluding, to the extent they are reflected explicitly in the invoiced net price, royalties payable hereunder, returns, discounts, packaging costs, insurance and freight expenses, sales- and consumption-taxes and any other governmental fees or taxes payable in connection with the sale of "AGREEMENT PRODUCTS".

2. Grant of licence

2.1 The LICENSOR grants to the LICENSEE the exclusive non transferable and non assignable right

(a) to manufacture and/or have manufactured
(b) to sell and/or cause to be sold, to use and/or cause to be used, to distribute and/or cause to be distributed, to lease and/or cause to be leased and generally dispose of

"AGREEMENT PRODUCTS" in the "AGREEMENT TERRITORY". The LICENSEE is entitled to have registered his right.

2.2 Subject to the prior written and express consent of the LICENSOR, which can be refused only for an important reason, the LICENSEE is not entitled to grant sublicences of rights and licences granted hereunder.

3. Turnover royalties

3.1 In consideration for the grant of the licence according to item 2 the LICENSEE shall pay to the LICENSOR a royalty calculated according to the sales of the "AGREEMENT PRODUCTS" which the LICENSEE or his sublicensees achieve during the term of this agreement (turnover royalty). This royalty amounts to 5,0% (five percent) of the "NET SELLING PRICE".

3.2 The turnover royalty according to item 3.1 amounts to 4,5% for the annual turnover which exceeds 1000 "AGREEMENT PRODUCTS" and to 4,0% for the annual turnover which exceeds 1500 "AGREEMENT PRODUCTS". The annual turnover will be determined on the basis of the calendar year.

Anlage 7 *EU-Lizenzvertrag*

3.3 For any other disposal of "AGREEMENT PRODUCTS" according to item 2.1, the LICENSEE shall pay to the LICENSOR a royalty calculated according to the equivalent received by the LICENSEE.

3.4 The turnover royalty referred to the turnover achieved by the LICENSEE shall be computed by the LICENSEE half (calendar) yearly and each time within 30 days, and the turnover royalty referred to the turnover achieved by the sublicensees of the LICENSEE within 60 days, after expiry of a half calendar year, and within a further 30 days paid into the account specified by the LICENSOR, free of taxes, imposts, dues, and other deductions, plus turnover tax, if any. The LICENSOR shall make available to the LICENSEE forms established by himself.

3.5 The LICENSEE is not entitled to any set-off or retention against the claim for turnover royalties, unless this provision would be not admitted by the law to be applied.

3.6 In case of amounts invoiced in currency other than EUR of the European Central Bank (ECB), the invoiced amount according to item 3.1 will be replaced by its EUR-equivalent calculated in accordance with the mean monthly rate of exchange officially quoted in Frankfurt/M.

4. Minimum Royalties

4.1 Independent of the turnover the LICENSEE shall pay in advance free of taxes, imposts, dues, and other deductions, plus turnover tax, if any, as from January 1, 2000 for the term of this agreement an annual minimum royalty, which amounts to

- EUR 100 000,– (EUR one hundred thousand) in the calendar year 2000
- EUR 150 000,– (EUR one hundred and fifty thousand) in the calendar year 2001
- EUR 200 000,– (EUR two hundred thousand) from the calendar year 2002 onwards annually.

4.2 The LICENSOR can terminate the exclusiveness of the licence granted to the LICENSEE in accordance with item 2.1 if the LICENSEE has not satisfactory complied with the market requests in the "AGREEMENT TERRITORY". The LICENSOR, however, is only entitled to this termination at three months notice as of the end of any calendar year, initially as of December 31, 2003, and after having sufficiently furnished the necessary proofs.

4.3 The LICENSOR can terminate the exclusiveness of the licence granted to the LICENSEE in accordance with item 2.1 at three months notice as of the end of any calendar half year if the LICENSEE is more than two months in arrears with the payment of minimum royalties fixed according to item 4.1.

4.4 The LICENSEE can waive the exclusiveness granted to him in accordance with item 2.1 at three months notice as of the end of any calendar year.

4.5 With effect of the termination according to items 4.2 and 4.3 or the resignation according to item 4.4 item 4.1 becomes invalid.

5. Right of Audit

5.1 The LICENSOR is authorized to have examined once annually by a sworn auditor or auditing company all documents which are necessary for computing the turnover royalties. The fees and expenses of this examination shall be paid by the LICENSOR, unless the resulting statements are differing more than two percent from the settlement of the LICENSEE according to item 3.4. In this case the fees and expenses shall be paid by the LICENSEE.

5.2 The LICENSEE is obliged to maintain special records for himself and his sublicensees from which can be seen for each particular accounting period the number of "AGREEMENT PRODUCTS" manufactured, their "NET SELLING PRICE", their country and date of delivery. These records shall be kept for at least three years.

6. Liability and guarantee

6.1 The LICENSOR declares that he has the entire disposal of the "AGREEMENT PATENT RIGHTS" and that he knows of no facts that could prejudice the legal validity of the "AGREEMENT PATENT RIGHTS". The LICENSOR is in no event liable, should such facts arise after the coming into force of this agreement.

6.2 The LICENSOR does not accept any liability or guarantee for the industrial exploitability of the invention on which the "AGREEMENT PATENT RIGHTS" or the "AGREEMENT KNOW HOW" are based.

6.3 The liability of the LICENSOR towards the LICENSEE for damages which may arise in connection with this agreement is limited to the consequences for intentional acting.

7. Transfer of agreement know how and technical assistance of the Licensor

7.1 The LICENSOR makes available to the LICENSEE or his sublicensees in a suitable manner the licenced "AGREEMENT KNOW HOW" immediately after the coming into force of this agreement and during its term.

7.2 Subject to the subsequent item 7.3 the LICENSOR shall provide to the LICENSEE and to his sublicensees, free of charge, technical assistance to the extent this can be effected by letter exchange and no elaboration of projects is intended.

7.3 The LICENSOR shall assist the LICENSEE in achieving manufacturing maturity of the "AGREEMENT PRODUCTS" in a suitable manner in accordance with the arrangements made by the parties to the agreement. For this purpose Mr. Alberto Malesa will be available during a period of at least two years following the coming into force of this agreement and will receive from the LICENSEE a remuneration of EUR 5000,– monthly therefor. The resulting fees and expenses shall be paid additionally.
Upon request of the LICENSEE the LICENSOR shall deliver "AGREEMENT PRODUCTS" or spare and replacement parts to the LICENSEE.

7.4 The LICENSOR is prepared to receive at his seat, for the purpose of providing technical assistance, technical personnel of the LICENSEE and his sublicensees in a reasonable number upon his request. Said personnel shall be advised on all questions connected with the development and manufacturing of the "AGREEMENT PRODUCTS". The resulting fees and expenses for travel and accommodation shall be borne by the LICENSEE. The visits must be arranged in advance.

8. Marking obligation

8.1 The LICENSEE is obliged to mark each "AGREEMENT PRODUCT" with an indication referring to the granted licence. The same obligation applies for his sublicensees, to them the obligation is to be contractually transferred by the LICENSEE.

8.2 If in the opinion of the LICENSOR the "AGREEMENT PRODUCT" manufactured, sold or distributed by the LICENSEE or his sublicensees do not satisfy the quality specifications of the LICENSOR, the LICENSOR can with six months notice forbid the marking of "AGREEMENT PRODUCTS" with reference to the granted licence without giving the LICENSEE grounds for any claims to compensation or reduction of the turnover royalties according to items 3.1 and 3.2.

9. Property of future patent rights and future know how of the parties to the agreement

9.1 All patent rights and the entire Know How which shall be elaborated by the LICENSOR during the term of this agreement with reference to the "SUBJECT OF THE AGREEMENT" shall be the property of the LICENSOR. They shall form part of the "AGREEMENT PATENT RIGHTS" according to item 1.2 respectively of the "AGREEMENT KNOW HOW" according to item 1.3.

9.2 All patent rights and the entire Know How which shall be elaborated by the LICENSEE during the term of this agreement with reference to the "SUBJECT OF THE AGREEMENT" shall be the property of the LICENSEE. They shall form part of the "LICENSEE'S PATENTS" according to item 1.5 respectively of the "LICENSEE'S KNOW HOW" according to item 1.6.

9.3 Should an invention resulting from a mutual cooperation of both parties to the agreement become the subject of an application for patent rights, this invention shall be the common property of both parties to the agreement, each party having a property share corresponding to its share of the costs incured in developing same. This provision shall apply analogically to the Know How elaborated mutually by the parties to the agreement.

9.4 The parties to the agreement will inform reciprocally on all corresponding applications. Should one party intend not to file patent applications or to surrender granted patents it will notify this to the other in due time in order to render possible to file or take over by the latter. No compensation can be requested for this transaction.

10. Remuneration for inventions by employees of the parties to the agreement

Remuneration which is required by legal regulations to be paid for claiming inventions by employees, is to be borne by the party to the agreement who is holder of the relevant patent rights.

11. Cross licensing of patent rights and know how of the Licensee

11.1 The LICENSEE grants to the LICENSOR for the term of this agreement a non-exclusive and gratuitous licence for all "LICENSEE'S PATENTS" and the entire "LICENSEE'S KNOW HOW" as well as for the patents and Know How of his sublicensees.

11.2 After termination of the exclusiveness of the licence granted to the LICENSEE (items 4.2, 4.3, 4.4 and 4.5) the LICENSOR shall be entitled to grant sublicences regarding the licence as defined under item 11.1. The LICENSOR provide to the LICENSEE with prior written notice of the name and address of each of these sub-licensees.

12. Maintenance and defence of agreement patent rights

12.1 The LICENSOR represents and warrants that he is holder of the "AGREEMENT PATENT RIGHTS". He undertakes in close cooperation with the LICENSEE to fulfil all formalities which are necessary for the maintenance of same in the "AGREEMENT TERRITORY". The annual fees shall be paid by the LICENSEE with respect to the countries for which the LICENSOR has granted to him an exclusive licence.

12.2 The LICENSEE informs the LICENSOR of infringement of "AGREEMENT PATENT RIGHTS" in the "AGREEMENT TERRITORY" by third parties immediately after having been informed of such facts. The LICENSEE will at his own expense and in close cooperation with the LICENSOR deal with infringements of "AGREEMENT PATENT RIGHTS" in a manner which both parties to the agreement consider appropriate.

12.3 The LICENSOR represents and warrants that no third party holds rights with respect to the sale and distribution of "AGREEMENT PRODUCTS" in the "AGREEMENT TERRITORY" as long as the LICENSOR has granted to him an exclusive licence.

12.4 The LICENSEE is entitled to have registered at his own expense the granted licence in all countries in which "AGREEMENT PATENT RIGHTS" have been granted or applied for by the LICENSOR as long as the LICENSOR has granted to him an exclusive licence.

13. Secrecy and non-utilisation-obligation

13.1 The parties to the agreement confirm reciprocally that the "AGREEMENT KNOW HOW" and the "LICENSEE'S KNOW HOW" are professional secrets. They shall not disclose these secrets in favour of third parties and will bind their employees, mandatories, suppliers and sublicensees to strict secrecy.

13.2 Subject to the prior express written consent of the party to the agreement which has licensed these secrets the other party to the agreement shall neither continue to use the received secrets nor dispose of these secrets or apply patent rights thereto, after expiration of this agreement.

14. Non-contesting-clause

14.1 The LICENSEE will not contest directly or indirectly the "AGREEMENT PATENT RIGHTS" and the LICENSOR will not contest directly or indirectly the "LICENSEE'S PATENT RIGHTS". If this agreement is terminated then this obligation will still apply after expiration until the end of the 4th year after said termination.

14.2 This obligation according to item 14.1 also applies to the sublicensees of the parties to the agreement to them this obligation is to be contractually transferred by the parties.

Anlage 7 *EU-Lizenzvertrag*

14.3 The foregoing provisions of items 14.1 and 14.2 become ineffective if the concerned party to the agreement is terminating this agreement. Each party is entitled to terminate this agreement at three months notice as of the end of any calendar year, if the other party or a sublicensee of the other party is contesting the rights defined according to item 1.

15. Period of validity and termination of the agreement

15.1 This agreement comes into force after signing by the parties to the agreement. Each party to the agreement will endeavour to the best of its ability to bring about the granting of any government or european permits and consents which in accordance with the laws of its country or the european authorities may required for this agreement. It is the commun understanding of the parties to the agreement, that Article 81 (1) of the treaty of Rome shall not apply to this agreement in accordance with the Commission Regulation (EEC) No. 240/96, dated January 31, 1996; application for approval, however, remains reserved. Subject to the subsequent provisions of this item 15, this agreement remains in force until expiration of the last "AGREEMENT PATENT RIGHT".

15.2 The LICENSOR can terminate this agreement at three months notice as of the end of any calendar half year, if
a) the LICENSEE is more than four months in arrears with the payment of turnover royalties or of minimum royalties according to items 3 and 4.
b) the LICENSEE has violated the provisions of items 3.4, 5.2 or 8.1.
c) the LICENSEE has stopped generally his payments.

15.3 The termination right according to item 14.3 remains unaffected.

15.4 The LICENSEE can terminate this agreement at six months notice as of the end of any calendar year, initially as of December 31, 2005.

15.5 After termination of this agreement the LICENSEE must return without delay to the LICENSOR all technical documents which he still holds and which were supplied by the LICENSOR. This provision applies correspondingly to the technical documents delivered by the LICENSEE to the LICENSOR. The LICENSEE may complete, sell or generally dispose of "AGREEMENT PRODUCTS" which are in the normal course of production. The turnover royalties therefor are to be computed and paid in accordance with the provisions of item 3.

16. Law to be applied

Swiss obligation law (OR) shall be applied in respect of the legal relations between the parties to the agreement arising out of this agreement.

17. Arbitration clause

17.1 All disputes, controversies, or differences which may arise out of or in relation to or in connection with this agreement, including its legal validity and the continued effectiveness after termination, shall be decided finally and binding upon the parties disbarring legal actions, by a court of arbitration. The court of arbitration will sit in Zürich, Switzerland, and shall arbitrate in application of chapter 12 of the Swiss Federal law of December 18, 1987 on the International Private Law.

17.2 The court of arbitration shall consist of two arbitrators and one umpire.

17.3 The party appealing to the court of arbitration must present to the other in writing the claim concerning which it is appealing to the court of arbitration, and at the same time inform the other as to whom it has appointed as an arbitrator.

17.4 The other party must appoint the other arbitrator within thirty days of receipt of this statement. If it fails to appoint him within this period the prosecuting party can apply for his appointment by the president of the Obergericht Zürich.

17.5 The umpire is elected by the arbitrators. If they do not agree within thirty days, then each party can request the President of the Obergericht Zürich to appoint the umpire.

18. Final clauses

18.1 This agreement is drawn up and signed in English language. For the rights and obligations of the parties to the agreement exclusively this version is binding.
Each party can elaborate a working version of the agreement in its own language and ask the other party for recognition as working version.

18.2 Transfer or assignment of rights without the prior written consent of the other Party is prohibited.

18.3 For this agreement the written form is valid. No verbal agreements have been made. Changes hereto become effective only if agreed to by both parties in writing.

18.4 All communications intended for the LICENSOR are to be addressed to D-76133 Karlsruhe, Karlstraße 32, and all communications intended for the LICENSEE are to be addressed to I-06083 Bastia Umbra, via del Lavoro 5. Declarations of intention of a legal nature such as notices, statements, demands, approvals, consents or other communications must be sent by registered mail or by fax confirmed by registered mail to be valid in law. If a period of notice is to be observed, then its observance shall be decided by the date of the postmark on the return receipt which certifies its delivery to the addressee. The communication may also be transmitted by carrier, which will secure and return a signed and dated receipt of the addressee to the sender.

18.5 The provisions of this agreement apply to affiliated companies of the parties too, directly or indirectly controlled (over 50% share in the voting stock) by them. Violations of this agreement by these companies are effective as constituting the actions by the parties to this agreement.

18.6 This agreement is binding on the parties to the agreement, and their legal successors.

18.7 As to the addresses of the parties to the agreement the abovementioned indications are legally effective. Changes become effective only if notified in accordance with item 18.4 under the address of the parties formerly valid.

18.8 The inefectiveness of one or more provisions of this agreement does not affect the validity of the others. Each party to the agreement can in this case demand that a new valid provision be agreed to which best achieves the economic purpose of the ineffective provision.

18.9 Place of performance is Karlsruhe (Germany).

Karlsruhe, February 14, 2003   Bastia Umbra, February 20, 2003

FOOD EXPRESS Vertriebs GmbH   PRIMA S. p. A.
Alberto Malesa   Carlo Predanti

Anlage 7   *EU-Lizenzvertrag*

Schedule 1 to the
LICENCE AGREEMENT
FOOD EXPRESS Vertriebs GmbH ./.
PRIMA S. p. A.

List of the agreement patent rights

No.	application date	date of grant	country
0482473	15. 10. 1991	15. 03. 1995	all countries of the European Patent Convention of October 5, 1973
1359261	23. 10. 1991	27. 10. 1998	Canada
5144879	08. 09. 1992	15. 11. 1999	USA
305623	25. 10. 1992	05. 04. 2000	Japan

Schedule 2 to the
LICENCE AGREEMENT
FOOD EXPRESS Vertriebs GmbH ./.
PRIMA S. p. A.

Essentiell elements of agreement know how

1. Parts: Manufacturing and Acquisition
   – Selection of material, mechanical treatment, Acquisition Know How
2. Sequence of operation with respect to the automaton: Improvement of the sequences of operation technicly, in order to reach optimal results
3. Cooperation in the construction
4. Cooperation in the planning
5. Cooperation in the further development of indoor- and outdoor automatons
6. New development of automatons, options for the acquisition of patents, Know How and licences
7. Improvement of details: Design, functionality, handling
8. Improvement of parts, for example microwaves etc.
9. Menu adaptation
10. Magazine construction
11. Standardization of the automaton on the basis of an optimal technical quality
12. Maintenance of quality according to ISO 9002, assistance
13. CE – admittances, assistance

Anlage 8

Die Firmen

SCHNEIDER & HAGENMÜLLER AG,
Herdweg 59–65, 64283 Darmstadt (BRD),
(nachstehend „S&H" genannt)

und

AUTOMOTIVE INDUSTRIES PTY. LTD.,
South Melbourne, Victoria (Australia), Garden Lane 223,
(nachstehend „AUTOMOTIVE" genannt)

vereinbaren mit Zustimmung von

AUTOMOBILMOTOREN AKTIENGESELLSCHAFT,
Olgastraße 14–18, 70182 Stuttgart (BRD),
(nachstehend „AUTOMOBIL" genannt)

nachstehenden

Unterlizenzvertrag

Vorbemerkung

S&H ist nicht ausschließlicher Lizenznehmer von AUTOMOBIL in Bezug auf Patente, Patentanmeldungen und Know-how, denen der von AUTOMOBIL erfundene und zur Betriebsfähigkeit entwickelte Otto-PKW-Motor für klimatische Problemzonen zugrunde liegt.

S&H ist daran interessiert, auf dem lizenzierten Teilbereich die Verbreitung dieser Motoren zu fördern.

AUTOMOTIVE ist andererseits daran interessiert, bestimmte von S&H entwickelte Motorentypen unter Verwendung der von S&H hergestellten Originalteile zu assemblieren und sukzessive die Eigenfertigung aufzunehmen.

Vertragsgegenstand, Definitionen

(1) Gegenstand dieses Vertrags sind die von AUTOMOBIL und von S&H auf dem Gebiet der Otto-PKW-Motoren für klimatische Problemzonen vor und während der Dauer dieses Vertrags erworbenen bzw. angemeldeten in- und ausländischen Schutzrechte (im Folgenden *„Vertragsschutzrechte"* genannt) und innerhalb dieser Zeit von AUTOMOBIL und S&H auf diesem Gebiet gewonnenen technischen Erfahrungen, Kenntnisse und Entwicklungsergebnisse (im Folgenden zusammen mit den *Vertragsschutzrechten „Vertragsrechte"* genannt).

Eine Aufstellung der derzeitigen *Vertragsschutzrechte* von AUTOMOBIL und S&H – soweit sie bei der Assemblierung bzw. Herstellung der unterlizenzierten Motorentypen Verwendung finden – ist als **Anlage 1** diesem Vertrag beigefügt.

Sachliches Vertragsgebiet ist die Assemblierung, der Nachbau und die Weiterentwicklung der unterlizenzierten Typen von Otto-PKW-Motoren nach dem den *Vertragsschutzrechten* zugrunde liegenden System *„Desertmotor"*, so wie diese bei S&H bei Abschluss und während der Dauer des Unterlizenzvertrags hergestellt werden.

Anlage 8 *Unterlizenzvertrag*

(2) Unter nach dem „Otto"-Prinzip arbeitenden PKW-Motoren sind solche Motoren zu verstehen, die ein Gemisch aus Brennstoff und Luft verdichten und die dieses Gemisch nicht nur beim Anlaufen durch äußere Mittel, z. B. durch Funkenübertragung an Zündkerzen, zur Explosion bringen.

Umfang der Unterlizenz

(3) S&H erteilt mit Zustimmung von AUTOMOBIL an AUTOMOTIVE das nicht ausschließliche Recht, unter Benutzung der *„Vertragsrechte"*

a) in Australien, im Folgenden *„Vertragsgebiet"* genannt, die folgenden Typen der von S&H hergestellten Otto-PKW-Motoren unter Verwendung von S&H-Originalteilen zu assemblieren und herzustellen (*„Lizenzmotoren"*):
– Typ SH 127
– Typ SH 248

Diese beiden Motorentypen liegen im Rahmen des Hauptlizenzvertrages zwischen AUTOMOBIL und S&H, der einen Bereich zwischen 50 und 125 DIN PS bei 5000 UpM für PKW-Anwendung (einschließlich Station- und Kombiwagen) abdeckt.

Die Assemblierung und Herstellung ist gestattet als
– Antriebsmotoren für Personenkraftwagen
(einschließlich Kombi- und Stationwagen), nachfolgend PKW genannt.

b) in dem *Vertragsgebiet* hergestellte *Lizenzmotoren* in dem *Vertragsgebiet* sowie in den australischen Protektoraten Papua und Neuguinea, in Ozeanien und in Französisch Neu-Kaledonien zu benutzen, benutzen zu lassen, zu vertreiben und vertreiben zu lassen (*„Vertriebsgebiet"*).

Eine Erweiterung des *Vertragsgebiets* sowie des *Vertriebsgebiets* bedarf von Fall zu Fall einer vorher von AUTOMOTIVE einzuholenden Zustimmung von S&H, die ihrerseits die Zustimmung von AUTOMOBIL einholt.

Sollte S&H mit Zustimmung von AUTOMOBIL weitere Unterlizenzen vergeben, so wird S&H den Unterlizenznehmern keine Exportrechte in das *Vertriebsgebiet* von AUTOMOTIVE für die von AUTOMOTIVE hergestellten oder assemblierten *Lizenzmotoren* einräumen.

(4) S&H gewährt AUTOMOTIVE gegen Zahlung eines Betrags von jeweils EUR 25 000,– für jede weitere Motorentype für den Anwendungsumfang der *Lizenzmotoren* gemäß Ziffer 3a ein Optionsrecht auf Erweiterung des Umfangs der Unterlizenz im Rahmen des Hauptlizenzvertrags zwischen AUTOMOBIL und S&H, der den Bereich zwischen 50 und 125 DIN PS bei 5000 UpM umfasst.

Diese Option ist von AUTOMOTIVE von Fall zu Fall für eine bestimmte, bei S&H hergestellte Motorentype zu erklären unter gleichzeitiger Zahlung des vereinbarten Optionsentgelts von EUR 25 000,–.

Bei Ausübung einer jeden Option hat AUTOMOTIVE zusätzlich weitere EUR 25 000,– unmittelbar an AUTOMOBIL zu zahlen.

Haftung für Vertragsschutzrechte

(5) AUTOMOBIL hat in dem Lizenzvertrag mit S&H erklärt, dass sie über die *Vertragsschutzrechte* frei verfügen kann und dass ihr keine Tatsachen bekannt sind, welche die Rechtsgültigkeit der *Vertragsschutzrechte* beeinträchtigen könnten.

(6) S&H erklärt in gleicher Weise, dass ihre eigenen Schutzrechte und Schutzrechtsanmeldungen, die Bestandteil der *Vertragsschutzrechte* sind, rechtsbeständig sind.

Bestand der Vertragsschutzrechte

(7) AUTOMOBIL hat in dem Lizenzvertrag mit S&H erklärt, dass sie sich verpflichtet, die Jahresgebühren für die *Vertragsschutzrechte* zu zahlen und alle Formalitäten zu erfüllen, die zu ihrer Aufrechterhaltung nötig sind.

S&H erklärt in gleicher Weise, dass sie die von ihr eingereichten Patentanmeldungen sowie ihre erworbenen einschlägigen Patente aufrecht erhalten wird.

Verletzung von Vertragsschutzrechten

(8) AUTOMOBIL hat in dem Lizenzvertrag mit S&H erklärt, dass sie sich verpflichtet, Verletzungen von *Vertragsschutzrechten* auf ihre Kosten, gegebenenfalls unter Bevollmächtigung von S&H, zu verfolgen.

S&H verpflichtet sich gegenüber AUTOMOTIVE, Verletzungen ihrer eigenen *Vertragsschutzrechte* auf ihre Kosten im *Vertragsgebiet* zu verfolgen. Will S&H einen Verletzungsprozess ausnahmsweise nicht führen, dann wird sie auf Wunsch von AUTOMOTIVE alle zur Prozessführung notwendigen Vollmachten an AUTOMOTIVE geben und AUTOMOTIVE bei der Prozessführung nach besten Kräften unterstützen.

Über die Beteiligung an den Kosten und Erträgnissen eines solchen Prozesses verständigen sich die Vertragspartner im Voraus.

Festlizenzgebühren

(9) Für die Überlassung der Unterlizenz für die Assemblierung und den Nachbau der in Ziffer 3a) genannten *Lizenzmotoren* zahlt AUTOMOTIVE

a) unmittelbar an AUTOMOBIL   EUR 25 000,–
Hiervon sind EUR 12 500,– mit Unterzeichnung dieses Unterlizenzvertrags durch AUTOMOTIVE zur Zahlung fällig. Weitere EUR 12 500,– werden zur Zahlung fällig, sobald AUTOMOTIVE die Serienfertigung eines Motorenteils der unterlizenzierten *Lizenzmotoren* aufnimmt.

b) an S&H   EUR 25 000,–
Hiervon sind EUR 12 500,– mit Unterzeichnung dieses Unterlizenzvertrags durch AUTOMOTIVE zur Zahlung fällig. Weitere EUR 12 500,– werden zur Zahlung fällig, sobald AUTOMOTIVE die Serienfertigung eines Motorenteils der unterlizenzierten *Lizenzmotoren* aufnimmt.

Als Gegenleistung stellt S&H an AUTOMOTIVE zur Verfügung:

c) Während der Dauer der Assemblierung die kompletten technischen Unterlagen, einschließlich Prüf- und Testanweisungen, um die *Lizenzmotoren* entsprechend dem Qualitätsstandard von S&H assemblieren zu können.

d) Bei Anlauf der Eigenfertigung bei AUTOMOTIVE die jeweils erforderlichen kompletten Fertigungsunterlagen für die zur Eigenfertigung vorgesehenen Teile einschließlich Stücklisten, Material-Spezifikationen, Produktionsanweisungen, Einzelteil- und Zusammenbauzeichnungen, Offenlegung der erforderlichen Maschinen, Vorrichtungen und Werkzeuge.

Anlage 8 *Unterlizenzvertrag*

e) die laufende technische Betreuung einschließlich des technischen Änderungsdienstes, um AUTOMOTIVE in die Lage zu versetzen, nach dem jeweils letzten technischen Entwicklungsstand zu assemblieren bzw. zu fertigen.

f) wird bei Anlauf der Lizenzfertigung die Ausbildung eines AUTOMOTIVE-Experten bei S&H erforderlich, so ist S&H nach Maßgabe einer von Fall zu Fall zu treffenden Einzelvereinbarung hierzu bereit. Als Grundsatz gilt, dass hierbei sämtliche Kosten für Reise und Aufenthalt von AUTOMOTIVE zu tragen sind und die Ausbildung jährlich nicht 15 Mann/Tage überschreiten darf.

Umsatzlizenzgebühr

(10) Bei Einsetzen der Fertigung zahlt AUTOMOTIVE außerdem an S&H eine Lizenzgebühr, die nach dem Umsatz berechnet wird, den AUTOMOTIVE mit den unter Benutzung mindestens eines *Vertragsschutzrechtes* hergestellten *Lizenzmotoren* erzielt.

Der Umsatzermittlung ist der Fabrikausgangspreis des Motors einschließlich seiner Zubehörteile zugrunde zu legen.

Die Umsatzlizenzgebühr beträgt 10% ohne Rücksicht auf die Höhe des Umsatzes.

Die aufgrund des Lizenzvertrags zwischen AUTOMOBIL und S&H von S&H zu zahlende Umsatzlizenzgebühr von derzeit 7,5% leitet S&H an AUTOMOBIL unverzüglich nach Zahlungseingang der Lizenzgebühren weiter und zwar auf den auf den reinen Motorenwert entfallenden Anteil.

Solange AUTOMOTIVE sich darauf beschränkt, die *Lizenzmotoren* ausschließlich aus den von S&H gelieferten Teilen zusammenzubauen (100%ige Assemblierung), ist keine Umsatzlizenzgebühr von AUTOMOTIVE zu zahlen. AUTOMOTIVE hat die Umsatzlizenzgebühr von 10% aus dem Fabriksausgangspreis des Motors abzurechnen und zu zahlen, sobald AUTOMOTIVE die Unterlizenzfertigung eines Teils aufnimmt, das nach der Definition in dem zwischen AUTOMOBIL und S&H geschlossenen Lizenzvertrag ein Teil des reinen Motors ist. Die Teile des unter Verwendung von *Vertragsschutzrechten* von AUTOMOBIL hergestellten *Lizenzmotoren* ergeben sich aus der **Anlage 2**, die von Fall zu Fall ergänzt bzw. berichtigt wird.

Die Umsatzlizenzgebühren sind kalenderhalbjährlich jeweils innerhalb eines Monats nach Ablauf eines Kalenderhalbjahres abzurechnen und kostenfrei auf ein zuvor avisiertes Konto von S&H in der BRD zu überweisen.

Für alle finanziellen Verpflichtungen aus diesem Unterlizenzvertrag gegenüber S&H und AUTOMOBIL veranlasst AUTOMOTIVE das Aval der deutschen Korrespondenz-Bank einer australischen Bank. Der Unterlizenzvertrag tritt erst nach Vorliegen des Avals einer deutschen Bank in Kraft.

Kontrollrechte

(11) S&H kann alle für die Lizenzgebührenabrechnung nötigen Unterlagen durch einen beauftragten S&H-Repräsentanten oder durch einen vereidigten Buchprüfer während der üblichen Geschäftsstunden von AUTOMOTIVE in deren Betrieb einsehen und kontrollieren; hierbei sind alle gewünschten Auskünfte zu erteilen und alle einschlägigen Unterlagen offen zu legen. Das gleiche Kontrollrecht steht AUTOMOBIL zu.

Kennzeichnungspflicht

(12) AUTOMOTIVE kennzeichnet jeden assemblierten bzw. jeden ganz oder teilweise eigengefertigten *Lizenzmotor* mit einem auf dem Typenschild anzubringenden Hinweis

„System AUTOMOBIL Desertmotor".

Erfahrungsaustausch

(13) AUTOMOTIVE und S&H vereinbaren einen gegenseitigen Erfahrungsaustausch auf dem sachlichen Vertragsgebiet.

Von Seiten S&H besteht dieser Erfahrungsaustausch in der Übermittlung aller erforderlichen Entwicklungs-, Versuchs-, Konstruktions- und Fertigungsinformationen, um AUTOMOTIVE in die Lage zu versetzen, die Assemblierung bzw. Unterlizenzfertigung der *Lizenzmotoren* aufzunehmen.

Von Seiten AUTOMOTIVE sind an S&H alle eventuellen Weiterentwicklungen, insbesondere auch für die speziellen Verwendungszwecke im *Vertragsgebiet*, mitzuteilen sowie gefundene Neuerungen und Verbesserungen und sonstigen Erfahrungen auf dem sachlichen Vertragsgebiet unaufgefordert und umgehend offen zu legen.

S&H muss hierbei von AUTOMOTIVE in die Lage versetzt werden, in den zwischen AUTOMOBIL und S&H lizenzvertraglich vereinbarten Erfahrungsaustausch auch die Mitteilungen von AUTOMOTIVE mit einbeziehen zu können.

Alle Informationen, die auf diese Weise ausgetauscht werden, behandelt AUTOMOTIVE und S&H auch nach Ablauf dieses Unterlizenzvertrags solange vertraulich, als sie nicht offenkundig sind.

Schutzrechte von AUTOMOTIVE

(14) Sollte AUTOMOTIVE Eigenentwicklung betreiben und im eigenen Namen Schutzrechte erwerben bzw. Schutzrechtsanmeldungen tätigen, so räumt AUTOMOTIVE S&H, AUTOMOBIL und allen anderen Lizenznehmern und Unterlizenznehmern von AUTOMOBIL für die Dauer dieses Unterlizenzvertrags ein kostenloses Mitbenutzungsrecht ein.

Hat AUTOMOTIVE nach Ablauf dieses Unterlizenzvertrags einschlägige Schutzrechte oder Schutzrechtsanmeldungen, die von S&H, AUTOMOBIL oder anderen Lizenznehmern und Unterlizenznehmern von AUTOMOBIL weiter benutzt werden, so erteilt AUTOMOTIVE an AUTOMOBIL eine einfache Lizenz mit dem Recht der Unterlizenzvergabe an die anderen Lizenznehmer und Unterlizenznehmer von AUTOMOBIL. Unterlizenzen darf AUTOMOBIL jedoch dann nur gegen Entgelt und gegen angemessene Beteiligung von AUTOMOTIVE daran vergeben.

Anmeldung und Aufgabe von Schutzrechten

(15) S&H wird von den von AUTOMOBIL und von S&H auf dem sachlichen Vertragsgebiet getätigten Schutzrechtsanmeldungen unverzüglich AUTOMOTIVE in Kenntnis setzen.

Sollte AUTOMOTIVE Eigenentwicklung betreiben, die zu Schutzrechtsanmeldungen führt, so wird AUTOMOTIVE rechtzeitig AUTOMOBIL vor Ablauf der Prioritätsfristen mitteilen, in welchen Auslandsstaaten AUTOMOTIVE in Australien angemeldete Erfindungen nicht anmelden will. AUTOMOTIVE wird Anmeldungen in den Auslandsstaaten einreichen, für die AUTOMOBIL innerhalb eines Monats erklärt, dass sie die Kosten für die betreffenden Anmeldungen trägt.

Will AUTOMOTIVE ein Schutzrecht aufgeben, das das sachliche Vertragsgebiet betrifft oder betreffen kann, so teilt AUTOMOTIVE dies AUTOMOBIL zwei Monate vor Fälligkeit der Jahresgebühren durch eingeschriebenen Brief mit. Wenn AUTOMOBIL innerhalb eines Monats erklärt, dass sie die Kosten für die Aufrechterhaltung trägt, wird AUTOMOTIVE dieses Schutzrecht aufrechterhalten.

AUTOMOBIL kann über Schutzrechte, die sie nach den vorhergehenden Absätzen erworben hat, frei verfügen. Sie kann sie jedoch auch nach Ablauf dieses Unterlizenzvertrags weder gegen AUTOMOTIVE noch gegen S&H oder gegen irgendwelche Dritte geltend machen, denen AUTOMOTIVE dingliche oder obligatorische Rechte daran gewährt hat.

Von allen Mitteilungen, die AUTOMOTIVE aufgrund der Bestimmungen der vorstehenden Absätze gegenüber AUTOMOBIL macht, ist S&H Abschrift zu erteilen.

Schutzrechtserwerb von Dritten

(16) Sollte AUTOMOTIVE von Dritten ein Schutzrecht erwerben, das das sachliche Vertragsgebiet betrifft oder betreffen kann, so hat AUTOMOTIVE dies AUTOMOBIL und S&H zu den Bedingungen des Unterlizenzvertrags gegen angemessene Beteiligung an den Beschaffungskosten schriftlich anzubieten, soweit AUTOMOTIVE daran nicht rechtlich gehindert ist.

AUTOMOTIVE hat Vergütungen für eventuelle Arbeitnehmererfindungen selbst zu tragen.

Nichtangriffsklausel

(17) Weder AUTOMOTIVE noch S&H werden vor oder während der Vertragsdauer erteilte Schutzrechte, die das sachliche Vertragsgebiet betreffen oder betreffen können und die einem Vertragsteil dieses Unterlizenzvertrags oder AUTOMOBIL gehören, unmittelbar oder mittelbar angreifen oder sonst Schritte unternehmen, die den Bestand eines solchen Schutzrechts gefährden könnten.

Wird dieser Unterlizenzvertrag vor Erlöschen des letzten *Vertragsschutzrechts* gekündigt, so gilt diese Verpflichtung auch nach Ablauf des Unterlizenzvertrags weiter.

Laufzeit und Kündigung

(18) Die Laufzeit dieses Unterlizenzvertrags ist abhängig von der Laufzeit des Lizenzvertrags zwischen AUTOMOBIL und S&H, gleichgültig ob dieser durch Zeitablauf, durch gesonderte Vereinbarung oder durch ordentliche oder fristlose Kündigung beendet wird.

Der Lizenzvertrag zwischen AUTOMOBIL und S&H kann mit einjähriger Frist auf den 31.12.2007 und jedes folgende Kalenderjahresende gekündigt werden. Wird er nicht gekündigt, läuft er bis zum Erlöschen des letzten *Vertragsschutzrechtes*. Außerdem bestehen Kündigungsrechte bei Vertragsverletzungen und sonstigen wichtigen Ereignissen.

Kündigt S&H ihren Lizenzvertrag mit AUTOMOBIL vorzeitig, so kann AUTOMOTIVE bei AUTOMOBIL beantragen, den Unterlizenzvertrag unmittelbar mit AUTOMOBIL zu

Bedingungen fortzusetzen, die AUTOMOBIL zu gegebener Zeit in freier widerruflicher Bereitschaft festsetzen wird.

Für AUTOMOTIVE und S&H ist fristlose Kündigung möglich, wenn im Verhalten des anderen Vertragsteils ein wichtiger Grund vorliegt, der die für diesen Vertrag nötige Vertrauensgrundlage wesentlich erschüttert. S&H kann ferner fristlos kündigen, wenn AUTOMOTIVE mit der Zahlung von Lizenzgebühren länger als zwei Monate im Rückstand ist.

Die fristlose Kündigung des Unterlizenzvertrags nach dem vorhergehenden Absatz ist nur zulässig, wenn der zur Kündigung berechtigte Vertragspartner den anderen mittels eingeschriebenem Brief aufgefordert hat, den Kündigungsgrund binnen angemessener Frist zu beheben und wenn diese Frist fruchtlos verstrichen ist.

AUTOMOTIVE kann diesen Unterlizenzvertrag jederzeit unter Einhaltung einer Frist von sechs Monaten auf das Ende jedes Kalenderjahres kündigen. Die Kündigung muss durch eingeschriebenen Brief erfolgen.

Pflichten nach Vertragsende

(19) Nach Beendigung dieses Unterlizenzvertrages darf AUTOMOTIVE im normalen Produktionsgang befindliche *Lizenzmotoren* fertig stellen und vertreiben. Die Umsatzlizenzgebühren dafür sind nach den Bedingungen dieses Unterlizenzvertrages abzurechnen und zu bezahlen.

(20) Nach Beendigung dieses Unterlizenzvertrages hat AUTOMOTIVE alle noch vorhandenen und von S&H gemäß Ziffer 9c) und d) dieses Unterlizenzvertrages übergebenen Unterlagen unverzüglich mit der Versicherung der Richtigkeit und Vollständigkeit zurückzugeben.

Nebenbestimmungen

(21) Beabsichtigt AUTOMOTIVE bei der Assemblierung der *Lizenzmotoren* die Verwendung von Zukaufteilen, die nicht von S&H oder einem Zulieferanten von S&H stammen, so ist deren Verwendung erst zulässig, wenn sie von AUTOMOTIVE an S&H kostenfrei in ausreichendem Muster eingesandt und von S&H nach Prüfung ausdrücklich freigegeben worden sind.

(22) Der deutsche Wortlaut dieses Vertrages ist allein verbindlich. Auf die Rechtsbeziehungen der Vertragsparteien aus diesem Unterlizenzvertrag findet das Recht der Bundesrepublik Deutschland Anwendung.

(23) Für diesen Vertrag gilt Schriftform. Mündliche Vereinbarungen sind nicht getroffen. Änderungen und Ergänzungen dieses Unterlizenzvertrages bedürfen der Schriftform.

(24) Die Unwirksamkeit einer oder mehrerer Bestimmungen dieses Unterlizenzvertrages berührt die Gültigkeit der übrigen nicht. Jeder Vertragspartner kann in diesem Fall eine Vereinbarung verlangen, die dem wirtschaftlichen Zweck der unwirksamen Bedingungen am besten entspricht.

(25) Alle Bestimmungen dieses Unterlizenzvertrages gelten auch für die Rechtsnachfolger der Vertragspartner.

Anlage 8 *Unterlizenzvertrag*

Schiedsverfahren

(26) Über alle Streitigkeiten aus diesem und über diesen Unterlizenzvertrag, einschließlich seiner Rechtsgültigkeit und der Fortwirkungen nach Beendigung, entscheidet unter Ausschluss des ordentlichen Rechtsweges ein Schiedsgericht endgültig. Das Schiedsgericht hat seinen Sitz in Zürich (Schweiz) und entscheidet in Anwendung des 12. Kapitels des Schweizerischen Bundesgesetzes vom 18. Dezember 1987 über das Internationale Privatrecht (IPRG).

(27) Die Gerichtsgebühren betragen 5% des Streitwerts zuzüglich Auslagen und sonstiger Kosten (insgesamt nachfolgend als Gerichtskosten bezeichnet). Sie sind zusammen mit einer vom Gericht festzusetzenden Parteientschädigung für die obsiegende Partei von der unterliegenden Partei zu übernehmen. Jede Partei hat die Hälfte der Gerichtskosten vorzuschießen.

(28) Das Schiedsgericht besteht aus zwei Schiedsrichtern und einem Obmann.

(29) Die das Schiedsgericht anrufende Partei hat der anderen den Anspruch, wegen dessen sie das Schiedsgericht anruft, schriftlich darzulegen und gleichzeitig mitzuteilen, wen sie als Schiedsrichter gewählt hat.

(30) Die andere Partei hat binnen 30 Tagen nach Eingang dieser Erklärung den anderen Schiedsrichter zu benennen. Benennt sie ihn innerhalb dieser Frist nicht, so kann die betreffende Partei seine Ernennung durch den Präsidenten des Obergerichts Zürich beantragen.

(31) Der Obmann wird von den Schiedsrichtern gewählt. Einigen sie sich nicht binnen 30 Tagen, so kann jede Partei den Präsidenten des Obergerichts Zürich um die Ernennung des Obmanns bitten.

In-Kraft-Treten

(32) Dieser Unterlizenzvertrag tritt nach Vorliegen der Zustimmung von AUTOMOBIL und dem Vorliegen des in Ziffer 10 erwähnten Avals mit dem Tage der Unterzeichnung durch den zuletzt unterzeichnenden Vertragspartner in Kraft. Der Vertrag bedarf in der BRD keiner behördlichen Genehmigung. Sollte in Australien eine behördliche Genehmigung erforderlich sein, so tritt der Vertrag in dem Zeitpunkt in Kraft, in welchem diese Genehmigung erteilt worden ist, vorbehaltlich Satz 1. AUTOMOTIVE wird alle erforderlichen Maßnahmen einleiten und durchführen, um eine solche eventuelle Genehmigung unverzüglich zu beschaffen.

Darmstadt, den 27. Januar 2003	Melbourne, den 30. Januar 2003
SCHNEIDER & HAGENMÜLLER AG	AUTOMOTIVE INDUSTRIES PTY. LTD.

Anlage 9

Zwischen

    Eternit Kunststoffvertriebs GmbH,
    Schillerstraße 41–45
    D-47179 Duisburg (Bundesrepublik Deutschland)

    – im Folgenden **Auftraggeber** genannt –

                                                                einerseits

und

    Lizenzmarketing GmbH
    Bonner Straße 53
    D-52351 Düren (Bundesrepublik Deutschland)

    – im Folgenden **Auftragnehmer** genannt –

                                                               andererseits

wird folgender

Interessenwahrungsvertrag

geschlossen:

§ 1
Vertragsgegenstand

(1) Der Auftraggeber beauftragt den Auftragnehmer, im Vertragsgebiet (§ 2) für die Vertragsprodukte (§ 3) nicht-ausschließliche Akquisitionsarbeit für den Auftraggeber auf folgenden Gebieten zu verrichten:

a) Vermittlung von geeigneten Lizenznehmern.
b) Vermittlung von geeigneten Abnehmern für Prototypen, die vom Auftraggeber selbst bzw. in seinem Auftrag oder mit seiner Lizenz von Dritten hergestellt werden.
c) ....
d) ....

(2) Der Auftragnehmer erhält vom Auftraggeber alle für seine Arbeit erforderlichen Instruktionen und Informationen.

(3) Der Auftraggeber behält sich ausdrücklich vor, dem Auftragnehmer Abschlussvollmacht für sämtliche oder einzelne Arbeitsgebiete gemäß Abs. (1) zu erteilen.

§ 2
Vertragsgebiet

(1) Unter „Vertragsgebiet" ist/sind folgende(r) Staat/Staaten zu verstehen: ....
....

(2) Der Auftraggeber behält sich ausdrücklich vor, das „Vertragsgebiet" zu erweitern.

§ 3
Vertragsprodukt

(1) Unter den Begriff „Vertragsprodukt" fallen folgende Gegenstände, die durch Patente, Patentanmeldungen oder Know-how des Auftraggebers geschützt bzw. ausgewiesen sind:

....

....

....

(2) Der Auftraggeber behält sich ausdrücklich vor, den Begriff „Vertragsprodukt" zu erweitern.

§ 4
Provision

(1) Soweit ein Vertragsabschluss nachweislich auf die Tätigkeit des Auftragnehmers zurückzuführen ist, erhält der Auftragnehmer eine Provision, die sich
a) im Falle des § 1 Abs. 1a auf 5% der Festlizenzgebühren und auf 3% der Umsatzlizenzgebühren,
b) im Falle des § 1 Abs. 1b auf 3% des Nettofakturenpreises ab Werk,
c) im Falle des § 1 Abs. 1c auf ....,
d) im Falle des § 1 Abs. 1d auf ....,

beläuft. Der Auftragnehmer erhält Provisionsschutz gem. § 5 Abs. 3.

(2) Die Provision ist in der Währung zu zahlen, in der ihre Bezugsgröße gemäß Abs. (1) berechnet ist. Sie ist einen Monat nach dem effektiven Eingang der entsprechenden Zahlung beim Auftraggeber zur Zahlung fällig und vom Auftraggeber auf das vom Auftragnehmer bezeichnete Konto zu überweisen.

§ 5
Laufzeit und Kündigung

(1) Dieser Interessenwahrungsvertrag wird auf unbestimmte Zeit abgeschlossen.

(2) Jeder Vertragspartner kann diesen Interessenwahrungsvertrag unter Einhaltung einer Frist von 6 Monaten auf das Ende jedes Kalenderjahres durch eingeschriebenen Brief kündigen, erstmals zum ....

(3) Der Auftragnehmer behält auf die Dauer von 2 Jahren nach Beendigung dieses Interessenwahrungsvertrags insoweit Anspruch auf Provision gemäß § 4, als die entsprechende Zahlung in diesem Zeitraum aus einem vom Auftragnehmer vermittelten provisionspflichtigen Vertrag, der vor Beendigung dieses Interessenwahrungsvertrags abgeschlossen wurde, beim Auftraggeber eingeht.

§ 6
Anzuwendendes Recht und Schiedsverfahren

(1) Auf die Rechtsbeziehungen der Vertragspartner aus diesem Interessenwahrungsvertrag findet das Recht der Bundesrepublik Deutschland Anwendung.

(2) Über alle Streitigkeiten aus und über diesen Interessenwahrungsvertrag, einschließlich seiner Rechtsgültigkeit und der Fortwirkungen nach Beendigung, entscheidet unter Ausschluss des ordentlichen Rechtswegs ein einköpfiges Schiedsgericht endgültig.

(3) Das Schiedsgericht hat seinen Sitz in Zürich (Schweiz). Es wird gebildet und entscheidet nach den Bestimmungen des 12. Kapitels (Internationale Schiedsgerichtsbarkeit) des Schweizerischen Bundesgesetzes vom 18. Dezember 1987 über das Internationale Privatrecht (IPRG). Wenn sich die Vertragspartner nicht innerhalb eines Monats nach Unterbreitung eines entsprechenden Vorschlags durch einen Vertragspartner auf einen Schiedsrichter einigen, kann jeder Vertragspartner die bindende Ernennung durch den Präsidenten des Obergerichts Zürich beantragen.

(4) Die Vorschriften der vorstehenden Absätze (2) und (3) sind Gegenstand der gesonderten Schiedsvereinbarung in Anlage zu diesem Vertrag.

§ 7
Nebenbestimmungen

(1) Für diesen Interessenwahrungsvertrag gilt Schriftform. Mündliche Vereinbarungen sind nicht getroffen. Änderungen und Ergänzungen bedürfen der Schriftform um wirksam zu sein.

(2) Erfüllungsort ist Duisburg.

§ 8
In-Kraft-Treten

Dieser Interessenwahrungsvertrag tritt mit Unterzeichnung durch beide Vertragspartner in Kraft.

Duisburg, den .... Düren, den ....

    Auftraggeber   Auftragnehmer

Anlage 9 *Lizenz-Marketing-Vertrag*

Zwischen

    Eternit Kunststoffvertriebs GmbH,
    Schillerstraße 41–45
    D-47179 Duisburg (Bundesrepublik Deutschland)

  – im Folgenden **Auftraggeber** genannt –

einerseits

und

    Lizenzmarketing GmbH
    Bonner Straße 53
    D-52351 Düren (Bundesrepublik Deutschland)

  – im Folgenden **Auftragnehmer** genannt –

andererseits

wird folgende

Schiedsvereinbarung

zum Interessenwahrungsvertrag vom .... geschlossen:

(1) Über alle Streitigkeiten aus und über den Interessenwahrungsvertrag vom…, einschließlich seiner Rechtsgültigkeit und der Fortwirkungen nach Beendigung, entscheidet unter Ausschluss des ordentlichen Rechtswegs ein einköpfiges Schiedsgericht endgültig.

(2) Das Schiedsgericht hat seinen Sitz in Zürich (Schweiz). Es wird gebildet und entscheidet nach den Bestimmungen des 12. Kapitels (Internationale Schiedsgerichtsbarkeit) des Schweizerischen Bundesgesetzes vom 18. Dezember 1987 über das Internationale Privatrecht (IPRG). Wenn sich die Vertragspartner nicht innerhalb eines Monats nach Unterbreitung eines entsprechenden Vorschlags durch einen Vertragspartner auf einen Schiedsrichter einigen, kann jeder Vertragspartner die bindende Ernennung durch den Präsidenten des Obergerichts Zürich beantragen.

Duisburg, den ....   Düren, den ....

    Auftraggeber   Auftragnehmer

Anlage 10

Agreement

This Agreement made and entered into as of this 12th day of November, 2002, by and between VEREINIGTE MOTOREN AKTIENGESELLSCHAFT, hereinafter also called "VM AG", a German joint stock company, having a place of business at Frankfurt, Federal Republic of Germany, the firm BARTHEL GmbH, hereinafter also called "BARTHEL", a German limited liability company, having a place of business at Kempten, Federal Republic of Germany, hereinafter jointly and severally referred to as "VM AG/BARTHEL", CARPENTER CORPORATION, hereinafter also called "CARPENTER", a Delaware corporation, having a place of business at Wood-Ridge, New Jersey, U.S.A., said VM AG/BARTHEL and CARPENTER being hereinafter jointly and severally referred to as LICENSORS, and BRISBANE MOTORS CORPORATION, hereinafter also called "BM", a corporation of the State of Delaware, having a place of business at Detroit, Michigan, U.S.A., referred to as LICENSEE,

Witnesseth:

WHEREAS, CARPENTER represents and warrants that it has the right to grant the license hereinafter set forth to the extent only that such license relates to the United States, Canada and Mexico, including all areas covered by the patents of said countries,

WHEREAS, VM AG /BARTHEL represent and warrant that they have the right to grant the license hereinafter set forth to the extent only that such license relates to all countries of the world other than those referred to in the previous WHEREAS clause, and

WHEREAS, BM desires to obtain for LICENSEE the hereinafter specified license under the Licensor Patents and Licensor Know-how.

Now, Therefore, be it agreed as follows:

1. Definitions

For the purpose of this Agreement:

(a) "Licensed Engine" shall include (i) any rotary piston internal combustion engine and (ii) to the extent LICENSORS are able to include the same, any compressor, blower or expansion engine of the rotary piston type.

(b) "Licensed Use" shall include any and all applications of Licensed Engines except use as propulsion power units for aircraft.

(c) "Licensor Patents" shall mean any and all patent applications and patents in any country, which patent applications and patents (i) are based on inventions conceived prior to the date of this Agreement, and (ii) are owned or so controlled by LICENSORS that they have the right to grant license or sublicense rights thereunder to LICENSEE under the terms and conditions established by this Agreement. CARPENTER represents and warrants that to the best of its knowledge the accompanying Schedule "A" is a list of all of the CARPENTER and VM AG/BARTHEL U.S., Canadian and Mexican patents and patent applications, and the CARPENTER unfiled invention conceptions, which relate to Licensed Engines and are included in the Licensor Patents. VM AG/BARTHEL represent and warrant that to the best of their knowledge to accompanying Schedule "B" is a list of all of the VM AG/

Anlage 10 USA – Pauschallizenz

BARTHEL patents, patent applications and unfiled invention conceptions which relate to Licensed Engines and are included in the Licensor Patents. CARPENTER agrees to furnish to BM within a reasonable time a list of the CARPENTER patents and patent applications in countries other than the U.S., Canada and Mexico which are included in the Licensor Patents.

(d) "Licensor Know-how" shall mean any and all technical data in existence prior to the date of this Agreement and owned by LICENSORS or with respect to which LICENSORS have a right to grant the right of use herein agreed to be granted to LICENSEE, relating to the design, manufacture, development, test, maintenance or operation of Licensed Engines, which technical data includes without limitation thereto, blueprints, reproducible work and manufacturing drawings, process information, specifications, parts lists, engineering data, test reports, design information and performance charts. LICENSORS agree, only if requested by LICENSEE, to furnish within a reasonable period after execution of this Agreement Licensor Know-how to and for use hereunder by LICENSEE.

(e) "LICENSEE" shall mean the above-identified BRISBANE MOTORS CORPORATION and its present and future subsidiaries; a subsidiary being a company of which BRISBANE MOTORS has control by direct or indirect ownership of over 50% of the voting stock or, in the case of a country not permitting such ownership, the maximum per cent of voting stock allowed by such country.

2. Licenses Granted

LICENSORS agree to grant and do hereby grant to LICENSEE a world-wide, nonexclusive license under Licensor Patents and Licensor Know-how to make, have made, use, lease and sell Licensed Engines for all Licensed Use, and spare and replacement parts for LICENSEE'S Licensed Engines. Said license shall not be assignable except to the extent provided in Paragraph 12 of this Agreement.

3. Licenses Not Granted

(a) None of the patents, patent applications, inventions and know-how of LICENSEE is licensed to LICENSORS under this Agreement. LICENSEE reserves to itself the right to license or not to license any of its said patents, patent applications, inventions and know-how, present or future, to LICENSORS or LICENSORS' other licensees or anyone else.

(b) It is understood and agreed that LICENSEE has no right to grant any sublicense under the license granted to it hereunder.

4. Payments

In consideration of the rights and licenses herein granted to LICENSEE, BM agrees, subject to the provisions of Paragraph 7 (a) of this Agreement, to pay (i) to VM AG/BARTHEL EUR 43,818,178 of the European Central Bank (ECB) and (ii) to CARPENTER $ 22,727,274 in United States Dollars, in accordance with the following schedule:

	Date	VM AG/BARTHEL	CARPENTER	For License Period From:
(i)	On or before Dec. 26, 2002	EUR 1,981,819	$ 2,272,727	Date of Agreement to 12-25-2003
(ii)	On or before Dec. 26, 2003	EUR 9,963,635	$ 4,545,455	12-26-2003 to 12-25-2004
(iii)	On or before Dec. 26, 2004	EUR 9,963,635	$ 4,545,455	12-26-2004 to 12-25-2005
(iv)	On or before Dec. 26, 2005	EUR 9,963,635	$ 4,545,455	12-26-2005 to 12-25-2006
(v)	On or before Dec. 26, 2006	EUR 9,963,635	$ 4,545,455	12-26-2006 to 12-25-2007
(vi)	On or before Dec. 26, 2007	EUR 1,981,819	$ 2,272,727	12-26-2007 and thereafter
	TOTALS	EUR 43,818,178	$ 22,727,274	

Amounts To:

Any payment due CARPENTER hereunder shall be deemed to be properly made if the amount of such payment due is deposited on or before the due date to the account of CARPENTER in First National City Bank, 399 Park Avenue, New York, New York, or any other bank specified from time to time by CARPENTER by notice in writing received by BM at least fifteen (15) days in advance of the due date of any payment, provided, however, that if the bank so designated by CARPENTER shall be located outside the continental United States, CARPENTER shall bear the reasonable costs of transferring the necessary funds to such bank.

Any payment due VM AG/BARTHEL hereunder shall be deemed to be properly made if the amount of such payment due is deposited on or before the due date to the account of VM AG/BARTHEL in Dresdner Bank AG, Frankfurt, Federal Republic of Germany, or any other bank in the Federal Republic of Germany specified by VM AG/BARTHEL by notice in writing received by BM at least fifteen (15) days in advance of the due date of any payment.

If BM shall have made all of the payments listed in the schedule above, no further payments will be due or owing by BM to LICENSORS, and the rights and licenses herein granted to LICENSEE shall be irrevocable and fully paid.

5. Marking

LICENSEE agrees to mark each Licensed Engine manufactured in North America (i.e., United States, Canada or Mexico) under Licensor Patents hereunder with a patent notice conforming to the patent marking laws, regulations or requirements of the country in which such Licensed Engine is sold (i.e., United States, Canada or Mexico).

LICENSORS shall have no right to terminate this Agreement or any of the licenses granted hereby for failure of LICENSEE to mark in accordance with this paragraph.

6. Expiration

This Agreement, unless earlier terminated as herein provided, shall expire on the expiration date of the last to expire of the Licensor Patents.

7. Termination

(a) By giving LICENSORS not less than one day's, and not more than six months', prior written notice, BM shall have the right to terminate this Agreement effective on any date between November 26 and December 25 of each of the years 2003 through 2007. No payment provided in Paragraph 4 of this Agreement, other than a payment therein specified to be payable on a date which is earlier than the effective date of said termination, shall be payable after said termination.

(b) If BM shall fail to make any payment provided in Paragraph 4 hereof, at the time therein specified for such payment, the party to whom such payment was payable shall have the right to terminate forthwith this Agreement and the licenses granted hereby by giving BM written notice of such termination and LICENSORS shall have the right to retain all monies previously paid by BM to LICENSORS hereunder notwithstanding any such termination.

(c) Any termination of this Agreement shall be without prejudice to the rights of LICENSORS which have accrued prior to said termination including the rights of LICENSORS to payments provided in Paragraph 4 hereof which are therein specified to be payable on a date which is earlier than the date of said termination.

(d) In the event of termination of this Agreement, LICENSEE shall have a royaltyfree license under the Licensor Patents and Licensor Know-how to make, have made, use and sell parts for replacement and service of all Licensed Engines manufactured and sold under this Agreement prior to the date of termination.

8. Handling of Licensor Know-how

BM hereby agrees that, with respect to all Licensor Know-how furnished by LICENSORS hereunder but excluding all data known to LICENSEE prior to disclosure by LICENSORS or which is or becomes public knowledge without fault of LICENSEE, LICENSEE will maintain reasonable security comparable to that maintained by BM with respect to its own technical data of a similar nature relating to its conventional production items, prior to production release thereof.

9. Non-Recognition of Patents

LICENSORS agree that neither the making of this Agreement nor any other acts pursuant to this Agreement shall be regarded as an admission by LICENSEE that any of the LICENSORS has made any patentable invention or has any valid patent.

10. Notices

All notices hereunder shall be deemed to have been properly given on the fifth (5th) day after they have been sent both by registered air mail, postage prepaid, and by Telex or Telefax, addressed as follows:

If to VM AG/BARTHEL:
Vereinigte Motoren
Aktiengesellschaft
D-60311 Frankfurt
Weißfrauenstraße 127
Federal Republic of Germany
(Attention: Legal Department)

If to CARPENTER:
CARPENTER Corporation
One Passaic Street
Wood-Ridge, New Jersey 07075, U.S.A.
(Attention: Secretary)

If to BM:
BRISBANE MOTORS CORPORATION
3044 West Grand Boulevard
Detroit, Michigan 48202, U.S.A.
(Attention: Director Patent Section)

Any notice addressed to LICENSORS shall be transmitted to both CARPENTER and VM AG/BARTHEL. Each party may change its address by written notice to the others.

11. Validity of Licensor Patents

LICENSORS make no representation as to the validity of any of the Licensor Patents licensed hereunder.

12. Assignability

VM AG/BARTHEL and CARPENTER each may assign this Agreement to the successor or successors to the entire portion of its business to which this Agreement relates in such manner that this Agreement is binding upon any such successor.

LICENSEE may assign this Agreement only (i) to the successor or successors to its entire business at any time or (ii) after January 1, 2008, to the successor or successors of the entire portion of its business to which this Agreement relates, provided in either case that the assignment is accomplished in such manner that this Agreement is binding upon any such successor and that BM shall have made all payments then due and payable hereunder.

VM AG/BARTHEL and CARPENTER each may assign any payment due or to become due under this Agreement, provided that BM shall receive written notice from VM AG/BARTHEL or CARPENTER as the case may be of any such assignment not less than fifteen (15) days before the payment so assigned becomes due.

This Agreement shall not otherwise be assignable by any party without the consent of the other parties first obtained in writing.

13. Applicable Law

This Agreement shall be construed and enforced in accordance with the laws of the State of Michigan, U.S.A.

14. Effect of Representations and Warranties

Except as and to the extent specified in this Agreement, LICENSORS make no representations or warranties in connection with this Agreement. The representations and warranties herein made by VM AG/BARTHEL on the one hand and CARPENTER on the other hand are several and not joint and neither VM AG/ BARTHEL nor CARPENTER shall be liable or responsible for any representation or warranty, or any breach thereof, by the other. No liability or obligation shall exist in respect of any representation or warranty made by VM AG/BARTHEL or CARPENTER unless the breach thereof has a material adverse effect upon LICENSEE.

15. Entire Agreement; Waiver

This Agreement constitutes the entire understanding between the parties. There are no other agreements or understandings, either oral or written, between them relating to the subject matter hereof. No waiver, change, amendment or discharge of any term or condition hereof and no consent on the part of any party hereto shall be of any force or effect unless made in writing and signed by a duly authorized agent of the party to be bound thereby.

IN WITNESS WHEREOF, the parties have caused this Agreement to be executed in quadruplicate by their respective officers on the dates set forth below.

VEREINIGTE MOTOREN
AKTIENGESELLSCHAFT

By ....
Date: November 12, 2002   Title ....

BARTHEL GMBH

By ....
Date: November 12, 2002   Title ....

CARPENTER CORPORATION

By ....
Date: November 12, 2002   Title ....

BRISBANE MOTORS CORPORATION

By ....
Date: November 12, 2002   Title ....

Anlage 11

Joint-Venture-Vertrag

Zwischen

FOURNIER MOTEUR S.A., Gesellschaftssitz in Paris, 117–167, Quai André Picard,

– nachstehend *FOURNIER S.A.* –

– einerseits –

und

GWB AKTIENGESELLSCHAFT für MOTORENENTWICKLUNG, Gesellschaftssitz in 71638 Ludwigsburg (BRD) 22, Karlsplatz,

– nachstehend *GWB AG* –

– andererseits –

Vorbemerkung

Die beiden unterzeichneten Gesellschaften haben beschlossen, ihr wissenschaftliches und technisches Potential zusammenzufassen und zusammenzuarbeiten, um dem Markt ein gemeinsames Personenwagenmodell anzubieten.

Dieses gemeinsame Personenwagenmodell wird mit einem Otto-Hochleistungsmotor der Leistungensgröße 50–100 DIN PS bei 5000 UpM (zwei Varianten) ausgerüstet (nachfolgend als „Motor" bezeichnet).

Zur Verwirklichung des vorstehenden, gemeinsamen Planes haben die beiden Vertragspartner, unter voller Aufrechterhaltung ihrer Selbständigkeit außerhalb des gemeinsamen Modells, den nachfolgenden Vertrag geschlossen, wobei sie sich den Abschluss anderer, erweiternder Vereinbarungen ausdrücklich vorbehalten.

Artikel I
Errichtung einer gemeinsamen Gesellschaft

(1) FOURNIER S.A. und GWB AG errichten unter Zuziehung der notwendigen Gründungsaktionäre gemeinsam eine Aktiengesellschaft Schweizer Rechts nach Maßgabe des schweizerischen Obligationenrechts in der Fassung des Bundesgesetzes vom 4. Oktober 1991 unter der Firma COMOBIL.

(2) Sitz der Gesellschaft ist Genf.

Artikel II
Zweck der Gesellschaft

(1) Zweck der Gesellschaft ist:

a) Die Entwicklung eines gemeinsamen, zur Beförderung von Personen bestimmten Automobilmodells, einschließlich des hierzu gehörenden Motors;

b) Die Fertigung eines oder mehrerer Prototypen des entwickelten Modells und Erprobung desselben;

c) Festlegung des endgültigen Modells und Entscheidung über die Serienfertigung, sowie die wirtschaftliche Auswertung;

d) Festlegung der Modalitäten der Fertigung und der wirtschaftlichen Auswertung des Wagens, einschließlich des Vertriebs.

(2) Der Verwaltungsrat beschließt auf Vorlage des Verwaltungsausschusses über die Verwirklichung der vorstehend festgelegten Abschnitte.

(3) Die Vertragspartner behalten sich eine Erweiterung des Gesellschaftsgegenstandes über die in Absatz (1) Buchstabe a)–d) vorgesehenen Programmpunkte hinaus, insbesondere eine gemeinsame Fertigung des gesamten Wagens oder einzelner Bestandteile desselben durch die Gesellschaft oder durch Dritte, ausdrücklich vor.

(4) Der in Absatz (1) Buchstabe d) vorgesehene Vertrieb soll in den verschiedenen Vertriebsländern durch die Vertriebsorganisationen von FOURNIER S.A. und GWB AG jeweils einzeln oder gemeinsam erfolgen.

Die Vertragspartner werden anstreben, vor der Entscheidung über die Serienfertigung einen diesbezüglichen Beschluss zu fassen.

Artikel III
Gewerbliche Schutzrechte und Erfahrungen

(1) Die während der Dauer dieses Vertrages im Rahmen seines Anwendungsbereiches gemachten Erfindungen einschließlich deren Weiterentwicklung, sowie die Kenntnisse und Erfahrungen, die unter den gleichen Voraussetzungen erworben werden und Gegenstand eines Schutzrechtes, Patents oder sonstigen Vorzugsrechts oder Ausschließlichkeitsrechts sein können, sind Eigentum von
– GWB AG, wenn sie den Motor betreffen;
– FOURNIER S.A., wenn sie die anderen Elemente des Wagens mit Ausnahme der Antriebsteile betreffen;

ohne dass es darauf ankommt, ob diese Erfindungen, Kenntnisse und Erfahrungen von dem einen oder anderen Vertragspartner gemacht bzw. erworben worden sind.

(2) Andererseits gehören sämtliche Erfindungen einschließlich deren Weiterentwicklung, sowie die sich hieraus ergebenden gewerblichen Schutzrechte insoweit demjenigen Vertragspartner, der dieselben erarbeitet hat, als sie sich auf die übrigen Antriebsteile des Wagens außerhalb des Motors beziehen.

(3) Die Vertragspartner sind zu strenger Geheimhaltung über alle die Entwicklung und Fertigung des gemeinsamen Automobilmodells betreffenden Kenntnisse und Erfahrungen verpflichtet. Die Verpflichtungen von GWB AG gegenüber ihren Lizenznehmern für den Motor bleiben unberührt.

(4) Die Vertragspartner werden die Einhaltung der vorstehenden Verpflichtungen den Organen der COMOBIL AG entsprechend auferlegen.

(5) Die Rechte der COMOTOR S.A. gemäß Lizenzvertrag vom 11.5.2002 bleiben unberührt.

Artikel IV
Gegenseitige Haftungserklärung

(1) GWB AG erklärt sich für den Fall, dass aus der Verletzung eines die Gesamtheit der Antriebsteile und insbesondere den Motor betreffenden Schutzrechte von einem Lizenznehmer oder einem sonstigen Dritten Ansprüche gegen FOURNIER S.A. hergeleitet werden sollten, haftbar.

(2) FOURNIER S.A. erklärt sich seinerseits für den Fall haftbar, dass seitens irgendeines Dritten Ansprüche aus der Verletzung gewerblicher Schutzrechte gegen GWB AG hergeleitet werden sollten, die eines oder mehrere Elemente des Automobils außerhalb der Gesamtheit der Antriebsteile betreffen.

Artikel V
Ergänzungsfinanzierung

Für den Fall, dass die Gesellschaft nicht über die nötigen Mittel verfügen sollte, ihre Ausgaben zu bestreiten, werden die Vertragspartner diese Mittel zu gleichen Teilen zur Verfügung stellen.

Artikel VI
Statuten der Gesellschaft

Der Entwurf der Statuten der Gesellschaft liegt diesem Vertrag als Anlage bei. Er stellt einen integrierenden Bestandteil dieses Vertrages dar. Beide Vertragspartner verpflichten sich, diesen Entwurf der Gründungsversammlung zur Annahme vorzulegen.

Artikel VII
Präsident und Stellvertreter des Präsidenten des Verwaltungsrats

Der Präsident des Verwaltungsrats und sein Stellvertreter werden abwechselnd durch den einen oder anderen Vertragspartner benannt.

Artikel VIII
Anzuwendendes Recht

Auf die Rechtsverhältnisse der Vertragspartner aus diesem Vertrag findet Schweizer Recht Anwendung.

Artikel IX
Schiedsverfahren

(1) Über alle Streitigkeiten, welche aus diesem oder über diesen Vertrag, einschließlich seiner Rechtsgültigkeit und der Fortwirkung nach Beendigung entstehen, entscheidet unter Ausschluss des ordentlichen Rechtswegs ein Schiedsgericht nach Recht und Billigkeit endgültig.

(2) Das Schiedsgericht hat seinen Sitz in Zürich und entscheidet in Anwendung des 12. Kapitels des Schweizerischen Bundesgesetzes vom 18. Dezember 1987 über das Internationale Privatrecht (IPRG).

Anlage 11 *Joint-Venture-Vertrag*

(3) Das Schiedsgericht besteht aus zwei Schiedsrichtern und einem Obmann.

(4) Die das Schiedsgericht anrufende Partei hat der anderen den Anspruch, wegen dessen sie das Schiedsgericht anruft, schriftlich darzulegen und gleichzeitig mitzuteilen, wen sie als Schiedsrichter gewählt hat. Die andere Partei hat binnen 30 Tagen nach Eingang dieser Erklärung den anderen Schiedsrichter zu benennen. Benennt sie ihn innerhalb dieser Frist nicht, so kann die anrufende Partei seine Ernennung durch den Präsidenten des Obergerichts Zürich beantragen.

(5) Der Obmann wird von den Schiedsrichtern gewählt. Einigen sie sich nicht binnen 30 Tagen, so kann jede Partei den Präsidenten des Obergerichts Zürich um die Ernennung des Obmanns bitten.

Artikel X
Anmeldung zum Handelsregister

Die Gründer sind beauftragt, die Gesellschaft unverzüglich zum Handelsregister Genf anzumelden, nachdem die satzungsmäßigen Einzahlungen auf das Grundkapital erfolgt sind.

Artikel XI
Kosten

(1) Die Kosten der Gründung der Gesellschaft fallen der Gesellschaft zur Last.

(2) Die Kosten dieses Vertrages tragen beide Vertragspartner je zur Hälfte.

Artikel XII
Vertragssprache

Der vorliegende Vertrag wurde in französischer und deutscher Sprache abgefasst und am 31. Dezember 2002 in Paris unterzeichnet. Beide Sprachen sind gleich verbindlich.

Gelesen und genehmigt: Gelesen und genehmigt:

Für FOURNIER Motor S.A.   Für GWB Aktiengesellschaft für
                                          Motorenentwicklung

Statuten der Comobil S. A.

I. Firma, Sitz, Zweck und Dauer der Gesellschaft

Artikel 1

(1) Die Gesellschaft ist unter der Firma „COMOBIL S. A." auf unbestimmte Zeit errichtet und hat die Rechtsform einer Aktiengesellschaft Schweizer Rechts. Sie hat ihren Sitz in Genf.

(2) Die Gesellschaft kann Zweigniederlassungen im In- und Ausland errichten.

Artikel 2

Zweck der Gesellschaft sind die Entwicklung eines gemeinsamen, zur Beförderung von Personen bestimmten Automobilmodells, welches mit einem GWB-Otto-Hochleistungsmotor der Leistungensgröße 50–100 DIN PS ausgerüstet ist, sowie auf dieses Modell bezogene Vertriebsstudien und alle sonstigen Tätigkeiten, die sich im Zusammenhang mit dem Gesellschaftszweck ergeben können.

II. Grundkapital und Aktien

Artikel 3

(1) Das Grundkapital der Gesellschaft beträgt eine Million Schweizer Franken. Es ist im Zeitpunkt der Errichtung mit 50% einbezahlt. Der Verwaltungsrat beschließt über weitere Einzahlungen auf das gezeichnete Kapital und die Generalversammlung über etwaige Kapitalerhöhungen.

(2) Das Grundkapital wird in 1000 Aktien von je 1 000,– sfr. Nennwert eingeteilt, die auf den Namen der Aktionäre lauten.

Diese 1000 Aktien sind in 2 Kategorien eingeteilt, nämlich in

– 500 der Kategorie A und
– 500 der Kategorie B.

Die Aktien der beiden Kategorien gewähren hinsichtlich des Anteils am Gesellschaftsvermögen sowie am Gewinn die gleichen Rechte.

(3) Die Aktien einer Kategorie sind zugunsten sämtlicher Personen, die diese Kategorie als Mitglieder des Verwaltungsrats vertreten, frei abtretbar und übertragbar, jedoch nur insoweit als diese Personen zur Ausübung ihrer Tätigkeit diese Aktien benötigen. Alle sonstigen Abtretungen oder Übertragungen sind nur rechtswirksam, wenn sie mit ausdrücklicher Zustimmung der Generalversammlung der Aktionäre erfolgen.

(4) Jede Aktienkategorie hat ständig das Recht auf die Hälfte der Sitze im Verwaltungsrat und im Verwaltungsausschuss. Im Falle des Ausscheidens oder der ständigen Verhinderung eines der Mitglieder dieser Organe wird das betreffende Organ innerhalb einer Frist von einem Monat vervollständigt, wenn zwischen den beiden Aktienkategorien durch das betreffende Ereignis eine ungleiche Zahl von Mitgliedern entstanden ist. In jedem Fall hat die Vervollständigung vor irgendeiner Entscheidung des betreffenden Organs zu erfolgen.

(5) Jede Aktie, gleich welcher Kategorie, hat eine Stimme. Das Stimmrecht kann auch durch jeden anderen Aktionär oder jeden Vertreter eines solchen Aktionärs, der im Besitze einer entsprechenden schriftlichen Vollmacht ist, ausgeübt werden.

(6) Die Aktionäre sind mit Namen und Anschriften im Aktienbuch der Gesellschaft eingetragen.

(7) Die Gesellschaft anerkennt nur die im Aktienbuch eingetragenen Personen als ihre Aktionäre. Die zuletzt eingetragene Anschrift gilt als die Zustellungsanschrift für den betreffenden Aktionär.

III. Organe der Gesellschaft

Artikel 4

(1) Die Gesellschaft hat folgende gesetzliche Organe:
– die Generalversammlung der Aktionäre (III A);
– den Verwaltungsrat (III B);
– die Revisionsstelle (III C).

(2) Die Gesellschaft wird außerdem einen Verwaltungsausschuss bestellen, der mindestens aus 10, höchstens aus 16 Personen besteht. Der Verwaltungsausschuss wird durch die Generalversammlung gewählt. Der Verwaltungsausschuss erledigt im Rahmen der ihm vom Verwaltungsrat erteilten Befugnisse die laufenden Geschäfte und bereitet die durch den Verwaltungsrat zu treffenden Beschlüsse vor. Er gibt sich selbst eine Geschäftsordnung.

A. Generalversammlung

Artikel 5

Die Generalversammlung der Aktionäre ist oberstes Organ der Gesellschaft. Ihr sind zusätzlich zu den gesetzlichen Befugnissen folgende Zuständigkeiten übertragen:

(a) Festlegung der Vergütung des Verwaltungsrats und des Verwaltungsausschusses;

(b) Abberufung des Verwaltungsrats bzw. einzelner Mitglieder desselben sowie Kündigung des Auftrags der Revisionsstelle;

(c) Beschlussfassung über die Übertragung von Aktien, vorbehaltlich der getroffenen Sonderbestimmungen;

(d) Auflösung der Gesellschaft, Einstellung ihrer Tätigkeit und Fusion mit anderen Gesellschaften;

(e) Bestellung des Verwaltungsausschusses sowie Abberufung desselben bzw. einzelner Mitglieder desselben.

Artikel 6

Die Generalversammlung wird durch den Verwaltungsrat, notfalls durch die Revisionsstelle, einberufen. Den Vorsitz in der Generalversammlung führt der Präsident des Verwaltungsrats und bei dessen Verhinderung der Vize-Präsident. Die ordentliche Versammlung findet alljährlich innerhalb der ersten sechs Monate nach Abschluss des Geschäftsjahres statt. Außerordentliche Versammlungen sind je nach Bedürfnis einzuberufen. Die Einberufung kann auch durch einen oder mehrere Aktionäre, die zusammen mindestens 10% des Grundkapitals vertreten, schriftlich unter Angabe des Zwecks verlangt werden.

Artikel 7

(1) Die Einberufung der Generalversammlung erfolgt mindestens vier Wochen vor dem Versammlungstag durch eingeschriebenen Brief, der jedem Aktionär mit der Tagesordnung zu übermitteln ist. Maßgeblich ist der Zeitpunkt der Aufgabe zur Post, der durch den Stempel nachgewiesen wird.

(2) Die Generalversammlung kann auf die Einhaltung der Bestimmungen des vorstehenden Absatzes verzichten, wenn sämtliche Aktionäre erschienen bzw. vertreten sind und sich hiermit einverstanden erklären.

Artikel 8

Die Generalversammlung fasst ihre Beschlüsse und trifft ihre Wahlen mit einer Mehrheit von zwei Dritteln der vertretenen Aktienstimmen aus stimmberechtigten begebenen Aktien, soweit nicht das Gesetz eine noch größere Mehrheit vorschreibt.

Artikel 9

Über jede Generalversammlung wird ein Protokoll geführt, in welchem die gefassten Beschlüsse beurkundet werden und das vom Vorsitzenden und dem Protokollführer zu unterzeichnen ist.

B. Verwaltungsrat

Artikel 10

Der Verwaltungsrat der Gesellschaft besteht aus sechs Mitgliedern, die durch die Generalversammlung für einen Zeitraum von 3 Jahren zu wählen sind; Wiederwahl ist zulässig. Sie müssen Aktionäre und mehrheitlich in der Schweiz wohnhafte Schweizer Bürger sein.

Artikel 11

(1) Der Verwaltungsrat ist für die Verwaltung der Gesellschaft verantwortlich. Er handelt unter Beachtung der gebotenen Sorgfalt.

(2) Der Verwaltungsrat oder die von ihm bezeichneten Personen vertreten die Gesellschaft gerichtlich und außergerichtlich.

Artikel 12

Jedes Mitglied des Verwaltungsrats hat für die Dauer seiner Tätigkeit eine Aktie bei der Gesellschaftskasse zu hinterlegen.

Artikel 13

Der Verwaltungsrat wählt für einen Zeitraum von jeweils einem Jahr einen Präsidenten, einen Vize-Präsidenten und einen Sekretär. Er gibt sich eine Geschäftsordnung, die insbesondere die Vertretung der Gesellschaft regelt. Der Sekretär, der nicht Mitglied des Verwaltungsrats sein muss, führt die Protokolle und verwaltet die Akten des Verwaltungsrats.

Artikel 14

(1) Der Verwaltungsrat entscheidet mit einer Mehrheit von drei Vierteln der anwesenden Mitglieder.

(2) Für eine gültige Entscheidung müssen mindestens fünf Mitglieder des Verwaltungsrats anwesend oder vertreten sein. Jedes Mitglied hat eine Stimme.

C. Revisionsstelle

Artikel 15

Die durch die Generalversammlung gewählte Revisionsstelle soll eine Schweizer Treuhand- und Revisionsgesellschaft sein. Sie ist für jedes Geschäftsjahr gesondert zu wählen.

IV. Veröffentlichungen, Geschäftsjahr

Artikel 16

Die Veröffentlichungen der Gesellschaft erfolgen im Schweizerischen Handelsamtsblatt.

Artikel 17

Das Geschäftsjahr ist das Kalenderjahr. Das erste Geschäftsjahr endet am 31. Dezember 2003.

V. Auflösung der Gesellschaft

Die Auflösung der Gesellschaft erfolgt nach den gesetzlichen Bestimmungen.

Geschäftsordnung für den Verwaltungsausschuss der COMOBIL S.A., Genf

Diese Geschäftsordnung wurde durch den Verwaltungsausschuss gemäß Artikel 4 Absatz (2) der Statuten in seiner konstituierenden Sitzung vom 16. Januar 2003 in Genf unter Beachtung der durch Beschluss des Verwaltungsrats vom 15. Januar 2003 übertragenen Befugnisse verabschiedet und tritt mit sofortiger Wirkung in Kraft.

Artikel 1

(1) Der Verwaltungsausschuss regelt die laufenden Angelegenheiten der Gesellschaft und trifft die hierfür erforderlichen Entscheidungen. In allen anderen Angelegenheiten, insbesondere Angelegenheiten von grundsätzlicher Bedeutung, bereitet er die Beschlüsse des Verwaltungsrats vor.

(2) Unter „laufenden Angelegenheiten" sind alle Angelegenheiten der Gesellschaft zu verstehen, die sich unmittelbar aus der Verwirklichung des Gesellschaftszwecks ergeben und nicht zwingend einen Beschluss der gesetzlichen Organe der Gesellschaft erfordern. Insbesondere sind laufende Angelegenheiten:
– Koordination der zuständigen Abteilungen von FOURNIER S.A. und GWB AG,
– Abfassung von Verträgen,
– Ausarbeitung von Berichten,
– Vertriebspolitik,
– Pressemitteilungen.
In Zweifelsfällen ist ein Zuständigkeitsbeschluss des Verwaltungsrats einzuholen.
(3) Der Verwaltungsausschuss hat sich vom Verwaltungsrat die für die Durchführung seiner Aufgaben notwendigen finanziellen Mittel bewilligen zu lassen. Artikel 8 bleibt unberührt.

Artikel 2

(1) Der Verwaltungsausschuss soll innerhalb eines Zeitabschnitts von jeweils zwei Monaten einmal zusammentreten.
(2) Diese Sitzungen finden am Sitz der Gesellschaft statt. Soweit es sich jedoch, insbesondere in der Anlaufzeit, als zweckmäßig erweist, können diese Sitzungen auch in Paris, in Ludwigsburg oder an einem anderen Ort stattfinden.

Artikel 3

(1) Die Sitzungen des Verwaltungsausschusses werden durch den Sekretär, der durch den Verwaltungsausschuss für die gleiche Amtsdauer wie jene des Präsidenten des Verwaltungsausschusses gewählt wird, einberufen und zwar unter Einhaltung einer Frist von mindestens 21 Tagen. Der Sekretär hat den Verwaltungsausschuss für eine außerordentliche Sitzung einzuberufen, wenn mindestens 5 Mitglieder es verlangen. Bei der Einberufung ist jedem Mitglied des Verwaltungsausschusses, sowie dem Präsidenten und Vize-Präsidenten des Verwaltungsrats, ein Exemplar der Tagesordnung zu übermitteln.
(2) Die im vorstehenden Absatz, Satz 1 und 3, festgelegten Form- und Fristbestimmungen finden keine Anwendung, wenn alle Mitglieder des Verwaltungsausschusses bei der Sitzung anwesend oder vertreten sind und auf die Anwendung dieser Bestimmungen verzichten.

Artikel 4

(1) Beschlüsse des Verwaltungsausschusses können, vorbehaltlich der Bestimmungen des Artikels 3, Absatz (2), nur über Gegenstände gefasst werden, die ordnungsgemäß in der Tagesordnung angekündigt worden sind. Die Beschlüsse werden vorbehaltlich der Bestimmungen des nachfolgenden Absatzes mit der Mehrheit der anwesenden oder vertretenen Stimmen gefasst, wobei jedes Mitglied eine Stimme hat. Für einen wirksamen Beschluss müssen mindestens 6 Mitglieder anwesend oder vertreten sein. Eine Vertretung ist nur mittels schriftlicher Vollmacht, die für ein anderes Mitglied des Verwaltungsausschusses erteilt werden muss, zulässig.
(2) Für Vorlagebeschlüsse im Sinne des Artikels 1 Absatz (2) Satz 3 genügen 3 Stimmen.

Anlage 11 *Joint-Venture-Vertrag*

Artikel 5

Jedes Mitglied des Verwaltungsausschusses kann bis spätestens 14 Tage vor einer Sitzung beim Sekretär verlangen, dass weitere Punkte auf die Tagesordnung gesetzt werden.

Artikel 6

Die in einer Sitzung des Verwaltungsausschusses gefassten Beschlüsse sind vom Sekretär im Protokoll festzuhalten. Dieses Protokoll ist vom Vorsitzenden und vom Protokollführer zu unterschreiben. Es wird vierfach ausgefertigt, nämlich zweimal in deutscher und zweimal in französischer Sprache und in je zwei Exemplaren (1 deutsch, 1 französisch) FOURNIER S.A. und GWB AG übergeben. Es wird rechtskräftig, wenn seine Bestätigung nicht spätestens zu Beginn der nächsten Sitzung verweigert wird.

Artikel 7

Der Verwaltungsausschuss wählt aus seiner Mitte einen Präsidenten für die gleiche Amtsdauer wie jene des Präsidenten des Verwaltungsrats. Der Präsident des Verwaltungsausschusses muss abwechselnd FOURNIER S.A. und GWB AG angehören. Der Präsident leitet die Sitzungen des Verwaltungsausschusses. Im Falle seiner Verhinderung wählt der Ausschuss einen Vorsitzenden der Sitzung, der der gleichen Gruppe angehören muss, die den Präsidenten stellt.

Artikel 8

Die Vergütungen und der Auslagenersatz für die Mitglieder des Verwaltungsausschusses bestimmen sich nach der Regelung, die gemäß Artikel 5a) der Statuten durch die Generalversammlung getroffen wird.

Der Präsident: Der Sekretär:

………………………………   ………………………………

Anlage 12

Gesellschaftsvertrag

§ 1
Firma

Die Gesellschaft führt die Firma
„BARTHEL Gesellschaft mit beschränkter Haftung".

§ 2
Sitz

Die Gesellschaft hat ihren Sitz in Kempten.

§ 3
Gegenstand des Unternehmens

Gegenstand des Unternehmens ist die Entwicklung und Konstruktion, der gewerbliche Schutz und die wirtschaftliche Verwertung der Entwicklungsergebnisse, Konstruktionen und Schutzrechte von Verbrennungsmotoren des Typs „BARTHEL" und die hierzu geeigneten Dichtungen, ausgenommen solche für Flüssigkeiten. Die Gesellschaft ist berechtigt, auch die Verwertung anderer Erfindungen zu übernehmen.

§ 4
Stammkapital und Stammeinlagen

(1) Das Stammkapital der Gesellschaft beträgt
EUR 100 000,–.

Hiervon übernehmen

a) Herr Dr. Jürgen Schmidt eine Stammeinlage von EUR 51 000,–.

b) Herr Franz Weiss eine Stammeinlage von EUR 49 000,–.

(2) Die Stammeinlage des Herrn Dr. Schmidt wird dadurch geleistet, dass dieser in die Gesellschaft zum Annahmewert von insgesamt EUR 51 000,– einbringt:

1. seine gesamten Ansprüche und Rechte aus den von ihm geschlossenen Verträgen über die Entwicklung von Drehkolbenmaschinen und hierzu geeigneten Dichtungen, insbesondere

   a) aus den Verträgen mit der Bantag GmbH, Neckarsulm, vom 12./20. 12. 1991 und vom 16. 9. 1994,

   b) aus dem mit der Firma Linz Werke AG, Berlin-Tegel, geschlossenen Vertrag vom 25. 3. 1995.

Miteingebracht sind alle aus den vorstehenden Verträgen bisher hervorgegangenen oder künftig hervorgehenden gewerblichen Schutzrechte (Patente, Gebrauchsmuster usw.) bzw. der Anteil des Herrn Dr. Schmidt an Schutzrechten, die gemeinsam für ihn und seine vorstehenden Vertragspartner angemeldet oder eingetreten sind, sowie alle Lizenzen und sonstigen Erträge aus solchen Schutzrechten. Die Verwertung der der GmbH übertragenen Schutzrechte außerhalb des Vertragsgebiets der GmbH verbleiben Herrn Dr. Schmidt.

2. Seine gesamten bisherigen im Rahmen des Gegenstandes des Unternehmens liegenden Entwicklungen, Konstruktionen und Erfindungen auf dem Gebiet der Drehkolbenmaschine nebst hierzu geeigneten Dichtungen, soweit solche Entwicklungen, Konstruktionen und Erfindungen außerhalb der vorstehend genannten Verträge vorhanden sind.

(3) Die Stammeinlage des Herrn Weiss ist in bar zu leisten.

(4) Von diesem Stammkapital besitzen:

a) Herr Dr. Schmidt	EUR 36 000,–
Prot. v. 25.3.1995	./. EUR 10 000,–
Geschäftsanteile zu	EUR 26 000,–
und zu	EUR 25 000,–
b) Herr Weiss	
Geschäftsanteile zu	EUR 26 000,–
und zu	EUR 23 000,–

Die Geschäftsanteile sind voll geleistet.

§ 5
Veräußerungen und Vererbung von Geschäftsanteilen

a) Verfügung über Geschäftsanteile

(1) Zur Verfügung über Geschäftsanteile ist die Zustimmung aller Gesellschafter erforderlich. Für die Abtretung von Geschäftsanteilen und Teilen von Geschäftsanteilen gelten die Bestimmungen des nachfolgenden Absatzes.

(2) In jedem Fall der Abtretung eines Geschäftsanteils oder eines Teiles eines Geschäftsanteils haben der oder die übrigen Gesellschafter ein Übernahmerecht, das sie innerhalb von 2 Monaten nach schriftlicher Aufforderung durch den abtretungswilligen Gesellschafter mittels Erklärung durch eingeschriebenen Brief auszuüben haben. Sind mehrere Mitgesellschafter vorhanden und machen diese von dem Übernahmerecht Gebrauch, so steht es ihnen untereinander im Verhältnis ihrer Geschäftsanteile zu. Übt einer der mehreren Mitgesellschafter sein Übernahmerecht ganz oder teilweise nicht aus, so geht es insoweit auf den oder die verbleibenden Gesellschafter über. Als Entgelt haben der oder die übernehmenden Gesellschafter einen Geldbetrag nach näherer Maßgabe des § 6 zu entrichten. Machen der oder die Mitgesellschafter von dem Übernahmerecht keinen bzw. keinen rechtzeitigen Gebrauch, so ist der abtretungswillige Gesellschafter zur anderweitigen Abtretung des Geschäftsanteils berechtigt, ohne dass es der Zustimmung der Mitgesellschafter bedarf.

b) Vererbung

(1) Nur folgende Personen sind berechtigt, als Erben eines verstorbenen Gesellschafters in der Gesellschaft zu verbleiben.
1. Die Ehegattinnen der jetzigen Gesellschafter.
2. Juristische Personen, die unmittelbar oder mittelbar gemeinnützigen oder mildtätigen Zwecken oder anderen nach den deutschen Steuergesetzen privilegierten Zwecken (z. B. der betrieblichen Altersfürsorge) dienen.

(2) Andere Erben als die in Absatz 1 genannten sind verpflichtet, den ererbten Geschäftsanteil auf Verlangen des oder der Mitgesellschafter auf diese gegen Zahlung eines Entgelts

gemäß § 6 zu übertragen. Sind mehrere Mitgesellschafter vorhanden, so steht diesen das Übernahmerecht im Verhältnis ihrer Geschäftsanteile zu. Übt einer der mehreren Mitgesellschafter sein Übernahmerecht ganz oder teilweise nicht aus, so geht es insoweit auf den oder die übrigen Mitgesellschafter über. Der oder die Mitgesellschafter sind berechtigt, nur die Abtretung eines Teiles oder mehrerer Teile des Geschäftsanteils des verstorbenen Gesellschafters an sich zu verlangen.

(3) Nach dem Tode des Zuerstversterbenden der jetzigen Gesellschafter sind der überlebende Gesellschafter und der oder die Erben des verstorbenen Gesellschafters verpflichtet, je einen Geschäftsanteil im Nennwert von EUR 1000,– auf die Schwäbische Treuhand AG, Stuttgart, als Treuhänderin zu übertragen. Die Treuhänderin soll das Stimmrecht aus den Geschäftsanteilen ausüben, ohne an Weisungen der Treugeber gebunden zu sein. Kann oder will die Schwäbische Treuhand AG die Stellung als Treuhänderin nicht übernehmen oder fällt sie nach der Annahme des Mandats als Treuhänderin weg, so bestimmt der Präsident des Landgerichts Stuttgart den Treuhänder. Das Treuhandverhältnis endet mit dem Tode des Überlebenden der jetzigen Gesellschafter.

§ 6
Einziehung von Geschäftsanteilen

(1) Die Gesellschafter können jederzeit die Einziehung von Geschäftsanteilen mit Zustimmung des betroffenen Gesellschafters beschließen.

(2) Der Zustimmung des betroffenen Gesellschafters bedarf es nicht, wenn er das Verbot in § 7 nicht einhält, oder wenn über sein Vermögen das Insolvenzverfahren eröffnet ist, die Zwangsvollstreckung in den Geschäftsanteil vorgenommen oder der Gesellschafter entmündigt wird, den Offenbarungseid geleistet hat oder wenn Haftbefehl zur Ableistung des Offenbarungseides gegen ihn ergangen ist.

Zur Beschlussfassung über die Einziehung genügt in allen Fällen der Einziehung die einfache Mehrheit der abgegebenen Stimmen. Der betroffene Gesellschafter hat kein Stimmrecht.

(3) Statt der Einziehung kann die Gesellschafterversammlung beschließen, dass der Anteil von ihr erworben, oder auf eine von ihr benannte Person übertragen wird.

(4) In allen vorstehenden Fällen ist an den betroffenen Gesellschafter ein Entgelt zu leisten, das dem wirklichen Wert seiner Beteiligung an der GmbH entspricht. Eine Berechnung des Geschäftswertes (goodwill) bleibt aber unberücksichtigt.

(5) Kommt eine Einigung zwischen der Gesellschaft und dem von der Einziehung betroffenen Gesellschafter über die Höhe des Entgelts und/oder die Zahlungsweise des Entgelts nicht zustande, so entscheidet hierüber ein Schiedsgericht bindend und endgültig unter Ausschluss des Rechtsweges. Hierüber wurde eine gesonderte Schiedsvereinbarung abgeschlossen.

(6) Die Einziehung kann nur erfolgen, wenn die Zahlung des Entgelts aus dem Vermögen der Gesellschaft erfolgt, welches über den Betrag des Stammkapitals hinaus vorhanden ist.

§ 7
Abtretung von Ansprüchen, Nießbrauch, Verpfändung

(1) Die Ansprüche der Gesellschafter aus ihrem Geschäftsanteil, gleichgültig aus welchen Rechtsgründen sie hergeleitet werden, insbesondere der Anspruch auf Gewinn- und Liquidationserlös, sind nicht an Dritte übertragbar.

(2) Die Bestellung eines Nießbrauches an Gesellschaftsanteilen und deren Verpfändung oder Sicherungsübereignung ist unzulässig.

§ 8
Kapitalerhöhung

Im Falle einer Kapitalerhöhung hat jeder Gesellschafter das Recht der Übernahme einer Stammeinlage auf das erhöhte Kapital im Verhältnis seiner bisherigen Beteiligung. Er kann auf dieses Recht zugunsten der übrigen bisherigen oder neu aufzunehmenden Gesellschafter ganz oder teilweise verzichten.

§ 9
Geschäftsführer

(1) Die Gesellschaft hat einen oder mehrere Geschäftsführer. Sind mehrere Geschäftsführer bestellt, so wird die Gesellschaft durch zwei Geschäftsführer gemeinsam oder durch je einen Geschäftsführer und einen Prokuristen vertreten.

(2) Durch Beschluss der Gesellschafterversammlung kann jedoch auch jedem der Geschäftsführer die Befugnis zugesprochen werden, die Gesellschaft allein zu vertreten.

(3) Befugnisse und Arbeitsteilung der Geschäftsführer im Verhältnis zur Gesellschaft werden in einer besonderen Geschäftsordnung festgelegt. Die Anstellungsbedingungen und Bezüge der Geschäftsführer werden gesondert in einzelnen Anstellungsverträgen geregelt.

§ 10
Gesellschafterversammlung

(1) Hinsichtlich der Einberufung, der Beschlussfassung und der Zuständigkeit der Gesellschafterversammlung gelten die gesetzlichen Vorschriften. Die Gesellschafterversammlung beschließt insbesondere über den Jahresabschluss, die Verwendung des Jahresüberschusses und über Kapitalerhöhungen.

(2) Die Gesellschafterversammlung ist beschlussfähig, wenn mindestens 60 vom Hundert des Stammkapitals durch Gesellschafter oder durch ordnungsgemäß bevollmächtigte Vertreter von solchen vertreten sind.

(3) Beschlüsse der Gesellschafterversammlung können nur innerhalb einer Frist von drei Monaten seit der Beschlussfassung angefochten werden. Die Anfechtungsfrist ist nur gewahrt, wenn innerhalb der Frist die Klage erhoben ist.

§ 11
Dauer der Gesellschaft, Geschäftsjahr und Jahresabschluss

(1) Die Gesellschaft ist an eine bestimmte Zeitdauer nicht gebunden. Das Geschäftsjahr ist das Kalenderjahr. Das erste Geschäftsjahr endet am 31.12.2002.

(2) Die Bilanz sowie die Gewinn- und Verlustrechnung (Jahresabschluss) sind innerhalb drei Monaten nach Ende des Geschäftsjahres von den Geschäftsführern der Gesellschafterversammlung vorzulegen.

§ 12
Rücklagen, Gewinnverwendung

Von dem jährlichen Jahresüberschuss sind 10 v. H. solange einem Rücklagenfonds zuzuführen, bis 10 v. H. des Stammkapitals erreicht sind. Im Übrigen ist der Jahresüberschuss an die Gesellschafter nach dem Verhältnis ihrer Geschäftsanteile in dem gesetzlich zulässigen Umfang auszuschütten, sofern nicht die Gesellschafterversammlung ganz oder teilweise etwas anderes beschließt.

§ 13
Auflösung der Gesellschaft

Die Auflösung der Gesellschaft bedarf eines einstimmigen Gesellschafterbeschlusses.

§ 14
Gesetzliche Vorschriften

(1) Im Übrigen gelten die Bestimmungen des Gesetzes betreffend die Gesellschaft mit beschränkter Haftung.

(2) Sollte eine der Bestimmungen des vorstehenden Gesellschaftsvertrags mit den gesetzlichen Vorschriften im Widerspruch stehen, so soll an deren Stelle die entsprechende gesetzliche Regelung treten.

Anlage 13

Vertrag

zwischen der

    Deutschen Klimatechnik Aktiengesellschaft
    Kantstraße 27–31
    D-63263 Neu-Isenburg

– im Folgenden **Auftraggeber** genannt –

und der

    UNIVERSITÄT STUTTGART
    – vertreten durch das Rektoramt –

– im Folgenden **Auftragnehmer** genannt –

über die Leistungen des „Instituts für Thermodynamik und Wärmetechnik" des Auftragnehmers.

§ 1
Gegenstand

Gegenstand dieses Vertrages ist die Bearbeitung des Vorhabens

„Entwicklung von nichtkorrosiven Speichersalzen"

zwecks Verwendung für den vom Auftraggeber entwickelten Latentwärmespeicher gemäß Aufgabenbeschreibung in Anlage zu diesem Vertrag.

§ 2
Laufzeit

Für die Durchführung und Verwirklichung des Vertragsgegenstands gemäß § 1 ist ein Zeitraum von .... Monaten ab In-Kraft-Treten des Vertrags (§ 11) vorgesehen. Der Vertrag endet, falls die Vertragsparteien nichts anderes vereinbaren, demnach am .... ohne dass es einer Kündigung oder sonstigen Willenserklärung bedarf.

§ 3
Vergütung

(1) Für die vom Auftragnehmer gemäß § 1 durchzuführenden Entwicklungsarbeiten wird vom Auftraggeber eine Vergütung für

– Fahrtkosten (1. Klasse DB)
– Übernachtungskosten (Hotel mittl. gehobene Preisklasse)
– Tagegeld (EUR 50,–)
– Zeiteinsatz (EUR 60,– pro Stunde)

gegen Nachweis bezahlt. Eine etwaige Umsatzsteuer ist vom Auftraggeber nicht zu bezahlen.

(2) Die Vergütung gemäß Abs. 1 ist vom Auftraggeber in vierteljährlichen Teilbeträgen innerhalb 2 Wochen nach Rechnungsstellung auf das Konto 1054611700 des Auftragnehmers bei der Baden-Württembergischen Bank, Stuttgart (BLZ ....) zu überweisen.

(3) Über die in Abs. 1 vorgesehene Vergütung hinausgehende unvorhersehbare Aufwendungen werden insoweit erstattet, als sich die Vertragsparteien hierüber verständigen.

§ 4
Terminplanung, Abschlussbericht

Die gemäß § 1 durchzuführenden Entwicklungsarbeiten werden nach Maßgabe eines von den Vertragsparteien abgesprochenen Terminplans durchgeführt. Der Auftragnehmer stellt dem Auftraggeber einen Monat vor Ablauf des Vertrags (§ 2) einen Abschlussbericht über die gemäß § 1 durchgeführten Entwicklungsarbeiten und deren Ergebnisse zur Verfügung.

§ 5
Materialien

(1) Der Auftraggeber stellt dem Auftragnehmer die für die Durchführung der Entwicklungsarbeiten (§ 1) erforderlichen Berichte, Studien und sonstigen Unterlagen insbesondere über die bisherigen Ergebnisse der einschlägigen Arbeiten unentgeltlich zur Verfügung.

(2) Alle im Rahmen dieses Vertrags vom Auftraggeber an den Auftragnehmer zur Verfügung gestellten Unterlagen (Abs. 1) sind und bleiben Eigentum des Auftraggebers, soweit nicht der Auftraggeber dem Auftragnehmer ausdrücklich etwas anderes bekannt gibt.

(3) Nach Ablauf dieses Vertrags (§ 2) sind die Unterlagen gemäß Abs. 1 zusammen mit dem Abschlussbericht (§ 4) dem Auftraggeber wieder auszuhändigen.

§ 6
Gewährleistung

Die Gewährleistung des Auftragnehmers erfolgt nach den gesetzlichen Bestimmungen und erstreckt sich auf die Anwendung wissenschaftlicher Sorgfalt sowie auf die Einhaltung der anerkannten Regeln der Technik.

§ 7
Geheimhaltung

(1) Der Auftragnehmer wird sowohl die vom Auftraggeber erhaltenen Informationen als auch die im Rahmen dieses Vertrags selbst entwickelten Erkenntnisse während und nach Ablauf dieses Vertrags (§ 2) streng vertraulich behandeln.

(2) Der Auftragnehmer wird seine Angestellten und sonstigen Auftragnehmer sowie diejenigen Personen, die sich mit der Durchführung und Verwirklichung des Vertragsgegenstands (§ 1) beschäftigen, zu entsprechender Verschwiegenheit verpflichten.

(3) Falls der Auftragnehmer Entwicklungsergebnisse oder Teile daraus veröffentlichen will, wird er rechtzeitig vorher dem Auftraggeber alle für die Veröffentlichung vorgesehenen Unterlagen vorlegen und dessen schriftliche und ausdrückliche Zustimmung, die diesem freisteht, einholen. Gleiches gilt für die Verwendung von Entwicklungsergebnissen bei gerichtlichen oder außergerichtlichen Auseinandersetzungen mit Dritten. Der Auftraggeber wird bei seiner Entscheidung gebührend die Interessen des Auftragnehmers an der Veröffentlichung mit seinen eigenen Interessen an der Sicherung von gewerblichen Schutz-

rechten sowie Betriebs- und Geschäftsgeheimnissen und Verpflichtungen gegenüber Dritten abwägen.

(4) Die vorstehenden Verpflichtungen gelten von dem Zeitpunkt ab nicht mehr, in welchem die geschützten Informationen und Erkenntnisse allgemein bekannt geworden sind.

(5) Das Recht des Auftraggebers Schadensersatz vom Auftragnehmer wegen einer Verletzung der vorstehenden Bestimmungen verlangen zu können, bleibt unberührt, wobei sich der Auftragnehmer hinsichtlich des etwa fehlenden Verschuldens zu entlasten hat.

§ 8
Erfindungen, Nutzungsrechte und gewerbliche Schutzrechte

(1) Dem Auftraggeber gehören alle Erfindungen, Nutzungsrechte und Gewerblichen Schutzrechte, die der Auftragnehmer, seine Angestellten oder sonstigen Arbeitnehmer sowie diejenigen Personen, die sich mit der Durchführung und Verwirklichung des Vertragsgegenstandes (§ 1) beschäftigen, während der Laufzeit oder nach Ablauf dieses Vertrags (§ 2) im Rahmen des Vertragsgegenstandes erarbeiten. Dies gilt nicht, soweit die Erarbeitung nicht auf Informationen des Auftraggebers oder Erkenntnissen des Auftragnehmers, die bei seinen Entwicklungsarbeiten zur Durchführung und Verwirklichung des Vertragsgegenstandes angefallen sind, beruht.

(2) Der Auftraggeber erteilt dem Auftragnehmer an den urheberrechtlich geschützten Ergebnissen ein nichtausschließliches, nichtübertragbares, unentgeltliches und unkündbares Nutzungsrecht für eigene wissenschaftliche Zwecke.

(3) Der Auftragnehmer gewährleistet, dass die Rechte des Auftraggebers gemäß Abs. 1 uneingeschränkt entstehen und fortbestehen, soweit eine entsprechende Mitwirkung seinerseits rechtlich und wirtschaftlich möglich und zulässig ist.

(4) Die Anmeldung von Schutzrechten erfolgt durch den Auftraggeber, der auch die Kosten trägt. Der Auftragnehmer wird den Auftraggeber so frühzeitig wie möglich über einschlägige Erfindungen unterrichten und die Erfindungen so lange geheim halten, bis der Anmeldungsschutz voll gewährleistet ist. Die Vertragsparteien werden bei der Anmeldung zusammenarbeiten.

(5) Erfindungsvergütungen und Urheberrechtssondervergütungen für Arbeitnehmer des Auftragnehmers trägt der Auftraggeber.

(6) Wenn und soweit der Auftragnehmer im wohlverstandenen Interesse des Auftraggebers entgegen Abs. 4 die Anmeldung von Schutzrechten allein durchführt, wird er den Auftraggeber unverzüglich hiervon unterrichten, damit dieser sodann die Schutzrechte übernehmen kann.

§ 9
Schriftform, Teilunwirksamkeit

(1) Für diesen Vertrag gilt Schriftform, Ergänzungen und Änderungen desselben müssen schriftlich erfolgen, um rechtswirksam zu sein.

(2) Sollte eine Bestimmung dieses Vertrags ungültig sein oder werden, so berührt dies die Gültigkeit der übrigen Bestimmungen nicht. Die Vertragsparteien sind verpflichtet, die ungültige Bestimmung durch eine ihr im Ergebnis wirtschaftlich gleichkommende Regelung zu ersetzen.

§ 10
Erfüllungsort und Gerichtsstand

(1) Erfüllungsort ist Stuttgart.

(2) Gerichtsstand ist ohne Rücksicht auf den Streitwert das LG Stuttgart, wobei die Zuständigkeit der Kammer für Handelssachen vereinbart wird.

(3) Der Auftraggeber ist börsennotierte Handelsgesellschaft i. S. § 3 Abs. 2 AktG. Der Auftragnehmer ist juristische Person des öffentlichen Rechts.

§ 11
In-Kraft-Treten

Dieser Vertrag tritt mit Unterzeichnung durch beide Vertragsparteien rückwirkend zum .... in Kraft

Auftraggeber: Auftragnehmer:

Neu-Isenburg, den ....   Stuttgart, den ....

Deutsche Klimatechnik   Universität Stuttgart
Aktiengesellschaft   Rektoramt

Anlage 14

Vertrag

zwischen

Württembergische Motorenfabrik GmbH
Ringgenburgstraße 22
88213 Ravensburg

– nachstehend **„WMF"** genannt –

und

Brecht Engineering GmbH
Bergstraße 47
82131 Gauting

– nachstehend **„Auftragnehmer"** genannt –

1. Vertragsgegenstand

Gegenstand des Vertrages ist die Lieferung eines elektronischen Kraftstoffeinspritzsystems. Die Auslegung des Versuchsmusters erfolgt gemäß in **Anlage 1** beigefügter Spezifikation.

2. Durchführung des Vertrages

2.1 Die Vertragsparteien werden sich während der Laufzeit dieses Vertrages ständig miteinander abstimmen. Der Auftragnehmer wird WMF nach vorheriger Absprache Einblick in die jeweils vorliegenden technischen Arbeitsergebnisse gewähren, sowie alle für die Vertragsdurchführung erforderlichen technischen Informationen mitteilen.

2.2 Die im Rahmen des Forschungsvorhabens von WMF zur Verfügung gestellten Gegenstände bleiben im Eigentum von WMF. Dies gilt auch bei einer evtl. Verarbeitung und Umarbeitung durch den Auftragnehmer.

2.3 WMF ist berechtigt, zu jeder Zeit Änderungen des Entwicklungsvorhabens zu verlangen.

2.4 Technische Änderungen gegenüber der im Anhang festgelegten Grundkonzeption, die sich im Laufe der Entwicklungsarbeiten als notwendig oder zweckmäßig erweisen, sind mit WMF abzustimmen.

2.5 Der Auftragnehmer wird bei der Durchführung des Vertrages die erforderliche Sorgfalt anwenden, deren es zur Durchführung der Entwicklung bedarf. Die Vertragsparteien sind sich darüber einig, dass der Auftragnehmer diesen Verpflichtungen nachkommt, wenn er sich bemüht, unter Ausnutzung des neuesten Standes von Wissenschaft und Technik, sowie unter Verwertung der eigenen Kenntnisse und Erfahrungen das bestmögliche Ergebnis zu erzielen.

3. Zeitplan

Die Lieferzeit beträgt 2 Monate ab Auftragserteilung.

4. Kosten, Fälligkeit

4.1 Der Auftragnehmer erhält für alle nach diesem Vertrag durchzuführenden Arbeiten, einschließlich des Materials und der Benutzung aller zur Durchführung dieses Vertrages notwendigen Einrichtungen

max. EUR 250 000,–.

4.2 Dieser Betrag ist entsprechend dem zeitlichen Ablauf der einzelnen Entwicklungsabschnitte zahlbar:
EUR 150 000,–   bei Lieferung des Versuchsmusters
EUR 100 000,–   bei positiver Beendigung der Dauererprobung, jedoch nicht später als 6 Monate nach Lieferung.

Die Garantieleistungen des Auftragnehmers sind auf 10 % der Auftragssumme begrenzt.

4.3 In dieser Vergütung sind alle im Rahmen dieses Vertrages erbrachten Leistungen einschließlich der auf WMF übergegangenen Patent- oder sonstiger Nutzungsrechte sowie einschließlich Know-how, auch soweit diese von Mitarbeitern des Auftragnehmers stammen, abgegolten.

5. Know-how, Schutzrechte

5.1 Der Auftragnehmer teilt WMF schriftlich alle ggf. schon bestehenden und in dem Entwicklungsergebnis verwendeten Schutzrechte und Schutzrechtsanmeldungen, sowie deren Inhaber bzw. Anmelder mit.

WMF ist berechtigt, die Gegenstände solcher Schutzrechte oder Schutzrechtsanmeldungen zusammen mit dem Entwicklungsergebnis uneingeschränkt, insbesondere auch für die Zwecke der Serienfertigung zu verwenden, sofern der Auftragnehmer über die betreffenden Nutzungsrechte verfügungsberechtigt ist.

Die Vergütung für die Verwendung dieser Gegenstände zusammen mit dem Entwicklungsergebnis wird durch die gem. Ziff. 4 zu zahlende Vergütung mitumfasst. Der Auftragnehmer wird WMF mitteilen, inwieweit an schon bestehenden Schutzrechten weitere Personen oder Firmen mitbenutzungsberechtigt sind und inwieweit der Auftragnehmer gegenüber anderen Firmen/Personen in der Verwendung von Schutzrechten beschränkt ist.

5.2 Schutzfähige Erfindungen, auf die Patente oder sonstige Schutzrechte erlangt werden können, sowie technische Unterlagen und Know-how, die im Laufe der Entwicklung und Erprobung des Entwicklungsergebnisses entstanden sind und entstehen, sind Eigentum von WMF.

5.3 Der Auftragnehmer wird WMF unverzüglich über etwa in Zusammenhang mit diesem Vertrag gemachte schutzrechtsfähige Erfindungen und/oder über erworbenes Know-how unterrichten.

Sollte der Auftragnehmer infolge der unter diesen Vertrag fallenden Entwicklung schutzrechtsfähige Erfindungen machen, und/oder Know-how erwerben, das über den Rahmen dieses Vertrages hinausgeht, wird der Auftragnehmer WMF unverzüglich unterrichten und WMF die Nutzung dieser Erfindungen und/oder dieses Know-how anbieten. Näheres ist ggf. in einem gesonderten Vertrag zu vereinbaren.

5.4 Das Eigentum an sämtlichen Arbeitsergebnissen (z. B. Anregungen, Ideen, Entwürfe, Gestaltung, Vorschläge, Muster, Modelle u. a.), die der Auftragnehmer im Rahmen dieses Vertrages ganz oder teilweise erstellt, gehen mit der Ablieferung auf WMF über. Der Auf-

Anlage 14 *Entwicklungsvertrag*

tragnehmer ist zur Übertragung des Eigentums an den vorgenannten (Teil-)Arbeitsergebnissen verpflichtet.

Der Auftragnehmer räumt WMF das ausschließliche uneingeschränkte Nutzungsrecht an sämtlichen in das Eigentum von WMF übergegangenen Arbeitsergebnissen einschließlich desjenigen zur Bearbeitung und sonstigen Änderung ein.

5.5 Sofern ein Mitarbeiter des Auftragnehmers Erfinder ist, wird der Auftragnehmer ggf. durch vertragliche Vereinbarung mit dem Mitarbeiter sicherstellen, dass die jeweilige Erfindung durch den Auftragnehmer erworben und an WMF übertragen werden kann.

5.6 Beansprucht WMF die vorstehenden Rechte nicht, so steht es dem Auftragnehmer frei, auf eigenen Namen und auf eigene Kosten entsprechende Schutzrechte anzumelden. Über solche Schutzrechte kann der Auftragnehmer verfügen, jedoch hat WMF ein kostenloses, uneingeschränktes Mitbenutzungsrecht. Diese Rechte schließen die Benutzung durch evtl. Unterlieferanten von WMF ein.

6. Geheimhaltung

6.1 Der Auftragnehmer verpflichtet sich – auch über die Dauer dieses Vertragsverhältnisses hinaus –, sämtliche bei der Durchführung dieses Vertrages und die im Zusammenhang hiermit gewonnenen Erkenntnisse und Ergebnisse streng vertraulich zu behandeln. Diese dürfen nur nach vorheriger schriftlicher Zustimmung von WMF veröffentlicht oder Dritten bekannt gemacht werden.

6.2 Der Auftragnehmer wird auch alle im Zusammenhang mit diesem Vertrag erhaltenen Erkenntnisse über innerbetriebliche Verhältnisse und Vorgänge sowie sonstige technische und wirtschaftliche Informationen streng vertraulich behandeln.

Der Auftragnehmer wird außerdem seinen Angestellten, Mitarbeitern und insbesondere auch evtl. an diesem Vertrag mitarbeitenden Studenten und Assistenten zur strengen Geheimhaltung verpflichten und diese überwachen.

6.3 Die Geheimhaltungspflicht und Vertraulichkeit gilt nicht für solche Unterlagen, Kenntnisse und Informationen, für die nachgewiesen wird, dass sie aus einem Grund allgemein bekannt geworden sind, den der Auftragnehmer nicht zu vertreten hat, oder dass die entsprechenden Kenntnisse und Informationen bereits bei dem Auftragnehmer bekannt waren oder dass diese bereits zum Stand der Technik gehörten oder gehören.

7. Vertragsdauer, Kündigung

7.1 Dieser Vertrag tritt mit seiner Unterzeichnung in Kraft und dauert, soweit er nicht vorher gekündigt oder sonstwie beendet wird, bis zum Abschluss des Entwicklungsvorhabens nach **Anlage 2**.

7.2 WMF ist berechtigt, diesen Vertrag zu kündigen, wenn sie das Entwicklungsziel für nicht mehr oder nur mit unverhältnismäßig zusätzlichem Aufwand erreichbar hält, oder wenn sie aus sonstigen wichtigen Gründen auf die Weiterverfolgung des Entwicklungsvorhabens verzichten will.

Bei einer entsprechend vorzeitigen Kündigung des Vertrages ersetzt WMF dem Auftragnehmer die bis zur Vertragsbeendigung nachweislich entstandenen und unmittelbar aus dem Auftrag resultierenden Ausgaben. Darüber hinausgehende Erfüllungs- oder Schadensersatzansprüche stehen dem Auftragnehmer anlässlich der Kündigung nicht zu.

7.3 Im Falle der Kündigung oder sonstigen Vertragsbeendigung gehen die Rechte an allen bis dahin geschaffenen Ergebnissen gem. Ziff. 5 an WMF über. Die Verpflichtung zur Geheimhaltung bleibt auch über das Vertragsende hinaus bestehen, es sei denn, der Gegenstand der Geheimhaltung ist zwischenzeitlich ohne Verschulden Dritter offenkundig geworden.

7.4 Im Falle der Kündigung oder sonstiger Vertragsbeendigung sind sämtliche, dem Auftragnehmer von WMF überlassenen Gegenstände, unabhängig davon, ob diese bearbeitet oder unbearbeitet sind, einschließlich aller Zeichnungen und sonstiger Unterlagen, Vorrichtungen und Werkzeuge, an WMF zurückzugeben.

8. Schlussbestimmungen

8.1 Für diesen Vertrag gilt Schriftform. Änderungen und Ergänzungen dieses Vertrages müssen schriftlich erfolgen, um wirksam zu sein.

8.2 Sollte eine Bestimmung dieses Vertrages unwirksam sein oder werden, so wird dadurch die Gültigkeit dieses Vertrages im Übrigen nicht berührt. Die Vertragspartner sind im Rahmen des Zumutbaren nach Treu und Glauben verpflichtet, die unwirksame Bestimmung durch eine ihr im wirtschaftlichen Erfolg gleichkommende, zulässige Regelung zu ersetzen, sofern dadurch keine wesentliche Änderung des Vertragsinhalts herbeigeführt wird.

8.3 Soweit Einzelheiten in diesem Vertrag nicht ausdrücklich geregelt sind, ist Werkvertragsrecht anzuwenden. Soweit dieser Vertrag nicht abweichende Regelungen enthält, gelten für alle Bestellungen seitens WMF die Einkaufsbedingungen von WMF in der jeweils gültigen Form.

8.4 Erfüllungsort und ausschließlicher Gerichtsstand für alle Streitigkeiten, die sich aus oder im Zusammenhang mit diesem Vertrag ergeben, ist Ravensburg. Die Vertragsparteien sind Handelsgesellschaften (§ 6 HGB), die Formkaufleute sind. Die Vorschrift des § 143 PatG 1981 bleibt unberührt*.

8.5 Die Anlagen 1 und 2 sind integrierende Bestandteile dieses Vertrags.

Ravensburg, den 14. Januar 2003	Gauting, den 16. Januar 2003
Württembergische Motorenfabrik GmbH	Brecht Engineering GmbH

Anmerkung

* Bei „Patentstreitsachen" besteht gemäß § 143 Abs. 1 PatG 1981 die ausschließliche Zuständigkeit der Zivilkammern der Landgerichte. Aufgrund der Ermächtigung des § 143 Abs. 2 PatG 1981 wurden folgende örtliche Zuständigkeiten festgelegt: Mannheim, München I, Nürnberg-Fürth, Hamburg, Frankfurt, Rostock, Braunschweig und Düsseldorf.

Anlage 15

Hiermit erteilen wir

>Herrn Kyoya Tanioka, Mitglied des Vorstands unserer Gesellschaft,

Vollmacht

zum Abschluss eines Lizenzvertrags mit der **Union Motoren AG**, Gummersbach, BRD, über Otto-PKW-Motoren zur Herstellung in Japan und zum weltweiten Vertrieb.

Kobe, den 15. August 2002

>Kiyoshi Yotsumoto
>Präsident der Kamasaki Industries
>Co. Ltd. of Kobe, Japan
>
>We hereby certify that the signature above has been duly registered at this office.
>
>Dated at Kobe on August 15, 2002
>
>The Chamber of Commerce and Industry
>Signatures

Anlage 16

Power of Attorney

We hereby appoint

Mr. Kyoya Tanioka, Vice President of our Company,

Our proxy and empower him

to conduct all affairs relative to the conclusion of a licence agreement with **Union Motorenwerke AG**, Gummersbach, Federal Republic of Germany, with respect to Otto-passenger-car-engines for production in Japan and for sale worldwide.

Kobe, August 15, 2002

Kiyoshi Yotsumoto
President of Kamasaki Industries
Co. Ltd. of Kobe, Japan

We hereby certify that the signature above has been duly registered at this office.

Dated at Kobe on August 15, 2002

The Chamber of Commerce and Industry
Signatures

Anlage 17 *Formblatt für die Abrechnung von Lizenzgebühren*

Anlage 17

Formblatt für die Abrechnung von Lizenzgebühren gemäß Randziffer 21 des Lizenzvertrags vom ....

Lfd. Nr.	Umsatzmonat	Lizenzpflichtiger Umsatzwert		Lizenzgebühren in EUR			
		in Umsatzwährung	in EUR	5 %	4,5 %	4 %	Insgesamt
	Insgesamt						

Anlage 18

Einschreiben/Rückschein

Stuttgart, 12.12.2002

Firma
Vereinigte Motorenwerke AG

Nobelring 20–28
30627 Hannover

Lizenzvertrag vom 10. März 1997

Sehr geehrte Damen und Herren,

gemäß Randziffer 50 kündigen wir hiermit den o. a. Lizenzvertrag zum 31.12.2003.

Die Abrechnung der Lizenzgebühren bis zum Vertragsende wird vertragsgemäß erfolgen. Von den Rechten gemäß Randziffer 52 werden wir keinen Gebrauch machen. Die uns überlassenen Unterlagen werden wir zu einem noch zu vereinbarenden Zeitpunkt an Sie zurückgeben. Auf Randziffer 51 wird verwiesen.

Mit freundlichen Grüßen

MOTORENBAU UNION GMBH

Haverländer   Stumpf

Anlage 19

Quellensteuersätze für Lizenzgebühren (brutto)
Stand 1. Januar 2003

Lfd. Nr.	Lizenznehmerstaat	Steuersatz in %	Bemerkungen
1	Ägypten	15	DBA
2	Algerien	25	Regelung 1984
3	Argentinien	15	DBA
4	Australien	10	DBA
5	Belgien	0	DBA
6	Brasilien	15	DBA
7	BRD	25	Wenn kein DBA 25%, sonst Regelung DBA maßgebend.
8	Chile	40	Erhöhung auf 80% unter bestimmten Voraussetzungen
9	China (VR)	10	DBA
10	Dänemark	0	DBA
11	Finnland	5	DBA
12	Frankreich	0	DBA
13	Griechenland	0	DBA
14	Großbritannien u. Nordirland	0	DBA
15	Indien	10	DBA
16	Indonesien	10	DBA
17	Iran	10	DBA
18	Irland	0	DBA
19	Israel	5	DBA
20	Italien	0	DBA
21	Japan	10	DBA
22	Jugoslawien	10	DBA
23	Kanada	10	DBA
24	Luxemburg	5	DBA
25	Marokko	10	DBA
26	Mexiko	10	DBA
27	Neuseeland	10	DBA
28	Niederlande	0	DBA
29	Norwegen	0	DBA
30	Österreich	0	DBA
31	Pakistan	10	DBA
32	Philippinen	10	DBA
33	Polen	0	DBA
34	Portugal	10	DBA
35	Rumänien	10	DBA
36	Russische Föderation	0	DBA
37	Saudi-Arabien	25–40	Einkommenbezogene Staffeln
38	Schweden	0	DBA
39	Schweiz	0	DBA

Quellensteuersätze für Lizenzgebühren (brutto) **Anlage 19**

Lfd. Nr.	Lizenznehmerstaat	Steuersatz in %	Bemerkungen
40	Spanien	5	DBA
41	Südafrika	0	DBA
42	Tschechien (Tschechoslowakei)	5	DBA
43	Türkei	10	DBA
44	Tunesien	15	DBA
45	Ungarn	0	DBA
46	USA	0	DBA

Anlage 19 *Quellensteuersätze für Lizenzgebühren (brutto)*

Stand der Doppelbesteuerungsabkommen

1. Januar 2003

I. Geltende Abkommen

Abkommen mit	vom	Fundstelle BGBl. II Jg.	S.	BStBl I Jg.	S.	Inkrafttreten BGBl. II Jg.	S.	BStBl I Jg.	S.	Anwendung grundsätzlich ab
1. Abkommen auf dem Gebiet der Steuern vom Einkommen und vom Vermögen										
Ägypten	08.12.1987	1990	278	1990	280	1991	1.042	1992	7	01.01.1992
Argentinien	13.07.1978/	1979	585	1979	326	1979	1.332	1980	51	01.01.1976
	16.09.1996	1998	18	1998	187	2001	694	2001	540	01.01.1996
Armenien	24.11.1981	1983	2	1983	90	1983	427	1983	352	01.01.1980
(DBA mit UdSSR gilt fort, BGBl. 93 II S. 169)										
Aserbaidschan	24.11.1981	1983	2	1983	90	1983	427	1983	352	01.01.1980
(DBA mit UdSSR gilt fort, BGBl. 96 II S. 2.471)										
Australien	24.11.1972	1974	337	1974	423	1975	216	1975	386	01.01.1971
Bangladesch[1]	29.05.1990	1991	1.410	1992	34	1993	847	1993	466	01.01.1990
Belarus (Weißrussland)	24.11.1981	1983	2	1983	90	1983	427	1983	352	01.01.1980
(DBA mit UdSSR gilt fort, BGBl. 94 II S. 2.533)										
Belgien	11.04.1967	1969	17	1969	38	1969	1.465	1969	468	01.01.1966
Bolivien	30.09.1992	1994	1.086	1994	575	1995	907	1995	758	01.01.1991
Bosnien und Herzegowina	26.03.1987	1988	744	1988	372	1988	1.179	1989	35	01.01.1989
(DBA mit SFR Jugoslawien gilt fort, BGBl. 92 II S. 1.196)										
Brasilien	27.06.1975	1975	2.245	1976	47	1976	200	1976	86	01.01.1975
Bulgarien	02.06.1987	1988	770	1988	389	1988	1.179	1989	34	01.01.1989
China	10.06.1985	1986	446	1986	329	1986	731	1986	339	01.01.1985
(ohne Hongkong und Macau)										
Côte d'Ivoire	03.07.1979	1982	153	1982	357	1982	637	1982	628	01.01.1982
Dänemark	22.11.1995	1996	2.565	1996	1.219	1997	728	1997	624	01.01.1997
Ecuador	07.12.1982	1984	466	1984	339	1986	781	1986	358	01.01.1987
Estland	29.11.1996	1998	547	1998	543	1999	84	1999	269	01.01.1994
Finnland	05.07.1979	1981	1.164	1982	201	1982	577	1982	587	01.01.1981
Frankreich	21.07.1959/	1961	397	1961	342	1961	1.659	1961	712	01.01.1957
	09.06.1969/	1970	717	1970	900	1970	1.189	1970	1.072	01.01.1968
	28.09.1989	1990	770	1990	413	1991	387	1991	93	01.01.1990
Georgien	24.11.1981	1983	2	1983	90	1983	427	1983	352	01.01.1980
(DBA mit UdSSR gilt fort, BGBl. 92 II S. 1.128)										
Griechenland	18.04.1966	1967	852	1967	50	1968	30	1968	296	01.01.1964
Indien	19.06.1995	1996	706	1996	599	1997	751	1997	363	01.01.1997
Indonesien	30.10.1990	1991	1.086	1991	1.001	1991	1.401	1992	186	01.01.1992
Iran, Islamische Republik	20.12.1968	1969	2.133	1970	768	1969	2.288	1970	777	01.01.1970
						1970	282			
Irland	17.10.1962	1964	266	1964	320	1964	632	1964	366	01.01.1959
Island	18.03.1971	1973	357	1973	504	1973	1.567	1973	730	01.01.1968
Israel	09.07.1962/	1966	329	1966	700	1966	767	1966	946	01.01.1961
	20.07.1977	1979	181	1979	124	1979	1.031	1979	603	01.01.1970
Italien	18.10.1989	1990	742	1990	396	1993	59	1993	172	01.01.1993
Jamaika	08.10.1974	1976	1.194	1976	407	1976	1.703	1976	632	01.01.1973
Japan	22.04.1966/	1967	871	1967	58	1967	2.028	1967	336	01.01.1967
	17.04.1979/	1980	1.182	1980	649	1980	1.426	1980	772	01.01.1977
	17.02.1983	1984	194	1984	216	1984	567	1984	388	01.01.1981
Jugoslawien, Bundesrep.	26.03.1987	1988	744	1988	372	1988	1.179	1989	35	01.01.1989
(DBA mit SFR Jugoslawien gilt fort, BGBl. 92 II S. 961)										
Kanada	19.04.2001	2002	671	2002	505	2002	962	2002	521	01.01.2001
Kasachstan	26.11.1997	1998	1.592	1998	1.029	1999	86	1999	269	01.01.1996
Kenia	17.05.1977	1979	606	1979	337	1980	1.357	1980	792	01.01.1980
Kirgisistan	24.11.1981	1983	2	1983	90	1983	427	1983	352	01.01.1980
(DBA mit UdSSR gilt fort, BGBl. 92 II S. 1.015)										
Korea, Republik	14.12.1976	1978	191	1978	148	1978	861	1978	230	01.01.76 – 31.12.02
	10.03.2000	2002	1.630							01.01.2003
Kroatien	26.03.1987	1988	744	1988	372	1988	1.179	1989	35	01.01.1989
(DBA mit SFR Jugoslawien gilt fort, BGBl. 92 II S. 1.146)										
Kuwait	04.12.1987	1989	354	1989	150	1989	637	1989	268	01.01.84 – 31.12.97
	18.05.1999	2000	390	2000	439	2000	1.156	2000	1.383	01.01.1998
Lettland	21.02.1997	1998	330	1998	531	1998	2.630	1998	1.219	01.01.1996
Liberia	25.11.1970	1973	1.285	1973	615	1975	916	1975	943	01.01.1970
Litauen	22.07.1997	1998	1.571	1998	1.016	1998	2.962	1999	121	01.01.1995
Luxemburg	23.08.1958/	1959	1.269	1959	1.022	1960	1.532	1960	398	01.01.1957
	15.06.1973	1978	109	1978	72	1978	1.396	1979	83	01.01.1971
Malaysia	08.04.1977	1978	925	1978	324	1979	288	1979	196	01.01.1971
Malta	08.03.2001	2001	1.297	2002	76	2002	320	2002	240	01.01.2002
Marokko	07.06.1972	1974	21	1974	59	1974	1.325	1974	1.009	01.01.1974
Mauritius	15.03.1978	1980	1.261	1980	667	1981	8	1981	34	01.01.1979

---

[1] Gilt nicht für die VSt

Quellensteuersätze für Lizenzgebühren (brutto) **Anlage 19**

Abkommen mit	vom	Fundstelle BGBl. II Jg.	S.	BStBl I Jg.	S.	Inkrafttreten BGBl. II Jg.	S.	BStBl I Jg.	S.	Anwendung grundsätzlich ab
(noch 1. Abkommen auf dem Gebiet der Steuern vom Einkommen und vom Vermögen)										
Mazedonien	26.03.1987	1988	744	1988	372	1988	1.179	1989	35	01.01.1989
(DBA mit SFR Jugoslawien gilt fort, BGBl. 94 II S. 326)										
Mexiko	23.02.1993	1993	1.966	1993	964	1994	617	1994	310	01.01.1994
Moldau, Republik	24.11.1981	1983	2	1983	90	1983	427	1983	352	01.01.1980
(DBA mit UdSSR gilt fort, BGBl. 96 II S. 768)										
Mongolei	22.08.1994	1995	818	1995	607	1996	1.220	1996	1.135	01.01.1997
Namibia	02.12.1993	1994	1.262	1994	673	1995	770	1995	678	01.01.1993
Neuseeland	20.10.1978	1980	1.222	1980	654	1980	1.485	1980	787	01.01.1978
Niederlande	16.06.1959/	1960	1.781	1960	381	1960	2.216	1960	626	01.01.1956
	13.03.1980/	1980	1.150	1980	646	1980	1.486	1980	787	01.01.1979
	21.05.1991	1991	1.428	1992	94	1992	170	1992	382	21.02.1992
Norwegen	04.10.1991	1993	970	1993	655	1993	1.895	1993	926	01.01.1991
Österreich	24.08.2000	2002	734	2002	584	2002	2.435	2002	958	01.01.2003
Pakistan[2]	14.07.1994	1995	836	1995	617	1996	467	1996	445	01.01.1995
Philippinen	22.07.1983	1984	878	1984	544	1984	1.008	1984	612	01.01.1985
Polen	18.12.1972/	1975	645	1975	665	1975	1.349	1976	6	01.01.1972
	24.10.1979	1981	306	1981	466	1981	1.075	1981	778	01.01.1977
Portugal	15.07.1980	1982	129	1982	347	1982	861	1982	763	01.01.1983
Rumänien	29.06.1973	1975	601	1975	641	1975	1.495	1975	1.074	01.01.1972
Russische Föderation	29.05.1996	1996	2.710	1996	1.490	1997	752	1997	363	01.01.1997
Sambia	30.05.1973	1975	661	1975	688	1975	2.204	1976	7	01.01.1971
Schweden	14.07.1992	1994	686	1994	422	1995	29	1995	88	01.01.1995
Schweiz	11.08.1971/	1972	1.021	1972	518	1973	74	1973	61	01.01.1972
	30.11.1978/	1980	751	1980	398	1980	1.281	1980	678	01.01.1977
	17.10.1989/	1990	766	1990	409	1990	1.698	1991	93	01.01.1990
	21.12.1992	1993	1.886	1993	927	1994	21	1994	110	01.01.1994
Simbabwe	22.04.1988	1989	713	1989	310	1990	244	1990	178	01.01.1987
Singapur	19.02.1972	1973	373	1973	513	1973	1.528	1973	688	01.01.1968
Slowakei	19.12.1980	1982	1.022	1982	904	1983	692	1983	486	01.01.1984
(DBA mit Tschechoslowakei gilt fort, BGBl. 93 II S. 762)										
Slowenien	26.03.1987	1988	744	1988	372	1988	1.179	1989	35	01.01.1989
(DBA mit SFR Jugoslawien gilt fort, BGBl. 94 II S. 1.261)										
Spanien	05.12.1966	1968	9	1968	296	1968	140	1968	544	01.01.1968
Sri Lanka	13.09.1979	1981	630	1981	610	1982	185	1982	373	01.01.1983
Südafrika	25.01.1973	1974	1.185	1974	850	1975	440	1975	640	01.01.1965
Tadschikistan	24.11.1981	1983	2	1983	90	1983	427	1983	352	01.01.1980
(DBA mit UdSSR gilt fort, BGBl. 95 II S. 255)										
Thailand	10.07.1967	1968	589	1968	1.046	1968	1.104	1969	18	01.01.1967
Trinidad und Tobago	04.04.1973	1975	679	1975	697	1977	263	1977	192	01.01.1972
Tschechien	19.12.1980	1982	1.022	1982	904	1983	692	1983	486	01.01.1984
(DBA mit Tschechoslowakei gilt fort, BGBl. 93 II S. 762)										
Türkei	16.04.1985	1989	866	1989	471	1989	1.066	1989	482	01.01.1990
Tunesien	23.12.1975	1976	1.653	1976	498	1976	1.927	1977	4	01.01.1976
Turkmenistan	24.11.1981	1983	2	1983	90	1983	427	1983	352	01.01.1980
(DBA mit UdSSR gilt fort, Bericht der Botschaft Aschgabat vom 11. August 1999 – Nr. 377/99)										
Ukraine	03.07.1995	1996	498	1996	675	1996	2.609	1996	1.421	01.01.1997
Ungarn	18.07.1977	1979	626	1979	348	1979	1.031	1979	602	01.01.1980
Uruguay	05.05.1987	1988	1.060	1988	531	1990	740	1990	365	01.01.1991
Usbekistan	07.09.1999	2001	978	2001	765	2002	269	2002	239	01.01.2002
Venezuela	08.02.1995	1996	727	1996	611	1997	1.809	1997	938	01.01.1997
Vereinigte Arab. Emirate	09.04.1995	1996	518	1996	588	1996	1.221	1996	1.135	01.01.1992
Vereinigtes Königreich	26.11.1964/	1966	358	1966	729	1967	828	1967	40	01.01.1960
	23.03.1970	1971	45	1971	139	1971	841	1971	340	30.05.1971
Vereinigte Staaten	29.08.1989	1991	354	1991	94	1992	235	1992	262	01.01.1990
Vietnam	16.11.1995	1996	2.622	1996	1.422	1997	752	1997	364	01.01.1997
Zypern	09.05.1974	1977	488	1977	340	1977	1.204	1977	618	01.01.1970

---

[2] Gilt nicht für die VSt

Anlage 19 *Quellensteuersätze für Lizenzgebühren (brutto)*

II. Künftige Abkommen und laufende Verhandlungen

Abkommen mit	Art des Abkommens[11]	Sachstand[12]	Geltung für Veranlagungssteuern[13] ab	Geltung für Abzugsteuern[14] ab	Bemerkungen
1. Abkommen auf dem Gebiet der Steuern vom Einkommen und vom Vermögen					
Aserbaidschan	A	V:			
Australien	R-A	P: 05.10.1995	KR	KR	
Belarus (Weißrussland)	A	P: 14.11.1996	KR	KR	
Belgien	R-A	U: 05.11.2002	–	–	
Chile	A	V:			
Costa Rica	A	V:	-	-	
Frankreich	R-P	U: 20.12.2001	KR	KR	Text: BGBl. 2002 II S. 2370 BStBl 2002 I S. 891
Georgien	A	V:	-	-	
Ghana	A	V:			
Griechenland	E-P	P: 28.03.2000	–	–	
Island	R-A	V:	–	–	
Kirgisistan	A	V:			
Kroatien	A	P: 01.07.1999	2000	2000	
Kuba	A	V:	-	-	
Libanon	A	V:	–	–	
Malaysia	R-A	V:	-	-	
Mazedonien	A	P: 12.09.2002	KR	KR	
Niederlande	R-A	V:	–	–	
	E-P	V:	–	–	
Oman	A	P: 12.04.2002	KR	KR	
Papua-Neuguinea	A	U: 17.01.1995	ab dem Jahr des Inkrafttretens	ab dem Jahr des Inkrafttretens	Text: BGBl. 1999 II S. 826 BStBl 1999 I S. 883
Polen	R-A	P: 04.06.1998	KR	KR	
Rumänien	R-A	U: 04.07.2001	KR	KR	
Saudi-Arabien	A	V:	-	-	
Schweiz	R-P	U: 12.03.2002	KR	2002	
Singapur	R-A	V:	–	–	
Slowakei	R-A	V:			
Slowenien	R-A	P: 06.05.1999	KR	KR	
Südafrika	R-A	P: 13.01.1998	KR	KR	
Tschechien	R-A	V:	–	–	
Turkmenistan	A	V:			
2. Abkommen auf dem Gebiet der Erbschaft- und Schenkungsteuern					
3. Sonderabkommen betreffend Einkünfte und Vermögen von Schiffahrt (S)- und Luftfahrt (L)-Unternehmen					
Algerien	A (L)	P: 10.04.1981	1969 (S, L)/		
	A (S, L)	P: 27.01.1988	1988 (S)		
Hongkong	A (S)	P: 12.01.2001	1998 (S)		
Jemen	A (L)	P: 24.06.1988	1982		
Oman	A (S, L)	P: 22.05.2000	-		
Saudi-Arabien	A (L)	P: 09.01.1996	–	–	
4. Abkommen auf dem Gebiet der Amtshilfe					
Österreich	R-A	P: 25.09.2000	KR	KR	
5. Abkommen auf dem Gebiet der Kraftfahrzeugsteuer					
Belarus (Weißrussland)	R-A	P: 10.10.2002	–	–	
Slowenien	A	V:			

---

[11] A: Erstmaliges Abkommen
 R-A: Revisionsabkommen als Ersatz eines bestehenden Abkommens
 R-P: Revisionsprotokoll zu einem bestehenden Abkommen
 E-P: Ergänzungsprotokoll zu einem bestehenden Abkommen
[12] V: Verhandlung
 P: Paraphierung
 U: Unterzeichnung hat stattgefunden, Gesetzgebungs- oder Ratifikationsverfahren noch nicht abgeschlossen
[13] Einkommen-, Körperschaft-, Gewerbe- und Vermögensteuer   KR: Keine Rückwirkung vorgesehen
[14] Abzugsteuern von Dividenden, Zinsen und Lizenzgebühren   KR: Keine Rückwirkung vorgesehen

Anlage 20

> Dieses Formblatt muß zusammen mit einem Anhang eingereicht werden, der die in dem beigefügten Ergänzenden Vermerk aufgeführten Angaben enthält.
>
> Das Formblatt und der Anhang sind in dreizehnfacher Ausfertigung einzureichen — ein Exemplar für die Kommission und eins für jeden Mitgliedstaat; die betroffenen Vereinbarungen sind in dreifacher Ausfertigung einzureichen; andere, zur Erläuterung oder zum Beweis beigefügte Schriftstücke jedoch nur in einfacher Ausfertigung.
>
> Bitte vergessen Sie nicht, die beigefügte Eingangsbestätigung auszufüllen.
>
> Reicht der freigelassene Raum nicht aus, verwenden Sie bitte zusätzliche Blätter und geben Sie dabei jeweils den Punkt im Formblatt an, auf den Sie sich beziehen.

FORMBLATT A/B

AN DIE KOMMISSION DER EUROPÄISCHEN GEMEINSCHAFTEN
Generaldirektion für Wettbewerb
Rue de la Loi 200
B-1049 Brüssel

A. Antrag auf Erteilung eines Negativattests nach Artikel 2 der Verordnung Nr. 17 des Rates vom 6. Februar 1962 betreffend die Durchführung von Artikel 85 Absatz 1 oder Artikel 86 des Vertrages zur Gründung der Europäischen Wirtschaftsgemeinschaft.

B. Anmeldung einer Vereinbarung, eines Beschlusses oder einer aufeinander abgestimmten Verhaltensweise nach Artikel 4 (oder 5) der Verordnung Nr. 17 des Rates vom 6. Februar 1962 im Hinblick auf eine Freistellung nach Artikel 85 Absatz 3 des Vertrages zur Gründung der Europäischen Wirtschaftsgemeinschaft einschließlich einer Anmeldung, mit der ein Widerspruchsverfahren beansprucht wird.

Bezeichnung der Beteiligten

1. *Bezeichnung der Anmelder/Antragsteller:*

   Vollständige(r) Name bzw. Firma und Anschrift, Nummern des Fernsprech-, Fernschreib- und Fernkopieranschlusses sowie kurze Beschreibung ([1]) des oder der Unternehmen(s) oder der Unternehmensvereinigung(en), die den Antrag oder die Anmeldung einreichen.

   Bei Einzelkaufleuten, Personengesellschaften oder sonstigen Einheiten ohne eigene Rechtsfähigkeit, die unter einer Firma tätig sind, geben Sie bitte auch Namen, Vornamen und Anschrift des oder der Eigentümer(s) oder Gesellschafter an.

   Wird ein Antrag oder eine Anmeldung im Namen eines Dritten oder von mehr als einer Person eingereicht, sind Name, Anschrift und Stellung des Vertreters oder gemeinsamen Vertreters anzugeben und ein Nachweis seiner Vertretungsbefugnis beizufügen. Wird ein Antrag oder eine Anmeldung von oder im Namen von mehr als einer Person eingereicht, soll ein gemeinsamer Vertreter bestellt werden (Artikel 1 Absätze 2 und 3 der Verordnung Nr. 27 der Kommission).

Anlage 20 *Antrag gem. Art. 81 Abs. 1 und 3 EWGV*

2. *Bezeichnung der anderen Beteiligten:*

Vollständige(r) Name bzw. Firma und Anschrift sowie kurze Beschreibung jedes anderen an der Vereinbarung, dem Beschluß oder der abgestimmten Verhaltensweise (der „Absprache") Beteiligten.

Geben Sie bitte an, in welcher Weise die übrigen Beteiligten von dem Antrag oder der Anmeldung unterrichtet worden sind.

(Diese Angaben sind nicht erforderlich für Musterverträge, die das anmeldende oder antragstellende Unternehmen mit einer bestimmten Anzahl von Personen abgeschlossen hat oder abschließen will, z.B. Vertriebsverträge mit Händlern.)

Gegenstand des Antrags oder der Anmeldung
(siehe den Ergänzenden Vermerk)

(Antworten Sie bitte auf die Fragen mit ja oder nein)

Beantragen Sie nur ein Negativattest? (Wegen der Wirkungen eines solchen Antrags beachten Sie bitte Punkt IV Ende des ersten Absatzes des Ergänzenden Vermerks)

Beantragen Sie ein Negativattest und melden Sie die Absprache gleichzeitig an, um eine Freistellung zu erlangen, falls die Kommission kein Negativattest erteilt?

Melden Sie die Absprache nur an, um eine Freistellung zu erlangen?

Beanspruchen Sie, daß diese Anmeldung in den Genuß eines Widerspruchsverfahrens gelangt? (Beachten Sie bitte die Punkte III, IV, VI und VII des Ergänzenden Vermerks sowie Anhang Nr. 2). Falls Sie mit ja antworten, geben Sie bitte den Artikel und die Nummer der Verordnung an, auf die Sie sich beziehen.

Wären Sie mit einem einfachen Verwaltungsschreiben (sog. „Comfort Letter") einverstanden? (Siehe den Ergänzenden Vermerk, Punkt VII am Ende)

Die Unterzeichneten erklären, daß die oben und in den beigefügten ... Seiten der Anlagen gemachten Angaben nach bestem Wissen und Gewissen gemacht wurden und den Tatsachen entsprechen, daß jede Schätzung als solche gekennzeichnet ist und ihre bestmögliche Schätzung auf der Grundlage der betreffenden Tatsachen darstellt sowie daß jede Meinungsäußerung der Wahrheit entspricht.

Sie haben von der Vorschrift des Artikels 15 Absatz 1 Buchstabe a) der Verordnung Nr. 17 Kenntnis genommen (Siehe beiliegenden Ergänzenden Vermerk).

Ort und Datum: ....

Unterschriften: ....

....

....

Diesen Raum bitte freilassen.

Antrag gem. Art. 81 Abs. 1 und 3 EWGV **Anlage 20**

KOMMISSION
DER
EUROPÄISCHEN GEMEINSCHAFTEN

Brüssel, den ....

Generaldirektion für Wettbewerb

An

EINGANGSBESTÄTIGUNG

(Dieser Vordruck wird an die oben angegebene Adresse zurückgesandt, wenn er im oberen Teil vom Antragsteller bzw. vom Anmeldenden in einem Exemplar ausgefüllt ist.)

Ihr Antrag auf Erteilung eines Negativattests vom : ....

Ihre Anmeldung vom : ....

betreffend : ....

Ihr Zeichen : ....

Beteiligte :

1. ....

2. .... u.a.

(Weitere beteiligte Unternehmen brauchen nicht angegeben zu werden.)

(Von der Kommission auszufüllen)

ist am ....

eingegangen und unter Nr. IV/ registriert worden.

Bei allen Zuschriften bitte die oben angegebene Nummer mitteilen.

Provisorische Anschrift :
Rue de la Loi 200
B-1049 Brüssel

Telefon :
Durchwahl : 235 ....
Zentrale : 235 11 11

Fernschreiber :
COMEU B 21877

Telegrammadresse :
COMEUR Brüssel

Anlage 20a

1. **Einführung** [*vom Abdruck wurde abgesehen*]

2. **Erste Kontakte mit der Kommission**

   2.1 **Anmeldungen und Anträge auf Freistellung bzw. auf Erteilung von Negativattesten**

   2.1.1 Gründe für eine Anmeldung

Für die Unternehmen besteht keine rechtliche Verpflichtung, Vereinbarungen bei der Kommission anzumelden, selbst wenn diese gegen Artikel 85 Absatz 1 verstoßen und deshalb die Kommission veranlassen könnten, Nachprüfungen in die Wege zu leiten und Geldbußen festzusetzen. Hingegen ist eine Anmeldung eine Voraussetzung für die Erlangung einer Freistellung (Artikel 4 Absatz 1 der Verordnung Nr. 17), soweit die Vereinbarung nicht unter Artikel 4 Absatz 2 fällt (siehe Kasten 1).

Artikel 4
Anmeldung neuer Vereinbarungen, Beschlüsse und aufeinander abgestimmte Verhaltensweisen

1. Vereinbarungen, Beschlüsse und aufeinander abgestimmte Verhaltensweisen der in Artikel 85 Absatz 1 EG-Vertrag bezeichneten Art, die nach Inkrafttreten dieser Verordnung zustande kommen und für welche die Beteiligten Artikel 85 Absatz 3 in Anspruch nehmen wollen, sind bei der Kommission anzumelden. Solange sie nicht angemeldet worden sind, kann eine Erklärung nach Artikel 85 Absatz 3 nicht abgegeben werden.

2. Absatz 1 gilt nicht für Vereinbarungen, Beschlüsse und aufeinander abgestimmte Verhaltensweisen, wenn

   1) an ihnen nur Unternehmen aus einem Mitgliedstaat beteiligt sind und die Vereinbarungen, Beschlüsse oder Verhaltensweisen nicht die Ein- oder Ausfuhr zwischen Mitgliedstaaten betreffen;

   2) an ihnen nur zwei Unternehmen beteiligt sind und die Vereinbarungen lediglich
      a) einen Vertragsbeteiligten bei der Weiterveräußerung von Waren, die er von dem anderen Vertragsbeteiligten bezieht, in der Freiheit der Gestaltung von Preisen oder Geschäftsbedingungen beschränken,
      b) dem Erwerber oder dem Benutzer von gewerblichen Schutzrechten - insbesondere von Patenten, Gebrauchsmustern, Geschmacksmustern oder Warenzeichen - oder dem Berechtigten aus einem Vertrag zur Übertragung oder Gebrauchsüberlassung von Herstellungsverfahren oder von zum Gebrauch und zur Anwendung von Betriebstechniken dienenden Kenntnissen Beschränkungen hinsichtlich der Ausübung dieser Rechte auferlegen;

   3) sie lediglich zum Gegenstand haben:
      a) die Entwicklung oder einheitliche Anwendung von Normen und Typen,
      b) die gemeinsame Forschung und Entwicklung,
      c) die Spezialisierung bei der Herstellung von Erzeugnissen, einschließlich der zu ihrer Durchführung erforderlichen Abreden,
         - wenn die Erzeugnisse, die Gegenstand der Spezialisierung sind, in einem wesentlichen Teil des Gemeinsamen Marktes nicht mehr als 15 v. H. des Umsatzes mit gleichen Erzeugnissen und solchen, die für den Verbraucher aufgrund ihrer Eigenschaften, ihrer Preislage und ihres Verwendungszwecks als gleichartig anzusehen sind, ausmachen und
         - wenn der gesamte jährliche Umsatz der beteiligten Unternehmen 200 Millionen Rechnungseinheiten nicht überschreitet.

Diese Vereinbarungen, Beschlüsse und Verhaltensweisen können bei der Kommission angmeldet werden.

Kasten 1

In der Praxis finden die Ausnahmen des Artikels 4 Absatz 2 jedoch nur selten Anwendung.

Quelle: Auszug aus der Veröffentlichung der EG-Kommission, Luxemburg, 1997 (ISBN 92-828-1722-9).

Die Kommission kann selbst ein informelles Verwaltungsschreiben nicht verwenden, wenn sie keine "offizielle Kenntnis" von der Existenz einer Vereinbarung hat. Desgleichen muß ein Unternehmen, das ein Negativattest wünscht, dies bei der Kommission beantragen. Für Vereinbarungen, die zum Zeitpunkt des Inkrafttretens der Verordnung Nr. 17 (1. November 1962) bestanden, und für "Beitrittsvereinbarungen", d. h. Vereinbarungen, die zum Zeitpunkt des Beitritts neuer Mitgliedstaaten zur EU bereits bestanden, gelten besondere Regeln. Die entsprechenden Vereinbarungen müssen bei der Kommission innerhalb bestimmter, in der Beitrittsakte festgelegter Fristen angemeldet werden.

Ein nicht unerheblicher Vorteil, den die Anmeldung einer Vereinbarung bei der Kommission hat, besteht darin, daß gegen die betreffenden Parteien für die Zeit nach der Anmeldung und vor der Entscheidung der Kommission, die Erteilung eines Negativattests oder eine Freistellung zu gewähren oder zu verweigern (Artikel 15 Absatz 5 der Verordnung Nr. 17) oder nach vorläufiger Prüfung die Geldbußenfreiheit aufzuheben (Artikel 15 Absatz 6), keine Geldbußen festgesetzt werden dürfen (siehe Kasten 2).

Artikel 15 - Geldbußen

...

5. Die Geldbuße darf nicht für Handlungen festgesetzt werden:

   a) die nach der bei der Kommission vorgenommenen Anmeldung und vor der Entscheidung der Kommission nach Artikel 85 Absatz 3 des Vertrages begangen werden, soweit sie in den Grenzen der in der Anmeldung dargelegten Tätigkeit liegen,

   b) die im Rahmen von ... bestehenden [alten oder aus der Zeit vor dem Beitritt stammenden] Vereinbarungen, Beschlüssen und aufeinander abgestimmten Verhaltensweisen vor der Anmeldung begangen werden, falls diese innerhalb der [vorgeschriebenen] ... Fristen erfolgt.

6. Absatz 5 findet keine Anwendung, sobald die Kommission den betreffenden Unternehmen mitgeteilt hat, daß sie aufgrund vorläufiger Prüfung der Auffassung ist, daß die Voraussetzungen des Artikels 85 Absatz 1 des Vertrages vorliegen und eine Anwendung des Artikels 85 Absatz 3 nicht gerechtfertigt ist.

Kasten 2

2.1.2 Gruppenfreistellungen und Einzelfreistellungen

Für die Zwecke der Anmeldung ist zwischen Vereinbarungen, die unter bestehende Gruppenfreistellungen fallen, und solchen Vereinbarungen zu unterscheiden, die nicht darunter fallen. Viele gängige Arten von Vereinbarungen, die grundsätzlich gegen Artikel 85 Absatz 1 verstoßen, werden von Gruppenfreistellungen erfaßt und brauchen nicht angemeldet zu werden (siehe Kasten 3).

Von Gruppenfreistellungsverordnungen erfaßte Vereinbarungen

- Alleinvertriebsvereinbarungen
- Alleinbezugsvereinbarungen
- Patentlizenzvereinbarungen
- Vertriebs- und Kundendienstvereinbarungen über Kraftfahrzeuge
- Spezialisierungsvereinbarungen
- Kooperationsvereinbarungen über Forschung und Entwicklung
- Franchisevereinbarungen
- Technologietransfervereinbarungen
- Bestimmte Arten von Vereinbarungen im Versicherungssektor

Kasten 3

Anlage 20a *Kontaktregeln der EU-Kommission*

In Fällen wie den vorgenannten wird automatisch eine Freistellung gewährt. Ein vollständiges Verzeichnis der Gruppenfreistellungsverordnungen mit entsprechenden Verweisen auf das Amtsblatt enthält Anhang 1.

Etwas anders ist die Situation, wenn die betreffende Verordnung ein sogenanntes "Widerspruchsverfahren" vorsieht. Enthält die Vereinbarung eine der in der Verordnung in einer "graün Liste" aufgeführten Klauseln (Klauseln, die entsprechend den jeweiligen genaün Umständen möglicherweise nicht freistellungsfähig sind), so ist eine Anmeldung vorzunehmen. Nach der Anmeldung wird eine Freistellung automatisch gewährt, wenn die Kommission binnen sechs Monaten keine Einwände erhebt.

Kasten 4 enthält einige der gängigen Arten von Vereinbarungen, die unter Artikel 85 Absatz 1 fallen können und individuell freigestellt werden müssen, bevor sie rechtmäßig angewendet werden dürfen. Dies bedeutet, daß die betreffenden Vereinbarungen anmeldepflichtig sind.

2.1.3 Formblatt A/B

Das Formblatt A/B ist ein Vordruck für die Anmeldung von Vereinbarungen. Form und Inhalt der Anträge und Anmeldungen sind durch die Verordnung (EG) Nr. 3385/94 der Kommission geändert worden.

Einzeln freizustellende Vereinbarungen

- Die meisten Arten von Vereinbarungen über Gemeinschaftsunternehmen, soweit sie nicht unter die Gruppenfreistellung für Forschungs- und Entwicklungsvereinbarungen fallen und nicht dem Begriff des Unternehmenszusammenschlusses entsprechen
- Die meisten Ausschließlichkeitslizenzen im Bereich des gewerblichen Rechtsschutzes, die nicht unter die Gruppenfreistellungen für Technologietransfervereinbarungen fallen
- Umstrukturierungsvereinbarungen oder "Krisenkartelle"
- Vereinbarungen zur Errichtung von Organisationen für gemeinsamen Ein- oder Verkauf
- Informationsvereinbarungen
- Vereinbarungen über die Regeln einer Branchenorganisation
- Vereinbarungen oder Beschlüsse betreffend Handelsmessen

Kasten 4

Das der Verordnung als Anhang beigefügte Formblatt A/B umfaßt zwei Hauptteile. In einem einleitenden Teil werden Zweck und Gegenstand der Anmeldungs- und Antragsverfahren dargelegt und wird den Unternehmen erläutert, wie sie die Anmeldungen und Anträge einzureichen haben und welche rechtlichen Konsequenzen sich für sie daraus ergeben. Der eigentliche operationelle Teil ist in einzelne Kapitel mit den grundlegenden Angaben zu den Parteien der Vereinbarung, zu den relevanten Märkten (zur Definition des relevanten Marktes siehe Kasten 6) und zu den Gründen für den Antrag oder die Anmeldung untergliedert. Dabei wird im einzelnen erklärt, welche Informationen zu erteilen sind und welche ergänzenden Dokumente beizubringen sind. Diese Fragen sind in den Kästen 5 und 6 zusammengefaßt.

Angaben betreffend die Parteien und die Vereinbarung

- Bezeichnung der anmeldenden Personen
- Angaben über die Beteiligten und ihre Konzernzugehörigkeit
- Einzelheiten der Vereinbarung einschließlich derjenigen Bestimmungen der Vereinbarung, die geeignet sein könnten, die Freiheit der Beteiligten, selbständige wirtschaftliche Entscheidungen zu treffen, zu beschränken
- Nichtvertrauliche Zusammenfassung, die die Kommission im *Amtsblatt* veröffentlichen kann, um Dritte zur Äußerung aufzufordern
- Gründe für das Negativattest oder für eine Freistellung
- Der Anmeldung beizufügende Dokumente (Lageberichte und Jahresabschlüsse aller beteiligten Parteien für die letzten drei Jahre; jüngste interne oder externe langfristige Marktstudien oder Planungsunterlagen)

Kasten 5

Bei allen Anmeldungen zu liefernde Angaben zum relevanten Markt

- Identifizierung des relevanten Produktmarkts (nach der Definition der Kommission umfaßt dieser "alle Produkte, die vom Verbraucher aufgrund ihrer Merkmale, ihrer Preise und ihres Verwendungszwecks als austauschbar oder substituierbar angesehen werden")
- Identifizierung des relevanten räumlichen Marktes (nach der Definition der Kommission "das Gebiet, in dem die betreffenden Unternehmen Produkte anbieten und ausreichend homogene Wettbewerbs bedingungen herrschen und das von benachbarten Gebieten insbesondere wegen deutlich anderer Wettbewerbsbedingungen unterschieden werden kann")
- Stellung der Parteien, der Wettbewerber und der Kunden auf dem relevanten Produktmarkt
- Markteintritt und potentieller Wettbewerb auf dem relevanten Produkt- und räumlichen Markt

Kasten 6

Ein Grund für die konzeptülle Änderung liegt darin, die Last der Information über die relevanten Märkte auf die betreffenden Unternehmen zu übertragen. Häufig mußte die Kommission in der Vergangenheit bei Erhalt einer Anmeldung erst einmal an die betreffenden Unternehmen ein Auskunftsverlangen nach Artikel 11 der Verordnung Nr. 17 richten (siehe Absatz 4.2). Für die Kommission bedeutet es eine Arbeitserleichterung, wenn diese Auskünfte schon in der Anmeldung selbst erteilt werden müssen. Auch kann die Kommission die Unternehmen jetzt von der Verpflichtung entbinden, alle in dem Formblatt vorgeschriebenen Auskünfte zu erteilen. Dazu sollten sich die Unternehmen mit der Kommission in Verbindung setzen, wenn eine Information nach ihrer Auffassung für ihren Fall nicht erheblich oder nicht erforderlich ist. Das Einverständnis der Kommission vorausgesetzt, gilt die Anmeldung in diesem Fall auch dann als vollständig, wenn bestimmte Einzelangaben nicht gemacht wurden (Artikel 3 Absatz 3 der Ausführungsverordnung der Kommission).

Insgesamt dürfte die neue Regelung dank der Vereinfachung des Verfahrens eine Reduzierung des Rechtsberatungsaufwands für die Unternehmen zur Folge haben.

Besondere Vorschriften gelten für die Anmeldung struktureller kooperativer Gemeinschaftsunternehmen. Solche Gemeinschaftsunternehmen beinhalten einschneidende Veränderungen in der Struktur der beteiligten Unternehmen, die über eine Rechtsvereinbarung zur Koordinierung der Geschäftspolitiken hinausgehen, und begründen eine eigenständige wirtschaftliche Einheit. Diese Art von Vereinbarungen wird seit 1993 als Sonderfall behandelt. Die Kommission hat sich auf einer freiwilligen und nichtverbindlichen Basis verpflichtet, sich zu ordnungsgemäß angemeldeten kooperativen Gemeinschaftsunternehmen, die wichtige strukturelle Veränderungen beinhalten, binnen zwei Monaten nach der Anmeldung zu äußern. Die erste Äußerung kann dabei ein Verwaltungsschreiben sein, das es den Parteien gestattet, ihre Vereinbarungen durchzuführen. Ergänzt

Anlage 20a *Kontaktregeln der EU-Kommission*

wird diese Maßnahme durch die daran gebundene Auflage, daß die beteiligten Unternehmen, die dieses "beschleunigte Verfahren" in Anspruch zu nehmen wünschen, ausführliche Angaben machen (siehe Kasten 7).

Angaben zum relevanten Markt für strukturelle Gemeinschaftsunternehmen

- Identifizierung der sachlich und räumlich relevanten Märkte wie oben (Kasten 6)   *plus* zusätzliche Fragen zu den von der angemeldeten Vereinbarung mittelbar oder unmittelbar berührten Produkten und Dienstleistungen und zu den Produkten oder Dienstleistungen, die mit den erstgenannten leicht austauschbar sind, und detaillierte Fragen zum räumlichen Markt
- Angaben zu den auf den gleichen Märkten tätigen Konzernunternehmen
- Fragen zu den Parteien, den Wettbewerbern und den Kunden wie oben (Kasten 6)
- Fragen zum möglichen Markteintritt und zum potentiellen Wettbewerb wie oben (Kasten 6)   *plus* zusätzliche Angaben, beispielsweise zur Mindestgröße für einen Eintritt in den relevanten Produktmarkt bzw. in die relevanten Produktmärkte

---

Kasten 7

2.1.4 Unvollständige oder ungenaue Angaben

Werden der Kommission keine vollständigen und genauen Auskünfte erteilt, so kann sie den Antrag auf Freistellung oder Erteilung eines Negativattests nicht bescheiden. Macht ein Unternehmen auf einem Formblatt A/B vorsätzlich oder fahrlässig unrichtige oder entstellte Angaben, so kann dies Geldbußen in Höhe von 100 bis 5000 ECU nach sich ziehen (Artikel 15 Absatz 1 a der Verordnung 17). Eine solche Geldbuße kann auch festgesetzt werden, wenn keine erwiesene oder selbst nur behauptete Zuwiderhandlung gegen die Artikel 85 oder 86 vorliegt: Es genügt, daß die Kommission irregeleitet wurde.

2.1.5 Nach der Anmeldung

Die Behörden der Mitgliedstaaten erhalten Kopien der Anmeldungsdokumente. Nach Artikel 20 Absatz 2 der Verordnung Nr. 17 sind die Angaben im Formblatt A/B vor einer Preisgabe durch die Kommission, die zuständigen Behörden der Mitgliedstaaten sowie ihre Beamten und sonstigen Bediensteten geschützt, wenn sie ihrem Wesen nach unter das "Berufsgeheimnis" fallen. Die Parteien sollten bei der Anmeldung angeben, welche Informationen sie für vertraulich erachten. Nähere Ausführungen zu den Regelungen für den Schutz des Berufsgeheimnisses bei Kontakten mit der Kommission sind weiter unten zu finden (Kapitel 6.2).

An die Anmeldung schließen sich häufig informelle Kontakte zwischen der Kommission und den Parteien an, bevor die Kommission das einzuschlagende Verfahren bestimmt. Bei einem in eine Verbotsentscheidung einmündenden Verfahren muß die Kommission Nachprüfungen vornehmen. Darauf wird in den Kapiteln 3-6 näher eingegangen. Entscheidungen, die kein Verbot beinhalten, kommen mit weniger Formalitäten aus. Diese werden in Kapitel 8.1 behandelt. Viele Anmeldungen führen natürlich nicht zu förmlichen Entscheidungen. Auf diese Fälle wird in Kapitel 8.2 eingegangen.

Die Kommission mußte sich häufig Kritik anhören, sie bescheide die Anmeldungen nicht schnell genug. Einige der verzugsbedingten Schwierigkeiten hat sie dadurch zu lösen versucht, daß sie mehr Fälle mittels Verwaltungsschreiben zu regeln trachtet. Erwähnenswert sind in diesem Zusammenhang auch die strikten Fristen, die sie intern im Falle struktureller Gemeinschaftsunternehmen festgelegt hat.

2.2 Beschwerden bei der Kommission

Beschwerde wegen angeblichen Verstoßes gegen die Wettbewerbsregeln kann bei der Kommission von allen "Personen und Personenvereinigungen, die ein berechtigtes Interesse darlegen" (Artikel 3 Absatz 2 der Verordnung Nr. 17), geführt werden. Die Kommission interpretiert diese Formulierung großzügig im Sinne jedweder Person, die glaubhaft machen kann, durch eine Zuwiderhandlung gegen die Vertragsvorschriften Schaden erlitten zu haben. Mithin würden unter diese Definition neben den Parteien einer Vereinbarung auch Dritte, denen Schaden aus einer Vereinbarung oder einer wettbewerbswidrigen Praktik erwachsen ist, und solche Personen vertretende Organisationen (beispielsweise Verbraucherorganisationen) fallen. Das einzige formale Erfordernis, das erfüllt sein muß, damit eine Beschwerde zulässig ist, betrifft die Offenlegung der Identität des Beschwerdeführers und die Unterzeichnung der Beschwerde durch den Beschwerdeführer oder einen von ihm hierzu ermächtigten Vertreter. In der Praxis jedoch sollte eine Beschwerde möglichst viele für die Kommission relevante Informationen enthalten (Kasten 8).

Informationen, die der Kommission in einer Beschwerde übermittelt werden sollten

- Angaben zu dem Beschwerdeführer und dem Unternehmen/den Unternehmen, gegen das/die sich die Beschwerde richtet
- Angaben zum Inhalt der Beschwerde
- Nachweis des berechtigten Interesses des Beschwerdeführers
- Angaben dazu, ob eine ähnliche Beschwerde bei anderen Instanzen (beispielsweise nationalen Behörden) eingereicht worden ist oder Gegenstand eines Verfahrens vor einem innerstaatlichen Gericht ist
- Angaben zu den betroffenen Waren oder Dienstleistungen nebst einer Beschreibung des relevanten Marktes
- Eine Erklärung darüber, welche Maßnahmen (einschließlich vorläufiger Maßnahmen) Gegenstand des Begehrens sind

Kasten 8

Für Beschwerden gelten die gleichen Garantien hinsichtlich des Schutzes des Geschäftsgeheimnisses und vertraulicher Dokumente wie für Anmeldungen. Ein "formeller" Beschwerdeführer hat außerdem gewisse Mitwirkungsrechte und Rechte auf Zugang zur Information während des Verwaltungsverfahrens, wenn die Kommission beschließt, aufgrund der Beschwerde tätig zu werden und Ermittlungen in die Wege zu leiten.

Auch informelle und selbst anonyme Beschwerden sind möglich, doch braucht die Kommission in solchen Fällen bei der Bearbeitung der Beschwerde nicht die gleichen Formalitäten zu beachten. Die Verfahren, die die Kommission bei formellen Beschwerden zu beachten hat, werden in Kapitel 7 erläutert. Andererseits kann von der Kommission verlangt werden, die Identität eines informellen Beschwerdeführers dem Unternehmen, gegen das sich die Beschwerde richtet, nicht preiszugeben, wenn der Beschwerdeführer eine vertrauliche Behandlung verlangt.

Die Politik der Kommission geht heute dahin, nur Beschwerden von ausreichendem Interesse für die EU aufzugreifen. Ein solches Interesse könnte sich aus der Schwere des behaupteten Verstoßes, der Größe der beteiligten Unternehmen, den Auswirkungen auf den Handel zwischen den Mitgliedstaaten oder auf die Integration des Marktes, der Existenz ähnlicher Probleme in verschiedenen Mitgliedstaaten oder der Tatsache ergeben, daß alternative Rechtsbehelfe den Opfern kaum zugänglich sind. In jedem Fall sind Beschwerden nach wie vor eine wichtige Informationsquelle für die Kommission.

Anlage 20a *Kontaktregeln der EU-Kommission*

2.3 Ermittlungen von Amts wegen

Kontakte zwischen der Kommission und einem Unternehmen können auch von der Kommission initiiert werden, wenn diese wegen eines ihr bekannt gewordenen Verstoßes gegen den Vertrag Ermittlungen in die Wege zu leiten wünscht. Zu solchen Kontakten wird es insbesondere dann kommen, wenn Unternehmen geheime Absprachen praktizieren, die einen Verstoß gegen Artikel 85 Absatz 1 oder Artikel 86 darstellen können. Von den vielen Praktiken, die zu Ermittlungen wegen vermuteten Vertragsverstoßes führen dürften, werden die wichtigsten im Kasten 9 vorgestellt.

Praktiken, die möglicherweise gegen Artikel 85 Absatz 1 oder 86 verstoßen und Anlaß zu Ermittlungen geben

- Geheime Preis- oder Marktanteilskartelle zwischen konkurrierenden Unternehmen
- Preispolitik, mit der ein beherrschendes Unternehmen nicht die Markterfordernisse im Auge hat, sondern einen kleineren Wettbewerber aus dem Markt zu drängen beabsichtigt ("Verdrängungswettbewerb")
- Lieferverweigerung eines beherrschenden Unternehmens
- Vertriebspolitik, die den EU-Markt starr in einzelne Gebiete aufteilt und Parallelimporte der Vertragsware unterbindet

---

Kasten 9

Die zur Einleitung eines Verfahrens Anlaß gebenden Kenntnisse kann die Kommission aus den vielfältigsten Quellen einschließlich Presseverlautbarungen und Beschwerden erhalten. Mitunter erfährt das betreffende Unternehmen von der Verfahrenseinleitung erst, wenn es ein formelles Auskunftsverlangen erhält oder gar wenn die Inspektoren der Kommission ihm einen unangekündigten Besuch abstatten. Diese Fragen werden im einzelnen in den Abschnitten 4-6 behandelt. Der Ablauf eines typischen Ermittlungsverfahrens ist in Form eines Diagramms in Kapitel 3.2 dargestellt.

2.4 Untersuchung von Wirtschaftszweigen

Von der Befugnis der Kommission, allgemeine Untersuchungen eines Wirtschaftszweigs einzuleiten (Artikel 12 Absatz 1 der Verordnung Nr. 17), ist bisher erst wenig Gebrauch gemacht worden. Nach Artikel 12 Absatz 1 kann eine solche Untersuchung eingeleitet werden, wenn "in einem Wirtschaftszweig ... Preisbewegungen, Preiserstarrungen oder andere Umstände vermuten (lassen), daß der Wettbewerb innerhalb des Gemeinsamen Marktes in dem betreffenden Wirtschaftszweig eingeschränkt oder verfälscht ist". Es bedarf also keines spezifischen Beweises, daß bestimmte Unternehmen Zuwiderhandlungen gegen die Artikel 85 und 86 begehen. Artikel 12 Absatz 1 verleiht der Kommission die Befugnis, "im Rahmen dieser Untersuchung von den diesem Wirtschaftszweig angehörenden Unternehmen die Auskünfte (zu) verlangen, die zur Verwirklichung der in den Artikeln 85 und 86 des Vertrages niedergelegten Grundsätze und zur Erfüllung der der Kommission übertragenen Aufgaben erforderlich sind". Die Kommission kann auf der Basis der Untersuchungsergebnisse nicht generell gegen einen ganzen Wirtschaftszweig vorgehen; vielmehr müssen im Falle der Aufdeckung von Zuwiderhandlungen erst Ermittlungen eingeleitet werden, bevor Sanktionen verhängt werden können. Nach Artikel 12 kann die Kommission von jedem Unternehmen des betroffenen Wirtschaftszweigs Auskünfte verlangen. So waren in den sechziger Jahren die Margarine- und die Brauereiindustrie Gegenstand solcher branchenweiter Untersuchungen. 1989 benutzte die Kommission erneut Artikel 12, um eine Untersuchung der Bierwirtschaft durchzuführen. Die

Kommission kann auch ohne Rückgriff auf Artikel 12, der eine formelle Entscheidung zur Einleitung und Beendigung des Verfahrens verlangt, allgemeine informelle Untersuchungen über bestimmte Wirtschaftszweige durchführen. Bei informellen Untersuchungen hat die Kommission keine speziellen Befugnisse zur Einholung von Auskünften. Dessen ungeachtet können die Unternehmen aus eigenem Entschluß ihre Zusammenarbeit anbieten.

Hinweis:
Vom Abdruck der nachfolgenden Punkte 3–8 sowie der Anhänge 1–5 wurde abgesehen.

Anlage 21

⑲ BUNDESREPUBLIK DEUTSCHLAND

DEUTSCHES PATENTAMT

⑫ **Offenlegungsschrift**
⑪ **DE 3829903 A1**

㉑ Aktenzeichen: P 38 29 903.8
㉒ Anmeldetag: 2. 9. 88
㊸ Offenlegungstag: 23. 3. 89

㊿ Int. Cl.⁴: **B 60 T 8/32**

㉚ Unionspriorität: ㉜ ㉝ ㉛
04.09.87 JP P 62-220452

㉑ Anmelder:
Nissan Motor Co., Ltd., Yokohama, Kanagawa, JP

㉔ Vertreter:
Grünecker, A., Dipl.-Ing.; Kinkeldey, H., Dipl.-Ing. Dr.-Ing.; Stockmair, W., Dipl.-Ing. Dr.-Ing. Ae.E. Cal Tech; Schumann, K., Dipl.-Phys. Dr.rer.nat.; Jakob, P., Dipl.-Ing.; Bezold, G., Dipl.-Chem. Dr.rer.nat.; Meister, W., Dipl.-Ing.; Hilgers, H., Dipl.-Ing.; Meyer-Plath, H., Dipl.-Ing. Dr.-Ing.; Ehnold, A., Dipl.-Ing.; Schuster, T., Dipl.-Phys., Pat.-Anwälte, 8000 München

㉒ Erfinder:
Matsuda, Toshiro, Sagamihara, Kanagawa, JP

Prüfungsantrag gem. § 44 PatG ist gestellt

㉚ Antiblockier-Bremssteuersystem für ein Kraftfahrzeug

Ein Antiblockier-Bremssteuersystem für ein Kraftfahrzeugbremssystem, bei dem beim Antiblockierbremssteuervorgang eine Drehzahl eines Kraftfahrzeugrads in optimaler Beziehung mit der projektierten Fahrzeuggeschwindigkeit gehalten wird, wobei die projektierte Fahrzeuggeschwindigkeit auf der Basis der Raddrehzahl abgeleitet wird, die zu vorbestimmten Zeitpunkten in jedem Antiblockierbremssteuerzyklus festgelegt ist, und aufgrund dieser Raddrehzahl ein Gradientenwert abgeleitet wird, der den Änderungsgrad der projektierten Fahrzeuggeschwindigkeit wiedergibt, wobei der Gradientenwert durch einen Korrekturwert geändert wird, der abgeleitet wird auf der Basis eines vorgewählten Korrekturfaktors, wie beispielsweise der Größe der Bremskraft, die auf das Kraftfahrzeugrad wirkt.

Anlage 22

Patentschrift
DE 31 47 149 C2

Int. Cl.⁴: **B 60 T 8/32**
B 60 T 8/48

BUNDESREPUBLIK DEUTSCHLAND
DEUTSCHES PATENTAMT

Aktenzeichen: P 31 47 149.8-21
Anmeldetag: 27. 11. 81
Offenlegungstag: 28. 10. 82
Veröffentlichungstag der Patenterteilung: 3. 11. 88

Innerhalb von 3 Monaten nach Veröffentlichung der Erteilung kann Einspruch erhoben werden

Unionspriorität:
29.11.80 JP P168954-80   08.12.80 JP P172889-80

Patentinhaber:
Nippon Air Brake Co., Ltd., Kobe, JP

Vertreter:
ter Meer, N., Dipl.-Chem. Dr.rer.nat.; Müller, F., Dipl.-Ing., 8000 München; Steinmeister, H., Dipl.-Ing., Pat.-Anwälte, 4800 Bielefeld

Erfinder:
Arikawa, Tetsuro; Samatsu, Yasuo, Yokosuka, Kanagawa, JP

Für die Beurteilung der Patentfähigkeit in Betracht gezogene Druckschriften:
DE-OS 31 07 963
DE-OS 30 10 639
DE-OS 25 28 938

Vorrichtung für eine hydraulische, blockiergeschützte Fahrzeugbremse

Anlage 23

(19) Europäisches Patentamt
European Patent Office
Office européen des brevets

(11) Veröffentlichungsnummer: **0 307 062 A2**

(12) **EUROPÄISCHE PATENTANMELDUNG**

(21) Anmeldenummer: **88202057.1**

(22) Anmeldetag: **07.09.88**

(51) Int. Cl.⁴: **B21D 7/022 , B23P 19/04 , B21F 33/02**

(30) Priorität: **09.09.87 GR 871408**

(43) Veröffentlichungstag der Anmeldung:
15.03.89 Patentblatt 89/11

(84) Benannte Vertragsstaaten:
ES

(71) Anmelder: **SPÜHL AG**
Lukasstrasse 18
CH-9009 St. Gallen(CH)

(72) Erfinder: **Züger, Jakob**
Wolfganghof 15B
CH-9014 St. Gallen(CH)

(74) Vertreter: **Riebling, Peter, Dr.-Ing.**
Patentanwalt Dr.-Ing. P. Riebling Rennerle 10
Postfach 3160
D-8990 Lindau(DE)

(54) **Automatische Rahmenbiegemaschine zur Abbiegung von Rund- oder Bandstahl und Verfahren und Vorrichtung zur Herstellung von Federkernen für Matratzen oder Polstermöbel.**

(57) Beschrieben wird eine automatische Rahmenbiegemaschine zur Abbiegung von Rund- oder Bandstahl und ein Verfahren und Vorrichtung zur Herstellung von Federmatratzen.

Aufgabe ist es eine Rahmenbiegemaschine so auszugestalten,daß auf konstruktiv einfache Art automatisch Rahmen der unterschiedlichsten Art hergestellt werden können ohne Gefahr von Materialverlust oder der Gefahr, daß sich die Rahmen verziehen.
Außerdem soll eine einfache Integration der Rahmenbiegemaschine in eine Fertigungsstraße erreicht werden.

Hierzu ist eine Haspel vorgesehen, von der aus ein Drahtrichteapparat, bestehend aus einem Rotor und Rollen, durchlaufen wird sowie weiterhin Meß- und Zugrolloen, an denen sich die Biegeeinrichtung anschließt, sowie ein Schneideinrichtung und ein Zentrierblech, wobei zum Antrieb und Abbiegen hydraulische Motoren vorgesehen sind, die von einer Bedieneinheit auf Mikroprozessorbasis gesteuert werden.

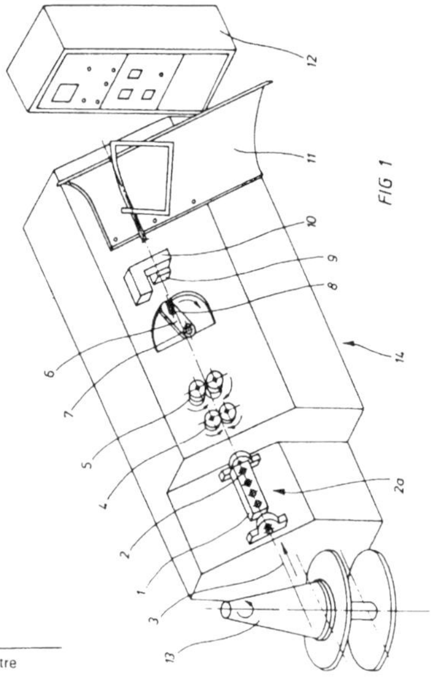

FIG 1

EP 0 307 062 A2

Xerox Copy Centre

Anlage 24

(19) Europäisches Patentamt
European Patent Office
Office européen des brevets

(11) Veröffentlichungsnummer: **0 202 520**
B1

(12) **EUROPÄISCHE PATENTSCHRIFT**

(45) Veröffentlichungstag der Patentschrift:
11.01.89

(51) Int. Cl.⁴: **B 65 H 54/553**

(21) Anmeldenummer: 86106076.2

(22) Anmeldetag: 02.05.86

(54) Vorrichtung zum Aufwickeln von Kabeln auf Kabeltrommeln.

(30) Priorität: 17.05.85 DE 3517696

(43) Veröffentlichungstag der Anmeldung:
26.11.86 Patentblatt 86/48

(45) Bekanntmachung des Hinweises auf die Patenterteilung:
11.01.89 Patentblatt 89/02

(84) Benannte Vertragsstaaten:
AT BE CH DE FR GB IT LI SE

(56) Entgegenhaltungen:
DE-A- 2 713 866
DE-A- 3 012 207
DE-U- 8 514 533

(73) Patentinhaber: Paul Troester Maschinenfabrik
Am Brabrinke 2-4
D-3000 Hannover 89 (DE)

(72) Erfinder: Dallmeier, Günter
Kathe-Kollwitz-Weg 6
D-3000 Hannover 1 (DE)

(74) Vertreter: Junius, Walther, Dr.
Wolfstrasse 24
D-3000 Hannover 81 (DE)

Anmerkung: Innerhalb von neun Monaten nach der Bekanntmachung des Hinweises auf die Erteilung des europäischen Patents im Europäischen Patentblatt kann jedermann beim Europäischen Patentamt gegen das erteilte europäische Patent Einspruch einlegen. Der Einspruch ist schriftlich einzureichen und zu begründen. Er gilt erst als eingelegt, wenn die Einspruchsgebühr entrichtet worden ist (Art. 99(1) Europäisches Patentübereinkommen).

Jouve, 18, rue St-Denis, 75001 Paris, France

Anlage 25

**Verschwiegenheitserklärung für Besucher
des Forschungs- und Entwicklungszentrums
Dr. Herbert Siratz, Kaiserslautern**

Hiermit erkläre ich rechtsverbindlich, dass ich alle Kenntnisse und Informationen technischer und nichttechnischer Art, die mir aus Anlass oder im Zusammenhang mit meinem heutigen Besuch im Forschungs- und Entwicklungszentrum Dr. Herbert Siratz, zuteil werden, streng vertraulich behandeln werde. Ich werde diese weder selbst verwenden, noch sie an Dritte weitergeben. Mir ist bewusst, dass ich im Falle einer Verletzung dieser Verpflichtung für alle hieraus entstehenden Schäden haftbar bin, wobei ich auf den Nachweis eines Verschuldens verzichte.

Kaiserslautern, den ....

Unterschrift

Anlage 26

Geheimhaltungs- und Nichtverwendungsvereinbarung

zwischen der Firma
>Deutsche Klimatechnik Aktiengesellschaft
>Kantstraße 27–31
>D-63263 Neu-Isenburg
>– nachstehend kurz **DKT** genannt –

und der Firma
>Engineering and Research GmbH
>Stresemannplatz 17
>D-40210 Düsseldorf
>– nachstehend kurz **ENGCO** genannt –

Präambel

DKT ist einer der führenden Hersteller auf dem Gebiet der Kraftfahrzeug- und Motorenkühlung sowie der Kraftfahrzeugklimatisierung und verfügt über ein leistungsfähiges Entwicklungszentrum, modernste Fertigungsverfahren sowie hervorragende Geschäftsbeziehungen zur deutschen und europäischen Kraftfahrzeugindustrie.

ENGCO hat in Zusammenarbeit mit der Firma UNIMOTOR AG einen Latentwärmespeicher für die Klimatisierung und Heizung von Kraftfahrzeugen, insbesondere von Kraftfahrzeugkabinen (Kabinenheizung), entwickelt. Die Entwicklung ist nach wiederholter Wintererprobung durch mehrere Kraftfahrzeughersteller gemäß der Einschätzung von ENGCO bis zur Serienhilfe gediehen.

Im Rahmen dieser Entwicklungsarbeit hat ENGCO auch bei verschiedenen Kraftfahrzeugherstellern Akquisitionsgespräche geführt, welche auf ernstes Interesse im Hinblick auf die kommerzielle Durchführung des Projektes gestoßen sind.

ENGCO ist nun bemüht, einen industriellen Partner zu finden, mit dem gemeinsam die Kommerzialisierung (Serienfertigung) des Projektes erfolgen soll.

Außer der Kabinenheizung, die mit Motorheizung kombinierbar ist, hat ENGCO weitere Entwicklungsarbeit an Wärmespeichern betrieben und zusätzliche Anwendungen in Kraftfahrzeugen untersucht. Eine dieser Anwendungen hat großes Interesse bei den angesprochenen Fahrzeugherstellern gefunden. Sie ist bisher öffentlich nicht diskutiert worden und soll ebenfalls Gegenstand dieser Vereinbarung sein.

DKT ist daran interessiert, die Kommerzialisierung zu realisieren, den Latentwärmespeicher herzustellen und/oder herstellen zu lassen und diesen im Rahmen seines jetzigen Produktprogrammes zu vertreiben.

Um die Möglichkeiten und Formen einer Zusammenarbeit zu überprüfen, ist es erforderlich, im Vorfeld zwischen ENGCO und DKT Informationen, Unterlagen und Muster auszutauschen. Beide Partner sind an einer vertraulichen Behandlung dieses Informationsaustausches interessiert und schließen aus diesem Grund die folgende Geheimhaltungs- und Nichtverwendungsvereinbarung.

1. Gegenstand dieser Vereinbarung sind Wärmespeicher, bzw. Latentwärmespeicher für die Klimatisierung und Heizung von Kraftfahrzeugen bzw. Kraftfahrzeugkomponenten.

Anlage 26 *Geheimhaltungs- und Nichtverwendungsvereinbarung*

Sollten im Rahmen des Informationsaustausches auch Informationen über andere Produkte dem jeweiligen Partner zugänglich gemacht werden, so sind auch diese Produkte Gegenstand dieser Vereinbarung.

2. ENGCO und DKT werden sich auf dem Gebiet des Vertragsgegenstandes erarbeitete Erfahrungen, technische Kenntnisse und Informationen übermitteln sowie Unterlagen und Muster gegenseitig zur Verfügung stellen (Informationsaustausch).

3. ENGCO und DKT bestätigen sich gegenseitig, dass die vom anderen erlangten Erfahrungen, technischen Kenntnisse und Informationen Geschäftsgeheimnisse des anderen Partners sind und verpflichten sich gegenseitig, diese Dritten nicht zugänglich zu machen und für strengste Geheimhaltung zu sorgen, auch in der Weise, dass die Arbeitnehmer und sonstigen Beauftragten des Empfängers zu strengster Geheimhaltung verpflichtet werden.

Ausgenommen hiervon sind solche Informationen, welche für die Bewertung des Projektes notwendigerweise weitergegeben werden müssen. Die Weitergabe dieser Informationen sowie ggf. von Mustern an Dritte erfolgt jedoch erst nach ausdrücklicher und schriftlicher Einwilligung des anderen Vertragspartners.

4. Die Vertragspartner verpflichten sich gegenseitig, die vom anderen Partner erlangten Erfahrungen, technischen Kenntnisse und Informationen nicht ohne ausdrückliche schriftliche Einwilligung des anderen Vertragspartners selbst zu verwenden, zu verwerten, zum Patent oder Gebrauchsmuster anzumelden oder diese Verwendung, Verwertung oder Anmeldung durch Dritte vornehmen zu lassen.

5. Die unter Ziffer 4 eingegangene Verpflichtung zur Nichtverwendung erstreckt sich jedoch nicht auf solche Erfahrungen, technische Kenntnisse und Informationen, für die der Empfänger nachweist, dass sie

a) ihm bereits vor dem Empfangsdatum bekannt waren; oder

b) der Öffentlichkeit vor dem Empfangsdatum bekannt oder allgemein zugänglich waren; oder

c) der Öffentlichkeit nach dem Empfangsdatum bekannt oder allgemein zugänglich wurden, ohne dass er hierfür verantwortlich ist; oder

d) ihm zu einem beliebigen Zeitpunkt von einem dazu berechtigten Dritten zugänglich gemacht worden sind.

Die vorstehend unter a), b), c) und d) genannten Ausnahmen von den Verpflichtungen zur Nichtverwendung gelten nicht für eine Kombination von Einzelinformationen, auch wenn für jede Einzelinformation an sich die genannten Ausnahmen gelten, es sei denn, die Kombination selbst fällt unter die genannten Ausnahmen.

6. Sollten im Rahmen dieser Vereinbarung Erfindungen anfallen, die zu gewerblichen Schutzrechten führen, stehen diese jeweils demjenigen Partner zu, bei dem diese erarbeitet worden sind. Geht eine Erfindung auf beide Vertragspartner zurück, so steht sie diesen im Verhältnis ihrer Beteiligung gemeinsam zu. Ziffer 4 bleibt unberührt.

7. Die aus dieser Vereinbarung entstehenden gegenseitigen Verpflichtungen enden 5 Jahre nach Empfang der zuletzt erhaltenen Erfahrungen, technischen Kenntnisse und Informationen.

8. Die Verpflichtung zur Geheimhaltung (Ziffer 3) und Nichtverwendung (Ziffer 4) gilt auch gegenüber Unternehmen, bei denen die Vertragspartner direkt oder indirekt maßgeblich beteiligt sind.

9. Sollte sich eine Bestimmung als rechtsunwirksam erweisen, so berührt dies nicht die Wirksamkeit der übrigen Bestimmungen. Die Vertragspartner verpflichten sich, die

unwirksamen Bestimmungen so abzuändern, dass sie gesetzlich zulässig sind und dabei ihrem ursprünglichen wirtschaftlichen Zweck so nahe wie möglich kommen.

10. Im Falle etwaiger Meinungsverschiedenheiten, die nicht durch gütliches Einvernehmen geregelt werden können, wird Frankfurt/M. als Gerichtsstand vereinbart, soweit nicht die Zuständigkeit der Kammer für Patentstreitsachen in Mannheim gegeben ist.

Neu-Isenburg, den ....   Düsseldorf, den ....

Deutsche Klimatechnik   Engineering and Research GmbH
Aktiengesellschaft

Anlage 27

Non Disclosure Agreement

This Non Disclosure Agreement is made as of this .... day of ...., between:

SATO, a company incorporated under the laws of France, having its registered office: 43, rue Bayen, Paris 17ème, France, duly represented by M. Petitpierre, Director for the Climate Control Division,

and

Union Engineering Company (UEC), a private firm under the laws of the Federal Republic of Germany, having its registered office: 128 Braunbergstraße, 71229 Leonberg/Württemberg, duly represented by its Chairman Dr. Hermholtz.

Whereas:

I. Preamble

UEC has developed specific patentable know-how enabling instant cabin heating. SATO is interested in taking a licence or any other agreement on such know-how as soon as practicable.

This Non Disclosure Agreement, subject to substitution by further contracts as stated hereunder, is to confirm that both SATO and UEC intend to cooperate under the following conditions:

1. SATO and UEC intend to enter into a licence agreement together for the manufacturing and sale of latent heat stores in interaction with the car heating system so as to obtain an instant cabin heating system (hereinafter referred to as the "Products" and "System").

The terms and conditions of such licence agreement will be defined and agreed upon by the parties at a later date along the lines previously discussed between the parties.

2. Before entering into such licence agreement the parties will complete an intermediary phase during which they will undertake the following commitments:

a) UEC will release to SATO all information on the design and engineering plan (drawings, prototypes, manufacturing details, layouts, potential customers) relating to the Products and/or System.

SATO may participate in supplying information to UEC in order for the parties to improve the Products and/or System

b) UEC will release all information relating to the patent applications, which have been filed or are in the process of being filed relating to the Products and/or System and their manufacturing process. Such information will detail the countries covered, or to be covered by the patents.

c) On the basis of the information described in paragraphs 2a and 2b (hereinafter referred to as the "Information"), SATO undertakes to appraise the feasibility of the manufacturing, engineering and sale of the Products and/or System. SATO will second sufficient staff to UEC premises for the purpose of the above appraisal.

UEC will cooperate and leave free access to its premises to enable SATO to terminate the feasibility study on or before ...

d) For the purpose of the September Frankfurt International Automotive Show, the parties will agree on how to deal with any potential customers.

e) After completion of the feasibility study and subject to the results of said study being satisfactory to SATO, the parties will take the necessary steps to sign the above mentioned licence agreement or any other agreement relating to the Products and/or System as referred to hereabove on or before...

f) Should the parties execute such licence agreement or any other agreement, this Non Disclosure Agreement shall be terminated as of the date of signature of said agreement. Awaiting such above agreements or should the parties fail to enter into such agreements, the parties undertake to perform the commitments described in articles II to V.

II. Confidentiality Conditions

3. For a period of 5 years after the date of signature of this Non Disclosure Agreement, each party agrees to keep confidential and not to divulge to any third party (for money or free of charge), and under any form whatsoever, the Information released by the other party without the written authorization from the other party.

4. The parties agree to list the Information considered as confidential which will be covered by article II.3 and the Information considered as not confidential by article II.5 on or before...

5. For the purposes of this Non Disclosure Agreement, the following Information is not considered confidential:

a) Information already possessed by the beneficiary party at the date of the communication of the Information.

b) Information which is, at the date of the execution of this agreement, or becomes after the fact publicly known, except if the beneficiary party is the originator of the publication of the Information.

c) Information communicated directly to SATO by a third party with the right to communicate it.

6. The personnel of either party who shall reasonably need the Information in order to carry out said feasibility study shall not be considered as third party under article II.3.

Each party shall take the necessary steps to prevent said personnel from disclosing the Information pursuant to article II.3 and shall be responsible for any breach of said obligation on the part of any member of its personnel.

III. Patents and Know-How

7. This Non Disclosure Agreement does not imply any transfer by one party to the other of rights stemming from patents or other ownership of industrial titles and/or of know-how, of which the other party will come to have knowledge in the course of exchanging the Information as a result of this Non Disclosure Agreement.

8. This Non Disclosure Agreement does not imply any right of the party receiving the Information to use or dispose of such Information, which remain the exclusive property of the communicating party.

9. This Non Disclosure Agreement does not prejudice the right of each party to file patent applications referring to its know-how disclosed to the other party in accordance with this Non Disclosure Agreement.

Anlage 27 *Non Disclosure Agreement*

IV. Protection Period

Upon signature of this Non Disclosure Agreement, and up to…, UEC undertakes not to negotiate with, or enter into any agreement with any third party relating to the Products and/or System as well as similar Products and/or System.

V. Non Utilization

Should the licence agreement or any other agreement fail to be concluded before or on… SATO undertakes not to manufacture or cause to be manufactured Products and/or System using the confidential information covered by article II.3 supplied by UEC pursuant to this Non Disclosure Agreement for a period of 5 years.

VI. Law to be applied and Arbitration

This Agreement will be governed by the law of the Federal Republic of Germany.

The parties will make every effort to settle amicably any dispute or claim arising in connection with this Non Disclosure Agreement. Any dispute which cannot be resolved amicably shall be settled by arbitration to be held in Zürich in accordance with the Rules of Arbitration of the International Chamber of Commerce.*

The parties shall be finally bound by the award rendered by the arbitrators.

The proceedings shall be conducted in English.

VII. Final Clauses

The Non Disclosure Agreement signed between the parties on… is terminated.

This Non Disclosure Agreement is drawn up and signed in English language and comes into force after signing by the parties.

In witness whereof, the parties have executed this Non Disclosure Agreement as of the date first above written, in two copies, by their duly authorized representatives.

SATO	Union Engineering Company
M. Petitpierre	Dr. Helmholtz

Anmerkung

* Text dieser Vergleichs- und Schiedsgerichtsordnung bei *Henn*, Schiedsverfahrensrecht, Rz. 94 (Anlage 1) sowie bei *Lionnet*, S. 491 ff. (Anhang 8).

Stichwortverzeichnis

Die Fundstellen beziehen sich auf die Randziffern.

Abhängigkeit des Patents 319
Abnahmepflicht 243f., 289ff., 373ff.
Abrechnung der Lizenzgebühren 249, 269ff.
Abschluss des Lizenzvertrags 23ff., 32
Abschlussgebühr 246
Abschlussort 460
Absoluter Charakter der Lizenz 66ff.
Abtretung 70ff.
– des Lizenzrechts 163f.
– des Patents 70ff., 154
Alleinige Lizenz 145
Altersrang 3
Anfechtbarkeit des Lizenzvertrags 230
Anmeldung von Schutzrechten 9, 19ff., 273f., 326ff.
Anpassung des Vertrags 224
Antitrustrecht, amerikanisches 247, 337, 361
Anzuwendendes Recht 447ff.
Arbeitnehmererfindungsvergütung 245, 271, 273, 275
Arbeitsteilung durch Lizenzierung 1f.
Aufrechterhaltung von Schutzrechten 273f.
Ausdrückliche Rechtswahl 455, 457
Ausführungs- und Benutzungspflicht 220, 277ff.
Auslandsbezug von Lizenzverträgen 426ff., 429ff., 447ff.
– Abschlussort 460
– anzuwendendes Recht 447ff.
– Besteuerungsklausel 423, 432, 439f.
– Doppelbesteuerungsklausel 423, 432
– Erfüllungsort 453, 494f.
– Genehmigung 485f.
– Gerichtsstand 463ff.
– Hauptvertrag 450
– Kartellrecht 361, 461
– Kollisionsrecht 450
– Quellensteuer 429ff.
– Schiedsvereinbarung 470ff.
– Schwerpunkt 455, 457
– Steuerrecht 429ff.
– Vertragssprache 448, 453, 483f.
– Verweisungsvertrag 450
– Währungsklausel 249, 453
Auslaufrecht 355
Auslegung des Lizenzvertrags 38, 239ff., 247, 499
Ausnutzungspflicht 277
Ausschließliche Lizenz 14, 18, 25, 71ff., 143ff., 252, 273, 279, 372, 397
– Begriff 144
– Eintragung 25, 30, 76, 145, 150
– Rechtsnatur 152ff.
– Registrierung 25, 30, 76, 145, 150
– Selbstausschluss 18, 80, 144, 412
Ausschließlichkeit 143ff.
– persönliche 143
– räumliche 143
– sachliche 143
– zeitliche 143
Außenwirtschaftsgesetz 25, 232, 485
Außenwirtschaftsverordnung 485
Außerordentliche Kündigung des Lizenzvertrages 219
Austausch von Schutzrechten und Knowhow 2, 177, 331ff., 378ff., 385, 406, 415
Ausübungspflicht 243, 277ff., 373, 385, 408, 415
Auswertungspflicht 277

Bagatellbekanntmachung 383
Beendigung des Lizenzvertrags 215ff.
Bekanntmachungen der EG-Kommission 361, 385ff.
Belastungstheorie 77
Belieferungspflicht 289, 375, 403
Benutzungspflicht 277
Benutzungsrecht, positives 40ff., 56, 303
Benutzungsrecht des Lizenznehmers 133
Benutzungsverbot des Lizenznehmers 415
Beschränkungen der Lizenz 369ff., 397ff.
– Lieferbedingungen 370, 400ff.
– Patent- und Know-how-Austausch 2, 177, 331ff., 378ff., 385, 406, 415
– Preis 377, 404

Stichwortverzeichnis

- Produktion 373 ff., 404
- Vertragsgebiet 369 ff., 405
- Vertrieb 371, 400, 408

Besteuerung 423 ff.
- Anrechnung 432 ff.
- Besteuerungsklausel 423, 439 f.
- Doppelbesteuerung 424, 431 f.
- Einkommensteuer 426 ff.
- Gewerbesteuer 426
- Körperschaftsteuer 427
- Quellensteuer 427, 429 ff.
- Umsatzsteuer 428
- Vermögensteuer 426

Betriebsgeheimnis 298 ff., 330
Betriebslizenz 86, 153, 163, 171, 172
Betriebsstättenprinzip 432
Bezirkslizenz 207
Bezugspflicht 243 f., 289 ff., 373 ff.
Bilateraler Austausch 331 ff., 378 ff., 406
Brauchbarkeit der Erfindung 312
Bundeskartellamt 362 ff., 382

Cahier de charge 309
Cash down payment 250
Center of gravity 453
Charakteristische Leistung 455
Check-points 27, 33
Common Law 451
Cross licensing 331
Culpa in contrahendo 232, 350, 352

Dauercharakter der Lizenz 88, 219, 340
Dauer des Lizenzvertrags 197 ff., 215 ff.
Dauer des Patents 197, 215
Deutsches Kartellrecht 361 ff.
Deutsches Patent 19
Deutsches Patentamt 19
Diensterfindung 273, 426
Dienstleistungsbilanz 2, 4, 19
Dinglicher Charakter der Lizenz 41 ff., 66 ff., 146, 152
Diskriminierung 321, 441 ff.
Doppelbesteuerung 424, 431
Doppelbesteuerungsabkommen 424, 431
Dulden einer Patentverletzung 41 ff.

Eigenschaften,
  zugesicherte 307 ff.
Einfache Lizenz 14, 18, 25, 72, 76, 79, 108, 143 ff., 252, 279

Einkommensteuer 426 ff.
Einrede des nicht erfüllten Vertrags 351
Eintragungspflicht von Lizenzen 13, 25, 30, 76, 113, 145, 150
- Ausland 76, 150
- ausschließliche 25, 30, 76, 145, 150
- einfache 76
- Inland 25

Eintragung in das Patentregister 13, 25, 30, 76, 113, 145, 150
Eintrittsgeld 129, 161, 246, 250 f.
Engste Verbindung 455
Entgangener Gewinn 314
Entwicklung 127 ff., 189, 246, 292 ff., 324 f.
Entwicklungsauftrag 131
Entwicklungsgemeinschaft 1
Entwicklungsländer 25, 180, 190
Entwicklungslizenz 127 ff.
Entwicklungsvertrag 131
Erfahrungsaustausch 2, 331 ff., 378 ff., 406
- bilateral 331
- multilateral 331

Erfinder 184
Erfindung 9, 19
Erfindungsvergütung für Arbeitnehmer 245, 273
Erfüllungsort 453, 494 f.
Erschöpfung des Patentrechts (Konsumtion) 28, 134
Erstreckungsgesetz 3, 195
EU-Kommission 361, 383 ff.
Euro (EUR) 276
Europäische Gemeinschaft 5
Europäisches Gerichtsstandsübereinkommen 469, 494
Europäische Gerichtsstand-Verordnung 469, 494
Europäisches Patent 4, 19, 208
Europäisches Patentamt 4, 201
Europäisches Patentübereinkommen 4, 208
Europäische Union 5 ff., 197, 361, 383
Europäisches Vertragsübereinkommen 452
Europäische Wirtschaftsgemeinschaft 361, 383 ff.
EWG-Kartellrecht 383 ff.
Export 140, 173, 400
Exportverbot 209, 371, 388, 400

Fabrikationsreife 264, 308
Fälligkeit der Lizenzgebühren 270f.
Fertigungsgemeinschaft 2, 184, 190
Fertigungskapazität 129
Fertigungskosten 129, 133
Fertigungsmontage 2, 179f.
Fertigungsreife 264, 308
Festlizenzgebühr 129, 161, 168, 246, 250f.
Festzeitklausel 218
Flow-Back beim Patent- und Erfahrungsaustausch 331
Form des Lizenzvertrags 23ff., 32, 231f., 365, 454, 459, 472f., 496ff.
Forschungsgemeinschaft 2, 184ff.
Forschungs- und Entwicklungs-Verordnung 390
Freilizenz 116, 188, 244, 267, 321
Fremdsprachliche Vertragstexte 12
Fremdwährung 256, 276, 453
Fristbestimmung für Mängelbeseitigung 319
Fristen 492

Garantie 100, 319, 321ff.
Garantiefunktion 321
Gebietslizenz 207
Gebietsschutz 207, 209, 370, 400ff.
Gebrauchslizenz 133, 138, 141
Gebührenabrechnung 249, 269ff.
Gegenseitige Lizenzierung 2, 177, 331ff., 378ff., 385, 406, 415
Gegenseitiger Vertrag 342f., 494
Geheimhaltung 243, 298f., 358, 415
Geheimhaltungsvereinbarung 298f., 338, 353, 358, 415
Geheimnisschutz 9, 317, 330, 353, 358
Gemeinschaftspatent 5, 14
Gemeinschaftspatentübereinkommen 5, 14
Gemeinschaftsunternehmen 2, 181ff., 331, 335, 380, 390
Gemischter Vertrag 34, 90, 116, 119f.
Genehmigung des Lizenzvertrags 485f.
Gerichtsstand 463ff.
Gerichtsstandsvereinbarung 465f.
Geschäftsfähigkeit 38, 228
Geschäftsgrundlage 224ff., 260, 320
Geschäftsleitung 424, 428ff.
Gesellschaftsähnliche Lizenzverträge 222, 255, 337, 381, 390

Gesellschaftsrechtliche Beurteilung 222, 255, 337, 381, 390
Gesellschaftsvertrag 103ff.
Gesetz gegen Wettbewerbsbeschränkungen 361ff.
Gewährleistungsansprüche 243, 273, 300ff.
– Industrielle Verwertbarkeit 307ff.
– Rechtsmängel 316ff.
– Rentabilität 283, 308, 314
– Sachmängel 310ff.
– Verjährung 272, 305
– Wirtschaftliche (kommerzielle) Verwertbarkeit 283, 308, 314
– zugesicherte Eigenschaften 307ff.
Gewährleistungspflicht 243, 273, 300ff.
Gewinn, entgangener 314
Gewinnlizenzgebühr 246, 254f.
Gewöhnlicher Aufenthalt 424, 429, 430, 432, 436, 438
Gleichbehandlung 441ff.
Gratislizenz 116, 188, 244, 267, 321
Grundlizenzgebühr 246
Gruppenfreistellung 386ff.
Gutgläubiger Erwerb der Lizenz 69ff., 78, 144, 152, 166

Haftungsausschluss 315
Haftung für Rechts- und Sachmängel 54, 310ff.
Hauptpatent 20
Hauptverpflichtung 243, 340
Herausgabe von Unterlagen 357
Herstellungsbeschränkungen 134, 371, 405
Herstellungskapazität 129
Herstellungslizenz 132ff., 137
Höchstpreise 377, 404
Hypothetischer Parteiwille 455

Immaterialgüterrecht 66, 68
Importbeschränkung 400f.
Indexierung 256
Industrielle Verwertbarkeit 307ff.
Informationen 331ff.
Inhalt des Schutzrechts 16ff.
In-Kraft-Treten des Lizenzvertrags 485
Inländerbehandlung 3
Innominatkontrakt 122

Insolvenz 221
Insolvenzverfahren 96, 221
Insolvenzverwalter 221
Internationales Privatrecht 26, 447
Internationales Prozessrecht 447
Internationales Steuerrecht 429ff.
Internationalisierung des Patentrechts 3ff.

Jahresgebühren 328
Joint Venture 2, 181ff., 331, 380
Juristische Patentgemeinschaft 183ff.

Kartellrecht 12, 24, 182, 198, 232, 361ff.
– deutsches 361ff.
– EWG 383ff.
– sonstiges ausländisches 361
Kaufpreis 112f.
Kaufvertrag 111ff.
Kennzeichnung 243, 297, 373, 395, 403, 415
Kennzeichnungspflicht 243, 296f., 373, 395, 403, 415
Know-how 9ff., 29ff.
– betriebswirtschaftliches 9, 368, 411
– Definition 9, 368
– gegenwärtiges 31
– Geheimhaltung 9, 29, 298f., 330, 353, 358, 415
– Lizenzierung 29ff.
– Offenkundigkeit 9, 197, 216, 345, 357, 370
– technisches 9, 368, 411
– unprotected 9
– Verfügbarmachung 243, 330
– zukünftiges 31
Know-how-Lizenzvertrag 9, 11, 29ff.
– Abschluss 29ff.
– Auslandsbezug 429ff.
– Auslegung 239ff.
– Beendigung 216ff.
– Dauer 197, 216ff.
– Definition 9
– Form 32, 232, 496ff.
– Gegenstand 30f.
– Geheimnisschutz 9, 29, 298f., 330, 353, 358, 415
– gemischter 34ff., 413
– Inhalt 33

– In-Kraft-Treten 32, 485
– Kartellrecht 361, 362ff., 387ff., 411ff.
– kombinierter 11, 34ff., 413
– Kündigung 14, 218ff., 285, 301
– Laufzeit 197, 218ff.
– Nichtigkeit 228ff.
– Pflichten der Vertragspartner 243ff.
– Rechtsstand 214ff.
– Rechtsnatur 37ff.
– reiner 29ff., 413
– Rücktritt 14, 223, 301
– Willensmängel 228ff.
Know-how-Verordnung 387ff., 415
Kombinierter Patent- und Know-how-Lizenzvertrag 11, 34ff., 413
Kommission der EG (EU) 383ff.
Konkurrenzverbot 359, 371, 408
Konkurs 221
Konsumtion des Patentrechts 28, 134
Kontrolle der Gebührenabrechnung 271f.
Konzernlizenz 171, 173ff.
Kosten des Lizenzvertrags 273ff., 327ff.
Kündigung des Lizenzvertrags 14, 218ff., 285, 301
Kurssicherungsklausel 249, 256

Längstlaufklausel 198, 215, 370, 388, 410
Lastenfreier Erwerb von Patenten 75ff.
Lastenheft 309
Laufzeit der Schutzrechte 197, 215f.
Leihvertrag 114ff.
Leistungsstörungen 243, 340ff.
Lex rei sitae 26, 113, 498
Lizenz 9ff.
– alleinige 145
– ausdrückliche 23, 28, 30, 133, 174
– ausschließliche 14, 18, 25, 71, 76, 79ff., 87, 108, 143ff., 252, 273, 279, 372, 397ff.
– Ausübungspflicht 243, 277ff., 373, 385, 415
– Betriebslizenz 86, 153, 163, 172
– Definition 9, 38, 56
– dinglicher oder quasidinglicher Charakter 41ff., 66ff., 146, 152
– einfache 14, 18, 25, 72, 76, 79, 108, 143ff., 252, 279
– Eintragung 13, 25, 30, 76, 113, 145, 150
– Entwicklungslizenz 127ff.
– Formbedürftigkeit 23ff., 32, 232, 496ff.

- Führung von Patentprozessen 80, 153, 155, 204, 209, 321ff., 467ff.
- Gebühren 244ff.
- gesellschaftsrechtliche Beurteilung 222, 255, 337, 381, 390
- Gewährleistungsansprüche 243, 273, 300ff.
- gutgläubiger Erwerb 69ff., 78, 144, 152, 166
- Hauptlizenz 165
- Herstellungslizenz 132ff., 137
- Know-how 9ff., 29ff.
- Konzernlizenz 171, 173ff.
- Montagelizenz 179f.
- Nachbaulizenz 129ff., 167, 171, 178
- negatives Verbietungsrecht 40ff., 56ff.
- nicht-ausschließliche 14, 18, 25, 72, 76, 79, 108, 143ff., 252, 279
- obligatorischer Charakter 41ff., 65ff., 85ff., 154
- Patent 9ff.
- positives Benutzungsrecht 40ff., 56ff.
- privatrechtlicher Vertrag 12
- Quotenlizenz 203
- Rechtscharakter 37ff.
- Registrierung 13, 25, 30, 76, 113, 145, 150
- stillschweigende 133, 174
- Sukzessionsschutz 14, 71ff., 152, 211, 500f.
- Übertragbarkeit 14, 69ff., 85ff., 152, 163f., 172, 500f.
- unentgeltliche Lizenz 244, 266ff.
- Unterlizenz 83, 165ff., 178, 415
- Veräußerung 14, 69ff., 85ff., 152, 163f., 172, 500f.
- Vererbung 16, 235ff., 500
- Vertriebslizenz 132ff., 138ff.

Lizenzbereitschaftserklärung 2

Lizenzerteilung 9, 193ff.
- örtlich 195, 209, 369ff., 400ff., 415
- persönlich 195, 210ff., 501
- sachlich 194, 201ff., 369ff., 405, 415
- zeitlich 197, 369ff.

Lizenzgeber 10

Lizenzgebühr 244ff., 409
- Abrechnung 249, 269ff.
- Abschlussgebühr 246
- Bemessung 245, 247, 257
- cash down payment 250
- Degressionsstaffel 259
- Eintrittsgeld 129, 161, 246, 250f.
- entrance fee 250
- Erfahrungssätze 257
- Fälligkeit 269ff.
- Festlizenzgebühr 129, 161, 246, 250f.
- Freilizenz 116, 244, 266ff., 321
- Fremdwährung 256, 276
- Gebührenfreiheit 116, 188, 244, 266ff., 325
- Gewinnlizenz 246, 254f.
- Gratislizenz 116, 244, 266ff., 321
- Grundlizenzgebühr 246
- Grundzahlung 246
- Kalkulation 245ff.
- Kontrolle 271
- lump sum 250
- Maximalbetrag 246
- Minderung 14, 248, 312, 318, 331
- Mindestumsatzlizenzgebühr 129, 253, 260ff., 279, 409, 415
- Nichterfüllung des Vertrags 351
- Optionsgebühr 246, 252, 269
- paid-up-license 246, 250, 268
- Pauschallizenzgebühr 246, 267f.
- Reduktion 14, 248, 312, 318, 331
- Rückforderung 250
- Stücklizenz 246, 254
- Umsatzlizenzgebühr 129, 168, 246, 250, 253ff.
- Unterlizenz 165ff.
- Verjährung 272
- Vorwegvergütung 246
- Währungsklausel 249, 276
- Wertlizenz 246, 250, 254ff.
- Verjährung 272
- Zahlung 220, 243, 270

Lizenzgegenstand 9, 22, 31

Lizenzierung 9

Lizenznehmer 10

Lizenz-Standardvertrag 12

Lizenzvertrag 10f.
- Abschluss 23ff., 32
- Auslandsbezug 361ff., 429ff., 447ff.
- Auslegung 239ff.
- Bedeutung 17
- Beendigung 215ff.
- Dauer 197ff., 215ff.
- Definition 9, 37, 193ff.
- Festzeitklausel 218
- Form 23ff., 32, 231f., 365, 454, 459, 472f., 496ff.

- Gegenstand 18ff., 30f.
- Genehmigung 485
- Geschäftsgrundlage 224ff., 260
- Inhalt 126ff.
- In-Kraft-Treten 485
- Kosten 327ff.
- Kündigung 14, 218ff., 285, 301
- Laufzeit 197ff., 215ff.
- Lizenzgeber 10
- Lizenznehmer 10
- Nebenbestimmungen 487ff.
- Nichtigkeit 228ff.
- Pflichten der Vertragspartner 243ff.
- Präambel 240, 285, 488
- Rechtsbestand 214ff.
- Rechtsnatur 37ff., 254
- Registrierung 25, 30, 76, 145, 150
- Rücktritt 14, 223, 301
- Standardvertrag 12
- Übertragung 163, 501
- Unterschrift 485
- Willensmängel 228ff.

Lohnhersteller 133
Lugano-Übereinkommen 469, 494

Mängelhaftung 243, 273, 300ff.
Maffei-Urteil 90, 95, 103f., 107, 112, 115, 118, 122
Maissaatguturteil 386, 397
Markierung 243, 297, 373, 395, 403, 415
Markierungspflicht 243, 297, 373, 395, 403, 415
Materielles Recht 450ff.
Mehrwertsteuer (Umsatzsteuer) 428, 436, 438, 440
Meistbegünstigung 366, 395, 415, 441ff.
Meistbegünstigungsklausel 366, 395, 415, 441ff.
Mietrechtsreformgesetz 10, 93, 218, 301
Mietvertrag 41, 72, 91ff., 254, 273, 301, 312, 458
Mindestpreise 377, 404
Mindestumsatz 260
Mindestumsatzlizenzgebühr 129, 253, 260ff., 279, 409, 415
Mitteilungen 491
Modernisierungsgesetz zum Schuldrecht 10, 113, 213, 219, 223, 224, 233, 272, 285, 301, 305, 308, 312, 320, 339ff., 346
Monopol des Patents 68

Montagelizenz 171, 179f.
Multilateraler Austausch 2, 177, 331ff., 378ff., 385, 406, 415
Münchener Übereinkommen 4
Mustervertrag (Standarvertrag) 12
Mutmaßlicher Parteiwille 455

Nachbaulizenz 129, 167, 171, 180, 458
Nachtragsvereinbarung 232
Nebenbestimmungen des Lizenzvertrags 487ff.
Nebenpflichten 243, 288ff., 340
- Lizenzgeber 243, 340
- Lizenznehmer 243, 288ff., 340

Negativattest 232, 382, 383, 393
Negatives Verbietungsrecht 40ff., 56ff.
Nichtangriffsklausel 243, 336ff., 381, 385, 407
Nicht-ausschließliche Lizenz 14, 18, 25, 71ff., 108, 143ff., 169, 252, 279
Nicht-Diskriminierung 441ff.
Nichtigkeit des Lizenzvertrags 228ff.
Nichtverwendungsvereinbarung 353
Nichtzahlung der Jahresgebühren 273, 328f.
Nießbrauch 98ff.
Non Disclosure Agreement 353
Notarielle Beurkundung 25, 267, 497
Nutricia-Entscheidung des EuGH 408
Nutzungsgemeinschaft 181ff.
Nutzungsüberlassungsvertrag 125

Obligatorischer Charakter der Lizenz 41ff., 65ff.
Offenkundigkeit 9, 197, 216, 345, 357, 370
Offenlegungsschrift 19, 60
Öffentliches Recht 361, 423
Option auf Vertragserweiterung 203, 252
Optionserklärung 246
Option fee 252
Optionsgebühr 246, 252
Optionsrecht 9, 174, 203, 252
Ordnungswidrigkeit 365
Örtlicher Lizenzbereich 195, 207ff., 369ff., 398, 415
Ortsstatut 459
Ostblockrechte (frühere) 125, 156, 168, 180, 192, 247

Pachtvertrag 43, 94ff., 254, 273, 312, 458
Parallelpatent 28, 398, 401
Pariser Verbandsübereinkunft 3
Parteiautonomie 12, 38, 213, 423, 451ff., 464
Parteiwillen 240ff., 499
Patent 9ff.
- Abhängigkeit 319
- Abtretung 70ff., 154
- Anmeldegebühren 273ff.
- Anmeldung 9, 19ff., 273f., 326ff.
- Aufrechterhaltung 273f.
- Dauer 20, 197, 215, 370, 373, 381
- Definition 9ff., 19
- Deutsches 19
- Europäisches 4, 19f., 201
- Gebühren 273ff., 328
- gegenwärtige 22, 324f.
- Hauptpatent 13, 20
- Laufzeit 20, 197, 215
- Lizenzierung 9, 16ff.
- Nichtigkeit 318, 336ff.
- Nießbrauch 98ff.
- Offenlegung 19, 60
- Parallelpatent 28, 398, 401
- Schutzbereich 21, 345, 369, 385, 405
- Schutzdauer 20, 197, 215, 370, 373, 381
- Territorialitätsgrundsatz 19
- Übertragung 68ff.
- Verteidigung 273ff., 321ff.
- zukünftige 22, 324f.
- Zusatzpatent 13, 20
Patentamt 19
Patentanmeldung 9, 19
Patentanspruch 21
Patentaustausch 2, 177, 331ff., 378ff.
Patentbeschreibung 21
Patentdauer 20, 197, 215
Patentfreiheit 28, 134
Patentgemeinschaft 183ff., 380, 390, 418
Patentgesetz 16
Patentinhaber 19
Patentkonsumtion 28, 134
Patentlizenz-Verordnung 386
Patentlizenzvertrag 9ff., 16ff.
- Abschluss 23ff.
- Auslandsbezug 361ff., 429ff., 447ff.
- Auslegung 239ff.
- Beendigung 215ff.
- Dauer 197ff., 215ff.
- Definition 11, 16

- Form 23ff., 231f., 496ff.
- Gegenstand 18ff.
- gemischter 34ff., 413
- Gewährleistung 243, 273, 300ff.
- Inhalt 27
- In-Kraft-Treten 485f.
- Kartellrecht 361ff.
- kombinierter 413
- Kündigung 14, 218ff., 285, 301
- Laufzeit 197ff., 215ff.
- Nichtigkeit 228ff.
- Pflichten der Vertragspartner 243ff.
- Präambel 240, 285, 488
- Rechtsbestand 214ff.
- Rechtsnatur 37ff., 254
- reiner 413
- Rücktritt 14, 223, 301
- Willensmängel 228ff.
Patentmonopol 68
Patentpool 181ff., 331, 380, 390, 406, 413, 418
Patentprozess 53, 80, 153, 155, 204, 209, 321ff., 467, 470
Patentrecht 3
Patentregister 13, 25, 30, 76, 145, 150
Patentrolle 13, 25, 30, 76, 145, 146, 150, 152
Patentschrift 21, 310
Patentschutz 2, 9, 16, 34
Patentstreitigkeiten 53, 80, 153, 155, 204, 209, 321ff., 467, 470
Patentübereinkommen, europäisches 4, 197
Patentverletzung 53, 80, 153, 155, 204, 209, 321ff., 467, 470
Pauschallizenzgebühr 246, 267f.
Persönliche Lizenz 66, 85, 110, 171f., 236
Pflichten der Vertragspartner 243ff.
Pflichtverletzung 349
Positives Benutzungsrecht 40ff., 303
Positive Vertragsverletzung 313, 347, 349
Präambel 240, 285, 488
Preisbindung 199, 377, 385, 404
Preisgestaltung 256, 377, 385, 404
Primärstatut 450
Produkthaftung 297, 306
Prozessuales Recht 447ff., 463ff.

Qualitätserfordernis 289, 296, 373ff., 395, 403, 415

Stichwortverzeichnis

Quasidinglicher Charakter der Lizenz 41ff., 71, 83, 146, 152
Quellensteuer 427, 431ff., 438, 439ff.
Quotenlizenz 203

Räumliche Beschränkung 18, 207ff., 369ff., 397
Rechnungslegung und Abrechnung 249, 269ff.
Recht auf das Patent 16
Recht aus dem Patent 16
Rechtsbestand des Lizenzvertrags 213ff.
Rechtsfähigkeit der Vertragsparteien 235ff.
Rechtsmängelhaftung 316ff.
Rechtsnachfolge 211, 501
Rechtsnatur des Lizenzvertrags 37ff., 254
Rechtswahl 450ff.
– ausdrücklich 454, 457
– charakteristische Leistung 455
– Gerichtssitz 453
– Heimatrecht 453
– Parteiautonomie 451
– realer Parteiwille 455
– Schwerpunkt 455, 457
– Sitz 453
– Staatsangehörigkeit 453
– stillschweigend 455, 457
– zwingendes Recht 461
Registrierung des Lizenzvertrags 13, 25, 30, 76, 113, 145, 150
Rentabilität 282, 308, 314
Rückforderung von Lizenzgebühren 250
Rückgabe von Unterlagen bei Vertragsende 357
Rücktritt vom Lizenzvertrag 14, 223, 301

Sachenrechtsstatut 26, 113, 498
Sachliche Ausschließlichkeit 144, 159
Sachlicher Lizenzbereich 194, 201ff., 369ff., 405, 415
Sachmängelhaftung 310ff.
Salvatorische Klausel 234, 489
Schadensberechnung 350
Schadensersatz 233, 301, 312ff., 343, 467
Schiedsgericht 470ff.
Schiedsvereinbarung 470ff.
Schiedsverfahren 470ff.
Schiedsverfahrensnovelle 462, 464

Schriftform 24, 32, 232, 496ff.
Schuldrechtsnovelle 10, 113, 213, 219, 223, 224, 233, 272, 285, 301, 305, 308, 312, 320, 339ff., 346
Schuldstatut 456
Schutzrecht 9ff.
– Abhängigkeit 319
– Abtretung 70ff., 154
– Anmeldegebühren 273ff.
– Anmeldung 9, 19ff., 273f., 326ff.
– Aufrechterhaltung 273f.
– Dauer 20, 197, 215, 370, 373, 381
– Definition 9ff., 19
– Gebühren 273ff., 328
– Laufzeit 20, 197, 215
– Lizenzierung 9, 16ff.
– Nichtigkeit 318, 336ff.
– Nießbrauch 98ff.
– Schutzbereich 21, 345, 369, 385, 405
– Territorialitätsgrundsatz 19
– Übertragung 68ff.
– Verteidigung 273ff., 321ff.
Schutzzertifikate, ergänzende 20
Schwarze Liste 396, 416
Schwerpunkt 455, 457
Secrecy Agreement 353
Selbstausschluss 18, 80, 112, 144, 412
Serienproduktion 264
Sitz 424, 429, 430
Sprache des Vertrags 483f.
Sprachrisiko 484
Staatsangehörigkeit 453
Staatsgebiet 209
Staatshandelsländer 25, 178, 190
Standardlizenzvertrag 12
Steuerliche Behandlung der Lizenzgebühr 423ff.
– Anrechnung 432
– Besteuerungsklausel 423, 439f.
– Betriebsstättenprinzip 432
– Doppelbesteuerungsabkommen 424, 431f.
– Einkommensteuer 426ff.
– Gewerbesteuer 426ff.
– Körperschaftsteuer 426ff.
– Quellensteuer 427, 431ff., 438, 439ff.
– Umsatzsteuer 428, 430
– Vermögensteuer 426ff.
– Wohnsitzprinzip 432
Stillschweigende Lizenz 133, 174
Stillschweigende Rechtswahl 455, 457

Stücklizenzgebühr 246, 254
Sui-Generis-Vertrag 104, 118ff., 121ff.
Sukzessionsschutz 14, 71ff., 152, 211, 500f.

Technische Brauchbarkeit 312
Technologietransfer-VO 62, 368, 373, 386ff.
Teilunwirksamkeit 234, 489
Territoriale Ausschließlichkeit 143f., 159
Territorialitätsgrundsatz des Patents 19
Tod der Vertragsparteien 110, 238
Treu und Glauben 220, 224, 239f., 242, 265, 295, 337, 381, 441ff.
Treuepflicht bei Patentgemeinschaften 186, 219

Überschreitung des Anwendungsgebiets 204, 209, 467
Überschuldung 221
Übertragung des Lizenzvertrages 163, 501
Übertragung von Lizenzen 14, 69ff., 85ff., 152, 163f., 172, 500f.
Übertragung von Lizenzgeberaufgaben 150ff., 322f.
Umfang der Ausübungspflicht 280ff.
Umsatzlizenzgebühr 129, 168, 246, 250, 253ff.
Umsatzsteuer 428, 430
UNCITRAL-Modellgesetz 462, 471, 475
Unentgeltliche Lizenz 116, 188, 244, 266ff., 321
Unionspriorität 3
Unmöglichkeit 233, 340ff.
Unterlagen 330, 357
Unterlizenz 83, 165ff., 178, 415
– Abrechnung 168, 270
– Arten 167
– Berechtigung 168f.
– Definition 165
– Einwilligung des Lizenzgebers 165, 168
– Gegenstand 165
– Hauptlizenz 165f.
– Inhalt 165
– Rechtsnatur 166f.
– Übertragung 169
Unterlizenznehmer 166ff.
Unterzeichnung des Lizenzvertrags 485

Unwirksamkeit des Lizenzvertrags 228ff., 489
Unzulässige Rechtsausübung 336

Verbesserungen 20, 324f.
Verbietungsrecht, negatives 40ff., 56ff.
Verfahrensrecht 447, 463ff.
Vergabe weiterer Lizenzen 144
Vergütungsrichtlinien 245
Verjährung 67, 272, 305
– Gewährleistungsansprüche 305
– Lizenzgebühren 272
Verlängerte Werkbank 2, 99, 100, 129, 131, 133, 168
Verletzung der Abrechnungspflicht 272
Verletzung der Ausübungspflicht 285
Verletzung von Vertragspflichten 243ff.
Verschulden bei Vertragsverhandlungen 233, 339, 350, 352f.
Verschwiegenheitsvereinbarung 298f., 338, 353, 358, 415
Verteidigung von Schutzrechten 273ff.
Vertrag eigener Art 118ff.
Vertragsabschluss 23ff., 32
Vertragsauslegung 38, 239ff., 247f., 499
Vertragsautonomie 12, 38, 150, 213, 423, 451, 464
Vertragsende 354ff.
Vertragsform 23ff., 32, 231f., 365, 454, 459, 472f., 496ff.
Vertragsfreiheit 12, 38, 150, 213, 423, 451, 464
Vertragsgebiet 18, 193ff.
– Definition 194ff.
– örtlich 195, 207ff., 369ff., 398, 412
– persönlich 196, 210ff., 500f.
– sachlich 194, 201ff., 369ff., 405
– zeitlich 197, 215ff., 369ff.
Vertragsgegenstand 9, 19f., 243, 273, 292, 310, 331, 375
Vertragshändler 134
Vertragslücke 241
Vertragsprodukt 9, 129, 132, 253, 312, 331, 355
Vertragssprache 448, 453, 483f.
Vertragsstatut 454, 456
Vertragstypen 88ff.
– Ausländische Rechte 121ff.
– Dienstvertrag 88
– Gesellschaftsvertrag 103ff.

- Kaufvertrag 111 ff.
- Leihvertrag 114 ff.
- Mietvertrag 91 ff.
- Nießbrauch 98 ff.
- Pachtvertrag 94 ff.
- Vertrag eigener Art (sui generis) 118 ff.

Vertragsverletzung, positive 347
Vertragswährung 249, 276
Vertriebsbeschränkungen 371, 400 ff.
Vertriebslizenz 132 ff., 138 ff.
Verweisungsvertrag 450
Verwertungspflicht 277
Verwirkung 305
Verzug 347 f.
Volkswirtschaftliche Bedeutung der Lizenz 1 f.
Vollmacht 229, 486
Vorbenutzungsrecht 319
Vorvertrag 353
Vorwegvergütung 246

Währungsklausel 249, 276
Währungsrecht 276
Wegfall der Geschäftsgrundlage 224 ff., 260
Weihnachtsbekanntmachung 385 ff.
Weiße Liste 396, 415
Weiterentwicklung 2, 243, 292 ff., 324 f., 373, 376

Weiterentwicklungspflicht 243, 292 ff., 324 f., 373, 376
Werbung 284
Werkbank, verlängerte 2, 99, 100, 129, 131, 133, 168
Wertlizenzgebühr 246, 250, 254 ff.
Wertsicherungsklausel 256
Wettbewerbsbeschränkungen 361 ff.
Wettbewerbsverbot 359, 371, 408
Widerspruchsverfahren 1129 ff.
Wiedervereinigung 209
Willenserklärungen 228 ff., 240, 491 ff.
Willensmängel 228 ff.
Wirtschaftliche Patentgemeinschaft 183 ff.
Wirtschaftliche Unmöglichkeit 208 f.
Wohnsitz 424, 429, 430
Wohnsitzprinzip 432

Zahlung der Lizenzgebühr 220, 243, 270
Zahlung der Patentgebühren 273 ff., 328
Zahlungsunfähigkeit 221
Zinsen 348
Zukünftige Entwicklungen 292 ff.
Zusammenarbeitsvertrag 2, 181 ff., 331, 380
Zusatzpatent 13, 20
Zusicherungen 307 ff.
Zuständigkeit der Gerichte 463 ff.
Zwangslizenz 14

Der neue Heidelberger Kommentar von „Ekey/Klippel":
So schützen Sie Ihre Marken!

Ekey/Klippel
Markenrecht

MarkenG, GMV und Markenrecht ausgewählter ausländischer Staaten

Herausgegeben von Dr. Friedrich L. Ekey, Rechtsanwalt, Lehrbeauftragter Rheinische FH Köln, und Prof. Dr. Diethelm Klippel, Universität Bayreuth.

Von Achim Bender, Richter am BPatG, Mitglied einer Beschwerdekammer beim HABM, Dr. Ulrich Bous, Notarassessor, Dr. Friedrich L. Ekey, Dr. Georg Fuchs-Wissemann, Richter am BPatG, Cornelie von Gierke, Rechtsanwältin am BGH, Jens Eisfeld, wiss. Assistent, Joachim von Hellfeld, Richter am OLG, Philipp von Kapff, DESS (Lyon), Verwaltungsrat HABM, Prof. Dr. Diethelm Klippel, Franziska Kramer, Rechtsanwältin, Maîtrise en droit civil international et européen, Dr. Louis Pahlow, wiss. Assistent, Dr. Frank Seiler, Rechtsanwalt, Dr. Birgit Wüst, Rechtsanwältin.
**2003. XXI, 1.815 Seiten. Gebunden. € 118,-.
ISBN 3-8114-0804-6 (Heidelberger Kommentar)**

Die Internationalisierung und Globalisierung der Verwendung von Marken und sonstigen Kennzeichen, die **Entstehung der Gemeinschaftsmarke** sowie die **Angleichung des nationalen Markenrechts an europäische Standards** und die zunehmende praktische Bedeutung des Rechts der Marken und sonstigen Kennzeichen haben die Entwicklung des Kennzeichenrechts im vergangenen Jahrzehnt wesentlich geprägt. Nicht nur vom Spezialisten, auch vom Nichtspezialisten werden **umfassende Kenntnisse des nationalen und internationalen Rechts** verlangt.

Der neue Heidelberger Kommentar zum Markenrecht trägt den Bedürfnissen der Praxis Rechnung. Sein Schwerpunkt liegt auf der **praxisnahen Kommentierung des Markengesetzes** und der **Gemeinschaftsmarkenverordnung**. Sie bietet eine schnelle Orientierung über die wesentlichen Gesichtspunkte des deutschen und europäischen Kennzeichenrechts und **zuverlässige Informationen über die Rechtsprechung**.

Im dritten Teil des Kommentars geben ausgewiesene Kenner der Materie einen **Überblick über das Markenrecht in verschiedenen**, auch osteuropäischen **Staaten** und USA. Im Anhang finden sich weitere nationale und international einschlägige Gesetze, Verordnungen, Verträge u.a.

Berücksichtigt sind u.a. die Änderungen durch

- das Gesetz zur Bereinigung von Kostenregelungen auf dem Gebiet des geistigen Eigentums
- das Transparenz- und Publizitätsgesetz sowie
- das OLG-Vertretungsänderungsgesetz

Mit eigener Kommentierung der Gemeinschaftsmarkenverordnung

Hüthig GmbH & Co. KG
Im Weiher 10, 69121 Heidelberg
Telefon 06221/489-555
Fax 06221/489-450

C.F. Müller
www.cfmueller-verlag.de

„... eine beeindruckende Darstellung ..."

NJW

Dieses Standardwerk enthält eine systematische Darstellung des Rechts der Aktiengesellschaft, das praxisorientiert und dennoch wissenschaftlich fundiert dargestellt wird.

Eine besonders wertvolle Hilfe für die Praxis bieten die 100, z.T. farbig abgebildeten Mustertexte, Übersichten und Formulare im Anhang.

Neu in der 7. Auflage:

- das Dritte Finanzmarktförderungsgesetz
- das Stückaktiengesetz
- das Gesetz zur Kontrolle und Transparenz im Unternehmensbereich
- das Euro-Einführungsgesetz mit Nachfolgegesetzen
- das Handelsrechtsreformgesetz
- das Kapitalgesellschaften- und Co-Richtlinie-Gesetz
- das Namensaktiengesetz
- die Novelle zum Umwandlungsgesetz
- das Steuerreformgesetz 2000
- Gesetzesvorhaben (EU-Übernahmerichtlinie, Europäische Aktiengesellschaft, Bericht der Baums-Kommission)

Pressestimme zur Vorauflage:

„ ... eine beeindruckende Darstellung dieses großen Rechtsgebietes, die zu sämtlichen wichtigen Fragestellungen – unter Einschluß derjenigen des Mitbestimmungs- und des Konzernrechts – eigenständig Stellung nimmt und eine Fülle von weiterführenden Nachweisen gibt."
Prof. Dr. Daniel Zimmer in NJW 23/1999

Handbuch des Aktienrechts
Von Prof. Dr. Günter Henn, RA.
7., neu bearbeitete Auflage. 2002.
XXXIV, 1.153 Seiten. Gebunden.
€ 144,–
ISBN 3-8114-2245-6
(C.F. Müller Wirtschaftsrecht)

Hüthig GmbH & Co. KG
Im Weiher 10, 69121 Heidelberg
Bestell-Tel. 06221/489-555, Fax 06221/489-450

C.F. Müller
www.cfmueller-verlag.de

Der neue „Schellhammer"

... jetzt wieder topaktuell!

Kein Jurist beginnt eine Fallbearbeitung beispielsweise mit der Prüfung von Willensmängeln oder Treu und Glauben. Er bestimmt vielmehr erst den Vertragstyp (Kauf, Miete, Darlehen usw.) und sucht dort die einschlägigen Anspruchsnormen.

Nur von dieser Prämisse ausgehend, kann er seinen Fall in den Griff bekommen. Auf diesem Denkweg führt und begleitet ihn der „Schellhammer". Er nimmt den Leser an die Hand und weist den Weg durch das System von Anspruchsgrundlagen und Gegennormen.

NEU in der 5. Auflage:

- Nach der erst erfolgten umfangreichen **Reform des Schuldrechts** sind mit der Neuauflage bereits berücksichtigt: **erste Rechtsprechung zu den neuen Normen, das Schadensrechtsänderungsgesetz, das OLG-Vertretungsänderungsgesetz, u.a. Gesetzesänderungen**

- Komplett überarbeitet wurde das **Kauf- und Leistungsstörungsrecht,** um die neuen Strukturen **noch verständlicher** umzusetzen.

Schuldrecht nach Anspruchsgrundlagen
samt BGB Allgemeiner Teil
Von Kurt Schellhammer.
5., neu bearbeitete Auflage.
2003. LVII, 1.096 Seiten.
Gebunden. € 86,–
ISBN 3-8114-1924-2
(Recht in der Praxis)

C.F. Müller Verlag, Hüthig GmbH & Co. KG
Im Weiher 10, 69121 Heidelberg
Bestell-Tel. 06221/489-555, Fax 06221/489-450

C.F. Müller
www.cfmueller-verlag.de

Stück-Werk? Lieber alles in einem:

Handelsrecht Bilanzrecht Steuerrecht

Handelsgesetzbuch

Handelsrecht – Bilanzrecht - Steuerrecht

Kommentar zum Handelsgesetzbuch mit den Rechnungslegungsvorschriften nach dem Bilanzrichtlinien-Gesetz und den Steuern der kaufmännischen Personengesellschaften. Von Dr. Peter Glanegger, Präsident des FG Nürnberg, Georg Güroff, Vors. Richter am FG, Dr. Christian Kirnberger, Rechtsanwalt und Wirtschaftsprüfer, Dr. Stefan Kusterer, Steuerberater und Wirtschaftsprüfer, Monika Peuker, Richterin am FG, Werner Ruß, Vors. Richter am OLG, Dr. Johannes Selder, Richter am FG, Ulrich Stuhlfelner, Rechtsanwalt.

6., neubearbeitete Auflage. 2002. XXI, 1.450 Seiten. Gebunden. Format 17 x 24 cm. € 106,-.
ISBN 3-8114-0803-8 (Heidelberger Kommentar)

Die erfolgreiche Bearbeitung handelsrechtlicher Fälle erfordert nicht nur eine **genaue Kenntnis des Handelsgesetzbuches**, sondern auch einer Reihe von ergänzenden Nebengesetzen. Unerlässlich sind darüber hinaus **steuer- und bilanzrechtliche Kenntnisse**.

Der Heidelberger Kommentar zum Handelsgesetzbuch trägt dieser Komplexität Rechnung und erläutert die Vorschriften des HGB nicht nur spezifisch handelsrechtlich, sondern auch unter bilanz- und steuerrechtlichen Aspekten. Übergreifende steuerrechtliche Gesichtspunkte werden in den Einleitungen zu den Abschnitten/Büchern des HGB abgehandelt, so z. B. zu den Grundsätzen der **Besteuerung der Personengesellschaften**, der **Betriebsgründung** oder des laufenden Betriebs. Bei den Bilanzierungsvorschriften werden Hinweise zu **IAS** und **US-GAPP** gegeben. Erstmals werden die **Stock Options (§ 272 HGB)** ausführlich erläutert. In einem eigenen Kapitel wird auch das Umwandlungssteuergesetz kommentiert.

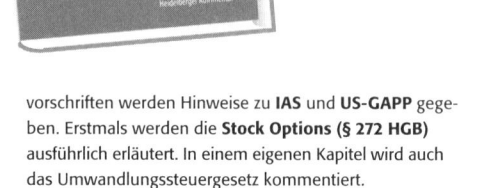

Die Neuauflage des Standardwerks zum Handelsgesetzbuch berücksichtigt aktuell die zahlreichen Gesetzesänderungen, die das gesamte HGB, aber insbesondere auch die **Bilanzierungs- und Offenlegungspflichten** betreffen, u.a.:

- das Euro-Bilanzgesetz
- das Schuldrechtsmodernisierungsgesetz
- das Gesetz über elektronische Register und Justizkosten für Telekommunikation
- das Namensaktiengesetz
- das Kapitalgesellschaften- und Co-Richtlinie-Gesetz
- das Steueränderungsgesetz 2001
- das Unternehmenssteuerfortentwicklungsgesetz
- Gesetzesbeschluss des Bundestages zum Vierten Finanzmarktförderungsgesetz
- und gibt Hinweise auf den Entwurf des Transparenz- und Publizitätsgesetzes.

„... Insgesamt erweist sich das Werk als wertvoller Ratgeber in allen handelsrechtlichen und damit zusammenhängenden steuerrechtlichen Fragen und ist deshalb uneingeschränkt zu empfehlen."
Richter am BFH Dr. Franz Dötsch in: NJW Neue Juristische Wochenschrift 14/00 zur Vorauflage

C.F. Müller
www.cfmueller-verlag.de

C. F. Müller Verlag, Hüthig GmbH & Co. KG, Im Weiher 10, 69121 Heidelberg,
Tel. 06221/489-555, Fax 06221/489-450